2014中国价格统计年鉴

CHINA PRICE STATISTICAL YEARBOOK

国家统计局城市社会经济调查司 编
Compiled by
Department of Urban Society and Economic Statistics,
National Bureau of Statistics of China

中国统计出版社
China Statistics Press

图书在版编目（CIP）数据

2014 中国价格统计年鉴 / 国家统计局城市社会经济调查司编 . -- 北京：中国统计出版社，2014. 6
ISBN 978-7-5037-7080-7

Ⅰ . ① 2… Ⅱ . ①国… Ⅲ . ①物价管理 - 统计资料 - 中国 -2014- 年鉴 Ⅳ . ① F726.7-66

中国版本图书馆 CIP 数据核字（2014）第 085822 号

中国价格统计年鉴—2014

作　　者 / 国家统计局城市社会经济调查司
责任编辑 / 申明九
封面设计 / 李雪燕
出版发行 / 中国统计出版社
通信地址 / 北京市丰台区西三环南路甲 6 号　邮政编码 /100073
电　　话 / 邮购（010-63376909）　书店（010-68783171）
网　　址 /http://csp.stats.gov.cn/
印　　刷 / 河北天普润印刷厂
经　　销 / 新华书店
开　　本 /880×1230 毫米　1/16
字　　数 /810 千字
印　　张 /26.25
版　　别 /2014 年 6 月第 1 版
版　　次 /2014 年 6 月第 1 次印刷
定　　价 / 208.00 元

如有印装差错，由本社发行部调换。

《中国价格统计年鉴—2014》

编委会和编辑人员

2014 CHINA PRICE STATISTICAL YEARBOOK

Editorial Board And Staff

编者说明

一、《中国价格统计年鉴—2014》系统收录了2013年度价格统计调查资料，是一部反映中国主要价格变动的专业性综合年鉴。

二、本年鉴价格指数资料，反映生产、流通、消费与投资等环节的价格变动趋势和变动幅度。主要包括居民消费价格指数、商品零售价格指数、农业生产资料价格指数、工业生产者出厂价格指数、工业生产者购进价格指数、固定资产投资价格指数、住宅销售价格指数等。

三、本年鉴所涉及的全国性统计数据，均未包括香港、澳门特别行政区和台湾省数据。

四、年鉴资料中所使用的度量单位均采用国际统一标准计量单位。

五、价格指数编制工作由国家统计局城市社会经济调查司组织实施，国家统计局各级调查队及相关地方统计机构依据国家统计局统一制定的价格统计调查制度采集原始数据汇总上报。

六、年鉴符号使用说明："空格"表示无该项数据或数据不详；#号表示其中数。

PREFACE

I.***China Price Statistical Yearbook 2014*** is a professional annual statistics publication, which covers very comprehensive data in 2013 of price indices.

II.Data on price indices in this book show the changing trends and the change rates in the prices of production, trade, consumption and investment, including mainly consumer price indices, retail price indices, price indices for means of agricultural production, producer price indices for industrial products, purchasing price indices for industrial producers, price indices for investment in fixed assets,housing price index.

III.The national data in this yearbook do not include that of Hong Kong SAR (Special Administrative Region), Macao SAR and Taiwan province.

IV.The units of measurement used in this yearbook are in accordance with internationally standard measurement units.

V.Compilation of statistics on price indices is organized by the Department of Urban Social and Economic Survey, NBS. At levels of National Burear of investigation team and relevant statistics in stitutions collect data in accordance with the scheme of price survey system stipulated by the NBS, tabulate them and report them.

VI.Notations used in the yearbook: “blank space” indicates that the data are unknown or are not available; “#” indicates a major breakdown of the total.

目 录

CONTENTS

一、综　　合

二、生产者价格

三、居民消费价格

四、70 个大中城市住房价格

五、指标解释

综　合

第1篇

1-1-1 各种价格总指数(1951 ~ 2013年)

Price Indices (1951~2013)

(上年价格=100)　　(Preceding year=100)

年份 Year	居民消费价格指数 Consumer Price Index	城市居民消费价格指数 Urban Areas	农村居民消费价格指数 Rural Areas	商品零售价格指数 Retail Price Index	城市商品零售价格指数 Urban Areas	农村商品零售价格指数 Rural Areas	农业生产资料价格指数 Price Index of Agricultural Production	工业生产者出厂价格指数 Producer Price Index of Industrial Products	工业生产者购进价格指数 Purchasing Price Index for Industrial Producer	固定资产投资价格指数 Price Index for Investment in Fixed Assets
1951		112.5		112.2						
1952		102.7		99.6						
1953		105.1		103.4						
1954		101.4		102.3						
1955		100.3		101.0						
1956		99.9		100.0						
1957		102.6		101.5						
1958		98.9		100.2						
1959		100.3		100.9						
1960		102.5		103.1						
1961		116.1		116.2						
1962		103.8		103.8						
1963		94.1		94.1						
1964		96.3		96.3						
1965		98.8		97.3						
1966		98.8		99.7						
1967		99.4		99.3						
1968		100.1		100.1						
1969		101.0		98.9						
1970		100.0		99.8						
1971		99.9		99.3						
1972		100.2		99.8						
1973		100.1		100.6						
1974		100.7		100.5						
1975		100.4		100.2						
1976		100.3		100.3						
1977		102.7		102.0						
1978		100.7		100.7	102.5	100.1	99.9			
1979		101.9		102.0	101.9	102.0	100.4			
1980		107.5		106.0	108.1	104.4	101.0			
1981		102.5		102.4	102.7	102.1	101.7			
1982		102.0		101.9	102.1	101.7	101.9			
1983		102.0		101.5	101.9	101.2	103.0			
1984		102.7		102.8	102.5	103.0	108.9			

1-1-1 续表 continued

(上年价格=100) (Preceding year=100)

年 份 Year	居民消费价格指数 Consumer Price Index	城市居民消费价格指数 Urban Areas	农村居民消费价格指数 Rural Areas	商品零售价格指数 Retail Price Index	城市商品零售价格指数 Urban Areas	农村商品零售价格指数 Rural Areas	农业生产资料价格指数 Price Index of Agricultural Production	工业生产者出厂价格指数 Producer Price Index of Industrial Products	工业生产者购进价格指数 Purchasing Price Index for Industrial Producer	固定资产投资价格指数 Price Index for Investment in Fixed Assets
1985	109.3	111.9	107.6	108.8	112.2	107.0	104.8	108.7		
1986	106.5	107.0	106.1	106.0	107.0	105.0	101.1	103.8	109.5	
1987	107.3	108.8	106.2	107.3	109.1	106.3	107.0	107.9	111.0	
1988	118.8	120.7	117.5	118.5	121.3	117.1	116.2	115.0	120.2	
1989	118.0	116.3	119.3	117.8	116.0	118.8	118.9	118.6	126.4	
1990	103.1	101.3	104.5	102.1	100.2	103.2	105.5	104.1	105.6	
1991	103.4	105.1	102.3	102.9	104.5	102.0	102.9	106.2	109.1	109.5
1992	106.4	108.6	104.7	105.4	107.7	103.9	103.7	106.8	111.0	115.3
1993	114.7	116.1	113.7	113.2	114.2	112.6	114.1	124.0	135.1	126.6
1994	124.1	125.0	123.4	121.7	120.9	122.9	121.6	119.5	118.2	110.4
1995	117.1	116.8	117.5	114.8	113.5	116.4	127.4	114.9	115.3	105.9
1996	108.3	108.8	107.9	106.1	105.8	106.4	108.4	102.9	103.9	104.0
1997	102.8	103.1	102.5	100.8	100.8	100.7	99.5	99.7	101.3	101.7
1998	99.2	99.4	99.0	97.4	97.4	97.6	94.5	95.9	95.8	99.8
1999	98.6	98.7	98.5	97.0	97.0	97.1	95.8	97.6	96.7	99.6
2000	100.4	100.8	99.9	98.5	98.5	98.5	99.1	102.8	105.1	101.1
2001	100.7	100.7	100.8	99.2	98.9	99.6	99.1	98.7	99.8	100.4
2002	99.2	99.0	99.6	98.7	98.5	99.1	100.5	97.8	97.7	100.2
2003	101.2	100.9	101.6	99.9	99.6	100.5	101.4	102.3	104.8	102.2
2004	103.9	103.3	104.8	102.8	102.1	104.2	110.6	106.1	111.4	105.6
2005	101.8	101.6	102.2	100.8	100.5	101.4	108.3	104.9	108.3	101.6
2006	101.5	101.5	101.5	101.0	100.9	101.4	101.5	103.0	106.0	101.5
2007	104.8	104.5	105.4	103.8	103.3	104.9	107.7	103.1	104.4	103.9
2008	105.9	105.6	106.5	105.9	105.5	106.7	120.3	106.9	110.5	108.9
2009	99.3	99.1	99.7	98.8	98.7	99.0	97.5	94.6	92.1	97.6
2010	103.3	103.2	103.6	103.1	102.8	103.6	102.9	105.5	109.6	103.6
2011	105.4	105.3	105.8	104.9	104.7	105.5	111.3	106.0	109.1	106.6
2012	102.6	102.7	102.5	102.0	101.9	102.2	105.6	98.3	98.2	101.1
2013	102.6	102.6	102.8	101.4	101.3	101.8	101.4	98.1	98.0	100.3

注：①本表1985年前城市居民消费价格指数为职工生活费用价格总指数。

②从2011年起，原工业品出厂价格指数改称为工业生产者出厂价格指数，原材料、燃料、动力购进价格指数改称为工业生产者购进价格指数。

a. Urban areas consumer price indices remain with price indices of cost of living of workers and employees before 1985.

b.The original Ex-Factory price Indices of Industrial Produts since 2011 Changed its name to the Indices of Industrial Producer,purchasing price Indices of Raw Material,Fuel and power changed its name to the Purchasing Price Indices of Industrial Producer.

1-2-1 各种价格定基指数(1978 ~ 2013年)

Fixed-base Price Indices (1978~2013)

年 份 Year	居民消费价格指数 Consumer Price Index (1978=100)	城市居民消费价格指数 Urban Areas (1978=100)	农村居民消费价格指数 Rural Areas (1985=100)	商品零售价格指数 Retail Price Index (1978=100)	农业生产资料价格指数 Price Index of Agricultural Production (1978=100)	工业生产者出厂价格指数 Producer Price Index of Industrial Products (1985=100)	工业生产者购进价格指数 Purchasing Price Index for Industrial Producer (1990=100)	固定资产投资价格指数 Price Index for Investment in Fixed Assets (1990=100)
1978	100.0	100.0		100.0	100.0			
1979	101.9	101.9		102.0	100.4			
1980	109.5	109.5		108.1	101.4			
1981	112.2	112.2		110.7	103.1			
1982	114.4	114.4		112.8	105.1			
1983	116.7	116.7		114.5	108.3			
1984	119.9	119.9		117.7	117.9			
1985	131.1	134.2	100.0	128.1	123.6	100.0		
1986	139.6	143.6	106.1	135.8	125.0	103.8		
1987	149.8	156.2	112.7	145.7	133.8	112.0		
1988	177.9	188.5	132.4	172.7	155.5	128.8		
1989	209.9	219.2	157.9	203.4	184.9	152.8		
1990	216.4	222.0	165.1	207.7	195.1	159.0	100.0	100.0
1991	223.8	233.3	168.9	213.7	200.8	168.9	109.1	109.5
1992	238.1	253.4	176.8	225.2	208.2	180.4	121.1	126.3
1993	273.1	294.2	201.0	254.9	237.6	223.7	163.6	159.8
1994	339.0	367.8	248.0	310.2	288.9	267.3	193.4	176.5
1995	396.9	429.6	291.4	356.1	368.1	307.1	222.9	186.9
1996	429.9	467.4	314.4	377.8	399.0	316.0	231.6	194.3
1997	441.9	481.9	322.3	380.8	397.0	315.0	234.6	197.6
1998	438.4	479.0	319.1	370.9	375.2	302.1	224.7	197.3
1999	432.2	472.8	314.3	359.8	359.4	294.8	217.3	196.5
2000	434.0	476.6	314.0	354.4	356.2	303.1	228.4	198.6
2001	437.0	479.9	316.5	351.6	353.0	299.2	227.9	199.4
2002	433.5	475.1	315.2	347.0	354.8	292.6	222.7	199.8
2003	438.7	479.4	320.2	346.7	359.8	299.3	233.4	204.2
2004	455.8	495.2	335.6	356.4	397.9	317.6	260.0	215.7
2005	464.0	503.1	343.0	359.3	430.9	333.2	281.6	219.1
2006	471.0	510.6	348.1	362.9	437.4	343.2	298.5	222.4
2007	493.6	533.6	366.9	376.7	471.1	353.8	311.6	231.1
2008	522.7	563.5	390.7	398.9	566.7	378.2	344.3	251.8
2009	519.0	558.4	389.5	394.1	552.5	357.8	317.2	245.8
2010	536.1	576.3	403.5	406.3	568.5	377.5	347.7	254.6
2011	565.0	606.8	426.9	426.2	632.7	400.2	379.3	271.4
2012	579.7	623.2	437.6	434.7	668.1	393.4	372.5	274.4
2013	594.8	639.4	449.9	440.8	677.5	385.9	365.1	275.2

生产者价格

第 2 篇

2-1-1 全国工业生产者出厂价格分类指数(1985 ~ 2013年)

Producer Price Indices for Industrial Products by Category (1985~2013)

（上年价格=100） (preceding year=100)

年 份 Year	总指数 General Index	轻工业 Light Industry Products	重工业 Heavy Industry	一、生产资料 Means of Production	01采 掘 Mining & Quarrying Industry	02原 料 Raw Materials Industry
1985	108.7	104.2	106.8			
1986	103.8	102.3	104.8	104.8	100.6	107.5
1987	107.9	108.0	107.5	107.8	114.1	106.9
1988	115.0	115.1	112.0	113.7	109.3	113.5
1989	118.6	118.8	118.5	118.9	114.2	116.4
1990	104.1	103.8	104.3	104.4	107.9	105.9
1991	106.2	102.3	108.2	108.0	112.8	111.8
1992	106.8	103.2	110.6	109.3	112.6	110.2
1993	124.0	109.7	136.9	133.7	146.5	140.4
1994	119.5	122.5	116.9	116.7	133.1	117.9
1995	114.9	119.1	111.3	113.6	119.7	113.6
1996	102.9	101.9	103.9	103.5	108.9	101.7
1997	99.7	98.6	100.4	99.7	105.5	100.0
1998	95.9	96.1	95.8	95.4	98.4	93.4
1999	97.6	96.1	98.7	98.3	104.5	98.2
2000	102.8	98.8	105.4	105.1	124.9	108.4
2001	98.7	98.4	98.9	98.8	100.1	99.7
2002	97.8	97.6	97.9	97.7	101.9	98.0
2003	102.3	99.3	105.4	103.6	113.3	106.7
2004	106.1	102.2	109.8	107.8	118.8	110.2
2005	104.9	100.7	109.1	106.8	125.8	109.8
2006	103.0	100.6	105.2	103.9	114.1	106.6
2007	103.1	102.2	104.0	103.2	103.8	105.6
2008	106.9	103.7	109.6	107.7	123.2	108.9
2009	94.6	97.9	91.8	93.3	84.2	91.9
2010	105.5	102.7	108.0	106.6	122.2	110.1
2011	106.0	105.8	106.1	106.6	115.4	109.2
2012	98.3	99.8	97.7	97.5	97.6	98.0
2013	98.1	100.0	97.4	97.4	94.3	96.9

年 份 Year	03加工 Manufacturing Industry	二、生活资料 Consumer Goods	01食 品 Food	02衣 着 Clothing	03一般日用品 Articles for Daily Use	04耐用消费品 Durable Consumer Goods
1985						
1986	103.6	102.2	102.5	102.0	103.5	100.1
1987	107.2	108.1	109.3	107.9	111.9	100.5
1988	114.7	117.2	116.2	120.5	120.4	106.0
1989	121.8	118.2	114.1	121.4	121.5	131.8
1990	102.5	103.6	101.3	107.3	103.0	99.3
1991	103.8	103.2	103.6	105.4	103.3	96.5
1992	107.4	103.2	106.4	100.8	102.8	101.7
1993	122.7	109.6	113.9	106.2	108.9	108.8
1994	111.1	123.8	123.4	136.4	112.3	108.4
1995	112.0	116.9	123.2	115.6	115.1	105.2
1996	104.1	102.1	104.7	100.5	102.9	97.7
1997	98.1	99.6	100.8	101.1	98.3	94.9
1998	96.8	96.9	98.9	96.2	96.7	94.0
1999	97.1	96.4	97.4	96.1	96.0	95.6
2000	98.6	97.8	96.0	100.6	98.0	96.4
2001	98.1	98.5	100.5	99.0	98.3	95.3
2002	96.9	97.9	99.7	98.8	97.9	94.7
2003	100.2	98.9	100.9	99.8	99.5	95.6
2004	104.8	101.2	105.2	100.9	101.9	96.2
2005	102.2	99.8	100.9	100.8	101.9	96.8
2006	101.1	100.2	100.5	101.3	100.8	98.0
2007	102.0	102.8	107.0	101.2	101.5	99.0
2008	105.2	104.1	108.3	102.2	103.6	99.5
2009	95.1	98.8	98.6	100.1	99.2	97.7
2010	103.1	102.0	103.8	102.0	101.9	99.4
2011	104.6	104.2	107.4	104.2	104.0	99.4
2012	97.3	100.8	101.4	102.1	100.9	99.1
2013	98.0	100.2	100.7	101.2	99.8	99.1

2-1-2 全国按部门分工业生产者出厂价格指数(1985～2013年)
Producer Price Indices for Industrial Products by Sector (1985~2013)

（上年价格=100） (preceding year=100)

年 份 Year	01 冶金工业 Metallurgical Industry	02 电力工业 Power Industry	03 煤炭及炼焦工业 Coal Industry	04 石油工业 Petroleum Industry	05 化学工业 Chemical Industry	06 机械工业 Machine Building Industry	07 建筑材料工业 Building Materials Industry	08 森林工业 Timber Industry
1985	114.3	103.4	117.6	107.2	102.9	111.8	115.4	114.9
1986	107.4	102.4	96.8	104.6	102.9	102.8	113.7	107.1
1987	107.0	103.1	102.8	104.0	112.2	104.9	105.6	144.9
1988	115.4	101.7	110.6	106.8	120.4	111.8	113.4	119.6
1989	121.0	105.9	112.2	108.4	119.4	121.2	123.6	115.7
1990	110.3	107.4	106.2	107.1	101.6	102.8	99.6	94.6
1991	114.2	116.9	113.1	118.8	102.4	102.8	106.1	100.4
1992	114.2	108.8	116.1	115.3	102.7	106.6	111.1	105.9
1993	157.7	135.9	139.7	171.3	108.3	119.7	142.8	131.8
1994	106.8	139.5	122.2	148.7	115.4	109.5	107.6	106.9
1995	105.5	109.5	111.3	121.2	126.2	106.3	106.4	99.5
1996	97.7	113.1	113.7	104.6	103.4	101.6	104.3	98.2
1997	97.3	114.0	108.0	107.4	95.5	98.1	99.6	99.3
1998	93.1	105.5	96.6	93.0	92.9	97.0	96.6	95.4
1999	95.8	100.9	94.8	109.6	96.5	97.0	97.7	100.1
2000	103.3	102.4	98.1	144.3	101.0	97.4	99.6	99.2
2001	98.6	102.3	106.5	99.1	97.1	96.8	99.0	99.6
2002	97.6	100.8	111.6	95.2	97.6	96.2	97.8	98.6
2003	106.8	100.9	107.0	115.6	102.3	97.0	99.6	99.3
2004	116.9	102.4	115.9	114.2	107.7	99.4	103.5	102.1
2005	106.8	104.2	118.2	122.4	106.8	99.3	100.7	101.9
2006	103.3	102.8	105.8	120.3	100.7	100.4	101.9	102.0
2007	108.4	102.2	105.4	103.4	103.2	100.3	101.7	103.0
2008	111.9	101.8	131.4	118.5	107.4	101.0	107.4	103.8
2009	85.8	102.3	98.5	83.1	92.1	97.4	100.8	99.3
2010	109.4	102.0	110.9	124.7	106.8	100.3	102.4	101.5
2011	109.8	101.6	109.6	118.4	108.2	100.9	107.1	103.7
2012	92.3	103.6	96.2	102.4	96.9	98.8	98.8	102.2
2013	95.1	100.2	88.9	97.6	97.7	98.6	99.2	100.8

年 份 Year	09 食品工业 Food Industry	10 纺织工业 Textile Industry	11 缝纫工业 Tailoring Industry	12 皮革工业 Leather Industry	13 造纸工业 Paper Industry	14 文教艺术用品工业 Cultural, Educational & Handicrafts Articles	15 其他工业 Other Industry
1985	105.5	104.3	105.1	112.1	113.7	103.2	
1986	102.5	102.6	100.0	101.7	105.7	99.6	109.1
1987	109.4	108.3	109.6	102.9	112.1	119.9	110.0
1988	116.3	122.3	116.2	114.4	120.7	112.1	122.3
1989	114.3	122.4	118.9	118.3	123.0	111.0	118.8
1990	101.0	107.2	109.1	106.3	102.3	107.3	104.7
1991	103.3	104.1	109.0	109.0	102.9	105.8	102.1
1992	106.2	99.3	100.8	112.8	102.7	102.3	109.6
1993	113.5	103.8	117.9	111.8	108.9	110.6	119.1
1994	123.4	136.8	116.1	121.9	106.6	109.1	119.1
1995	123.4	117.3	116.5	121.7	144.5	111.4	124.8
1996	104.2	96.0	108.2	111.3	116.1	101.5	108.5
1997	99.6	98.0	103.9	98.3	94.5	100.0	108.8
1998	98.6	94.1	97.7	98.3	94.1	94.4	102.8
1999	96.7	96.0	98.0	96.8	95.9	93.6	99.9
2000	95.8	104.7	99.4	100.2	99.9	99.2	102.1
2001	100.5	98.7	99.2	100.8	99.7	97.9	104.5
2002	99.6	94.7	98.7	99.3	97.9	97.4	101.7
2003	101.1	102.2	99.9	99.8	98.7	98.6	101.9
2004	106.5	104.7	101.1	101.0	101.3	99.8	103.9
2005	100.9	100.3	100.5	102.5	101.4	100.3	103.4
2006	100.4	102.2	101.2	101.1	100.7	99.7	102.4
2007	107.5	100.7	100.8	102.6	101.0	99.7	103.0
2008	109.6	101.3	102.1	102.7	105.8	101.4	106.1
2009	98.4	97.8	100.1	98.8	94.4	99.7	98.9
2010	103.8	109.6	102.2	101.1	103.5	100.3	102.9
2011	107.7	112.2	104.3	104.1	103.0	101.3	105.1
2012	102.2	95.7	102.0	102.3	98.5	101.0	100.6
2013	101.2	99.6	101.2	102.0	97.7	99.5	99.8

2-1-3 全国按行业分工业生产者出厂价格指数(1985～2013年)

Producer Price Indices for Industrial Products by Sector(1985~2013)

（上年价格=100） (preceding year=100)

年份 Year	01煤炭开采和洗选业 Mining and Washing of Coal	02石油和天然气开采业 Extraction of Petroleum and Natural Gas	03黑色金属矿采选业 Mining and Processing of Ferrous Metal Ores	04有色金属矿采选业 Mining and Processing of Non-Ferrous Metal Ores	05非金属矿采选业 Mining and Processing of Nonmetal Ores
1985	114.2	133.3	123.2	114.3	105.6
1986	96.9	104.9	99.3	115.8	112.3
1987	100.8	102.2	99.8	146.4	104.1
1988	106.6	104.3	102.9	102.9	106.4
1989	110.9	112.5	112.2	118.2	121.0
1990	105.6	115.2	118.1	111.4	123.0
1991	113.3	121.9	129.0	103.3	102.1
1992	113.9	110.4	111.1	101.5	107.1
1993	140.2	183.9	128.6	108.1	124.0
1994	121.9	173.4	114.2	111.6	111.3
1995	111.5	136.5	103.2	146.0	110.3
1996	113.9	110.2	100.6	91.8	111.1
1997	107.2	106.1	100.4	96.0	102.1
1998	95.9	100.5	98.4	90.2	102.3
1999	94.3	118.1	101.1	94.9	97.0
2000	97.6	160.0	93.5	104.8	97.4
2001	106.9	95.4	101.6	99.5	99.1
2002	113.0	94.6	100.9	100.8	100.5
2003	103.8	119.1	110.4	107.2	100.2
2004	116.8	119.6	145.3	117.6	105.8
2005	123.2	129.9	112.3	119.6	109.4
2006	105.0	122.0	96.8	123.4	102.5
2007	103.8	102.0	110.3	112.6	103.1
2008	128.7	122.1	131.4	104.8	111.0
2009	101.9	66.0	74.3	88.9	97.8
2010	110.0	137.8	117.5	119.0	106.4
2011	110.2	124.5	112.7	115.0	109.1
2012	97.0	99.6	89.0	97.6	103.4
2013	88.7	96.5	97.0	95.7	100.6

年份 Year	06其他采矿业 Mining of Other Ores	07农副食品加工业 Processing of Food from Agricultural Products	08食品制造业 Manufacture of Foods	09饮料制造业 Manufacture of Beverages	10烟草制品业 Manufacture of Tobacco
1985			113.9	115.0	125.1
1986			104.3	94.5	97.3
1987			107.3	129.3	105.4
1988			110.6	108.6	107.5
1989			118.3	116.6	102.4
1990			100.2	102.1	100.6
1991			102.8	100.8	102.1
1992			107.6	100.4	105.0
1993			115.1	110.6	110.6
1994			131.6	117.7	103.1
1995			128.9	118.5	109.2
1996			103.1	100.0	108.0
1997			98.7	102.3	101.0
1998			98.2	98.9	101.1
1999			95.1	98.3	104.4
2000			93.6	98.7	101.9
2001			100.4	99.3	102.1
2002			98.6	99.2	103.5
2003		103.1	99.7	99.2	100.6
2004		113.9	102.9	100.6	101.1
2005		101.1	101.5	100.6	100.9
2006	100.2	100.1	101.1	100.5	100.5
2007	100.0	113.3	102.6	101.2	100.4
2008	100.5	114.4	108.0	103.7	100.5
2009	101.4	96.0	101.1	100.6	100.5
2010	100.3	105.5	103.3	102.9	100.4
2011	100.0	110.6	106.3	104.4	100.3
2012	100.0	102.2	102.2	101.9	101.3
2013	100.0	101.2	101.7	100.1	100.4

注：其他采矿业的基础数据收集不到。

Note: Be short of essential data of mining of other ores.

2-1-3 续表 1 Continued 1

(上年价格=100) (Preceding year=100)

年 份 Year	11纺织业 Manufacture of Textile	12纺织服装、鞋、帽制造业 Manufacture of Textile Wearing Apparel, Footwear, and Caps	13皮革、毛皮、羽毛(绒)及其制品业 Manufacture of Leather, Fur, Feather and Related Products	14木材加工及木、竹、藤、棕、草制品业 Processing of Timber, Manufacture of Wood, Bamboo, Rattan, Palm, and Straw Products	15家具制造业 Manufacture of Furniture
1985	93.7	92.3	111.5	119.4	102.0
1986	102.6	100.0	101.7	99.1	120.2
1987	107.2	106.6	104.0	130.2	113.9
1988	121.0	112.6	112.4	128.3	109.5
1989	122.2	118.9	118.3	114.9	118.2
1990	107.9	102.8	106.3	95.1	106.1
1991	104.6	106.9	109.0	120.7	99.4
1992	100.3	104.9	109.7	104.6	103.3
1993	103.9	117.9	111.8	142.0	123.6
1994	139.9	116.1	121.9	95.4	115.7
1995	114.7	116.5	121.7	98.4	108.1
1996	98.1	108.2	111.3	94.5	106.2
1997	99.8	103.9	101.2	95.4	100.1
1998	95.8	97.7	98.3	89.6	100.1
1999	95.3	97.9	96.8	99.1	95.2
2000	103.2	99.4	100.2	98.6	99.1
2001	98.7	99.2	100.8	98.7	99.8
2002	94.7	98.7	99.4	96.8	98.9
2003	101.8	99.8	99.7	99.1	99.6
2004	104.3	100.7	100.9	102.2	101.8
2005	100.5	99.8	102.5	101.8	102.7
2006	102.1	100.9	101.2	102.3	100.3
2007	100.8	100.7	102.4	103.6	101.5
2008	101.5	102.1	102.3	104.1	103.3
2009	98.3	99.9	98.5	98.8	100.2
2010	108.5	101.7	101.7	101.5	101.4
2011	111.1	103.7	104.5	104.1	102.4
2012	96.6	102.3	102.3	102.2	101.7
2013	99.8	101.1	102.4	100.8	100.5

年 份 Year	16造纸及纸制品业 Manufacture of Paper and Paper Products	17印刷业和记录媒介的复制 Printing, Reproduction of Recording Media	18文教体育用品制造业 Manufacture of Articles For Culture, Education and Sport Activity	19石油加工、炼焦及核燃料加工业 Processing of Petroleum, Coking, Processing of Nuclear Fuel	20化学原料及化学制品制造业 Manufacture of Raw Chemical Materials and Chemical Products
1985	104.8		99.4	121.2	105.2
1986	105.7		92.6	197.4	110.7
1987	110.7		116.1	102.3	111.5
1988	120.6		107.8	103.4	121.8
1989	123.0		111.0	105.9	120.3
1990	104.6		107.3	102.1	104.1
1991	101.6		103.7	116.9	101.2
1992	103.6		105.3	121.4	104.3
1993	108.9		110.3	163.9	110.9
1994	106.6		109.0	134.4	116.4
1995	144.5		120.9	112.4	129.7
1996	116.1		103.3	101.3	104.8
1997	94.5		102.4	108.2	95.7
1998	94.1		97.6	88.7	92.2
1999	95.5		92.8	104.6	97.3
2000	99.9		98.6	134.6	102.9
2001	99.7		98.5	102.2	97.6
2002	97.9		95.7	95.8	98.9
2003	98.7	97.6	100.2	114.7	103.4
2004	101.3	98.1	102.2	112.2	110.2
2005	101.4	99.6	102.0	118.4	108.5
2006	100.7	99.8	101.4	118.0	100.4
2007	101.0	100.5	101.5	105.0	103.8
2008	105.8	102.6	101.9	120.3	111.2
2009	94.4	99.9	100.3	91.2	88.1
2010	103.5	100.7	102.4	117.8	108.0
2011	103.0	101.9	103.7	114.9	109.8
2012	98.5	100.4	101.8	101.6	96.0
2013	97.7	99.5	100.2	96.3	96.7

2-1-3 续表 2 Continued 2

(上年价格=100) (Preceding year=100)

年 份 Year	21医药制造业 Manufacture of Medicines	22化学纤维制造业 Manufacture of Chemical Fibers	23橡胶制品业 Manufacture of Rubber	24塑料制品业 Manufacture of Plastics	25非金属矿物制品业 Manufacture of Non-metallic Mineral Products
1985	90.1	83.2	96.3	92.5	120.5
1986	109.4	111.8	98.5	101.6	113.7
1987	113.5	101.0	103.5	110.5	104.0
1988	116.9	109.3	111.0	130.7	113.6
1989	117.5	125.7	124.4	110.5	124.1
1990	97.4	99.9	108.8	92.0	97.9
1991	96.0	99.7	106.3	106.2	103.5
1992	101.0	96.0	101.5	101.6	112.2
1993	103.5	103.4	102.1	105.1	143.8
1994	116.5	115.5	112.7	111.6	107..2
1995	122.1	135.1	122.5	131.0	106.3
1996	99.0	81.4	105.1	98.9	104.0
1997	93.2	88.1	98.9	96.2	99.3
1998	96.1	84.8	94.1	93.8	96.1
1999	95.9	99.4	94.4	96.5	97.8
2000	93.7	115.3	97.1	102.0	99.8
2001	97.9	91.2	97.9	98.9	99.2
2002	98.3	93.3	97.7	96.1	97.8
2003	98.8	104.5	100.0	99.8	99.6
2004	97.8	108.1	101.0	106.5	103.3
2005	101.6	104.7	104.5	105.5	100.6
2006	98.6	101.2	104.7	101.0	101.5
2007	102.1	103.3	103.3	102.0	101.3
2008	103.8	99.4	104.9	102.7	107.9
2009	100.2	90.5	99.6	96.1	99.9
2010	103.2	114.1	103.8	102.3	102.1
2011	102.5	112.1	110.0	104.7	107.0
2012	100.1	88.0	99.4	99.4	98.6
2013	100.6	95.6	97.1	99.7	99.0

年 份 Year	26黑色金属冶炼及压延加工业 Smelting and Pressing of Ferrous Metals	27有色金属冶炼及压延加工业 Smelting and Pressing of Non-ferrous Metals	28金属制品业 Manufacture of Metal Products	29通用设备制造业 Manufacture of General Purpose Machinery	30专用设备制造业 Manufacture of Special Purpose Machinery
1985	124.8	105.2	103.5		104.6
1986	100.3	110.7	114.3		108.6
1987	105.8	112.6	108.0		103.7
1988	112.7	117.8	114.1		108.9
1989	119.5	127.8	121.6		117.2
1990	111.3	105.6	102.6		105.4
1991	117.8	102.5	106.1		102.5
1992	117.5	113.1	108.4		108.3
1993	173.8	118.5	134.8		123.8
1994	104.6	112.2	109.1		111.7
1995	95.1	129.9	102.4		106.3
1996	100.1	91.2	100.1		102.5
1997	97.4	95.1	100.0		99.0
1998	94.8	89.2	96.5		98.2
1999	93.9	99.7	94.6		97.6
2000	101.2	111.6	98.7		98.4
2001	100.3	93.6	98.2		98.8
2002	98.5	95.4	97.4		98.5
2003	110.1	105.1	100.4	99.8	99.6
2004	118.9	118.9	107.4	103.1	101.8
2005	104.7	111.7	104.0	101.8	101.8
2006	96.0	122.5	101.0	100.2	101.2
2007	107.9	113.9	102.6	101.3	101.5
2008	119.7	96.8	106.7	104.8	103.3
2009	83.9	83.4	96.8	98.7	100.0
2010	107.4	117.3	101.7	100.1	101.2
2011	109.8	113.0	104.1	102.7	101.5
2012	89.4	93.1	99.1	99.8	100.3
2013	93.8	94.6	98.3	98.9	100.2

(上年价格=100) (Preceding year=100)

年份 Year	31交通运输设备制造业 Manufacture of Transport Equipment	32电气机械及器材制造业 Manufacture of Electrical Machinery and Equipment	33通信设备、计算机及其他电子设备制造业 Manufacture of Communication Equipment, Computers and Other Electronic Equipment	34仪器仪表及文化、办公用机械制造业 Manufacture of Measuring Instruments and Machinery for Cultural Activity and Office Work
1985	109.3	98.4	86.1	93.9
1986	88.4	108.0	96.0	106.1
1987	108.8	103.8	99.4	123.3
1988	105.9	122.9	104.5	115.9
1989	114.6	139.2	109.2	126.3
1990	102.5	99.2	98.5	103.8
1991	109.7	94.1	96.9	100.1
1992	108.7	103.8	100.1	101.3
1993	121.0	111.3	103.5	108.9
1994	106.4	108.8	108.9	105.3
1995	104.8	108.3	108.7	109.4
1996	103.2	103.3	95.9	100.6
1997	99.1	99.2	92.4	98.6
1998	98.8	98.8	90.4	100.1
1999	99.4	95.9	95.3	100.1
2000	98.7	97.2	95.2	99.0
2001	97.4	97.3	94.2	98.7
2002	96.8	96.5	93.1	97.9
2003	97.9	97.9	93.7	97.3
2004	98.2	103.7	95.1	98.5
2005	98.9	103.2	95.3	98.7
2006	99.5	107.4	96.6	99.2
2007	100.1	103.7	97.5	98.9
2008	101.5	101.1	98.3	100.3
2009	99.9	95.0	95.7	99.1
2010	100.3	103.2	98.3	99.1
2011	100.4	103.1	98.3	99.8
2012	99.5	97.5	97.8	100.2
2013	99.3	98.4	97.3	99.3

年份 Year	35工艺品及其他制造业 Manufacture of Artwork and Other Manufacturing	36废弃资源和废旧材料回收加工业 Recycling and Disposal of Waste	37电力、热力的生产和供应业 Production and Distribution of Electric Power and Heat Power	38燃气生产和供应业 Production and Distribution of Gas	39水的生产和供应业 Production and Distribution of Water
1985	102.3		107.4	126.8	110.2
1986	98.9		100.4	128.8	107.7
1987	102.7		108.3	106.1	102.7
1988	108.2		101.6	118.0	114.3
1989	117.6		105.9	124.2	104.0
1990	97.7		107.4	111.1	112.8
1991	102.3		116.9	111.3	116.2
1992	99.4		107.4	107.1	117.7
1993	110.8		136.0	136.7	132.4
1994	109.2		139.5	124.2	124.3
1995	106.3		109.5	110.5	118.1
1996	100.6		113.1	112.3	125.1
1997	97.9		114.0	113.6	131.8
1998	91.7		105.5	101.5	106.5
1999	94.3		100.9	98.0	115.8
2000	100.0		102.4	100.9	108.5
2001	96.5		102.3	104.6	107.6
2002	101.2		100.8	104.4	106.2
2003	102.1	111.5	100.9	103.3	105.3
2004	105.7	116.9	102.4	102.5	104.1
2005	103.9	105.3	104.2	105.2	104.0
2006	102.5	103.4	102.8	106.8	106.4
2007	104.3	104.4	102.2	104.8	104.8
2008	105.5	108.9	101.9	105.9	102.9
2009	100.5	85.0	102.4	100.5	103.2
2010	103.5	107.5	102.0	105.4	105.5
2011	105.3	111.8	101.6	109.4	102.8
2012	100.9	92.2	103.7	102.0	102.2
2013	99.2	94.0	100.2	102.1	101.9

2-1-4 全国主要产品工业生产者出厂价格指数(1993～2013年)

Producer Price Indices for Main Industrial Products (1993~2013)

(上年价格=100)

(Preceding year=100)

年 份 Year	原 煤 (无烟煤) Coal	原 油 Crude Oil	木 材 (普通锯材) Wood	水泥〔普通硅酸盐水泥(回转窑)〕 Cement	钢材 (普通大型钢材) Rolled Steel	生 铁 Pig Iron	汽 油 Gasoline	重 油 Heavy Oil
1993	136.8	184.9	136.9	151.3	252.2	210.3	165.4	157.2
1994	123.1	168.6	99.2	106.9	114.8	108.4	125.9	128.1
1995	113.7	129.9	106.6	100.2	83.9	93.6	113.1	112.8
1996	112.9	110.3	97.2	104.3	91.8	97.1	100.1	106.2
1997	108.6	104.9	99.2	94.4	95.2	96.3	104.8	112.3
1998	100.8	96.5	118.2	99.5	96.5	99.6	99.5	97.7
1999	91.3	120.3	98.5	99.2	94.2	93.3	103.0	108.9
2000	97.3	174.8	99.3	98.2	92.4	98.8	130.5	136.3
2001	102.7	89.9	99.3	99.8	97.4	99.5	89.6	92.9
2002	119.2	94.1	100.1	99.5	95.1	101.2	96.3	96.2
2003	103.9	119.8	101.0	100.1	113.0	122.9	117.1	120.7
2004	118.5	120.3	101.6	104.6	119.3	131.7	111.0	102.5
2005	129.9	131.1	104.5	99.9	101.5	103.7	121.2	120.0
2006	104.6	122.3	103.2	103.6	94.8	94.5	120.8	128.7
2007	103.6	101.9	105.2	102.7	106.2	112.9	101.4	99.6
2008	128.6	122.6	111.5	110.4	124.1	131.4	118.8	113.6
2009	102.4	65.1	101.7	98.7	80.0	79.4	102.6	87.7
2010	110.6	138.7	104.0	102.4	107.4	111.9	112.4	124.7
2011	113.7	129.3	104.2	112.7	111.6	112.8	116.4	114.0
2012	97.4	99.2	103.4	92.2	87.1	90.9	103.6	101.5
2013	89.7	94.6	101.6	95.3	93.2	93.1	97.6	96.8

2-1-5 各地区工业生产者出厂价格总指数(1987～2013年)

Producer Price Indices for Industrial Products by Region (1987~2013)

(上年价格=100) (Preceding year=100)

地 区	Region	1987	1988	1989	1990	1991	1992	1993	1994	1995	1996	1997	1998	1999
全 国	**National**	**107.9**	**115.0**	**118.6**	**104.1**	**106.2**	**106.8**	**124.0**	**119.5**	**114.9**	**102.9**	**99.7**	**95.9**	**97.6**
北 京	Beijing				107.9	105.8	107.8	128.3	111.8	116.7	103.2	100.6	95.1	97.8
天 津	Tianjin						105.2	126.3	120.4	110.2	102.8	98.3	94.7	96.4
河 北	Hebei						108.6	129.1	119.1	111.4	101.1	98.8	94.4	95.9
山 西	Shanxi				106.4	106.8	114.2	132.5	120.1	113.5	106.4	102.2	97.5	95.3
内蒙古	Inner Mongolia	107.9	110.7	121.5	105.2	108.7	109.8	133.2	112.1	109.1	101.7	101.5	98.0	100.4
辽 宁	Liaoning		122.4	121.2	103.8	119.2	111.8	138.4	119.9	109.9	102.1	100.1	95.8	102.0
吉 林	Jilin		112.9	121.5	104.5	106.4	111.4	127.9	115.7	115.0	103.8	101.4	96.9	100.1
黑龙江	Heilongjiang						111.6	141.3	127.7	116.0	104.6	102.3	97.7	107.4
上 海	Shanghai						111.4	128.1	118.1	111.5	98.6	98.9	93.9	97.6
江 苏	Jiangsu					103.2	103.6	118.5	121.4	114.1	100.7	97.9	94.5	96.1
浙 江	Zhejiang				100.4	101.8	104.8	117.3	117.5	112.3	99.5	99.2	96.0	96.8
安 徽	Anhui						108.7	125.3	120.9	117.1	101.6	99.4	96.4	92.9
福 建	Fujian						102.7	117.1	116.9	115.7	101.8	100.3	95.7	96.6
江 西	Jiangxi							115.3	124.7	114.8	104.1	101.7	98.4	96.1
山 东	Shandong			123.8	104.7	103.0	109.5	123.0	124.2	117.0	104.2	101.1	96.0	97.2
河 南	Henan			119.7	105.5	104.3	106.2	118.1	124.1	115.0	104.1	100.6	95.3	95.4
湖 北	Hubei			116.7	109.0	108.1	111.0	126.3	126.2	113.1	102.7	98.6	96.2	97.8
湖 南	Hunan			118.1	100.6	104.7	111.1	128.9	117.6	121.4	105.7	99.2	95.9	98.5
广 东	Guangdong							124.1	126.0	112.3	101.8	100.1	94.8	97.7
广 西	Guangxi	106.4			101.5	103.3	112.5	121.1	118.8	117.2	102.6	97.7	95.4	95.6
海 南	Hainan													
重 庆	Chongqing				103.4	105.1	117.2	118.4	113.4	112.4	104.1	98.0	94.6	97.7
四 川	Sichuan			117.9	103.5	105.9	106.1	127.4	114.7	112.2	102.2	101.2	97.3	97.0
贵 州	Guizhou						101.6	118.1	113.3	113.1	104.9	101.2	98.2	99.7
云 南	Yunnan					106.3	105.3	125.0	116.7	110.2	101.4	100.7	97.2	98.2
西 藏	Tibet													
陕 西	Shaanxi						107.9	119.8	119.9	112.6	104.2	103.7	96.6	97.9
甘 肃	Gansu			122.0	110.7	104.2	112.1	125.3	121.2	114.9	104.4	104.9	95.2	98.1
青 海	Qinghai			112.7	109.5	108.7	102.6	124.4	124.9	114.6	106.7	104.3	100.7	102.8
宁 夏	Ningxia											100.3	97.7	98.4
新 疆	Xinjiang						107.5	126.2	118.4	117.2	104.9	104.9	95.8	100.2

2-1-5 续表 Continued

(上年价格=100) (Preceding year=100)

地 区	Region	2000	2001	2002	2003	2004	2005	2006	2007	2008	2009	2010	2011	2012	2013
全 国	**National**	**102.8**	**98.7**	**97.8**	**102.3**	**106.1**	**104.9**	**103.0**	**103.1**	**106.9**	**94.6**	**105.5**	**106.0**	**98.3**	**98.1**
北 京	Beijing	102.5	99.4	96.6	101.5	103.0	101.3	99.1	99.7	103.3	94.4	102.2	102.3	98.4	97.4
天 津	Tianjin	102.8	95.9	95.9	102.5	104.1	100.1	100.6	101.5	104.1	92.5	105.1	103.8	97.0	97.0
河 北	Hebei	105.3	99.9	99.4	107.1	111.6	104.4	100.8	106.9	116.7	89.1	109.0	107.7	94.7	96.6
山 西	Shanxi	100.9	100.3	103.6	112.2	116.1	110.2	101.0	107.4	122.4	92.0	109.5	107.5	94.5	90.7
内蒙古	Inner Mongolia	102.8	100.1	99.3	103.2	105.1	105.1	103.0	105.7	112.5	96.2	106.7	107.8	100.2	97.0
辽 宁	Liaoning	108.8	98.6	97.8	103.6	107.1	105.1	104.1	104.4	110.9	94.0	107.4	106.5	99.9	99.0
吉 林	Jilin	105.1	100.3	98.6	102.5	105.0	104.3	101.7	102.7	104.9	96.1	105.2	105.4	99.1	98.7
黑龙江	Heilongjiang	122.9	95.9	97.8	111.9	113.1	116.7	109.9	105.3	114.0	87.4	115.0	112.0	100.0	98.0
上 海	Shanghai	102.5	96.7	96.4	101.4	103.6	101.7	100.6	101.2	102.2	93.8	102.3	102.9	98.4	98.2
江 苏	Jiangsu	101.1	99.1	97.6	102.3	106.5	102.6	101.5	102.6	104.6	95.2	107.3	106.2	97.1	98.0
浙 江	Zhejiang	101.1	98.3	96.9	100.6	105.0	102.3	103.8	102.4	104.3	94.9	106.2	105.0	97.3	98.2
安 徽	Anhui	98.9	98.6	99.8	103.5	108.2	103.3	103.1	103.6	108.4	92.8	109.0	108.3	98.3	98.2
福 建	Fujian	100.5	98.1	97.2	100.7	102.6	100.2	99.2	100.8	102.7	95.5	103.2	103.9	98.7	98.4
江 西	Jiangxi	101.0	98.1	98.5	104.0	109.7	108.8	109.7	106.2	106.4	93.0	115.3	111.3	96.5	98.5
山 东	Shandong	105.9	99.1	98.8	103.5	106.4	103.7	102.3	103.3	108.6	94.1	107.2	106.0	98.4	98.4
河 南	Henan	104.0	100.5	98.6	105.0	110.2	106.1	104.3	105.2	112.1	94.9	107.8	107.2	99.4	98.5
湖 北	Hubei	101.7	99.0	98.2	103.5	105.7	104.5	102.9	103.9	106.1	95.6	104.9	106.6	100.3	99.2
湖 南	Hunan	102.9	99.8	99.2	102.6	108.0	106.0	104.3	106.1	109.3	94.3	106.9	108.5	99.1	98.5
广 东	Guangdong	103.4	98.5	96.5	99.3	101.7	101.5	101.4	101.3	103.1	95.8	103.2	103.7	99.5	98.8
广 西	Guangxi	105.5	106.3	95.6	102.8	109.7	104.9	109.6	104.5	109.0	93.5	112.0	108.5	97.8	98.2
海 南	Hainan			98.7	99.5	100.0	99.5	100.8	102.7	104.5	90.6	107.7	108.8	100.8	99.5
重 庆	Chongqing	98.6	98.1	97.6	100.6	103.3	103.0	102.2	103.5	105.8	95.5	103.1	103.8	99.9	98.0
四 川	Sichuan	98.1	100.4	97.7	100.5	105.4	104.0	101.9	103.9	109.3	96.5	105.0	107.3	98.6	98.7
贵 州	Guizhou	100.4	102.2	98.9	103.4	108.0	107.2	104.3	105.0	112.4	95.1	104.7	105.4	101.0	97.4
云 南	Yunnan	101.2	99.9	98.2	101.4	108.8	104.5	104.6	105.7	105.8	91.5	108.8	104.7	97.9	97.5
西 藏	Tibet							106.0	101.1	105.6	98.2	105.8	104.3	99.7	99.8
陕 西	Shaanxi	101.5	100.4	100.7	105.7	107.3	110.4	109.6	102.9	108.4	96.1	108.7	107.2	100.7	97.3
甘 肃	Gansu	107.2	98.5	97.9	110.0	114.3	109.6	109.8	105.5	104.9	91.0	115.0	111.0	96.8	96.9
青 海	Qinghai	108.1	93.7	97.6	105.5	111.2	110.2	109.5	104.2	107.6	91.3	109.3	107.4	96.9	97.0
宁 夏	Ningxia	103.6	100.3	99.7	103.9	110.0	106.2	106.2	103.7	112.9	93.9	109.1	109.5	97.4	96.0
新 疆	Xinjiang	129.4	96.3	97.3	115.1	116.4	116.6	114.4	106.3	116.4	85.5	125.3	114.8	96.9	96.5

2-1-6 各地区工业生产者出厂价格分类指数(2013年)

Producer Price Indices for Industrial Products by Region (2013)

(上年价格=100) (Preceding year=100)

地 区	Region	总指数 General Index	轻工业 Light Industry	1.以农产品为原料 Processing of Agricultural Products	2.以非农产品为原料 Processing of Nonagricultural Products	重工业 Heavy Industry	1.采 掘 Mining & Quarrying Industry	2.原 料 Raw Materials Industry	3.加 工 Manufacturing Industry
全 国	**National**	**98.1**	**100.0**	**100.6**	**98.7**	**97.4**	**94.3**	**97.0**	**97.9**
北 京	Beijing	97.4	100.7	102.0	99.0	96.9	87.7	99.6	96.3
天 津	Tianjin	97.0	97.9	97.7	98.0	96.8	98.4	96.7	96.7
河 北	Hebei	96.6	100.9	101.4	98.8	95.5	95.8	95.8	95.3
山 西	Shanxi	90.7	101.5	102.0	99.8	90.2	85.5	89.4	93.8
内蒙古	Inner Mongolia	97.0	102.4	102.5	100.3	95.6	92.4	97.2	96.5
辽 宁	Liaoning	99.0	100.0	100.3	98.9	98.8	97.3	99.0	98.8
吉 林	Jilin	98.7	99.3	99.4	99.0	98.6	96.4	98.5	98.9
黑龙江	Heilongjiang	98.0	100.8	101.4	96.0	97.2	95.4	98.2	97.5
上 海	Shanghai	98.2	99.2	99.9	98.5	98.0	103.9	97.6	98.1
江 苏	Jiangsu	98.0	99.2	99.9	98.0	97.6	95.0	97.4	97.7
浙 江	Zhejiang	98.2	99.2	99.9	98.1	97.5	100.0	97.6	97.4
安 徽	Anhui	98.2	101.5	102.2	100.1	96.9	92.9	96.9	97.4
福 建	Fujian	98.4	99.4	99.6	98.9	97.5	97.4	98.6	97.1
江 西	Jiangxi	98.5	99.7	101.3	96.7	98.0	96.4	97.5	98.5
山 东	Shandong	98.4	100.1	100.5	98.9	97.7	92.3	96.8	98.6
河 南	Henan	98.5	101.8	102.1	100.0	97.3	91.8	96.8	99.1
湖 北	Hubei	99.2	101.6	101.8	101.0	98.3	96.5	97.6	98.8
湖 南	Hunan	98.5	101.3	101.6	100.0	97.5	94.4	96.5	98.3
广 东	Guangdong	98.8	99.6	100.6	99.0	98.3	96.3	98.3	98.3
广 西	Guangxi	98.2	97.7	97.1	100.9	98.4	96.3	98.9	98.2
海 南	Hainan	99.5	101.1	101.4	98.2	99.0	103.0	99.5	97.5
重 庆	Chongqing	98.0	99.6	101.0	98.3	97.4	93.9	96.8	97.8
四 川	Sichuan	98.7	100.2	101.7	94.4	98.0	97.5	98.5	97.9
贵 州	Guizhou	97.4	102.4	102.3	103.4	96.3	93.2	95.6	97.6
云 南	Yunnan	97.5	100.4	100.5	99.9	96.4	97.3	96.7	95.6
西 藏	Tibet	99.8	100.6	100.5	101.2	99.5	95.5	98.5	102.2
陕 西	Shaanxi	97.3	100.9	101.0	100.2	96.8	94.5	96.2	99.0
甘 肃	Gansu	96.9	102.5	102.7	101.2	96.3	93.8	96.6	96.7
青 海	Qinghai	97.0	104.9	106.1	101.2	96.4	96.1	95.7	97.3
宁 夏	Ningxia	96.0	99.4	100.8	89.6	95.4	91.6	95.5	96.5
新 疆	Xinjiang	96.5	99.6	100.5	94.6	96.0	95.4	96.3	96.0

2-1-6 续表 Continued

(上年价格=100)

(Preceding year=100)

地 区	Region	生产资料 Means of Production	1.采掘 Mining & Quarrying Industry	2.原料 Raw Materials Industry	3.加工 Manufacturing Industry	生活资料 Consumer Goods	1.食品 Food	2.衣着 Clothing	3.一般日用品 Articles for Daily Use	4.耐用消费品 Durable Consumer Goods
全 国	**National**	**97.4**	**94.3**	**96.9**	**98.0**	**100.2**	**100.7**	**101.2**	**99.8**	**99.1**
北 京	Beijing	96.7	87.7	99.6	95.9	100.5	102.9	97.7	99.1	99.8
天 津	Tianjin	96.5	98.4	96.6	96.2	98.9	96.1	102.4	100.3	99.4
河 北	Hebei	95.7	95.8	95.8	95.6	101.5	102.6	100.7	100.4	100.3
山 西	Shanxi	90.2	85.5	89.4	93.9	101.8	102.1	100.7	101.0	100.0
内蒙古	Inner Mongolia	95.8	92.4	97.1	97.1	102.5	102.8	101.7	101.6	98.4
辽 宁	Liaoning	98.8	97.3	98.9	99.0	99.8	100.0	100.7	99.6	99.1
吉 林	Jilin	98.0	96.4	98.1	98.3	99.8	99.6	100.5	100.8	99.8
黑龙江	Heilongjiang	97.2	95.4	97.9	97.9	101.0	101.2	104.1	100.9	97.5
上 海	Shanghai	97.9	103.9	97.6	98.0	99.2	99.9	100.2	97.5	99.7
江 苏	Jiangsu	97.5	95.0	97.0	97.7	100.1	99.5	101.8	99.5	99.3
浙 江	Zhejiang	97.6	100.0	97.3	97.8	99.6	100.1	100.5	98.6	99.4
安 徽	Anhui	96.9	92.9	96.6	97.5	101.5	102.6	102.7	101.6	99.9
福 建	Fujian	97.6	97.4	98.4	97.3	99.8	100.2	100.0	99.9	98.2
江 西	Jiangxi	98.0	96.4	97.4	98.4	100.3	100.0	101.9	99.4	100.0
山 东	Shandong	97.8	92.3	96.7	98.7	100.4	100.7	101.4	99.5	99.6
河 南	Henan	97.5	91.8	96.9	99.2	102.2	103.5	100.4	100.0	100.5
湖 北	Hubei	98.1	96.5	97.5	98.6	101.7	102.0	105.3	99.0	102.0
湖 南	Hunan	97.7	94.4	96.4	98.7	101.3	101.6	101.7	100.9	99.7
广 东	Guangdong	98.3	96.3	98.4	98.4	99.6	99.8	101.7	99.8	98.6
广 西	Guangxi	98.4	96.3	98.8	98.4	97.5	95.3	100.2	102.0	100.2
海 南	Hainan	99.1	103.0	99.8	96.4	100.7	100.3	95.1	102.3	100.7
重 庆	Chongqing	97.6	93.9	96.6	98.1	99.1	101.0	101.0	99.4	97.7
四 川	Sichuan	98.2	97.5	98.3	98.3	99.9	101.1	104.6	99.2	92.2
贵 州	Guizhou	96.1	93.2	95.7	97.0	102.4	102.3	100.2	101.6	104.8
云 南	Yunnan	96.4	97.3	96.7	95.5	100.5	100.6	101.9	99.6	102.2
西 藏	Tibet	99.4	95.5	98.6	103.0	100.4	100.4	97.4	101.8	127.2
陕 西	Shaanxi	96.8	94.5	96.1	99.0	100.6	101.0	102.5	99.6	100.5
甘 肃	Gansu	96.3	93.8	96.6	96.6	103.0	102.8	105.0	102.8	107.5
青 海	Qinghai	96.4	96.1	95.6	97.4	104.7	104.8	111.2	102.0	100.0
宁 夏	Ningxia	95.8	91.6	95.6	97.2	98.7	102.7	105.1	87.0	98.6
新 疆	Xinjiang	96.0	95.4	96.3	96.3	101.5	101.7	101.0	100.3	100.3

2-1-7 各地区按部门分工业生产者出厂价格指数（2013年）

Producer Price Indices for Industrial Products by Branch and Region (2013)

(上年价格=100) (Preceding year=100)

地 区 Region	01 冶金工业 Metallurgical Industry	02 电力工业 Power Industry	03 煤炭及炼焦工业 Coal Industry	04 石油工业 Petroleum Industry	05 化学工业 Chemical Industry	06 机械工业 Machine Building Industry	07 建筑材料工业 Building Materials Industry	08 森林工业 Timber Industry
全 国 National	**95.1**	**100.2**	**88.9**	**97.6**	**97.7**	**98.6**	**99.2**	**100.8**
北 京 Beijing	94.0	100.2	86.9	98.9	99.0	96.3	97.8	102.2
天 津 Tianjin	94.4	100.5	92.6	97.9	99.4	97.6	96.6	100.2
河 北 Hebei	93.1	100.2	87.9	97.8	98.4	98.5	98.2	100.4
山 西 Shanxi	91.7	99.7	85.3	98.3	96.4	98.0	95.8	97.8
内蒙古 Inner Mongolia	95.5	99.9	89.8	101.9	96.0	99.4	97.3	98.9
辽 宁 Liaoning	97.4	100.0	94.9	99.4	98.4	99.4	100.0	99.5
吉 林 Jilin	93.3	100.0	96.5	97.2	98.7	99.6	99.1	100.0
黑龙江 Heilongjiang	92.8	100.7	94.1	96.2	100.1	97.8	98.0	100.0
上 海 Shanghai	97.2	99.7	91.6	98.5	97.4	98.2	96.8	100.2
江 苏 Jiangsu	94.8	99.9	86.8	97.5	97.6	98.2	98.6	100.4
浙 江 Zhejiang	94.6	100.8	90.6	97.4	96.5	98.1	98.8	100.3
安 徽 Anhui	95.0	100.6	86.9	98.8	98.3	99.6	96.3	101.3
福 建 Fujian	95.3	100.7	90.6	96.4	98.2	97.3	98.5	100.4
江 西 Jiangxi	95.9	100.4	93.8	99.2	99.2	98.0	100.2	102.2
山 东 Shandong	95.4	100.6	89.0	95.4	97.7	99.3	99.3	101.1
河 南 Henan	95.9	100.8	89.1	96.4	97.0	100.1	100.5	100.8
湖 北 Hubei	95.5	100.8	93.5	97.0	98.4	99.4	98.4	102.7
湖 南 Hunan	94.3	100.8	90.1	99.2	98.0	99.5	98.8	102.9
广 东 Guangdong	97.0	99.0		96.9	98.8	98.6	100.2	100.8
广 西 Guangxi	94.3	100.5	99.0	98.5	99.9	99.7	100.4	102.8
海 南 Hainan	100.2	100.5	100.0	98.6	100.8	98.7	92.9	104.6
重 庆 Chongqing	94.8	99.9	91.2	100.6	97.2	98.3	98.0	100.6
四 川 Sichuan	94.1	100.5	94.3	103.0	97.6	98.5	99.5	101.3
贵 州 Guizhou	93.6	100.7	86.9	106.4	96.0	101.8	103.1	106.5
云 南 Yunnan	94.8	99.1	94.7	101.5	95.7	100.2	96.0	102.4
西 藏 Tibet	95.3	100.0	109.1		100.1	100.0	103.4	88.0
陕 西 Shaanxi	95.0	101.0	87.2	97.6	97.5	100.4	98.7	102.2
甘 肃 Gansu	93.5	99.7	90.0	98.2	97.5	96.5	101.1	105.8
青 海 Qinghai	96.4	101.8	87.2	97.1	95.6	98.9	102.8	100.0
宁 夏 Ningxia	95.4	99.7	89.6	97.7	92.9	98.2	99.6	100.6
新 疆 Xinjiang	93.2	100.1	92.9	96.5	93.3	101.3	95.2	100.4

2-1-7 续表 Continued

(上年价格=100) (Preceding year=100)

地 区	Region	09 食品工业 Food Industry	10 纺织工业 Textile Industry	11 缝纫工业 Tailoring Industry	12 皮革工业 Leather Industry	13 造纸工业 Paper Industry	14 文教艺术用品工业 Cultural, Educational & Handicrafts Articles	15 其他工业 Other Industry
全 国	**National**	**101.2**	**99.6**	**101.2**	**102.0**	**97.7**	**99.5**	**99.8**
北 京	Beijing	103.4	103.4	97.5	100.1	97.7	99.1	99.1
天 津	Tianjin	96.2	100.5	102.7	101.6	97.8	93.0	98.5
河 北	Hebei	102.9	99.5	101.2	101.2	98.6	100.2	100.2
山 西	Shanxi	102.4	100.7	100.7	115.2	97.1	98.4	98.0
内蒙古	Inner Mongolia	102.7	104.2	102.0	98.5	97.6	101.4	96.6
辽 宁	Liaoning	100.5	99.9	100.7	100.7	98.8	96.8	96.8
吉 林	Jilin	99.6	99.0	100.6	103.0	99.5	99.9	99.4
黑龙江	Heilongjiang	101.4	100.5	100.7	112.7	98.1	101.2	101.4
上 海	Shanghai	100.3	98.6	100.2	101.1	97.8	98.9	94.2
江 苏	Jiangsu	99.5	99.2	101.6	103.5	97.7	100.8	100.9
浙 江	Zhejiang	100.4	99.8	100.3	101.8	96.4	99.4	100.2
安 徽	Anhui	102.4	99.8	104.5	101.9	100.6	98.8	104.7
福 建	Fujian	100.3	97.3	100.0	100.1	97.7	99.9	100.3
江 西	Jiangxi	101.2	100.1	102.6	101.0	97.9	100.5	100.8
山 东	Shandong	101.1	99.9	101.7	100.8	97.5	99.7	99.7
河 南	Henan	103.6	99.5	99.5	104.1	99.1	102.5	99.1
湖 北	Hubei	102.0	99.4	105.4	101.6	100.6	100.5	99.0
湖 南	Hunan	102.2	99.0	102.0	102.1	97.7	100.3	101.4
广 东	Guangdong	100.9	98.6	101.2	103.1	96.8	99.2	99.7
广 西	Guangxi	96.0	103.1	98.4	104.1	96.2	100.6	103.6
海 南	Hainan	101.3	93.9	92.3	135.2	101.8	99.9	97.4
重 庆	Chongqing	101.8	99.8	100.8	101.4	98.0	99.9	100.1
四 川	Sichuan	101.3	101.9	101.7	106.6	97.9	100.0	102.3
贵 州	Guizhou	102.3	97.4	100.2		102.5	100.0	101.5
云 南	Yunnan	100.6	102.7	101.0		98.3	99.3	100.9
西 藏	Tibet	100.5	100.0	93.9	106.0	101.7	100.0	101.5
陕 西	Shaanxi	100.9	103.4	102.8	99.9	98.6	97.6	103.4
甘 肃	Gansu	103.0	100.1	105.4	101.4	96.0	105.5	99.1
青 海	Qinghai	106.0	102.3	109.0	139.0	102.0	108.2	100.2
宁 夏	Ningxia	103.0	99.4	100.5	107.8	98.2	101.6	96.3
新 疆	Xinjiang	102.2	96.8	101.6	106.7	99.5	100.1	98.8

2-1-8 各地区按行业分工业生产者出厂价格指数（2013年）

Producer Price Indices for Industrial Products by Sector and Region (2013)

(上年价格=100) (Preceding year=100)

地 区	Region	1煤炭开采和洗选业 Mining and Washing of Coal	2石油和天然气开采业 Extraction of Petroleum and Natural Gas	3黑色金属矿采选业 Mining and Processing of Ferrous Metal Ores	4有色金属矿采选业 Mining and Processing of Non-Ferrous Metal Ores	5非金属矿采选业 Mining and Processing of Nonmetal Ores
全 国	**National**	**88.7**	**96.5**	**97.0**	**95.7**	**100.6**
北 京	Beijing	86.8		99.1		100.0
天 津	Tianjin	92.9	98.3	95.4		102.0
河 北	Hebei	84.7	95.3	97.1	95.6	100.1
山 西	Shanxi	85.4	100.9	95.6	89.2	97.5
内蒙古	Inner Mongolia	90.3	90.0	96.6	95.8	100.7
辽 宁	Liaoning	93.7	97.3	95.7	97.9	101.5
吉 林	Jilin	96.6	97.2	92.0	92.1	99.3
黑龙江	Heilongjiang	97.0	95.2	97.2	92.7	96.9
上 海	Shanghai		103.9			
江 苏	Jiangsu	85.7	94.2	97.3	91.1	100.5
浙 江	Zhejiang	90.4		95.3	94.5	102.6
安 徽	Anhui	86.8		99.3	97.4	98.5
福 建	Fujian	90.6		101.2	97.2	98.9
江 西	Jiangxi	92.8		98.9	96.3	99.6
山 东	Shandong	88.2	92.5	95.3	95.2	100.4
河 南	Henan	88.0	94.3	95.5	95.9	103.8
湖 北	Hubei	92.1	94.8	97.4	94.1	98.8
湖 南	Hunan	89.5		101.2	95.8	98.6
广 东	Guangdong		93.6	99.3	102.1	100.0
广 西	Guangxi	98.9		95.2	95.2	99.1
海 南	Hainan		103.3	109.3	81.6	104.6
重 庆	Chongqing	91.5	100.0	90.7	97.2	99.5
四 川	Sichuan	94.9	103.4	94.1	89.7	102.8
贵 州	Guizhou	85.8		99.2	96.2	92.2
云 南	Yunnan	93.2	100.0	100.1	97.7	103.3
西 藏	Tibet			101.9	92.1	100.9
陕 西	Shaanxi	87.8	98.9	99.3	95.3	99.7
甘 肃	Gansu	90.0	94.6	102.9	99.3	102.1
青 海	Qinghai	90.4	96.8	98.7	96.7	102.0
宁 夏	Ningxia	89.3	105.3	88.2		100.0
新 疆	Xinjiang	92.3	95.4	101.5	93.9	100.3

2-1-8 续表 1 Continued 1

(上年价格=100) (Preceding year=100)

地 区 Region	6其他采矿业 Mining of Other Ores	7农副食品加工业 Processing of Food from Agricultural Products	8食品制造业 Manufacture of Foods	9饮料制造业 Manufacture of Beverages	10烟草制品业 Manufacture of Tobacco
全 国 National	**100.0**	**101.2**	**101.7**	**100.1**	**100.4**
北 京 Beijing		105.8	101.6	101.4	100.1
天 津 Tianjin		90.8	101.0	100.6	100.4
河 北 Hebei		102.9	103.5	102.0	99.5
山 西 Shanxi		102.6	103.8	101.1	100.5
内蒙古 Inner Mongolia		101.6	104.1	102.5	99.4
辽 宁 Liaoning		100.6	100.7	98.9	99.2
吉 林 Jilin		99.4	101.5	98.0	97.8
黑龙江 Heilongjiang		101.2	102.4	100.5	102.0
上 海 Shanghai		99.0	101.9	95.9	100.6
江 苏 Jiangsu		98.6	101.8	100.2	100.4
浙 江 Zhejiang		100.0	101.0	100.1	100.4
安 徽 Anhui		103.9	98.9	101.2	100.2
福 建 Fujian		100.4	99.5	100.8	100.3
江 西 Jiangxi		102.1	101.1	98.6	100.1
山 东 Shandong		100.9	99.5	101.1	100.1
河 南 Henan		103.6	105.5	99.3	100.5
湖 北 Hubei		102.1	101.0	102.4	102.2
湖 南 Hunan		103.6	102.8	101.0	99.8
广 东 Guangdong		101.5	100.5	100.5	100.3
广 西 Guangxi		94.0	101.9	102.4	100.7
海 南 Hainan		102.9	99.5	98.3	100.2
重 庆 Chongqing		103.1	100.4	100.5	100.4
四 川 Sichuan	100.0	103.3	102.6	97.8	100.4
贵 州 Guizhou		107.0	101.9	102.1	100.9
云 南 Yunnan		100.9	101.8	102.6	100.2
西 藏 Tibet		103.2	111.3	98.9	
陕 西 Shaanxi		102.0	101.5	99.0	100.2
甘 肃 Gansu		102.0	107.4	100.9	104.5
青 海 Qinghai		109.6	103.5	104.4	
宁 夏 Ningxia		104.5	94.3	100.4	100.8
新 疆 Xinjiang		102.4	103.1	102.1	100.0

2-1-8 续表 2 Continued 2

(上年价格=100) (Preceding year=100)

地 区 Region	11纺织业 Manufacture of Textile	12纺织服装、鞋、帽制造业 Manufacture of Textile Wearing Apparel,	13皮革、毛皮、羽毛(绒)及其制品业 Manufacture of Leather, Fur, Feather and Related Products	14木材加工及木、竹、藤、棕、草制品业 Processing of Timber, Manufacture of Wood,	15家具制造业 Manufacture of Furniture
全 国 National	**99.8**	**101.1**	**102.4**	**100.8**	**100.5**
北 京 Beijing	96.8	99.4	100.1	100.1	102.4
天 津 Tianjin	100.0	103.2	101.5	100.2	99.4
河 北 Hebei	99.6	101.1	101.3	100.6	99.4
山 西 Shanxi	100.6	100.8	115.2	97.7	100.2
内蒙古 Inner Mongolia	103.5	98.8	98.3	99.0	98.2
辽 宁 Liaoning	100.2	100.6	100.7	99.8	99.4
吉 林 Jilin	99.2	100.9	102.9	99.9	101.0
黑龙江 Heilongjiang	100.5	100.7	112.6	99.8	100.3
上 海 Shanghai	98.8	100.1	101.9	100.3	99.8
江 苏 Jiangsu	99.5	101.6	103.6	100.3	100.7
浙 江 Zhejiang	99.9	100.0	102.1	100.7	99.3
安 徽 Anhui	100.2	102.2	109.4	101.3	100.4
福 建 Fujian	98.1	99.9	100.1	100.9	98.8
江 西 Jiangxi	100.9	102.8	101.9	102.3	101.6
山 东 Shandong	100.0	101.9	101.0	101.0	101.9
河 南 Henan	99.5	98.6	104.2	100.8	100.3
湖 北 Hubei	99.6	105.3	101.5	102.6	104.3
湖 南 Hunan	99.1	103.1	102.1	104.1	99.1
广 东 Guangdong	99.5	101.2	103.2	98.7	101.0
广 西 Guangxi	103.2	95.0	106.5	102.8	102.4
海 南 Hainan	82.5	100.0	135.2	101.2	106.2
重 庆 Chongqing	100.0	100.4	101.8	100.2	100.8
四 川 Sichuan	102.0	101.2	108.3	100.8	101.7
贵 州 Guizhou	97.4	100.2		106.5	100.1
云 南 Yunnan	102.5	101.4	100.0	102.4	100.0
西 藏 Tibet	100.0	93.9	106.0	87.7	127.2
陕 西 Shaanxi	103.2	103.3	99.9	102.7	99.6
甘 肃 Gansu	100.2	105.7	101.4	93.7	109.3
青 海 Qinghai	103.4	111.7	139.0		100.0
宁 夏 Ningxia	99.4	101.7	107.8	100.7	100.6
新 疆 Xinjiang	97.0	104.5	108.1	100.7	100.4

2-1-8 续表 3 Continued 3

(上年价格=100) (Preceding year=100)

地 区	Region	16造纸及纸制品业 Manufacture of Paper and Paper Products	17印刷业和记录媒介的复制 Printing, Reproduction of Recording Media	18文教体育用品制造业 Manufacture of Articles For Culture, Education and	19石油加工、炼焦及核燃料加工业 Processing of Petroleum, Coking, Processing of Nuclear Fuel	20化学原料及化学制品制造业 Manufacture of Raw Chemical Materials and Chemical Products
全 国	**National**	**97.7**	**99.5**	**100.2**	**96.3**	**96.7**
北 京	Beijing	97.7	99.6	100.2	98.0	99.0
天 津	Tianjin	97.8	95.9	101.8	96.6	98.3
河 北	Hebei	98.6	99.9	101.7	95.9	96.6
山 西	Shanxi	97.1	97.5	100.0	85.1	95.3
内蒙古	Inner Mongolia	97.6	101.4	100.4	89.1	94.2
辽 宁	Liaoning	98.8	98.3	95.2	99.8	97.5
吉 林	Jilin	99.5	101.6	100.4	96.1	97.9
黑龙江	Heilongjiang	98.1	104.0	100.0	96.1	99.1
上 海	Shanghai	97.8	98.0	100.1	98.2	96.8
江 苏	Jiangsu	97.7	99.7	100.7	96.5	97.0
浙 江	Zhejiang	96.4	99.7	99.4	97.0	95.9
安 徽	Anhui	100.6	97.8	101.3	96.4	97.3
福 建	Fujian	97.7	100.4	99.9	96.1	97.9
江 西	Jiangxi	97.9	100.2	100.6	98.0	98.7
山 东	Shandong	97.5	100.0	99.6	95.5	96.7
河 南	Henan	99.1	100.3	112.7	95.6	93.5
湖 北	Hubei	100.6	100.5	103.3	97.2	97.1
湖 南	Hunan	97.7	100.4	100.0	98.3	97.3
广 东	Guangdong	96.8	99.2	100.0	97.4	98.1
广 西	Guangxi	96.2	100.1	103.4	98.0	99.1
海 南	Hainan	101.8	95.1	101.0	98.3	99.4
重 庆	Chongqing	98.0	98.7	100.1	92.9	96.2
四 川	Sichuan	97.9	100.0	100.0	96.5	96.1
贵 州	Guizhou	102.5	99.8	102.4	85.0	93.3
云 南	Yunnan	98.3	99.3	100.0	91.9	93.3
西 藏	Tibet	101.7	100.0			100.0
陕 西	Shaanxi	98.6	97.6	97.4	94.2	94.1
甘 肃	Gansu	96.0	105.5		99.1	96.3
青 海	Qinghai	102.0	108.2		83.3	94.9
宁 夏	Ningxia	98.2	101.6		95.5	94.4
新 疆	Xinjiang	99.5	100.1		97.4	91.2

2-1-8 续表 4 Continued 4

(上年价格=100) (Preceding year=100)

地 区	Region	21医药制造业 Manufacture of Medicines	22化学纤维制造业 Manufacture of Chemical Fibers	23橡胶制品业 Manufacture of Rubber	24塑料制品业 Manufacture of Plastics	25非金属矿物制品业 Manufacture of Non-metallic Mineral Products
全 国	**National**	**100.6**	**95.6**	**97.1**	**99.7**	**99.0**
北 京	Beijing	99.6	99.8	95.0	99.0	98.0
天 津	Tianjin	100.9	96.2	97.3	102.1	96.9
河 北	Hebei	102.4	94.6	100.0	98.6	98.2
山 西	Shanxi	102.8	98.0	93.0	100.4	96.1
内蒙古	Inner Mongolia	102.0		100.0	97.7	96.2
辽 宁	Liaoning	100.8	91.5	96.9	100.1	99.3
吉 林	Jilin	101.3	93.6	99.3	100.0	99.1
黑龙江	Heilongjiang	101.4	99.1	95.3	100.0	98.3
上 海	Shanghai	97.3	98.1	97.4	99.8	97.1
江 苏	Jiangsu	99.2	96.3	98.9	100.2	98.7
浙 江	Zhejiang	96.7	95.4	94.0	99.0	98.5
安 徽	Anhui	102.2	97.2	94.9	100.7	96.4
福 建	Fujian	101.1	96.1	95.7	99.7	98.5
江 西	Jiangxi	100.3	93.8	100.5	100.0	100.1
山 东	Shandong	101.8	95.1	96.6	100.5	99.1
河 南	Henan	103.0	90.5	98.5	101.2	99.7
湖 北	Hubei	101.0	97.5	99.6	100.8	98.5
湖 南	Hunan	99.5	93.9	99.8	99.2	99.0
广 东	Guangdong	101.3	97.3	98.2	99.2	100.4
广 西	Guangxi	102.2		99.5	101.3	100.6
海 南	Hainan	102.8	100.2	85.7	102.6	92.9
重 庆	Chongqing	100.8	89.9	95.0	99.5	97.9
四 川	Sichuan	99.7	90.8	99.3	99.5	99.0
贵 州	Guizhou	102.1		95.3	98.8	102.8
云 南	Yunnan	100.9	100.3	102.7	101.0	96.1
西 藏	Tibet	100.1				103.4
陕 西	Shaanxi	101.6	98.2	99.4	99.7	98.9
甘 肃	Gansu	102.0		98.0	100.2	99.5
青 海	Qinghai	101.7		102.5	104.5	102.4
宁 夏	Ningxia	93.8		87.2	99.6	98.2
新 疆	Xinjiang	104.4	93.9	102.1	99.7	95.2

2-1-8 续表 5 Continued 5

(上年价格=100)

(Preceding year=100)

地 区	Region	26黑色金属冶炼及压延加工业 Smelting and Pressing of Ferrous Metals	27有色金属冶炼及压延加工业 Smelting and Pressing of Non-ferrous Metals	28金属制品业 Manufacture of Metal Products	29通用设备制造业 Manufacture of General Purpose Machinery	30专用设备制造业 Manufacture of Special Purpose Machinery
全 国	**National**	**93.8**	**94.6**	**98.3**	**98.9**	**100.2**
北 京	Beijing	91.6	89.2	96.9	98.9	100.9
天 津	Tianjin	94.2	94.9	96.1	100.5	97.3
河 北	Hebei	92.1	93.6	97.3	99.2	99.1
山 西	Shanxi	90.7	95.1	99.4	98.4	98.7
内蒙古	Inner Mongolia	95.9	94.1	99.0	100.1	100.9
辽 宁	Liaoning	97.5	95.5	99.5	99.5	100.0
吉 林	Jilin	90.3	98.3	99.3	99.6	100.2
黑龙江	Heilongjiang	90.7	92.0	98.8	97.0	99.3
上 海	Shanghai	98.4	93.8	96.7	97.8	99.6
江 苏	Jiangsu	92.9	95.1	98.1	98.5	101.8
浙 江	Zhejiang	92.7	94.2	97.3	98.0	99.3
安 徽	Anhui	93.5	96.1	96.4	99.2	99.2
福 建	Fujian	92.5	94.3	99.1	99.5	100.4
江 西	Jiangxi	96.3	95.6	95.5	99.3	101.5
山 东	Shandong	92.9	95.4	99.3	99.2	100.3
河 南	Henan	97.0	94.6	97.2	98.8	101.0
湖 北	Hubei	94.9	93.2	99.9	98.1	101.2
湖 南	Hunan	95.0	92.4	97.5	99.7	99.5
广 东	Guangdong	92.4	95.5	99.3	99.5	98.9
广 西	Guangxi	93.9	93.7	100.9	97.7	99.9
海 南	Hainan	93.2	100.6	94.6	99.8	99.4
重 庆	Chongqing	93.6	95.3	97.9	99.2	100.8
四 川	Sichuan	93.0	93.0	99.3	99.7	101.6
贵 州	Guizhou	93.6	92.5	96.5	100.0	104.3
云 南	Yunnan	93.1	94.9	98.5	100.0	100.4
西 藏	Tibet					
陕 西	Shaanxi	95.2	93.9	98.7	99.9	99.0
甘 肃	Gansu	95.2	91.4	103.3	98.8	86.7
青 海	Qinghai	95.2	96.7	98.4	99.8	101.3
宁 夏	Ningxia	95.7	95.1	97.1	99.9	98.2
新 疆	Xinjiang	91.6	93.2	95.2	99.7	99.3

(上年价格=100) (Preceding year=100)

地 区	Region	31交通运输设备制造业 Manufacture of Transport Equipment	32电气机械及器材制造业 Manufacture of Electrical Machinery and Equipment	33通信设备、计算机及其他电子设备制造业 Manufacture of Communication Equipment, Computers and	34仪器仪表及文化、办公用机械制造业 Manufacture of Measuring Instruments and Machinery for
全 国	**National**	**99.3**	**98.4**	**97.3**	**99.3**
北 京	Beijing	99.1	97.7	92.4	98.8
天 津	Tianjin	100.3	97.9	94.1	90.2
河 北	Hebei	99.7	97.9	91.4	100.5
山 西	Shanxi	97.4	99.0	95.9	98.7
内蒙古	Inner Mongolia	98.8	97.2	100.0	100.0
辽 宁	Liaoning	98.9	98.8	100.7	98.3
吉 林	Jilin	99.5	98.8	100.2	98.5
黑龙江	Heilongjiang	98.3	97.0	99.6	97.8
上 海	Shanghai	98.4	97.5	98.3	99.6
江 苏	Jiangsu	98.8	97.1	97.7	100.2
浙 江	Zhejiang	98.7	97.7	97.3	98.1
安 徽	Anhui	100.1	99.5	98.8	99.8
福 建	Fujian	100.2	99.2	93.8	100.5
江 西	Jiangxi	99.7	94.6	100.5	100.5
山 东	Shandong	99.9	99.1	97.9	100.1
河 南	Henan	101.9	99.5	96.1	99.9
湖 北	Hubei	99.9	100.9	95.5	99.5
湖 南	Hunan	99.8	99.3	98.2	100.4
广 东	Guangdong	98.6	99.4	98.0	99.1
广 西	Guangxi	100.3	97.6	99.3	95.9
海 南	Hainan	99.6	93.2	100.0	
重 庆	Chongqing	98.3	97.9	96.9	99.7
四 川	Sichuan	99.6	98.5	92.4	102.3
贵 州	Guizhou	100.4	103.5	103.0	99.1
云 南	Yunnan	101.3	98.7	97.5	100.1
西 藏	Tibet	100.0			
陕 西	Shaanxi	100.3	102.9	99.6	99.9
甘 肃	Gansu	102.6	97.1	104.6	100.2
青 海	Qinghai	99.6	96.9	89.5	100.0
宁 夏	Ningxia	99.7	95.1	99.5	100.7
新 疆	Xinjiang	99.8	101.9	99.9	100.0

2-1-8 续表 7 Continued 7

(上年价格=100) (Preceding year=100)

地 区 Region		35工艺品及其他制造业 Manufacture of Artwork and Other Manufacturing	36废弃资源和废旧材料回收加工业 Recycling and Disposal of Waste	37电力、热力的生产和供应业 Production and Distribution of Electric Power and Heat Power	38燃气生产和供应业 Production and Distribution of Gas	39水的生产和供应业 Production and Distribution of Water
全 国	**National**	**99.2**	**94.0**	**100.2**	**102.1**	**101.9**
北 京	Beijing	98.5	98.5	100.2	104.8	100.0
天 津	Tianjin	97.4	87.2	100.5	101.3	100.8
河 北	Hebei	99.9	88.9	100.2	105.1	104.3
山 西	Shanxi	99.4		99.7	100.1	101.0
内蒙古	Inner Mongolia	97.4	65.6	99.9	108.0	102.0
辽 宁	Liaoning	99.3	91.6	100.0	100.3	99.1
吉 林	Jilin	99.8	100.1	100.0	105.6	100.1
黑龙江	Heilongjiang	90.6	100.0	100.7	104.3	103.4
上 海	Shanghai	89.4	91.2	99.8	93.8	104.7
江 苏	Jiangsu	101.5	92.8	99.6	101.6	102.2
浙 江	Zhejiang	100.4	87.7	100.7	100.5	100.2
安 徽	Anhui	104.7	89.9	100.6	101.9	102.0
福 建	Fujian	99.9	91.4	100.7	99.8	100.5
江 西	Jiangxi	101.8	97.6	100.4	100.4	101.1
山 东	Shandong	100.3	100.0	100.6	101.6	100.3
河 南	Henan	101.3		100.8	101.0	100.5
湖 北	Hubei	91.8	90.4	101.0	102.0	103.2
湖 南	Hunan	102.4	91.6	100.8	103.1	103.9
广 东	Guangdong	98.3	99.5	99.0	98.0	101.5
广 西	Guangxi	101.0		100.5	103.7	107.0
海 南	Hainan	93.4		100.6	107.1	99.2
重 庆	Chongqing	99.3	89.1	99.9	101.7	100.8
四 川	Sichuan	99.3	89.3	100.6	104.8	103.7
贵 州	Guizhou		76.7	100.7	115.5	105.4
云 南	Yunnan	99.2	100.0	99.1	130.0	103.5
西 藏	Tibet	107.5		100.0		100.0
陕 西	Shaanxi	99.5	100.0	101.1	100.0	109.2
甘 肃	Gansu	102.9		99.7	108.3	102.2
青 海	Qinghai	97.0		101.8	100.0	110.9
宁 夏	Ningxia			99.7	104.9	101.3
新 疆	Xinjiang	99.6		100.1	101.5	101.2

2-1-9 各地区按行业中类分工业生产者出厂价格指数(2013年)

Producer price index for industrial products in the category by Region(2013)

(上年价格＝100) (preceding year=100)

地区 Region	烟煤和无烟煤的开采洗选产品 Bituminous coal and anthracite coal mining products	褐煤的开采洗选产品 The exploitation of lignite coal products	其他煤炭采选产品 Other coal products	天然原油和天然气开采产品 Natural crude oil and natural gas products	铁矿采选 Iron ore selection	其他黑色金属矿采选产品 Other black metalliferous ore selection product
全　国 National	**88.5**	**90.4**	**90.6**	**95.8**	**96.9**	**97.4**
北　京 Beijing	86.8				99.1	
天　津 Tianjin			92.9	93.5	95.4	
河　北 Hebei	84.7			95.3	97.1	
山　西 Shanxi	85.4			100.9	95.2	99.3
内蒙古 Inner Mongolia	91.0	89.0	100.9	90.0	96.8	68.6
辽　宁 Liaoning	93.7	91.3		95.4	95.6	101.6
吉　林 Jilin	97.0	93.7		97.2	92.0	
黑龙江 Heilongjiang	97.0	106.4	100.0	95.1	97.2	
上　海 Shanghai		85.7	90.4	86.8	90.6	92.8
江　苏 Jiangsu						
浙　江 Zhejiang						
安　徽 Anhui	103.9	94.2				
福　建 Fujian		97.3	95.3	99.4	101.2	98.9
江　西 Jiangxi				86.8	100.8	
山　东 Shandong						
河　南 Henan	88.0		94.6	94.3	95.5	
湖　北 Hubei	92.0		105.3	94.8	95.2	100.0
湖　南 Hunan	89.5				105.2	96.1
广　东 Guangdong				93.6	99.3	107.2
广　西 Guangxi	101.9	88.7			94.5	95.5
海　南 Hainan				103.3	109.3	
重　庆 Chongqing	91.4	95.3	93.8	100.0		90.1
四　川 Sichuan	94.9		106.8	103.4	94.0	97.6
贵　州 Guizhou	85.4	110.4			100.9	98.7
云　南 Yunnan	92.5	97.3	101.1	100.0	99.5	105.3
西　藏 Tibet					103.7	101.4
陕　西 Shaanxi	87.8			98.7	99.4	98.7
甘　肃 Gansu	90.0	90.8		94.6	103.5	93.4
青　海 Qinghai	90.4			96.8	98.5	101.6
宁　夏 Ningxia	89.3			105.3	88.2	
新　疆 Xinjiang	92.3		93.2	95.4	102.1	95.2

2-1-9 续表 1 continued 1

(上年价格=100)

(preceding year=100)

地 区 Region	常用有色金属矿采选产品 Commonly used colored metalliferous ore selection product	贵金属矿采选品 Precious metal ore selection	稀有稀土金属矿采选产品 Rare rare earth metalliferous ore selection product	土沙石开采产品 Earth grit mining product	化学矿采选产品 Chemistry ore selection product	采盐产品 Picks the salty product
全 国 National	**97.5**	**92.8**	**97.2**	**101.5**	**97.3**	**100.9**
北 京 Beijing				100.0		
天 津 Tianjin				100.0		102.4
河 北 Hebei	99.2	93.8	94.4	100.1	93.4	102.6
山 西 Shanxi	91.1	84.8		97.5		
内蒙古 Inner Mongolia	96.3	89.5	99.9	100.0	80.1	101.9
辽 宁 Liaoning	98.7	91.2	97.5	102.5	100.3	100.4
吉 林 Jilin	97.1	87.6	100.0	99.0		
黑龙江 Heilongjiang	95.4		90.9	102.3		
上 海 Shanghai						
江 苏 Jiangsu	91.1			101.3	103.1	95.3
浙 江 Zhejiang	94.5			102.9		
安 徽 Anhui	99.7	85.7		99.2	96.0	87.7
福 建 Fujian	96.9	93.0	101.1	97.8	97.5	122.9
江 西 Jiangxi	96.1	84.5	99.5	99.1	100.0	86.6
山 东 Shandong	94.4	95.2		105.0		102.3
河 南 Henan	105.9	92.3	92.4	104.6	92.2	96.5
湖 北 Hubei	95.4	88.2	92.0	100.1	95.9	94.9
湖 南 Hunan	95.8	83.9	102.9	99.9	79.3	96.7
广 东 Guangdong	104.8		95.0	100.6	85.8	100.0
广 西 Guangxi	95.0	87.7	101.7	95.3	99.7	100.0
海 南 Hainan	81.1	82.3	96.9	110.7		104.5
重 庆 Chongqing	97.2			99.6	99.3	
四 川 Sichuan	91.5	83.7	65.0	104.3	97.8	100.7
贵 州 Guizhou	100.0	94.6			92.3	
云 南 Yunnan	97.8	92.8	104.6	99.4	103.4	
西 藏 Tibet	91.7		100.1	107.2	100.1	
陕 西 Shaanxi	93.5	96.1	99.0	101.1	97.7	100.9
甘 肃 Gansu	99.5	93.5	98.3	98.1	90.3	
青 海 Qinghai	96.7			103.8	99.6	93.8
宁 夏 Ningxia				100.0		
新 疆 Xinjiang	96.5	87.2	101.8	99.9	110.9	100.6

(上年价格＝100) (preceding year=100)

地 区 Region	石棉及其他非金属矿采选产品 Asbestos and other nonmetalliferous ore selection product	谷物磨制产品 Grain grinding product	饲料加工 Feed processing	植物油加工产品 Vegetable oil processed products	糖制品 Sugar product	屠宰及肉类加工产品 Slaughtering and meats processed products
全 国 National	**98.2**	**104.6**	**105.1**	**95.5**	**88.8**	**102.6**
北 京 Beijing		110.3	103.2	104.7		107.2
天 津 Tianjin		102.0	107.2	84.7		90.0
河 北 Hebei	99.0	113.0	106.3	96.7	89.5	106.0
山 西 Shanxi		109.2	104.4	98.4	89.2	102.1
内蒙古 Inner Mongolia	109.1	101.6	101.3	97.9	90.3	102.4
辽 宁 Liaoning	99.7	105.7	103.1	96.5	89.4	100.5
吉 林 Jilin	100.0	101.8	102.6	97.9		101.4
黑龙江 Heilongjiang	90.5	100.9	107.5	99.2	88.8	103.6
上 海 Shanghai		101.7	112.0	92.2		100.2
江 苏 Jiangsu		104.0	105.4	92.3	86.2	100.8
浙 江 Zhejiang	97.5	100.5	103.3	93.4		101.8
安 徽 Anhui	100.9	103.2	103.1	103.6		106.2
福 建 Fujian	100.0	100.6	102.2	92.5	90.3	104.5
江 西 Jiangxi	103.3	98.4	106.6	98.5	96.6	99.5
山 东 Shandong	93.7	108.0	107.5	97.1	89.4	100.4
河 南 Henan	101.1	106.8	104.9	99.4	97.8	101.9
湖 北 Hubei		103.0	104.9	99.1		102.7
湖 南 Hunan	98.4	103.1	105.4	99.9	86.6	108.9
广 东 Guangdong		104.1	107.6	91.9	90.6	105.6
广 西 Guangxi	107.3	103.6	103.7	86.9	87.0	102.0
海 南 Hainan		104.8	104.7		93.0	111.9
重 庆 Chongqing	100.0	102.1	108.3	95.2	100.0	102.7
四 川 Sichuan	99.6	101.5	102.2	96.6	93.4	105.7
贵 州 Guizhou	91.8	127.3	104.1	99.5		110.0
云 南 Yunnan		101.8	101.9	105.2	95.1	106.9
西 藏 Tibet		105.8		103.0		100.9
陕 西 Shaanxi	96.7	107.6	103.1	96.3		102.2
甘 肃 Gansu	103.3	108.0	102.0	98.5	86.8	105.0
青 海 Qinghai	103.1	111.4	107.5	106.8		106.1
宁 夏 Ningxia		103.3	104.5	92.1		111.9
新 疆 Xinjiang	98.0	111.0	107.7	100.6	86.4	104.6

2-1-9 续表 3 continued 3

(上年价格＝100) (preceding year=100)

地区	Region	水产品加工产品 Aquatic product processed products	蔬菜、水果和坚果加工产品 Vegetables, fruit and nut processed products	其他农副食品加工产品 Other agricultural non-staple food product processed products	焙烤食品 Bakery product	糖果、巧克力及蜜饯制品 Candy, chocolate and dry fruit product	方便食品 Convenience food
全 国	**National**	**99.5**	**101.8**	**99.6**	**101.4**	**100.5**	**102.8**
北 京	Beijing	100.0	100.0	104.4	102.4	99.9	100.8
天 津	Tianjin	100.0	100.0	100.7	100.4	101.6	100.0
河 北	Hebei	101.0	102.8	96.5	103.0	99.7	103.5
山 西	Shanxi		101.9	103.8	99.9	100.2	99.2
内蒙古	Inner Mongolia		99.1	105.7	101.1		100.0
辽 宁	Liaoning	95.8	103.1	100.1	100.6	99.5	100.7
吉 林	Jilin	97.7	98.5	96.1	101.7	100.0	100.9
黑龙江	Heilongjiang	100.0	100.6	101.4	101.0	93.9	99.6
上 海	Shanghai	100.0	105.4	101.1	100.4	107.5	100.3
江 苏	Jiangsu	105.4	94.9	99.7	100.1	103.4	101.6
浙 江	Zhejiang	99.9	101.9	101.4	104.1	100.4	101.7
安 徽	Anhui	98.9	105.0	105.9	101.1	99.5	100.2
福 建	Fujian	101.7	101.9	100.8	99.4	100.1	101.1
江 西	Jiangxi	104.4	101.7	99.9	99.9	99.3	101.8
山 东	Shandong	98.0	102.6	99.7	101.0	100.9	102.6
河 南	Henan	108.2	98.7	99.4	103.3	98.7	104.6
湖 北	Hubei	102.0	98.4	104.6	101.2	104.1	101.7
湖 南	Hunan	101.5	100.9	100.5	101.6	103.3	108.4
广 东	Guangdong	103.9	99.0	98.8	101.3	98.6	100.3
广 西	Guangxi	110.9	106.7	105.3	101.5	100.0	103.5
海 南	Hainan	105.4	95.7	105.9	100.7	99.4	100.0
重 庆	Chongqing		101.1	99.7	100.4	102.5	100.2
四 川	Sichuan		104.0	103.2	100.7	98.6	103.4
贵 州	Guizhou	110.4	104.5	101.8	100.0	100.0	100.8
云 南	Yunnan	104.5	103.8	111.0	102.1	100.4	101.4
西 藏	Tibet			100.0	99.5		
陕 西	Shaanxi		104.9	97.0	104.9	93.1	101.9
甘 肃	Gansu		100.8	97.6	100.2	102.9	100.8
青 海	Qinghai		141.0				
宁 夏	Ningxia	99.5	101.9	109.5	105.8	105.9	102.1
新 疆	Xinjiang	100.0	103.8	98.7	100.2	100.0	102.4

2-1-9 续表 4 continued 4

(上年价格＝100) (preceding year=100)

地 区	Region	液体乳及乳制品 Liquid breast and dairy products	罐头 Canned food	调味品、发酵制品 Seasoning, fermented goods	其他食品 Other foods	酒精 Ethyl alcohol	酒 Liquor
全 国	**National**	**105.1**	**100.8**	**102.4**	**98.8**	**95.9**	**100.4**
北 京	Beijing	104.6	100.0	104.2	99.4	100.2	101.8
天 津	Tianjin	101.6	97.0	103.4	101.7		101.1
河 北	Hebei	106.8	101.1	100.1	99.0	94.0	104.4
山 西	Shanxi	103.4	114.6	102.4	103.8	98.7	102.0
内蒙古	Inner Mongolia	106.8	100.0	103.2	100.4	100.8	103.1
辽 宁	Liaoning	101.6	99.2	100.2	101.2	100.6	99.0
吉 林	Jilin	100.7	100.0	102.4	101.4	93.5	100.4
黑龙江	Heilongjiang	102.9	101.0	102.8	102.3	95.0	103.6
上 海	Shanghai	103.7	99.0	101.2	96.4		100.0
江 苏	Jiangsu	105.5	104.3	103.3	99.7	95.1	101.7
浙 江	Zhejiang	105.5	100.6	99.6	99.0		98.3
安 徽	Anhui	109.8	101.6	87.2	99.5	101.2	101.2
福 建	Fujian	104.0	98.1	99.6	99.2		101.7
江 西	Jiangxi	100.8	100.5	100.7	101.8		97.1
山 东	Shandong	108.8	98.2	102.0	96.8	99.1	100.7
河 南	Henan	111.0	112.4	114.0	99.3	94.5	101.2
湖 北	Hubei	95.4	99.2	104.5	101.3		102.0
湖 南	Hunan	102.9	99.4	100.5	99.9	93.1	101.7
广 东	Guangdong	101.0	104.7	101.3	100.6	96.5	101.5
广 西	Guangxi	104.6	101.5	98.1	102.2	95.7	105.4
海 南	Hainan	103.3	97.9	99.9	103.2	98.6	96.7
重 庆	Chongqing	101.9	99.0	100.1	100.7		101.0
四 川	Sichuan	108.6	105.1	101.8	97.8	102.4	97.1
贵 州	Guizhou	108.3	104.8	101.6	99.7	100.0	102.3
云 南	Yunnan	104.8	101.6	103.6	99.4	93.0	100.6
西 藏	Tibet	114.1			100.0		98.6
陕 西	Shaanxi	103.4	101.2	92.2	102.6		100.4
甘 肃	Gansu	113.1	114.5	106.7	116.3	99.9	101.0
青 海	Qinghai	103.3		119.9	100.9		105.5
宁 夏	Ningxia	108.8		93.1	78.5		100.7
新 疆	Xinjiang	107.2	108.6	96.7	97.2	99.7	102.3

2-1-9 续表 5 continued 5

(上年价格=100) (preceding year=100)

地 区 Region	软饮料 Soft drinks	精制茶加工 tea refining process	烟叶复烤 tobacco redrying	卷烟制品 cigaret(te) product	其他烟草制品加工产品 other tobacco converted products	棉、化纤纺织及印染精加工产品 cotton and chemical fiber spinning printing and dyeing intensely processed products
全 国 National	**100.0**	**102.4**	**101.0**	**100.4**	**101.4**	**98.9**
北 京 Beijing	101.1	100.0		100.1		99.9
天 津 Tianjin	100.5			100.4		100.9
河 北 Hebei	100.9			99.5		99.2
山 西 Shanxi	100.0			100.5		100.5
内蒙古 Inner Mongolia	101.8			99.4	100.0	105.2
辽 宁 Liaoning	98.8	100.2	100.0	99.2		99.4
吉 林 Jilin	100.7		100.0	96.9	100.0	96.9
黑龙江 Heilongjiang	101.8	98.7	100.3	102.1	100.0	98.4
上 海 Shanghai	94.9	100.9		100.6	100.0	98.8
江 苏 Jiangsu	99.7	108.9		100.4	100.4	97.5
浙 江 Zhejiang	100.2	102.6		100.4		99.9
安 徽 Anhui	100.2	102.2	100.0	100.0	110.0	97.9
福 建 Fujian	99.6	101.6	100.0	100.3		96.7
江 西 Jiangxi	100.2	100.5		100.1		99.1
山 东 Shandong	101.8	105.0	100.0	100.1	103.8	99.5
河 南 Henan	99.2	101.0	100.0	100.6	98.7	99.6
湖 北 Hubei	102.4	103.7	100.0	102.2	102.7	98.1
湖 南 Hunan	99.5	102.0	100.8	99.8	100.0	99.1
广 东 Guangdong	100.3	98.8	100.0	100.3	100.0	97.7
广 西 Guangxi	104.0	101.0	100.0	100.7		96.0
海 南 Hainan	100.1	104.7		100.2	100.0	100.0
重 庆 Chongqing	100.1	100.0	100.0	100.5	101.1	97.1
四 川 Sichuan	98.7	103.0	100.0	100.2	106.5	98.5
贵 州 Guizhou	101.1	97.6	124.7	100.3	100.0	96.5
云 南 Yunnan	100.9	106.9	100.6	100.2	100.9	100.0
西 藏 Tibet	99.5					
陕 西 Shaanxi	97.7	114.0	100.0	100.2	100.0	102.6
甘 肃 Gansu	100.8			104.5		101.3
青 海 Qinghai	100.6					105.7
宁 夏 Ningxia	99.4	100.0	114.7	100.0		99.0
新 疆 Xinjiang	101.7	106.9		100.0		96.5

2-1-9 续表 6 continued 6

(上年价格＝100) (preceding year=100)

地 区	Region	毛纺织和印染精加工产品 spinning fur printing and dyeing intensely processed products	麻纺织产品 bast fibre manufacturing products	丝绢纺织品及精加工产品 tiffany spinning intensely processed products	纺织制成品 spinning finished products (goods)	针织品、编织品及其制品 knitgoods and knitting products	纺织服装 textile dress
全 国	**National**	**100.9**	**100.1**	**103.9**	**99.8**	**100.9**	**101.1**
北 京	Beijing	98.1			106.0	93.4	99.3
天 津	Tianjin	100.6			99.4	98.2	103.2
河 北	Hebei	99.8			101.1	101.1	101.2
山 西	Shanxi	100.6		102.5	101.8	99.8	100.8
内蒙古	Inner Mongolia	104.4	100.5	117.3	102.3	102.6	98.8
辽 宁	Liaoning	99.9	99.4	98.3	101.5	101.3	99.8
吉 林	Jilin	104.4	99.8		99.8	99.8	100.9
黑龙江	Heilongjiang		101.0		101.7	101.1	100.7
上 海	Shanghai	105.6		107.5	97.3	99.4	100.2
江 苏	Jiangsu	100.5	97.6	105.1	99.4	101.5	101.5
浙 江	Zhejiang	99.8	100.8	101.0	98.7	100.3	100.0
安 徽	Anhui	101.2	101.1	106.3	99.0	105.3	102.3
福 建	Fujian	102.4		102.2	99.9	100.7	99.9
江 西	Jiangxi	104.5	106.6	105.5	100.1	102.1	102.8
山 东	Shandong	103.0	98.2	104.5	100.0	101.0	101.9
河 南	Henan	98.6	96.4	103.4	98.7	99.5	98.1
湖 北	Hubei	88.6	98.1	100.0	104.3	107.0	105.3
湖 南	Hunan		96.7		101.2	99.2	103.3
广 东	Guangdong	97.0		108.1	102.2	101.0	101.3
广 西	Guangxi		106.5	106.4	100.7	104.7	95.0
海 南	Hainan		104.4		93.0	68.7	100.0
重 庆	Chongqing	97.7	104.9	104.4	103.1	102.4	100.4
四 川	Sichuan		107.5	107.1	97.6	105.9	101.2
贵 州	Guizhou	107.8	100.0				100.2
云 南	Yunnan		99.8	105.3	96.8	99.6	101.4
西 藏	Tibet	100.0					93.9
陕 西	Shaanxi	99.4		113.2	100.0	101.1	103.3
甘 肃	Gansu	98.8		100.0	99.0	101.5	103.6
青 海	Qinghai	101.2			100.0	104.6	121.9
宁 夏	Ningxia	99.4			97.4	99.9	101.7
新 疆	Xinjiang	100.1	97.6		100.0	99.9	104.5

2-1-9 续表 7 continued 7

(上年价格＝100) (preceding year=100)

地　区	Region	鞋 shoe	帽 cap	皮革鞣制加工产品 tanned products	皮革制品 leatherware	毛皮鞣制及制品加工产品 tanned products and processed products	羽毛(绒)加工及制品 feather fabricated product
全　国	**National**	**101.5**	**102.3**	**103.5**	**101.7**	**100.5**	**108.1**
北　京	Beijing	103.6	100.0	100.6	100.7	98.9	
天　津	Tianjin	101.3	98.8	100.0	101.7		100.0
河　北	Hebei	99.9	100.1	102.1	99.2	102.9	112.0
山　西	Shanxi			115.2			
内蒙古	Inner Mongolia		99.5		98.5		97.1
辽　宁	Liaoning	106.5	93.4	100.5	100.8		100.0
吉　林	Jilin			104.4	100.0		102.3
黑龙江	Heilongjiang			114.2	99.3	109.7	109.2
上　海	Shanghai	99.7	98.8	103.9	101.0	103.9	106.8
江　苏	Jiangsu	100.1	105.2	101.4	103.6	106.5	104.3
浙　江	Zhejiang	98.7	101.2	101.4	101.8	102.0	105.3
安　徽	Anhui	100.3	100.0	111.1	100.3	107.4	112.7
福　建	Fujian	99.5	118.8	98.8	100.1		107.4
江　西	Jiangxi	101.7		109.2	100.1	108.1	112.5
山　东	Shandong	102.5	100.1	100.4	100.7	101.9	105.4
河　南	Henan	101.2	100.0	109.8	105.8	95.7	105.8
湖　北	Hubei	100.5	101.3	101.3	101.8	102.4	101.1
湖　南	Hunan	100.0		103.3	101.0		
广　东	Guangdong	101.3	98.7	106.4	102.8	108.0	109.2
广　西	Guangxi			105.2	103.1		111.7
海　南	Hainan				135.2		
重　庆	Chongqing	99.9	101.5		101.5		103.0
四　川	Sichuan			103.1	107.3	99.7	116.4
贵　州	Guizhou						
云　南	Yunnan						100.0
西　藏	Tibet			101.1	107.5		
陕　西	Shaanxi		100.0		99.9		
甘　肃	Gansu		107.0	101.4	99.6		
青　海	Qinghai		102.2	97.7	142.8		
宁　夏	Ningxia			100.0		114.0	
新　疆	Xinjiang			110.4	103.0	102.1	115.1

2-1-9 续表 8 continued 8

(上年价格＝100) (preceding year=100)

地区	Region	锯材、木片加工 sawtimber and hub product	人造板制品 wood based panel manufacturing product	木制品 woodwork	竹、藤、棕、草制品 bamboo rattan palm straw-made articles	木质家俱 ligneous furniture	竹、藤家俱 bamboo and rattan furniture
全国	**National**	**100.3**	**100.9**	**100.3**	**101.7**	**101.0**	**101.7**
北京	Beijing	104.3	99.9	99.8		102.9	
天津	Tianjin	100.0	100.8	100.0		100.2	
河北	Hebei		100.7	99.4		99.8	
山西	Shanxi		97.7			98.4	
内蒙古	Inner Mongolia	98.1	100.2	100.0		98.2	
辽宁	Liaoning	99.6	101.9	97.8	100.0	99.2	
吉林	Jilin	100.4	99.4	100.3	100.0	101.3	
黑龙江	Heilongjiang	97.5	99.9	100.3	100.0	100.5	
上海	Shanghai	99.8	101.5	100.0	91.5	100.1	
江苏	Jiangsu	99.9	100.2	100.8	99.9	101.9	102.8
浙江	Zhejiang	103.1	99.5	102.1	99.3	99.1	99.3
安徽	Anhui	99.6	101.9	101.4	99.4	102.0	98.7
福建	Fujian	100.6	101.3	100.5	99.9	98.3	100.3
江西	Jiangxi	108.0	101.9	101.8	102.4	101.8	
山东	Shandong	100.7	101.4	98.8	102.0	101.6	100.9
河南	Henan	101.8	100.4	100.8	100.0	100.8	
湖北	Hubei	95.3	102.9	101.1	116.0	103.5	
湖南	Hunan	105.8	103.2	107.0	104.6	98.7	100.1
广东	Guangdong	90.3	100.1	98.4	100.8	102.4	103.3
广西	Guangxi	112.6	100.1	103.1	106.7	102.4	
海南	Hainan	103.2	100.2	101.2		106.2	
重庆	Chongqing	100.4	100.0	100.4		100.8	
四川	Sichuan	99.6	100.8	101.1	101.2	102.0	100.1
贵州	Guizhou	104.3	107.4	100.0	107.2	100.4	
云南	Yunnan	102.1	100.8	107.2			
西藏	Tibet	87.7				127.2	
陕西	Shaanxi		102.4	104.4	100.0	100.1	
甘肃	Gansu			93.7		109.3	
青海	Qinghai					100.0	
宁夏	Ningxia			100.7		100.6	
新疆	Xinjiang	104.9	99.0	100.0		100.1	

2-1-9 续表 9 continued 9

(上年价格=100) (preceding year=100)

地 区	Region	金属家俱 metal furniture	塑料家俱 plastic furniture	其他家俱 other furniture	纸浆 paper pulp	造纸产品 papermaking products	纸制品 paper products
全 国	**National**	**99.7**	**99.1**	**100.0**	**99.8**	**96.6**	**99.2**
北 京	Beijing	100.0	102.8	101.8		95.4	98.0
天 津	Tianjin	101.1		94.2		95.9	98.9
河 北	Hebei	98.4		106.7	99.9	95.8	101.7
山 西	Shanxi	109.2		98.4		98.7	96.0
内 蒙 古	Inner Mongolia			93.9	95.8	96.0	99.5
辽 宁	Liaoning	100.0		101.3		97.1	99.5
吉 林	Jilin	99.8	100.0	99.7	85.3	100.3	98.2
黑 龙 江	Heilongjiang	96.4		100.0	100.1	98.0	98.7
上 海	Shanghai	99.8	100.9	99.6		91.7	99.9
江 苏	Jiangsu	99.9		99.2	99.9	96.4	100.1
浙 江	Zhejiang	99.7	99.1	98.8		95.5	97.9
安 徽	Anhui	100.0		96.1	106.0	99.4	102.6
福 建	Fujian	98.9	98.9	100.1	91.1	97.1	98.3
江 西	Jiangxi	101.3		100.0		97.3	99.2
山 东	Shandong	100.1		104.9	97.9	96.8	99.1
河 南	Henan	99.7		100.7	97.4	98.8	100.3
湖 北	Hubei	103.6		105.7		97.4	103.5
湖 南	Hunan	100.0		102.0		96.9	100.0
广 东	Guangdong	99.7	98.9	98.8	101.0	94.4	98.0
广 西	Guangxi			104.1	94.9	94.4	100.7
海 南	Hainan				102.6	99.4	98.7
重 庆	Chongqing		100.0	100.7	90.9	97.6	99.8
四 川	Sichuan	100.4	99.5	101.2	99.8	96.9	99.0
贵 州	Guizhou			100.0	113.7	98.1	101.2
云 南	Yunnan	100.0		100.0	98.1	97.7	100.0
西 藏	Tibet						101.7
陕 西	Shaanxi	97.2		100.0	100.0	98.0	99.3
甘 肃	Gansu				101.8	97.2	94.1
青 海	Qinghai						102.0
宁 夏	Ningxia					98.1	100.2
新 疆	Xinjiang	101.4			100.3	99.1	99.4

2-1-9 续表 10 continued 10

(上年价格＝100) (preceding year=100)

地 区	Region	印刷产品 printing products	装订及其他印刷服务活动 binding and other printing service acitivities	记录媒介的复制 copy of recording medium	文化用品 cultural goods	体育用品 sporting goods	乐器 musical instrument
全 国	**National**	**99.5**	**100.6**	**97.5**	**100.0**	**100.5**	**102.0**
北 京	Beijing	99.8	100.0	95.1	98.8	96.3	103.4
天 津	Tianjin	95.9			100.9	100.2	102.7
河 北	Hebei	99.9	100.0		100.0	100.4	102.4
山 西	Shanxi	97.5	99.6			100.0	
内蒙古	Inner Mongolia	101.4					100.4
辽 宁	Liaoning	98.3		98.5	100.0	97.0	103.1
吉 林	Jilin	99.8	100.0	110.9	100.0	101.5	100.0
黑龙江	Heilongjiang	103.9	106.7		100.0	100.0	98.9
上 海	Shanghai	97.9		99.7	100.0	99.2	102.5
江 苏	Jiangsu	99.7		101.7	101.3	102.3	105.6
浙 江	Zhejiang	99.7	100.2		99.8	100.5	101.0
安 徽	Anhui	97.8	103.8		100.1	101.7	
福 建	Fujian	100.4	100.0	99.0	100.9	99.5	102.3
江 西	Jiangxi	100.2	100.0	100.0	100.1	101.9	100.0
山 东	Shandong	100.0	100.0	99.9	98.2	99.8	100.2
河 南	Henan	100.2	102.6	98.2	100.0	100.0	104.3
湖 北	Hubei	100.6	99.0	93.1	112.8		97.9
湖 南	Hunan	100.5	100.0	99.3	100.0	100.0	
广 东	Guangdong	99.2	101.4	94.9	100.1	100.6	101.9
广 西	Guangxi	100.1	100.0		100.0	104.9	
海 南	Hainan	99.7	100.0	94.6	101.0		
重 庆	Chongqing	99.8	100.1	85.0		100.5	
四 川	Sichuan	100.0	100.0				100.0
贵 州	Guizhou	99.8			102.4		
云 南	Yunnan	99.2	102.4		100.0		
西 藏	Tibet	100.0					
陕 西	Shaanxi	97.6	104.4		97.3		
甘 肃	Gansu	105.5					
青 海	Qinghai	108.2					
宁 夏	Ningxia	101.6					
新 疆	Xinjiang	100.1	100.0				

2-1-9 续表 11 continued 11

(上年价格=100) (preceding year=100)

地　区	Region	玩具 toy	游艺器材及娱乐用品 fun equipment and amusement article	精炼石油 refined petroleum product	炼焦产品 coke product	基础化学原料 basic chemical raw material	肥料 fertilizer
全　国	**National**	**99.9**	**98.5**	**97.7**	**89.2**	**96.1**	**92.6**
北　京	Beijing	98.6	100.5	98.0		98.5	91.0
天　津	Tianjin	100.1		96.9	90.5	96.1	100.4
河　北	Hebei	92.2	109.2	98.4	92.3	98.1	88.2
山　西	Shanxi			94.3	84.9	96.3	91.9
内蒙古	Inner Mongolia			95.9	83.2	92.1	93.3
辽　宁	Liaoning	99.1	83.8	99.7	102.6	99.4	95.9
吉　林	Jilin			96.4	94.4	97.5	100.1
黑龙江	Heilongjiang			97.9	86.2	99.9	94.7
上　海	Shanghai	101.0	98.3	98.2	97.1	94.4	87.7
江　苏	Jiangsu	99.3	100.8	97.1	87.8	96.7	87.7
浙　江	Zhejiang	98.6	97.4	97.0		90.6	92.2
安　徽	Anhui	102.1	91.6	98.3	85.0	101.3	92.0
福　建	Fujian	100.5		96.1	98.7	97.6	93.0
江　西	Jiangxi	100.0		99.2	94.7	96.8	92.7
山　东	Shandong	99.9	99.4	95.9	92.1	95.5	94.6
河　南	Henan	123.1	105.6	97.5	93.8	92.0	88.6
湖　北	Hubei	104.9		97.2	96.7	96.8	96.0
湖　南	Hunan			98.7	95.2	96.7	92.6
广　东	Guangdong	99.6	100.2	97.4		98.2	93.2
广　西	Guangxi			98.0		93.7	89.5
海　南	Hainan			98.3		106.4	89.3
重　庆	Chongqing	100.0	100.0	98.2	87.1	95.4	94.5
四　川	Sichuan			100.8	91.0	96.6	89.5
贵　州	Guizhou			106.4	85.0	94.2	92.1
云　南	Yunnan			101.8	91.9	93.9	90.7
西　藏	Tibet						100.0
陕　西	Shaanxi		100.0	95.9	81.5	97.2	83.6
甘　肃	Gansu			99.1	96.4	91.8	94.1
青　海	Qinghai			99.4	80.0	98.3	93.3
宁　夏	Ningxia			97.3	90.8	89.6	91.8
新　疆	Xinjiang			97.5	94.0	95.0	96.2

2-1-9 续表 12 continued 12

(上年价格=100) (preceding year=100)

地 区	Region	农药 agricultural chemical	涂料、油墨、颜料及类似产品 dope\ printing ink \paint and like product	合成材料 synthetic materials	专用化学产品 special chemical products	日用化学产品 daily chemical products	化学药品原药 chemical medicine
全 国	**National**	**102.2**	**98.6**	**96.2**	**97.9**	**98.7**	**98.6**
北 京	Beijing	105.3	99.7	98.0	100.2	99.9	100.4
天 津	Tianjin	93.1	99.7	101.1	98.6	103.3	100.7
河 北	Hebei	101.0	99.5	98.9	96.6	102.1	101.5
山 西	Shanxi	102.8	98.5	98.5	98.3	96.4	104.4
内 蒙 古	Inner Mongolia	103.9	100.4	101.3	99.5	100.1	103.2
辽 宁	Liaoning	95.9	97.0	94.6	99.2	98.4	100.4
吉 林	Jilin	99.9	100.1	95.8	99.1	100.0	100.3
黑 龙 江	Heilongjiang	101.6	95.5	96.6	107.8	97.2	99.5
上 海	Shanghai	95.3	100.9	96.8	96.0	98.1	94.6
江 苏	Jiangsu	102.1	99.9	97.7	94.4	100.6	98.1
浙 江	Zhejiang	104.8	97.5	96.5	94.7	99.2	94.0
安 徽	Anhui	104.7	99.4	96.6	99.0	98.2	98.5
福 建	Fujian	99.9	99.1	96.9	99.5	98.2	97.9
江 西	Jiangxi	100.4	97.8	101.5	100.2	100.7	102.6
山 东	Shandong	101.3	97.6	92.2	98.4	98.5	100.2
河 南	Henan	100.0	95.2	98.8	94.7	102.6	100.0
湖 北	Hubei	106.5	100.2	97.8	95.8	102.8	97.8
湖 南	Hunan	101.5	98.2	83.7	100.2	100.5	100.4
广 东	Guangdong	98.7	98.0	98.5	100.4	96.8	96.8
广 西	Guangxi	103.9	93.8	98.6	108.2	102.5	97.2
海 南	Hainan	103.0	99.7	106.9	99.3	99.8	101.9
重 庆	Chongqing	100.3	99.5	97.5	97.8	99.8	99.9
四 川	Sichuan	106.7	99.2	98.4	97.8	101.6	96.9
贵 州	Guizhou	100.0	100.0	102.1	99.5	101.6	
云 南	Yunnan	97.4	97.4	94.7	103.2	100.0	98.2
西 藏	Tibet				100.0	100.0	
陕 西	Shaanxi	100.2	102.3	98.4	96.8	101.2	105.8
甘 肃	Gansu		94.6	101.2	100.8		109.9
青 海	Qinghai		100.0	100.8	110.5		100.0
宁 夏	Ningxia	96.3	102.9	101.0	96.3	100.0	91.7
新 疆	Xinjiang	97.3	80.7	88.1	100.6	100.1	101.2

2-1-9 续表 13 continued 13

(上年价格＝100) (preceding year=100)

地区 Region	化学药品制剂 chemical medicine preparation	中药饮片 prepared slices of Chinese crude drugs	中成药 Chinese patent drug	动物药品 animal drug	生物制品 biological product	卫生材料及医药用品 sanitarian material and Medical supplies
全 国 National	**99.8**	**103.2**	**101.6**	**99.9**	**102.4**	**103.4**
北 京 Beijing	98.8	105.6	100.8	98.4	98.4	103.1
天 津 Tianjin	100.5	100.0	101.4		102.4	
河 北 Hebei	103.4	122.4	101.5	100.4	100.7	106.6
山 西 Shanxi	99.5	100.0	102.2	99.9	106.3	123.3
内蒙古 Inner Mongolia	99.6	100.3	102.2	97.5	114.5	113.2
辽 宁 Liaoning	99.5	100.2	101.6	105.5	100.5	100.0
吉 林 Jilin	100.1	102.0	100.8	102.0	100.0	148.5
黑龙江 Heilongjiang	102.3	102.7	100.5	100.0	101.8	100.0
上 海 Shanghai	97.7	104.4	106.0	99.8	91.1	100.0
江 苏 Jiangsu	97.7	104.4	100.4	98.9	107.5	98.1
浙 江 Zhejiang	99.8	102.0	100.3	92.3	98.4	100.4
安 徽 Anhui	97.2	108.8	104.3	100.0	102.0	105.6
福 建 Fujian	101.0		103.7	99.9	99.9	107.4
江 西 Jiangxi	99.3	100.0	101.0	98.2	100.7	97.3
山 东 Shandong	98.8	100.7	101.1	98.6	105.8	107.7
河 南 Henan	103.8	105.8	102.5	103.0	106.3	97.3
湖 北 Hubei	100.5	109.1	104.1	97.5	99.8	102.3
湖 南 Hunan	95.1	93.7	101.2	100.0	100.0	104.4
广 东 Guangdong	101.9	102.5	102.3	100.1	100.8	
广 西 Guangxi	100.0		102.5	100.6	110.0	101.2
海 南 Hainan	102.8	109.0	102.6		100.0	101.0
重 庆 Chongqing	100.1	102.3	102.2	102.7	101.7	88.1
四 川 Sichuan	98.1	100.5	101.7	101.9	99.3	100.3
贵 州 Guizhou	100.5	112.8	102.2		102.2	
云 南 Yunnan	100.7	103.5	101.0	101.5	97.1	100.0
西 藏 Tibet	100.0		100.1			
陕 西 Shaanxi	101.1	101.6	100.5	101.5	103.8	100.0
甘 肃 Gansu	101.0	100.0	102.3		100.1	99.1
青 海 Qinghai	100.4	105.7	100.0			121.1
宁 夏 Ningxia	101.4	109.6	98.8	94.6		
新 疆 Xinjiang	101.9	107.1	106.5		103.2	

2-1-9 续表 14 continued 14

(上年价格 = 100) (preceding year=100)

地　区	Region	纤维素纤维原料及纤维制品 cellulose base fibre raw material and cellulon	合成纤维制品 synthetic fibre product	轮胎制品 tyre (tire) product	橡胶板、管、带制品 rubber sheet,pipe and alternate product	橡胶零件 rubber parts	再生橡胶制品 reclaimed rubber product
全　国	**National**	**93.4**	**96.0**	**94.6**	**98.3**	**99.8**	**100.6**
北　京	Beijing		99.8	91.5	98.8	98.5	101.2
天　津	Tianjin		96.2	96.2	97.5	100.0	
河　北	Hebei	93.2	97.2	100.5	101.5	99.2	100.9
山　西	Shanxi		98.0	89.7	98.0	99.2	98.2
内蒙古	Inner Mongolia			100.0			
辽　宁	Liaoning	87.4	93.3	94.4	95.5	99.5	100.7
吉　林	Jilin	91.2	97.7		99.4	94.9	
黑龙江	Heilongjiang		99.1	93.6	97.5	99.1	
上　海	Shanghai	96.8	98.1	96.6	94.6	98.3	115.2
江　苏	Jiangsu	95.7	96.4	95.9	99.1	103.8	99.1
浙　江	Zhejiang	87.7	95.5	90.6	96.3	99.2	100.9
安　徽	Anhui	100.0	96.9	90.0	101.9	97.5	87.1
福　建	Fujian		96.1	93.6	93.1	100.0	99.8
江　西	Jiangxi	92.5	97.1	98.0	100.0	98.2	102.2
山　东	Shandong	93.2	97.7	95.7	97.0	100.2	102.9
河　南	Henan	88.5	98.2	92.3	100.1	97.5	
湖　北	Hubei	100.4	91.0	96.4	97.6	99.1	101.8
湖　南	Hunan	100.0	93.2		100.2	99.9	99.8
广　东	Guangdong	100.0	96.9	96.1	99.1	95.7	99.6
广　西	Guangxi			100.0	96.8	98.0	
海　南	Hainan		100.2				
重　庆	Chongqing		89.9	90.0	99.8	97.7	
四　川	Sichuan	89.7	91.9	93.7	91.6	108.0	101.2
贵　州	Guizhou			94.4	99.9	96.3	
云　南	Yunnan	100.3		100.0	102.1		100.0
西　藏	Tibet						
陕　西	Shaanxi	98.2			99.0	99.7	97.0
甘　肃	Gansu				98.0		
青　海	Qinghai						102.5
宁　夏	Ningxia			86.8	100.0		
新　疆	Xinjiang	93.9	93.3	101.7	100.0	96.2	103.7

2-1-9 续表 15 continued 15

(上年价格＝100) (preceding year=100)

地 区	Region	日用及医用橡胶制品 household and medical rubber product	橡胶靴鞋制品 gumboot and shoes	其他橡胶制品 other rubber product	塑料薄膜制品 plastic membrane product	塑料板、管、型材的制品 plastic board, pipe and proximate matter product	塑料丝、绳及编织品 plastic thread and rope and knitting product
全 国	**National**	**98.6**	**101.2**	**100.0**	**98.9**	**99.3**	**100.4**
北 京	Beijing	89.3	100.0	99.0	101.5	99.3	99.7
天 津	Tianjin	100.0	96.9	100.1	100.6	101.0	100.2
河 北	Hebei	96.1	99.9	101.4	95.3	99.2	99.4
山 西	Shanxi	97.5			103.2	99.5	98.5
内 蒙 古	Inner Mongolia			100.4	99.7	95.5	99.4
辽 宁	Liaoning	100.4	100.7	100.2	97.9	99.6	101.3
吉 林	Jilin	99.7		100.9	100.0	100.3	99.2
黑 龙 江	Heilongjiang			99.7	99.3	99.8	98.8
上 海	Shanghai	95.5	101.0	99.9	100.1	101.1	99.5
江 苏	Jiangsu	99.4	104.3	99.7	98.3	99.2	101.5
浙 江	Zhejiang	96.5	99.3	100.0	98.0	98.9	98.4
安 徽	Anhui	96.8	99.9	100.9	96.7	100.0	100.2
福 建	Fujian	100.4	97.5	98.7	99.5	99.6	100.3
江 西	Jiangxi	104.2	102.3	105.0	102.6	102.3	99.0
山 东	Shandong	99.2	101.1	99.2	100.3	101.0	101.5
河 南	Henan	100.2	114.1	100.0	103.0	100.7	100.3
湖 北	Hubei	98.9	107.2	104.2	100.2	100.1	100.5
湖 南	Hunan	100.0	100.0	99.1	90.4	99.5	99.9
广 东	Guangdong	100.4	99.3	100.0	98.4	96.5	103.5
广 西	Guangxi	99.5			102.8	99.6	102.1
海 南	Hainan			85.7	101.7	89.9	104.6
重 庆	Chongqing		100.0	102.3	98.9	100.0	100.1
四 川	Sichuan	99.5	100.5	98.8	100.7	100.8	93.7
贵 州	Guizhou		100.2	98.3	105.9	97.4	101.1
云 南	Yunnan	107.0	103.2		100.3	99.9	104.2
西 藏	Tibet						
陕 西	Shaanxi			100.0	102.4	98.2	101.7
甘 肃	Gansu				104.6	96.2	101.6
青 海	Qinghai					104.5	
宁 夏	Ningxia				107.6	98.3	101.8
新 疆	Xinjiang			108.4	104.3	98.5	99.7

2-1-9 续表 16 continued 16

(上年价格＝100) (preceding year=100)

地 区	Region	泡沫塑料制品 foam plastic product	塑料人造革、合成革制品 plastic leatheroid and synthetic leather product	塑料包装箱及容器制品 plastic packing chest and product as container	塑料零件 plastic part	日用塑料制品 household plastic product	其他塑料制品 other plastic product
全 国	**National**	**102.8**	**99.0**	**99.9**	**99.4**	**100.2**	**99.7**
北 京	Beijing	100.2	97.2	98.5	98.9	94.0	100.0
天 津	Tianjin	100.0	100.0	96.6	100.5	103.5	109.1
河 北	Hebei	100.8	101.7	102.1	100.9	95.4	97.8
山 西	Shanxi	96.0		102.1			
内蒙古	Inner Mongolia	100.0		108.5		100.0	
辽 宁	Liaoning	103.0	100.1	99.7	98.9	102.4	98.8
吉 林	Jilin	101.3	98.4	99.7	100.0	100.0	100.0
黑龙江	Heilongjiang	105.0	100.0	100.0	100.2	100.0	101.1
上 海	Shanghai	102.1	114.8	98.5	98.1	99.4	99.5
江 苏	Jiangsu	104.5	96.8	100.9	100.3	99.1	101.9
浙 江	Zhejiang	99.3	98.3	99.7	98.5	101.2	97.9
安 徽	Anhui	101.4	102.3	103.2	101.1	103.1	101.8
福 建	Fujian	103.5	100.2	100.6	100.2	99.6	97.8
江 西	Jiangxi	102.4		98.4		98.2	98.3
山 东	Shandong	99.7	101.3	98.6	101.3	100.2	98.8
河 南	Henan	103.6	97.9	102.0			100.2
湖 北	Hubei	97.3	100.1	99.1	100.5	100.4	108.8
湖 南	Hunan	100.7		99.8	100.0	101.9	
广 东	Guangdong	107.7	99.3	99.2	98.7	100.2	98.9
广 西	Guangxi			100.1		98.5	
海 南	Hainan	99.2		100.0	98.5		
重 庆	Chongqing	99.8	103.4	99.2	99.7	89.8	100.0
四 川	Sichuan	107.0		103.2	100.2		99.8
贵 州	Guizhou	94.3		98.8	100.0	99.5	100.3
云 南	Yunnan	100.3		100.3		101.1	98.9
西 藏	Tibet						
陕 西	Shaanxi			98.4	100.0	100.1	100.0
甘 肃	Gansu			99.0			102.9
青 海	Qinghai						
宁 夏	Ningxia	95.4		100.0			
新 疆	Xinjiang	102.6		98.1		99.1	101.0

2-1-9 续表 17 continued 17

(上年价格＝100) (preceding year=100)

地 区	Region	水泥、石灰和石膏制品 cement ,lime and plastering	水泥及石膏制品 cement products and plastering	砖瓦、石材及其他建筑材料 tile, building stone and other tignum	玻璃及玻璃制品 glass and glassware	陶瓷制品 ceramic article	耐火材料制品 corhart product
全 国	**National**	**96.2**	**99.8**	**100.1**	**99.5**	**101.0**	**100.6**
北 京	Beijing	92.6	98.3	98.0	99.0	98.4	97.0
天 津	Tianjin	93.6	97.3	100.6	93.1	106.6	100.0
河 北	Hebei	95.4	101.2	100.5	101.5	99.9	96.2
山 西	Shanxi	91.2	98.5	100.2	97.8	104.0	99.7
内 蒙 古	Inner Mongolia	95.7	98.2	94.1	102.1	100.0	100.2
辽 宁	Liaoning	98.2	98.5	100.0	100.0	109.0	100.5
吉 林	Jilin	97.4	98.8	102.2	100.1		100.0
黑 龙 江	Heilongjiang	96.5	103.2	96.8	99.5	106.7	97.6
上 海	Shanghai	98.1	100.0	90.2	96.6	100.4	91.2
江 苏	Jiangsu	95.7	97.6	99.8	100.5	102.6	99.7
浙 江	Zhejiang	98.2	98.1	99.2	99.2	99.8	97.5
安 徽	Anhui	92.2	100.2	98.1	99.9	101.7	97.2
福 建	Fujian	93.9	94.3	100.0	103.0	98.5	96.6
江 西	Jiangxi	98.6	102.8	100.9	96.9	100.1	116.1
山 东	Shandong	96.1	102.3	99.8	98.9	99.8	100.3
河 南	Henan	93.4	100.8	101.8	98.4	102.9	101.8
湖 北	Hubei	93.1	100.2	100.6	106.5	94.4	102.5
湖 南	Hunan	94.6	104.2	99.6	101.2	101.5	99.1
广 东	Guangdong	95.8	103.3	100.7	100.1	102.3	104.6
广 西	Guangxi	99.4	102.2	102.5	101.6	103.1	100.0
海 南	Hainan	91.9	101.6	96.2			
重 庆	Chongqing	98.8	96.8	100.2	95.1	102.6	99.8
四 川	Sichuan	100.2	99.4	99.3	98.1	71.3	98.9
贵 州	Guizhou	105.8	100.5	101.3	100.7	105.4	81.1
云 南	Yunnan	94.5	102.0	100.1	100.9	101.2	99.5
西 藏	Tibet	102.8	105.2	124.4			
陕 西	Shaanxi	97.0	99.7	100.6	104.1	103.4	98.4
甘 肃	Gansu	101.1	100.9	99.8	101.0		
青 海	Qinghai	105.0	99.5	94.4	98.4	100.0	100.5
宁 夏	Ningxia	99.9	98.8	99.3	100.8		85.4
新 疆	Xinjiang	91.8	97.5	101.0	100.0		100.4

2-1-9 续表 18 continued 18

(上年价格＝100) (preceding year=100)

地区	Region	石墨及其他非金属矿物制品 graphite and non-metallic minerals product	炼铁产品 puddling product	炼钢产品 steel-making product	钢压延加工产品 steel rolling converted products	铁合金冶炼产品 ferroalloy smelting products	常用有色金属冶炼产品 staple non-ferrous metal metallurgy products
全　国	**National**	**98.0**	**93.3**	**94.1**	**93.5**	**96.2**	**94.8**
北　京	Beijing	99.2	90.1		91.6		95.1
天　津	Tianjin	99.1	87.2	96.2	93.7		93.2
河　北	Hebei	97.8	93.4	92.7	91.7	97.1	90.9
山　西	Shanxi	96.6	90.1	91.9	90.3	94.5	95.1
内蒙古	Inner Mongolia	93.6	95.0	100.0	95.8	94.8	94.5
辽　宁	Liaoning	91.2	96.8	100.1	97.5	96.2	96.0
吉　林	Jilin	98.8	103.2		89.3	90.4	98.5
黑龙江	Heilongjiang	99.5	91.8	89.9	90.7		98.5
上　海	Shanghai	99.8	91.7	94.5	98.4	98.2	92.2
江　苏	Jiangsu	99.5	94.0	92.2	92.9	96.6	97.0
浙　江	Zhejiang	95.9	99.4	91.8	92.7	96.7	94.6
安　徽	Anhui	101.9	92.9	86.2	93.6	100.4	97.1
福　建	Fujian	97.6	91.7	97.0	91.7	94.9	94.7
江　西	Jiangxi	100.0	106.3	91.4	96.2	104.0	95.1
山　东	Shandong	96.1	92.8	92.1	93.1	96.0	94.3
河　南	Henan	98.7	89.9	100.7	96.5	99.0	96.0
湖　北	Hubei	101.8	92.8	94.0	96.9	95.5	91.3
湖　南	Hunan	100.6	96.3	96.8	94.0	97.0	94.6
广　东	Guangdong	100.6	96.1	90.1	92.5	96.4	95.0
广　西	Guangxi	99.9	95.6	91.7	93.3	96.0	93.8
海　南	Hainan				93.2		100.0
重　庆	Chongqing	97.2	96.6	96.9	93.3	93.7	93.6
四　川	Sichuan	97.9	92.5	94.3	91.9	96.4	94.5
贵　州	Guizhou	99.3	84.8		89.1	96.5	93.7
云　南	Yunnan	97.7	92.6	98.2	90.8	96.0	95.0
西　藏	Tibet						
陕　西	Shaanxi	100.0	99.5	98.4	94.6	93.5	96.3
甘　肃	Gansu	95.1	92.4	105.8	93.5	97.9	91.3
青　海	Qinghai	100.3			93.0	96.4	95.0
宁　夏	Ningxia	94.9	95.6		90.8	96.9	93.8
新　疆	Xinjiang	96.6	91.8	91.3	91.3	97.2	95.3

2-1-9 续表 19 continued 19

(上年价格＝100)

(preceding year=100)

地　区	Region	贵金属冶炼产品 noble metal smelting products	稀有稀土金属冶炼 rare tombar thite metallurgy	有色金属合金制品 non-ferrous alloy products	有色金属压延加工产品 nonferrous metal rolling converted products	结构性金属制品 structural metalwork	金属工具制品 metal tool product
全　国	**National**	**85.9**	**92.9**	**95.1**	**95.6**	**98.3**	**99.5**
北　京	Beijing	94.4	78.9	71.9	92.7	98.1	100.0
天　津	Tianjin	73.0	66.0	98.0	95.5	91.9	100.3
河　北	Hebei	88.0	100.0	94.8	95.5	99.1	100.6
山　西	Shanxi	77.3	95.3	100.1	94.7	96.7	95.9
内蒙古	Inner Mongolia	88.6	91.1	90.8	95.6	99.1	
辽　宁	Liaoning	91.1	99.0	95.4	94.8	100.8	98.2
吉　林	Jilin	84.4	94.8	97.1	103.2	99.0	99.8
黑龙江	Heilongjiang	84.1		95.1	93.1	98.5	99.8
上　海	Shanghai	83.9		95.8	93.8	97.4	100.2
江　苏	Jiangsu	93.0	90.4	92.7	95.1	97.4	100.2
浙　江	Zhejiang	86.5		93.6	94.6	98.5	99.8
安　徽	Anhui	80.5	92.1	96.8	94.7	96.0	94.3
福　建	Fujian	83.8	102.1	93.1	96.4	98.7	96.8
江　西	Jiangxi	97.1	92.2	95.7	96.6	94.0	101.5
山　东	Shandong	91.5	88.5	97.9	96.2	99.4	99.8
河　南	Henan	84.6	92.5	97.8	97.8	97.5	99.9
湖　北	Hubei	83.9	99.8	96.3	96.5	97.7	97.3
湖　南	Hunan	83.4	88.9	94.4	95.3	97.7	98.6
广　东	Guangdong	85.8	96.7	97.1	95.7	99.3	98.8
广　西	Guangxi	82.2		92.0	94.9	101.3	99.8
海　南	Hainan	100.9				101.2	
重　庆	Chongqing			95.8	96.6	95.3	105.7
四　川	Sichuan	91.1	100.5	97.9	89.3	97.9	101.7
贵　州	Guizhou	83.3		92.3	94.4	95.9	95.4
云　南	Yunnan	88.2	99.3	96.9	96.2	98.7	98.6
西　藏	Tibet						
陕　西	Shaanxi	81.3	87.9	96.6	94.2	98.8	99.7
甘　肃	Gansu	84.4	60.8	90.8	97.4	106.7	101.2
青　海	Qinghai	87.3		100.0	102.4	99.8	94.4
宁　夏	Ningxia	79.6	102.5	95.0	99.0	98.8	100.0
新　疆	Xinjiang	84.6		98.0	95.9	97.1	85.8

2-1-9 续表 20 continued 20

(上年价格=100) (preceding year=100)

地区 Region	集装箱及金属包装容器制品 container and metal packaging container product	金属丝绳及其制品 wiry ropr and its product	建筑、安全用金属制品 structural and safety metalwork	金属表面处理及热处理加工 metal finishing and heat treatment	搪瓷制品 enamelware	不锈钢及类似日用金属制品 stainless steel and similar household metalwork
全 国 National	**97.4**	**95.4**	**98.4**	**99.0**	**100.6**	**101.1**
北 京 Beijing	93.0	87.8	98.7	96.7		100.0
天 津 Tianjin	98.9	95.3	100.5	100.0	100.0	100.7
河 北 Hebei	97.5	95.6	95.8	97.1	96.9	99.9
山 西 Shanxi	97.9	93.3	101.9			
内蒙古 Inner Mongolia	100.0	97.5	101.2			
辽 宁 Liaoning	97.3	98.0	99.5	99.1	101.5	97.8
吉 林 Jilin	100.0	93.1	100.0			98.7
黑龙江 Heilongjiang	96.8	107.9	98.7	100.2	100.0	
上 海 Shanghai	92.8	90.5	100.4	102.0	100.0	100.8
江 苏 Jiangsu	97.5	96.2	98.5	100.3	103.8	102.2
浙 江 Zhejiang	95.9	93.9	96.7	98.3	98.4	97.1
安 徽 Anhui	97.1	91.7	104.4	97.2	100.0	100.0
福 建 Fujian	100.3	95.8	98.7	100.0		101.0
江 西 Jiangxi	97.3	94.6	99.9		105.7	
山 东 Shandong	98.5	95.5	99.4	98.5	102.4	101.3
河 南 Henan	97.4	92.6	100.9		98.0	97.0
湖 北 Hubei	112.1	99.8	99.4	94.8	92.9	97.0
湖 南 Hunan	98.3	96.8	100.1			100.0
广 东 Guangdong	96.0	95.0	99.1	97.0	100.7	102.6
广 西 Guangxi	97.3	91.4	101.6			102.8
海 南 Hainan	88.9			95.2		
重 庆 Chongqing	99.5	87.6	101.3	100.5	102.6	99.8
四 川 Sichuan	100.5	95.0	95.6	105.7		100.0
贵 州 Guizhou		93.1	97.4			101.4
云 南 Yunnan	100.1	97.0	99.7			
西 藏 Tibet						
陕 西 Shaanxi	98.8	97.1	101.9		98.2	95.3
甘 肃 Gansu	96.6	99.2	98.5			
青 海 Qinghai		94.6				
宁 夏 Ningxia	97.1	96.0	100.9	100.0		
新 疆 Xinjiang	99.2	94.2	99.1	97.6		100.0

2-1-9 续表 21 continued 21

(上年价格＝100) (preceding year=100)

地 区	Region	其他金属制品 other metalwork	锅炉及原动机 boiler and PMVR	金属加工机械 metal-working machinery	起重运输设备 materials handling equipment	泵、阀门、压缩机及类似机械 pump ,valve	轴承、齿轮、传动和驱动部件 Bearings, gears, driving and driven components
全 国	**National**	**96.8**	**98.0**	**100.0**	**99.7**	**99.7**	**98.9**
北 京	Beijing	96.4	100.0	99.7	99.9	99.8	91.1
天 津	Tianjin	96.4	101.0	119.9	97.6	100.2	97.2
河 北	Hebei	95.6	101.2	96.4	99.4	99.8	99.1
山 西	Shanxi	104.5	99.6	98.2	97.6	99.5	97.8
内 蒙 古	Inner Mongolia		100.0	100.0	98.9	100.9	96.9
辽 宁	Liaoning	96.0	98.3	100.6	99.9	98.2	100.1
吉 林	Jilin	100.0	99.4	100.0	100.0	100.0	99.0
黑 龙 江	Heilongjiang	100.0	95.1	99.4	99.6	99.9	99.6
上 海	Shanghai	96.6	91.4	99.8	99.5	99.9	99.0
江 苏	Jiangsu	97.7	100.0	99.8	99.7	100.8	99.7
浙 江	Zhejiang	93.1	99.1	98.3	99.2	98.0	97.4
安 徽	Anhui	96.1	95.4	98.7	99.5	101.0	101.0
福 建	Fujian	98.2	100.4	99.3	99.6	99.9	98.9
江 西	Jiangxi	91.1	100.0	101.9	97.4	98.3	98.5
山 东	Shandong	99.5	99.6	101.4	99.4	100.2	99.4
河 南	Henan	99.6	99.8	94.8	100.0	104.6	98.1
湖 北	Hubei	98.7	92.8	97.7	100.3	98.8	99.7
湖 南	Hunan	93.6	100.1	100.0	98.8	100.5	99.0
广 东	Guangdong	96.3	100.2	97.8	103.4	97.9	97.0
广 西	Guangxi	97.0	101.3	104.3	99.8	100.5	100.5
海 南	Hainan					100.0	99.8
重 庆	Chongqing	98.2	97.6	100.0	101.3	101.0	99.1
四 川	Sichuan	100.6	101.5	99.3	96.4	99.8	99.0
贵 州	Guizhou	100.0		100.0	100.5	108.2	98.5
云 南	Yunnan	95.0	97.9	100.6	99.3	99.8	100.3
西 藏	Tibet						
陕 西	Shaanxi	102.3	99.4	98.7	97.4	100.4	99.5
甘 肃	Gansu	94.1	100.8	93.2	100.0	101.0	100.8
青 海	Qinghai			99.7			100.1
宁 夏	Ningxia	90.7	99.4	100.2	99.4	99.8	98.5
新 疆	Xinjiang	95.3	101.8		96.6	100.1	100.0

(上年价格＝100) (preceding year=100)

地 区 Region	电炉、烘炉、熔炉 Electric oven, and furnace	风机、衡器、包装设备等通用设备 universal equipment as air blower,weighter, packaging unit	通用零部件及机械修理 universal components and mechanical repair	金属铸、锻加工产品 Metal casting, forging products	矿山、冶金、建筑专用设备 special equipment for mining, metallurgy and construction	化工、木材、非金属加工专用设备 special equipment for Chemical,lumber and nonmetal processing
全 国 National	**99.5**	**99.7**	**99.0**	**97.0**	**100.1**	**99.4**
北 京 Beijing	98.2	98.2	97.9	98.4	100.7	100.8
天 津 Tianjin	97.0	100.3	93.6	99.7	98.8	89.4
河 北 Hebei	99.9	101.0	98.2	98.9	98.4	99.1
山 西 Shanxi	114.7	102.5	98.9	96.9	98.2	102.0
内 蒙 古 Inner Mongolia		99.8	100.0	100.2	100.0	98.8
辽 宁 Liaoning	100.0	100.7	98.6	99.2	100.3	99.7
吉 林 Jilin	100.0	100.0	99.3	99.6	100.4	100.1
黑 龙 江 Heilongjiang	100.0	100.0	99.9	100.0	99.1	99.3
上 海 Shanghai	100.0	100.7	99.5	92.8	98.1	100.8
江 苏 Jiangsu	99.7	99.7	98.1	92.5	103.4	101.7
浙 江 Zhejiang	95.9	99.1	95.9	97.9	101.6	99.2
安 徽 Anhui	100.0	97.8	101.4	98.9	98.8	97.6
福 建 Fujian		100.6	100.0	99.0	100.5	98.3
江 西 Jiangxi	100.0	99.8	99.7	99.2	101.6	101.8
山 东 Shandong	100.0	99.6	100.5	97.0	99.9	100.1
河 南 Henan		99.4	100.9	95.9	100.6	99.1
湖 北 Hubei	93.9	99.1	99.9	99.5	101.8	100.3
湖 南 Hunan	98.7	100.2	103.8	97.0	99.6	95.9
广 东 Guangdong	100.0	99.9	101.2	97.7	97.5	97.5
广 西 Guangxi		97.5	96.8	94.2	99.9	100.0
海 南 Hainan		98.4				
重 庆 Chongqing	100.5	98.7	98.8	100.4	100.4	98.5
四 川 Sichuan		98.3	98.2	99.1	101.6	102.1
贵 州 Guizhou		101.6	99.2	100.0	103.4	95.5
云 南 Yunnan		100.3	96.2	101.1	99.4	98.3
西 藏 Tibet						
陕 西 Shaanxi	100.5	100.6	101.9	100.8	98.2	98.6
甘 肃 Gansu		100.7	100.9	105.4	82.5	100.0
青 海 Qinghai			100.0		104.6	
宁 夏 Ningxia		105.2	94.8	100.0	98.1	99.8
新 疆 Xinjiang		100.0	100.2	99.0	97.1	

2-1-9 续表 23 continued 23

(上年价格=100) (preceding year=100)

地　区 Region	食品、饮料、烟草及饲料生产专用设备 special equipment for food, drink, tobacco and feed production	印刷、制药、日化生产专用设备 special equipment for Printing, pharmacy and daily use chemicals production	纺织、服装、皮革工业专用设备 special equipment for textile, clothing and leather industry	电子和电工机械专用设备 special equipment for electronic and electrician machine	农、林、牧、渔专用机械 special machine for agriculture, forestry, animal husbandry, fisheries	医疗仪器设备及器械 Medical instrumentation and apparatus
全　国 National	**99.5**	**100.2**	**99.8**	**99.8**	**101.5**	**100.7**
北　京 Beijing	100.3	97.1	100.4	99.7	97.4	99.7
天　津 Tianjin	100.0	102.0	99.5		100.0	95.7
河　北 Hebei	99.7	99.8	98.7	100.2	100.6	102.7
山　西 Shanxi			100.9	100.0	101.4	98.0
内蒙古 Inner Mongolia	104.6				102.9	100.0
辽　宁 Liaoning	99.9	100.7	101.0	97.8	100.6	99.5
吉　林 Jilin	100.5	100.0		100.0	100.2	100.0
黑龙江 Heilongjiang	104.6	100.4		99.3	99.4	100.9
上　海 Shanghai	102.8	99.9	98.8	99.9	99.9	99.3
江　苏 Jiangsu	97.0	100.6	100.1	100.4	103.0	101.1
浙　江 Zhejiang	100.2	99.3	98.5	99.3	101.0	97.2
安　徽 Anhui	104.2	99.8	99.4	102.2	101.3	99.2
福　建 Fujian	98.0	100.0	105.0	101.5	99.7	99.6
江　西 Jiangxi	100.0	100.0	103.9		95.8	102.8
山　东 Shandong	96.5	100.3	99.9	98.5	101.4	103.4
河　南 Henan	101.1	100.3	100.5	99.4	101.4	107.6
湖　北 Hubei	103.4	101.0	103.6	98.9	100.1	101.1
湖　南 Hunan	100.0	100.8	100.5		99.6	101.6
广　东 Guangdong	100.8	100.0	101.2	100.2	99.2	99.3
广　西 Guangxi	100.1				99.2	100.5
海　南 Hainan					102.8	
重　庆 Chongqing	104.2		99.4	101.7	100.1	99.1
四　川 Sichuan	98.1	100.3		98.3	110.9	100.4
贵　州 Guizhou	100.0				106.9	
云　南 Yunnan	101.6	100.0		100.0	100.1	
西　藏 Tibet						
陕　西 Shaanxi	98.9	99.1	95.3	100.4	100.1	99.7
甘　肃 Gansu	107.5	100.0	101.7	100.0	100.9	100.0
青　海 Qinghai					100.6	
宁　夏 Ningxia				99.9	100.0	
新　疆 Xinjiang					102.6	

(上年价格＝100) (preceding year=100)

地 区	Region	环保、社会公共安全及其他专用设备 special equipment for environmental protection, social public security and others	铁路运输设备 rail transport facilities	汽车制造 car-manufacturing	摩托车 motorcycle	自行车 bicycle	船舶及浮动装置 boats and floating unit
全 国	**National**	**100.7**	**98.7**	**99.4**	**99.1**	**100.6**	**99.3**
北 京	Beijing	102.6	99.2	99.2		103.1	100.0
天 津	Tianjin	90.4	119.9	100.0	100.4	101.1	100.0
河 北	Hebei	100.4	99.7	99.5	100.1	100.7	101.9
山 西	Shanxi	96.3	97.8	96.5			
内 蒙 古	Inner Mongolia		99.0	98.8			
辽 宁	Liaoning	99.1	99.8	99.6	101.7	100.1	97.4
吉 林	Jilin	100.0	100.0	99.5	99.3		
黑 龙 江	Heilongjiang	100.0	99.7	98.4			100.0
上 海	Shanghai	101.1	99.6	98.5	99.6	100.0	97.6
江 苏	Jiangsu	101.3	90.2	99.0	100.8	100.8	99.6
浙 江	Zhejiang	99.4	99.8	98.5	99.0	99.9	99.0
安 徽	Anhui	99.0	100.7	100.1	96.8	102.9	101.1
福 建	Fujian	100.2	100.0	100.0	99.0	100.0	100.8
江 西	Jiangxi	98.9	100.5	99.7	99.7	100.0	100.0
山 东	Shandong	102.0	99.8	99.9	99.5	98.5	100.3
河 南	Henan	103.1	100.6	102.2	101.1	101.3	100.1
湖 北	Hubei	100.3	100.0	99.8	99.2	98.0	101.4
湖 南	Hunan	100.0	100.9	99.5	99.7		95.8
广 东	Guangdong	100.0	110.1	98.3	98.9	101.6	99.8
广 西	Guangxi	100.4	109.8	100.1			100.7
海 南	Hainan	99.0		99.6	103.1		100.0
重 庆	Chongqing	97.8	96.7	98.2	98.2		100.7
四 川	Sichuan	99.3	98.1	99.8	99.4	97.3	99.6
贵 州	Guizhou	100.0	95.7	100.9	95.4		
云 南	Yunnan	101.7	101.7	101.2			
西 藏	Tibet						
陕 西	Shaanxi	104.5	102.2	100.1	106.5	100.1	
甘 肃	Gansu	100.1	101.0	104.2			
青 海	Qinghai			99.5			
宁 夏	Ningxia			99.5			
新 疆	Xinjiang		99.4	99.9			

2-1-9 续表 25 continued 25

(上年价格＝100) (preceding year=100)

地 区	Region	航空航天器 aerospaceplane	交通器材及其他交通运输设备 transportation equipment and other transport and communication facilities	电机 electric (al) motor	输配电及控制设备 transmission and distribution and control appliance	电线、电缆、光缆及电工器材 electric Wire\Cable\optical cable\electrical appliance	电池制品 battery products
全 国	**National**	**99.6**	**99.4**	**97.8**	**99.7**	**97.7**	**93.9**
北 京	Beijing	97.6	89.2	97.0	97.9	98.3	95.5
天 津	Tianjin	100.9		101.3	103.5	95.5	89.6
河 北	Hebei		100.0	98.4	101.0	97.1	94.9
山 西	Shanxi			99.5	99.0	95.1	102.8
内蒙古	Inner Mongolia	100.0		96.6	100.0	94.9	100.0
辽 宁	Liaoning	100.0	94.6	99.1	99.5	97.7	88.4
吉 林	Jilin			99.8	99.0	96.4	99.8
黑龙江	Heilongjiang	96.0	100.0	96.0	102.3	97.0	91.0
上 海	Shanghai	97.9	99.2	98.3	98.8	95.7	88.0
江 苏	Jiangsu		97.5	95.2	99.7	97.8	88.0
浙 江	Zhejiang		99.6	97.9	98.5	96.5	95.7
安 徽	Anhui		100.3	100.9	98.7	98.6	94.2
福 建	Fujian	101.1	98.3	100.0	99.2	97.0	98.1
江 西	Jiangxi			99.1	100.8	96.9	87.3
山 东	Shandong	98.0	97.4	97.2	99.8	98.9	99.9
河 南	Henan		100.0	102.4	99.8	98.4	91.6
湖 北	Hubei		103.5	99.2	101.2	96.8	106.2
湖 南	Hunan	99.9		99.5	100.8	97.9	99.5
广 东	Guangdong		100.7	98.7	99.7	98.5	99.9
广 西	Guangxi		100.0	100.3	101.3	94.4	96.4
海 南	Hainan		102.3		90.4	98.6	
重 庆	Chongqing		98.3	99.6	99.6	95.9	97.9
四 川	Sichuan	100.0	101.9	99.5	100.6	96.2	90.5
贵 州	Guizhou		100.0	99.4	101.5	99.4	97.7
云 南	Yunnan		100.0	97.8	99.3	97.0	100.6
西 藏	Tibet		100.0				
陕 西	Shaanxi	100.0	100.3	99.2	104.0	97.4	99.7
甘 肃	Gansu		104.4	95.6	99.5	97.5	
青 海	Qinghai		106.4		101.4	93.3	
宁 夏	Ningxia		100.0	93.1	100.5	99.8	87.9
新 疆	Xinjiang			103.3	99.4	97.3	

(上年价格＝100) (preceding year=100)

地　区	Region	家用电力器具 electric home appliances	非电力家用器具 non-electric home appliances	照明器具制品 luminaire products	其他电气机械及器材 other electric machine and product	通信设备 communication equipment	雷达及配套设备 mickey and corollary equipment
全　国	**National**	**99.6**	**101.1**	**99.2**	**99.4**	**95.9**	**99.7**
北　京	Beijing	99.6	101.0	99.8	95.7	91.4	100.0
天　津	Tianjin	100.2	96.3	92.1	100.0	87.1	
河　北	Hebei	102.0	99.5	96.4	100.0	79.3	
山　西	Shanxi		100.0	100.2		98.6	
内蒙古	Inner Mongolia		100.0	95.3			
辽　宁	Liaoning	101.2	100.1	96.1	100.5	98.9	101.2
吉　林	Jilin	97.6	100.0	100.0	99.9	100.0	
黑龙江	Heilongjiang			101.9	100.0	99.3	
上　海	Shanghai	99.3	106.9	99.9	97.3	98.9	100.0
江　苏	Jiangsu	101.1	99.9	97.2	100.2	100.0	101.0
浙　江	Zhejiang	99.3	98.5	96.4	100.4	94.6	
安　徽	Anhui	100.2	103.1	111.3	94.9	103.4	100.0
福　建	Fujian	98.9	104.2	99.8	99.6	94.0	98.5
江　西	Jiangxi	99.4	100.1	96.0		100.1	
山　东	Shandong	99.6	99.5	97.3	99.1	98.7	100.0
河　南	Henan	99.1	107.0	101.0	109.6	100.0	100.0
湖　北	Hubei	100.5	120.9	99.9	103.4	95.3	100.5
湖　南	Hunan	100.0	100.0	96.9	96.0	97.9	100.0
广　东	Guangdong	99.2	100.0	101.4	100.7	97.8	98.8
广　西	Guangxi	100.2	100.0		85.6	100.0	100.0
海　南	Hainan			100.0		100.0	
重　庆	Chongqing	97.1	99.1	100.0	100.1	96.9	
四　川	Sichuan	99.9	108.6	98.9	99.9	99.5	100.3
贵　州	Guizhou	106.2					
云　南	Yunnan		103.2		101.2	100.0	
西　藏	Tibet						
陕　西	Shaanxi	107.7	109.6	91.6	104.2	99.4	100.0
甘　肃	Gansu	101.4		100.0	100.0		
青　海	Qinghai	100.0					
宁　夏	Ningxia		92.8				
新　疆	Xinjiang		100.0				

2-1-9 续表 27 continued 27

(上年价格=100) (preceding year=100)

地 区	Region	广播电视设备 radiated television apparatus	电子计算机 electronic computer	电子器件 electronic device	电子元件 electronic component	家用视听设备 household audiovisual	其他电子设备 other electronic aid
全 国	**National**	**98.3**	**98.0**	**97.2**	**98.1**	**94.6**	**99.1**
北 京	Beijing	99.5	94.1	91.1	96.0	96.6	100.0
天 津	Tianjin	88.8	96.7	105.3	94.5	98.7	
河 北	Hebei	99.8	100.0	98.0	97.2		
山 西	Shanxi		100.0	98.1	89.0		100.0
内 蒙 古	Inner Mongolia	100.0	100.0		100.0	100.0	
辽 宁	Liaoning	96.9	98.9	99.8	100.7	103.4	99.4
吉 林	Jilin	100.0		100.4	100.0		
黑 龙 江	Heilongjiang	96.3	100.0	99.9			99.4
上 海	Shanghai	97.8	99.1	95.7	91.8	101.3	96.8
江 苏	Jiangsu	95.0	96.3	98.6	99.7	92.7	99.4
浙 江	Zhejiang	97.7	98.8	98.5	96.3	98.2	100.5
安 徽	Anhui	100.0	99.9	93.9	99.5	97.3	101.6
福 建	Fujian	97.9	93.4	91.1	98.9	95.0	99.1
江 西	Jiangxi	101.0	100.7	103.9	99.0	98.9	
山 东	Shandong	93.2	97.4	99.7	98.8	95.1	97.7
河 南	Henan	97.6	100.0	94.8	96.2		100.0
湖 北	Hubei	101.2	90.3	102.0	101.7	99.8	
湖 南	Hunan	101.4	102.3	101.2	96.6	96.2	
广 东	Guangdong	99.7	100.3	95.8	97.7	94.7	98.5
广 西	Guangxi			100.3	98.2		100.0
海 南	Hainan			100.0	100.0		
重 庆	Chongqing		96.5	100.1	98.8	100.0	98.9
四 川	Sichuan	102.0	100.4	93.5	97.9	81.7	102.9
贵 州	Guizhou			97.7	107.8	102.2	
云 南	Yunnan		96.7		99.1		100.0
西 藏	Tibet						
陕 西	Shaanxi	99.9	101.0	97.0	104.6	97.7	
甘 肃	Gansu			104.6			
青 海	Qinghai			89.5			
宁 夏	Ningxia				99.5		
新 疆	Xinjiang	99.8		100.0			

2-1-9 续表 28 continued 28

(上年价格 = 100) (preceding year=100)

地 区	Region	通用仪器仪表 general instruments and meters	专用仪器仪表 special instruments and meters	钟表与计时仪器 clock time keeping instrument	光学仪器及眼镜 optical instrument and spectacles	文化、办公用机械 cultural goods and office machine	其他仪器仪表产品及修理 other instruments and meters and maintenance
全 国	**National**	**99.6**	**98.8**	**104.6**	**99.4**	**98.2**	**96.6**
北 京	Beijing	100.3	95.2	111.8	100.0	95.5	98.0
天 津	Tianjin	98.5	98.6	105.6	80.6	88.2	
河 北	Hebei	100.4	100.2	116.9	102.0	92.9	99.0
山 西	Shanxi	98.3	100.0		95.7	101.0	
内蒙古	Inner Mongolia	100.0					
辽 宁	Liaoning	98.5	100.5	132.3	102.4	91.4	87.9
吉 林	Jilin	100.8	93.6		99.3	100.1	100.0
黑龙江	Heilongjiang	100.0	97.8		107.0	93.6	100.1
上 海	Shanghai	100.0	99.1	99.7	99.8	98.7	
江 苏	Jiangsu	99.8	98.5	100.3	101.0	102.2	
浙 江	Zhejiang	98.1	98.5	100.6	97.6	97.9	97.9
安 徽	Anhui	100.6	99.9		100.0	92.2	
福 建	Fujian	98.4	97.5	102.5	101.6	99.3	100.0
江 西	Jiangxi	99.9	99.8	100.0	100.4	110.1	
山 东	Shandong	100.7	99.0	101.3	99.2	95.4	99.6
河 南	Henan	99.6	101.9		99.1	101.0	91.3
湖 北	Hubei	99.2	99.9	88.9	100.3	100.0	
湖 南	Hunan	100.5	100.0			99.8	
广 东	Guangdong	99.8	98.1	106.8	98.5	98.2	
广 西	Guangxi	93.3	99.9	120.5	95.6		
海 南	Hainan						
重 庆	Chongqing	99.6	100.0	100.0	99.6		99.7
四 川	Sichuan	102.5				97.4	
贵 州	Guizhou	99.9	95.3		100.0	100.0	
云 南	Yunnan	100.9	100.0		100.0	100.0	
西 藏	Tibet						
陕 西	Shaanxi	99.3	99.9		100.0	100.0	98.2
甘 肃	Gansu	100.2					
青 海	Qinghai	100.0					
宁 夏	Ningxia	100.7				100.0	
新 疆	Xinjiang		100.0				

2-1-9 续表 29 continued 29

(上年价格＝100) (preceding year=100)

地 区	Region	工艺美术品 workmanship	日用杂品 daily use Sundry goods	煤制品 coal products	金属废料和碎屑的加工处理 cure of scrap metal and oddment	非金属废料和碎屑的加工处理 cure of nonmetallic scrap and oddment	电力生产产品 products of power production
全 国	**National**	**98.2**	**101.6**	**92.8**	**93.3**	**98.4**	**100.3**
北 京	Beijing	95.8	100.3	100.0	98.5		100.3
天 津	Tianjin	96.7	100.0		87.2		100.0
河 北	Hebei	99.9	99.8		88.9		99.9
山 西	Shanxi	99.4					99.1
内蒙古	Inner Mongolia	97.2	100.0		65.6		99.9
辽 宁	Liaoning	99.2	100.3	98.0	91.1	93.7	99.5
吉 林	Jilin	100.0		99.4	100.1		99.9
黑龙江	Heilongjiang	96.5		90.2	100.0		100.9
上 海	Shanghai	85.1	100.7		89.5	103.4	98.9
江 苏	Jiangsu	100.7	102.7		92.8		99.4
浙 江	Zhejiang	100.5	100.5	91.4	87.6	88.3	101.7
安 徽	Anhui	109.0	98.3	94.6	87.7	98.8	100.9
福 建	Fujian	98.6	102.9		90.0	99.5	100.8
江 西	Jiangxi	101.7	102.4		97.6		99.9
山 东	Shandong	100.3	99.3			100.0	101.1
河 南	Henan	101.7	101.8	98.4			101.2
湖 北	Hubei	90.0	100.3		89.8	98.9	100.3
湖 南	Hunan	102.7	109.1	92.8	91.6		101.2
广 东	Guangdong	95.2	103.4		98.9	105.2	100.3
广 西	Guangxi	102.8	98.1				100.0
海 南	Hainan	93.3		100.0			100.7
重 庆	Chongqing	99.2	100.2	91.9	85.6	92.4	99.5
四 川	Sichuan	100.3	98.3	96.9		89.3	100.1
贵 州	Guizhou				76.7		100.7
云 南	Yunnan	99.7	99.7		100.0		99.0
西 藏	Tibet	107.3		109.1			100.0
陕 西	Shaanxi	98.8	101.3	100.2		100.0	100.1
甘 肃	Gansu	101.7					98.4
青 海	Qinghai	97.0					100.9
宁 夏	Ningxia						99.0
新 疆	Xinjiang	103.1	93.0				100.1

(上年价格 = 100) (preceding year=100)

地 区	Region	电力供应产品 products of power supply	热力生产和供应产品 heating power production and supply product	自来水生产和供应产品 tap water production and supply product	污水处理及其再生利用 sewage treatment/ disposal and renovation and reuse
全 国	**National**	**100.2**	**99.2**	**102.1**	**100.3**
北 京	Beijing	100.0	102.4	100.0	100.0
天 津	Tianjin	100.7	100.8	100.8	
河 北	Hebei	100.3	100.6	104.8	100.0
山 西	Shanxi	100.3	100.1	101.0	100.0
内蒙古	Inner Mongolia	99.9	98.5	102.0	100.3
辽 宁	Liaoning	100.3	99.7	98.8	100.0
吉 林	Jilin	100.0	100.2	100.1	100.0
黑龙江	Heilongjiang	100.2	100.1	103.6	100.0
上 海	Shanghai	100.1	93.4	104.8	103.5
江 苏	Jiangsu	99.9	94.1	102.2	
浙 江	Zhejiang	100.4	91.7	100.3	100.0
安 徽	Anhui	100.4	102.4	102.2	100.0
福 建	Fujian	100.7	94.6	100.5	100.0
江 西	Jiangxi	100.6	100.0	101.0	102.3
山 东	Shandong	100.2	101.7	100.4	100.0
河 南	Henan	100.4	100.1	100.5	100.0
湖 北	Hubei	101.4	98.5	103.2	100.0
湖 南	Hunan	100.4	98.0	104.1	102.4
广 东	Guangdong	98.5	90.7	101.5	
广 西	Guangxi	100.8		107.0	102.7
海 南	Hainan	100.6		99.2	
重 庆	Chongqing	100.1	96.4	100.9	93.2
四 川	Sichuan	101.0	100.0	104.3	100.0
贵 州	Guizhou	100.8		105.4	
云 南	Yunnan	99.3		103.5	118.8
西 藏	Tibet	100.0		100.0	
陕 西	Shaanxi	101.9	99.8	111.2	100.0
甘 肃	Gansu	100.5	104.7	102.2	
青 海	Qinghai	102.5	101.9	110.9	
宁 夏	Ningxia	100.0	104.7	101.3	100.0
新 疆	Xinjiang	100.0	100.9	102.4	100.0

2-1-10 各地区按行业小类分工业生产者出厂价格指数(2013年)

Producer price index for industrial products in the category by Region(2013)

(上年价格＝100)　　(preceding year=100)

地　区　Region	烟煤和无烟煤的开采洗选 Bituminous Coal and Anthracite Mining and Washing	褐煤的开采洗选 Lignite Mining and/Or Washing	其他煤炭采选 Other Coal Mining and Washing	天然原油和天然气开采 Crude Oil and Gas Mining	与石油和天然气开采有关的服务活动 Support Activities for Oil and Gas Mining	铁矿采选 Iron Ore Mining	其他黑色金属矿采选 Other Ferrous Metal Ore Mining	铜矿采选 Copper Ore Mining
全　国 National	**88.5**	**90.4**	**90.6**	**95.8**	**105.3**	**96.9**	**97.4**	**96.4**
北　京 Beijing	86.8					99.1		
天　津 Tianjin			92.9	93.5	114.1	95.4		
河　北 Hebei	84.7			95.3		97.1		
山　西 Shanxi	85.4			100.9		95.2	99.3	91.1
内蒙古 Inner Mongolia	91.0	89.0	100.9	90.0		96.8	68.6	97.4
辽　宁 Liaoning	93.7	91.3		95.4	100.0	95.6	101.6	95.8
吉　林 Jilin	97.0	93.7		97.2		92.0		88.8
黑龙江 Heilongjiang	97.0	106.4	100.0	95.1	95.3	97.2		94.5
上　海 Shanghai				103.9				
江　苏 Jiangsu	85.7			94.2		97.3		
浙　江 Zhejiang	90.4					95.3		93.0
安　徽 Anhui	86.8					99.4	86.8	99.7
福　建 Fujian	90.6					101.2	100.8	100.4
江　西 Jiangxi	92.8					98.9		96.4
山　东 Shandong	88.1	97.3	83.7	92.5	100.0	95.3		93.8
河　南 Henan	88.0		94.6	94.3		95.5		
湖　北 Hubei	92.0		105.3	94.8		95.2	100.0	95.0
湖　南 Hunan	89.5					105.2	96.1	94.4
广　东 Guangdong				93.6		99.3	107.2	92.7
广　西 Guangxi	101.9	88.7				94.5	95.5	102.1
海　南 Hainan				103.3		109.3		
重　庆 Chongqing	91.4	95.3	93.8	100.0			90.1	98.8
四　川 Sichuan	94.9		106.8	103.4		94.0	97.6	93.1
贵　州 Guizhou	85.4	110.4				100.9	98.7	101.7
云　南 Yunnan	92.5	97.3	101.1	100.0		99.5	105.3	97.7
西　藏 Tibet						103.7	101.4	97.4
陕　西 Shaanxi	87.8			98.7	100.5	99.4	98.7	90.1
甘　肃 Gansu	90.0	90.8		94.6		103.5	93.4	96.3
青　海 Qinghai	90.4			96.8		98.5	101.6	97.8
宁　夏 Ningxia	89.3			105.3		88.2		
新　疆 Xinjiang	92.3		93.2	95.4		102.1	95.2	98.6

2-1-10 续表 1 continued 1

(上年价格＝100) (preceding year=100)

地 区	Region	铅锌矿采选 Lead, Zinc Ore Mining	镍钴矿采选 Nickel, Cobalt Ore Mining	锡矿采选 Tin Ore Mining	锑矿采选 Antimony Ore Mining	铝矿采选 Aluminum Ore Mining	镁矿采选 Magnesium Ore Mining	其他常用有色金属矿采选 Other Common Non-Ferrous Metal Ore Mining	金矿采选 Gold Ore Mining
全 国	**National**	**97.1**	**86.2**	**95.4**	**90.7**	**112.9**	**99.0**	**84.4**	**93.2**
北 京	Beijing								
天 津	Tianjin								
河 北	Hebei	99.0					103.3		94.2
山 西	Shanxi								84.0
内蒙古	Inner Mongolia	96.0	91.0	107.4				88.9	93.2
辽 宁	Liaoning	100.0					98.9	100.0	91.2
吉 林	Jilin	99.1	96.4						87.2
黑龙江	Heilongjiang	96.2							
上 海	Shanghai								
江 苏	Jiangsu	91.1							
浙 江	Zhejiang	96.3							
安 徽	Anhui								85.7
福 建	Fujian	96.8							93.0
江 西	Jiangxi	96.6		92.7	101.1				86.0
山 东	Shandong		96.3						95.2
河 南	Henan	94.1				113.0			92.4
湖 北	Hubei	99.6			96.2		108.6		87.2
湖 南	Hunan	98.3	78.9		87.9				83.9
广 东	Guangdong	105.2							
广 西	Guangxi	96.5		96.1	89.8			90.9	88.1
海 南	Hainan							81.1	82.3
重 庆	Chongqing	93.8				97.3			
四 川	Sichuan	97.3	91.8		99.8			76.2	83.7
贵 州	Guizhou				100.0				92.7
云 南	Yunnan	97.9		100.1				99.8	93.0
西 藏	Tibet	89.2			83.2				
陕 西	Shaanxi	93.8			83.5				110.9
甘 肃	Gansu	100.4							
青 海	Qinghai	96.0							
宁 夏	Ningxia								
新 疆	Xinjiang	99.1	86.8						86.4

2-1-10 续表 2 continued 2

(上年价格=100)

(preceding year=100)

地 区 Region	银矿采选 Silver Ore Mining	其他贵金属矿采选 Other Precious Metal Ore Mining	钨钼矿采选 Tungsten-molybdenum Mining	稀土金属矿采选 Earth Metal Ores Mining	放射性金属矿采选 Radioactive Metal Ore Mining	其他稀有金属矿采选 Other Rare Metal Ore Mining	石灰石、石膏开采 Gypsum and Limestone Mining and Quarrying	建筑装饰用石开采 Construction & Decoration Stone Mining and Quarrying
全 国 National	**83.7**		**98.3**	**77.6**		**94.5**	**102.4**	**102.0**
北 京 Beijing							100.0	
天 津 Tianjin							100.0	
河 北 Hebei	82.2		94.4				101.9	
山 西 Shanxi	86.3						98.4	
内蒙古 Inner Mongolia	84.4		99.9				102.6	100.0
辽 宁 Liaoning			97.5				104.1	100.6
吉 林 Jilin	103.8		100.0				98.9	100.0
黑龙江 Heilongjiang			90.9				100.0	102.9
上 海 Shanghai								
江 苏 Jiangsu							101.3	100.7
浙 江 Zhejiang							99.9	105.5
安 徽 Anhui							97.4	99.7
福 建 Fujian			101.1				98.2	99.2
江 西 Jiangxi	74.6		101.6	86.3		100.0	99.1	
山 东 Shandong							105.1	107.7
河 南 Henan	78.9		92.4				102.7	104.9
湖 北 Hubei	95.8		92.0				102.5	96.6
湖 南 Hunan			102.9				104.8	94.7
广 东 Guangdong			111.1			90.2		
广 西 Guangxi	85.8		103.3	108.7		96.4		
海 南 Hainan			99.5			71.6		
重 庆 Chongqing							98.4	99.6
四 川 Sichuan			82.7	61.6		100.2	102.7	114.4
贵 州 Guizhou	99.2							
云 南 Yunnan	89.3		104.6				97.6	100.0
西 藏 Tibet			100.0			110.5	107.2	
陕 西 Shaanxi	76.4		99.0					100.0
甘 肃 Gansu	93.5		98.3				102.3	
青 海 Qinghai								
宁 夏 Ningxia								
新 疆 Xinjiang	87.9					101.8	100.0	99.8

(上年价格＝100) (preceding year=100)

地区	Region	耐火土石开采 Fireclay and Dolomite Mining and Quarrying	粘土及其他土砂石开采 Clay and Other Stone Mining and Quarrying	化学矿采选 Chemical Mineral Mining	采盐 Salt Mining	石棉、云母矿采选 Asbestos and Mica Ore Mining	石墨、滑石采选 Graphite and Talc Mining	宝石、玉石开采 Gem Stone Mining	其他非金属矿采选 Other Nonmetallic Mineral Mining
全　国	**National**	**98.7**	**101.4**	**97.3**	**100.9**	**101.1**	**96.7**	**102.7**	**99.4**
北　京	Beijing		100.0						
天　津	Tianjin	100.0	100.0		102.4				
河　北	Hebei	101.3	99.5	93.4	102.6		99.0		
山　西	Shanxi	99.6	96.5						
内蒙古	Inner Mongolia	92.9	100.0	80.1	101.9		111.9	113.2	100.1
辽　宁	Liaoning	101.3	102.9	100.3	100.4		99.8	100.0	99.6
吉　林	Jilin	100.1	98.5				100.0		
黑龙江	Heilongjiang	100.0	100.1				90.3		100.2
上　海	Shanghai								
江　苏	Jiangsu		101.6	103.1	95.3				
浙　江	Zhejiang	92.9	103.8						97.5
安　徽	Anhui	101.2	98.5	96.0	87.7		97.6		101.2
福　建	Fujian	90.3	100.2	97.5	122.9		100.0		100.0
江　西	Jiangxi	98.7	99.5	100.0	86.6		103.7	100.0	
山　东	Shandong	103.8	97.1		102.3	100.0	91.2		
河　南	Henan		104.9	92.2	96.5		101.1		
湖　北	Hubei	119.2	98.9	95.9	94.9				
湖　南	Hunan	94.9	103.4	79.3	96.7				98.4
广　东	Guangdong		100.6	85.8	100.0				
广　西	Guangxi	97.8	95.2	99.7	100.0		107.3		
海　南	Hainan		110.7		104.5				
重　庆	Chongqing		100.5	99.3				100.0	
四　川	Sichuan	100.0	102.6	97.8	100.7	102.0			99.5
贵　州	Guizhou			92.3					91.8
云　南	Yunnan	101.8	100.2	103.4					
西　藏	Tibet			100.1					
陕　西	Shaanxi	114.3	95.9	97.7	100.9		96.7		
甘　肃	Gansu	90.1	106.1	90.3		103.3			
青　海	Qinghai	105.5	100.0	99.6	93.8	107.1		80.0	
宁　夏	Ningxia	100.0							
新　疆	Xinjiang	100.0	99.6	110.9	100.6	98.0			

2-1-10 续表 4 continued 4

(上年价格＝100) (preceding year=100)

地 区	Region	其他采矿业 Other Ore Mining	谷物磨制 Corn Milling	饲料加工 Feed Processing	食用植物油加工 Edible Vegetable Oil Processing	非食用植物油加工 Non-Edible Vegetable Oil Processing	制糖 Sugar Manufacturing	畜禽屠宰 Livestock Slaughtering	肉制品及副产品加工 Meat and the Side-Products Processing
全 国	**National**	**100.0**	**104.6**	**105.1**	**94.8**	**105.6**	**88.8**	**102.5**	**102.8**
北 京	Beijing		110.3	103.2	104.7			109.1	101.5
天 津	Tianjin		102.0	107.2	84.6	98.6		86.2	100.0
河 北	Hebei		113.0	106.3	96.7		89.5	103.6	108.8
山 西	Shanxi		109.2	104.4	98.5	95.8	89.2	98.8	115.2
内蒙古	Inner Mongolia		101.6	101.3	97.8	101.0	90.3	102.4	100.5
辽 宁	Liaoning		105.7	103.1	96.5		89.4	100.3	101.0
吉 林	Jilin		101.8	102.6	97.8	99.9		99.4	108.2
黑龙江	Heilongjiang		100.9	107.5	95.8	105.4	88.8	103.8	102.3
上 海	Shanghai		101.7	112.0	92.2			102.8	99.5
江 苏	Jiangsu		104.0	105.4	92.3	109.9	86.2	101.3	100.4
浙 江	Zhejiang		100.5	103.3	93.4			99.2	103.4
安 徽	Anhui		103.2	103.1	103.6			106.0	106.5
福 建	Fujian		100.6	102.2	91.8	107.4	90.3	107.3	99.4
江 西	Jiangxi		98.4	106.6	97.5	117.8	96.6	98.7	100.1
山 东	Shandong		108.0	107.5	96.8	106.0	89.4	100.1	100.8
河 南	Henan		106.8	104.9	99.1	118.1	97.8	102.1	101.8
湖 北	Hubei		103.0	104.9	99.0	108.5		102.2	104.8
湖 南	Hunan		103.1	105.4	98.3	108.7	86.6	115.2	101.3
广 东	Guangdong		104.1	107.6	88.8	102.1	90.6	110.5	100.4
广 西	Guangxi		103.6	103.7	86.6	111.1	87.0	99.7	104.6
海 南	Hainan		104.8	104.7			93.0	111.9	
重 庆	Chongqing		102.1	108.3	95.7	86.6	100.0	102.7	102.8
四 川	Sichuan	100.0	101.5	102.2	94.9	112.2	93.4	104.4	107.5
贵 州	Guizhou		127.3	104.1	100.1	93.5			110.0
云 南	Yunnan		101.8	101.9	106.8	94.9	95.1	108.5	103.5
西 藏	Tibet		105.8		103.0			99.1	109.9
陕 西	Shaanxi		107.6	103.1	96.0	109.2		98.3	118.8
甘 肃	Gansu		108.0	102.0	98.5		86.8	112.6	95.9
青 海	Qinghai		111.4	107.5	106.8			107.5	104.4
宁 夏	Ningxia		103.3	104.5	92.1			115.6	102.9
新 疆	Xinjiang		111.0	107.7	99.2	115.9	86.4	107.9	101.1

2-1-10 续表 5 continued 5

(上年价格＝100) (preceding year=100)

地 区 Region	水产品冷冻加工 Seafood Frozen Processing	鱼糜制品及水产品干腌制加工 Fish Meat Paste Products and Seafood Dried & Preserved Processing	水产饲料制造 Seafood Feed Manufa-cturing	鱼油提取及制品的制造 Fish Oil Distilling and Products Manufa-cturing	其他水产品加工 Other Seafood Processing	蔬菜、水果和坚果加工 Vegetable Fruit & Nut Processing	淀粉及淀粉制品的制造 Starch and Starch Products Manufa-cturing	豆制品制造 Bean Products Manufa-cturing
全 国 National	**100.2**	**99.8**	**102.3**	**104.5**	**85.9**	**101.8**	**98.5**	**102.7**
北 京 Beijing	100.0					100.0	100.2	104.5
天 津 Tianjin	100.0					100.0	92.8	100.0
河 北 Hebei	101.0					102.8	96.4	100.0
山 西 Shanxi						101.9	104.0	99.7
内 蒙 古 Inner Mongolia						99.1	104.8	
辽 宁 Liaoning	94.8	99.5	105.8		100.0	103.1	100.6	101.2
吉 林 Jilin	100.0	97.6				98.5	95.3	104.5
黑 龙 江 Heilongjiang		100.0				100.6	99.2	106.0
上 海 Shanghai	100.0	100.0				105.4	96.6	103.4
江 苏 Jiangsu	108.1	101.7	106.0			94.9	95.9	101.5
浙 江 Zhejiang	101.1	95.6	92.4			101.9		102.2
安 徽 Anhui	99.2	97.5				105.0	110.9	106.5
福 建 Fujian	101.8	100.3	103.7		102.3	101.9	102.5	100.3
江 西 Jiangxi	95.7	111.0				101.7	99.6	
山 东 Shandong	99.6	99.9			77.7	102.6	99.2	103.6
河 南 Henan			108.2			98.7	96.0	109.2
湖 北 Hubei	103.4	102.3	94.4		102.7	98.4	105.7	100.7
湖 南 Hunan	100.0				115.2	100.9	100.0	100.8
广 东 Guangdong	107.0	94.5	100.1		105.1	99.0		103.2
广 西 Guangxi	111.6	97.5	119.2	100.5	100.0	106.7	104.1	110.1
海 南 Hainan	105.6	111.2	102.9	107.2	103.5	95.7	106.0	
重 庆 Chongqing						101.1	99.4	97.9
四 川 Sichuan						104.0	104.3	98.7
贵 州 Guizhou		110.4				104.5	101.7	102.2
云 南 Yunnan			104.5			103.8	105.5	109.8
西 藏 Tibet								
陕 西 Shaanxi						104.9	96.1	103.8
甘 肃 Gansu						100.8	103.3	
青 海 Qinghai						141.0		
宁 夏 Ningxia		99.5				101.9	111.4	102.7
新 疆 Xinjiang	100.0					103.8	97.1	102.0

2-1-10 续表 6 continued 6

(上年价格=100) (preceding year=100)

地区	Region	蛋品加工 Egg Products Processing	其他未列明的农副食品加工 Other Not Listed Agricultural and Side-Product Processing	糕点、面包制造 Bakeries & Bread Manufacturing	饼干及其他焙烤食品制造 Biscuit & Other Baked Food Manufacturing	糖果、巧克力制造 Confectioneries & Chocolate Manufacturing	蜜饯制作 Candied Fruits Manufacturing	米、面制品制造 Rice and Flour Products Manufacturing	速冻食品制造 Frozen Food Manufacturing
全　国	**National**	**103.8**	**101.9**	**101.2**	**101.5**	**100.7**	**100.2**	**104.5**	**102.4**
北　京	Beijing			102.9	101.6	100.1	97.7	100.0	88.7
天　津	Tianjin		114.5	101.6	100.1	101.6			99.8
河　北	Hebei		100.0	100.5	103.5	100.3	99.5	110.6	
山　西	Shanxi		100.0	99.7	100.1		100.2	100.0	97.6
内蒙古	Inner Mongolia		114.9	101.5	99.4			100.0	100.0
辽　宁	Liaoning	103.8	97.3	100.6	100.6	99.3	100.7	102.2	102.0
吉　林	Jilin		101.0	104.2	100.5	100.0		99.1	102.0
黑龙江	Heilongjiang		101.5	102.0	100.3	110.1	91.7	101.0	96.6
上　海	Shanghai		100.0	101.0	99.9	108.8	100.8	100.1	100.0
江　苏	Jiangsu	108.8	102.4	101.9	99.2	103.9	95.9	103.0	103.9
浙　江	Zhejiang	100.2		100.8	105.9	101.0	99.7	100.4	100.5
安　徽	Anhui		100.0	101.6	100.7	100.6	97.2	100.3	100.0
福　建	Fujian	104.2	98.7	99.8	99.2	100.0	100.2	101.2	100.3
江　西	Jiangxi	100.9		100.0	99.9	97.3	101.7	102.7	100.0
山　东	Shandong	103.2	98.9	101.0	101.1	102.5	100.3	106.8	101.2
河　南	Henan	101.1	114.3	100.5	104.6	98.7		107.7	103.8
湖　北	Hubei	105.1	104.7	101.7	101.1	104.2	97.0	100.8	
湖　南	Hunan			98.6	102.0	103.7	100.0	105.4	100.0
广　东	Guangdong		85.1	102.2	100.9	97.8	102.4	101.3	105.5
广　西	Guangxi		108.4	100.7	102.4		100.0	104.7	103.1
海　南	Hainan		102.3	101.0	99.8	99.4			
重　庆	Chongqing		100.4	100.2	101.5	100.2		106.4	
四　川	Sichuan	122.4	104.5	102.4	100.4	98.9	94.4	102.9	99.2
贵　州	Guizhou		101.0	100.0	100.0	100.0		102.2	
云　南	Yunnan		112.9	103.3	101.4	99.9	100.8	101.0	97.7
西　藏	Tibet		100.0	99.5					
陕　西	Shaanxi	110.0		106.5	100.1	98.9	91.8	101.1	110.7
甘　肃	Gansu		95.2	99.9	100.2		102.9		101.1
青　海	Qinghai								
宁　夏	Ningxia		100.1	105.8			105.9	104.2	100.1
新　疆	Xinjiang			100.1	100.5	100.0			100.0

2-1-10 续表 7 continued 7

(上年价格＝100) (preceding year=100)

地 区 Region	方便面及其他方便食品制造 Instant Noodle and Other Instant Food Manufacturing	液体乳及乳制品制造 Liquid Dairy and Dairy Products Manufacturing	肉、禽类罐头制造 Canned Meat & Poultry Manufacturing	水产品罐头制造 Canned Seafood Manufacturing	蔬菜、水果罐头制造 Canned Vegetable and Fruit Manufacturing	其他罐头食品制造 Other Canned Food Manufacturing	味精制造 Monosodium Glutamate Manufacturing	酱油、食醋及类似制品的制造 Soy Sauce, Edible Vinegar and Similarity Product Manufacturing
全 国 National	**102.1**	**105.1**	**105.9**	**99.5**	**99.7**	**102.2**	**105.2**	**102.5**
北 京 Beijing	102.5	104.6			100.0			102.0
天 津 Tianjin	100.0	101.6			97.0			99.1
河 北 Hebei	102.4	106.8			101.1		100.0	101.9
山 西 Shanxi	99.4	103.4	121.0		103.7	100.0		102.4
内蒙古 Inner Mongolia	100.0	106.8		100.0			101.3	103.6
辽 宁 Liaoning	99.9	101.6			99.1	102.3	97.7	100.8
吉 林 Jilin	100.1	100.7	100.0					102.4
黑龙江 Heilongjiang	99.7	102.9	100.0		101.0		98.0	104.7
上 海 Shanghai	100.8	103.7	98.8	100.0		99.1	100.9	101.2
江 苏 Jiangsu	100.2	105.5	111.0		101.4	107.5	99.8	107.2
浙 江 Zhejiang	102.0	105.5	107.6	95.8	100.4	101.4	98.3	100.4
安 徽 Anhui	100.2	109.8	94.0		99.9	110.1		102.8
福 建 Fujian	101.6	104.0	101.3	98.8	97.5	104.9	98.5	102.3
江 西 Jiangxi	100.0	100.8			100.5			101.2
山 东 Shandong	101.4	108.8	94.7	95.8	98.6	100.0	96.6	101.8
河 南 Henan	103.1	111.0	112.4				124.7	103.4
湖 北 Hubei	102.6	95.4			99.1	100.5	112.8	100.9
湖 南 Hunan	113.0	102.9	100.8		99.3		100.0	100.6
广 东 Guangdong	98.6	101.0		104.8	106.5	99.7	97.8	101.7
广 西 Guangxi	101.5	104.6			101.5			95.4
海 南 Hainan	100.0	103.3			97.9			
重 庆 Chongqing	99.0	101.9	98.2		100.0		98.1	101.7
四 川 Sichuan	105.4	108.6	107.7		99.0	100.1	100.0	103.0
贵 州 Guizhou	100.1	108.3	104.8					104.2
云 南 Yunnan	104.2	104.8	96.9		102.6		98.5	104.6
西 藏 Tibet		114.1						
陕 西 Shaanxi	101.4	103.4				101.2	86.6	111.3
甘 肃 Gansu	99.4	113.1	95.4		115.9		96.8	108.4
青 海 Qinghai		103.3						126.6
宁 夏 Ningxia		108.8					92.3	100.0
新 疆 Xinjiang	102.6	107.2			108.6		102.3	101.7

2-1-10 续表 8 continued 8

(上年价格=100) (preceding year=100)

地区 Region	其他调味品、发酵制品制造 Other Spice and Seasoning & Fermented Products Manufacturing Manufacturing	营养、保健食品制造 Nutritious and Health Food Manufa-cturing	冷冻饮品及食用冰制造 Frozen Beverage and Edible Ice Manufacturing	盐加工 Salt Processing	食品及饲料添加剂制造 Food and Feed Additive Manufa-cturing	其他未列明的食品制造 Other Not Listed Food Manufa-cturing	酒精制造 Alcohol Manufa-cturing	白酒制造 Distilled Spirit Manufa-cturing
全 国 National	**100.7**	**101.1**	**100.8**	**100.3**	**96.9**	**101.6**	**95.9**	**100.2**
北 京 Beijing	104.8	101.1	102.0		92.1		100.2	101.8
天 津 Tianjin	105.6	101.8	100.0	94.0	102.2			100.2
河 北 Hebei	99.6		102.5	107.7	97.7		94.0	101.0
山 西 Shanxi		100.0	100.4		104.7		98.7	102.4
内蒙古 Inner Mongolia	104.1	100.5	103.3	100.5	100.0		100.8	104.9
辽 宁 Liaoning	100.2	101.7	100.4	100.5	96.6	108.8	100.6	99.9
吉 林 Jilin		108.0	100.0	100.0	100.1	101.8	93.5	101.1
黑龙江 Heilongjiang	101.5	98.8	102.9	108.7	105.7	100.0	95.0	100.8
上 海 Shanghai	102.0	100.0	101.0		95.0			
江 苏 Jiangsu	99.0	99.0	99.2	105.3	100.5	96.7	95.1	103.1
浙 江 Zhejiang	99.9	100.7	101.3		97.8			101.6
安 徽 Anhui	86.1	99.7	103.6		94.4	101.6	101.2	101.2
福 建 Fujian	98.8	102.0	100.0	108.7	91.8	103.8		106.7
江 西 Jiangxi	100.4	102.3	101.2	100.8	102.4	100.0		100.6
山 东 Shandong	103.9	106.6	100.2	100.4	96.3		99.1	100.3
河 南 Henan	103.3	96.9	100.4	97.5	100.2	100.6	94.5	101.0
湖 北 Hubei	103.1	104.5	101.2	92.0	106.9	101.2		104.8
湖 南 Hunan	100.4	100.0	99.7	98.9			93.1	100.0
广 东 Guangdong	100.2	100.0	106.0	100.1	101.4	102.3	96.5	102.4
广 西 Guangxi	98.3		100.0	100.0	104.0	98.5	95.7	100.0
海 南 Hainan	99.9	103.1	100.0	100.0	99.4	104.6	98.6	93.4
重 庆 Chongqing	100.4		100.6	97.0	103.0	101.3		101.7
四 川 Sichuan	101.9	102.6	98.1	95.0	90.6	104.4	102.4	96.8
贵 州 Guizhou	101.1		99.7				100.0	102.3
云 南 Yunnan	104.6	104.2	97.5	100.5	92.6	101.1	93.0	101.0
西 藏 Tibet				100.0				
陕 西 Shaanxi	100.0	108.2	102.3	100.0	97.4			100.4
甘 肃 Gansu	106.0	100.0		103.7	87.2	138.1	99.9	101.4
青 海 Qinghai	104.2	100.1		102.0				106.7
宁 夏 Ningxia	101.9	104.2			74.7			103.9
新 疆 Xinjiang	94.3	102.5	102.5	99.9	100.5	94.8	99.7	100.9

2-1-10 续表 9 continued 9

(上年价格 = 100) (preceding year=100)

地 区 Region	啤酒制造 Beer Manufacturing	黄酒制造 Cooking Wine Manufacturing	葡萄酒制造 Wine Manufacturing	其他酒制造 Other Drink Manufacturing	碳酸饮料制造 Carbonated Soft Drinks Manufacturing	瓶(罐)装饮用水制造 Bottled and Canned Water Manufacturing	果菜汁及果菜汁饮料制造 Fruit, Vegetable Juice and Syrup & Its Beverage Manufacturing	含乳饮料和植物蛋白饮料制造 Beverage Including Dairy and Plant Protein Beverage Manufacturing
全 国 National	**100.5**	**102.3**	**101.9**	**100.9**	**99.4**	**101.0**	**99.4**	**101.3**
北 京 Beijing	101.9	100.0	100.0	108.2	98.1	110.9	101.3	
天 津 Tianjin	104.1		100.1		100.4	100.8	100.0	105.5
河 北 Hebei	106.7		109.0		102.6	101.4	100.5	100.8
山 西 Shanxi	99.6		101.8	100.0	99.9	99.4	99.9	100.2
内蒙古 Inner Mongolia	94.8	100.0	126.7	100.0		99.1	110.4	101.0
辽 宁 Liaoning	97.9		100.5	100.7	99.8	100.1	93.4	103.9
吉 林 Jilin	99.5		100.3	101.1	101.6	100.0	100.0	100.3
黑龙江 Heilongjiang	105.5		100.0	100.2	100.0	102.4	99.6	100.2
上 海 Shanghai	100.0	100.0	100.0	100.0	92.6	103.7	100.0	99.8
江 苏 Jiangsu	99.7	99.8			102.3	102.1	100.8	100.0
浙 江 Zhejiang	96.5	100.7			101.9	100.6	100.2	101.2
安 徽 Anhui	100.0	103.6		105.6	100.0	100.7	99.9	100.0
福 建 Fujian	99.0	113.2		111.5	98.4	99.6	99.6	99.7
江 西 Jiangxi	91.4			100.0	99.6	100.3	100.9	99.6
山 东 Shandong	100.9	104.6	101.0	100.0	97.3	100.1	102.8	103.5
河 南 Henan	101.6		100.0	100.9	100.4	100.9	93.8	102.5
湖 北 Hubei	97.5			98.8	104.1	102.2	100.4	107.7
湖 南 Hunan	99.5	108.3		105.8	99.3	100.0		98.9
广 东 Guangdong	101.2	99.0	101.3	103.4	100.3	101.1	100.8	101.1
广 西 Guangxi	106.3			109.8	101.6	103.9	97.4	102.5
海 南 Hainan	100.0			93.4	97.9	101.4	100.7	100.6
重 庆 Chongqing	100.2				101.9	100.6	98.8	99.8
四 川 Sichuan	100.0		95.3	96.4	99.1	98.7	97.1	100.2
贵 州 Guizhou	102.4					101.5	100.0	100.0
云 南 Yunnan	100.7		100.0	100.6	100.0	102.9	100.1	103.2
西 藏 Tibet	98.4			100.4		99.5		
陕 西 Shaanxi	100.4		100.3		102.2	106.1	96.6	99.4
甘 肃 Gansu	100.9	100.7	100.6	100.0	100.0	101.8	100.0	
青 海 Qinghai	109.7			99.0		101.2	100.0	
宁 夏 Ningxia	95.7		100.3	101.2		98.7	99.4	
新 疆 Xinjiang	103.4		103.1	100.3	108.8	99.9	102.6	97.8

2-1-10 续表 10 continued 10

(上年价格=100) (preceding year=100)

地区	Region	固体饮料制造 Solid Beverage Manufacturing	茶饮料及其他软饮料制造 Tea Beverage and Other Soft Beverage Manufacturing	精制茶加工 Refined Tea Processing	烟叶复烤 Tobacco Leaf Processing	卷烟制造 Cigarettes Manufacturing	其他烟草制品加工 Other Tobacco Products Processing	棉、化纤纺织加工 Cotton and Chemical Fiber Spinning and Weaving Processing	棉、化纤印染精加工 Cotton and Chemical Fiber Dyeing Refined Processing
全国	**National**	**100.6**	**99.1**	**102.4**	**101.0**	**100.4**	**101.4**	**98.8**	**99.1**
北京	Beijing	99.0	100.0	100.0		100.1		100.0	99.8
天津	Tianjin	100.0	100.0			100.4		101.4	95.8
河北	Hebei					99.5		98.9	100.6
山西	Shanxi		106.5			100.5		98.2	103.9
内蒙古	Inner Mongolia					99.4	100.0	105.2	
辽宁	Liaoning		100.0	100.2	100.0	99.2		99.1	100.2
吉林	Jilin	100.4	101.2		100.0	96.9	100.0	96.9	
黑龙江	Heilongjiang		108.3	98.7	100.3	102.1	100.0	98.4	
上海	Shanghai	101.7	100.3	100.9		100.6	100.0	97.9	100.5
江苏	Jiangsu	98.7	100.7	108.9		100.4	100.4	98.0	95.1
浙江	Zhejiang	99.8	98.7	102.6		100.4		99.6	100.5
安徽	Anhui		100.6	102.2	100.0	100.0	110.0	97.7	99.3
福建	Fujian	103.0	99.4	101.6	100.0	100.3		96.0	98.9
江西	Jiangxi	100.0	100.0	100.5		100.1		98.9	100.4
山东	Shandong			105.0	100.0	100.1	103.8	99.3	101.7
河南	Henan		95.5	101.0	100.0	100.6	98.7	99.7	97.0
湖北	Hubei		99.8	103.7	100.0	102.2	102.7	98.1	99.3
湖南	Hunan		100.0	102.0	100.8	99.8	100.0	99.1	99.3
广东	Guangdong	105.1	97.8	98.8	100.0	100.3	100.0	97.7	97.7
广西	Guangxi	110.4	99.3	101.0	100.0	100.7		95.9	98.8
海南	Hainan	101.4	100.0	104.7		100.2	100.0	100.0	
重庆	Chongqing		100.4	100.0	100.0	100.5	101.1	96.6	100.3
四川	Sichuan		99.6	103.0	100.0	100.2	106.5	98.8	96.3
贵州	Guizhou		99.4	97.6	124.7	100.3	100.0	96.5	
云南	Yunnan	99.6	100.0	106.9	100.6	100.2	100.9	101.4	98.6
西藏	Tibet								
陕西	Shaanxi		97.5	114.0	100.0	100.2	100.0	102.7	100.3
甘肃	Gansu	100.0	100.0			104.5		101.3	
青海	Qinghai							105.7	
宁夏	Ningxia			100.0	114.7	100.0		99.0	
新疆	Xinjiang		105.2	106.9		100.0		96.5	

2-1-10 续表 11 continued 11

(上年价格=100) (preceding year=100)

地区	Region	毛条加工 Wool Piece Processing	毛纺织 Wool Spinning	毛染整精加工 Wool Spinning Dyeing Refined Processing	麻纺织 Ramie, Linen and Hemp	缫丝加工 Silk Reeling Processing	绢纺和丝织加工 Thin Silk Spinning and Silk Processing	丝印染精加工 Silk Dyeing Refined Processing	棉及化纤制品制造 Cotton and Chemical Product Manufacturing
全 国	**National**	**95.5**	**102.1**	**96.8**	**100.1**	**106.9**	**102.7**	**99.6**	**100.7**
北 京	Beijing		98.1						118.7
天 津	Tianjin		100.6						100.0
河 北	Hebei	97.5	100.1	95.7					100.5
山 西	Shanxi		100.6			102.5			101.8
内蒙古	Inner Mongolia	97.3	105.3		100.5	117.3			
辽 宁	Liaoning	99.3	100.7		99.4	97.3	100.2	100.0	103.5
吉 林	Jilin	98.8	104.9		99.8				100.0
黑龙江	Heilongjiang				101.0				
上 海	Shanghai		105.6				107.5		96.1
江 苏	Jiangsu	92.2	101.9	93.2	97.6	110.0	104.2	100.2	100.2
浙 江	Zhejiang	97.0	100.5	100.2	100.8	106.6	100.5	98.8	99.9
安 徽	Anhui		101.2		101.1	108.3	103.0		100.8
福 建	Fujian			102.4			102.2		100.0
江 西	Jiangxi		104.5		106.6	105.5			100.5
山 东	Shandong	97.1	103.7	100.3	98.2	104.1	105.0		100.9
河 南	Henan	100.0	98.1		96.4	105.7	102.1		102.8
湖 北	Hubei		88.6		98.1	100.0			104.0
湖 南	Hunan				96.7				102.9
广 东	Guangdong	94.6	98.5	96.6		116.4	98.5		103.7
广 西	Guangxi				106.5	106.4	111.9		100.4
海 南	Hainan				104.4				
重 庆	Chongqing	92.0	101.7		104.9	104.9	102.3		103.2
四 川	Sichuan				107.5	106.2	109.3		99.8
贵 州	Guizhou	107.8			100.0				
云 南	Yunnan				99.8	105.0	118.4		99.2
西 藏	Tibet			100.0					
陕 西	Shaanxi		99.4			113.2			100.0
甘 肃	Gansu	90.1	99.8				100.0		
青 海	Qinghai	123.2	98.7						
宁 夏	Ningxia		99.4						
新 疆	Xinjiang		100.1		97.6				100.0

2-1-10 续表 12 continued 12

(上年价格=100) (preceding year=100)

地 区 Region	毛制品制造 Wool Product Manufacturing	麻制品制造 Ramie Product Manufacturing	丝制品制造 Silk Product Manufacturing	绳、索、缆的制造 Rope, Cable and Thin Rope Manufacturing	纺织带和帘子布制造 Spinning and Weaving Thread and Towels and Washcloths Manufacturing	无纺布制造 Nonwoven Fabric Manufacturing	其他纺织制成品制造 Other Textile Product Manufacturing	棉、化纤针织品及编织品制造 Cotton, Chemical Fiber Knit Fabric, Knitting and Product Manufacturing
全 国 National	**101.5**	**97.3**	**99.7**	**96.8**	**95.6**	**99.5**	**99.4**	**100.8**
北 京 Beijing			100.6			98.4	100.1	92.0
天 津 Tianjin	98.3			100.1		98.5	100.0	98.4
河 北 Hebei	101.9			97.6	94.9	102.2	100.9	100.9
山 西 Shanxi								99.8
内蒙古 Inner Mongolia	102.3							100.0
辽 宁 Liaoning		96.0	107.6	100.6	100.0	96.8	102.4	100.8
吉 林 Jilin		100.0					99.4	99.8
黑龙江 Heilongjiang	103.0	100.0						101.1
上 海 Shanghai	100.0					96.1	98.9	99.9
江 苏 Jiangsu	99.6		111.5	94.9	96.7	99.7	97.2	100.2
浙 江 Zhejiang	100.1		98.3	105.2	94.7	96.8	100.4	100.0
安 徽 Anhui				88.8	92.8	105.4	100.0	109.5
福 建 Fujian	99.9			98.5	100.7	100.0	98.8	102.7
江 西 Jiangxi					100.8	97.7		102.1
山 东 Shandong	99.0	95.8		96.7	95.5	101.4	96.7	101.7
河 南 Henan	100.0	100.4	101.6		92.6			99.5
湖 北 Hubei	98.2	100.4	101.1		114.3	102.2	105.1	106.1
湖 南 Hunan		100.0	100.0	100.5		98.8		97.6
广 东 Guangdong	133.6			100.0		103.7	96.5	101.3
广 西 Guangxi			104.9	100.0			100.0	104.7
海 南 Hainan	97.7					91.9		66.1
重 庆 Chongqing			109.8	100.0		98.8		91.1
四 川 Sichuan						89.0	96.7	105.9
贵 州 Guizhou								
云 南 Yunnan	105.0	92.6		92.1				99.6
西 藏 Tibet								
陕 西 Shaanxi	100.0							
甘 肃 Gansu		99.0						101.5
青 海 Qinghai	100.0							
宁 夏 Ningxia	99.7			96.5				
新 疆 Xinjiang	100.0							100.0

2-1-10 续表 13 continued 13

(上年价格＝100) (preceding year=100)

地 区	Region	毛针织品及编织品制造 Wool Knit Fabric and Knitting Product Manufacturing	丝针织品及编织品制造 Silk Knit Fabric and Knitting Product Manufacturing	其他针织品及编织品制造 Other Knit Fabric and Knitting Product Manufacturing	纺织服装制造 Apparel Manufacturing	纺织面料鞋的制造 Textile Shoes Manufacturing	制帽 Hat, Cap, and Millinery Manufacturing	皮革鞣制加工 Leather Accessories and Trimmings	皮鞋制造 Leather Shoes Manufacturing
全 国	**National**	**101.2**	**101.2**	**100.6**	**101.1**	**101.5**	**102.3**	**103.5**	**101.4**
北 京	Beijing	93.8		100.0	99.3	103.6	100.0	100.6	100.5
天 津	Tianjin	98.0			103.2	101.3	98.8	100.0	102.6
河 北	Hebei	101.5			101.2	99.9	100.1	102.1	87.1
山 西	Shanxi				100.8			115.2	
内 蒙 古	Inner Mongolia	102.6			98.8		99.5		96.3
辽 宁	Liaoning	102.2		99.7	99.8	106.5	93.4	100.5	100.2
吉 林	Jilin	100.0		100.0	100.9			104.4	100.0
黑 龙 江	Heilongjiang				100.7			114.2	99.3
上 海	Shanghai	100.0	84.2	99.2	100.2	99.7	98.8	103.9	100.0
江 苏	Jiangsu	103.8	105.6	101.6	101.5	100.1	105.2	101.4	102.2
浙 江	Zhejiang	100.7	102.9	100.7	100.0	98.7	101.2	101.4	102.3
安 徽	Anhui	94.9	91.7	99.3	102.3	100.3	100.0	111.1	101.6
福 建	Fujian	99.4	93.1	101.7	99.9	99.5	118.8	98.8	100.0
江 西	Jiangxi			99.8	102.8	101.7		109.2	99.6
山 东	Shandong	101.6		96.4	101.9	102.5	100.1	100.4	100.8
河 南	Henan	98.7			98.1	101.2	100.0	109.8	105.6
湖 北	Hubei	110.7		116.4	105.3	100.5	101.3	101.3	101.8
湖 南	Hunan	100.4			103.3	100.0		103.3	101.4
广 东	Guangdong	99.9	100.0	104.1	101.3	101.3	98.7	106.4	101.5
广 西	Guangxi				95.0			105.2	
海 南	Hainan	88.5			100.0				
重 庆	Chongqing	107.4			100.4	99.9	101.5		101.6
四 川	Sichuan				101.2			103.1	107.7
贵 州	Guizhou				100.2				
云 南	Yunnan				101.4				
西 藏	Tibet				93.9			101.1	108.9
陕 西	Shaanxi	99.6	102.5		103.3		100.0		99.9
甘 肃	Gansu				103.6		107.0	101.4	
青 海	Qinghai	104.6			121.9		102.2	97.7	95.4
宁 夏	Ningxia	99.9			101.7			100.0	
新 疆	Xinjiang	100.0		94.6	104.5			110.4	103.0

2-1-10 续表 14 continued 14

(上年价格＝100) (preceding year=100)

地 区	Region	皮革服装制造 Leather Costume Manufacturing	皮箱、包(袋)制造 Leather Luggage and Bags Manufacturing	皮手套及皮装饰制品制造 Leather Glove and Ornament Products Manufacturing	其他皮革制品制造 Other Leather Product Manufacturing	毛皮鞣制加工 Fur, Leather Accessories and Trimmings Processing	毛皮服装加工 Fur Leather Apparel Processing	其他毛皮制品加工 Other Fur Leather Product Processing	羽毛(绒)加工 Feather, Down Processing
全 国	**National**	**100.4**	**103.2**	**103.3**	**101.2**	**97.0**	**104.5**	**101.3**	**110.6**
北 京	Beijing	101.0			100.2	104.2	98.4		
天 津	Tianjin	97.0			100.0				
河 北	Hebei	99.0	100.9	108.5	100.2	100.8	103.3	102.8	136.3
山 西	Shanxi								
内 蒙 古	Inner Mongolia								97.1
辽 宁	Liaoning	102.2	100.0	95.9	103.1				
吉 林	Jilin								102.7
黑 龙 江	Heilongjiang				99.5	109.7			109.2
上 海	Shanghai		103.1	100.0	100.0	100.0	106.5	100.0	137.8
江 苏	Jiangsu	103.9	104.7	109.2	103.6		112.6	100.0	103.5
浙 江	Zhejiang	101.4	101.1	98.8	98.9		102.9	100.0	122.8
安 徽	Anhui		99.2	109.0	104.5		107.4		111.1
福 建	Fujian	96.9	100.9	102.1	102.7				107.9
江 西	Jiangxi		100.0	102.4			108.1		118.2
山 东	Shandong	101.8	99.6	100.2	101.6	100.5		103.2	
河 南	Henan	103.3	116.2	102.7	100.4	94.6		99.0	99.2
湖 北	Hubei			100.0			102.4		101.1
湖 南	Hunan		100.2						
广 东	Guangdong		106.3	105.3	99.0		108.0		99.7
广 西	Guangxi		100.0	103.6					111.7
海 南	Hainan		135.2						
重 庆	Chongqing		100.7	100.0	100.7				102.7
四 川	Sichuan	95.5			118.2	99.7			116.4
贵 州	Guizhou								
云 南	Yunnan								
西 藏	Tibet		100.0		100.0				
陕 西	Shaanxi	100.1							
甘 肃	Gansu			99.6					
青 海	Qinghai	147.9							
宁 夏	Ningxia					114.0			
新 疆	Xinjiang					102.1			

2-1-10 续表 15 continued 15

(上年价格＝100) (preceding year=100)

地　区	Region	羽毛(绒)制品加工 Feather, Down Products Processing	锯材加工 Sawmills	木片加工 Wood Chips Processing	胶合板制造 Plywood Manufacturing	纤维板制造 Fiberboard Manufacturing	刨花板制造 Shaving Board Manufacturing	其他人造板、材制造 Other Man-Made Woodboard Manufacturing	建筑用木料及木材组件加工 Construction Wood and Wood Sets Processing
全　国	**National**	**106.3**	**101.6**	**97.4**	**101.2**	**100.4**	**100.9**	**100.6**	**100.1**
北　京	Beijing			104.3		99.7		100.0	100.1
天　津	Tianjin	100.0	100.0		100.3		97.7	102.9	99.9
河　北	Hebei	104.0			101.2	98.0	100.5	102.9	100.3
山　西	Shanxi					97.7			
内蒙古	Inner Mongolia		98.1		99.9	100.7	101.5	99.3	100.0
辽　宁	Liaoning	100.0	99.8	99.2	100.8	101.1	102.1	103.5	97.3
吉　林	Jilin	102.1	100.4	100.5	100.2	100.9	98.9	99.0	100.4
黑龙江	Heilongjiang		97.4	100.0	100.0	100.1	99.2	100.0	99.5
上　海	Shanghai	106.0	99.8		98.4			102.4	100.0
江　苏	Jiangsu	105.0		99.9	100.1	100.4	108.7	98.6	100.5
浙　江	Zhejiang	103.9	103.1		99.0	98.9	99.4	101.2	101.9
安　徽	Anhui	115.0	100.1	98.9	102.7	100.5	103.4	100.8	101.0
福　建	Fujian	100.8	100.0	102.7	102.0	99.0	102.1	101.3	100.1
江　西	Jiangxi	102.0	108.0		102.2	99.8	100.5	104.8	100.0
山　东	Shandong	105.4	102.5	98.7	101.5	99.8	98.3	102.6	100.3
河　南	Henan	106.2	101.8		101.3	99.2	98.9	100.7	100.8
湖　北	Hubei		97.9	95.1	103.8	102.6	103.9	101.8	100.8
湖　南	Hunan		105.8		102.5	103.1		105.7	100.4
广　东	Guangdong	117.2	100.7	85.4	106.3	102.3	101.5	96.1	99.1
广　西	Guangxi		112.6		100.3	99.3	96.0	105.4	
海　南	Hainan		98.5	103.7	98.7	100.6	101.2		
重　庆	Chongqing			100.4	99.5	100.5	100.3	100.5	99.3
四　川	Sichuan		99.6		100.4	101.2		99.9	101.1
贵　州	Guizhou		104.3		109.7	103.7	100.0	107.5	100.0
云　南	Yunnan	100.0	102.3	98.5	101.3	100.4	101.7	104.5	108.2
西　藏	Tibet		87.7						
陕　西	Shaanxi				100.8	103.9		100.0	
甘　肃	Gansu								
青　海	Qinghai								
宁　夏	Ningxia								100.7
新　疆	Xinjiang	115.1		104.9	100.5	98.8	99.1		100.0

2-1-10 续表 16 continued 16

(上年价格＝100) (preceding year=100)

地 区	Region	木容器制造 Wood Containers Manufa-cturing	软木制品及其他木制品制造 Soft Wood Products and Other Wood Products Manufa-cturing	竹、藤、棕、草制品制造 Bamboo, Vine, Palm and Grass Products	木质家具制造 Wood Furniture Manufa-cturing	竹、藤家具制造 Bamboo, Vine Furniture Manufa-cturing	金属家具制造 Metal Furniture Manufa-cturing	塑料家具制造 Plastic Furniture Manufa-cturing	其他家具制造 All Other Furniture Manufa-cturing
全 国	**National**	**101.1**	**100.6**	**101.7**	**101.0**	**101.7**	**99.7**	**99.1**	**100.0**
北 京	Beijing	100.5	96.9		102.9		100.0	102.8	101.8
天 津	Tianjin	100.2			100.2		101.1		94.2
河 北	Hebei		98.2		99.8		98.4		106.7
山 西	Shanxi				98.4		109.2		98.4
内蒙古	Inner Mongolia		100.9		98.2				93.9
辽 宁	Liaoning		100.6	100.0	99.2		100.0		101.3
吉 林	Jilin	100.0	100.2	100.0	101.3		99.8	100.0	99.7
黑龙江	Heilongjiang	100.0	107.6	100.0	100.5		96.4		100.0
上 海	Shanghai	100.0	99.9	91.5	100.1		99.8	100.9	99.6
江 苏	Jiangsu	101.6	100.6	99.9	101.9	102.8	99.9		99.2
浙 江	Zhejiang	107.7	101.4	99.3	99.1	99.3	99.7	99.1	98.8
安 徽	Anhui	101.2	103.0	99.4	102.0	98.7	100.0		96.1
福 建	Fujian	99.8	100.9	99.9	98.3	100.3	98.9	98.9	100.1
江 西	Jiangxi		103.3	102.4	101.8		101.3		100.0
山 东	Shandong	103.4	95.6	102.0	101.6	100.9	100.1		104.9
河 南	Henan			100.0	100.8		99.7		100.7
湖 北	Hubei	101.5	102.0	116.0	103.5		103.6		105.7
湖 南	Hunan	101.2	146.6	104.6	98.7	100.1	100.0		102.0
广 东	Guangdong	94.7	98.9	100.8	102.4	103.3	99.7	98.9	98.8
广 西	Guangxi		103.1	106.7	102.4				104.1
海 南	Hainan		101.2		106.2				
重 庆	Chongqing	99.5	101.2		100.8			100.0	100.7
四 川	Sichuan			101.2	102.0	100.1	100.4	99.5	101.2
贵 州	Guizhou			107.2	100.4				100.0
云 南	Yunnan	99.0					100.0		100.0
西 藏	Tibet				127.2				
陕 西	Shaanxi		104.4	100.0	100.1		97.2		100.0
甘 肃	Gansu	93.7			109.3				
青 海	Qinghai				100.0				
宁 夏	Ningxia				100.6				
新 疆	Xinjiang				100.1		101.4		

(上年价格＝100) (preceding year=100)

地 区	Region	纸浆制造 Pulp Manufa-cturing	机制纸及纸板制造 Machine Made Paper and Paperboard Manufa-cturing	手工纸制造 Handmade Paper Manufa-cturing	加工纸制造 Processed Paper Manufa-cturing	纸和纸板容器的制造 Paper and Paper Board Container Manufa-cturing	其他纸制品制造 Other Paper Products Manufa-cturing	书、报、刊印刷 Books, Magazines and Periodicals Printing	本册印制 Notebook and Tablet
全 国	**National**	**99.8**	**96.4**	**134.5**	**98.8**	**98.7**	**100.2**	**100.2**	**98.1**
北 京	Beijing		95.4			98.6	96.3	100.4	101.7
天 津	Tianjin		95.7		96.3	97.6	101.2	99.2	
河 北	Hebei	99.9	95.7		97.9	101.0	103.2	100.1	100.0
山 西	Shanxi		98.7			96.1	88.2	100.8	
内 蒙 古	Inner Mongolia	95.8	96.0			99.5		102.4	99.9
辽 宁	Liaoning		96.6		100.8	99.2	100.8	99.4	95.9
吉 林	Jilin	85.3	100.2		101.9	97.8	99.1	99.2	100.0
黑 龙 江	Heilongjiang	100.1	97.9		100.0	98.7		104.1	
上 海	Shanghai		91.7			99.0	100.6	99.3	100.0
江 苏	Jiangsu	99.9	95.8		103.4	99.8	100.5	99.5	100.0
浙 江	Zhejiang		95.3		98.9	97.9	97.8	101.0	97.1
安 徽	Anhui	106.0	97.8	139.1		100.4	109.0	100.3	102.2
福 建	Fujian	91.1	97.0	98.0	97.7	97.7	100.1	100.0	106.3
江 西	Jiangxi		97.2		99.2	99.1	99.3	100.8	100.0
山 东	Shandong	97.9	96.8		96.0	99.1	99.1	98.9	92.8
河 南	Henan	97.4	98.7		100.0	100.5	99.8	100.9	101.8
湖 北	Hubei		97.3		100.9	102.6	104.6	101.6	102.2
湖 南	Hunan		96.9		98.1	100.3	99.5	100.4	100.9
广 东	Guangdong	101.0	93.9		96.7	96.6	100.0	99.6	94.2
广 西	Guangxi	94.9	94.4			99.7	101.3	100.2	
海 南	Hainan	102.6	99.4			98.7	100.3	100.5	99.5
重 庆	Chongqing	90.9	97.6		97.3	99.4	100.0	100.5	100.9
四 川	Sichuan	99.8	96.7		99.6	98.7	99.5	101.3	104.1
贵 州	Guizhou	113.7	98.1			100.2	106.9	100.0	
云 南	Yunnan	98.1	97.6		97.9	100.2	99.4	98.9	
西 藏	Tibet					101.7		100.0	100.0
陕 西	Shaanxi	100.0	98.0			99.2	100.0	99.6	100.0
甘 肃	Gansu	101.8	97.2			94.1		105.9	100.0
青 海	Qinghai					101.3	105.5	108.6	100.0
宁 夏	Ningxia		98.1		99.7	100.6	99.0	105.5	
新 疆	Xinjiang	100.3	99.0		99.1	99.4	99.9	100.2	100.0

2-1-10 续表 18 continued 18

(上年价格＝100)

(preceding year=100)

地 区	Region	包装装潢及其他印刷 Lithographic Printing	装订及其他印刷服务活动 Other Related Printing Activities	记录媒介的复制 Recording Media Reproducing	文具制造 Stationery	笔的制造 Pen and Pencil	教学用模型及教具制造 Teaching Specimen and Mode	墨水、墨汁制造 Ink Manufacturing	其他文化用品制造 Other Stationery and Office Supplies
全 国	**National**	**99.4**	**100.6**	**97.5**	**99.3**	**100.6**	**102.2**	**98.5**	**98.3**
北 京	Beijing	99.2	100.0	95.1		98.4	100.0	100.0	
天 津	Tianjin	95.0				100.5		100.0	102.4
河 北	Hebei	99.7	100.0		100.0				
山 西	Shanxi	94.4	99.6						
内 蒙 古	Inner Mongolia	100.0							
辽 宁	Liaoning	97.9		98.5		93.6	104.6		
吉 林	Jilin	100.0	100.0	110.9		100.0	100.0		
黑 龙 江	Heilongjiang	100.0	106.7			100.0			100.0
上 海	Shanghai	97.6		99.7	99.0	100.8	100.0	101.2	100.0
江 苏	Jiangsu	99.7		101.7	99.3	101.7	103.4		
浙 江	Zhejiang	99.8	100.2		99.3	99.4	101.5		100.1
安 徽	Anhui	96.8	103.8			99.8	100.9		100.5
福 建	Fujian	99.7	100.0	99.0	100.7	103.1	100.0		100.0
江 西	Jiangxi	99.8	100.0	100.0		100.1			
山 东	Shandong	101.3	100.0	99.9	89.4	103.0			
河 南	Henan	100.0	102.6	98.2	100.0		100.0		
湖 北	Hubei	99.9	99.0	93.1	118.5		112.1		
湖 南	Hunan	100.5	100.0	99.3					100.0
广 东	Guangdong	99.4	101.4	94.9	100.9	100.4		96.7	94.0
广 西	Guangxi	100.0	100.0				100.0		
海 南	Hainan	100.0	100.0	94.6	101.0				
重 庆	Chongqing	99.6	100.1	85.0					
四 川	Sichuan	99.3	100.0						
贵 州	Guizhou	99.7						102.4	
云 南	Yunnan	99.3	102.4					100.0	
西 藏	Tibet								
陕 西	Shaanxi	96.8	104.4		97.3				
甘 肃	Gansu								
青 海	Qinghai	100.7							
宁 夏	Ningxia	100.3							
新 疆	Xinjiang	100.0	100.0						

2-1-10 续表 19 continued 19

(上年价格 = 100) (preceding year=100)

地　区 Region	球类制造 Ball	体育器材及配件制造 Athletic Equipment	训练健身器材制造 Fitness Training Equipments	运动防护用具制造 Sports Protection Appliances	其他体育用品制造 Other Sporting and Athletic Goods	中乐器制造 Chinese Musical Instrument	西乐器制造 Western Musical Instrument	电子乐器制造 Electronic Musical Instrument
全　国 National	**100.7**	**102.0**	**100.2**	**99.9**	**99.6**	**100.4**	**103.0**	**100.2**
北　京 Beijing	100.0			96.2			103.5	
天　津 Tianjin	100.0	100.3		100.0			105.1	100.0
河　北 Hebei		100.4	100.0			100.3	103.1	
山　西 Shanxi		103.0	99.5					
内蒙古 Inner Mongolia						100.4		
辽　宁 Liaoning	100.3	94.3		98.7	98.9		104.2	100.0
吉　林 Jilin					101.5			
黑龙江 Heilongjiang				100.0				94.0
上　海 Shanghai	99.9	98.2	99.6	97.0		101.8	104.4	100.0
江　苏 Jiangsu	101.0	106.0	101.2	102.9	98.9	98.9	109.2	97.4
浙　江 Zhejiang	99.9	101.8	99.9	100.4	100.7		102.0	
安　徽 Anhui	102.2	99.4	100.9		101.6			
福　建 Fujian	100.7	98.9	99.1	101.9	102.7	100.0	106.2	98.9
江　西 Jiangxi	102.8	100.1	102.1	99.4		100.0		
山　东 Shandong	102.3		100.0	101.9	99.3	94.4	100.9	100.3
河　南 Henan					100.0	104.3		
湖　北 Hubei							97.6	100.0
湖　南 Hunan	100.0			100.0				
广　东 Guangdong	99.6	102.3	100.7	98.5	99.1		102.4	101.0
广　西 Guangxi				104.9				
海　南 Hainan								
重　庆 Chongqing					100.5			
四　川 Sichuan								
贵　州 Guizhou								
云　南 Yunnan								
西　藏 Tibet								
陕　西 Shaanxi								
甘　肃 Gansu								
青　海 Qinghai								
宁　夏 Ningxia								
新　疆 Xinjiang								

2-1-10 续表 20 continued 20

(上年价格=100) (preceding year=100)

地 区	Region	其他乐器及零件制造 Other Musical Instrument and Recreational Goods	玩具制造 Toy Manufacturing	露天游乐场所游乐设备制造 Outdoor Amusement Equipments Manufacturing	游艺用品及室内游艺器材制造 Entertaining Appliances and Indoor Amusement Equipments Manufacturing	原油加工及石油制品制造 Crude Oil Processing and Petroleum Product	人造原油生产 Man-Made Crude Oil Production Industry	炼焦 Coke Smelting	核燃料加工 Nuclear Fuel Processing
全 国	**National**	**99.4**	**99.9**	**98.8**	**98.1**	**97.7**	**94.7**	**89.2**	
北 京	Beijing	100.0	98.6	100.5	100.5	98.0			
天 津	Tianjin		100.1			96.9		90.5	
河 北	Hebei		92.2		109.2	98.4		92.3	
山 西	Shanxi					94.3		84.9	
内蒙古	Inner Mongolia					95.9		83.2	
辽 宁	Liaoning		99.1		83.8	99.7	95.6	102.6	
吉 林	Jilin	100.0				96.5	95.1	94.4	
黑龙江	Heilongjiang	100.0				97.9		86.2	
上 海	Shanghai		101.0	100.0	97.8	98.2		97.1	
江 苏	Jiangsu		99.3	100.8		97.1		87.8	
浙 江	Zhejiang	98.9	98.6	95.0	99.2	97.0			
安 徽	Anhui		102.1		91.6	98.3		85.0	
福 建	Fujian		100.5			96.1		98.7	
江 西	Jiangxi		100.0			99.2		94.7	
山 东	Shandong		99.9	99.2	100.2	95.9		92.1	
河 南	Henan		123.1	105.6		97.5		93.8	
湖 北	Hubei		104.9			97.2		96.7	
湖 南	Hunan					98.7		95.2	
广 东	Guangdong		99.6		100.2	97.4			
广 西	Guangxi					98.0			
海 南	Hainan					98.3			
重 庆	Chongqing		100.0		100.0	98.2		87.1	
四 川	Sichuan	100.0				101.0	92.7	91.0	
贵 州	Guizhou					106.4		85.0	
云 南	Yunnan					101.8		91.9	
西 藏	Tibet								
陕 西	Shaanxi			100.0		95.9	95.7	81.5	
甘 肃	Gansu					99.1		96.4	
青 海	Qinghai					99.4		80.0	
宁 夏	Ningxia					97.3		90.8	
新 疆	Xinjiang					97.5		94.0	

2-1-10 续表 21 continued 21

(上年价格＝100) (preceding year=100)

地 区 Region	无机酸制造 Inorganic Acid Manufacturing	无机碱制造 Alkali Manufacturing	无机盐制造 Inorganic Salt Manufacturing	有机化学原料制造 Organic Chemical Material Manufacturing	其他基础化学原料制造 Other Basic Chemical Raw Material Manufacturing	氮肥制造 Nitrogenous Fertilizer Manufacturing	磷肥制造 Phosphate Fertilizer Manufacturing	钾肥制造 Kalium Fertilizer Manufacturing
全 国 National	**89.1**	**89.1**	**95.6**	**97.7**	**98.8**	**88.6**	**93.9**	**94.2**
北 京 Beijing		78.7	86.6	98.3	100.1			
天 津 Tianjin	88.3	86.8	79.1	103.5	90.4			
河 北 Hebei	84.2	91.0	102.1	101.5	100.6	85.9	93.3	
山 西 Shanxi	98.2	91.8	102.1	101.6	90.5	89.7	97.6	
内蒙古 Inner Mongolia	84.9	89.0	100.4	96.5	98.6	81.8	98.6	
辽 宁 Liaoning	94.5	89.9	99.4	101.0	98.3	93.4		97.1
吉 林 Jilin	90.5	94.1	92.2	97.8	97.7	96.1	84.7	106.0
黑龙江 Heilongjiang	98.0	101.7	99.1	100.0	101.9	86.3		
上 海 Shanghai	75.8	76.0	94.7	94.5	97.2		96.9	
江 苏 Jiangsu	82.2	79.6	89.2	97.6	103.5	85.3	92.2	
浙 江 Zhejiang	93.7	89.8	93.7	89.8	107.2	90.3	99.5	
安 徽 Anhui	100.2	89.1	112.3	102.2	94.2	84.0	99.7	
福 建 Fujian	94.5	92.7	97.8	101.0	102.7	89.0	97.8	
江 西 Jiangxi	93.4	83.0	94.3	99.6	99.9	98.1	90.3	
山 东 Shandong	93.0	87.9	94.4	97.4	97.1	93.8	93.4	95.5
河 南 Henan	92.7	84.6	87.8	98.0	92.9	87.1	87.8	101.1
湖 北 Hubei	90.4	88.9	96.9	98.6	101.5	93.8	93.7	109.9
湖 南 Hunan	82.6	94.3	98.1	102.2	94.9	84.5	96.7	101.8
广 东 Guangdong	88.0	92.5	93.3	98.6	105.5	90.8	89.7	93.9
广 西 Guangxi	93.7	92.3	93.8	98.4	95.0	81.1	88.8	93.2
海 南 Hainan			100.1	106.5	83.5	88.3	107.3	101.1
重 庆 Chongqing	90.0	89.3	97.4	97.8	96.9	87.8	90.2	
四 川 Sichuan	90.5	94.6	93.6	102.1	98.5	85.7	97.4	
贵 州 Guizhou	103.2	96.7	89.9	102.5	94.9	89.1	91.1	88.5
云 南 Yunnan	88.8	95.2	92.2	101.2	97.2	86.9	90.6	81.9
西 藏 Tibet								
陕 西 Shaanxi	88.4	100.4	90.6	103.7	95.4	77.2	91.9	94.9
甘 肃 Gansu	63.2	84.7	91.7	102.6		86.3	95.5	100.0
青 海 Qinghai	92.4	99.1	98.5	97.5	97.1	103.8	97.0	92.8
宁 夏 Ningxia	87.4	81.5	93.6	86.2	100.0	91.4	93.0	90.9
新 疆 Xinjiang	69.6	91.6	95.3	101.4	102.5	91.3	101.3	98.5

2-1-10 续表 22 continued 22

(上年价格=100) (preceding year=100)

地　区	Region	复混肥料制造 Compound Fertilizer Manufacturing	有机肥料及微生物肥料制造 Organic and Micro Biological Fertilizer Manufacturing	其他肥料制造 Other Chemical Fertilizer Manufacturing	化学农药制造 Chemical Pesticide Manufacturing	生物化学农药及微生物农药制造 Biochemical and Micro Biological Pesticide Manufacturing	涂料制造 Coating Manufacturing	油墨及类似产品制造 Printingink Manufacturing	颜料制造 Dye Manufacturing
全　国	**National**	**95.5**	**95.9**	**100.1**	**102.1**	**104.9**	**98.8**	**100.1**	**94.5**
北　京	Beijing	89.7	100.6		108.6	99.9	100.1	99.4	76.4
天　津	Tianjin	100.4			93.1		98.9	100.0	
河　北	Hebei	92.9	99.7	102.2	98.8	109.3	100.0		97.1
山　西	Shanxi	99.4		97.2	102.8		100.3	98.3	94.7
内蒙古	Inner Mongolia	96.8	100.0		102.1	111.5	99.9		
辽　宁	Liaoning	98.4	101.0	100.4	95.6	100.0	100.3		84.2
吉　林	Jilin	101.7	100.0		99.7	100.5	100.2		100.0
黑龙江	Heilongjiang	100.1	100.2		104.7	99.1	95.5		
上　海	Shanghai	86.4			95.3		100.8	100.9	97.6
江　苏	Jiangsu	88.1			102.1		98.3	99.1	98.3
浙　江	Zhejiang	98.4			104.2	109.1	98.6	99.1	99.8
安　徽	Anhui	95.1		97.6	104.7	104.6	100.5	101.4	95.5
福　建	Fujian	98.9	100.0		100.1	99.0	99.2	97.4	102.3
江　西	Jiangxi	91.1	99.6		100.2	100.9	97.3	100.0	98.5
山　东	Shandong	95.0	93.6	99.8	101.3		96.8	98.9	97.1
河　南	Henan	90.7	93.0		100.0	100.0	99.1		89.1
湖　北	Hubei	97.8	95.9		106.5	106.4	100.4		98.5
湖　南	Hunan	101.1			101.5		99.6	99.1	94.2
广　东	Guangdong	94.0	100.0		97.4	101.4	97.6	101.1	94.2
广　西	Guangxi	95.3	100.0	95.3	103.9	102.8	99.3		89.9
海　南	Hainan	97.9		102.1	103.0		99.7		
重　庆	Chongqing	97.2	100.3		100.3		99.7		99.9
四　川	Sichuan	94.2		107.9	106.7		100.6		94.0
贵　州	Guizhou	97.9			100.0		100.0		
云　南	Yunnan	93.7			96.1	100.8	100.3	94.7	97.7
西　藏	Tibet		100.0						
陕　西	Shaanxi	91.3	100.0		100.2		103.0		98.5
甘　肃	Gansu	99.9	97.1				106.1		87.2
青　海	Qinghai	101.6	96.6				100.0		
宁　夏	Ningxia	99.0			96.3		99.5		
新　疆	Xinjiang	101.1	100.0	99.2	97.3		101.7		77.5

(上年价格 = 100) (preceding year=100)

地 区 Region	染料制造 Dyestuff Manufacturing	密封用填料及类似品制造 Sealing Fillersand Similarities Manufacturing	初级形态的塑料及合成树脂制造 Basic Plastics and Synthetic Reson Manufacturing	合成橡胶制造 Synthetic Rubber Manufacturing	合成纤维单(聚合)体的制造 Synthon Single (Polymerization) Manufacturing	其他合成材料制造 Other Synthesize Material Manufacturing	化学试剂和助剂制造 Chemical Reagent and Aid Dose Manufacturing	专项化学用品制造 Special Chemical Product Manufacturing
全 国 National	**99.8**	**100.1**	**99.1**	**75.5**	**94.3**	**99.7**	**99.2**	**95.9**
北 京 Beijing	100.0	104.5	98.2	78.0	104.1	103.2	100.0	100.9
天 津 Tianjin	101.5		101.7	83.2	92.4		98.3	100.0
河 北 Hebei	102.5		99.9		95.4	100.1	97.5	101.1
山 西 Shanxi	98.5		99.1	93.7	98.8		95.7	
内 蒙 古 Inner Mongolia	100.5	100.0	101.3				97.6	100.0
辽 宁 Liaoning	95.0	98.7	103.1	80.7	93.0	101.5	99.7	98.2
吉 林 Jilin		98.3	96.9	69.3	96.8	100.0	100.1	100.4
黑 龙 江 Heilongjiang			96.6			101.5	110.8	116.2
上 海 Shanghai	103.8	100.0	97.9	74.4	95.3		98.8	93.0
江 苏 Jiangsu	106.1	99.4	98.9	84.9	93.7	104.4	98.5	92.9
浙 江 Zhejiang	96.5		97.6		95.4	102.1	95.8	95.7
安 徽 Anhui	97.5	99.5	96.1		95.7	101.6	98.0	103.3
福 建 Fujian	96.5		100.2		95.0		98.0	97.3
江 西 Jiangxi	97.3	98.4	97.6		105.2	101.8	99.1	102.4
山 东 Shandong	99.8	98.9	100.0	63.4	90.2	99.0	100.1	96.2
河 南 Henan		103.8	101.1		95.0	100.5	97.8	100.3
湖 北 Hubei		101.9	97.8				94.7	100.3
湖 南 Hunan	109.8		100.1	71.6	88.3		96.5	94.3
广 东 Guangdong		100.7	99.2	102.9	94.2		96.8	101.7
广 西 Guangxi			98.6				98.1	100.0
海 南 Hainan			102.3		106.9		98.2	98.9
重 庆 Chongqing	98.1		99.5	96.2	95.0		98.5	100.4
四 川 Sichuan			99.1	88.8	91.8	61.5	98.3	102.4
贵 州 Guizhou			102.1				97.7	
云 南 Yunnan			98.5	100.2	83.3		104.1	100.0
西 藏 Tibet								
陕 西 Shaanxi		100.0	98.4				99.6	92.6
甘 肃 Gansu			101.2				97.2	98.0
青 海 Qinghai			100.8					100.0
宁 夏 Ningxia	103.1		101.1	101.8	86.4		93.9	96.4
新 疆 Xinjiang			104.7	64.1	94.5		101.3	101.1

2-1-10 续表 24 continued 24

(上年价格＝100) (preceding year=100)

地 区 Region	林产化学产品制造 Forestry Chemical Products Manufacturing	炸药及火工产品制造 Explosives and Fire and Flame Products Manufacturing	信息化学品制造 Information Chemistry Product Manufacturing	环境污染处理专用药剂材料制造 Special Medicament Material For Environment Polution Treatment	动物胶制造 Animal Glue Manufacturing	其他专用化学产品制造 Other Special Chemical Products Manufacturing	肥皂及合成洗涤剂制造 Soap, Washing Powder and Synthetic Detergent	化妆品制造 Cosmetics Manufacturing
全 国 National	**108.5**	**100.5**	**90.1**	**102.0**	**107.6**	**98.7**	**96.4**	**100.8**
北 京 Beijing		100.0	98.4	95.2		103.9	97.5	100.5
天 津 Tianjin			95.5				114.2	100.0
河 北 Hebei	102.8	100.1	91.6			99.7	102.7	
山 西 Shanxi	97.8	100.3	93.5	92.0		100.4	96.4	102.0
内蒙古 Inner Mongolia		98.6	86.2		129.0		100.2	100.0
辽 宁 Liaoning	98.7	101.4	94.8	99.9		98.9	95.5	98.9
吉 林 Jilin		99.4		100.0	100.0	88.7	100.0	
黑龙江 Heilongjiang		100.1					94.4	
上 海 Shanghai	91.4		88.5			98.4	93.4	100.3
江 苏 Jiangsu	102.1	101.6	91.1	104.1		100.1	94.7	100.7
浙 江 Zhejiang	109.2	99.7	86.4	107.6	106.4	93.3	99.3	100.3
安 徽 Anhui	103.9	100.4	82.5	98.1	125.0	101.6	100.1	
福 建 Fujian	102.8	100.0	100.5			96.0	99.3	103.4
江 西 Jiangxi	107.6	101.0	93.6				100.4	100.0
山 东 Shandong	96.9	99.8	95.9	100.0	105.9	98.6	98.8	
河 南 Henan	96.8	99.6	75.2			101.8	98.9	100.0
湖 北 Hubei	102.7	99.7	79.2	100.3	102.2	100.3	106.7	100.1
湖 南 Hunan	109.1	100.9				101.4	100.4	100.2
广 东 Guangdong	115.2	100.0	99.2			97.3	94.4	101.5
广 西 Guangxi	111.9	101.4				97.0	99.7	101.0
海 南 Hainan	97.9	100.0		100.0		97.0		100.0
重 庆 Chongqing		99.2	95.5			97.6	96.9	
四 川 Sichuan	104.8	99.3	77.7		100.0	98.6	99.7	100.0
贵 州 Guizhou	107.6	97.4	74.4			100.9	98.7	100.0
云 南 Yunnan	109.0	99.7	130.0		100.0	100.3	99.0	
西 藏 Tibet		100.0						
陕 西 Shaanxi		100.0	76.3			99.1	101.2	
甘 肃 Gansu	101.8	101.6						
青 海 Qinghai		102.3	54.7		131.7			
宁 夏 Ningxia		102.5		99.8	127.7		100.0	
新 疆 Xinjiang		99.9	84.6	100.0	101.1	100.0	100.0	100.2

2-1-10 续表 25 continued 25

(上年价格＝100) (preceding year=100)

地 区 Region	口腔清洁用品制造 Oral Cavity Sanitary Roducts	香料、香精制造 Spice and Essence Manufacturing	其他日用化学产品制造 Other Daily Use Chemical Product Manufacturing	化学药品原药制造 Chemical Medicines and Reagents Manufacturing	化学药品制剂制造 Pharmaceutical Preparations Manufacturing	中药饮片加工 Chinese Traditional Medicine Pills	中成药制造 Chinese Patent Drug	兽用药品制造 Veterinary Medicines Manufacturing
全 国 National	**100.0**	**99.9**	**100.8**	**98.6**	**99.8**	**103.2**	**101.6**	**99.9**
北 京 Beijing	100.0	100.0		100.4	98.8	105.6	100.8	98.4
天 津 Tianjin	113.4	100.1	100.4	100.7	100.5	100.0	101.4	
河 北 Hebei		102.1	101.2	101.5	103.4	122.4	101.5	100.4
山 西 Shanxi				104.4	99.5	100.0	102.2	99.9
内蒙古 Inner Mongolia			100.0	103.2	99.6	100.3	102.2	97.5
辽 宁 Liaoning	100.7	99.5	101.1	100.4	99.5	100.2	101.6	105.5
吉 林 Jilin		100.0	100.0	100.3	100.1	102.0	100.8	102.0
黑龙江 Heilongjiang		99.4		99.5	102.3	102.7	100.5	100.0
上 海 Shanghai	101.5	97.1	101.7	94.6	97.7	104.4	106.0	99.8
江 苏 Jiangsu		101.4	105.4	98.1	97.7	104.4	100.4	98.9
浙 江 Zhejiang		98.0	98.4	94.0	99.8	102.0	100.3	92.3
安 徽 Anhui	99.5	85.8	100.4	98.5	97.2	108.8	104.3	100.0
福 建 Fujian		90.6	100.0	97.9	101.0		103.7	99.9
江 西 Jiangxi	103.2	102.6	99.5	102.6	99.3	100.0	101.0	98.2
山 东 Shandong	100.0	98.9	97.1	100.2	98.8	100.7	101.1	98.6
河 南 Henan		105.9	100.0	100.0	103.8	105.8	102.5	103.0
湖 北 Hubei			100.2	97.8	100.5	109.1	104.1	97.5
湖 南 Hunan		103.2	100.0	100.4	95.1	93.7	101.2	100.0
广 东 Guangdong	98.6	101.9	101.3	96.8	101.9	102.5	102.3	100.1
广 西 Guangxi	105.2			97.2	100.0		102.5	100.6
海 南 Hainan		98.7		101.9	102.8	109.0	102.6	
重 庆 Chongqing	100.0	99.2	101.7	99.9	100.1	102.3	102.2	102.7
四 川 Sichuan		107.8	101.5	96.9	98.1	100.5	101.7	101.9
贵 州 Guizhou		101.6			100.5	112.8	102.2	
云 南 Yunnan	100.0	100.1		98.2	100.7	103.5	101.0	101.5
西 藏 Tibet			100.0		100.0		100.1	
陕 西 Shaanxi				105.8	101.1	101.6	100.5	101.5
甘 肃 Gansu				109.9	101.0	100.0	102.3	
青 海 Qinghai				100.0	100.4	105.7	100.0	
宁 夏 Ningxia				91.7	101.4	109.6	98.8	94.6
新 疆 Xinjiang		100.0		101.2	101.9	107.1	106.5	

2-1-10 续表 26 continued 26

(上年价格=100) (preceding year=100)

地 区 Region	生物、生化制品的制造 Biology Product Industry	卫生材料及医药用品制造 Medical Material and Supplies Manufacturing	化纤浆粕制造 Chemical Fiber Plasm Manufacturing	人造纤维(纤维素纤维)制造 Manmade Fiber (Fibrin Fiber) Manufacturing	锦纶纤维制造 Polyamide Fiber Manufacturing	涤纶纤维制造 Polyester Fiber Manufacturing	腈纶纤维制造 Acrylic Fiber Manufacturing	维纶纤维制造 Polyvinyl Alcohol Fiber Manufacturing
全 国 National	**102.4**	**103.4**	**92.8**	**93.5**	**96.0**	**95.2**	**97.5**	**97.4**
北 京 Beijing	98.4	103.1						
天 津 Tianjin	102.4				101.9	91.2		
河 北 Hebei	100.7	106.6	89.9	96.0		97.2	96.8	
山 西 Shanxi	106.3	123.3				98.0		
内蒙古 Inner Mongolia	114.5	113.2						
辽 宁 Liaoning	100.5	100.0		87.4	93.0	88.7	98.6	
吉 林 Jilin	100.0	148.5	90.9	91.2		97.6	97.8	
黑龙江 Heilongjiang	101.8	100.0			100.0	100.0	99.0	
上 海 Shanghai	91.1	100.0		96.8	96.9	98.0	99.1	
江 苏 Jiangsu	107.5	98.1	90.3	96.2	99.1	95.5	93.9	
浙 江 Zhejiang	98.4	100.4		87.7	94.7	94.7	97.8	
安 徽 Anhui	102.0	105.6	100.0		89.5	100.8		97.7
福 建 Fujian	99.9	107.4			93.4	97.5		96.2
江 西 Jiangxi	100.7	97.3		92.5		97.1		
山 东 Shandong	105.8	107.7	90.4	95.5	97.9	97.2		
河 南 Henan	106.3	97.3	96.9	84.5	94.2	92.6		
湖 北 Hubei	99.8	102.3	103.2	99.2		91.1		88.2
湖 南 Hunan	100.0	104.4		100.0	92.6			96.7
广 东 Guangdong	100.8			100.0	97.2	96.6		
广 西 Guangxi	110.0	101.2						
海 南 Hainan	100.0	101.0				100.2		
重 庆 Chongqing	101.7	88.1				86.7		96.8
四 川 Sichuan	99.3	100.3	100.1	87.6	98.7	89.9		
贵 州 Guizhou	102.2							
云 南 Yunnan	97.1	100.0		100.3				
西 藏 Tibet								
陕 西 Shaanxi	103.8	100.0	96.6	104.2				
甘 肃 Gansu	100.1	99.1						
青 海 Qinghai		121.1						
宁 夏 Ningxia								
新 疆 Xinjiang	103.2		88.7	97.0		93.3		

(上年价格＝100) (preceding year=100)

地 区 Region	其他合成纤维制造 Other Synthon Manufacturing	车辆、飞机及工程机械轮胎制造 Automobile, Airplane and Engineering Machinery Tyre Manufacturing	力车胎制造 Strengh Tyre Manufacturing	轮胎翻新加工 Tires Retreading	橡胶板、管、带的制造 Balata Board, Hose, Belt Manufacturing	橡胶零件制造 Balata Parts Product Industry	再生橡胶制造 Rebirth Parts Product Industry	日用及医用橡胶制品制造 Daily Balata Product Industry
全 国 National	**99.8**	**94.2**	**104.7**	**100.3**	**98.3**	**99.8**	**100.6**	**98.6**
北 京 Beijing	99.8	91.5			98.8	98.5	101.2	89.3
天 津 Tianjin		94.7	101.0		97.5	100.0		100.0
河 北 Hebei		97.0	103.3		101.5	99.2	100.9	96.1
山 西 Shanxi		89.7			98.0	99.2	98.2	97.5
内蒙古 Inner Mongolia		100.0		100.0				
辽 宁 Liaoning	100.0	94.3	98.5		95.5	99.5	100.7	100.4
吉 林 Jilin					99.4	94.9		99.7
黑龙江 Heilongjiang		93.6			97.5	99.1		
上 海 Shanghai	97.9	96.5	100.0		94.6	98.3	115.2	95.5
江 苏 Jiangsu	99.8	95.8	97.9	99.9	99.1	103.8	99.1	99.4
浙 江 Zhejiang	100.4	90.6	93.3		96.3	99.2	100.9	96.5
安 徽 Anhui	95.5	89.9		100.7	101.9	97.5	87.1	96.8
福 建 Fujian	98.8	93.5	95.1	99.9	93.1	100.0	99.8	100.4
江 西 Jiangxi		97.7		100.1	100.0	98.2	102.2	104.2
山 东 Shandong	98.5	95.2	113.1		97.0	100.2	102.9	99.2
河 南 Henan	100.7	92.2		103.4	100.1	97.5		100.2
湖 北 Hubei		94.9	100.8	100.4	97.6	99.1	101.8	98.9
湖 南 Hunan					100.2	99.9	99.8	100.0
广 东 Guangdong	97.3	95.4	99.8	100.0	99.1	95.7	99.6	100.4
广 西 Guangxi		100.0		100.3	96.8	98.0		99.5
海 南 Hainan								
重 庆 Chongqing		89.3		99.8	99.8	97.7		
四 川 Sichuan		93.7			91.6	108.0	101.2	99.5
贵 州 Guizhou		94.4			99.9	96.3		
云 南 Yunnan			100.0		102.1		100.0	107.0
西 藏 Tibet								
陕 西 Shaanxi					99.0	99.7	97.0	
甘 肃 Gansu					98.0			
青 海 Qinghai							102.5	
宁 夏 Ningxia		86.8			100.0			
新 疆 Xinjiang		101.9	100.0		100.0	96.2	103.7	

2-1-10 续表 28 continued 28

(上年价格=100) (preceding year=100)

地 区	Region	橡胶靴鞋制造 Balata Shoe Manufacturing	其他橡胶制品制造 Other Balata Product Industry	塑料薄膜制造 Plastic Pellicle Manufacturing	塑料板、管、型材的制造 Plastic Board Duct Mallet Material Manufacturing	塑料丝、绳及编织品的制造 Plastic Silk, Rope and Intertexture Product Manufacturing	泡沫塑料制造 Foam Plastics Manufacturing	塑料人造革、合成革制造 Man-Made and Synthetic Leather Manufacturing	塑料包装箱及容器制造 Plastic Packing Case and Container Manufacturing
全 国	**National**	**101.2**	**100.0**	**98.9**	**99.3**	**100.4**	**102.8**	**99.0**	**99.9**
北 京	Beijing	100.0	99.0	101.5	99.3	99.7	100.2	97.2	98.5
天 津	Tianjin	96.9	100.1	100.6	101.0	100.2	100.0	100.0	96.6
河 北	Hebei	99.9	101.4	95.3	99.2	99.4	100.8	101.7	102.1
山 西	Shanxi			103.2	99.5	98.5	96.0		102.1
内蒙古	Inner Mongolia		100.4	99.7	95.5	99.4	100.0		108.5
辽 宁	Liaoning	100.7	100.2	97.9	99.6	101.3	103.0	100.1	99.7
吉 林	Jilin		100.9	100.0	100.3	99.2	101.3	98.4	99.7
黑龙江	Heilongjiang		99.7	99.3	99.8	98.8	105.0	100.0	100.0
上 海	Shanghai	101.0	99.9	100.1	101.1	99.5	102.1	114.8	98.5
江 苏	Jiangsu	104.3	99.7	98.3	99.2	101.5	104.5	96.8	100.9
浙 江	Zhejiang	99.3	100.0	98.0	98.9	98.4	99.3	98.3	99.7
安 徽	Anhui	99.9	100.9	96.7	100.0	100.2	101.4	102.3	103.2
福 建	Fujian	97.5	98.7	99.5	99.6	100.3	103.5	100.2	100.6
江 西	Jiangxi	102.3	105.0	102.6	102.3	99.0	102.4		98.4
山 东	Shandong	101.1	99.2	100.3	101.0	101.5	99.7	101.3	98.6
河 南	Henan	114.1	100.0	103.0	100.7	100.3	103.6	97.9	102.0
湖 北	Hubei	107.2	104.2	100.2	100.1	100.5	97.3	100.1	99.1
湖 南	Hunan	100.0	99.1	90.4	99.5	99.9	100.7		99.8
广 东	Guangdong	99.3	100.0	98.4	96.5	103.5	107.7	99.3	99.2
广 西	Guangxi			102.8	99.6	102.1			100.1
海 南	Hainan		85.7	101.7	89.9	104.6	99.2		100.0
重 庆	Chongqing	100.0	102.3	98.9	100.0	100.1	99.8	103.4	99.2
四 川	Sichuan	100.5	98.8	100.7	100.8	93.7	107.0		103.2
贵 州	Guizhou	100.2	98.3	105.9	97.4	101.1	94.3		98.8
云 南	Yunnan	103.2		100.3	99.9	104.2	100.3		100.3
西 藏	Tibet								
陕 西	Shaanxi		100.0	102.4	98.2	101.7			98.4
甘 肃	Gansu			104.6	96.2	101.6			99.0
青 海	Qinghai				104.5				
宁 夏	Ningxia			107.6	98.3	101.8	95.4		100.0
新 疆	Xinjiang		108.4	104.3	98.5	99.7	102.6		98.1

(上年价格＝100) (preceding year=100)

地 区 Region	塑料零件制造 Plastic Parts Manufacturing	塑料鞋制造 Plastic Shoes Manufacturing	日用塑料杂品制造 Daily Plastic Sundry Goods Manufacturing	其他塑料制品制造 Other Plastic Product Industry	水泥制造 Cement Manufacturing	石灰和石膏制造 Lime and Gypsum Manufacturing	水泥制品制造 Cement Product Industry	砼结构构件制造 Rubstone Mechanism Component Manufacturing	石棉水泥制品制造 Asbestine Cement Product Industry
全 国 National	**99.4**	**101.2**	**99.8**	**99.7**	**95.9**	**102.0**	**99.8**	**99.0**	**100.0**
北 京 Beijing	98.9		94.0	100.0	92.3	100.7	97.5	100.1	
天 津 Tianjin	100.5		103.5	109.1	93.6		97.6		
河 北 Hebei	100.9	99.4	94.5	97.8	94.6	101.3	100.2	100.6	
山 西 Shanxi					91.2	94.9	98.5	100.0	
内蒙古 Inner Mongolia			100.0		95.4	98.5	99.5	92.6	
辽 宁 Liaoning	98.9		102.4	98.8	97.4	104.4	98.7	97.8	98.2
吉 林 Jilin	100.0		100.0	100.0	97.3	99.8	97.9	100.0	100.0
黑龙江 Heilongjiang	100.2		100.0	101.1	96.5	100.0	99.8	109.0	
上 海 Shanghai	98.1		99.4	99.5	98.1		99.9	100.0	
江 苏 Jiangsu	100.3	100.2	99.0	101.9	95.6	100.4	97.7	96.3	100.3
浙 江 Zhejiang	98.5	102.4	101.1	97.9	98.1	100.5	97.3	103.9	
安 徽 Anhui	101.1	100.0	103.5	101.8	91.7	105.8	100.1	102.1	
福 建 Fujian	100.2	100.0	98.8	97.8	93.8	98.3	94.3		
江 西 Jiangxi		98.2		98.3	98.8	97.1	102.9		
山 东 Shandong	101.3		100.2	98.8	96.0	96.5	104.3	97.3	101.2
河 南 Henan				100.2	91.2	130.9	101.7	100.0	100.1
湖 北 Hubei	100.5	106.7	100.3	108.8	92.5	97.2	100.8	97.2	100.2
湖 南 Hunan	100.0		101.9		94.6		106.2	101.4	100.0
广 东 Guangdong	98.7	102.4	99.1	98.9	95.8		103.6		
广 西 Guangxi			98.5		99.4		102.2		
海 南 Hainan	98.5				91.9	107.1	101.6	103.1	
重 庆 Chongqing	99.7		89.8	100.0	98.8	98.4	96.4	97.7	
四 川 Sichuan	100.2			99.8	100.1	104.0	99.7	100.0	101.0
贵 州 Guizhou	100.0		99.5	100.3	105.8	98.4	100.5		100.3
云 南 Yunnan			101.1	98.9	94.5		102.4	96.5	100.0
西 藏 Tibet					102.8		105.2		
陕 西 Shaanxi	100.0		100.1	100.0	96.8	106.1	99.7	100.2	
甘 肃 Gansu				102.9	101.1	99.7	100.8	99.3	
青 海 Qinghai					105.0		100.0		
宁 夏 Ningxia					99.9	96.5	98.7	100.0	
新 疆 Xinjiang			99.1	101.0	90.9	100.0	97.3	100.1	

2-1-10 续表 30 continued 30

(上年价格＝100) (preceding year=100)

地 区 Region	轻质建筑材料制造 Light Construction Material Manufacturing	其他水泥制品制造 Other Cement Product Industry	粘土砖瓦及建筑砌块制造 Tile Manufacturing	建筑陶瓷制品制造 Construction and Hygienic Ceramics Manufacturing	建筑用石加工 Construction Stone Manufacturing	防水建筑材料制造 Waterproof Sealing Construction Materials Manufacturing	隔热和隔音材料制造 Heat Preservation and Sound-Proof Materials Manufacturing	其他建筑材料制造 Other Tile, Lime and Light Construction Material Manufacturing	平板玻璃制造 Flat Glass Products
全 国 National	**100.6**	**97.0**	**99.6**	**100.7**	**99.4**	**101.5**	**98.4**	**99.7**	**104.4**
北 京 Beijing	100.4		97.6	100.0	100.0	99.7	100.0	89.5	
天 津 Tianjin	95.9		100.6						93.7
河 北 Hebei	103.3		98.7	99.2	100.4	112.1	100.4	95.0	104.6
山 西 Shanxi			101.3	101.0	102.1	95.4		100.0	99.1
内蒙古 Inner Mongolia			88.9		101.5			106.1	102.8
辽 宁 Liaoning	97.1		99.5	100.0	100.0	100.5	100.0	101.2	100.3
吉 林 Jilin			101.1	100.0	106.4	100.0	100.5		100.3
黑龙江 Heilongjiang			95.0		105.4	100.0		100.0	93.8
上 海 Shanghai	100.9		102.0	102.1			78.2	88.4	
江 苏 Jiangsu	98.6		99.1	97.8	101.8	99.7	101.1	100.4	102.4
浙 江 Zhejiang	98.0		98.5	98.4	101.5	99.9		102.3	104.3
安 徽 Anhui	100.2		97.2	103.2	98.8	98.0		96.0	105.2
福 建 Fujian			98.0	100.7	100.0			94.7	105.7
江 西 Jiangxi	100.0		102.4	101.0	100.0		100.0	100.0	113.5
山 东 Shandong	101.2		98.3	101.1	98.2	101.6	98.1	101.1	106.5
河 南 Henan	103.1	96.6	101.5	103.8		100.0			102.1
湖 北 Hubei	101.2	100.8	99.2	101.8	101.7	106.4	101.0	99.5	114.2
湖 南 Hunan			99.6						107.4
广 东 Guangdong	97.8			100.6	96.1			114.7	104.5
广 西 Guangxi			102.9	102.9	102.1				111.0
海 南 Hainan			89.1					100.0	
重 庆 Chongqing	99.4		98.9	100.0	101.3	103.7	99.9	104.0	103.2
四 川 Sichuan	100.0	95.0	99.3	99.1	99.1	100.9		100.0	102.9
贵 州 Guizhou			102.2	100.0					
云 南 Yunnan	101.0		97.4	102.8	100.0	97.2		100.0	102.5
西 藏 Tibet			124.4						
陕 西 Shaanxi	99.8		94.4	100.9	102.4	103.1	99.8	100.0	110.4
甘 肃 Gansu	106.8		100.4	98.3	98.0				101.0
青 海 Qinghai	98.1		94.4						98.4
宁 夏 Ningxia	100.0		99.7	101.0				91.2	103.6
新 疆 Xinjiang	96.6		95.3	104.6	100.0	101.5	85.0	93.3	99.6

2-1-10 续表 31 continued 31

(上年价格 = 100) (preceding year=100)

地 区 Region	技术玻璃制品制造 Industrial Technique Glass Manufacturing	光学玻璃制造 Optical Glass Manufacturing	玻璃仪器制造 Glass Instruments Manufacturing	日用玻璃制品及玻璃包装容器制造 Daily Glass Product Industry	玻璃保温容器制造 Glass Heat Preservation Vessel Manufacturing	玻璃纤维及制品制造 Fiberglass and Allied Products	玻璃纤维增强塑料制品制造 Glass Fiber Feinforced Plastic Product	其他玻璃制品制造 Other Glass and Glass Product Industry
全 国 National	**97.9**	**95.6**	**98.7**	**100.7**	**95.8**	**98.0**	**99.6**	**97.3**
北 京 Beijing	98.5	100.1	99.8	97.9	101.8	99.1	100.0	99.8
天 津 Tianjin	90.1		100.0	100.0		95.2		
河 北 Hebei	99.5		100.0	99.9		96.2	100.9	100.4
山 西 Shanxi	95.8			98.7			100.0	
内蒙古 Inner Mongolia	99.4		100.0	101.2		82.1		
辽 宁 Liaoning	98.6		90.7	101.4		101.7	99.4	101.4
吉 林 Jilin	100.0		100.0	100.1		100.0	100.0	100.0
黑龙江 Heilongjiang	100.0			100.0			101.0	
上 海 Shanghai	94.1	100.0		99.5	99.3	94.4	106.3	
江 苏 Jiangsu	99.7		100.1	101.7	100.0	102.6	100.0	90.5
浙 江 Zhejiang	95.3	96.3		100.7		100.8	104.4	97.2
安 徽 Anhui	100.3	98.2		101.9	94.5	97.9	96.2	93.4
福 建 Fujian	104.5	86.7					100.1	100.0
江 西 Jiangxi	100.0		85.3	102.0	91.5	96.1	102.7	86.3
山 东 Shandong	98.9		98.2	99.7	97.7	97.3	97.3	104.1
河 南 Henan	99.9		99.9	94.2		99.2	98.6	
湖 北 Hubei	99.0	103.8		101.5	102.2	99.8	107.0	100.0
湖 南 Hunan	97.2			103.4	88.7			
广 东 Guangdong	96.1	100.0		104.0	106.4	92.7	100.3	100.4
广 西 Guangxi	96.1			101.1			100.0	
海 南 Hainan								
重 庆 Chongqing	92.7			99.0	101.6	89.6	97.2	100.5
四 川 Sichuan	96.9	91.5		99.8		96.3	96.1	
贵 州 Guizhou				100.8		100.0		
云 南 Yunnan	96.8	100.0	100.0	101.1			100.0	
西 藏 Tibet								
陕 西 Shaanxi	105.9			101.9		98.7	99.8	
甘 肃 Gansu								
青 海 Qinghai								
宁 夏 Ningxia	88.6			108.3			105.1	
新 疆 Xinjiang	103.0			100.1	100.0	100.0	98.4	

2-1-10 续表 32 continued 32

(上年价格＝100) (preceding year=100)

地　区　Region	卫生陶瓷制品制造 Construction and Hygienic Ceramics Manufacturing	特种陶瓷制品制造 Industrial Ceramics Manufacturing	日用陶瓷制品制造 Daily Ceramic Manufacturing	园林、陈设艺术及其他陶瓷制品制造 Other Ceramic Product Industry	石棉制品制造 Asbestine Product Industry	云母制品制造 Mica Product Industry	耐火陶瓷制品及其他耐火材料制造 Other Fireproof Materials Products	石墨及碳素制品制造 Black Lead and Carbon Product
全　国 National	**101.4**	**100.7**	**100.7**	**102.5**	**100.0**	**95.8**	**100.7**	**97.3**
北　京 Beijing	101.2	77.1					97.0	98.1
天　津 Tianjin	106.6						100.0	99.6
河　北 Hebei	100.1	98.7	100.8	97.5	99.6	85.0	99.8	96.8
山　西 Shanxi		99.6	105.0		100.0		99.7	96.6
内蒙古 Inner Mongolia					137.5		100.0	93.6
辽　宁 Liaoning		109.0			100.0	107.9	100.5	93.9
吉　林 Jilin					100.0	103.3	100.0	99.4
黑龙江 Heilongjiang		115.1	100.0			99.2	97.5	100.0
上　海 Shanghai	101.0	98.3					91.2	100.0
江　苏 Jiangsu		104.2	99.4	99.4	98.2	100.9	99.8	100.6
浙　江 Zhejiang	110.4	100.0	97.4		100.0		97.3	94.0
安　徽 Anhui		100.0	103.4	99.9	104.2	100.4	96.7	98.6
福　建 Fujian	100.0	91.9	100.1	99.7			96.6	92.5
江　西 Jiangxi		100.0	100.2		94.1		117.6	
山　东 Shandong	98.7	100.7	98.2		97.5	98.6	100.6	96.6
河　南 Henan	100.9	102.4	106.1		102.5		101.8	97.4
湖　北 Hubei	90.2		111.7		103.6	108.1	100.6	96.3
湖　南 Hunan	100.8		101.7	100.0		100.6	98.9	99.6
广　东 Guangdong	102.5	99.3	101.3	106.7	101.5	100.0	105.6	
广　西 Guangxi	102.6		103.1				100.0	
海　南 Hainan								
重　庆 Chongqing	106.4	105.4	99.5		102.1		99.8	98.3
四　川 Sichuan		95.5	70.1			99.6	98.8	96.4
贵　州 Guizhou		105.4					81.1	98.7
云　南 Yunnan			102.9	94.4			99.5	97.1
西　藏 Tibet								
陕　西 Shaanxi		101.0		122.9	104.5	109.8	97.6	100.0
甘　肃 Gansu								95.8
青　海 Qinghai		100.0					100.5	100.3
宁　夏 Ningxia							85.4	94.3
新　疆 Xinjiang							100.4	96.8

(上年价格＝100) (preceding year=100)

地 区 Region	其他非金属矿物制品制造 Other Nonmetal Mineral Product	炼铁 Metal Smelting	炼钢 Steel Smelting	钢压延加工 Steel Rolling Processing	铁合金冶炼 Iron Alloy Smelting Industry	铜冶炼 Copper Smelting	铅锌冶炼 Lead Zinc Smelting Industry	镍钴冶炼 Nickel Cobalt Smelting
全 国 National	**98.6**	**93.3**	**94.1**	**93.5**	**96.2**	**94.6**	**97.4**	**89.8**
北 京 Beijing	99.2	90.1		91.6		95.6		
天 津 Tianjin	98.8	87.2	96.2	93.7		93.2		
河 北 Hebei	98.9	93.4	92.7	91.7	97.1	90.4	95.6	
山 西 Shanxi	96.8	90.1	91.9	90.3	94.5	97.0	100.0	
内 蒙 古 Inner Mongolia	97.8	95.0	100.0	95.8	94.8	93.0	99.2	
辽 宁 Liaoning	89.2	96.8	100.1	97.5	96.2	98.9	91.2	100.4
吉 林 Jilin	97.8	103.2		89.3	90.4	99.3		
黑 龙 江 Heilongjiang	99.5	91.8	89.9	90.7		98.5		
上 海 Shanghai	99.4	91.7	94.5	98.4	98.2	92.9		86.4
江 苏 Jiangsu	98.3	94.0	92.2	92.9	96.6	97.2	96.5	97.1
浙 江 Zhejiang	97.3	99.4	91.8	92.7	96.7	93.5	98.4	101.2
安 徽 Anhui	102.6	92.9	86.2	93.6	100.4	96.0	104.9	
福 建 Fujian	98.9	91.7	97.0	91.7	94.9			
江 西 Jiangxi	100.0	106.3	91.4	96.2	104.0	95.6	96.3	84.4
山 东 Shandong	95.6	92.8	92.1	93.1	96.0	93.0	100.0	
河 南 Henan	99.6	89.9	100.7	96.5	99.0	98.0	97.1	
湖 北 Hubei	103.9	92.8	94.0	96.9	95.5	89.1	98.4	85.9
湖 南 Hunan	101.4	96.3	96.8	94.0	97.0	92.6	99.0	95.6
广 东 Guangdong	100.6	96.1	90.1	92.5	96.4	94.9	95.7	
广 西 Guangxi	99.9	95.6	91.7	93.3	96.0	90.4	94.2	
海 南 Hainan				93.2				100.0
重 庆 Chongqing	93.2	96.6	96.9	93.3	93.7	90.9	98.6	99.6
四 川 Sichuan	99.1	92.5	94.3	91.9	96.4	95.0	97.1	
贵 州 Guizhou	99.5	84.8		89.1	96.5	105.9	100.0	
云 南 Yunnan	100.0	92.6	98.2	90.8	96.0	95.2	96.9	86.1
西 藏 Tibet								
陕 西 Shaanxi		99.5	98.4	94.6	93.5		96.7	86.5
甘 肃 Gansu	93.1	92.4	105.8	93.5	97.9	95.7	98.0	89.3
青 海 Qinghai				93.0	96.4	93.3	93.7	100.1
宁 夏 Ningxia	96.7	95.6		90.8	96.9		93.3	
新 疆 Xinjiang	96.2	91.8	91.3	91.3	97.2	95.8	99.6	86.8

2-1-10 续表 34 continued 34

(上年价格=100) (preceding year=100)

地 区	Region	锡冶炼 Tin Smelting Industry	锑冶炼 Stibium smelting Industry	铝冶炼 Aluminum Smelting	镁冶炼 Magnesium Smelting	其他常用有色金属冶炼 Other Commonly Used Non-Ferrous Metal Smelting Industry	金冶炼 Glod Smelting	银冶炼 Silver Smelting	其他贵金属冶炼 Other Valued Metal Smelting
全 国	**National**	**95.3**	**87.6**	**94.6**	**98.3**	**93.3**	**85.7**	**83.0**	**99.4**
北 京	Beijing					90.8			94.4
天 津	Tianjin							73.0	
河 北	Hebei			94.1	98.3	77.5	88.0	88.4	
山 西	Shanxi			94.3	95.9	84.0	89.1	74.3	
内 蒙 古	Inner Mongolia			93.9	100.0	100.0	85.2	99.2	
辽 宁	Liaoning			95.6	99.9	100.0	91.1		
吉 林	Jilin			97.6	97.1		84.4		
黑 龙 江	Heilongjiang			98.5			84.1		
上 海	Shanghai			86.3			83.7	75.3	108.9
江 苏	Jiangsu	103.7		93.1		99.0		87.9	94.2
浙 江	Zhejiang			97.8			86.5		
安 徽	Anhui			99.3			84.3	75.6	
福 建	Fujian			94.7			83.8		
江 西	Jiangxi		92.5	93.7		112.9	85.7	85.1	101.0
山 东	Shandong			94.9	96.9		91.4	92.2	
河 南	Henan			95.1	99.9		84.6	80.4	
湖 北	Hubei		94.4	94.9			89.1	81.9	
湖 南	Hunan	94.7	87.4	94.3		89.3	87.0	82.2	97.3
广 东	Guangdong			91.3			84.2	102.4	
广 西	Guangxi	93.6	86.3	94.5		98.3	83.3	81.7	
海 南	Hainan								100.9
重 庆	Chongqing			93.5		92.5			
四 川	Sichuan			94.3		85.5	91.1		
贵 州	Guizhou		100.0	94.7		78.4	83.3		
云 南	Yunnan	95.2	89.7	91.0		88.9	87.7	88.3	100.0
西 藏	Tibet								
陕 西	Shaanxi			92.7	99.1	89.5	85.4	74.0	
甘 肃	Gansu		96.0	93.7			84.9	74.6	
青 海	Qinghai			94.9			87.3		
宁 夏	Ningxia			92.7	99.5	100.7		79.6	
新 疆	Xinjiang			100.1	98.6		85.2	70.0	

(上年价格＝100) (preceding year=100)

地 区	Region	钨钼冶炼 G78 Smelting	稀土金属冶炼 Rare Earth Metal Smelting	其他稀有金属冶炼 Other Rare Metal Smelting	有色金属合金制造 Non-Ferrous Metaling Alloy Manufa-cturing	常用有色金属压延加工 Commonly Used Non-Ferrous Rolling Processing	贵金属压延加工 Valued Metal Rolling Processing	稀有稀土金属压延加工 Rare Earth Metal Rolling Processing	金属结构制造 Metal Fabric Manufa-cturing
全 国	**National**	**96.5**	**84.0**	**94.7**	**95.1**	**95.6**	**86.1**	**97.8**	**97.7**
北 京	Beijing		78.9		71.9	96.2	97.5	73.2	97.3
天 津	Tianjin			66.0	98.0	95.5			90.8
河 北	Hebei	100.0			94.8	95.6	78.3		99.0
山 西	Shanxi		95.5	88.3	100.1	95.4	92.8	86.2	96.4
内蒙古	Inner Mongolia		86.8		90.8	95.7	79.8		97.1
辽 宁	Liaoning		98.8	99.3	95.4	94.8	89.9	103.4	99.4
吉 林	Jilin	94.8			97.1	98.3		115.5	98.4
黑龙江	Heilongjiang				95.1	93.1			98.1
上 海	Shanghai				95.8	93.8		100.7	96.4
江 苏	Jiangsu	88.9	88.5	97.3	92.7	95.2	92.0	86.4	96.9
浙 江	Zhejiang				93.6	94.6		92.2	97.6
安 徽	Anhui	92.1			96.8	94.7			95.3
福 建	Fujian	102.1			93.1	96.4			98.4
江 西	Jiangxi	102.5	76.4	102.3	95.7	96.5		100.5	95.7
山 东	Shandong	94.0	73.2		97.9	95.6		98.4	98.6
河 南	Henan	92.5			97.8	97.8			96.4
湖 北	Hubei		102.2	99.8	96.3	96.5			97.0
湖 南	Hunan	100.5		82.2	94.4	95.3			96.9
广 东	Guangdong	130.2	55.9	94.9	97.1	95.6	102.9		99.9
广 西	Guangxi				92.0	94.9			101.2
海 南	Hainan								
重 庆	Chongqing				95.8	96.6			92.1
四 川	Sichuan	93.4		101.0	97.9	97.5	76.2	95.4	96.3
贵 州	Guizhou				92.3	94.4			95.7
云 南	Yunnan		119.1	98.4	96.9	95.5	100.0	108.4	98.7
西 藏	Tibet								
陕 西	Shaanxi	88.1	82.9		96.6	94.2			98.6
甘 肃	Gansu		59.7	89.5	90.8	97.4			107.2
青 海	Qinghai				100.0	102.4			99.7
宁 夏	Ningxia		90.0	105.9	95.0	97.4	75.1	105.9	98.6
新 疆	Xinjiang				98.0	95.9			97.0

2-1-10 续表 36 continued 36

(上年价格＝100)

(preceding year=100)

地区 Region	金属门窗制造 Metal Door and Window Manufacturing	切削工具制造 Cutting tool Manufacturing	手工具制造 Handwork Tool Manufacturing	农用及园林用金属工具制造 Farming or Gardening Metal Tool Manufacturing	刀剪及类似日用金属工具制造 Scissors and Knives Daily Metal Tool Manufacturing	其他金属工具制造 Other Metal Tool Manufacturing	集装箱制造 Container Manufacturing	金属压力容器制造 Metal Pressing Vessels Manufacturing
全　国 National	**100.8**	**99.2**	**100.8**	**97.9**	**100.5**	**97.6**	**95.3**	**99.5**
北　京 Beijing	100.2	100.0	100.0					93.3
天　津 Tianjin	100.9	102.1	100.0				100.7	
河　北 Hebei	99.5	99.0	101.4	103.7		99.7		95.6
山　西 Shanxi	100.0	95.7				100.0		97.1
内蒙古 Inner Mongolia	100.7							
辽　宁 Liaoning	102.5	94.7	101.6	100.0	100.7	99.0	95.3	98.7
吉　林 Jilin	101.0	100.5	100.0	100.1		99.1		100.0
黑龙江 Heilongjiang	99.2	99.8		100.0	100.0			99.6
上　海 Shanghai	104.2	99.5	100.0		101.3		91.7	
江　苏 Jiangsu	102.8	100.7	99.6				96.9	97.2
浙　江 Zhejiang	100.5	98.6	100.9	96.5	100.1	100.3		96.6
安　徽 Anhui	100.9	101.0	105.8	80.8				96.2
福　建 Fujian	100.4	97.0	93.2	99.0	96.9			111.1
江　西 Jiangxi	89.4	98.7	107.8		98.2			96.0
山　东 Shandong	103.0	99.8	103.6	96.3	114.7	92.3	102.2	96.2
河　南 Henan	100.0	99.9						99.2
湖　北 Hubei	102.8	97.2	98.0					124.5
湖　南 Hunan	100.0	96.4	100.4	98.7				95.0
广　东 Guangdong	95.5	101.0	94.2	97.6	99.4	98.1	93.3	
广　西 Guangxi	103.1	100.0	97.7					97.3
海　南 Hainan	101.2							
重　庆 Chongqing	99.2	102.9	107.7		107.2			100.5
四　川 Sichuan	100.9	98.0	107.0	105.0		100.8		100.5
贵　州 Guizhou	100.0	95.4	103.1					
云　南 Yunnan	99.9		98.3	100.0				101.1
西　藏 Tibet								
陕　西 Shaanxi	100.0	100.1	98.6	100.0				97.5
甘　肃 Gansu	104.6		101.2					
青　海 Qinghai	100.6	94.4						
宁　夏 Ningxia	100.8			100.0				
新　疆 Xinjiang	98.7	85.8						100.3

(上年价格=100) (preceding year=100)

地 区 Region	金属包装容器制造 Metal Packaging Vessels Manufacturing	金属丝绳及其制品的制造 Metal Thread Products	建筑、家具用金属配件制造 Construction, Household Use Metal Parts	建筑装饰及水暖管道零件制造 Construction, Decoration and Plumbing Parts	安全、消防用金属制品制造 Safety, Fire Protection Metal Products	其他建筑、安全用金属制品制造 Other Construction, Safety Metal Products	金属表面处理及热处理加工 Metal Surface Treating and Heating Processing	工业生产配套用搪瓷制品制造 Industrial Use Enamel Products Manufacturing
全 国 National	**97.2**	**95.4**	**99.5**	**97.3**	**100.5**	**98.6**	**99.0**	**101.5**
北 京 Beijing	92.6	87.8	97.7	98.7	100.0		96.7	
天 津 Tianjin	96.8	95.3	100.0	100.6		100.6	100.0	
河 北 Hebei	99.0	95.6	100.0	95.5	100.3		97.1	96.9
山 西 Shanxi	98.1	93.3		99.9	113.5			
内蒙古 Inner Mongolia	100.0	97.5	98.9	101.3		100.0		
辽 宁 Liaoning	95.7	98.0	99.2	99.2	100.7	100.0	99.1	101.5
吉 林 Jilin	100.0	93.1		100.0				
黑龙江 Heilongjiang	95.7	107.9	101.8	98.7			100.2	100.0
上 海 Shanghai	93.9	90.5	99.2	101.4	102.2	103.1	102.0	100.0
江 苏 Jiangsu	98.6	96.2	99.3	98.3	98.1	97.2	100.3	104.5
浙 江 Zhejiang	95.6	93.9	97.8	95.4	98.9	98.7	98.3	
安 徽 Anhui	97.4	91.7	109.1	104.4	101.7	98.9	97.2	
福 建 Fujian	98.5	95.8	98.3	98.8	98.7	94.9	100.0	
江 西 Jiangxi	98.2	94.6		99.8	100.0			105.7
山 东 Shandong	99.0	95.5	97.4	100.8	97.9	100.7	98.5	102.6
河 南 Henan	95.9	92.6	106.2	99.2		106.9		
湖 北 Hubei	101.8	99.8		99.4			94.8	92.9
湖 南 Hunan	100.0	96.8		100.8	100.0			
广 东 Guangdong	97.4	95.0	100.8	95.2	108.4	96.0	97.0	
广 西 Guangxi		91.4	100.0			104.1		
海 南 Hainan	88.9						95.2	
重 庆 Chongqing	97.3	87.6	94.9	109.9	96.3	101.2	100.5	
四 川 Sichuan	100.6	95.0		91.9	104.3	100.4	105.7	
贵 州 Guizhou		93.1	93.9		98.5	99.8		
云 南 Yunnan	98.3	97.0	100.0			98.7		
西 藏 Tibet								
陕 西 Shaanxi	100.0	97.1	98.1	100.0	104.1			
甘 肃 Gansu	96.6	99.2		103.6		84.8		
青 海 Qinghai		94.6						
宁 夏 Ningxia	97.1	96.0		100.9			100.0	
新 疆 Xinjiang	98.8	94.2		99.6	100.0	96.5	97.6	

2-1-10 续表 38 continued 38

(上年价格＝100) (preceding year=100)

地 区 Region	搪瓷卫生洁具制造 Enamel Sanitary Ware Manufacturing	搪瓷日用品及其他搪瓷制品制造 Enamel Commodity and Other Enamel Products Manufacturing	金属制厨房调理及卫生器具制造 Metal Kitchen and Sanitary Ware Products	金属制厨用器皿及餐具制造 Metal Kitchen Utensils and Tablewares Manufacturing	其他日用金属制品制造 Other Daily Metal Products Manufacturing	铸币及贵金属制实验室用品制造 Coin and Other Valued Metal Lab Products	其他未列明的金属制品制造 Other not listed Metal Products	锅炉及辅助设备制造 Boiler and Other Fitting Manucturing
全 国 National	**100.9**	**100.0**	**100.3**	**100.3**	**102.7**	**96.9**	**96.8**	**96.4**
北 京 Beijing				100.0			96.4	100.0
天 津 Tianjin		100.0		100.7			96.4	100.0
河 北 Hebei			102.0	99.6			95.6	101.9
山 西 Shanxi							104.5	98.8
内蒙古 Inner Mongolia								100.0
辽 宁 Liaoning			96.1	97.5	100.0		96.0	100.8
吉 林 Jilin					98.7		100.0	100.0
黑龙江 Heilongjiang							100.0	95.4
上 海 Shanghai		100.0	99.2	101.5			96.6	81.4
江 苏 Jiangsu		100.0		98.2	104.7		97.7	101.2
浙 江 Zhejiang		98.4	97.7	96.9	97.0		93.1	100.5
安 徽 Anhui		100.0		100.0	100.0		96.1	93.6
福 建 Fujian				99.3	102.5		98.2	99.8
江 西 Jiangxi		105.7					91.1	99.1
山 东 Shandong		102.3	103.7	102.2	93.3	96.7	100.1	96.8
河 南 Henan		98.0		100.2	89.4	100.9	99.5	100.0
湖 北 Hubei			99.5	95.7	99.9		98.7	99.3
湖 南 Hunan				100.0			93.6	102.7
广 东 Guangdong	100.7		99.6	102.4	104.3		96.3	100.5
广 西 Guangxi				100.9	103.7		97.0	100.3
海 南 Hainan								
重 庆 Chongqing	102.6		100.5	99.9	97.9		98.2	100.1
四 川 Sichuan				100.0			100.6	98.6
贵 州 Guizhou				101.4			100.0	
云 南 Yunnan							95.0	110.1
西 藏 Tibet								
陕 西 Shaanxi		98.2		91.1	100.0		102.3	96.7
甘 肃 Gansu							94.1	100.8
青 海 Qinghai								
宁 夏 Ningxia							90.7	102.6
新 疆 Xinjiang				100.0			95.3	101.8

2-1-10 续表 39 continued 39

(上年价格＝100) (preceding year=100)

地 区 Region	内燃机及配件制造 Internal Combustion and Fitting Manufacturing	汽轮机及辅机制造 Steam Turbine and Fitting Manufacturing	水轮机及辅机制造 Water Turbine and Fitting Manufacturing	其他原动机制造 Other Motor Machine Manufacturing	金属切削机床制造 Metal Cutting Machine Tool Manufacturing	金属成形机床制造 Metal Forming Machine Tool Manufacturing	铸造机械制造 Foundry Machinery Manufacturing	金属切割及焊接设备制造 Metal Cutting and Welding Equipment Manufacturing
全 国 National	**98.5**	**101.1**	**98.1**		**99.5**	**101.9**	**100.1**	**98.2**
北 京 Beijing		100.0			99.5			100.1
天 津 Tianjin	101.9				97.8	134.5		
河 北 Hebei	100.8				99.7	100.2	99.0	93.9
山 西 Shanxi	100.7				101.0	100.0	87.6	100.0
内蒙古 Inner Mongolia								
辽 宁 Liaoning	94.0	100.0			100.8	100.0	100.0	100.0
吉 林 Jilin	99.0				100.0			
黑龙江 Heilongjiang		94.6			99.5	100.0		88.3
上 海 Shanghai	95.7	100.6			100.0	99.8	99.3	
江 苏 Jiangsu	99.3	100.3			98.3	99.2	102.3	99.4
浙 江 Zhejiang	98.1	98.6	98.7		98.1	99.7	99.9	98.0
安 徽 Anhui	97.3				99.6	93.5	101.2	
福 建 Fujian	100.6		100.2		100.9	100.0	97.0	
江 西 Jiangxi	102.0		100.3		101.0	104.4		
山 东 Shandong	101.4	100.3			99.5	102.0	100.0	103.4
河 南 Henan	99.1				90.9	93.8	98.2	
湖 北 Hubei	90.0	97.4	97.5		99.3	100.7		96.1
湖 南 Hunan	98.9		100.4		100.1	100.0		
广 东 Guangdong	99.9				98.9	96.2	98.5	
广 西 Guangxi	102.4		99.7		105.4	99.2		
海 南 Hainan								
重 庆 Chongqing	97.8		91.4		99.9	100.3	100.4	
四 川 Sichuan	100.1	104.8	101.0		98.9	100.0		99.0
贵 州 Guizhou					100.0			
云 南 Yunnan	97.1				100.7			101.8
西 藏 Tibet								
陕 西 Shaanxi	100.0	101.1			99.1	83.2		98.2
甘 肃 Gansu					93.1	92.2	100.0	
青 海 Qinghai					98.8	104.6		
宁 夏 Ningxia		82.5	100.1		100.2			
新 疆 Xinjiang								

2-1-10 续表 40 continued 40

(上年价格＝100) (preceding year=100)

地　区	Region	机床附件制造 Machine Tool Parts Manufacturing	其他金属加工机械制造 Other Metal Processing Machinery Manufacturing	起重运输设备制造 Crane Transportaion Equipment Manufacturing	泵及真空设备制造 Pump and Vacuum Equipment Manufacturing	气体压缩机械制造 Gas Compressor Machinery Manufacturing	阀门和旋塞的制造 Valve and Plug Manufacturing	液压和气压动力机械及元件制造 Hydraulic Pressure unit and Pneumatic Machine and Component Manufacturing	轴承制造 Bearing Manufacturing
全　国	**National**	**99.5**	**100.9**	**99.7**	**99.6**	**98.7**	**99.9**	**100.1**	**99.3**
北　京	Beijing		100.0	99.9	99.6	99.6	103.3	98.1	92.6
天　津	Tianjin			97.6	99.5	99.1	100.9	102.1	
河　北	Hebei			99.4	100.1	100.0	99.3	99.9	98.1
山　西	Shanxi		105.3	97.6	99.5	96.8	106.8	98.4	99.8
内蒙古	Inner Mongolia	100.0		98.9	100.9				
辽　宁	Liaoning	100.2	99.8	99.9	99.9	94.7	97.7	96.5	100.2
吉　林	Jilin			100.0	100.0	100.1	100.0	100.0	99.9
黑龙江	Heilongjiang		100.0	99.6	98.9		100.0	100.0	99.4
上　海	Shanghai			99.5	99.6	97.2	103.3	100.8	99.4
江　苏	Jiangsu	99.1	100.2	99.7	101.2	99.3	99.5	103.3	100.9
浙　江	Zhejiang	94.1	100.6	99.2	98.5	98.1	97.6	97.8	97.3
安　徽	Anhui	94.5	101.6	99.5	102.4	101.9	100.7	99.6	100.8
福　建	Fujian			99.6	100.3	103.7	99.1	101.5	100.1
江　西	Jiangxi			97.4	102.1	95.0	98.3	98.8	96.6
山　东	Shandong	100.4	104.5	99.4	99.0	100.6	100.8	100.2	99.0
河　南	Henan		95.1	100.0	100.4	100.0	106.0	99.8	100.9
湖　北	Hubei	99.1		100.3	98.3	97.3	99.4	104.4	99.6
湖　南	Hunan	99.9		98.8	100.2	96.8	105.7	99.3	96.5
广　东	Guangdong			103.4	96.1	97.6	99.5	99.2	96.4
广　西	Guangxi		100.3	99.8	100.2	100.7	99.8	98.3	98.9
海　南	Hainan				100.0				
重　庆	Chongqing	100.0	99.0	101.3	99.6	99.0	103.7	95.5	97.7
四　川	Sichuan	99.3	99.1	96.4	102.2	99.8	99.7	97.1	99.9
贵　州	Guizhou			100.5	97.8	99.4	99.9	113.7	100.0
云　南	Yunnan	100.0	82.4	99.3	101.5			90.7	100.6
西　藏	Tibet								
陕　西	Shaanxi	100.0	100.0	97.4	101.1	97.2	100.2	111.0	
甘　肃	Gansu		96.0	100.0	95.1	101.3	104.0	101.1	100.8
青　海	Qinghai								
宁　夏	Ningxia			99.4				99.8	98.4
新　疆	Xinjiang			96.6	100.1				100.0

2-1-10 续表 41 continued 41

(上年价格＝100) (preceding year=100)

地　区　Region	齿轮、传动和驱动部件制造 Gears and Other Conveyor and Conveying Equipment Manufacturing	烘炉、熔炉及电炉制造 Oven and Smelting Furnace Manufacturing	风机、风扇制造 Fan Equipment Manufacturing	气体、液体分离及纯净设备制造 Gas, Liquid Seperation and Purifying Equipment Manufacturing	制冷、空调设备制造 Ventilation, Heating, Air-Conditioning, and Commercial Refrigeration Equipment Manufacturing	风动和电动工具制造 Pneumatic and Power-Driven Tool Manufacturing	喷枪及类似器具制造 Gunjet Type Products	包装专用设备制造 Packaging Equipment Manufacturing
全　国 National	**98.3**	**99.5**	**101.2**	**99.5**	**99.4**	**99.0**	**100.2**	**100.2**
北　京 Beijing	89.2	98.2	100.0	100.0	97.6			99.9
天　津 Tianjin	97.2	97.0	100.9		100.0	100.0		101.1
河　北 Hebei	99.6	99.9	102.5	100.3	100.0	100.6		97.4
山　西 Shanxi	97.4	114.7	106.2		100.0			
内蒙古 Inner Mongolia	96.9						100.0	
辽　宁 Liaoning	99.2	100.0	102.2	98.7	99.5	114.2	95.5	100.7
吉　林 Jilin	96.8	100.0	100.0					100.2
黑龙江 Heilongjiang	100.0	100.0	100.0	100.0	99.8	100.0		100.0
上　海 Shanghai	98.1	100.0	103.5	99.3	101.4	100.0	100.0	96.2
江　苏 Jiangsu	98.4	99.7	98.9	99.5	100.3	98.8		102.1
浙　江 Zhejiang	97.6	95.9	99.7	100.0	98.7	98.1	101.3	101.3
安　徽 Anhui	101.3	100.0	101.8		97.7	100.4		
福　建 Fujian	97.6			98.3		100.5	101.2	99.0
江　西 Jiangxi	99.2	100.0		100.0	99.3	100.0	100.0	102.6
山　东 Shandong	99.9	100.0	100.1	99.3	99.5	100.0	100.0	
河　南 Henan	95.0		98.6	100.9	99.5			108.3
湖　北 Hubei	99.8	93.9	93.9		101.2	100.8	107.8	101.4
湖　南 Hunan	101.7	98.7	101.0		100.0	97.9		
广　东 Guangdong	99.2	100.0	106.9	100.9	98.4			100.4
广　西 Guangxi	100.6		100.1	99.7	100.0	95.0		
海　南 Hainan	99.8				98.4			
重　庆 Chongqing	99.6	100.5	94.2	100.8	101.0	100.0	96.6	
四　川 Sichuan	98.1		97.2	97.8	100.0	94.9		99.1
贵　州 Guizhou	97.6		103.9		99.7			
云　南 Yunnan	99.7		100.9					
西　藏 Tibet								
陕　西 Shaanxi	99.5	100.5	100.7	98.6	100.1			
甘　肃 Gansu	100.0		103.3					
青　海 Qinghai	100.1							
宁　夏 Ningxia	100.0		105.2					
新　疆 Xinjiang			100.0		100.0			

2-1-10 续表 42 continued 42

(上年价格=100) (preceding year=100)

地区 Region	衡器制造 Scale and Balance Equipment	其他通用设备制造 Other General Equipment Manufacturing	金属密封件制造 Metal Airproof Parts Manufacturing	紧固件、弹簧制造 Fasterning Units and Springs Manufacturing	机械零部件加工及设备修理 Machine Parts Processing and Maintenance	其他通用零部件制造 Other Genearl Parts Manufacturing	钢铁铸件制造 Steel and Iron Forging Manufacturing	锻件及粉末冶金制品制造 Forging Unit and Powder Metallurgy Products
全国 National	**99.6**	**99.7**	**99.5**	**98.7**	**99.4**	**98.8**	**97.1**	**96.9**
北京 Beijing	99.9	100.0		89.9	100.1	100.0	97.7	100.0
天津 Tianjin				92.6	100.0		99.7	100.0
河北 Hebei	102.6	102.1		100.3	97.8	92.3	98.9	99.1
山西 Shanxi	100.9	99.8		90.5	100.0	94.9	96.4	97.8
内蒙古 Inner Mongolia		99.2		100.0	100.0		100.2	100.1
辽宁 Liaoning	100.0	98.9	92.3	97.0	99.9	92.0	99.6	96.4
吉林 Jilin	100.1	100.0	100.0	100.5	99.4	97.4	99.6	
黑龙江 Heilongjiang	100.0		97.7	100.0	100.0	100.0	100.0	
上海 Shanghai	97.5	100.1		99.1	100.4	98.4	97.5	92.8
江苏 Jiangsu	99.4	100.9	95.9	98.9	98.2	96.8	90.7	97.9
浙江 Zhejiang	101.9	99.3	96.5	95.2	95.1	98.4	97.8	98.4
安徽 Anhui	94.5		100.0	96.4	99.3	126.8	98.4	102.4
福建 Fujian	102.1			98.8	100.6		99.1	97.3
江西 Jiangxi	100.0		97.9	100.2	99.7	100.0	98.7	100.1
山东 Shandong	100.2	100.0	102.6	100.7	99.8	100.4	98.1	96.5
河南 Henan	99.2	97.0	101.1	101.9		99.4	95.7	97.6
湖北 Hubei	100.0	75.9	100.8	101.0	100.0	98.7	99.9	98.8
湖南 Hunan	101.6			103.8			96.5	100.0
广东 Guangdong	96.1	94.9		102.6		99.2	97.4	99.1
广西 Guangxi				98.5		92.9	94.1	100.0
海南 Hainan								
重庆 Chongqing	100.0	99.8		98.4		98.8	101.2	99.4
四川 Sichuan	100.0	100.3	100.0	96.6	99.4	96.8	99.8	93.7
贵州 Guizhou	96.9			98.5	100.0		100.0	100.0
云南 Yunnan	100.8	100.0		97.3	94.1		101.3	97.2
西藏 Tibet								
陕西 Shaanxi		100.0	101.1	96.1	102.4	97.8	101.8	98.7
甘肃 Gansu	100.0			100.9			105.4	
青海 Qinghai						100.0		
宁夏 Ningxia					94.8		100.0	
新疆 Xinjiang	100.0	100.0	99.1	98.1	100.0	106.5	99.0	

(上年价格＝100) (preceding year=100)

地区 Region	采矿、采石设备制造 Mining Equipment	石油钻采专用设备制造 Special Oil Mining Equipment Manufacturing	建筑工程用机械制造 Building Construction Equipment Manufacturing	建筑材料生产专用机械制造 Building Material Producing Equipment Manufacturing	冶金专用设备制造 Special Metallurgy Equipment Manufacturing	炼油、化工生产专用设备制造 Petroleum Producing, Chemical Producing Special Equipment Manufacturing	橡胶加工专用设备制造 Rubber Processing Special Equipment Manufacturing	塑料加工专用设备制造 Plastic Processing Special Equipment Manufacturing
全　国 National	**99.3**	**99.5**	**100.8**	**100.8**	**100.0**	**99.4**	**99.9**	**99.9**
北　京 Beijing	100.7	101.2	101.1	100.0	100.0	100.3	100.6	
天　津 Tianjin		98.1	102.1	99.4			103.3	100.0
河　北 Hebei	97.7	99.7	99.4	100.5	97.7	100.0		100.7
山　西 Shanxi	98.1	94.8	100.0		102.5	102.6		94.1
内蒙古 Inner Mongolia	100.0	94.1	100.0			98.3	100.4	
辽　宁 Liaoning	100.1	100.1	104.3	100.0	100.1	100.0	99.3	100.0
吉　林 Jilin	100.6	100.5	100.1	100.0	100.0	100.0		
黑龙江 Heilongjiang	97.7	100.6		99.8	98.1	99.4		
上　海 Shanghai	96.3	101.3	97.9	91.6	100.0	100.0		104.3
江　苏 Jiangsu	100.3	97.7	106.2	107.1	99.7	101.7	98.8	101.2
浙　江 Zhejiang	103.3	100.0	101.6	101.5	98.3	98.8		99.1
安　徽 Anhui	96.8		100.1	98.3	95.4	92.9	101.4	
福　建 Fujian	99.1		100.7	100.1	98.3		92.0	
江　西 Jiangxi	102.2	100.6	100.5	100.0		95.9		
山　东 Shandong	97.2	100.0	100.5	100.9	99.0	98.5	100.2	101.7
河　南 Henan	100.0	108.4	100.5	100.7	96.0	97.2	98.4	
湖　北 Hubei	100.1	105.1	98.5	99.0	99.8	101.0		100.0
湖　南 Hunan	102.1		99.5	99.9		95.8	101.6	
广　东 Guangdong	98.2			97.1		98.8	104.5	99.2
广　西 Guangxi	97.1		100.1	99.0			100.0	102.2
海　南 Hainan								
重　庆 Chongqing	101.2	100.4	97.8	100.3	100.0	100.0		
四　川 Sichuan	99.2	100.5	99.4	100.7	105.2	98.8		
贵　州 Guizhou	99.2	84.1	114.1	100.0	96.2	95.5		
云　南 Yunnan	100.5		100.0	101.3	93.1		94.4	
西　藏 Tibet								
陕　西 Shaanxi	99.0	99.8	99.5	101.5	92.5	94.0		96.8
甘　肃 Gansu	99.6	81.4						
青　海 Qinghai	109.0	100.0						
宁　夏 Ningxia	98.2	96.7				99.8		
新　疆 Xinjiang	100.1	96.1						

2-1-10 续表 44 continued 44

(上年价格＝100) (preceding year=100)

地 区	Region	木材加工机械制造 Sawmill and Wood-working Machinery Manufacturing	模具制造 Die Manufacturing	其他非金属加工专用设备制造 Other Non-Metal Process Special Equipment Manufacturing	食品、饮料、烟草工业专用设备制造 Food, Beverage, Tobacco Industrial Special Use Equipment	农副食品加工专用设备制造 Agricultural and Sideline Products Processing Equipment Manufacturing	饲料生产专用设备制造 Animal Feeds Equipment Manufacturing	制浆和造纸专用设备制造 Plasm Making and Paper Industry Machinery Manufacturing	印刷专用设备制造 Printing Industrial Equipment Manufacturing
全 国	**National**	**100.8**	**99.1**	**95.0**	**100.3**	**99.4**	**95.7**	**100.1**	**100.5**
北 京	Beijing		102.3		100.0	101.1			96.8
天 津	Tianjin		85.9		100.0			100.0	102.4
河 北	Hebei	100.5	97.8		100.1	99.4		99.8	99.2
山 西	Shanxi		101.9						
内 蒙 古	Inner Mongolia				104.7				
辽 宁	Liaoning	108.9	98.8		99.8	100.0	100.0	99.1	102.3
吉 林	Jilin		100.1		90.5	100.8			
黑 龙 江	Heilongjiang	100.2	97.3		104.6				100.5
上 海	Shanghai	100.5	100.4		103.0		100.0	99.5	99.9
江 苏	Jiangsu	98.4	102.0		98.3	96.4	101.1	100.6	101.5
浙 江	Zhejiang	98.9	99.5		100.2	102.0		99.1	101.4
安 徽	Anhui		97.9	94.6	100.0	111.1		100.0	99.7
福 建	Fujian	103.5	99.4		97.5	101.1		100.3	99.4
江 西	Jiangxi		103.5			100.0	100.0		100.0
山 东	Shandong	100.8	100.3		99.0	96.0	95.0	99.9	102.3
河 南	Henan	100.7	100.0		99.3	102.0		100.3	
湖 北	Hubei	98.5	104.3		101.1	104.2		100.7	101.8
湖 南	Hunan				100.0	100.1			101.6
广 东	Guangdong	99.5	97.0		101.0	100.6			100.0
广 西	Guangxi		100.0			100.1			
海 南	Hainan								
重 庆	Chongqing		98.3		100.0	108.8	100.2		
四 川	Sichuan		103.2		99.3	99.9	86.2	100.0	101.4
贵 州	Guizhou				100.0				
云 南	Yunnan		100.0		101.6	102.2			100.0
西 藏	Tibet								
陕 西	Shaanxi		100.0	100.0	100.0	98.8	98.4	101.4	96.8
甘 肃	Gansu	100.0				107.5			
青 海	Qinghai								
宁 夏	Ningxia								
新 疆	Xinjiang								

(上年价格＝100) (preceding year=100)

地 区 Region	日用化工专用设备制造 Household Chemicals Producing Equipment Manufacturing	制药专用设备制造 Pharm Producing Equipment Manufacturing	照明器具生产专用设备制造 Lighting Apparatus and Fixture Special Equipment Manufacturing	玻璃、陶瓷和搪瓷制品生产专用设备制造 Glass, Ceramics and Enamel Products Producing Equipment	其他日用品生产专用设备制造 Other Household Product Producing Equipment	纺织专用设备制造 Weaving Equipment Manufacturing	皮革、毛皮及其制品加工专用设备制造 Leather and Fur Processig Equipment	缝纫机械制造 Sewing Machinery
全 国 National		**99.8**	**100.0**	**100.0**	**100.7**	**99.7**	**96.8**	**99.9**
北 京 Beijing				100.0		100.4		
天 津 Tianjin						103.4	100.0	97.8
河 北 Hebei		102.9				99.6		96.3
山 西 Shanxi						100.9		
内蒙古 Inner Mongolia								
辽 宁 Liaoning		100.2			100.6	101.6	100.0	100.0
吉 林 Jilin		100.0						
黑龙江 Heilongjiang		100.0						
上 海 Shanghai		101.0				98.8		98.4
江 苏 Jiangsu		100.0				99.9	100.0	100.0
浙 江 Zhejiang		96.3				96.4	93.9	100.0
安 徽 Anhui						99.1		100.0
福 建 Fujian						105.0		
江 西 Jiangxi						100.1		104.9
山 东 Shandong		99.6		100.0		99.4	100.8	
河 南 Henan		100.5	100.0			100.5		100.0
湖 北 Hubei		100.2				103.6		
湖 南 Hunan		100.6				100.5		
广 东 Guangdong				100.0		100.3		102.4
广 西 Guangxi								
海 南 Hainan								
重 庆 Chongqing						99.9		99.2
四 川 Sichuan								
贵 州 Guizhou								
云 南 Yunnan								
西 藏 Tibet								
陕 西 Shaanxi		108.6				97.9		95.1
甘 肃 Gansu		100.0				101.7		
青 海 Qinghai								
宁 夏 Ningxia								
新 疆 Xinjiang								

2-1-10 续表 46 continued 46

(上年价格＝100) (preceding year=100)

地 区 Region	其他服装加工专用设备制造 Other Apparel Processing Equipment	电工机械专用设备制造 Electrian Equipment	电子工业专用设备制造 Electric Industrial Equipment	武器弹药制造 TO CANCEL	航空、航天及其他专用设备制造 Aviation, Aerospace and Other Special Equipment Manufacturing	拖拉机制造 Tractor Manufacturing	机械化农业及园艺机具制造 Mechanical Farming Machinery and Equipment Manufacturing	营林及木竹采伐机械制造 Forestry Mechanical Equipment Manufacturing
全 国 National	**102.3**	**98.3**	**100.0**	**102.5**		**101.4**	**100.8**	**100.0**
北 京 Beijing			99.7				97.4	
天 津 Tianjin						100.0		
河 北 Hebei	100.1	100.0	100.3			102.2	100.4	
山 西 Shanxi		100.3	99.7			100.9	100.0	
内蒙古 Inner Mongolia						100.0	106.0	
辽 宁 Liaoning		96.9	99.2			100.0	102.0	
吉 林 Jilin		100.0	100.0			100.0	100.3	
黑龙江 Heilongjiang			98.2	100.0		104.6	99.1	
上 海 Shanghai	100.3		99.9			99.9		
江 苏 Jiangsu	107.9	97.7	101.5			100.7	99.0	
浙 江 Zhejiang	98.9	100.0	98.9	91.3		103.0	99.6	
安 徽 Anhui		103.5	100.6			100.7	100.4	
福 建 Fujian	98.8		101.5			99.7		
江 西 Jiangxi						99.7	92.8	
山 东 Shandong	104.0	87.9	99.3			101.7	100.9	
河 南 Henan		99.4				102.0	100.0	
湖 北 Hubei		100.0	98.0			101.3	102.8	
湖 南 Hunan						99.5	99.6	
广 东 Guangdong		100.1	100.3			99.8	99.1	
广 西 Guangxi						99.0	100.0	
海 南 Hainan						102.8		
重 庆 Chongqing		97.5	100.3	102.9			99.9	
四 川 Sichuan		90.3	99.2				110.9	
贵 州 Guizhou						106.9		
云 南 Yunnan			100.0			100.1		
西 藏 Tibet								
陕 西 Shaanxi	93.6	98.9	100.5				100.2	100.0
甘 肃 Gansu			100.0			101.6	100.5	
青 海 Qinghai							102.0	
宁 夏 Ningxia			99.9					
新 疆 Xinjiang						100.0	103.0	

(上年价格 = 100) (preceding year=100)

地 区 Region	畜牧机械制造 Husbandry Mechanical Equipment Manufacturing	渔业机械制造 Fishing Mechanical Equipment Manufacturing	农林牧渔机械配件制造 Agriculture Machinery Parts Manufacturing	其他农林牧渔业机械制造及机械修理 Other Agriculture Machinery Manufacturing and Maintenance	医疗诊断、监护及治疗设备制造 Diagonosis, Monitoring and Treatment Equipment	口腔科用设备及器具制造 Dental Equipment and Other Utensils	实验室及医用消毒设备和器具的制造 Lab and Disinfectant Equipment and Utensils Manufacturing	医疗、外科及兽医用器械制造 Medical, Surgry and Veterinarian Tools
全 国 National	**100.7**	**100.3**	**104.0**	**100.6**	**99.9**	**100.2**	**100.0**	**101.7**
北 京 Beijing					99.5	100.0	100.0	100.1
天 津 Tianjin					93.9			100.4
河 北 Hebei	106.0			100.2	99.8		100.0	
山 西 Shanxi			97.0	107.7	95.8			
内蒙古 Inner Mongolia			101.2					100.0
辽 宁 Liaoning	93.2		101.4	99.8	98.7			99.9
吉 林 Jilin					100.0		100.0	100.0
黑龙江 Heilongjiang					100.0			101.5
上 海 Shanghai			100.0		101.0	100.0	100.0	98.0
江 苏 Jiangsu	100.0	98.7	108.0		98.2		100.0	102.8
浙 江 Zhejiang			100.1	100.6	100.1			96.3
安 徽 Anhui	106.2		98.1		100.0			99.0
福 建 Fujian								
江 西 Jiangxi			96.1		101.9			103.4
山 东 Shandong	100.0		103.0	100.7	103.8			104.0
河 南 Henan		100.4	103.6		100.0			109.6
湖 北 Hubei			100.5	98.4				102.1
湖 南 Hunan			100.0					101.2
广 东 Guangdong					100.7			99.7
广 西 Guangxi			99.8					100.6
海 南 Hainan								
重 庆 Chongqing			101.0		99.1			99.9
四 川 Sichuan						108.0	99.9	100.5
贵 州 Guizhou								
云 南 Yunnan								
西 藏 Tibet								
陕 西 Shaanxi	100.3		100.0			100.0		
甘 肃 Gansu								
青 海 Qinghai				94.6				
宁 夏 Ningxia	100.0							
新 疆 Xinjiang	108.4			100.2				

2-1-10 续表 48 continued 48

(上年价格 = 100) (preceding year=100)

地 区 Region	机械治疗及病房护理设备制造 Mechanical Treatment and Nursing Equipment Manufa-cturing	假肢、人工器官及植(介)入器械制造 Artificial Limb, Organ and Implantation Equipment Manufa-cturing	其他医疗设备及器械制造 Other Medical Equipment and Supplies Manufac-turing	环境污染防治专用设备制造 Enviromental Protection and Pollution Treatment Equipment Manufa-cturing	地质勘查专用设备制造 Geology Reconnai-ssance Special Equipment Manufa-ctruing	邮政专用机械及器材制造 Postal Industrial Equipment	商业、饮食、服务业专用设备制造 Commercial, Food and Beverage, and Service Industry Machinery Manufacturing	社会公共安全设备及器材制造 Social Public Security Equipment and Supplies
全 国 National	**100.9**	**100.1**	**98.6**	**100.5**	**99.6**		**101.2**	**99.0**
北 京 Beijing	100.0	99.6	100.0	100.0	99.5			100.0
天 津 Tianjin			94.0	100.0			100.0	100.0
河 北 Hebei	100.0		105.4	100.6	100.2			100.2
山 西 Shanxi		100.0	97.8	94.6				100.2
内 蒙 古 Inner Mongolia								
辽 宁 Liaoning	100.0		100.0	99.5				97.8
吉 林 Jilin	100.0	100.0	100.0	100.0				
黑 龙 江 Heilongjiang		100.0		100.0				
上 海 Shanghai			100.0	102.1				
江 苏 Jiangsu	92.4	100.7	100.5	101.4	98.3			97.6
浙 江 Zhejiang				100.2				97.2
安 徽 Anhui			104.8	99.2				102.7
福 建 Fujian		99.2	99.8	99.0				102.8
江 西 Jiangxi		100.0		100.3				95.9
山 东 Shandong	101.8	100.0		99.7	101.3			97.6
河 南 Henan				101.3	97.5		101.5	99.5
湖 北 Hubei	98.5		100.0	100.3	100.0			
湖 南 Hunan		102.9		100.0	99.5			
广 东 Guangdong	101.5		93.9	100.0				100.0
广 西 Guangxi			100.0	100.4				
海 南 Hainan				100.0				
重 庆 Chongqing			97.5	95.8	94.9			99.6
四 川 Sichuan		100.0	100.1	96.0				99.9
贵 州 Guizhou				100.0				
云 南 Yunnan				100.0				103.2
西 藏 Tibet								
陕 西 Shaanxi		98.5		106.1				100.0
甘 肃 Gansu	100.0		100.0	100.1				
青 海 Qinghai								
宁 夏 Ningxia								
新 疆 Xinjiang								

2-1-10 续表 49 continued 49

(上年价格=100) (preceding year=100)

地 区 Region	交通安全及管制专用设备制造 Transpo-rtation Safty and Controlling Equipment	水资源专用机械制造 Water Resource Professional Equipment	其他专用设备制造 Other Enviromental Protection, Social Security Special Equipment Manufa-cturing	铁路机车车辆及动车组制造 Locomotives and Trains Manufa-cturing	工矿有轨专用车辆制造 Mining Vehicles Manufa-cturing	铁路机车车辆配件制造 Locomotives Parts Manufa-cturing	铁路专用设备及器材、配件制造 Rail Apparatus, Equipment and Parts Manufa-cturing	其他铁路设备制造及设备修理 Other Rail Transportation Equipment Manufa-cturing and Repairing
全 国 National	**100.0**	**102.4**	**101.5**	**100.0**	**101.6**	**94.3**	**99.6**	**101.7**
北 京 Beijing	100.0		104.9	97.5		102.4	100.2	
天 津 Tianjin			90.0			127.5	109.3	
河 北 Hebei		101.3	100.1	100.1	100.0	97.9	100.1	96.7
山 西 Shanxi				98.8	100.0	95.8	100.0	98.0
内蒙古 Inner Mongolia				99.0				
辽 宁 Liaoning		100.0	99.1	100.4	100.0	99.8	97.6	
吉 林 Jilin		100.0	100.0	100.0		100.0	100.0	100.0
黑龙江 Heilongjiang			99.9	99.8		99.3	100.0	100.0
上 海 Shanghai			100.8			100.0	99.3	
江 苏 Jiangsu		97.7	102.5	100.4		85.5		94.6
浙 江 Zhejiang						96.8	101.5	
安 徽 Anhui		101.7	94.4			100.2	102.6	
福 建 Fujian							100.0	
江 西 Jiangxi			99.4				100.5	
山 东 Shandong		105.9	95.0	99.7	100.0	100.1	106.0	
河 南 Henan		99.6	105.2	100.0		98.8	99.7	106.6
湖 北 Hubei				99.8		98.8	100.3	100.5
湖 南 Hunan		100.0		100.9				
广 东 Guangdong							110.1	
广 西 Guangxi							92.3	112.0
海 南 Hainan		98.9						
重 庆 Chongqing			99.9	96.6		101.2		
四 川 Sichuan		100.0	100.1	99.2		100.4	89.3	106.1
贵 州 Guizhou				95.7	98.6			
云 南 Yunnan		104.7	100.0		101.7			
西 藏 Tibet								
陕 西 Shaanxi	100.2			101.8		100.2	103.2	
甘 肃 Gansu		100.0			101.9		100.2	100.5
青 海 Qinghai								
宁 夏 Ningxia								
新 疆 Xinjiang						99.4		

2-1-10 续表 50 continued 50

(上年价格＝100) (preceding year=100)

地 区 Region	汽车整车制造 Automobile Complete Manufacturing	改装汽车制造 Modified Motor Vechicle Manufacturing	电车制造 Trolley Manufacturing	汽车车身、挂车的制造 Automobile Body and Trailer Manufacturing	汽车零部件及配件制造 Automobile Parts and Attachements Manufacturing	汽车修理 Automobile Repairing Service	摩托车整车制造 Motorcycle Complete Manufacturing	摩托车零部件及配件制造 Motorcycle Parts and Attachments Manufacturing
全 国 National	**99.7**	**99.6**	**100.0**	**100.1**	**98.9**	**100.5**	**99.0**	**99.2**
北 京 Beijing	99.2	99.7		105.6	98.9	100.0		
天 津 Tianjin	100.5	101.0			99.3		100.4	100.2
河 北 Hebei	99.7	101.0		99.9	99.0	100.9	100.0	100.4
山 西 Shanxi	104.2	96.3			94.9	100.0		
内蒙古 Inner Mongolia	98.0			100.0	101.5	99.8		
辽 宁 Liaoning	98.4	101.9		99.7	100.8	100.4	101.7	
吉 林 Jilin	99.8	100.3			98.7	100.0		99.3
黑龙江 Heilongjiang	97.5	100.4		100.0	99.1			
上 海 Shanghai	99.2	100.2	100.0	100.4	97.6		100.1	97.5
江 苏 Jiangsu	100.0	100.3		102.4	98.2	100.0	100.1	101.2
浙 江 Zhejiang	99.5	99.8			98.3	103.0	99.2	99.0
安 徽 Anhui	100.1	99.8		97.8	100.0	102.9		96.8
福 建 Fujian	100.0		100.0	100.0	100.1	100.0	101.0	98.4
江 西 Jiangxi	100.0	98.1		96.6	99.7		100.0	99.3
山 东 Shandong	100.7	98.8	100.0	99.0	99.3	100.1	99.7	99.2
河 南 Henan	108.2	96.2		100.5	100.8		101.1	
湖 北 Hubei	99.8	98.0		101.6	99.8	106.7		99.2
湖 南 Hunan	100.5	96.8		100.0	98.5		99.1	101.1
广 东 Guangdong	98.4	98.8		100.8	98.1	100.0	98.5	99.6
广 西 Guangxi	100.2	98.0			100.4	100.0		
海 南 Hainan	100.1				98.1	100.0		103.1
重 庆 Chongqing	97.7	99.8		88.5	98.8	99.2	97.7	98.6
四 川 Sichuan	100.8	103.5		100.4	98.1	99.6		99.4
贵 州 Guizhou	100.0	105.6			100.8	100.0		95.4
云 南 Yunnan	101.2			100.0	100.7	102.3		
西 藏 Tibet								
陕 西 Shaanxi	101.1	103.5		87.5	97.1	103.1	107.7	100.3
甘 肃 Gansu	107.7			98.7		100.0		
青 海 Qinghai		99.1				99.8		
宁 夏 Ningxia	97.7					100.5		
新 疆 Xinjiang	100.0	100.1		98.0	100.6	100.0		

2-1-10 续表 51 continued 51

(上年价格=100) (preceding year=100)

地　区	Region	脚踏自行车及残疾人座车制造 Bicycle and Handicapped Vechicle Manufa-cturing	助动自行车制造 Moped Manufa-cturing	金属船舶制造 Metal Ship Building	非金属船舶制造 Non-metal Ship Building	娱乐船和运动船的建造和修理 Pleasure Boats and Sport Boats Manufa-cturing and Repairinging	船用配套设备制造 Boat Auxilary Manufa-cturing	船舶修理及拆船 Ship Repairing and Dismantling	航标器材及其他浮动装置的制造 Navigation Mark and Other Floating Equipment Manufa-cturing
全　国	**National**	**100.7**	**100.6**	**99.3**	**99.9**	**100.4**	**97.9**	**100.4**	
北　京	Beijing	103.1					100.0		
天　津	Tianjin	99.3	105.8	100.0				100.0	
河　北	Hebei	100.7	105.3	100.0				105.5	
山　西	Shanxi								
内蒙古	Inner Mongolia								
辽　宁	Liaoning		100.1	95.2			100.7	100.0	
吉　林	Jilin								
黑龙江	Heilongjiang			100.0					
上　海	Shanghai	100.0	99.6	97.9			98.0	93.4	
江　苏	Jiangsu	101.2	100.0	99.9	100.9		95.5	101.0	
浙　江	Zhejiang	101.1	98.6	98.8	100.0		99.0	102.3	
安　徽	Anhui	100.0	103.6	101.1			101.2		
福　建	Fujian	100.0		100.1	102.0	101.9	103.8	101.9	
江　西	Jiangxi		100.0	100.0					
山　东	Shandong	101.4	98.2	101.2	89.9		97.6	100.0	
河　南	Henan		101.3	100.0	101.0	106.6			
湖　北	Hubei	105.4	95.6	101.9		95.0	98.9		
湖　南	Hunan			94.2	100.0				
广　东	Guangdong	101.2	103.8	99.8				100.0	
广　西	Guangxi						101.0	100.0	
海　南	Hainan				100.0	100.0			
重　庆	Chongqing			100.5	100.0	100.0	101.5	108.4	
四　川	Sichuan	94.3	102.3	99.6					
贵　州	Guizhou								
云　南	Yunnan								
西　藏	Tibet								
陕　西	Shaanxi		100.1						
甘　肃	Gansu								
青　海	Qinghai								
宁　夏	Ningxia								
新　疆	Xinjiang								

2-1-10 续表 52 continued 52

(上年价格＝100)

(preceding year=100)

地　区 Region	飞机制造及修理 Airplane Manufacturing and Reparing	航天器制造 Aircraft Manufacturing	其他飞行器制造 Other Aircraft Manufacturing	潜水及水下救捞装备制造 Diving and Underwater Succoring, Refloating Equipment Manufacturing	交通管理用金属标志及设施制造 Metal Sign and Facilities for Traffic Control Manufacturing	其他交通运输设备制造 All Other Transportation Equipment Manufacturing	发电机及发电机组制造 Collector Rings for Generators Manufacturing	电动机制造 Motor Manufacturing
全　国 National	**99.6**			**100.0**	**99.6**	**98.7**	**98.1**	**97.8**
北　京 Beijing	97.6				89.2		97.0	97.3
天　津 Tianjin	100.9						101.8	100.0
河　北 Hebei					100.0		98.6	97.7
山　西 Shanxi							92.1	99.5
内蒙古 Inner Mongolia	100.0						96.0	100.0
辽　宁 Liaoning	100.0				94.6		98.5	98.5
吉　林 Jilin							100.0	98.4
黑龙江 Heilongjiang	96.0				100.0		95.8	96.2
上　海 Shanghai	97.9			100.0		99.2	98.9	97.8
江　苏 Jiangsu					100.1	96.7	94.0	97.8
浙　江 Zhejiang					99.3	100.1	100.1	97.1
安　徽 Anhui					100.3		100.0	98.0
福　建 Fujian	101.1					98.3	100.2	99.7
江　西 Jiangxi							100.1	96.8
山　东 Shandong	98.0				99.0	95.2	100.0	96.5
河　南 Henan					100.0		111.9	97.8
湖　北 Hubei						103.5	95.0	103.7
湖　南 Hunan	99.9						100.4	98.6
广　东 Guangdong					100.7		100.3	96.5
广　西 Guangxi					100.0		101.0	98.2
海　南 Hainan						102.3		
重　庆 Chongqing						98.3	101.0	100.5
四　川 Sichuan	100.0				101.9		99.3	100.6
贵　州 Guizhou					100.0			99.4
云　南 Yunnan					100.0		98.3	95.5
西　藏 Tibet					100.0			
陕　西 Shaanxi	100.0				100.3		107.0	98.6
甘　肃 Gansu					100.0	119.3	95.6	100.0
青　海 Qinghai						106.4		
宁　夏 Ningxia					100.0		90.3	98.5
新　疆 Xinjiang							103.3	

2-1-10 续表 53 continued 53

(上年价格＝100) (preceding year=100)

地 区 Region	微电机及其他电机制造 Tiny Motor Manufacturing and Others Motor Manufacturing	变压器、整流器和电感器制造 Transformers Rectifier, Electric Capacity Manufacturing	电容器及其配套设备制造 Capacitor Manufacturing and Other Attachments Manufacturing	配电开关控制设备制造 Switchgear and Switchboard Apparatus Manufacturing	电力电子元器件制造 Electric and Electronic Component Manufacturing	其他输配电及控制设备制造 Other Relay and Industrial Control Manufacturing	电线电缆制造 Wire and Cable Manufaturing	光纤、光缆制造 Optical Fiber and Cable Manufacturing
全 国 National	**97.2**	**99.6**	**102.4**	**100.1**	**97.8**	**100.4**	**97.3**	**101.7**
北 京 Beijing	100.0	94.9	100.0	96.9	99.2	100.2	97.5	100.4
天 津 Tianjin	99.9	100.1		102.8	112.1		95.5	
河 北 Hebei		101.2	98.3	99.6	100.1	102.9	96.8	100.1
山 西 Shanxi		97.9		99.8	100.0	100.0	94.6	97.0
内蒙古 Inner Mongolia		100.0	100.0	99.0	99.9		94.9	
辽 宁 Liaoning	100.6	100.7	105.8	99.4	90.7	100.8	97.6	
吉 林 Jilin		99.0		98.8		100.0	96.5	91.4
黑龙江 Heilongjiang	100.0	104.9		99.7	100.0	100.0	97.0	
上 海 Shanghai	98.9	99.2		98.3	99.3		96.8	93.2
江 苏 Jiangsu	95.3	98.1	99.8	100.5	98.9	100.6	96.6	104.0
浙 江 Zhejiang	98.2	98.9	98.7	99.1	96.7	97.2	95.6	106.0
安 徽 Anhui	103.6	98.9	95.7	98.6	100.0	99.7	98.6	97.8
福 建 Fujian	98.1	98.6		99.3	99.4		96.9	
江 西 Jiangxi	100.5	100.4	100.0	101.6	103.1		96.9	100.8
山 东 Shandong	95.1	100.1	104.2	99.7	97.9	100.0	99.4	95.8
河 南 Henan		96.6	92.5	99.6	99.8	101.5	98.1	107.6
湖 北 Hubei	100.5	100.5	120.1	101.0	100.1	98.7	98.1	90.5
湖 南 Hunan	100.0	101.1		100.6		100.5	97.3	
广 东 Guangdong	98.6	99.9		101.5	97.6	100.3	98.7	97.7
广 西 Guangxi	102.6	100.1	106.4	99.4			94.4	
海 南 Hainan		88.8		98.2			100.0	98.6
重 庆 Chongqing	97.3	98.7	100.5	100.6		99.4	95.8	
四 川 Sichuan		100.8		100.8	93.1	100.6	93.8	99.3
贵 州 Guizhou		101.7	103.9	101.6		100.0	99.4	
云 南 Yunnan		98.2		101.4		88.7	97.0	
西 藏 Tibet								
陕 西 Shaanxi	101.0	100.6	109.4	104.3	103.0	98.5	96.5	94.0
甘 肃 Gansu	98.8			99.4	100.0	100.0	97.5	
青 海 Qinghai		101.4					93.3	
宁 夏 Ningxia		99.3		101.4		99.4	99.8	
新 疆 Xinjiang		99.2		101.0		100.0	96.8	

2-1-10 续表 54 continued 54

(上年价格＝100) (preceding year=100)

地 区 Region	绝缘制品制造 Insulated Products Manufacturing	其他电工器材制造 Other Electrical Appliance Manufacturing	电池制造 Battery Manufacturing	家用制冷电器具制造 Household Refrigerator and Home Freezer Manufacturing	家用空气调节器制造 Air Conditioner Manufacturing	家用通风电器具制造 Fans, household-type electric, manufacturing	家用厨房电器具制造 Fans, household-type kitchen, manufacturing	家用清洁卫生电器具制造 Household Vacuum Cleaner and Laundry Equipment Manufacturing Manufacturing
全 国 National	**99.3**	**98.7**	**93.9**	**100.5**	**99.1**	**99.6**	**99.1**	**99.7**
北 京 Beijing	100.5	98.1	95.5	99.6	99.4		100.0	
天 津 Tianjin		100.0	89.6	100.0	100.2		100.0	99.0
河 北 Hebei	100.0	101.5	94.9	100.8			100.0	
山 西 Shanxi	100.0	100.0	102.8					
内蒙古 Inner Mongolia			100.0					
辽 宁 Liaoning	98.2	100.0	88.4	102.6	100.3			100.0
吉 林 Jilin	99.4		99.8				100.0	
黑龙江 Heilongjiang	100.0	94.0	91.0					
上 海 Shanghai	100.0	83.6	88.0	98.1	99.0		100.3	97.9
江 苏 Jiangsu	106.0		88.0	102.0	97.6	101.0		100.8
浙 江 Zhejiang	99.7		95.7	100.1	98.2	100.8	100.2	98.9
安 徽 Anhui		101.1	94.2	100.3	100.1			99.9
福 建 Fujian	98.8		98.1				98.6	96.8
江 西 Jiangxi			87.3	99.0	100.2	101.9		
山 东 Shandong	95.5	100.4	99.9	99.7	97.4		100.8	100.6
河 南 Henan	99.8		91.6	98.7	100.0			100.1
湖 北 Hubei	104.7	97.5	106.2	92.7	101.5			113.3
湖 南 Hunan		100.0	99.5					100.0
广 东 Guangdong	95.8		99.9	101.1	99.0	99.3	98.7	98.4
广 西 Guangxi		94.8	96.4		100.2	100.7	100.0	
海 南 Hainan								
重 庆 Chongqing		98.6	97.9	97.5	95.1		96.6	100.0
四 川 Sichuan	100.0	107.5	90.5	94.4	101.4			101.5
贵 州 Guizhou			97.7	106.3			104.8	
云 南 Yunnan	100.0		100.6					
西 藏 Tibet								
陕 西 Shaanxi	98.4	102.2	99.7	107.7				
甘 肃 Gansu								101.4
青 海 Qinghai							100.0	
宁 夏 Ningxia			87.9					
新 疆 Xinjiang	99.3							

(上年价格＝100) (preceding year=100)

地 区 Region	家用美容、保健电器具制造 Appliance for Beauty Parlor and Health Manufaturing	家用电力器具专用配件制造 Electrical Home Appliance and Device Parts Manufa-cturing	其他家用电力器具制造 Other Electrical Appliance Manufa-cturing	燃气、太阳能及类似能源的器具制造 Gas ,Solar and Similar Energy Appliance Manufa-cturing	其他非电力家用器具制造 Other Non-Electric Home Appliance Manufaturing	电光源制造 Lighting Fixture Manufa-cturing	照明灯具制造 Lighting Equipment Manufa-cturing	灯用电器附件及其他照明器具制造 Lamp Appliance Accessories and Other Lighting Equipment Manufacturing
全 国 National	**99.9**	**99.0**	**100.1**	**100.6**	**108.3**	**97.0**	**100.3**	**100.4**
北 京 Beijing			100.7	101.0		100.0	99.8	100.0
天 津 Tianjin				96.3		89.9	93.7	
河 北 Hebei			102.2	99.1	100.4	96.2	96.4	99.8
山 西 Shanxi				100.0			100.2	
内蒙古 Inner Mongolia				100.0			95.3	
辽 宁 Liaoning			99.9	100.1		100.3	94.3	
吉 林 Jilin			96.6	100.0			100.0	
黑龙江 Heilongjiang							102.0	100.0
上 海 Shanghai	100.0	100.0	100.0	106.9		99.3	100.1	100.0
江 苏 Jiangsu	102.9	99.3		99.9		97.2	96.7	99.3
浙 江 Zhejiang	98.7	97.9	99.5	99.9	94.3	92.0	98.5	99.7
安 徽 Anhui	85.9	100.8		102.3	106.8	102.4	127.9	103.7
福 建 Fujian	99.5	97.4	99.1	104.2		99.8	98.8	101.4
江 西 Jiangxi				100.1		96.9	92.3	105.8
山 东 Shandong			97.4	99.5		89.0	102.3	
河 南 Henan			100.3	100.0	129.8	100.7	101.9	100.0
湖 北 Hubei		100.0		120.9		109.4	94.5	
湖 南 Hunan				100.0			96.9	
广 东 Guangdong	100.8	98.6	100.1	98.9	110.4	99.9	102.2	100.6
广 西 Guangxi			100.0	100.0				
海 南 Hainan								100.0
重 庆 Chongqing		100.0		98.8	100.0	98.8	98.9	101.0
四 川 Sichuan		92.9	112.6	108.6		97.2	99.2	99.6
贵 州 Guizhou								
云 南 Yunnan				103.2				
西 藏 Tibet								
陕 西 Shaanxi				109.6		78.4	100.0	98.5
甘 肃 Gansu						100.0	100.0	
青 海 Qinghai								
宁 夏 Ningxia				92.8				
新 疆 Xinjiang				100.0				

2-1-10 续表 56 continued 56

(上年价格=100) (preceding year=100)

地区	Region	车辆专用照明及电气信号设备装置制造 Automotive Light Bulbs and Signal Equipemnt Manufacturing	其他未列明的电气机械制造 All Other Electric Machinary Manufacturing	通信传输设备制造 Transmission Equipment	通信交换设备制造 Switching Equipment	通信终端设备制造 Communications Terminal Equipment Manufacturing	移动通信及终端设备制造 Mobile Communications Equipment and Terminal Equipment Manufacturing	其他通信设备制造 Other Communication Equipment Manufacturing	雷达及配套设备制造 Radar Detectors Manufacturing and Auxiliary Apparatus
全 国	**National**	**99.0**	**99.6**	**98.7**	**99.3**	**100.6**	**92.7**	**98.1**	**99.7**
北 京	Beijing		95.7	100.2			91.1	93.3	100.0
天 津	Tianjin	100.0	100.0			100.0	86.3		
河 北	Hebei		100.0	100.5			77.4		
山 西	Shanxi						98.6		
内蒙古	Inner Mongolia								
辽 宁	Liaoning	100.9	100.1	96.6	92.8	100.0	100.0	99.3	101.2
吉 林	Jilin	100.0	99.2				100.0		
黑龙江	Heilongjiang	100.0					99.3		
上 海	Shanghai	98.5	94.5	99.8	99.3	105.7	96.8	95.8	100.0
江 苏	Jiangsu		100.2	100.2	98.4	104.3	99.6	100.9	101.0
浙 江	Zhejiang	101.0	97.6	99.5	100.1	100.0	93.1	97.7	
安 徽	Anhui		94.9	102.4			105.7		100.0
福 建	Fujian	99.6		99.7		98.1	90.7	100.5	98.5
江 西	Jiangxi			99.3	99.9		100.3		
山 东	Shandong	98.9	99.2	100.2	100.8	100.6	98.4		100.0
河 南	Henan		109.6		100.0	100.0			100.0
湖 北	Hubei	98.7	104.4	87.2		100.0	93.9	100.0	100.5
湖 南	Hunan	96.0		99.8				90.7	100.0
广 东	Guangdong	100.0	102.3	97.2	99.4	99.5	94.6	98.1	98.8
广 西	Guangxi	85.6		100.0					100.0
海 南	Hainan			100.0		100.0	100.0		
重 庆	Chongqing	100.0	100.7	98.3	98.7	100.0	95.2	100.0	
四 川	Sichuan	99.9	99.9	100.0			98.6	100.0	100.3
贵 州	Guizhou								
云 南	Yunnan		101.2	100.0	100.0				
西 藏	Tibet								
陕 西	Shaanxi	104.6	100.0	99.3			99.7	100.0	100.0
甘 肃	Gansu	100.0							
青 海	Qinghai								
宁 夏	Ningxia								
新 疆	Xinjiang								

2-1-10 续表 57 continued 57

(上年价格＝100) (preceding year=100)

地 区 Region	广播电视节目制作及发射设备制造 Television and Radio Transmission Equipment Manufacturing	广播电视接收设备及器材制造 Television and Radio Receiving equipment manufacturing	应用电视设备及其他广播电视设备制造 Applied TV Equipment and Other Audio-Vedio Equipment	电子计算机整机制造 Computer Body Manufa-cturing	计算机网络设备制造 Computer Network Equipment Manufa-turing	电子计算机外部设备制造 Computer Peripheral Equipment Manufa-cturing	电子真空器件制造 Vacuum Tubes Manufa-cturing	半导体分立器件制造 Semi-conductor Devices Manufa-cturing
全 国 National	**100.2**	**98.3**	**97.2**	**97.1**	**99.7**	**99.2**	**98.3**	**99.8**
北 京 Beijing	99.8	99.8	98.8	92.7	89.5	99.4		87.4
天 津 Tianjin		88.8		100.0		96.4	100.0	93.8
河 北 Hebei		99.8				100.0	91.3	97.7
山 西 Shanxi				100.0		100.0		92.0
内 蒙 古 Inner Mongolia			100.0		100.0			
辽 宁 Liaoning	99.5	100.0	87.9	100.1	100.0	98.5	100.2	101.8
吉 林 Jilin		100.0						100.9
黑 龙 江 Heilongjiang	95.7	97.2		100.0		100.0		100.0
上 海 Shanghai	86.0	100.0	98.4	99.1	97.4	99.1	102.8	95.8
江 苏 Jiangsu	94.2	98.0	91.4	98.0		94.3	98.7	102.6
浙 江 Zhejiang		97.7		96.6	100.0	99.0		96.1
安 徽 Anhui		100.0				99.9	99.0	99.8
福 建 Fujian		97.9		84.5	101.1	100.1	100.0	96.7
江 西 Jiangxi	101.9	100.2			100.0	100.7		
山 东 Shandong		90.5	99.7	96.9	100.4	99.7	100.0	97.6
河 南 Henan	97.3	100.0				100.0	100.0	96.3
湖 北 Hubei		101.2		102.8		88.0	93.3	100.3
湖 南 Hunan		101.4		99.6		103.7	107.9	101.4
广 东 Guangdong	99.4	99.9	99.3	95.8	98.4	103.2	98.9	99.3
广 西 Guangxi								
海 南 Hainan								100.0
重 庆 Chongqing				95.3	100.4			100.1
四 川 Sichuan	102.1	99.9			100.4		100.0	93.7
贵 州 Guizhou							97.9	97.0
云 南 Yunnan						96.7		
西 藏 Tibet								
陕 西 Shaanxi	100.0	99.7				101.0	88.0	
甘 肃 Gansu							100.5	
青 海 Qinghai								89.5
宁 夏 Ningxia								
新 疆 Xinjiang		99.8						100.0

2-1-10 续表 58 continued 58

(上年价格＝100) (preceding year=100)

地区 Region	集成电路制造 Integrated Circuit	光电子器件及其他电子器件制造 Photovoltaic devices manufacturing	电子元件及组件制造 Electronic Components Manufacturing	印制电路板制造 Bare Printed Circuit Board Manufacturing	家用影视设备制造 Household Video Equipment Manufacturing	家用音响设备制造 Household Audio Equipment Manufacturing	其他电子设备制造 Other Electronic Devices Manufacturing	工业自动控制系统装置制造 Instruments for Industrial Automation Control Manufacturing
全　国 National	**96.8**	**96.9**	**98.3**	**97.2**	**92.7**	**99.5**	**99.1**	**99.7**
北　京 Beijing	99.9	82.0	97.5	84.5		96.6	100.0	101.1
天　津 Tianjin	105.7	107.9	95.3	87.6	98.2	99.8		97.6
河　北 Hebei	100.0	98.7	98.8	94.6				101.6
山　西 Shanxi		100.0	89.0				100.0	97.4
内蒙古 Inner Mongolia			100.0		100.0			
辽　宁 Liaoning	89.1	99.8	100.6	101.2	100.3	122.6	99.4	98.6
吉　林 Jilin		98.7	100.0	100.0				100.0
黑龙江 Heilongjiang	99.9						99.4	
上　海 Shanghai	95.2	97.0	89.8	95.9	102.3	96.2	96.8	99.6
江　苏 Jiangsu	96.5	98.5	101.2	95.3	91.9	98.2	99.4	100.1
浙　江 Zhejiang	96.5	101.2	96.0	100.4	97.4	100.4	100.5	97.4
安　徽 Anhui	101.7	76.2	99.6	97.4	97.3	99.5	101.6	100.9
福　建 Fujian	96.5	89.9	98.6	100.0	93.5	99.8	99.1	95.3
江　西 Jiangxi	100.0	104.5	100.0	94.9	97.7	100.0		99.6
山　东 Shandong	100.2	99.9	99.6	90.1	94.6	100.0	97.7	100.0
河　南 Henan		93.0	96.2				100.0	100.0
湖　北 Hubei		102.4	101.0	108.8		99.8		98.9
湖　南 Hunan	105.1	95.3	96.6			96.2		
广　东 Guangdong	94.5	96.1	96.9	99.6	91.4	99.4	98.5	100.0
广　西 Guangxi		100.3	98.2				100.0	
海　南 Hainan		100.0		100.0				
重　庆 Chongqing	107.0	98.2	99.1	96.3	100.0	100.0	98.9	99.8
四　川 Sichuan	96.5	81.9	97.8	98.5	80.9	90.3	102.9	
贵　州 Guizhou			107.8		102.2			100.0
云　南 Yunnan			99.1				100.0	100.0
西　藏 Tibet								
陕　西 Shaanxi	115.4	100.0	105.2	97.7		97.7		96.5
甘　肃 Gansu	104.7							104.6
青　海 Qinghai								
宁　夏 Ningxia			99.5					101.5
新　疆 Xinjiang								

(上年价格＝100) (preceding year=100)

地区 Region	电工仪器仪表制造 Electrical Instruments And Meters Manufa-cturing	绘图、计算及测量仪器制造 Drawing, Counting and Gauge Device Manufa-cturing	实验分析仪器制造 Lab Instrument and Apparatus Manufa-cturing	试验机制造 Experimental Machinery Manufa-cturing	供应用仪表及其他通用仪器制造 General Instrument, Meter Component Parts for Supply Manufa-cturng	环境监测专用仪器仪表制造 Environment Monitor Meter And Instrument Manufa-cturing	汽车及其他用计数仪表制造 Auto Instrument, and Other Meter Manufa-cturing	导航、气象及海洋专用仪器制造 Navigational, Meteorological and Marine Apparatus Manufaturing
全　国 National	**99.2**	**98.7**	**100.3**	**98.7**	**99.6**	**98.9**	**98.4**	**98.6**
北　京 Beijing	99.1		98.6	100.0	96.7	100.0	100.0	97.4
天　津 Tianjin	100.0			100.0	108.1			96.1
河　北 Hebei	102.1	100.4	99.0		99.9	99.6	100.0	
山　西 Shanxi	80.2		100.0		102.0			100.0
内蒙古 Inner Mongolia			100.0					
辽　宁 Liaoning	95.4		99.5	99.3	99.8	100.0		102.5
吉　林 Jilin	99.4			100.0	104.5		100.0	
黑龙江 Heilongjiang	99.8	100.0		100.0	100.0		97.7	
上　海 Shanghai	99.8	100.0	101.2	95.4	100.5	99.8	99.1	
江　苏 Jiangsu	98.6	99.9	100.1	100.0	98.7		97.3	98.2
浙　江 Zhejiang	98.9	99.5	95.8		98.0		98.1	
安　徽 Anhui	100.5	100.5	100.5		100.3		99.9	
福　建 Fujian	97.8	99.8	103.7		100.5	95.7		
江　西 Jiangxi	100.0	98.9		109.1	100.1	99.8		
山　东 Shandong	99.7	94.4	100.2	96.3	105.2		100.3	
河　南 Henan	98.7	98.0	100.5		100.0	100.3		
湖　北 Hubei	108.2		101.0		99.2		101.2	
湖　南 Hunan	99.9		112.6		101.1			
广　东 Guangdong	98.9	102.6	98.8	100.8	98.4		94.5	97.8
广　西 Guangxi		93.3					95.4	
海　南 Hainan								
重　庆 Chongqing	100.0		100.0		98.8	99.0	100.0	
四　川 Sichuan	106.4	99.7	110.9		99.2			
贵　州 Guizhou	98.3	100.0			100.0		95.3	
云　南 Yunnan	98.1				108.6			
西　藏 Tibet								
陕　西 Shaanxi	109.8	101.0	99.3	100.0	100.7	99.2		100.0
甘　肃 Gansu				100.0				
青　海 Qinghai		100.0						
宁　夏 Ningxia	99.0		100.8	102.9				
新　疆 Xinjiang								

2-1-10 续表 60 continued 60

(上年价格＝100) (preceding year=100)

地区 Region	农林牧渔专用仪器仪表制造 Meter Apparatus For Farming, Forestry,and Fishing Manufacturing	地质勘探和地震专用仪器制造 Geologic Prospecting, Earthquakes use Instrument Manufacturing	教学专用仪器制造 Teaching Aparatus Manufacturing	核子及核辐射测量仪器制造 Nucleon and Nuclear Radiation Measuring Apparatus Manufacturing	电子测量仪器制造 Instrument Manufacturing for Measuring and Testing Electricity and Electrical Signals	其他专用仪器制造 Other Special Used Apparatus Manufacturing	钟表与计时仪器制造 Watch, Clock, and Counting Device Manufacturing	光学仪器制造 Optical Instrument Manufacturing
全国 National	**96.2**	**100.3**	**100.3**	**99.7**	**99.1**	**97.7**	**104.6**	**98.9**
北京 Beijing		100.0			88.4	99.3	111.8	101.3
天津 Tianjin					99.7		105.6	80.6
河北 Hebei		100.9	100.2		100.0	98.9	116.9	
山西 Shanxi								95.7
内蒙古 Inner Mongolia								
辽宁 Liaoning		102.1		99.6	99.5		132.3	
吉林 Jilin						83.7		99.3
黑龙江 Heilongjiang		100.0						107.0
上海 Shanghai					99.0		99.7	101.2
江苏 Jiangsu					99.3		100.3	100.2
浙江 Zhejiang			100.1				100.6	95.3
安徽 Anhui					100.0			100.0
福建 Fujian						100.0	102.5	99.7
江西 Jiangxi							100.0	101.7
山东 Shandong		101.7			100.0	95.2	101.3	99.1
河南 Henan			100.7		104.0	100.0		99.1
湖北 Hubei					99.2	99.9	88.9	100.3
湖南 Hunan		100.0						
广东 Guangdong	96.2		100.1	100.0	102.3	100.0	106.8	97.9
广西 Guangxi						100.0	120.5	95.6
海南 Hainan								
重庆 Chongqing		99.9			100.0	100.7	100.0	99.6
四川 Sichuan								
贵州 Guizhou								100.0
云南 Yunnan						100.0		100.0
西藏 Tibet								
陕西 Shaanxi		100.0		99.1	96.9	100.1		100.0
甘肃 Gansu								
青海 Qinghai								
宁夏 Ningxia								
新疆 Xinjiang		100.0						

2-1-10 续表 61 continued 61

(上年价格＝100) (preceding year=100)

地　区 Region	眼镜制造 Glasses Manufacturing	电影机械制造 Filming Machine Manufacturing	幻灯及投影设备制造 Slide Projector and Overhead Projector Manufacturing	照相机及器材制造 Camera Equipment Manufacturing	复印和胶印设备制造 Copy and Offset Machine Manufacturing	计算器及货币专用设备制造 Electronic Calculator Manufacturing	其他文化、办公用机械制造 Other Stationery and Office Machine Manufacturing	其他仪器仪表的制造及修理 Instrument, Meter Manufacturing and Repairing
全　国 National	**100.7**	**100.3**	**96.9**	**97.0**	**100.1**	**97.5**	**98.7**	**96.6**
北　京 Beijing	98.2	102.8			98.7	95.4		98.0
天　津 Tianjin				88.0	100.0			
河　北 Hebei	102.0				89.0	96.0		99.0
山　西 Shanxi						101.0		
内蒙古 Inner Mongolia								
辽　宁 Liaoning	102.4			83.6	100.0	101.6		87.9
吉　林 Jilin							100.1	100.0
黑龙江 Heilongjiang		100.0				92.0		100.1
上　海 Shanghai	98.0			95.0	101.4	97.9	100.3	
江　苏 Jiangsu	107.7		101.1	100.0	103.8	96.6		
浙　江 Zhejiang	98.8			100.0	99.6	102.0	96.0	97.9
安　徽 Anhui							92.2	
福　建 Fujian	102.6			97.5	92.5	99.6		100.0
江　西 Jiangxi	92.6		138.0	109.1	98.2			
山　东 Shandong	100.0				95.3	95.5		99.6
河　南 Henan							101.0	91.3
湖　北 Hubei				100.0				
湖　南 Hunan						99.8		
广　东 Guangdong	99.9		94.8	98.5	98.3	97.2	100.4	
广　西 Guangxi								
海　南 Hainan								
重　庆 Chongqing								99.7
四　川 Sichuan					97.4			
贵　州 Guizhou		100.0						
云　南 Yunnan						100.0		
西　藏 Tibet								
陕　西 Shaanxi		100.0		100.0				98.2
甘　肃 Gansu								
青　海 Qinghai								
宁　夏 Ningxia				100.0				
新　疆 Xinjiang								

2-1-10 续表 62 continued 62

(上年价格＝100) (preceding year=100)

地　区 Region	雕塑工艺品制造 Carving	金属工艺品制造 Metal Handicraft	漆器工艺品制造 Lacquerware	花画工艺品制造 Artificial Flower and Painting	天然植物纤维编织工艺品制造 Natural Fiber	抽纱刺绣工艺品制造 Drawwork and Embroid	地毯、挂毯制造 Carpet and Arras Manufacturing	珠宝首饰及有关物品的制造 Jewelry and Silverware Manufacturing	其他工艺美术品制造 Other Craft Manufacturing
全　国 National	**100.5**	**97.3**	**100.2**	**100.7**	**103.0**	**101.1**	**98.9**	**93.1**	**101.2**
北　京 Beijing	98.3	98.0		99.8			100.6	87.5	
天　津 Tianjin							95.3		102.2
河　北 Hebei	100.0	98.7		104.3		101.2	98.5		101.9
山　西 Shanxi		100.0						95.7	
内蒙古 Inner Mongolia	95.7	100.0					98.0	84.5	100.0
辽　宁 Liaoning		95.8		99.8	100.7	100.0	99.3	97.8	99.8
吉　林 Jilin	100.0	100.0							100.0
黑龙江 Heilongjiang	100.0						100.0	92.6	
上　海 Shanghai							98.0	83.9	100.3
江　苏 Jiangsu		100.0		99.4	100.7	101.3	98.5	86.6	112.5
浙　江 Zhejiang	104.0	90.4			108.3	103.9	104.1	100.5	96.1
安　徽 Anhui	102.1	108.2			108.6		100.9	129.1	110.6
福　建 Fujian	98.7	99.7	98.9	99.9	100.4	99.7	97.2	86.7	101.6
江　西 Jiangxi	102.3	106.6	100.0	102.1			100.8		100.2
山　东 Shandong			113.0	101.0	102.1	99.4	97.9	100.0	100.7
河　南 Henan	100.0	100.0	101.6				100.7	98.0	102.6
湖　北 Hubei	105.5					101.7	104.4	87.3	105.2
湖　南 Hunan	101.3				97.7	104.8			
广　东 Guangdong	100.2	98.2		101.5		98.6	97.5	93.7	99.7
广　西 Guangxi					105.1			88.0	
海　南 Hainan					106.2			93.3	
重　庆 Chongqing	100.0						100.0	97.1	100.6
四　川 Sichuan					100.0		103.7	94.0	99.5
贵　州 Guizhou									
云　南 Yunnan		100.0						99.7	100.0
西　藏 Tibet				96.8			114.6	100.0	
陕　西 Shaanxi	100.0	95.9		99.9		99.5		100.1	
甘　肃 Gansu	97.2		105.5				116.4		
青　海 Qinghai							103.7	85.4	
宁　夏 Ningxia									
新　疆 Xinjiang							103.1		

(上年价格＝100) (preceding year=100)

地 区	Region	制镜及类似品加工 Mirrors Manufacturing	鬃毛加工、制刷及清扫工具的制造 Broom, Brush, and Mop Manufacturing	其他日用杂品制造 Other Various Household Supplies	煤制品制造 Coal Product Manufacturing	核辐射加工 Nuclear Radiation Manufacturing	其他未列明的制造业 All Other Non-listed Manufacturing Industry	金属废料和碎屑的加工处理 Metal Waste and fragment Treatment and Processing	非金属废料和碎屑的加工处理 Non-Metal Waste and fragment Treatment and Processing	火力发电 Thermal Power Generation
全 国	**National**	**101.3**	**101.8**	**101.5**	**92.8**	**100.0**	**108.9**	**93.3**	**98.4**	**100.3**
北 京	Beijing		100.6	100.0	100.0	100.0	100.7	98.5		100.3
天 津	Tianjin		100.0					87.2		100.0
河 北	Hebei		99.9	99.5				88.9		100.0
山 西	Shanxi									99.0
内 蒙 古	Inner Mongolia		100.0					65.6		99.9
辽 宁	Liaoning		100.3	100.3	98.0			91.1	93.7	99.3
吉 林	Jilin				99.4		99.7	100.1		99.9
黑 龙 江	Heilongjiang				90.2			100.0		101.1
上 海	Shanghai			100.7			99.0	89.5	103.4	98.9
江 苏	Jiangsu		103.3	100.1			96.9	92.8		99.2
浙 江	Zhejiang	101.9	98.7	100.5	91.4		98.7	87.6	88.3	102.1
安 徽	Anhui	102.9	95.5	100.6	94.6			87.7	98.8	100.9
福 建	Fujian		100.8	102.9			98.4	90.0	99.5	99.9
江 西	Jiangxi	101.0		102.7				97.6		99.9
山 东	Shandong	99.1	99.2	99.3			102.1		100.0	101.1
河 南	Henan	100.4	100.0	105.0	98.4		85.1			101.2
湖 北	Hubei			100.3				89.8	98.9	101.3
湖 南	Hunan		109.1		92.8			91.6		100.0
广 东	Guangdong			103.4			124.6	98.9	105.2	99.8
广 西	Guangxi		100.8	97.9						99.9
海 南	Hainan				100.0					100.8
重 庆	Chongqing		100.2	100.0	91.9		98.8	85.6	92.4	99.2
四 川	Sichuan		97.9	99.7	96.9				89.3	99.9
贵 州	Guizhou							76.7		101.2
云 南	Yunnan		99.7				98.3	100.0		99.8
西 藏	Tibet				109.1					100.0
陕 西	Shaanxi			101.3	100.2				100.0	100.1
甘 肃	Gansu						102.9			100.2
青 海	Qinghai									105.2
宁 夏	Ningxia									99.2
新 疆	Xinjiang	93.0								100.0

2-1-10 续表 64 continued 64

(上年价格＝100) (preceding year=100)

地 区 Region	水力发电 Hydroelectric Power Generation	核力发电 Nuclear Electric Power Generation	其他能源发电 Other Power Industry	电力供应 Transmission And Distribution Of Electric Power	热力生产和供应 Heating Power Production and Supply	燃气生产和供应业 Natural Gas Production and Distribution	自来水的生产和供应 Tap Water Production and Supply	污水处理及其再生利用 Sewage Treatmentand and Regeneration	其他水的处理、利用与分配 Other Sewage Treatment, Utilizing and Distribution
全 国 National	**100.2**	**102.0**	**99.6**	**100.2**	**99.2**	**102.1**	**102.1**	**100.3**	**100.0**
北 京 Beijing	100.0			100.0	102.4	104.8	100.0	100.0	
天 津 Tianjin				100.7	100.8	101.3	100.8		
河 北 Hebei	101.0		99.5	100.3	100.6	105.1	104.8	100.0	
山 西 Shanxi	102.1		94.5	100.3	100.1	100.1	101.0	100.0	
内 蒙 古 Inner Mongolia	100.0		100.0	99.9	98.5	108.0	102.0	100.3	
辽 宁 Liaoning	102.3		101.0	100.3	99.7	100.3	98.8	100.0	
吉 林 Jilin	100.0		100.0	100.0	100.2	105.6	100.1	100.0	
黑 龙 江 Heilongjiang	100.0		99.8	100.2	100.1	104.3	103.6	100.0	
上 海 Shanghai				100.1	93.4	93.8	104.8	103.5	
江 苏 Jiangsu		101.1		99.9	94.1	101.6	102.2		
浙 江 Zhejiang	99.8	100.4	99.9	100.4	91.7	100.5	100.3	100.0	
安 徽 Anhui	101.2		100.0	100.4	102.4	101.9	102.2	100.0	
福 建 Fujian	103.8			100.7	94.6	99.8	100.5	100.0	
江 西 Jiangxi	100.2			100.6	100.0	100.4	101.0	102.3	
山 东 Shandong			101.1	100.2	101.7	101.6	100.4	100.0	
河 南 Henan	102.0		100.2	100.4	100.1	101.0	100.5	100.0	
湖 北 Hubei	99.7		100.0	101.4	98.5	102.0	103.2	100.0	
湖 南 Hunan	103.5			100.4	98.0	103.1	104.1	102.4	
广 东 Guangdong	103.8	103.7	94.2	98.5	90.7	98.0	101.5		
广 西 Guangxi	100.1			100.8		103.7	107.0	102.7	
海 南 Hainan	100.2		100.0	100.6		107.1	99.2		
重 庆 Chongqing	100.2		100.0	100.1	96.4	101.7	100.9	93.2	100.0
四 川 Sichuan	100.2			101.0	100.0	104.8	104.3	100.0	
贵 州 Guizhou	99.2			100.8		115.5	105.4		
云 南 Yunnan	98.1		100.3	99.3		130.0	103.5	118.8	
西 藏 Tibet	100.0		100.0	100.0			100.0		
陕 西 Shaanxi	100.7			101.9	99.8	100.0	111.2	100.0	
甘 肃 Gansu	94.1		100.0	100.5	104.7	108.3	102.2		
青 海 Qinghai	99.0			102.5	101.9	100.0	110.9		
宁 夏 Ningxia	93.2		100.1	100.0	104.7	104.9	101.3	100.0	
新 疆 Xinjiang	100.6		100.0	100.0	100.9	101.5	102.4	100.0	

2-2-1 全国工业生产者购进价格分类指数(1986 ~ 2013年)

Purchasing Price Indices for Industrial Producers (1986~2013)

(上年价格=100) (Preceding year=100)

年 份 Year	总指数 General Index	燃料、动力类 Fuel and Power	黑色金属材料类 Ferrous Metals	有色金属材料类 Nonferrous Metals	化工原料类 Raw Chemical Materials	木材及纸浆类 Timber and Paper Pulp	建材类 Building Materials	其他工业原料类 Other Materials	农副产品类 Agricultural Products	纺织原料类 Textile Materials
1986	109.5	109.1	110.6	107.6	105.1	110.9	126.7		107.5	
1987	111.0	109.2	110.4	108.4	115.7	138.2	111.6		107.3	107.8
1988	120.2	112.9	118.3	130.7	133.4	143.1	114.2		122.6	115.7
1989	126.4	124.7	130.3	127.6	124.4	111.4	122.7		128.9	128.5
1990	105.6	110.7	103.9	97.2	95.6	99.4	115.2		107.8	107.4
1991	109.1	112.9	112.5	101.2	99.8	105.6	101.2		106.8	108.9
1992	111.0	116.4	114.5	112.4	102.6	102.0	118.8		103.4	100.5
1993	135.1	136.7	174.1	115.8	114.3	128.6	140.9		112.2	107.1
1994	118.2	118.0	103.8	110.7	111.7	115.1	114.3		148.3	139.6
1995	115.3	108.7	98.2	128.3	127.2	115.8	102.6		143.1	123.6
1996	103.9	110.2	99.3	92.4	98.0	101.9	102.5		114.7	94.5
1997	101.3	109.3	97.4	96.2	97.1	100.9	99.7		102.0	94.7
1998	95.8	99.1	95.1	88.3	93.6	96.7	98.6	93.5	94.5	94.3
1999	96.7	100.9	94.7	98.9	97.6	100.4	98.8	97.5	89.8	96.8
2000	105.1	115.4	100.9	110.3	105.6	99.8	101.5	103.9	99.9	102.4
2001	99.8	100.2	100.5	95.6	98.4	100.4	98.6	98.8	101.2	99.7
2002	97.7	100.1	98.2	96.5	97.5	98.7	98.2	97.5	95.7	97.1
2003	104.8	107.4	107.9	105.3	102.9	100.3	99.7	100.2	106.7	101.4
2004	111.4	109.7	120.4	120.1	108.9	102.8	105.1	105.6	114.2	104.7
2005	108.3	115.0	107.5	114.0	108.3	103.5	103.1	102.5	101.7	102.4
2006	106.0	111.9	98.3	130.8	102.1	102.6	101.9	102.1	104.3	102.9
2007	104.4	104.3	105.4	111.6	103.6	102.7	103.0	102.7	106.1	101.4
2008	110.5	120.6	118.4	98.6	105.2	105.2	109.5	103.4	107.5	103.1
2009	92.1	89.2	86.3	81.1	91.3	95.8	101.1	98.0	97.0	98.8
2010	109.6	116.3	106.6	122.2	107.0	103.0	103.8	102.3	110.4	106.7
2011	109.1	110.8	109.4	112.1	110.4	104.6	108.4	104.4	115.6	112.7
2012	98.2	100.9	92.9	94.5	96.1	100.1	99.7	99.0	100.2	99.1
2013	98.0	96.6	95.7	95.4	97.3	99.6	98.7	99.1	101.6	99.9

2-2-2 各地区工业生产者购进价格总指数(1986～2013年)

Purchasing Price Indices for Industrial Producers by Region (1986~2013)

(上年价格=100) (Preceding year=100)

地 区	Region	1986	1987	1988	1989	1990	1991	1992	1993	1994	1995	1996	1997	1998	1999
全 国	**National**	**109.5**	**111.0**	**120.2**	**126.4**	**105.6**	**109.1**	**111.0**	**135.1**	**118.2**	**115.3**	**103.9**	**101.3**	**95.8**	**96.7**
北 京	Beijing					114.8	111.7	114.2	142.7	123.8	119.8	104.2	103.4	98.1	95.8
天 津	Tianjin							108.4	139.1	121.7	112.8	101.9	99.0	95.9	96.3
河 北	Hebei							111.4	134.9	119.9	110.9	106.3	102.0	96.2	95.4
山 西	Shanxi					107.4	108.0	111.9	135.9	115.1	113.1	104.8	102.0	97.3	97.0
内蒙古	Inner Mongolia		114.9	118.2	124.4	108.3	111.2	112.1	132.6	116.8	112.8	100.8	100.9	98.1	96.8
辽 宁	Liaoning			133.9	133.3	117.6	108.1	121.2	149.9	118.2	114.2	104.8	103.1	99.3	99.1
吉 林	Jilin			115.7	131.5	102.8	114.1	127.1	173.9	113.9	113.8	102.4	103.9	96.6	100.5
黑龙江	Heilongjiang							112.9	139.6	117.6	112.7	104.2	104.4	98.6	98.2
上 海	Shanghai							113.1	129.2	121.4	114.8	101.6	97.8	94.1	97.1
江 苏	Jiangsu						107.0	110.3	125.8	120.1	117.6	104.3	98.0	91.5	94.4
浙 江	Zhejiang					104.7	102.7	106.3	126.4	124.8	119.2	101.5	96.5	92.6	96.2
安 徽	Anhui							113.9	128.8	122.3	117.9	109.9	101.7	96.0	94.5
福 建	Fujian							109.3	129.6	115.2	119.6	104.3	98.6	92.5	97.9
江 西	Jiangxi								129.4	123.4	114.7	105.8	100.4	95.4	96.9
山 东	Shandong				136.7	105.4	107.0	111.0	134.7	120.1	113.2	105.7	100.6	93.4	93.4
河 南	Henan				130.0	105.5	104.4	110.0	133.0	122.0	114.1	105.3	100.7	94.8	94.3
湖 北	Hubei				126.1	108.4	113.1	110.2	135.5	116.6	118.2	108.4	101.5	95.2	95.6
湖 南	Hunan				122.5	103.3	110.4	116.2	139.7	119.6	117.6	105.9	100.1	94.8	96.2
广 东	Guangdong								134.3	121.1	118.7	104.6	97.3	91.4	97.8
广 西	Guangxi	121.0	112.0			102.2	107.8	105.2	141.7	117.8	112.9	103.4	99.3	95.3	93.6
海 南	Hainan														
重 庆	Chongqing					103.7	109.2	123.8	124.5	124.6	111.6	106.3	100.1	95.1	96.9
四 川	Sichuan				129.4	106.4	108.6	112.5	137.2	119.1	113.5	106.1	101.6	95.3	96.8
贵 州	Guizhou							113.5	144.6	115.0	114.9	108.1	101.9	95.7	97.0
云 南	Yunnan						108.2	115.2	138.1	110.3	113.2	110.3	102.9	100.7	98.8
西 藏	Tibet														
陕 西	Shaanxi							111.5	138.4	115.6	114.3	109.1	106.8	97.1	95.5
甘 肃	Gansu				129.8	114.1	112.4	122.2	139.4	118.3	113.7	107.4	102.2	96.4	98.3
青 海	Qinghai				123.8	113.9	112.8	105.3	138.9	112.3	110.2	108.3	110.7	101.3	99.1
宁 夏	Ningxia												103.5	101.1	97.0
新 疆	Xinjiang							121.1	136.4	110.9	116.8	107.0	104.5	95.6	98.2

2-2-2 续表 Continued

(上年价格=100) (Preceding year=100)

地区	Region	2000	2001	2002	2003	2004	2005	2006	2007	2008	2009	2010	2011	2012	2013
全国	**National**	**105.1**	**99.8**	**97.7**	**104.8**	**111.4**	**108.3**	**106.0**	**104.4**	**110.5**	**92.1**	**109.6**	**109.1**	**98.2**	**98.0**
北京	Beijing	100.0	100.5	97.1	104.7	114.2	111.4	105.5	105.0	115.8	88.6	110.5	108.4	98.7	97.8
天津	Tianjin	104.5	98.8	95.9	108.7	115.4	104.9	104.7	105.7	112.9	90.2	110.0	109.7	97.1	97.4
河北	Hebei	103.3	101.0	97.3	109.4	118.4	107.0	105.0	107.8	115.9	93.5	110.9	110.9	96.2	97.6
山西	Shanxi	102.0	101.8	102.6	107.8	114.5	108.2	102.6	105.3	118.3	96.6	109.0	108.1	98.1	95.5
内蒙古	Inner Mongolia	106.5	101.3	99.9	102.9	109.2	109.9	105.9	104.8	111.7	99.1	105.0	106.1	102.0	99.3
辽宁	Liaoning	103.9	99.9	98.3	105.1	112.1	108.1	104.2	104.8	111.5	93.3	108.6	108.3	99.0	98.5
吉林	Jilin	106.8	101.8	97.8	104.8	110.5	107.0	103.8	105.2	111.3	95.3	108.6	106.1	99.3	99.4
黑龙江	Heilongjiang	108.6	99.5	99.3	107.6	115.2	111.8	105.6	105.0	114.1	93.4	114.5	111.1	98.8	98.7
上海	Shanghai	107.1	98.7	97.7	106.4	116.4	106.8	104.8	104.1	110.3	89.8	111.2	107.5	94.7	96.5
江苏	Jiangsu	107.1	99.5	98.6	106.5	116.3	107.6	106.4	105.0	115.0	91.9	112.8	108.9	95.8	97.1
浙江	Zhejiang	107.2	99.6	97.5	105.8	113.4	105.4	105.6	105.3	110.6	92.6	112.0	108.3	96.7	97.7
安徽	Anhui	102.6	101.2	98.2	106.7	115.0	107.1	103.9	105.1	112.4	95.3	111.8	110.8	98.2	96.9
福建	Fujian	112.4	96.7	97.6	106.3	113.3	108.1	103.9	104.3	110.2	93.2	107.7	108.0	97.7	98.4
江西	Jiangxi	101.2	99.3	98.6	106.5	114.5	110.0	108.6	107.9	114.2	90.7	111.8	112.4	98.3	98.4
山东	Shandong	104.7	100.0	98.7	105.7	113.4	105.9	104.3	104.8	113.1	95.5	109.3	109.2	99.2	98.4
河南	Henan	105.1	101.9	97.6	107.8	115.7	108.3	105.3	106.4	111.9	97.1	110.2	110.1	99.2	99.3
湖北	Hubei	105.6	100.2	97.7	108.2	113.1	107.0	104.9	104.5	110.9	93.4	110.4	111.5	98.9	98.2
湖南	Hunan	106.7	101.1	99.3	106.7	114.4	109.4	106.5	106.1	112.0	92.6	110.0	110.8	100.1	98.4
广东	Guangdong	110.9	99.1	96.3	104.1	110.7	105.0	103.6	103.3	107.9	93.8	107.3	107.3	99.5	98.2
广西	Guangxi	100.9	103.7	95.6	101.2	116.3	108.2	111.4	106.1	110.6	95.1	111.2	110.0	99.2	98.9
海南	Hainan			101.5	102.2	105.9	104.2	101.5	105.0	111.6	85.3	110.3	115.3	99.6	97.0
重庆	Chongqing	105.6	99.5	99.2	104.9	110.3	108.2	104.8	106.2	112.2	95.0	106.9	105.7	99.5	97.6
四川	Sichuan	101.7	98.5	97.6	101.7	112.0	109.3	104.3	105.7	112.4	95.3	106.1	112.6	100.0	99.2
贵州	Guizhou	102.9	100.2	97.6	106.0	109.6	107.4	107.3	107.5	112.5	93.5	109.8	115.0	102.3	96.4
云南	Yunnan	101.5	99.4	99.1	102.7	113.0	106.5	107.6	108.2	111.6	95.0	109.0	108.0	99.3	98.8
西藏	Tibet														
陕西	Shaanxi	100.0	100.5	98.8	104.8	110.4	107.5	106.7	106.3	111.2	98.4	109.7	109.6	100.0	99.3
甘肃	Gansu	111.8	101.4	98.4	105.6	112.5	109.9	108.8	104.3	110.2	90.5	114.4	115.1	98.7	97.8
青海	Qinghai	98.9	99.1	102.8	101.8	108.5	105.3	102.8	104.4	110.4	99.8	108.6	107.0	98.6	98.8
宁夏	Ningxia	105.8	102.5	97.8	106.8	117.3	109.7	108.5	107.1	121.8	94.7	114.1	112.8	99.5	97.0
新疆	Xinjiang	115.2	98.9	94.9	114.8	118.2	110.7	111.1	103.8	117.8	90.6	123.9	117.8	97.9	97.8

2-2-3 各地区工业生产者购进价格分类指数(2013年)

Purchasing Price Indices for Industrial Producer by Category and Region (2013)

(上年价格=100) (Preceding year=100)

地区	Region	总指数 General Index	燃料、动力类 Fuel and Power	黑色金属材料类 Ferrous Metals	有色金属材料类 Nonferrous Metals	化工原料类 Raw Chemical Materials	木材及纸浆类 Timber and Paper Pulp	建材类 Building Materials	其他工业原料类 Other Materials	农副产品类 Agricultural Products	纺织原料类 Textile Materials
全国	**National**	**98.0**	**96.6**	**95.7**	**95.4**	**97.3**	**99.6**	**98.7**	**99.1**	**101.6**	**99.9**
北京	Beijing	97.8	96.4	94.6	92.1	98.6	98.4	94.2	98.9	102.2	99.6
天津	Tianjin	97.4	95.9	95.7	95.0	97.9	97.3	97.7	97.9	97.8	101.4
河北	Hebei	97.6	94.8	97.0	95.2	97.6	100.3	97.2	99.1	103.3	99.8
山西	Shanxi	95.5	94.7	95.0	90.7	97.5	100.1	100.5	98.4	98.1	98.0
内蒙古	Inner Mongolia	99.3	97.5	98.4	95.1	99.4	99.2	99.5	102.3	103.2	98.9
辽宁	Liaoning	98.5	97.0	97.0	95.0	97.8	100.5	99.8	100.5	100.6	99.8
吉林	Jilin	99.4	98.3	97.6	97.2	99.9	100.8	99.8	99.9	99.9	100.3
黑龙江	Heilongjiang	98.7	98.0	95.7	99.3	99.4	98.7	102.1	99.9	103.9	96.6
上海	Shanghai	96.5	90.4	96.3	93.0	97.2	99.5	98.9	97.3	99.5	100.1
江苏	Jiangsu	97.1	95.8	94.7	95.3	97.3	99.8	95.7	97.6	102.3	99.4
浙江	Zhejiang	97.7	97.4	95.5	94.3	97.4	98.1	98.6	98.0	99.5	100.3
安徽	Anhui	96.9	91.6	96.9	93.8	97.9	99.6	95.7	98.7	103.4	100.3
福建	Fujian	98.4	98.9	94.7	91.9	96.7	99.2	98.6	99.3	100.5	101.1
江西	Jiangxi	98.4	97.6	96.3	95.5	95.7	99.1	98.0	101.7	101.2	101.0
山东	Shandong	98.4	96.8	94.8	97.1	97.8	99.9	100.0	99.5	100.7	99.5
河南	Henan	99.3	96.7	96.4	96.4	94.6	100.8	98.8	104.4	101.3	99.7
湖北	Hubei	98.2	97.5	94.5	95.5	95.6	100.0	99.4	100.8	105.4	101.5
湖南	Hunan	98.4	97.9	95.7	95.1	98.1	100.6	98.5	98.8	102.8	99.2
广东	Guangdong	98.2	95.7	97.1	97.5	97.8	99.0	99.2	99.2	100.0	99.6
广西	Guangxi	98.9	97.8	97.6	95.5	98.1	100.2	98.6	98.6	103.4	98.5
海南	Hainan	97.0	100.1	86.3	94.6	101.5	99.0	98.8	100.2	95.7	100.1
重庆	Chongqing	97.6	98.0	94.6	95.9	97.4	99.5	98.7	98.2	102.7	99.3
四川	Sichuan	99.2	100.5	94.0	95.1	97.1	97.2	100.5	100.4	102.2	100.7
贵州	Guizhou	96.4	96.3	93.8	97.9	85.2	101.3	102.2	104.9	104.9	104.2
云南	Yunnan	98.8	99.0	97.8	96.1	96.8	100.0	100.0	100.3	104.1	98.0
西藏	Tibet										
陕西	Shaanxi	99.3	98.4	97.0	96.5	95.2	99.2	99.4	99.4	104.8	101.3
甘肃	Gansu	97.8	98.4	94.8	95.1	95.7	99.0	99.5	102.1	103.0	99.2
青海	Qinghai	98.8	100.3	98.8	95.4	98.5	102.2	95.5	102.6	109.1	104.6
宁夏	Ningxia	97.0	96.1	92.6	96.0	94.7	98.0	97.5	102.1	101.8	99.4
新疆	Xinjiang	97.8	96.6	95.4	96.2	99.1	99.1	97.8	98.5	102.7	99.0

2-3-1 全国固定资产投资价格分类指数(1991 ~ 2013年)

Price Indices for Investment in Fixed Assets(1991~2013)

(上年价格=100) (Preceding year=100)

年 份 Year	总指数 Geneval Index	建筑安装工程 Construction and Installation	人工费 Labour Cost	材料费 Material Expenses	机械使用费 Machine	设备、工器具 Purchase of Equipment, Tools and Instruments	其他费用 Others
1991	109.5	109.7	112.2	110.9		106.1	116.8
1992	115.3	116.8	116.5	117.2		109.4	120.9
1993	126.6	131.3	137.8	134.7		119.7	123.4
1994	110.4	110.4	123.3	107.9		109.5	112.1
1995	105.9	104.7	121.5	100.6		106.3	112.4
1996	104.0	105.1	116.2	101.6	115.3	101.6	104.3
1997	101.7	102.9	113.6	100.8	105.9	98.1	102.9
1998	99.8	100.5	104.8	98.9	100.4	97.5	100.4
1999	99.6	100.3	103.0	98.9	101.2	97.5	99.9
2000	101.1	102.4	107.0	102.1	100.8	97.4	101.0
2001	100.4	101.4	104.2	100.5	101.9	97.0	101.0
2002	100.2	101.0	104.1	100.2	101.0	97.0	101.2
2003	102.2	104.2	103.8	105.0	100.9	97.0	101.6
2004	105.6	108.2	104.6	110.7	101.6	99.4	103.5
2005	101.6	101.8	105.6	100.9	101.9	99.4	103.2
2006	101.5	101.3	106.7	99.8	102.6	100.7	103.3
2007	103.9	105.1	108.9	104.5	103.3	100.2	104.2
2008	108.9	112.9	113.8	114.1	106.5	100.6	105.4
2009	97.6	96.3	106.6	92.8	102.0	97.6	102.4
2010	103.6	104.9	109.1	104.3	102.9	100.3	103.1
2011	106.6	109.2	113.5	108.7	104.9	101.1	104.0
2012	101.1	101.6	109.7	98.0	103.4	98.9	102.2
2013	100.3	100.3	108.1	97.6	102.2	99.0	101.7

2-3-2 各地区固定资产投资价格总指数(1991 ~ 2013年)

Price Indices for Investment in Fixed Assets by Region(1991~2013)

(上年价格=100)　　(Preceding year=100)

地　区	Region	1991	1992	1993	1994	1995	1996	1997	1998	1999	2000	2001
全　国	**National**	**109.5**	**115.3**	**126.6**	**110.4**	**105.9**	**104.0**	**101.7**	**99.8**	**99.6**	**101.1**	**100.4**
北　京	Beijing	107.3	112.2	126.6	116.2	113.9	108.2	102.7	100.8	99.9	101.0	100.6
天　津	Tianjin		119.4	122.9	111.9	107.6	102.5	100.8	98.9	99.2	99.9	99.7
河　北	Hebei	106.8	129.3	124.8	110.0	106.9	103.9	101.5	97.8	99.4	101.1	99.9
山　西	Shanxi	107.8	116.8	124.8	108.3	106.8	104.9	101.5	98.8	99.7	101.8	101.7
内蒙古	Inner Mongolia	107.1	109.3	124.5	106.7	103.9	105.3	99.7	101.7	101.9	101.9	100.8
辽　宁	Liaoning	108.2	121.0	136.4	117.4	104.9	102.2	102.3	99.8	100.0	101.1	100.4
吉　林	Jilin	111.9	116.4	128.8	107.3	109.6	102.9	104.4	100.8	102.2	102.0	101.1
黑龙江	Heilongjiang	107.6	113.5	127.9	109.0	106.5	103.4	102.7	100.8	99.7	101.5	100.1
上　海	Shanghai	107.3	113.0	131.4	108.8	103.1	106.9	100.5	98.4	98.1	100.0	100.7
江　苏	Jiangsu	104.5	112.1	138.8	114.6	107.4	103.2	99.2	98.4	98.3	101.1	100.8
浙　江	Zhejiang			138.8	112.4	107.2	101.3	99.5	97.6	98.2	100.3	100.4
安　徽	Anhui	114.8	119.8	123.0	120.1	106.5	103.4	101.3	100.0	99.3	101.6	99.5
福　建	Fujian	108.6	114.9	134.1	107.3	104.8	104.7	101.1	98.0	98.5	100.2	99.5
江　西	Jiangxi	110.4	110.1	129.8	114.6	107.2	105.8	101.4	102.1	98.6	101.4	98.9
山　东	Shandong	112.4	119.4	122.1	115.8	106.6	103.1	100.4	99.2	99.6	102.4	101.4
河　南	Henan	109.4	119.8	126.7	106.0	105.9	103.9	102.9	98.7	98.0	102.9	100.4
湖　北	Hubei	108.3	117.0	127.4	107.9	105.0	104.0	102.1	100.5	99.5	101.7	100.1
湖　南	Hunan	108.1	116.4	129.5	113.5	109.5	104.9	101.8	102.7	100.5	102.3	101.3
广　东	Guangdong											100.2
广　西	Guangxi	101.7	117.9	131.2	112.3	103.4	103.6	100.3	99.9	96.1	101.4	102.0
海　南	Hainan										101.8	100.3
重　庆	Chongqing							101.7	98.7	100.5	102.5	100.8
四　川	Sichuan	108.1	113.9	133.2	107.3	101.2	104.8	102.2	97.5	100.5	100.9	101.5
贵　州	Guizhou	110.6	120.2	126.9	113.1	107.6	105.4	101.4	100.0	99.4	102.2	100.4
云　南	Yunnan	112.1	117.6	135.4	113.6	104.0	104.3	105.4	101.8	100.7	101.6	101.0
西　藏	Tibet											
陕　西	Shaanxi	112.9	119.1	129.5	111.7	107.9	107.8	105.3	101.8	101.2	103.6	103.6
甘　肃	Gansu	116.5	117.4	126.2	112.6	109.4	104.9	102.7	100.3	101.0	103.3	102.0
青　海	Qinghai		115.1	125.9	108.4	105.3	103.5	103.0	98.5	100.1	101.6	100.3
宁　夏	Ningxia	110.4	117.3	123.0	112.6	109.3	107.4	102.2	102.1	99.7	104.5	101.5
新　疆	Xinjiang	114.8	117.0	126.5	112.3	106.2	105.6	103.2	102.0	99.0	103.6	102.5

2-3-2 续表 Continued

(上年价格=100) (Preceding year=100)

地 区	Region	2002	2003	2004	2005	2006	2007	2008	2009	2010	2011	2012	2013
全 国	**National**	**100.2**	**102.2**	**105.6**	**101.6**	**101.5**	**103.9**	**108.9**	**97.6**	**103.6**	**106.6**	**101.1**	**100.3**
北 京	Beijing	100.4	102.2	104.3	100.7	100.4	102.8	107.8	97.1	102.5	105.7	101.3	99.9
天 津	Tianjin	99.5	102.6	107.3	101.2	100.7	102.6	109.2	97.6	102.6	105.7	100.0	99.5
河 北	Hebei	99.5	102.3	107.0	101.9	101.7	103.8	109.6	96.5	103.7	105.5	100.3	99.9
山 西	Shanxi	100.5	102.9	105.2	103.0	101.5	104.1	113.3	98.1	103.7	105.5	101.2	100.5
内蒙古	Inner Mongolia	101.0	102.6	105.0	103.7	103.3	103.8	108.1	98.5	105.4	106.3	101.6	99.6
辽 宁	Liaoning	100.7	102.5	104.8	102.8	102.1	104.3	109.1	97.0	103.3	106.6	101.0	100.0
吉 林	Jilin	101.2	101.1	104.1	102.0	102.2	103.9	107.3	99.4	102.4	105.6	100.4	100.0
黑龙江	Heilongjiang	100.2	102.3	105.0	102.2	102.1	104.5	109.0	97.6	105.2	107.5	100.8	100.1
上 海	Shanghai	100.3	102.4	106.7	100.8	100.1	103.5	107.9	97.0	103.8	106.5	99.4	100.2
江 苏	Jiangsu	101.7	104.3	109.4	100.9	101.2	104.9	110.0	97.7	105.1	106.8	98.6	100.5
浙 江	Zhejiang	100.5	103.5	105.9	100.3	101.5	104.4	109.3	96.7	104.7	107.5	99.2	100.0
安 徽	Anhui	101.1	103.5	106.1	101.0	101.9	105.4	109.4	96.0	105.4	108.1	101.0	100.2
福 建	Fujian	99.7	101.4	103.4	100.7	102.0	105.9	105.9	98.0	103.3	106.2	100.3	100.1
江 西	Jiangxi	100.0	105.1	107.4	100.5	103.2	105.4	110.4	96.1	104.8	108.4	101.0	100.4
山 东	Shandong	101.1	102.9	107.4	102.9	101.8	104.0	107.7	96.9	103.6	106.8	100.8	100.4
河 南	Henan	98.7	103.8	110.1	101.4	101.6	104.6	109.0	96.4	103.5	107.4	101.0	99.9
湖 北	Hubei	99.8	103.3	106.0	102.2	101.8	104.1	109.4	98.8	104.7	107.3	101.8	100.5
湖 南	Hunan	100.3	102.8	105.5	103.6	103.1	105.8	109.9	99.7	104.0	107.2	101.7	101.3
广 东	Guangdong	99.7	102.2	106.4	101.6	100.7	102.4	108.6	96.7	103.0	105.5	101.5	101.4
广 西	Guangxi	100.3	101.8	104.6	101.4	101.2	102.3	107.9	97.9	103.0	106.2	100.6	100.1
海 南	Hainan	98.2	103.2	105.6	101.2	101.0	106.1	113.3	97.7	105.2	106.4	102.0	99.3
重 庆	Chongqing	100.7	102.9	105.1	102.3	101.7	105.5	110.2	97.8	102.1	105.9	101.8	100.5
四 川	Sichuan	100.5	102.2	106.8	103.9	102.9	104.7	112.5	98.3	102.5	105.2	101.0	100.4
贵 州	Guizhou	100.2	102.3	104.9	101.4	101.1	103.5	108.9	100.5	102.7	105.4	101.5	100.9
云 南	Yunnan	100.0	102.2	108.0	104.6	101.8	104.2	107.4	98.1	102.7	104.6	101.4	101.1
西 藏	Tibet												
陕 西	Shaanxi	102.0	101.7	104.5	103.7	102.6	104.0	109.5	99.3	103.6	105.9	102.6	102.0
甘 肃	Gansu	100.2	101.7	105.5	102.2	104.1	102.8	106.7	101.5	103.5	104.7	102.1	100.4
青 海	Qinghai	103.2	102.0	102.8	102.1	102.4	104.2	110.5	100.9	103.8	106.5	102.2	101.5
宁 夏	Ningxia	100.7	102.3	104.9	102.1	101.3	103.2	109.0	100.2	104.2	107.5	101.5	99.8
新 疆	Xinjiang	100.2	103.4	104.5	102.8	102.2	104.4	111.2	98.0	104.6	107.1	100.6	100.5

2-3-3 各地区固定资产投资价格分类指数(2012～2013年)

Price Indices for Investment in Fixed Assets by Region and Category (2012~2013)

(上年价格=100) (Preceding year=100)

地区	Region	2012 投资 Investment in Fixed Assets	2012 建筑安装工程 Construction and Installation	2012 设备、工器具 Purchase of Equipment, Tools and Instruments	2012 其他费用 Others	2013 投资 Investment in Fixed Assets	2013 建筑安装工程 Construction and Installation	2013 设备、工器具 Purchase of Equipment, Tools and Instruments	2013 其他费用 Others
全国	**National**	**101.1**	**101.6**	**98.9**	**102.2**	**100.3**	**100.3**	**99.0**	**101.7**
北京	Beijing	101.3	99.0	97.4	104.0	99.9	97.3	97.7	102.9
天津	Tianjin	100.0	100.1	98.3	101.1	99.5	99.3	98.8	100.6
河北	Hebei	100.3	100.6	99.2	100.7	99.9	99.9	99.1	101.9
山西	Shanxi	101.2	102.0	98.9	100.7	100.5	100.8	99.0	100.7
内蒙古	Inner Mongolia	101.6	101.0	103.1	102.2	99.6	99.6	99.0	100.8
辽宁	Liaoning	101.0	101.2	99.3	103.2	100.0	99.9	99.2	102.2
吉林	Jilin	100.4	100.8	99.0	102.4	100.0	100.4	99.1	100.6
黑龙江	Heilongjiang	100.8	101.0	99.3	102.8	100.1	100.4	98.7	101.8
上海	Shanghai	99.4	98.7	98.6	101.6	100.2	99.8	98.5	102.2
江苏	Jiangsu	98.6	97.9	98.2	102.2	100.5	100.8	98.8	103.0
浙江	Zhejiang	99.2	98.6	98.5	101.5	100.0	99.5	98.7	102.3
安徽	Anhui	101.0	101.3	99.2	102.3	100.2	100.3	99.0	101.2
福建	Fujian	100.3	100.6	98.9	100.7	100.1	100.0	98.9	101.2
江西	Jiangxi	101.0	101.2	98.8	104.4	100.4	100.4	99.0	103.2
山东	Shandong	100.8	101.2	99.2	103.0	100.4	100.5	99.3	102.1
河南	Henan	101.0	101.4	99.7	101.9	99.9	99.8	99.7	101.2
湖北	Hubei	101.8	102.1	99.7	103.3	100.5	100.5	99.0	102.6
湖南	Hunan	101.7	102.2	99.6	102.0	101.3	101.6	99.6	102.3
广东	Guangdong	101.5	101.9	98.7	103.3	101.4	101.9	99.1	101.7
广西	Guangxi	100.6	100.8	99.3	101.5	100.1	99.9	99.6	101.3
海南	Hainan	102.0	102.5	98.9	102.9	99.3	98.9	99.0	101.1
重庆	Chongqing	101.8	102.1	99.1	101.9	100.5	100.5	98.7	101.5
四川	Sichuan	101.0	101.6	99.2	100.9	100.4	100.2	99.5	101.6
贵州	Guizhou	101.5	102.0	99.1	101.5	100.9	101.5	99.2	100.1
云南	Yunnan	101.4	101.7	99.3	101.9	101.1	101.2	99.3	101.9
西藏	Tibet								
陕西	Shaanxi	102.6	103.4	99.1	102.7	102.0	102.3	99.5	103.7
甘肃	Gansu	102.1	102.5	100.3	102.3	100.4	101.0	97.1	101.9
青海	Qinghai	102.2	102.7	99.2	103.0	101.5	102.0	99.0	101.6
宁夏	Ningxia	101.5	101.9	99.8	100.0	99.8	99.9	99.1	100.0
新疆	Xinjiang	100.6	101.5	97.3	101.0	100.5	100.5	99.5	103.5

2—4—3 分地区和按构成分固定资产投资价格指数（2012—2013年）

Price Indices for Investment in Fixed Assets by Region and Category (2012-2013)

居民消费价格

第 3 篇

3-1-1 全国居民消费价格分类指数(2001～2013年)

(上年价格=100)

项　目	Item	2001	2002	2003
总指数	**Consumer Price Index**	**100.7**	**99.2**	**101.2**
一、食品	**Food**	**100.0**	**99.4**	**103.4**
1.粮食	Grain	99.3	98.3	102.3
2.淀粉	Starches	99.5	100.4	100.6
3.干豆类及豆制品	Bean and Its Products	99.0	98.0	106.5
4.油脂	Oil or Fat	91.7	98.7	112.6
5.肉禽及其制品	Meal, Poultry and Their Products	101.6	99.5	103.3
6.蛋	Eggs	106.0	102.6	98.6
7.水产品	Aquatic Products	97.1	96.7	100.3
8.菜	Vegetables	100.9	98.2	117.7
#鲜菜	Fresh Vegetables	101.4	98.1	120.5
9.调味品	Flavoring	102.2	101.2	100.1
10.糖	Carbohydrate	104.6	97.3	97.5
11.茶及饮料	Tea and Beverages	99.1	99.0	99.2
茶叶	Tea	101.0	100.9	99.7
饮料	Beverages	98.3	98.2	98.9
12.干鲜瓜果	Dried and Fresh Melons and Fruits	99.9	103.1	103.0
#鲜果	Fresh Fruits	100.3	103.6	101.8
13.糕点饼干面包	Cake, Biscuit and Bread	98.9	98.8	99.3
14.液体乳及乳制品	Milk and Its Products	99.1	99.0	99.2
15.在外用膳食品	Outward Dinner	100.2	99.9	100.1
16.其他食品	Other Foods	98.9	99.0	99.1
二、烟酒及用品	**Tobacco, Liquor and Articles**	**99.7**	**99.9**	**99.8**
1.烟草	Tobacco	99.6	99.9	99.8
2.酒	Liquor	99.9	100.1	100.1
三、衣着	**Clothing**	**98.1**	**97.6**	**97.8**
1.服装	Garments	97.6	97.4	97.6
2.衣着材料	Clothing Material	98.8	98.9	99.2
3.鞋袜帽	Footgear and Hats	99.0	98.0	97.7
4.衣着加工服务费	Clothing Manufacturing Services	100.3	99.9	100.1
四、家庭设备用品及维修服务	**Household Facilities, Articles and Maintenance Services**	**97.7**	**97.5**	**97.4**
1.耐用消费品	Durable Consumer Goods	96.1	95.9	95.8
家具	Furniture	98.0	97.7	97.9
家庭设备	Household Facilities	95.1	95.0	94.6
2.室内装饰品	Interior Decorations	98.3	98.8	98.8
3.床上用品	Bed Articles	99.3	98.7	98.4

Consumer Price Indices by Category (2001~2013)

(Preceding year=100)

2004	2005	2006	2007	2008	2009	2010	2011	2012	2013
103.9	**101.8**	**101.5**	**104.8**	**105.9**	**99.3**	**103.3**	**105.4**	**102.6**	**102.6**
109.9	**102.9**	**102.3**	**112.3**	**114.3**	**100.7**	**107.2**	**111.8**	**104.8**	**104.7**
126.4	101.4	102.7	106.3	107.0	105.6	111.8	112.2	104.0	104.6
106.8	105.5	101.8	106.2	111.2	103.4	108.2	115.9	103.2	103.3
120.5	102.4	100.8	108.0	134.4	98.3	109.2	105.4	102.0	105.3
118.2	94.3	98.6	126.7	125.4	81.7	103.8	113.4	105.1	100.3
117.6	102.5	97.1	131.7	121.7	91.3	102.9	122.6	102.1	104.3
120.2	104.6	96.0	121.8	104.3	101.6	108.3	114.2	97.1	104.9
112.7	105.9	101.2	105.1	114.2	102.5	108.1	112.1	108.0	104.2
95.1	109.1	108.2	107.9	111.0	113.6	118.5	101.1	113.7	108.0
93.9	110.4	108.2	107.3	110.7	115.4	118.7	100.5	115.9	108.1
101.5	101.4	102.3	104.1	105.5	103.4	104.1	105.5	104.2	103.6
102.2	104.0	111.2	101.6	104.0	102.5	108.3	111.2	104.2	100.5
100.0	100.1	101.0	101.5	103.7	101.8	101.3	104.0	104.2	102.0
101.1	100.8	101.2	103.3	102.2	101.4	102.6	103.9	103.3	102.0
99.5	99.8	100.9	100.7	104.4	102.0	100.7	104.0	104.6	102.0
104.0	102.2	117.9	102.2	110.8	107.1	114.6	115.9	100.1	105.9
102.2	101.6	121.5	100.1	109.0	109.1	115.6	116.4	98.8	107.1
101.6	100.9	101.3	103.6	109.2	102.9	102.4	108.1	104.3	102.5
100.5	100.9	100.9	102.7	117.0	101.5	102.8	105.1	103.2	105.7
104.1	102.4	101.6	107.3	111.8	102.7	103.6	108.2	106.7	104.7
101.2	101.3	101.2	104.2	108.4	101.7	101.7	105.7	104.2	101.4
101.2	**100.4**	**100.6**	**101.7**	**102.9**	**101.5**	**101.6**	**102.8**	**102.9**	**100.3**
100.9	100.4	100.2	100.8	100.4	100.4	100.5	100.3	100.5	100.4
102.2	100.6	101.2	103.5	107.5	103.4	103.6	106.7	106.3	100.3
98.5	**98.3**	**99.4**	**99.4**	**98.5**	**98.0**	**99.0**	**102.1**	**103.1**	**102.3**
98.3	98.1	99.0	99.4	98.3	97.8	99.1	102.4	103.3	102.4
100.2	100.0	100.5	101.6	102.4	100.9	103.0	109.2	103.5	102.2
98.3	98.3	100.2	99.0	98.2	97.8	98.2	100.7	102.3	101.6
100.7	101.1	101.5	102.3	104.1	103.5	102.9	107.3	107.1	106.8
98.6	**99.9**	**101.2**	**101.9**	**102.8**	**100.2**	**100.0**	**102.4**	**101.9**	**101.5**
97.1	98.8	100.8	101.6	101.2	98.1	98.5	100.4	100.4	100.3
98.9	99.2	100.2	101.9	102.3	99.7	100.4	102.4	101.3	101.2
96.1	98.5	101.2	101.4	100.7	97.3	97.4	99.3	99.9	99.8
99.2	99.5	100.0	100.3	100.2	99.7	99.9	101.0	100.8	100.4
99.3	99.4	99.6	99.4	99.7	98.8	99.9	104.7	100.4	100.5

(上年价格=100)

项 目	Item	2001	2002	2003
4.家庭日用杂品	Daily Use Household Articles	98.6	98.0	98.3
5.家庭服务及加工维修服务	Household Service and Manufacturing Upkeep	101.5	101.2	101.1
五、医疗保健和个人用品	**Health Care and Personal Articles**	**100.0**	**98.8**	**100.9**
1.医疗保健	Health Care	100.3	98.5	101.2
医疗器具及用品	Medical Instrument and Articles	98.3	97.2	101.0
中药材及中成药	Traditional Chinese Medicine	101.4	96.6	105.0
西药	Western Medicine	94.8	94.5	94.5
保健器具及用品	Health Care Appliances and Articles	97.3	97.1	98.2
医疗保健服务	Health Care Services	110.5	108.2	108.9
2.个人用品及服务	Personal Articles and Services	99.5	99.5	100.2
化妆美容用品	Cosmetics	99.8	99.7	99.5
清洁类化妆品	Cleem make-up Surrlies	97.9	97.3	97.1
个人饰品	Personal Decorations	97.8	99.3	102.9
个人服务	Personal Services	101.7	101.2	100.8
六、交通和通信	**Transportation and Communication**	**99.0**	**98.1**	**97.8**
1.交通	Transportation	101.0	99.1	99.5
交通工具	Transportation Facility	96.4	95.0	95.9
车用燃料及零配件	Fuels and Parts	99.0	98.5	108.3
车辆使用及维修费	Using and Upkeep Fare	100.4	100.0	98.9
市区公共交通费	Incity Traffic Fare	105.8	101.9	100.6
城市间交通费	Intercity Traffic Fare	104.0	101.8	101.4
2.通信	Communication	96.8	97.2	96.1
通信工具	Communication Facility	80.5	83.5	82.1
通信服务	Communication Service	101.1	100.3	99.4
七、娱乐教育文化用品及服务	**Recreation, Education and Culture Articles**	**106.6**	**100.6**	**101.3**
1.文娱用耐用消费品及服务	Durable Consumer Goods for Cultural and Recreational Use and Services	91.2	90.5	92.7
2.教育	Education	113.6	103.7	104.3
教材及参考书	Teaching Materials and Reference Books	106.1	99.0	101.7
教育服务	Tuition and Child Care	114.1	104.0	104.5
3.文化娱乐类	Cultural and Recreational	101.7	101.2	101.3
文化娱乐用品	Cultural and Recreational Articles	99.4	98.9	98.7
书报杂志	Newspapers and Magazines	101.9	101.0	100.4
文娱费	Expenditure of Culture and Recreation	104.4	104.2	104.6
4.旅游	Touring	100.3	95.9	95.4
八、居住	**Residence**	**101.2**	**99.9**	**102.1**
1.建房及装修材料	Building and Building Decoration Materials	98.8	98.4	99.5
2.住房租金	Rent	108.6	104.4	103.5
3.自有住房	Private Housing	100.0	95.4	99.1
4.水电燃料	Water, Electricity and Fuels	102.5	102.9	105.7

3-1-1 Continued

(Preceding year=100)

2004	2005	2006	2007	2008	2009	2010	2011	2012	2013
99.8	100.4	101.1	101.7	104.9	102.5	100.3	102.5	102.6	101.3
101.9	104.4	105.8	107.2	109.0	105.2	106.7	111.4	109.7	108.7
99.7	**99.9**	**101.1**	**102.1**	**102.9**	**101.2**	**103.2**	**103.4**	**102.0**	**101.3**
99.1	99.5	100.2	102.1	102.2	101.4	103.3	102.9	101.7	101.5
102.3	97.4	97.2	98.2	99.7	101.6	105.0	101.9	102.7	100.7
98.9	96.5	99.9	107.9	106.8	102.6	111.2	111.9	105.0	103.3
94.9	97.7	98.4	99.1	101.1	101.0	101.0	99.7	100.3	100.2
98.6	100.0	100.3	101.1	102.1	101.1	101.6	104.4	102.5	102.1
105.2	105.2	103.0	102.2	100.5	101.0	100.9	100.6	100.7	101.5
101.2	100.8	103.2	102.1	104.4	100.8	103.0	104.4	102.6	101.0
98.8	99.4	99.7	100.1	100.6	100.8	100.5	101.0	101.3	101.0
98.4	99.4	99.9	100.3	101.7	102.1	100.4	101.8	103.5	102.0
104.5	101.6	110.8	104.5	109.7	96.3	108.4	108.8	100.2	95.3
101.8	101.9	102.5	103.1	105.0	103.8	102.8	104.9	105.3	105.4
98.5	**99.0**	**99.9**	**99.1**	**99.1**	**97.6**	**99.6**	**100.5**	**99.9**	**99.6**
100.4	101.5	103.2	100.8	102.2	98.6	101.7	102.6	101.2	100.2
96.5	97.3	97.8	97.7	98.4	98.0	98.7	99.0	99.2	98.8
107.7	100.3	112.8	103.5	113.5	92.8	111.5	111.7	102.9	99.4
101.0	102.0	102.4	102.4	100.8	101.1	101.7	103.8	104.5	104.0
101.0	102.2	104.8	101.3	100.5	100.6	100.7	101.7	101.4	100.9
102.5	103.3	105.6	103.0	104.3	100.5	101.7	102.7	101.6	101.0
96.8	96.6	96.4	97.1	95.6	96.3	97.3	97.5	98.0	98.8
84.3	84.1	82.2	81.8	80.7	81.7	86.5	87.0	87.8	91.8
99.8	99.6	100.0	100.6	98.8	99.5	99.7	99.8	99.9	99.9
101.3	**102.2**	**99.5**	**99.0**	**99.3**	**99.3**	**100.6**	**100.4**	**100.5**	**101.8**
93.3	93.8	94.2	93.1	92.3	90.6	94.3	93.7	94.5	96.3
103.4	105.1	100.0	99.6	100.5	101.6	101.4	101.3	101.7	102.7
102.8	100.9	100.3	99.1	100.6	102.9	102.6	101.1	101.7	102.3
103.4	105.4	100.0	99.6	100.5	101.4	101.3	101.4	101.7	102.8
101.1	101.2	101.0	101.0	101.3	102.5	101.0	101.1	101.3	101.4
99.4	99.8	99.6	99.5	99.9	99.8	99.7	100.6	100.4	100.2
100.6	100.8	100.7	100.7	102.1	107.6	100.6	101.0	101.4	101.0
103.2	102.9	102.6	102.7	102.1	102.1	102.3	101.5	101.9	102.4
100.6	99.6	103.1	102.3	101.1	97.5	104.9	103.8	101.7	104.0
104.9	**105.4**	**104.6**	**104.5**	**105.5**	**96.4**	**104.5**	**105.3**	**102.1**	**102.8**
104.3	102.6	103.9	105.1	107.1	100.2	103.3	104.7	101.0	101.2
103.0	101.9	102.7	104.2	103.5	101.6	104.9	105.3	102.7	104.1
100.9	105.6	103.7	107.0	102.8	85.3	103.6	106.5	102.3	103.8
107.5	108.6	105.9	103.0	106.4	97.9	105.5	103.5	102.4	101.6

3-1-2 全国居民消费价格分类指数(2013年)

Consumer Price Indices by Category (2013)

(上年价格=100) (Preceding year=100)

项 目	Item	全 国 National Indices	城 市 Urban Indices	农 村 Rural Indices	36个大中城市 36 Major Cities Indices
居民消费价格总指数	**Consumer Price Index**	**102.6**	**102.6**	**102.8**	**102.7**
一、食品	**Food**	**104.7**	**104.6**	**104.9**	**104.6**
1.粮食	Grain	104.6	104.5	104.8	104.1
2.淀粉及制品	Starches	103.3	103.6	102.5	104.1
3.干豆类及豆制品	Bean and Its Products	105.3	105.3	105.6	105.1
4.油脂	Oil or Fat	100.3	100.3	100.4	99.7
5.肉禽及其制品	Meal, Poultry and Their Products	104.3	104.4	104.0	104.5
(1)食用畜肉及副产品	Meal and Their Products	105.1	105.3	104.4	105.6
(2)禽	Poultry	102.0	101.8	102.8	101.7
(3)加工肉禽	Meal and Poultry Products	103.8	103.9	103.7	103.6
6.蛋	Eggs	104.9	104.9	105.0	105.0
7.水产品	Aquatic Products	104.2	104.1	104.6	104.1
(1)鱼	Fish	102.8	102.5	103.8	102.4
(2)其他水产品	Others	106.3	106.2	106.7	106.1
8.菜	Vegetables	108.0	107.5	109.7	107.6
9.调味品	Flavoring	103.6	103.3	104.0	103.4
10.糖	Carbohydrate	100.5	100.8	99.8	101.4
11.茶及饮料	Tea and Beverages	102.0	101.9	102.2	101.6
(1)茶 叶	Tea	102.0	101.7	102.8	101.7
(2)饮 料	Beverages	102.0	102.1	101.9	101.6
12.干鲜瓜果	Dried and Fresh Melons and Fruits	105.9	105.5	107.2	105.4
13.糕点饼干面包	Cake, Biscuit and Bread	102.5	102.5	102.6	102.4
14.液体乳及乳制品	Milk and Its Products	105.7	106.2	103.6	107.3
15.在外用膳食品	Outward Dinner	104.7	104.4	106.0	104.2
16.其他食品	Other Foods	101.4	101.3	101.7	101.4
二、烟酒及用品	**Tobacco, Liquor and Articles**	**100.3**	**100.1**	**100.8**	**100.2**
1.烟草	Tobacco	100.4	100.2	100.9	100.0
2.酒	Liquor	100.3	100.1	100.5	100.4
三、衣着	**Clothing**	**102.3**	**102.2**	**102.5**	**102.4**
1.服装	Garments	102.4	102.4	102.7	102.5
(1)男式服装	Men's Clothing	102.3	102.2	102.8	101.9
(2)女式服装	Women's Clothing	102.6	102.6	102.4	103.2
(3)儿童服装	Children's Clothing	102.2	101.6	103.2	100.9
2.衣着材料	Clothing Material	102.2	101.6	103.2	101.5
3.鞋袜帽	Footgear and Hats	101.6	101.5	101.7	101.7
(1)鞋	Shoes	101.6	101.6	101.7	101.8
(2)袜子	Socks	101.3	101.1	101.7	100.6
(3)帽子	Hats	101.7	101.6	101.8	100.8
4.衣着加工服务费	Clothing Manufacturing Services	106.8	106.5	107.4	106.1

3-1-2 续表 Continued

(上年价格=100) (Preceding year=100)

项 目	Item	全 国 National Indices	城 市 Urban Indices	农 村 Rural Indices	36个大中城市 36 Major Cities Indices
四、家庭设备用品及维修服务	**Household Facilities, Articles and Maintenance Services**	**101.5**	**101.5**	**101.3**	**101.6**
1.耐用消费品	Durable Consumer Goods	100.3	100.2	100.4	99.9
(1)家具	Furniture	101.2	101.4	100.9	101.1
(2)家庭设备	Household Facilities	99.8	99.6	100.1	99.2
2.室内装饰品	Interior Decorations	100.4	100.3	100.9	99.7
3.床上用品	Bed Articles	100.5	100.5	100.5	100.7
4.家庭日用杂品	Daily Use Household Articles	101.3	101.2	101.6	101.3
5.家庭服务及加工维修服务	Household Service and Manufacturing Upkeep	108.7	109.0	107.1	109.9
五、医疗保健和个人用品	**Health Care and Personal Articles**	**101.3**	**101.2**	**101.8**	**100.9**
1.医疗保健	Health Care	101.5	101.4	101.8	101.2
(1)医疗器具及用品	Medical Instrument and Articles	100.7	100.9	100.4	100.4
(2)中药材及中成药	Traditional Chinese Medicine	103.3	103.3	103.3	102.5
(3)西药	Western Medicine	100.2	100.4	99.6	100.2
(4)保健器具及用品	Health Care Appliances and Articles	102.1	102.2	101.4	102.6
(5)医疗保健服务	Health Care Services	101.5	100.8	103.0	100.8
2.个人用品及服务	Personal Articles and Services	101.0	100.7	101.9	100.3
(1)化妆美容用品	Cosmetics	101.0	101.0	101.2	101.0
(2)清洁类化妆品	Sanitation Articles	102.0	102.0	102.1	101.7
(3)个人饰品	Personal Decorations	95.3	95.0	96.3	94.7
(4)个人服务	Personal Services	105.4	105.0	106.6	105.3
六、交通和通信	**Transportation and Communication**	**99.6**	**99.5**	**100.1**	**99.3**
1.交通	Transportation	100.2	100.0	100.7	100.0
(1)交通工具	Transportation Facility	98.8	98.5	99.7	98.1
(2)车用燃料及零配件	Fuels and Parts	99.4	99.3	99.4	99.1
(3)车辆使用及维修	Using and Upkeep Fare	104.0	104.0	103.9	105.2
(4)市区公共交通费	Incity Traffic Fare	100.9	100.6	102.1	100.5
(5)城市间交通费	Intercity Traffic Fare	101.0	100.6	102.0	100.7
2.通信	Communication	98.8	98.7	99.1	98.2
(1)通信工具	Communication Facility	91.8	90.3	95.0	86.9
(2)通信服务	Communication Service	99.9	99.9	100.0	99.8
七、娱乐教育文化用品及服务	**Recreation, Education and Culture Articles**	**101.8**	**101.7**	**101.8**	**101.9**
1.文娱用耐用消费品及服务	Durable Consumer Goods for Cultural and Recreational Use and Services	96.3	95.9	97.8	94.1
2.教育	Education	102.7	102.8	102.5	103.3
(1)教材及参考书	Teaching Materials and Reference Books	102.3	102.2	103.0	101.6
(2)教育服务	Tuition and Child Care	102.8	102.9	102.4	103.5
3.文化娱乐类	Cultural and Recreational Articles	101.4	101.3	101.6	101.4
(1)文化娱乐用品	Cultural Articles	100.2	100.1	100.4	100.2
(2)书报杂志	Newspapers and Magazines	101.0	101.0	101.2	101.2
(3)文娱费	Expenditure of Culture and Recreation	102.4	102.2	103.2	102.2
4.旅游	Touring and Outgoing	104.0	103.8	104.9	104.2
八、居住	**Residence**	**102.8**	**103.0**	**102.3**	**103.8**
1.建房及装修材料	Building and Building Decoration Materials	101.2	101.3	101.1	101.4
2.住房租金	Rent	104.1	104.0	104.7	105.0
3.自有住房	Private Housing	103.8	103.9	103.8	104.8
4.水电燃料	Water, Electricity and Fuels	101.6	101.9	100.9	102.6

3-1-3 各地区居民消费价格总指数(1987 ~ 2013年)

(上年价格=100)

地 区	Region	1987	1988	1989	1990	1991	1992	1993	1994	1995	1996
全国平均	**National**	**107.3**	**118.8**	**118.0**	**103.1**	**103.4**	**106.4**	**114.7**	**124.1**	**117.1**	**108.3**
北 京	Beijing	108.6	120.4	117.2	105.4	111.9	109.9	119.0	124.9	117.3	111.6
天 津	Tianjin	106.8	116.9	114.7	103.0	110.2	111.4	117.6	124.0	115.3	109.0
河 北	Hebei	107.8	118.0	118.7	100.6	103.4	106.1	113.8	122.6	115.2	107.1
山 西	Shanxi	107.4	120.9	119.5	102.2	104.8	107.3	115.1	125.2	116.9	107.9
内 蒙 古	Inner Mongolia	107.8	116.3	115.3	102.3	104.6	107.4	114.1	122.9	117.5	107.6
辽 宁	Liaoning	108.8	119.3	118.2	103.3	105.6	106.7	115.2	124.3	116.1	107.9
吉 林	Jilin	107.6	120.3	117.2	104.9	106.8	108.0	112.6	120.6	115.2	107.2
黑 龙 江	Heilongjiang	109.4	118.0	114.6	105.7	107.4	109.2	114.8	121.9	116.1	107.1
上 海	Shanghai	108.1	120.1	115.9	106.3	110.5	110.0	120.2	123.9	118.7	109.2
江 苏	Jiangsu	109.2	121.9	117.1	103.2	104.9	106.6	118.2	123.2	115.8	109.3
浙 江	Zhejiang	108.8	121.5	118.2	102.1	103.5	107.5	119.8	124.8	116.6	107.9
安 徽	Anhui	109.1	120.9	117.2	102.7	106.1	108.2	114.7	126.9	114.8	109.9
福 建	Fujian	109.4	126.5	118.9	99.3	103.5	105.9	115.4	125.3	115.2	105.9
江 西	Jiangxi	106.6	121.8	118.5	102.1	102.8	105.7	114.6	126.9	116.9	108.4
山 东	Shandong	108.3	118.7	117.3	103.4	104.9	106.8	112.7	123.4	117.6	109.6
河 南	Henan	106.3	119.4	118.7	100.7	102.3	105.4	110.4	125.2	116.5	110.5
湖 北	Hubei	107.5	119.0	116.3	104.2	104.9	109.6	118.4	125.3	120.0	109.4
湖 南	Hunan	109.8	125.6	118.2	100.4	104.4	110.7	116.8	125.3	119.0	107.7
广 东	Guangdong	111.1	129.4	122.1	97.5	101.2	107.3	121.6	121.7	114.0	107.0
广 西	Guangxi	108.2	120.8	121.1	101.1	102.8	105.9	122.0	126.0	118.4	106.5
海 南	Hainan		128.1	128.4	102.1	103.9	108.7	123.3	126.7	113.5	104.3
重 庆	Chongqing										
四 川	Sichuan	107.6	119.9	119.8	103.8	103.0	107.4	116.8	124.6	118.5	109.3
贵 州	Guizhou	107.1	119.8	118.3	101.8	104.4	107.8	116.0	122.8	121.4	109.1
云 南	Yunnan	107.0	119.8	118.6	102.8	103.1	108.9	121.3	119.2	121.3	108.7
西 藏	Tibet										
陕 西	Shaanxi	108.2	118.8	118.5	102.4	106.6	110.3	113.1	126.7	119.0	109.7
甘 肃	Gansu	107.6	119.1	117.9	103.2	104.9	107.2	115.4	123.7	119.8	110.2
青 海	Qinghai	107.2	118.0	117.5	105.1	107.6	108.0	113.2	121.8	118.0	110.8
宁 夏	Ningxia	107.3	117.1	117.2	107.1	106.3	108.3	114.3	123.1	117.1	106.8
新 疆	Xinjiang	107.2	114.7	116.0	105.0	108.6	108.6	113.0	126.7	119.7	110.5

Consumer Price Indices by Region(1987~2013)

(Preceding year=100)

1997	1998	1999	2000	2001	2002	2003	2004	2005	2006	2007	2008	2009	2010	2011	2012	2013
102.8	**99.2**	**98.6**	**100.4**	**100.7**	**99.2**	**101.2**	**103.9**	**101.8**	**101.5**	**104.8**	**105.9**	**99.3**	**103.3**	**105.4**	**102.6**	**102.6**
105.3	102.4	100.6	103.5	103.1	98.2	100.2	101.0	101.5	100.9	102.4	105.1	98.5	102.4	105.6	103.3	103.3
103.1	99.5	98.9	99.6	101.2	99.6	101.0	102.3	101.5	101.5	104.2	105.4	99.0	103.5	104.9	102.7	103.1
103.5	98.4	98.1	99.7	100.5	99.0	102.2	104.3	101.8	101.7	104.7	106.2	99.3	103.1	105.7	102.6	103.0
103.1	98.6	99.6	103.9	99.8	98.4	101.8	104.1	102.3	102.0	104.6	107.2	99.6	103.0	105.2	102.5	103.1
104.5	99.3	99.8	101.3	100.6	100.2	102.2	102.9	102.4	101.5	104.6	105.7	99.7	103.2	105.6	103.1	103.2
103.1	99.3	98.6	99.9	100.0	98.9	101.7	103.5	101.4	101.2	105.1	104.6	100.0	103.0	105.2	102.8	102.4
103.7	99.2	98.0	98.6	101.3	99.5	101.2	104.1	101.5	101.4	104.8	105.1	100.1	103.7	105.2	102.5	102.9
104.4	100.4	96.8	98.3	100.8	99.3	100.9	103.8	101.2	101.9	105.4	105.6	100.2	103.9	105.8	103.2	102.2
102.8	100.0	101.5	102.5	100.0	100.5	100.1	102.2	101.0	101.2	103.2	105.8	99.6	103.1	105.2	102.8	102.3
101.7	99.4	98.7	100.1	100.8	99.2	101.0	104.1	102.1	101.6	104.3	105.4	99.6	103.8	105.3	102.6	102.3
102.8	99.7	98.8	101.0	99.8	99.1	101.9	103.9	101.3	101.1	104.2	105.0	98.5	103.8	105.4	102.2	102.3
101.3	100.0	97.8	100.7	100.5	99.0	101.7	104.5	101.4	101.2	105.3	106.2	99.1	103.1	105.6	102.3	102.4
101.7	99.7	99.1	102.1	98.7	99.5	100.8	104.0	102.2	100.8	105.2	104.6	98.2	103.2	105.3	102.4	102.5
102.0	101.0	98.6	100.3	99.5	100.1	100.8	103.5	101.7	101.2	104.8	106.0	99.3	103.0	105.2	102.7	102.5
102.8	99.4	99.3	100.2	101.8	99.3	101.1	103.6	101.7	101.0	104.4	105.3	100.0	102.9	105.0	102.1	102.2
103.5	97.5	96.9	99.2	100.7	100.1	101.6	105.4	102.1	101.3	105.4	107.0	99.4	103.5	105.6	102.5	102.9
103.2	98.4	97.8	99.0	100.3	99.6	102.2	104.9	102.9	101.6	104.8	106.3	99.6	102.9	105.8	102.9	102.8
102.8	100.2	100.5	101.4	99.1	99.5	102.4	105.1	102.3	101.4	105.6	106.0	99.6	103.1	105.5	102.0	102.5
101.9	98.2	98.2	101.4	99.3	98.6	100.6	103.0	102.3	101.8	103.7	105.6	97.7	103.1	105.3	102.8	102.5
100.8	97.0	97.7	99.7	100.6	99.1	101.1	104.4	102.4	101.3	106.1	107.8	97.9	103.0	105.9	103.2	102.2
100.8	97.3	98.3	101.1	98.5	99.5	100.1	104.4	101.5	101.5	105.0	106.9	99.3	104.8	106.1	103.2	102.8
103.1	96.4	99.3	96.7	101.7	99.6	100.6	103.7	100.8	102.4	104.7	105.6	98.4	103.2	105.3	102.6	102.7
105.1	99.6	98.5	100.1	102.1	99.7	101.7	104.9	101.7	102.3	105.9	105.1	100.8	103.2	105.3	102.5	102.8
103.4	100.1	99.2	99.5	101.8	99.0	101.2	104.0	101.0	101.7	106.4	107.6	98.7	102.9	105.1	102.7	102.5
104.3	101.7	99.7	97.9	99.1	99.8	101.2	106.0	101.4	101.9	105.9	105.7	100.4	103.7	104.9	102.7	103.1
		100.0	99.9	100.1	100.4	100.9	102.7	101.5	102.0	103.4	105.7	101.4	102.2	105.0	103.5	103.6
104.8	98.4	97.8	99.5	101.0	98.9	101.7	103.1	101.2	101.5	105.1	106.4	100.5	104.0	105.7	102.8	103.0
102.9	99.0	97.6	99.5	104.0	100.0	101.1	102.3	101.7	101.3	105.5	108.2	101.3	104.1	105.9	102.7	103.2
104.8	100.7	99.5	99.5	102.6	102.3	102.0	103.2	100.8	101.6	106.6	110.1	102.6	105.4	106.1	103.1	103.9
103.8	100.0	98.7	99.6	101.6	99.4	101.7	103.7	101.5	101.9	105.4	108.5	100.7	104.1	106.3	102.0	103.4
103.7	100.2	97.4	99.4	104.0	99.4	100.4	102.7	100.7	101.3	105.5	108.1	100.7	104.3	105.9	103.8	103.9

3-1-4 各地区居民消费价格指数(2013年)

Consumer Price Indices by Category and Region (2013)

(上年价格=100) (Preceding year=100)

地区	Region	居民消费价格指数 Consumer Price Index	一、食品 Food	1.粮食 Grain	2.淀粉及制品 Starches	3.干豆类及豆制品 Bean and Its Products	4.油脂 Oil or Fat	5.肉禽及其制品 Meal, Poultry and Their Products	(1)食用畜肉及副产品 Meal and Their Products
全国	**National**	**102.6**	**104.7**	**104.6**	**103.3**	**105.3**	**100.3**	**104.3**	**105.1**
北京	Beijing	103.3	104.7	104.4	105.0	105.0	99.8	106.7	108.6
天津	Tianjin	103.1	105.8	108.7	102.1	108.0	98.7	108.0	109.7
河北	Hebei	103.0	105.9	108.1	103.4	105.2	101.0	106.8	107.9
山西	Shanxi	103.1	106.2	109.1	103.4	104.2	101.5	104.6	104.8
内蒙古	Inner Mongolia	103.2	106.3	105.7	101.6	107.4	101.5	109.6	111.0
辽宁	Liaoning	102.4	104.6	105.9	101.5	107.4	99.8	107.4	108.7
吉林	Jilin	102.9	105.7	105.9	99.9	105.4	99.0	107.9	109.5
黑龙江	Heilongjiang	102.2	104.3	104.6	101.3	104.9	95.5	106.8	108.6
上海	Shanghai	102.3	104.4	103.7	101.6	103.1	97.9	103.7	104.9
江苏	Jiangsu	102.3	104.1	103.0	102.0	104.5	98.2	103.1	102.9
浙江	Zhejiang	102.3	103.8	102.8	103.4	102.7	98.2	103.9	103.4
安徽	Anhui	102.4	104.7	104.3	102.0	102.7	99.8	104.6	105.1
福建	Fujian	102.5	104.0	102.9	103.3	104.9	100.3	103.0	102.9
江西	Jiangxi	102.5	104.5	102.3	100.2	105.5	100.0	103.9	103.2
山东	Shandong	102.2	104.8	107.3	104.4	104.9	102.6	103.2	104.0
河南	Henan	102.9	105.6	106.6	105.4	108.2	99.7	104.8	105.4
湖北	Hubei	102.8	104.9	104.1	103.4	107.5	99.5	105.0	105.6
湖南	Hunan	102.5	104.2	105.5	107.4	106.9	102.2	103.7	104.0
广东	Guangdong	102.5	103.6	101.9	102.9	103.4	101.0	102.0	102.8
广西	Guangxi	102.2	103.8	101.4	102.0	105.1	101.5	102.4	103.5
海南	Hainan	102.8	103.9	102.5	104.5	102.2	103.6	101.9	102.3
重庆	Chongqing	102.7	104.1	103.0	112.8	105.6	98.6	103.7	104.5
四川	Sichuan	102.8	104.8	103.1	101.8	107.5	101.4	104.1	104.0
贵州	Guizhou	102.5	104.1	103.3	107.5	102.9	100.2	103.8	103.7
云南	Yunnan	103.1	105.5	102.2	103.5	108.1	100.4	103.5	103.4
西藏	Tibet	103.6	107.7	106.3	103.1	109.0	103.5	112.5	114.6
陕西	Shaanxi	103.0	105.6	107.9	105.7	109.4	100.8	104.4	104.1
甘肃	Gansu	103.2	105.6	106.9	101.5	106.4	101.0	104.4	105.1
青海	Qinghai	103.9	108.1	108.1	99.6	108.5	102.7	111.1	111.5
宁夏	Ningxia	103.4	107.2	105.8	101.4	104.7	101.0	110.3	112.2
新疆	Xinjiang	103.9	108.5	106.3	103.8	108.9	103.4	114.9	117.4

3-1-4 续表 1 Continued 1

(上年价格=100) (Preceding year=100)

地 区	Region	(2)禽 Poultry	(3)加工肉禽 Meat and Poultry Products	6.蛋 Eggs	7.水产品 Aquatic Products	(1)鱼 Fish	(2)其他水产品 Other Aquatic Products	8.菜 Vegetables	9.调味品 Flavoring
全 国	**National**	**102.0**	**103.8**	**104.9**	**104.2**	**102.8**	**106.3**	**108.0**	**103.6**
北 京	Beijing	101.7	103.8	103.7	103.4	102.0	104.8	109.6	103.8
天 津	Tianjin	103.3	104.4	102.2	100.9	97.5	102.8	110.0	101.9
河 北	Hebei	98.6	106.5	103.6	101.9	99.3	105.6	108.8	104.8
山 西	Shanxi	98.7	106.0	103.1	101.5	100.3	104.6	109.4	110.2
内 蒙 古	Inner Mongolia	100.9	106.4	105.1	104.6	100.2	112.8	108.8	104.2
辽 宁	Liaoning	101.9	105.0	104.2	101.5	98.4	105.1	104.9	104.0
吉 林	Jilin	101.0	104.8	106.4	101.9	99.6	107.3	112.3	101.9
黑 龙 江	Heilongjiang	97.9	104.1	102.8	101.8	99.8	106.9	107.6	103.4
上 海	Shanghai	102.5	102.0	102.2	105.0	106.1	104.1	108.1	102.5
江 苏	Jiangsu	102.5	103.9	104.4	105.5	104.5	106.8	107.0	103.9
浙 江	Zhejiang	105.3	104.1	102.8	104.8	104.2	105.4	106.8	101.7
安 徽	Anhui	103.3	104.3	104.5	105.6	104.0	109.7	108.9	101.5
福 建	Fujian	103.4	102.5	109.6	104.3	104.4	104.2	108.5	104.5
江 西	Jiangxi	107.6	103.3	105.7	107.3	107.0	108.4	107.5	102.4
山 东	Shandong	100.2	102.5	102.2	103.4	102.1	105.3	109.1	102.6
河 南	Henan	101.0	105.0	104.4	103.0	100.5	107.5	110.1	107.7
湖 北	Hubei	102.9	105.0	106.6	105.1	104.0	107.8	104.9	103.1
湖 南	Hunan	102.2	104.3	104.5	104.5	103.2	108.9	104.5	102.4
广 东	Guangdong	99.9	101.7	105.4	104.4	102.0	108.5	110.7	101.6
广 西	Guangxi	100.9	100.8	107.7	103.9	102.3	108.7	107.6	102.2
海 南	Hainan	100.9	102.6	101.9	103.2	103.2	103.1	110.8	102.6
重 庆	Chongqing	101.7	103.8	109.1	102.7	99.9	110.9	107.1	104.7
四 川	Sichuan	103.9	105.1	106.5	104.4	103.0	110.0	108.6	102.4
贵 州	Guizhou	102.9	105.8	104.7	103.1	102.4	104.9	101.6	103.3
云 南	Yunnan	102.8	104.4	106.6	102.6	101.9	105.2	107.3	104.5
西 藏	Tibet	108.8	105.4	106.3	106.6	107.1	105.4	108.8	99.9
陕 西	Shaanxi	103.5	105.7	109.0	102.3	100.6	107.4	107.4	104.4
甘 肃	Gansu	103.7	102.5	107.3	101.4	100.5	104.2	108.4	107.9
青 海	Qinghai	106.2	112.7	108.1	104.6	103.7	106.6	111.1	113.6
宁 夏	Ningxia	103.4	106.2	106.8	104.6	103.5	107.1	108.7	103.2
新 疆	Xinjiang	105.1	111.0	111.0	107.0	108.1	104.5	105.8	100.8

3-1-4 续表 2 Continued 2

(上年价格=100) (Preceding year=100)

地 区	Region	10.糖 Carbohy-drate	11.茶及饮料 Tea and Beverages	(1)茶叶 Tea	(2)饮料 Beverages	12.干鲜瓜果 Dried and Fresh Melons and Fruits	13.糕点饼干面包 Cake, Biscuit and Bread	14.液体乳及乳制品 Milk and Its Products	15.在外用膳食品 Outward Dinner
全 国	**National**	**100.5**	**102.0**	**102.0**	**102.0**	**105.9**	**102.5**	**105.7**	**104.7**
北 京	Beijing	101.4	101.1	99.9	102.0	105.7	102.4	106.2	104.0
天 津	Tianjin	99.7	104.6	106.3	103.8	112.6	101.9	103.5	104.6
河 北	Hebei	102.4	102.2	101.7	102.5	106.3	103.0	108.1	105.7
山 西	Shanxi	102.6	101.8	101.2	102.0	108.5	103.6	105.3	106.0
内蒙古	Inner Mongolia	102.4	102.0	100.5	102.9	106.9	102.2	106.7	105.3
辽 宁	Liaoning	102.0	101.4	101.6	101.3	101.1	102.1	105.6	105.4
吉 林	Jilin	100.1	100.3	100.5	100.3	105.1	102.5	103.1	104.5
黑龙江	Heilongjiang	101.1	101.6	100.8	101.7	103.9	104.0	103.8	103.6
上 海	Shanghai	102.1	100.4	100.8	100.3	107.3	101.7	108.1	103.3
江 苏	Jiangsu	100.6	102.7	102.0	103.0	106.8	103.4	106.7	103.7
浙 江	Zhejiang	100.2	102.2	101.1	102.5	104.2	102.8	105.5	102.9
安 徽	Anhui	100.3	101.6	102.9	100.5	106.3	101.7	103.6	104.8
福 建	Fujian	99.0	101.6	102.0	101.1	106.6	101.3	104.6	102.8
江 西	Jiangxi	99.8	102.0	101.6	102.1	105.9	101.9	107.2	104.9
山 东	Shandong	100.5	101.4	99.8	102.6	108.6	101.7	104.2	104.5
河 南	Henan	99.9	103.2	102.4	103.5	104.1	104.1	104.5	106.7
湖 北	Hubei	100.5	103.4	106.0	102.4	105.0	102.5	106.8	107.2
湖 南	Hunan	98.8	101.6	100.2	102.2	106.4	102.3	102.6	104.9
广 东	Guangdong	100.2	100.8	100.8	100.8	105.5	101.6	105.5	102.7
广 西	Guangxi	98.6	101.9	101.3	102.0	107.5	101.9	105.0	103.9
海 南	Hainan	98.8	99.7	98.3	100.3	108.4	101.6	104.3	103.9
重 庆	Chongqing	104.4	104.2	106.7	101.5	101.7	103.2	106.1	104.6
四 川	Sichuan	99.9	103.4	104.1	103.0	107.9	102.7	107.7	105.0
贵 州	Guizhou	100.5	101.8	103.7	101.1	104.4	102.0	109.2	107.6
云 南	Yunnan	101.4	106.2	109.3	104.5	107.9	104.4	103.6	109.3
西 藏	Tibet	102.8	103.0	104.1	102.1	106.4	103.1	106.4	107.8
陕 西	Shaanxi	102.0	102.7	103.0	102.6	104.5	103.1	106.7	106.6
甘 肃	Gansu	99.8	101.3	100.6	101.9	102.9	102.8	105.0	108.4
青 海	Qinghai	99.9	102.3	105.3	100.8	106.2	103.4	107.0	108.3
宁 夏	Ningxia	99.3	103.2	101.7	103.8	110.3	105.2	105.9	107.1
新 疆	Xinjiang	98.7	103.9	103.9	103.8	102.9	103.8	111.1	108.8

3-1-4 续表 3 Continued 3

(上年价格=100) (Preceding year=100)

地 区	Region	16.其他食品 Other Foods	二、烟酒及用品 Tobacco, Liquor and Articles	1. 烟草 Tobacco	2. 酒 Liquor	三、衣着 Clothing	1. 服装 Garments	(1)男式服装 Men's Clothing
全 国	**National**	**101.4**	**100.3**	**100.4**	**100.3**	**102.3**	**102.4**	**102.3**
北 京	Beijing	97.6	100.1	99.8	100.5	101.5	101.8	100.4
天 津	Tianjin	105.1	100.9	100.2	101.6	101.1	100.9	101.2
河 北	Hebei	101.3	100.6	100.5	100.6	102.7	103.3	102.0
山 西	Shanxi	101.3	102.1	99.9	106.0	102.0	101.8	102.4
内蒙古	Inner Mongolia	100.9	101.5	100.3	102.7	103.7	103.8	104.1
辽 宁	Liaoning	103.4	100.6	100.1	101.4	102.1	102.1	101.1
吉 林	Jilin	100.7	100.7	100.8	100.5	102.1	101.8	102.3
黑龙江	Heilongjiang	101.7	101.6	101.1	102.0	102.2	102.0	102.7
上 海	Shanghai	102.6	100.1	100.1	99.9	100.0	100.3	98.8
江 苏	Jiangsu	100.7	98.7	99.7	97.1	103.2	103.0	103.0
浙 江	Zhejiang	101.2	99.8	100.1	99.1	102.9	102.8	103.1
安 徽	Anhui	101.2	98.7	100.0	97.0	102.1	102.5	102.6
福 建	Fujian	102.7	99.7	100.2	99.1	101.9	101.9	103.0
江 西	Jiangxi	102.1	100.6	100.7	100.5	102.8	103.4	103.9
山 东	Shandong	100.8	100.3	100.5	100.1	103.3	103.9	103.9
河 南	Henan	101.7	100.4	100.3	100.5	102.5	102.5	102.6
湖 北	Hubei	98.3	100.5	100.0	101.3	102.2	102.4	102.0
湖 南	Hunan	102.0	103.1	104.0	101.4	102.3	102.4	102.7
广 东	Guangdong	101.4	100.6	101.0	99.9	101.6	101.8	100.3
广 西	Guangxi	104.4	99.8	99.8	99.8	102.3	102.8	102.3
海 南	Hainan	99.0	100.6	100.1	101.7	100.5	100.1	99.8
重 庆	Chongqing	100.8	100.6	100.0	101.6	106.3	106.2	106.8
四 川	Sichuan	101.0	99.4	99.9	98.5	100.8	101.0	101.2
贵 州	Guizhou	101.5	101.5	100.8	102.8	102.3	102.8	106.4
云 南	Yunnan	102.8	100.7	100.3	102.4	101.0	102.3	102.2
西 藏	Tibet	103.4	100.2	99.8	100.8	102.2	101.2	100.5
陕 西	Shaanxi	101.9	100.6	100.1	101.3	102.9	102.6	102.4
甘 肃	Gansu	104.3	101.0	99.9	102.7	102.7	102.9	101.7
青 海	Qinghai	99.5	99.4	100.0	98.8	101.7	100.5	101.5
宁 夏	Ningxia	103.8	99.8	100.0	99.4	103.0	103.1	103.1
新 疆	Xinjiang	104.2	101.7	101.3	102.0	99.8	99.4	98.7

(上年价格=100) (Preceding year=100)

地区	Region	(2)女式服装 Women's Clothing	(3)儿童服装 Children's Clothing	2. 衣着材料 Clothing Material	3. 鞋袜帽 Footgear and Hats	(1)鞋 Shoes	(2)袜子 Socks	(3)帽子 Hats	4. 衣着加工服务 Clothing Manufacturing Services
全 国	**National**	**102.6**	**102.2**	**102.2**	**101.6**	**101.6**	**101.3**	**101.7**	**106.8**
北 京	Beijing	102.5	105.8	103.1	100.8	100.8	101.5	94.8	105.3
天 津	Tianjin	100.8	98.7	99.8	101.6	101.4	103.2	108.3	104.4
河 北	Hebei	104.4	103.9	101.2	101.1	101.0	103.1	101.4	110.8
山 西	Shanxi	101.3	101.9	101.5	102.3	102.1	103.5	102.0	108.3
内蒙古	Inner Mongolia	104.0	102.7	105.0	103.4	103.6	102.3	102.4	105.2
辽 宁	Liaoning	102.8	101.6	102.1	102.0	101.7	104.6	102.5	106.8
吉 林	Jilin	101.6	101.3	100.5	102.8	103.1	101.0	101.9	102.8
黑龙江	Heilongjiang	101.3	102.5	101.4	102.5	102.8	102.3	99.5	103.8
上 海	Shanghai	101.7	98.0	98.5	98.4	98.4	97.7	101.3	105.4
江 苏	Jiangsu	102.8	105.1	104.4	103.5	103.4	103.5	105.6	107.2
浙 江	Zhejiang	102.8	101.7	102.5	102.7	102.8	101.6	101.1	108.8
安 徽	Anhui	102.3	102.8	100.8	101.0	101.1	101.0	100.0	106.1
福 建	Fujian	101.5	100.3	99.4	101.7	101.9	100.8	99.6	106.6
江 西	Jiangxi	103.0	103.7	102.4	100.8	100.8	100.5	100.4	105.0
山 东	Shandong	104.2	101.8	107.4	101.3	101.3	100.4	103.2	106.3
河 南	Henan	102.1	103.1	101.0	102.4	102.6	101.6	101.4	108.6
湖 北	Hubei	103.6	98.0	104.3	100.7	101.0	98.9	99.0	111.9
湖 南	Hunan	102.0	103.3	103.7	101.1	101.1	101.7	100.5	113.8
广 东	Guangdong	102.9	102.1	100.4	100.9	101.1	99.8	100.8	104.0
广 西	Guangxi	102.6	104.8	100.6	100.6	100.7	99.8	101.7	104.0
海 南	Hainan	99.7	101.5	103.7	101.1	101.2	101.3	99.6	105.1
重 庆	Chongqing	105.9	104.0	102.6	106.9	107.8	101.8	101.0	106.7
四 川	Sichuan	101.0	100.4	100.9	100.2	100.1	100.7	100.4	106.4
贵 州	Guizhou	101.8	99.3	101.1	101.0	100.9	100.6	104.2	103.4
云 南	Yunnan	102.2	102.7	100.7	97.3	96.8	101.0	99.9	106.3
西 藏	Tibet	101.1	102.6	101.1	101.7	102.2	100.6	100.4	110.8
陕 西	Shaanxi	102.6	103.0	102.2	103.4	103.8	100.7	102.6	110.1
甘 肃	Gansu	102.3	107.0	103.9	102.0	102.1	99.8	103.5	106.0
青 海	Qinghai	99.8	100.1	101.2	105.0	105.1	105.1	103.9	110.2
宁 夏	Ningxia	102.8	104.6	103.5	102.4	102.0	105.2	106.1	109.3
新 疆	Xinjiang	99.3	101.3	101.6	100.2	100.2	100.3	99.6	106.2

3-1-4 续表 5 Continued 5

(上年价格=100) (Preceding year=100)

地 区	Region	四、家庭设备用品及维修服务 Household Facilities, Articles and Maintenance Services	1.耐用消费品 Durable Consumer Goods	(1)家具 Furniture	(2)家庭设备 Household Facilities	2.室内装饰品 Interior Decorations	3.床上用品 Bed Articles	4.家庭日用杂品 Daily Use Household Articles	5.家庭服务及加工维修服务 Household Service and Manufacturing Upkeep
全 国	**National**	**101.5**	**100.3**	**101.2**	**99.8**	**100.4**	**100.5**	**101.3**	**108.7**
北 京	Beijing	101.7	100.8	103.2	98.9	102.0	98.9	100.3	109.8
天 津	Tianjin	102.0	100.7	102.6	99.3	99.1	104.8	101.6	109.2
河 北	Hebei	101.4	100.9	101.3	100.7	101.5	100.8	101.8	105.8
山 西	Shanxi	101.6	100.8	101.8	99.9	100.8	103.1	100.9	109.6
内蒙古	Inner Mongolia	100.8	99.9	100.5	99.5	101.1	101.6	101.1	104.6
辽 宁	Liaoning	101.2	100.0	100.8	99.6	100.9	100.6	102.4	103.1
吉 林	Jilin	100.6	100.1	100.9	99.7	99.8	101.0	100.5	104.3
黑龙江	Heilongjiang	100.0	98.6	99.5	98.2	99.8	97.4	101.0	105.5
上 海	Shanghai	101.3	99.5	99.5	99.5	98.0	100.8	101.1	108.8
江 苏	Jiangsu	102.2	101.6	102.8	101.0	101.0	100.1	102.1	107.1
浙 江	Zhejiang	102.2	100.6	100.9	100.6	101.4	102.7	100.8	110.5
安 徽	Anhui	100.9	99.8	99.3	100.0	100.9	98.0	100.6	109.6
福 建	Fujian	100.4	98.8	100.5	98.1	100.4	98.0	100.7	109.1
江 西	Jiangxi	101.0	99.1	101.1	98.3	102.4	100.4	101.4	109.3
山 东	Shandong	100.3	99.2	100.2	98.6	99.7	100.6	101.6	104.5
河 南	Henan	101.5	101.2	101.5	101.0	100.9	100.2	101.2	110.7
湖 北	Hubei	101.9	99.8	101.1	99.1	101.1	102.7	101.6	113.4
湖 南	Hunan	101.8	100.7	101.7	100.1	101.0	101.1	101.7	109.1
广 东	Guangdong	101.8	99.7	101.7	98.5	100.1	98.6	100.7	109.8
广 西	Guangxi	101.1	100.4	100.1	100.6	101.0	102.3	100.9	103.8
海 南	Hainan	101.6	100.0	102.4	98.9	100.6	101.3	102.3	106.3
重 庆	Chongqing	101.6	100.4	99.6	100.9	98.0	101.0	100.6	111.4
四 川	Sichuan	101.9	100.9	101.1	100.8	99.6	102.0	101.2	107.7
贵 州	Guizhou	101.1	100.9	101.6	100.5	104.7	95.8	100.8	107.4
云 南	Yunnan	101.7	101.1	101.3	101.0	98.7	101.4	101.4	107.8
西 藏	Tibet	100.5	100.3	100.5	100.0	100.7	101.1	100.1	101.4
陕 西	Shaanxi	103.0	101.8	103.9	100.3	101.5	102.0	102.5	113.7
甘 肃	Gansu	101.8	99.9	102.1	98.2	101.2	99.6	102.7	111.2
青 海	Qinghai	100.9	99.4	102.0	97.6	102.6	100.9	101.8	107.9
宁 夏	Ningxia	101.3	100.5	100.5	100.6	99.8	100.6	102.5	103.4
新 疆	Xinjiang	101.3	99.6	101.5	98.5	100.2	100.8	101.0	109.8

3-1-4 续表 6 Continued 6

(上年价格=100) (Preceding year=100)

地区	Region	五、医疗保健和个人用品 Health Care and Personal Articles	1.医疗保健 Health Care	(1)医疗器具及用品 Medical Instrument and Articles	(2)中药材及中成药 Traditional Chinese Medicine	(3)西药 Western Medicine	(4)保健器具及用品 Health Care Appliances and Articles	(5)医疗保健服务 Health Care Services	2.个人用品及服务 Personal Articles and Services
全国	**National**	**101.3**	**101.5**	**100.7**	**103.3**	**100.2**	**102.1**	**101.5**	**101.0**
北京	Beijing	100.2	101.2	100.1	103.8	99.9	103.0	100.0	98.4
天津	Tianjin	100.6	101.2	99.9	104.3	100.8	100.1	100.0	99.3
河北	Hebei	101.9	101.9	100.8	103.8	102.7	101.5	100.6	102.1
山西	Shanxi	100.8	100.9	101.0	103.4	101.3	102.7	99.3	100.8
内蒙古	Inner Mongolia	101.4	101.9	101.4	102.2	101.6	100.2	102.1	100.7
辽宁	Liaoning	101.5	101.3	101.3	102.4	101.6	100.4	100.6	102.1
吉林	Jilin	101.3	101.1	101.7	103.1	100.8	100.9	100.1	101.7
黑龙江	Heilongjiang	101.4	101.4	101.0	102.3	100.7	105.0	101.3	101.2
上海	Shanghai	100.0	100.8	100.6	103.3	99.3	103.1	100.4	99.3
江苏	Jiangsu	101.1	101.3	102.0	104.9	98.1	100.5	102.0	100.8
浙江	Zhejiang	100.3	100.3	99.3	100.0	94.3	103.9	104.6	100.3
安徽	Anhui	101.2	101.3	101.3	101.3	101.3	102.3	101.2	101.0
福建	Fujian	101.4	102.2	100.4	103.2	100.0	102.7	103.6	100.1
江西	Jiangxi	101.3	101.2	100.6	102.7	101.0	99.8	100.7	101.4
山东	Shandong	101.0	100.8	99.8	101.8	99.1	101.6	102.0	101.5
河南	Henan	101.5	101.6	101.4	104.0	101.5	102.5	100.8	101.3
湖北	Hubei	102.1	102.2	99.7	103.3	102.9	101.3	100.5	101.8
湖南	Hunan	101.7	101.7	102.5	104.2	101.1	101.8	100.6	101.7
广东	Guangdong	101.3	101.6	101.7	104.4	98.6	102.2	101.9	100.8
广西	Guangxi	100.7	100.9	101.0	100.8	100.5	100.7	101.8	100.2
海南	Hainan	102.8	102.9	102.0	104.2	103.7	102.2	101.9	102.6
重庆	Chongqing	101.0	101.2	100.9	101.2	101.1	102.6	100.6	100.6
四川	Sichuan	102.2	102.3	99.8	102.7	99.8	102.0	104.5	102.0
贵州	Guizhou	101.5	101.0	99.8	103.0	100.9	100.3	100.0	102.2
云南	Yunnan	102.5	102.9	100.7	107.6	101.2	102.8	100.3	101.4
西藏	Tibet	100.2	100.3	99.4	101.6	98.9	99.9	101.2	100.2
陕西	Shaanxi	102.7	102.5	99.9	105.7	100.8	100.2	101.6	103.0
甘肃	Gansu	102.1	102.8	101.7	104.2	102.0	101.2	102.5	100.0
青海	Qinghai	101.7	102.5	101.8	104.4	103.3	104.2	101.2	100.3
宁夏	Ningxia	103.2	103.4	101.3	107.1	101.0	108.1	102.8	102.7
新疆	Xinjiang	101.4	101.5	99.6	102.7	101.3	106.2	99.9	101.3

3-1-4 续表 7 Continued 7

(上年价格=100) (Preceding year=100)

地 区	Region	(1)化妆美容用品 Cosmetics	(2)清洁类化妆品 Clean Make-up Supplies	(3)个人饰品 Personal Decorations	(4)个人服务 Personal Services	六、交通和通信 Transportation and Communication	1.交通 Transportation	(1)交通工具 Transportation Facility	(2)车用燃料及零配件 Fuels and Parts
全 国	**National**	**101.0**	**102.0**	**95.3**	**105.4**	**99.6**	**100.2**	**98.8**	**99.4**
北 京	Beijing	97.0	100.7	92.3	108.8	99.0	100.4	97.6	99.0
天 津	Tianjin	101.7	100.2	94.1	102.9	98.6	98.3	95.3	99.4
河 北	Hebei	102.7	102.3	97.0	106.2	99.7	100.0	99.3	98.8
山 西	Shanxi	102.7	100.9	97.0	104.1	99.2	99.6	98.6	98.6
内蒙古	Inner Mongolia	100.3	102.4	95.5	105.1	99.5	99.4	96.7	99.1
辽 宁	Liaoning	101.2	101.8	96.0	105.9	99.7	100.2	99.9	99.6
吉 林	Jilin	101.4	102.9	95.8	103.8	99.5	99.9	98.2	99.0
黑龙江	Heilongjiang	100.8	102.2	97.4	103.8	98.7	100.0	99.5	98.7
上 海	Shanghai	100.3	102.0	94.2	106.7	100.4	101.3	98.5	99.0
江 苏	Jiangsu	101.4	102.5	93.1	105.0	99.7	99.8	98.4	101.0
浙 江	Zhejiang	101.6	101.7	93.2	104.5	99.4	99.3	98.7	98.9
安 徽	Anhui	100.0	101.9	95.4	105.3	99.9	100.5	98.2	99.3
福 建	Fujian	101.3	100.2	95.4	102.7	99.8	100.5	99.4	100.1
江 西	Jiangxi	100.9	103.1	96.0	106.2	99.7	100.7	99.8	99.0
山 东	Shandong	101.3	102.1	97.7	105.1	99.3	99.7	99.0	99.2
河 南	Henan	101.8	101.7	95.5	106.4	100.2	100.8	98.8	99.7
湖 北	Hubei	101.1	102.8	94.8	107.8	99.4	100.0	98.8	99.7
湖 南	Hunan	101.2	102.3	95.4	104.4	100.0	100.4	99.0	99.4
广 东	Guangdong	100.8	101.8	95.0	105.1	99.5	100.0	99.2	98.9
广 西	Guangxi	100.2	101.5	94.5	103.8	99.9	100.7	98.7	98.7
海 南	Hainan	100.1	102.5	95.5	113.1	101.3	102.3	101.8	100.4
重 庆	Chongqing	101.6	103.2	95.8	102.2	98.3	99.3	97.8	98.9
四 川	Sichuan	101.1	102.1	95.5	107.3	100.0	100.5	99.7	99.5
贵 州	Guizhou	100.0	103.7	97.6	106.4	99.6	101.3	99.9	101.1
云 南	Yunnan	100.3	101.1	95.6	106.4	100.2	101.0	100.2	99.1
西 藏	Tibet	100.9	101.8	96.0	103.3	100.4	101.3	100.2	99.0
陕 西	Shaanxi	102.3	102.5	96.1	108.1	98.7	100.7	100.4	98.8
甘 肃	Gansu	101.0	101.9	97.7	104.0	100.0	101.9	100.4	99.9
青 海	Qinghai	100.2	102.1	93.9	105.8	99.0	99.7	98.3	100.4
宁 夏	Ningxia	101.4	103.3	97.9	106.8	98.6	100.2	98.4	98.2
新 疆	Xinjiang	102.5	102.5	95.8	105.1	100.1	101.3	99.8	99.5

3-1-4 续表 8 Continued 8

(上年价格=100) (Preceding year=100)

地 区	Region	(3)车辆使用及维修 Using and Upkeep Fare	(4)市区公共交通费 Incity Traffic Fare	(5)城市间交通费 Intercity Traffic Fare	2.通信 Communication	(1)通信工具 Communication Facility	(2)通信服务 Communication Service	七、娱乐教育文化用品及服务 Recreation, Education and Culture Articles
全 国	**National**	**104.0**	**100.9**	**101.0**	**98.8**	**91.8**	**99.9**	**101.8**
北 京	Beijing	104.9	103.2	101.3	96.1	74.4	99.5	103.9
天 津	Tianjin	109.6	100.0	96.4	98.9	88.7	100.0	102.5
河 北	Hebei	106.5	100.2	100.3	99.4	95.4	99.9	101.7
山 西	Shanxi	105.0	101.4	98.9	98.6	85.1	100.1	102.5
内蒙古	Inner Mongolia	105.0	100.4	103.5	99.5	97.9	100.0	101.9
辽 宁	Liaoning	102.5	100.5	99.8	99.1	90.8	100.2	100.9
吉 林	Jilin	104.3	100.4	100.8	98.8	93.7	100.0	102.3
黑龙江	Heilongjiang	102.7	99.5	100.9	97.3	87.4	99.2	100.7
上 海	Shanghai	108.2	100.0	107.2	97.8	79.8	100.0	100.1
江 苏	Jiangsu	103.7	99.4	99.1	99.7	96.9	100.2	101.3
浙 江	Zhejiang	102.3	102.2	99.0	99.8	94.8	100.3	102.5
安 徽	Anhui	103.3	101.9	101.5	99.3	95.2	100.2	102.7
福 建	Fujian	102.1	101.2	102.0	98.9	88.5	100.0	101.9
江 西	Jiangxi	105.4	100.7	101.0	98.7	90.7	100.0	101.8
山 东	Shandong	101.6	100.5	100.4	98.6	92.7	99.8	101.3
河 南	Henan	104.0	103.4	107.7	99.2	93.7	100.1	102.9
湖 北	Hubei	105.9	101.8	97.1	98.7	89.7	100.3	101.5
湖 南	Hunan	103.0	100.5	102.8	99.5	96.5	100.0	102.1
广 东	Guangdong	102.1	100.3	100.9	98.7	90.8	99.9	101.9
广 西	Guangxi	104.6	101.1	103.0	99.0	94.1	100.1	100.8
海 南	Hainan	108.7	106.1	99.8	99.4	90.8	100.2	101.6
重 庆	Chongqing	104.0	101.1	96.1	97.2	93.1	98.2	101.4
四 川	Sichuan	101.8	101.3	100.5	99.3	92.9	100.2	101.6
贵 州	Guizhou	107.3	100.4	101.6	97.7	91.2	98.9	101.8
云 南	Yunnan	107.7	100.6	101.3	99.0	92.9	100.0	101.2
西 藏	Tibet	105.9	102.1	100.8	99.1	98.9	99.2	101.4
陕 西	Shaanxi	105.2	100.4	100.1	96.8	86.9	99.0	100.8
甘 肃	Gansu	105.2	101.7	104.0	98.2	92.7	99.1	101.6
青 海	Qinghai	105.3	100.0	99.2	98.1	91.1	99.8	101.0
宁 夏	Ningxia	101.9	105.7	98.3	96.3	86.0	98.8	99.7
新 疆	Xinjiang	106.4	103.2	99.6	98.9	92.7	100.0	101.1

3-1-4 续表 9 Continued 9

(上年价格=100) (Preceding year=100)

地 区	Region	1.文娱用耐用消费品及服务 Durable Consumer Goods for Cultural and Recreational Use and Services	2.教育 Education	(1)教材及参考书 Teaching Materials and Reference Books	(2)教育服务 Tuition and Child Care	3.文化娱乐 Cultural and Recreational	(1)文化娱乐用品 Cultural Kecreat-ionl Articles	(2)书报杂志 Newspapers and Magazines
全 国	**National**	**96.3**	**102.7**	**102.3**	**102.8**	**101.4**	**100.2**	**101.0**
北 京	Beijing	92.2	107.2	100.3	107.8	102.7	101.5	101.0
天 津	Tianjin	94.2	100.2	100.0	100.2	101.1	99.6	101.4
河 北	Hebei	97.3	102.2	101.1	102.3	101.0	100.6	102.0
山 西	Shanxi	95.8	102.6	106.6	102.2	101.6	99.9	101.8
内 蒙 古	Inner Mongolia	98.5	102.5	100.6	102.7	101.1	99.3	100.6
辽 宁	Liaoning	96.2	101.9	102.2	101.9	101.3	100.5	100.8
吉 林	Jilin	97.3	103.7	100.3	104.5	100.4	99.5	100.7
黑 龙 江	Heilongjiang	93.3	102.7	101.6	102.9	98.8	99.6	98.7
上 海	Shanghai	88.7	103.0	103.9	103.0	100.3	98.4	100.4
江 苏	Jiangsu	97.4	101.1	103.7	100.9	101.8	101.0	101.0
浙 江	Zhejiang	97.0	103.0	100.1	103.1	101.9	100.0	100.8
安 徽	Anhui	98.7	103.7	109.0	102.5	100.8	100.5	100.7
福 建	Fujian	95.5	102.0	111.7	101.0	100.6	99.7	101.4
江 西	Jiangxi	96.0	102.9	101.0	103.1	100.4	99.2	100.4
山 东	Shandong	97.8	101.8	101.4	101.9	101.2	100.3	100.9
河 南	Henan	97.0	104.2	103.3	104.2	105.1	99.9	102.6
湖 北	Hubei	95.2	102.5	101.8	102.5	100.6	100.1	101.3
湖 南	Hunan	99.1	102.5	101.0	102.5	100.8	100.6	101.2
广 东	Guangdong	96.7	103.8	101.4	104.3	101.0	100.3	101.4
广 西	Guangxi	95.1	102.9	99.8	103.3	101.5	99.1	100.1
海 南	Hainan	99.2	102.1	101.5	102.2	101.7	101.0	100.1
重 庆	Chongqing	99.3	103.3	101.8	103.5	101.9	101.1	100.2
四 川	Sichuan	96.9	102.7	101.3	102.9	101.7	100.0	101.0
贵 州	Guizhou	94.6	103.0	101.2	103.2	102.9	99.5	104.9
云 南	Yunnan	97.4	100.6	97.5	101.1	100.3	99.5	100.4
西 藏	Tibet	99.3	100.6	99.6	101.0	100.8	99.7	101.1
陕 西	Shaanxi	95.7	101.3	102.4	101.1	102.3	101.6	100.3
甘 肃	Gansu	97.9	102.4	100.8	102.5	100.1	99.7	100.0
青 海	Qinghai	95.2	102.9	104.3	102.6	99.9	98.9	102.3
宁 夏	Ningxia	91.7	103.8	106.1	103.3	103.0	100.9	102.7
新 疆	Xinjiang	97.2	101.4	101.2	101.4	103.7	100.0	104.6

3-1-4 续表 10 Continued 10

(上年价格=100) (Preceding year=100)

地　区	Region	(3)文娱费 Expenditure of Culture and Recreation	4.旅游 Touring	八、居住 Residence	1.建房及装修材料 Building and Building Decoration Materials	2.住房租金 Rent	3.自有住房 Private Housing	4.水、电、燃料 Water, Eletricity and Fuels
全　国	**National**	**102.4**	**104.0**	**102.8**	**101.2**	**104.1**	**103.8**	**101.6**
北　京	Beijing	103.3	105.6	105.6	100.8	106.0	106.8	103.4
天　津	Tianjin	102.1	113.7	104.4	103.4	99.9	106.0	101.7
河　北	Hebei	101.0	105.9	102.0	100.9	102.7	101.9	102.8
山　西	Shanxi	102.7	107.9	102.5	100.5	106.3	104.0	100.1
内蒙古	Inner Mongolia	102.1	104.2	102.3	100.4	101.5	103.7	100.7
辽　宁	Liaoning	102.1	100.5	102.3	101.0	102.8	103.2	100.8
吉　林	Jilin	100.9	104.2	102.4	100.2	103.1	102.4	103.5
黑龙江	Heilongjiang	98.3	101.6	102.4	98.7	103.1	103.8	102.7
上　海	Shanghai	101.2	103.4	103.9	101.4	104.0	104.9	102.8
江　苏	Jiangsu	102.4	104.0	102.5	100.9	103.3	102.9	101.9
浙　江	Zhejiang	102.9	105.2	102.5	101.5	105.4	103.5	100.6
安　徽	Anhui	101.2	104.5	101.4	101.1	101.7	101.6	101.1
福　建	Fujian	100.9	107.4	103.3	100.8	103.0	103.8	103.7
江　西	Jiangxi	101.4	104.3	101.9	101.9	104.8	103.2	100.6
山　东	Shandong	102.5	104.1	101.4	101.2	101.7	102.0	100.5
河　南	Henan	109.4	101.4	101.9	100.4	103.5	103.8	99.6
湖　北	Hubei	100.6	104.2	103.1	101.8	103.9	104.3	102.2
湖　南	Hunan	100.8	106.5	101.8	102.1	103.4	102.8	100.0
广　东	Guangdong	101.4	102.3	103.7	101.6	106.9	105.3	101.7
广　西	Guangxi	104.0	100.1	102.7	101.9	102.5	103.0	103.2
海　南	Hainan	104.1	102.3	103.4	97.9	104.9	107.6	102.9
重　庆	Chongqing	103.0	98.2	102.8	102.9	103.7	103.3	101.5
四　川	Sichuan	103.7	101.9	103.7	101.8	105.5	104.9	102.1
贵　州	Guizhou	103.9	104.9	103.0	101.5	105.8	105.1	100.9
云　南	Yunnan	101.1	107.1	103.6	102.5	104.9	103.5	104.4
西　藏	Tibet	102.0	108.1	102.5	101.9	100.4	104.1	102.5
陕　西	Shaanxi	103.8	102.7	102.8	99.5	105.0	104.4	102.0
甘　肃	Gansu	100.2	107.5	102.7	101.3	104.0	103.3	102.5
青　海	Qinghai	100.0	101.6	104.5	100.2	107.0	106.0	103.8
宁　夏	Ningxia	105.0	95.1	102.2	100.4	110.8	103.6	102.0
新　疆	Xinjiang	106.6	102.8	103.4	99.1	103.3	104.8	101.6

3-1-5 各地区城市居民消费价格指数（2013年）

Urban Consumer Price Indices by Category and Region (2013)

（上年价格=100） (Preceding year=100)

地区	Region	居民消费价格指数 Consumer Price Index	一、食品 Food	1.粮食 Grain	2.淀粉及制品 Starches	3.干豆类及豆制品 Bean and Its Products	4.油脂 Oil or Fat	5.肉禽及其制品 Meal, Poultry and Their Products	(1)食用畜肉及副产品 Meal and Their Products
全　国	**National**	**102.6**	**104.6**	**104.5**	**103.6**	**105.3**	**100.3**	**104.4**	**105.3**
北　京	Beijing	103.3	104.7	104.4	105.0	105.0	99.8	106.7	108.6
天　津	Tianjin	103.1	105.8	108.7	102.1	108.0	98.7	108.0	109.7
河　北	Hebei	102.7	105.7	108.0	103.0	105.5	101.0	107.0	108.0
山　西	Shanxi	103.0	105.8	107.5	104.0	103.6	100.5	105.8	106.0
内蒙古	Inner Mongolia	103.4	106.6	105.8	102.3	109.6	102.3	110.9	112.7
辽　宁	Liaoning	102.4	104.6	106.7	100.4	107.3	99.9	107.4	108.9
吉　林	Jilin	102.9	105.4	105.7	99.4	105.9	98.2	107.4	109.2
黑龙江	Heilongjiang	102.0	103.8	104.4	99.6	104.8	96.5	106.1	107.9
上　海	Shanghai	102.3	104.4	103.7	101.6	103.1	97.9	103.7	104.9
江　苏	Jiangsu	102.3	104.2	103.7	102.7	104.4	97.8	103.1	102.9
浙　江	Zhejiang	102.3	103.8	102.6	102.7	102.4	97.9	104.3	103.8
安　徽	Anhui	102.4	104.9	105.6	101.7	103.2	99.8	104.9	106.0
福　建	Fujian	102.6	104.1	103.4	103.7	104.3	99.9	103.3	103.3
江　西	Jiangxi	102.4	104.5	101.8	101.9	105.0	99.9	103.5	102.9
山　东	Shandong	102.1	104.3	106.3	104.7	104.3	103.3	103.4	104.4
河　南	Henan	102.9	105.4	106.3	106.0	108.2	100.2	104.8	105.5
湖　北	Hubei	102.7	104.5	104.0	103.9	105.9	100.2	104.8	104.8
湖　南	Hunan	102.6	104.2	105.3	107.6	106.9	101.2	103.5	104.0
广　东	Guangdong	102.4	103.5	101.7	103.6	103.3	101.1	102.0	102.8
广　西	Guangxi	102.1	104.1	101.2	102.3	105.5	101.4	103.1	104.7
海　南	Hainan	102.8	103.5	101.9	105.8	101.6	103.5	102.1	101.9
重　庆	Chongqing	102.7	104.1	103.0	112.8	105.6	98.6	103.7	104.5
四　川	Sichuan	102.8	105.0	103.1	102.1	107.6	101.7	104.7	105.0
贵　州	Guizhou	102.9	104.9	105.3	108.1	102.1	100.0	104.8	104.5
云　南	Yunnan	103.4	106.2	102.5	102.2	108.7	100.7	103.5	103.8
西　藏	Tibet	103.5	108.3	108.6	103.5	110.9	101.7	113.8	115.8
陕　西	Shaanxi	102.8	105.0	106.9	104.6	110.2	100.5	103.6	103.4
甘　肃	Gansu	103.0	105.9	107.0	103.6	107.3	100.6	104.4	104.8
青　海	Qinghai	104.1	108.2	107.8	99.8	108.9	103.6	111.0	111.2
宁　夏	Ningxia	103.3	107.1	105.3	102.2	103.7	100.4	110.3	112.6
新　疆	Xinjiang	103.8	108.5	106.1	101.6	108.4	103.6	115.0	117.3

3-1-5 续表 1 Continued 1

(上年价格=100) (Preceding year=100)

地 区	Region	(2)禽 Poultry	(3)加工肉禽 Meat and Poultry Products	6.蛋 Eggs	7.水产品 Aquatic Products	(1)鱼 Fish	(2)其他水产品 Other Aquatic Products	8.菜 Vegetables	9.调味品 Flavoring
全 国	**National**	**101.8**	**103.9**	**104.9**	**104.1**	**102.5**	**106.2**	**107.5**	**103.3**
北 京	Beijing	101.7	103.8	103.7	103.4	102.0	104.8	109.6	103.8
天 津	Tianjin	103.3	104.4	102.2	100.9	97.5	102.8	110.0	101.9
河 北	Hebei	99.4	107.1	102.6	101.5	99.5	103.9	107.7	104.4
山 西	Shanxi	98.4	107.5	102.7	102.1	100.8	104.8	107.9	110.8
内蒙古	Inner Mongolia	101.9	106.7	105.4	106.4	101.3	113.1	109.3	104.5
辽 宁	Liaoning	99.6	105.2	104.5	101.4	98.3	104.5	104.8	103.6
吉 林	Jilin	100.3	104.0	105.8	102.2	99.9	106.8	111.6	102.6
黑龙江	Heilongjiang	97.0	103.4	103.0	101.1	98.4	106.8	107.1	101.7
上 海	Shanghai	102.5	102.0	102.2	105.0	106.1	104.1	108.1	102.5
江 苏	Jiangsu	102.7	103.8	104.5	106.2	104.9	107.7	106.7	103.2
浙 江	Zhejiang	105.7	104.2	103.4	104.7	103.3	105.8	106.5	101.2
安 徽	Anhui	102.0	104.3	104.8	105.4	103.5	109.5	109.1	101.8
福 建	Fujian	103.9	102.5	109.9	103.8	103.7	103.8	107.9	104.2
江 西	Jiangxi	106.1	103.6	105.9	107.2	106.6	108.6	107.0	101.8
山 东	Shandong	99.2	102.6	101.2	103.6	102.6	104.9	107.4	102.6
河 南	Henan	100.9	105.0	104.9	103.9	101.2	107.6	109.8	107.8
湖 北	Hubei	103.3	105.6	105.8	103.8	102.1	107.5	103.1	103.0
湖 南	Hunan	101.7	103.8	104.6	105.4	103.8	109.1	103.4	102.9
广 东	Guangdong	99.7	102.2	105.3	103.9	101.3	108.0	109.8	101.2
广 西	Guangxi	101.2	100.8	108.1	105.0	103.3	109.1	107.3	102.4
海 南	Hainan	102.2	103.5	100.7	105.0	104.8	105.5	110.2	103.8
重 庆	Chongqing	101.7	103.8	109.1	102.7	99.9	110.9	107.1	104.7
四 川	Sichuan	103.3	105.2	106.5	103.7	101.7	110.0	108.2	102.1
贵 州	Guizhou	105.1	106.5	104.9	103.3	102.1	106.2	101.9	105.3
云 南	Yunnan	102.4	103.5	106.2	102.9	101.7	106.5	106.2	105.2
西 藏	Tibet	113.2	105.3	108.4	107.8	108.6	106.0	107.8	100.8
陕 西	Shaanxi	101.1	105.8	109.3	102.2	100.3	107.7	107.1	105.1
甘 肃	Gansu	105.2	101.8	107.8	102.4	101.4	105.0	109.1	105.1
青 海	Qinghai	105.1	114.2	109.4	105.1	104.1	107.1	109.2	116.7
宁 夏	Ningxia	102.5	105.9	107.4	105.2	104.0	107.5	108.4	102.3
新 疆	Xinjiang	104.3	112.8	109.6	108.4	108.9	107.2	105.2	100.8

3-1-5 续表 2 Continued 2

(上年价格=100) (Preceding year=100)

地 区	Region	10.糖 Carbohy-drate	11.茶及饮料 Tea and Beverages	(1)茶叶 Tea	(2)饮料 Beverages	12.干鲜瓜果 Dried and Fresh Melons and Fruits	13.糕点饼干面包 Cake, Biscuit and Bread	14.液体乳及乳制品 Milk and Its Products	15.在外用膳食品 Outward Dinner
全 国	**National**	**100.8**	**101.9**	**101.7**	**102.1**	**105.5**	**102.5**	**106.2**	**104.4**
北 京	Beijing	101.4	101.1	99.9	102.0	105.7	102.4	106.2	104.0
天 津	Tianjin	99.7	104.6	106.3	103.8	112.6	101.9	103.5	104.6
河 北	Hebei	102.2	101.6	101.8	101.5	106.2	103.5	109.1	105.0
山 西	Shanxi	103.3	101.9	101.5	102.1	108.2	103.8	105.7	105.2
内蒙古	Inner Mongolia	102.3	102.1	100.6	103.0	106.6	102.0	106.3	105.1
辽 宁	Liaoning	101.5	101.5	101.7	101.4	101.0	101.8	106.0	105.5
吉 林	Jilin	99.9	100.1	100.3	100.1	104.0	103.1	103.8	104.4
黑龙江	Heilongjiang	100.1	101.5	100.1	101.8	101.5	102.4	103.7	103.2
上 海	Shanghai	102.1	100.4	100.8	100.3	107.3	101.7	108.1	103.3
江 苏	Jiangsu	100.5	103.3	102.2	103.9	107.4	103.6	106.9	103.3
浙 江	Zhejiang	100.5	102.1	100.3	102.7	103.7	103.1	106.2	102.8
安 徽	Anhui	100.1	100.8	101.4	100.3	105.4	101.9	104.4	104.8
福 建	Fujian	98.7	101.5	102.0	101.0	106.9	101.4	105.5	102.8
江 西	Jiangxi	98.7	101.8	101.1	102.1	106.8	102.5	109.0	104.6
山 东	Shandong	101.6	101.5	99.6	103.1	106.9	101.8	104.7	103.6
河 南	Henan	99.8	102.9	101.8	103.4	103.4	104.0	104.9	106.0
湖 北	Hubei	100.0	102.9	103.8	102.7	104.1	102.8	107.7	106.9
湖 南	Hunan	101.4	102.4	100.4	103.0	104.2	102.1	103.5	106.3
广 东	Guangdong	100.0	100.7	100.9	100.5	105.4	101.8	105.7	102.7
广 西	Guangxi	99.5	102.2	100.8	102.6	108.8	102.6	104.0	102.9
海 南	Hainan	99.1	99.9	97.7	100.8	108.7	100.7	103.8	100.7
重 庆	Chongqing	104.4	104.2	106.7	101.5	101.7	103.2	106.1	104.6
四 川	Sichuan	101.2	103.6	104.0	103.4	109.1	102.9	108.3	103.4
贵 州	Guizhou	100.2	101.8	105.4	100.5	104.9	102.5	111.3	107.6
云 南	Yunnan	102.3	107.5	110.1	106.1	108.3	104.5	104.0	110.8
西 藏	Tibet	103.7	103.7	106.2	101.8	109.4	104.6	104.5	106.2
陕 西	Shaanxi	102.5	102.8	103.4	102.4	102.0	102.1	107.4	106.1
甘 肃	Gansu	100.9	101.7	101.3	102.0	103.1	102.2	105.6	108.5
青 海	Qinghai	101.3	102.5	107.3	100.7	106.6	102.9	108.7	108.9
宁 夏	Ningxia	99.9	102.8	99.7	104.1	109.7	105.4	106.1	106.7
新 疆	Xinjiang	100.1	104.0	104.2	103.9	104.2	102.7	112.6	107.8

(上年价格=100) (Preceding year=100)

地 区	Region	16.其他食品 Other Foods	二、烟酒及用品 Tobacco, Liquor and Articles	1.烟草 Tobacco	2.酒 Liquor	三、衣着 Clothing	1.服装 Garments	(1)男式服装 Men's Clothing
全 国	**National**	**101.3**	**100.1**	**100.2**	**100.1**	**102.2**	**102.4**	**102.2**
北 京	Beijing	97.6	100.1	99.8	100.5	101.5	101.8	100.4
天 津	Tianjin	105.1	100.9	100.2	101.6	101.1	100.9	101.2
河 北	Hebei	101.7	100.7	100.5	100.8	102.0	102.6	100.8
山 西	Shanxi	101.6	102.0	99.6	106.2	101.8	101.6	102.6
内 蒙 古	Inner Mongolia	100.8	101.4	100.5	102.4	103.6	103.7	104.1
辽 宁	Liaoning	103.5	100.4	99.9	101.1	101.8	101.9	100.8
吉 林	Jilin	100.8	100.6	100.7	100.3	102.3	101.9	102.5
黑 龙 江	Heilongjiang	100.3	101.1	100.4	101.8	102.2	102.3	103.3
上 海	Shanghai	102.6	100.1	100.1	99.9	100.0	100.3	98.8
江 苏	Jiangsu	100.3	98.6	99.6	96.8	102.8	102.4	102.6
浙 江	Zhejiang	100.5	99.8	100.0	99.3	103.3	102.9	103.1
安 徽	Anhui	101.6	98.7	100.1	97.2	101.8	102.2	102.5
福 建	Fujian	101.7	99.9	100.3	99.2	101.9	101.8	103.1
江 西	Jiangxi	102.8	100.4	100.4	100.4	102.6	103.7	105.0
山 东	Shandong	100.9	100.3	100.3	100.4	103.4	104.3	104.3
河 南	Henan	100.6	99.2	100.2	98.3	102.0	102.0	102.2
湖 北	Hubei	97.0	100.4	100.0	101.0	102.5	102.7	101.9
湖 南	Hunan	101.2	100.2	100.0	100.4	102.2	102.1	102.3
广 东	Guangdong	101.6	100.5	100.8	100.1	101.4	101.5	99.7
广 西	Guangxi	102.4	99.7	100.0	99.4	102.0	102.7	102.1
海 南	Hainan	96.0	100.7	100.0	102.0	100.7	100.6	100.6
重 庆	Chongqing	100.8	100.6	100.0	101.6	106.3	106.2	106.8
四 川	Sichuan	102.6	99.6	99.8	99.3	101.1	101.2	101.4
贵 州	Guizhou	102.5	101.2	100.7	102.0	102.8	103.0	105.2
云 南	Yunnan	103.5	100.8	100.3	102.9	100.6	102.4	101.3
西 藏	Tibet	101.8	99.6	99.2	100.0	102.4	101.5	100.2
陕 西	Shaanxi	100.8	100.8	100.2	101.8	103.3	103.1	103.0
甘 肃	Gansu	105.2	100.4	99.9	101.1	102.3	102.7	102.1
青 海	Qinghai	99.0	99.5	100.0	98.9	102.3	100.5	102.6
宁 夏	Ningxia	104.7	99.8	100.0	99.4	102.5	102.9	102.5
新 疆	Xinjiang	102.4	101.1	101.1	101.1	99.5	99.1	98.5

(上年价格=100) (Preceding year=100)

地区	Region	(2)女式服装 Women's Clothing	(3)儿童服装 Children's Clothing	2.衣着材料 Clothing Material	3.鞋袜帽 Footgear and Hats	(1)鞋 Shoes	(2)袜子 Socks	(3)帽子 Hats	4.衣着加工服务 Clothing Manufacturing Services
全国	**National**	**102.6**	**101.6**	**101.6**	**101.5**	**101.6**	**101.1**	**101.6**	**106.5**
北京	Beijing	102.5	105.8	103.1	100.8	100.8	101.5	94.8	105.3
天津	Tianjin	100.8	98.7	99.8	101.6	101.4	103.2	108.3	104.4
河北	Hebei	104.0	103.7	100.4	100.4	100.2	102.7	101.9	111.1
山西	Shanxi	101.5	98.3	101.5	102.0	101.6	104.1	102.5	109.5
内蒙古	Inner Mongolia	103.8	102.5	105.0	103.4	103.6	102.5	102.4	105.2
辽宁	Liaoning	103.0	99.9	102.1	101.6	101.4	103.6	101.5	106.0
吉林	Jilin	101.6	101.4	100.0	103.6	104.0	100.7	101.2	101.6
黑龙江	Heilongjiang	101.6	102.2	101.5	101.8	101.9	101.8	97.9	103.5
上海	Shanghai	101.7	98.0	98.5	98.4	98.4	97.7	101.3	105.4
江苏	Jiangsu	102.0	104.0	104.3	104.0	104.0	103.2	105.0	106.1
浙江	Zhejiang	102.9	102.3	103.3	104.6	104.9	102.0	101.8	105.0
安徽	Anhui	101.9	102.3	102.1	100.3	100.3	101.0	101.2	107.5
福建	Fujian	101.0	100.8	97.9	102.1	102.2	101.0	99.2	106.5
江西	Jiangxi	102.9	102.5	103.5	99.5	99.4	100.8	98.0	103.4
山东	Shandong	104.7	101.9	100.7	100.8	100.7	100.3	103.8	103.2
河南	Henan	101.6	102.7	101.4	101.6	102.0	100.0	101.0	107.5
湖北	Hubei	104.8	95.3	105.2	101.1	101.5	98.1	99.5	111.4
湖南	Hunan	101.9	102.5	102.3	101.6	101.5	102.3	100.7	116.2
广东	Guangdong	102.8	101.7	100.5	101.0	101.2	99.7	99.8	104.1
广西	Guangxi	102.6	105.4	99.3	100.0	99.9	99.7	104.0	103.5
海南	Hainan	100.2	101.4	104.4	101.0	101.1	100.0	100.0	100.7
重庆	Chongqing	105.9	104.0	102.6	106.9	107.8	101.8	101.0	106.7
四川	Sichuan	101.1	100.5	100.3	100.9	100.9	101.3	99.3	107.3
贵州	Guizhou	103.2	98.5	100.6	102.4	102.5	100.9	106.1	107.5
云南	Yunnan	102.6	103.7	100.8	94.9	93.8	101.6	99.4	109.1
西藏	Tibet	101.9	102.8	100.6	101.5	102.5	99.2	98.8	111.7
陕西	Shaanxi	103.2	103.4	101.1	103.7	104.3	99.2	99.4	110.4
甘肃	Gansu	103.2	102.7	102.3	100.5	100.4	101.7	99.8	104.9
青海	Qinghai	99.1	99.7	100.7	107.2	107.6	107.3	101.7	111.8
宁夏	Ningxia	103.0	104.4	104.3	101.1	100.4	106.2	105.6	109.0
新疆	Xinjiang	99.2	100.1	100.9	100.1	100.1	100.2	99.3	105.3

3-1-5 续表 5 Continued 5

(上年价格=100) (Preceding year=100)

地 区	Region	四、家庭设备用品及维修服务 Household Facilities, Articles and Meintenance Services	1.耐用消费品 Durable Consumer Goods	(1)家具 Furniture	(2)家庭设备 Household Facilities	2.室内装饰品 Interior Decorations	3.床上用品 Bed Articles	4.家庭日用杂品 Daily Use Household Articles	5.家庭服务及加工维修服务费 Household Service and Manufacturing Upkeep
全 国	**National**	**101.5**	**100.2**	**101.4**	**99.6**	**100.3**	**100.5**	**101.2**	**109.0**
北 京	Beijing	101.7	100.8	103.2	98.9	102.0	98.9	100.3	109.8
天 津	Tianjin	102.0	100.7	102.6	99.3	99.1	104.8	101.6	109.2
河 北	Hebei	101.6	101.4	102.5	101.0	101.5	100.5	101.6	105.9
山 西	Shanxi	101.9	100.9	102.3	99.9	100.7	104.3	101.0	110.1
内蒙古	Inner Mongolia	100.8	99.9	100.7	99.5	101.0	101.6	100.9	106.1
辽 宁	Liaoning	101.3	100.1	101.0	99.6	101.0	100.3	102.5	103.2
吉 林	Jilin	100.7	99.9	100.9	99.6	99.4	101.2	100.6	105.1
黑龙江	Heilongjiang	100.0	98.5	99.7	98.1	99.6	96.9	101.1	105.0
上 海	Shanghai	101.3	99.5	99.5	99.5	98.0	100.8	101.1	108.8
江 苏	Jiangsu	102.4	101.6	103.3	100.7	101.1	100.9	102.1	107.0
浙 江	Zhejiang	102.4	100.5	100.5	100.5	101.6	103.9	100.8	110.8
安 徽	Anhui	100.6	99.5	99.9	99.4	100.2	98.4	100.2	109.6
福 建	Fujian	100.8	98.9	100.5	98.3	100.6	97.9	101.0	109.6
江 西	Jiangxi	100.4	98.0	99.1	97.7	103.4	100.1	100.0	110.2
山 东	Shandong	100.5	99.5	100.2	99.0	99.7	100.8	101.4	104.7
河 南	Henan	101.3	101.1	101.1	101.0	100.5	99.7	100.8	111.3
湖 北	Hubei	102.1	99.6	101.7	98.4	100.5	103.2	102.2	113.0
湖 南	Hunan	102.1	100.8	102.5	100.3	101.1	101.4	101.9	111.2
广 东	Guangdong	101.8	99.6	101.6	98.4	100.5	98.2	100.6	110.4
广 西	Guangxi	100.8	100.3	100.0	100.5	100.6	101.5	100.7	104.1
海 南	Hainan	101.3	100.0	103.2	98.6	100.0	100.0	102.2	103.7
重 庆	Chongqing	101.6	100.4	99.6	100.9	98.0	101.0	100.6	111.4
四 川	Sichuan	102.4	101.5	102.4	101.1	99.4	102.8	101.1	108.0
贵 州	Guizhou	101.3	101.6	103.5	100.8	102.2	93.4	100.9	109.2
云 南	Yunnan	101.1	99.9	99.8	99.9	98.0	101.8	100.4	107.7
西 藏	Tibet	100.0	100.0	100.2	99.8	100.0	100.4	99.7	100.6
陕 西	Shaanxi	103.3	102.1	105.1	100.1	100.8	102.2	102.3	116.2
甘 肃	Gansu	100.8	99.0	101.3	97.5	102.6	98.8	102.4	109.7
青 海	Qinghai	100.8	99.5	103.7	97.0	103.7	99.8	101.7	110.3
宁 夏	Ningxia	100.7	100.4	99.9	100.6	99.1	99.3	101.9	101.3
新 疆	Xinjiang	100.9	99.2	100.9	98.1	100.6	101.2	100.6	108.0

3-1-5 续表 6 Continued 6

(上年价格=100) (Preceding year=100)

地 区	Region	五、医疗保健和个人用品 Health Care and Personal Articles	1.医疗保健 Health Care	(1)医疗器具及用品 Medical Instrument and Articles	(2)中药材及中成药 Traditional Chinese Medicine	(3)西药 Western Medicine	(4)保健器具及用品 Health Care Appliances and Articles	(5)医疗保健服务 Health Care Services	2.个人用品及服务 Personal Articles and Services
全 国	**National**	**101.2**	**101.4**	**100.9**	**103.3**	**100.4**	**102.2**	**100.8**	**100.7**
北 京	Beijing	100.2	101.2	100.1	103.8	99.9	103.0	100.0	98.4
天 津	Tianjin	100.6	101.2	99.9	104.3	100.8	100.1	100.0	99.3
河 北	Hebei	101.8	101.9	101.0	103.8	103.0	101.6	100.0	101.3
山 西	Shanxi	101.3	101.4	101.5	103.9	101.3	103.5	100.1	100.8
内蒙古	Inner Mongolia	101.0	101.5	101.6	103.0	101.7	100.2	101.1	100.4
辽 宁	Liaoning	101.6	101.3	101.5	102.5	101.7	100.4	100.7	102.1
吉 林	Jilin	101.3	100.9	101.9	102.1	100.8	101.3	100.1	102.0
黑龙江	Heilongjiang	101.5	101.7	100.3	103.5	100.7	105.1	101.1	100.9
上 海	Shanghai	100.0	100.8	100.6	103.3	99.3	103.1	100.4	99.3
江 苏	Jiangsu	100.8	100.8	102.4	105.1	98.0	100.2	100.6	100.8
浙 江	Zhejiang	101.1	101.3	99.9	101.6	97.6	104.5	102.1	100.5
安 徽	Anhui	100.9	101.1	101.1	101.9	101.1	102.5	100.2	100.5
福 建	Fujian	101.1	101.8	99.7	102.9	100.1	102.2	102.6	100.0
江 西	Jiangxi	100.9	101.0	101.0	102.0	100.9	99.7	100.8	100.6
山 东	Shandong	100.8	100.7	99.3	101.9	99.3	102.2	101.3	100.9
河 南	Henan	100.9	101.2	101.5	103.2	101.3	102.5	100.1	100.2
湖 北	Hubei	102.0	102.3	99.5	102.3	103.7	101.3	100.2	101.3
湖 南	Hunan	102.1	101.9	100.7	105.7	101.0	101.6	100.4	102.4
广 东	Guangdong	101.4	101.7	102.2	104.7	98.4	102.4	101.9	100.9
广 西	Guangxi	100.2	100.3	101.1	99.8	100.6	100.6	100.2	100.2
海 南	Hainan	101.2	101.5	101.8	103.6	102.6	102.8	100.0	100.4
重 庆	Chongqing	101.0	101.2	100.9	101.2	101.1	102.6	100.6	100.6
四 川	Sichuan	101.3	101.0	101.0	101.8	100.1	102.2	101.2	101.8
贵 州	Guizhou	101.8	101.2	99.7	103.0	101.7	100.2	100.0	102.8
云 南	Yunnan	101.7	101.9	101.1	104.5	100.3	103.6	100.6	101.2
西 藏	Tibet	99.7	100.1	98.4	102.6	98.9	99.8	100.0	99.2
陕 西	Shaanxi	102.3	102.3	100.1	106.4	100.7	99.4	100.2	102.3
甘 肃	Gansu	101.1	101.9	102.1	103.5	102.3	101.4	100.4	99.4
青 海	Qinghai	101.3	102.0	101.7	103.3	102.6	104.7	101.1	100.3
宁 夏	Ningxia	103.7	104.3	101.2	108.5	101.1	107.7	104.2	102.6
新 疆	Xinjiang	101.2	101.5	100.8	102.9	101.0	107.4	99.9	100.8

3-1-5 续表 7 Continued 7

(上年价格=100) (Preceding year=100)

地 区	Region	(1)化妆美容用品 Cosmetics	(2)清洁类化妆品 Clean make-up Supplies	(3)个人饰品 Personal Decorations	(4)个人服务 Personal Services	六、交通和通信 Transportation and Communication	1.交通 Transportation	(1)交通工具 Transportation Facility	(2)车用燃料及零配件 Fuels and Parts
全 国	**National**	**101.0**	**102.0**	**95.0**	**105.0**	**99.5**	**100.0**	**98.5**	**99.3**
北 京	Beijing	97.0	100.7	92.3	108.8	99.0	100.4	97.6	99.0
天 津	Tianjin	101.7	100.2	94.1	102.9	98.6	98.3	95.3	99.4
河 北	Hebei	102.8	102.0	96.3	105.0	99.6	99.6	98.7	98.7
山 西	Shanxi	103.3	100.9	97.6	103.8	98.8	99.1	98.0	98.5
内蒙古	Inner Mongolia	100.3	102.6	95.4	105.0	99.2	99.1	95.9	99.0
辽 宁	Liaoning	101.2	101.8	95.7	105.8	99.6	100.2	100.2	99.6
吉 林	Jilin	101.5	103.4	96.4	103.9	99.3	99.7	98.2	98.9
黑龙江	Heilongjiang	100.7	103.0	97.6	102.3	98.2	99.1	98.3	99.2
上 海	Shanghai	100.3	102.0	94.2	106.7	100.4	101.3	98.5	99.0
江 苏	Jiangsu	101.4	102.0	93.2	105.3	99.7	99.6	98.2	101.2
浙 江	Zhejiang	102.1	102.2	93.2	104.4	99.3	99.1	98.5	98.9
安 徽	Anhui	100.3	101.4	95.0	104.6	99.9	100.4	97.7	99.3
福 建	Fujian	101.3	99.9	95.5	102.2	99.6	100.3	98.8	100.1
江 西	Jiangxi	100.8	101.8	95.0	104.9	99.3	100.4	99.6	99.1
山 东	Shandong	101.4	101.7	98.0	103.2	98.8	99.2	98.4	99.3
河 南	Henan	101.2	101.2	94.8	104.6	100.2	100.8	98.0	99.8
湖 北	Hubei	101.0	103.4	93.7	107.0	99.1	99.5	99.0	99.8
湖 南	Hunan	101.5	102.8	95.5	105.5	99.7	99.9	98.4	99.3
广 东	Guangdong	100.9	101.9	94.6	105.6	99.5	100.0	99.1	98.9
广 西	Guangxi	100.2	101.6	94.2	104.5	99.7	100.8	99.0	99.0
海 南	Hainan	99.9	102.8	95.4	104.7	101.5	102.5	103.1	100.6
重 庆	Chongqing	101.6	103.2	95.8	102.2	98.3	99.3	97.8	98.9
四 川	Sichuan	101.2	102.6	95.0	106.6	100.0	100.4	99.8	99.4
贵 州	Guizhou	100.3	105.7	98.0	105.7	99.2	101.3	99.4	101.2
云 南	Yunnan	100.0	100.8	95.0	106.7	99.9	100.8	99.4	99.1
西 藏	Tibet	99.7	100.1	96.8	100.7	100.7	101.7	100.5	99.0
陕 西	Shaanxi	101.1	102.1	95.0	107.2	98.4	100.7	100.3	98.8
甘 肃	Gansu	100.6	101.9	97.5	102.3	100.1	102.6	99.8	100.2
青 海	Qinghai	100.0	101.9	93.1	107.6	98.7	99.1	97.3	99.9
宁 夏	Ningxia	100.6	103.1	98.6	106.7	98.5	100.3	99.6	98.1
新 疆	Xinjiang	104.2	101.6	95.9	103.1	100.0	100.8	100.2	99.5

3-1-5 续表 8 Continued 8

(上年价格=100) (Preceding year=100)

地 区	Region	(3)车辆使用及维修 Using and Upkeep Fare	(4)市区公共交通费 Incity Traffic Fare	(5)城市间交通费 Intercity Traffic Fare	2．通信 Communication	(1)通信工具 Communication Facility	(2)通信服务 Communication Service	七、娱乐教育文化用品及服务 Recreation, Education and Culture Articles
全 国	**National**	**104.0**	**100.6**	**100.6**	**98.7**	**90.3**	**99.9**	**101.7**
北 京	Beijing	104.9	103.2	101.3	96.1	74.4	99.5	103.9
天 津	Tianjin	109.6	100.0	96.4	98.9	88.7	100.0	102.5
河 北	Hebei	106.2	100.0	100.0	99.6	96.1	100.0	101.5
山 西	Shanxi	103.3	100.4	99.2	98.3	80.5	100.1	102.8
内蒙古	Inner Mongolia	105.7	100.0	103.6	99.4	96.7	100.1	101.8
辽 宁	Liaoning	102.8	100.3	99.5	99.1	89.7	100.3	100.9
吉 林	Jilin	104.7	100.0	100.0	98.7	92.0	99.9	102.8
黑龙江	Heilongjiang	103.1	99.5	97.5	97.2	84.0	98.9	100.6
上 海	Shanghai	108.2	100.0	107.2	97.8	79.8	100.0	100.1
江 苏	Jiangsu	103.7	98.7	98.8	99.7	96.6	100.2	101.4
浙 江	Zhejiang	101.5	101.9	99.0	99.8	94.5	100.3	102.3
安 徽	Anhui	102.9	102.0	101.5	99.5	94.8	100.3	102.3
福 建	Fujian	102.4	101.2	102.1	98.8	87.0	100.1	101.8
江 西	Jiangxi	104.7	100.3	100.5	98.5	89.5	99.8	101.2
山 东	Shandong	101.0	100.0	99.4	98.2	89.8	99.7	101.4
河 南	Henan	103.1	103.3	111.9	99.3	93.1	100.2	102.9
湖 北	Hubei	105.9	101.1	95.5	98.6	87.4	100.3	101.3
湖 南	Hunan	103.8	100.5	100.9	99.5	96.0	100.0	102.4
广 东	Guangdong	102.3	100.4	100.8	98.7	90.3	99.9	101.8
广 西	Guangxi	105.3	100.7	102.1	98.6	91.8	100.1	100.5
海 南	Hainan	108.4	100.0	100.3	99.2	90.5	100.0	101.7
重 庆	Chongqing	104.0	101.1	96.1	97.2	93.1	98.2	101.4
四 川	Sichuan	101.8	100.6	100.3	99.4	92.2	100.2	102.0
贵 州	Guizhou	107.9	100.4	101.5	97.3	90.9	98.3	101.5
云 南	Yunnan	109.1	100.6	100.6	98.7	89.1	100.0	101.8
西 藏	Tibet	105.9	103.8	100.3	99.2	99.9	98.9	101.0
陕 西	Shaanxi	106.0	100.3	100.4	96.2	83.5	98.5	101.0
甘 肃	Gansu	103.5	102.0	105.0	97.9	92.1	98.7	101.4
青 海	Qinghai	106.5	100.0	98.1	98.3	91.1	100.0	100.9
宁 夏	Ningxia	101.5	104.9	97.8	96.0	85.4	98.3	99.0
新 疆	Xinjiang	101.2	104.0	97.6	99.1	92.6	100.1	100.7

(上年价格=100) (Preceding year=100)

地 区	Region	1.文娱用耐用消费品及服务 Durable Consumer Goods for Cultural and Recreational Use and Services	2. 教育 Education	(1)教材及参考书 Teaching Materials and Reference Books	(2)教育服务 Tuition and Child Care	3. 文化娱乐 Cultural and Recreational	(1)文化娱乐用品 Cultural Recreationt Articles	(2)书报杂志 Newspapers and Magazines
全 国	**National**	**95.9**	**102.8**	**102.2**	**102.9**	**101.3**	**100.1**	**101.0**
北 京	Beijing	92.2	107.2	100.3	107.8	102.7	101.5	101.0
天 津	Tianjin	94.2	100.2	100.0	100.2	101.1	99.6	101.4
河 北	Hebei	97.7	101.6	101.6	101.6	101.1	100.3	102.6
山 西	Shanxi	94.8	103.3	106.6	102.9	101.6	99.2	101.2
内蒙古	Inner Mongolia	98.3	102.1	100.2	102.2	101.1	98.8	100.9
辽 宁	Liaoning	96.1	101.9	102.2	101.9	101.4	100.5	100.9
吉 林	Jilin	97.2	104.4	100.4	105.3	100.6	99.5	100.8
黑龙江	Heilongjiang	91.9	103.0	101.6	103.2	98.8	99.5	98.7
上 海	Shanghai	88.7	103.0	103.9	103.0	100.3	98.4	100.4
江 苏	Jiangsu	97.9	101.1	102.7	101.1	101.6	100.7	100.7
浙 江	Zhejiang	96.4	103.0	100.2	103.1	101.5	99.7	101.0
安 徽	Anhui	98.5	103.0	108.5	101.8	100.9	100.4	100.9
福 建	Fujian	95.2	101.5	112.8	100.6	100.5	99.8	101.3
江 西	Jiangxi	95.0	102.4	100.8	102.6	100.2	98.8	100.5
山 东	Shandong	98.0	102.2	101.3	102.3	100.8	100.2	101.0
河 南	Henan	96.2	104.2	103.2	104.3	106.1	100.5	102.7
湖 北	Hubei	93.1	102.4	100.8	102.6	100.0	100.1	100.4
湖 南	Hunan	98.9	102.7	100.6	102.8	100.8	100.6	101.1
广 东	Guangdong	96.3	103.8	101.2	104.3	101.0	100.3	101.3
广 西	Guangxi	94.4	102.7	99.6	103.1	101.9	99.2	99.9
海 南	Hainan	99.7	102.3	101.7	102.4	101.4	99.0	100.0
重 庆	Chongqing	99.3	103.3	101.8	103.5	101.9	101.1	100.2
四 川	Sichuan	96.1	103.7	101.3	104.1	101.9	100.0	101.0
贵 州	Guizhou	93.8	103.3	101.5	103.5	102.8	99.3	105.3
云 南	Yunnan	97.7	100.7	96.0	101.6	100.2	99.5	100.5
西 藏	Tibet	99.0	100.3	100.0	100.4	101.0	99.3	100.6
陕 西	Shaanxi	95.3	101.4	102.7	101.2	102.1	101.7	100.3
甘 肃	Gansu	97.6	101.7	101.2	101.8	100.2	100.9	100.1
青 海	Qinghai	93.7	103.4	104.9	103.2	99.8	98.5	101.9
宁 夏	Ningxia	90.3	104.0	107.3	103.3	103.6	100.9	104.3
新 疆	Xinjiang	96.6	100.9	101.0	100.8	104.3	99.6	106.3

3-1-5 续表 10 Continued 10

(上年价格=100) (Preceding year=100)

地　区	Region	(3)文娱费 Expenditure of Culture and Recreation	4.旅游 Touring	八、居住 Residence	1.建房及装修材料 Building and Building Decoration Materials	2.住房租金 Rent	3.自有住房 Private Housing	4.水、电、燃料 Water, Eletricity and Fuels
全　国	**National**	**102.2**	**103.8**	**103.0**	**101.3**	**104.0**	**103.9**	**101.9**
北　京	Beijing	103.3	105.6	105.6	100.8	106.0	106.8	103.4
天　津	Tianjin	102.1	113.7	104.4	103.4	99.9	106.0	101.7
河　北	Hebei	101.0	105.8	101.4	101.7	102.1	101.0	102.2
山　西	Shanxi	102.6	108.3	102.5	100.1	104.6	104.1	100.0
内蒙古	Inner Mongolia	102.2	104.4	102.8	100.2	102.8	103.9	101.1
辽　宁	Liaoning	102.2	100.4	102.4	101.1	102.6	103.2	100.9
吉　林	Jilin	101.1	104.4	102.7	100.7	103.3	102.0	104.4
黑龙江	Heilongjiang	98.3	100.0	102.0	99.5	103.2	101.9	102.8
上　海	Shanghai	101.2	103.4	103.9	101.4	104.0	104.9	102.8
江　苏	Jiangsu	102.3	103.8	102.4	101.4	103.0	102.5	102.1
浙　江	Zhejiang	102.3	103.9	102.2	101.0	103.9	102.9	100.7
安　徽	Anhui	101.5	103.9	101.5	100.9	101.9	101.9	101.0
福　建	Fujian	100.6	107.9	103.9	100.8	102.3	104.0	105.5
江　西	Jiangxi	100.9	103.7	102.1	103.0	104.8	103.8	100.1
山　东	Shandong	101.4	104.2	101.5	100.8	101.7	102.2	100.7
河　南	Henan	109.8	101.0	102.4	101.1	103.0	103.9	100.3
湖　北	Hubei	99.9	104.8	103.4	102.4	103.4	104.3	102.6
湖　南	Hunan	100.8	106.8	102.3	100.7	104.8	103.8	100.4
广　东	Guangdong	101.4	102.0	103.8	101.8	106.8	105.4	101.9
广　西	Guangxi	105.0	99.4	102.4	101.5	101.2	102.8	102.9
海　南	Hainan	105.1	102.1	104.9	99.5	104.8	108.0	103.6
重　庆	Chongqing	103.0	98.2	102.8	102.9	103.7	103.3	101.5
四　川	Sichuan	103.8	102.1	103.4	101.0	105.3	104.1	102.5
贵　州	Guizhou	103.8	103.5	103.9	99.3	106.8	107.4	101.0
云　南	Yunnan	100.7	108.4	104.2	102.2	105.9	103.8	106.1
西　藏	Tibet	103.3	106.3	101.5	102.3	96.7	104.8	102.3
陕　西	Shaanxi	103.2	103.8	102.6	98.7	104.4	104.0	102.3
甘　肃	Gansu	100.1	108.3	102.7	102.1	102.4	102.9	102.2
青　海	Qinghai	100.2	100.8	105.3	101.3	105.9	106.5	104.7
宁　夏	Ningxia	105.2	93.6	102.3	99.7	110.9	101.4	102.9
新　疆	Xinjiang	107.3	101.6	103.9	99.1	103.6	105.5	102.6

3-1-6 各地区农村居民消费价格指数（2013年）

Rural Consumer Price Indices by Category and Region (2013)

（上年价格=100） (Preceding year=100)

地区	Region	居民消费价格指数 Consumer Price Index	一、食品 Food	1.粮食 Grain	2.淀粉及制品 Starches	3.干豆类及豆制品 Bean and Its Products	4.油脂 Oil or Fat	5.肉禽及其制品 Meal, Poultry and Their Products	(1)食用畜肉及副产品 Meal and Their ts Produc
全国	**National**	**102.8**	**104.9**	**104.8**	**102.5**	**105.6**	**100.4**	**104.0**	**104.4**
北京	Beijing								
天津	Tianjin								
河北	Hebei	103.5	106.2	108.3	104.0	104.7	100.9	106.5	107.9
山西	Shanxi	103.2	107.0	111.9	102.2	105.8	102.7	102.2	102.3
内蒙古	Inner Mongolia	102.8	105.2	105.5	101.1	99.2	99.0	104.9	105.8
辽宁	Liaoning	102.4	104.5	104.5	103.4	107.6	99.5	107.7	107.9
吉林	Jilin	102.9	106.8	106.2	102.3	103.8	100.4	109.1	110.5
黑龙江	Heilongjiang	103.1	105.8	104.8	107.1	105.0	94.0	109.1	111.2
上海	Shanghai								
江苏	Jiangsu	102.5	104.0	102.2	100.8	104.8	98.9	103.0	102.9
浙江	Zhejiang	102.4	103.9	103.4	105.2	103.2	98.9	103.2	102.6
安徽	Anhui	102.5	104.4	102.6	102.4	101.6	99.8	104.0	103.3
福建	Fujian	102.3	104.0	102.2	102.3	106.7	101.2	102.1	102.0
江西	Jiangxi	102.9	104.5	103.6	96.3	106.5	100.0	104.7	103.7
山东	Shandong	102.5	105.8	109.6	103.1	106.6	101.6	102.8	103.2
河南	Henan	102.9	105.8	107.4	100.4	108.3	99.2	104.7	105.3
湖北	Hubei	103.0	105.7	104.3	102.2	110.4	98.3	105.5	107.2
湖南	Hunan	102.5	104.2	105.8	105.8	107.6	103.8	104.1	103.8
广东	Guangdong	102.7	104.3	102.5	99.8	103.5	100.7	101.7	102.8
广西	Guangxi	102.4	103.3	101.7	100.9	104.4	101.5	101.2	101.6
海南	Hainan	102.7	104.9	104.2	99.4	103.5	104.0	101.5	103.0
重庆	Chongqing								
四川	Sichuan	102.8	104.5	103.0	101.5	107.2	100.6	103.3	102.6
贵州	Guizhou	101.7	102.6	100.2	105.7	103.8	100.4	102.0	102.2
云南	Yunnan	102.7	104.3	101.9	106.5	106.7	100.1	103.3	102.8
西藏	Tibet	103.6	107.1	104.1	102.7	105.8	105.6	111.1	113.5
陕西	Shaanxi	103.6	106.9	109.5	107.5	107.6	101.4	106.2	106.1
甘肃	Gansu	103.4	105.3	106.8	99.1	104.9	101.5	104.3	105.7
青海	Qinghai	103.7	108.0	108.5	99.2	107.8	101.6	111.3	111.9
宁夏	Ningxia	103.8	107.3	106.4	99.6	107.4	101.7	110.3	111.3
新疆	Xinjiang	104.1	108.4	106.5	106.7	109.6	103.3	114.7	117.5

3-1-6 续表 1 Continued 1

(上年价格=100) (Preceding year=100)

地 区	Region	(2)禽 Poultry	(3)加工肉禽 Meat and Poultry Products	6.蛋 Eggs	7.水产品 Aquatic Products	(1)鱼 Fish	(2)其他水产品 Other Aquatic Products	8.菜 Vegetables	9.调味品 Flavoring
全 国	**National**	**102.8**	**103.7**	**105.0**	**104.6**	**103.8**	**106.7**	**109.7**	**104.0**
北 京	Beijing								
天 津	Tianjin								
河 北	Hebei	96.9	104.8	104.7	103.0	98.8	113.8	111.7	105.5
山 西	Shanxi	99.4	102.8	103.9	99.2	98.9	102.3	112.8	109.5
内蒙古	Inner Mongolia	98.0	103.4	104.2	98.2	97.9	103.7	107.3	103.6
辽 宁	Liaoning	109.6	104.6	103.4	102.3	98.7	114.0	105.2	104.9
吉 林	Jilin	102.8	107.8	108.1	101.1	98.7	109.8	114.6	100.2
黑龙江	Heilongjiang	100.6	106.5	101.9	105.1	104.7	109.8	110.4	107.7
上 海	Shanghai								
江 苏	Jiangsu	102.2	104.4	104.2	103.8	103.7	103.9	107.9	105.3
浙 江	Zhejiang	104.6	103.8	101.6	105.2	106.5	103.9	107.7	102.5
安 徽	Anhui	106.6	104.5	103.8	106.0	104.9	110.3	108.6	101.1
福 建	Fujian	102.0	102.8	109.1	106.5	106.7	106.2	110.4	105.0
江 西	Jiangxi	110.4	102.8	105.3	107.6	107.6	107.5	108.6	103.5
山 东	Shandong	101.4	102.4	103.7	102.8	100.9	107.6	113.4	102.9
河 南	Henan	101.2	104.8	103.8	99.5	98.8	106.1	110.8	107.4
湖 北	Hubei	102.5	103.2	108.7	107.4	107.0	108.5	109.3	103.2
湖 南	Hunan	104.1	105.3	104.3	102.5	102.1	106.9	107.3	101.8
广 东	Guangdong	100.4	99.4	105.6	106.8	104.8	112.3	114.8	103.1
广 西	Guangxi	100.2	100.9	106.8	101.0	99.6	107.2	108.2	101.7
海 南	Hainan	97.9	100.1	105.8	98.3	99.0	96.1	112.6	100.9
重 庆	Chongqing								
四 川	Sichuan	105.2	105.0	106.3	105.9	105.4	109.9	110.1	102.7
贵 州	Guizhou	98.9	105.0	104.1	102.9	102.8	102.9	101.2	101.4
云 南	Yunnan	103.8	105.7	107.3	101.6	102.5	95.8	109.7	103.8
西 藏	Tibet	104.5	105.6	103.9	104.9	105.1	104.3	109.8	99.0
陕 西	Shaanxi	107.7	105.3	108.5	102.6	101.5	106.2	108.1	103.4
甘 肃	Gansu	102.3	103.0	106.2	98.2	97.8	99.9	107.0	109.7
青 海	Qinghai	108.2	105.4	105.4	103.2	102.5	104.8	114.2	110.0
宁 夏	Ningxia	105.2	107.9	105.6	101.5	101.5	101.8	109.2	104.6
新 疆	Xinjiang	106.5	108.1	113.0	105.1	107.1	100.2	106.8	100.8

3-1-6 续表 2 Continued 2

(上年价格=100) (Preceding year=100)

地 区	Region	10.糖 Carbohy-drate	11.茶及饮料 Tea and Beverages	(1)茶叶 Tea	(2)饮料 Beverages	12.干鲜瓜果 Dried and Fresh Melons and Fruits	13.糕点饼干面包 Cake, Biscuit and Bread	14.液体乳及乳制品 Milk and Its Products	15.在外用膳食品 Outward Dinner
全 国	**National**	**99.8**	**102.2**	**102.8**	**101.9**	**107.2**	**102.6**	**103.6**	**106.0**
北 京	Beijing								
天 津	Tianjin								
河 北	Hebei	102.7	103.4	101.4	104.2	106.6	102.0	104.5	107.1
山 西	Shanxi	101.4	101.4	99.9	101.9	109.8	103.0	104.2	107.8
内 蒙 古	Inner Mongolia	102.4	101.7	100.2	102.7	108.8	103.2	109.4	106.5
辽 宁	Liaoning	102.8	100.9	100.9	100.9	101.5	103.5	102.7	104.5
吉 林	Jilin	100.5	100.9	100.8	101.0	109.3	100.6	100.1	105.2
黑 龙 江	Heilongjiang	110.0	101.8	106.8	101.6	109.2	113.4	105.6	105.7
上 海	Shanghai								
江 苏	Jiangsu	100.9	101.2	101.4	101.1	105.2	103.0	105.9	105.0
浙 江	Zhejiang	99.2	102.5	104.0	102.1	105.9	101.8	103.2	103.3
安 徽	Anhui	100.6	103.2	105.3	100.8	108.5	101.2	101.8	104.7
福 建	Fujian	99.7	101.7	102.1	101.4	105.8	101.1	101.8	102.7
江 西	Jiangxi	101.4	102.3	102.9	102.2	103.1	100.8	102.4	105.6
山 东	Shandong	99.4	100.8	100.5	101.1	113.3	101.5	102.8	107.7
河 南	Henan	100.1	104.1	106.6	103.5	106.5	104.3	103.0	108.0
湖 北	Hubei	101.1	104.4	108.9	101.9	107.3	101.4	102.5	108.0
湖 南	Hunan	96.8	100.0	100.1	100.0	111.2	102.5	100.2	102.1
广 东	Guangdong	101.0	101.5	100.2	102.3	106.4	100.6	103.8	102.5
广 西	Guangxi	97.2	101.0	102.8	100.4	104.8	100.4	107.5	105.9
海 南	Hainan	98.0	99.3	100.0	99.1	107.4	104.2	106.2	114.3
重 庆	Chongqing								
四 川	Sichuan	98.7	102.8	104.2	102.0	104.0	101.9	104.6	107.3
贵 州	Guizhou	101.1	101.6	100.3	102.1	103.2	101.1	103.5	107.8
云 南	Yunnan	100.5	104.0	107.9	101.7	107.2	104.1	101.4	105.2
西 藏	Tibet	101.7	102.2	101.8	102.5	101.9	101.3	108.3	109.9
陕 西	Shaanxi	101.0	102.7	101.5	103.3	110.3	105.8	104.1	108.0
甘 肃	Gansu	98.5	100.9	99.8	101.8	102.4	103.9	103.4	108.2
青 海	Qinghai	97.8	102.0	103.3	101.1	105.4	104.9	103.1	106.7
宁 夏	Ningxia	98.2	104.1	105.4	103.0	111.7	104.4	105.2	108.4
新 疆	Xinjiang	97.2	103.7	103.6	103.8	100.5	106.2	107.6	112.1

3-1-6 续表 3 Continued 3

(上年价格=100) (Preceding year=100)

地　区	Region	16.其他食品 Other Foods	二、烟酒及用品 Tobacco, Liquor and Articles	1.烟草 Tobacco	2.酒 Liquor	三、衣着 Clothing	1.服装 Garments	(1)男式服装 Men's Clothing
全　国	**National**	**101.7**	**100.8**	**100.9**	**100.5**	**102.5**	**102.7**	**102.8**
北　京	Beijing							
天　津	Tianjin							
河　北	Hebei	100.9	100.4	100.5	100.3	104.7	105.3	105.1
山　西	Shanxi	100.7	102.1	100.2	105.8	102.5	102.3	101.9
内蒙古	Inner Mongolia	101.3	101.6	99.9	103.4	104.3	104.6	104.2
辽　宁	Liaoning	103.0	101.5	100.7	102.4	103.3	102.9	102.9
吉　林	Jilin	100.4	100.9	101.0	100.8	101.2	101.6	101.3
黑龙江	Heilongjiang	102.1	102.4	102.4	102.3	102.1	100.8	101.0
上　海	Shanghai							
江　苏	Jiangsu	102.1	99.0	100.0	97.6	104.2	104.7	104.1
浙　江	Zhejiang	102.6	99.9	100.3	98.7	101.6	102.4	102.9
安　徽	Anhui	100.5	98.7	100.0	96.8	102.9	103.2	102.8
福　建	Fujian	104.5	99.3	99.8	98.8	102.0	102.3	102.8
江　西	Jiangxi	100.6	100.9	101.1	100.6	103.1	102.7	100.9
山　东	Shandong	100.7	100.2	100.8	99.7	102.7	101.5	101.9
河　南	Henan	103.7	101.5	100.6	102.0	103.5	103.7	103.6
湖　北	Hubei	100.1	100.7	100.0	101.9	101.5	101.7	102.4
湖　南	Hunan	103.2	107.5	109.9	102.7	102.5	103.1	103.7
广　东	Guangdong	100.9	100.7	101.8	99.3	103.1	103.9	104.0
广　西	Guangxi	106.9	100.1	99.6	100.6	102.7	102.9	102.7
海　南	Hainan	103.1	100.5	100.3	101.0	100.0	98.9	97.5
重　庆	Chongqing							
四　川	Sichuan	99.8	99.0	100.0	97.3	100.1	100.6	100.7
贵　州	Guizhou	99.1	102.0	100.9	103.5	100.9	102.2	109.4
云　南	Yunnan	102.2	100.7	100.4	101.9	101.8	102.2	103.8
西　藏	Tibet	105.4	100.8	100.3	101.4	102.0	100.8	100.8
陕　西	Shaanxi	103.9	100.1	100.0	100.2	101.9	101.2	100.7
甘　肃	Gansu	102.1	101.5	100.0	104.2	103.6	103.2	100.3
青　海	Qinghai	100.2	99.4	100.1	98.7	100.8	100.4	99.4
宁　夏	Ningxia	101.9	99.8	100.0	99.3	104.2	103.7	105.0
新　疆	Xinjiang	108.1	102.6	101.7	103.4	100.6	100.2	99.2

3-1-6 续表 4 Continued 4

(上年价格=100) (Preceding year=100)

地 区	Region	(2)女式服装 Women's Clothing	(3)儿童服装 Children's Clothing	2.衣着材料 Clothing Material	3.鞋袜帽 Footgear and Hats	(1)鞋 Shoes	(2)袜子 Socks	(3)帽子 Hats	4.衣着加工服务 Clothing Manufacturing Services
全 国	**National**	**102.4**	**103.2**	**103.2**	**101.7**	**101.7**	**101.7**	**101.8**	**107.4**
北 京	Beijing								
天 津	Tianjin								
河 北	Hebei	105.6	104.3	102.9	103.2	103.2	104.3	100.5	109.3
山 西	Shanxi	100.6	106.2	101.5	103.1	103.5	102.3	101.1	104.6
内蒙古	Inner Mongolia	105.3	103.9	105.0	103.4	103.9	100.8	102.4	106.4
辽 宁	Liaoning	102.2	104.5	102.1	104.1	103.5	107.0	106.1	108.5
吉 林	Jilin	102.1	101.1	101.3	99.7	98.9	101.9	103.9	105.1
黑龙江	Heilongjiang	99.8	103.2	100.8	104.9	106.6	102.7	100.5	109.9
上 海	Shanghai								
江 苏	Jiangsu	104.9	107.6	104.9	102.2	101.7	104.4	106.8	109.3
浙 江	Zhejiang	102.5	100.0	101.0	97.5	97.2	100.6	99.6	114.2
安 徽	Anhui	103.3	103.7	99.6	102.5	102.7	101.0	97.0	104.2
福 建	Fujian	103.0	99.4	101.4	100.6	100.7	100.4	100.0	106.6
江 西	Jiangxi	103.5	105.4	100.9	104.3	105.9	100.0	101.3	107.6
山 东	Shandong	101.2	101.3	112.7	103.3	103.7	101.0	100.9	109.1
河 南	Henan	103.6	104.0	100.7	103.2	103.4	103.2	101.9	112.1
湖 北	Hubei	100.7	103.1	102.8	100.0	100.0	100.1	98.7	112.6
湖 南	Hunan	102.4	104.9	105.2	100.1	100.2	100.0	100.1	104.1
广 东	Guangdong	103.8	104.2	100.3	100.9	100.8	100.4	104.1	103.6
广 西	Guangxi	102.7	103.7	102.6	102.0	102.4	100.0	98.9	104.9
海 南	Hainan	98.3	101.8	102.4	101.5	101.4	104.2	99.1	118.4
重 庆	Chongqing								
四 川	Sichuan	100.6	100.2	101.5	98.8	98.6	99.9	101.1	104.2
贵 州	Guizhou	97.8	100.6	101.4	97.7	97.1	100.0	102.0	100.0
云 南	Yunnan	101.4	101.5	100.7	101.1	101.2	100.0	100.7	102.9
西 藏	Tibet	100.2	102.3	101.5	101.9	101.8	102.1	101.7	109.8
陕 西	Shaanxi	101.0	102.5	103.2	102.7	102.5	102.8	106.4	109.7
甘 肃	Gansu	100.1	109.6	105.8	104.3	104.7	99.0	107.1	109.3
青 海	Qinghai	101.2	100.7	101.5	101.3	100.3	103.4	105.6	106.3
宁 夏	Ningxia	102.4	105.0	102.1	105.7	105.9	102.9	106.8	112.1
新 疆	Xinjiang	99.7	102.9	102.3	100.5	100.6	100.3	100.4	107.2

3-1-6 续表 5 Continued 5

(上年价格=100) (Preceding year=100)

地 区	Region	四、家庭设备用品及维修服务 Household Facilities, Articles and Maintenance Services	1.耐用消费品 Durable Consumer Goods	(1)家具 Furniture	(2)家庭设备 Household Facilities	2.室内装饰品 Interior Decorations	3.床上用品 Bed Articles	4.家庭日用杂品 Daily Use Household Articles	5.家庭服务及加工维修服务 Household Service and Manufacturing Upkeep
全 国	**National**	**101.3**	**100.4**	**100.9**	**100.1**	**100.9**	**100.5**	**101.6**	**107.1**
北 京	Beijing								
天 津	Tianjin								
河 北	Hebei	101.1	100.1	100.0	100.1	101.5	101.5	102.3	105.5
山 西	Shanxi	100.9	100.2	100.5	99.9	101.3	100.3	100.7	107.7
内蒙古	Inner Mongolia	100.7	99.6	99.7	99.6	101.5	101.6	101.7	100.8
辽 宁	Liaoning	100.8	99.6	100.0	99.4	100.8	102.2	101.6	102.3
吉 林	Jilin	100.3	100.4	100.8	100.1	101.9	100.6	100.1	100.2
黑龙江	Heilongjiang	100.0	98.8	99.1	98.7	100.3	100.1	100.6	111.6
上 海	Shanghai								
江 苏	Jiangsu	101.8	101.4	100.9	101.6	100.8	97.9	102.1	107.6
浙 江	Zhejiang	101.8	101.0	101.8	100.7	101.1	98.7	100.7	109.6
安 徽	Anhui	101.4	100.5	98.1	101.4	102.5	97.0	101.4	109.5
福 建	Fujian	99.4	98.5	100.4	97.6	99.7	98.6	99.8	106.2
江 西	Jiangxi	102.6	101.1	103.8	99.6	99.9	101.2	105.5	105.7
山 东	Shandong	99.9	98.6	100.2	97.7	99.4	99.8	102.0	104.0
河 南	Henan	101.9	101.3	101.9	100.9	102.1	101.2	102.2	109.6
湖 北	Hubei	101.5	100.3	99.8	100.5	102.2	101.1	100.2	114.6
湖 南	Hunan	100.9	100.2	100.9	98.9	100.5	100.5	101.2	104.3
广 东	Guangdong	101.4	101.0	102.4	100.0	98.8	100.8	101.0	104.8
广 西	Guangxi	101.6	100.8	100.5	100.9	102.0	104.3	101.4	103.1
海 南	Hainan	102.4	100.0	100.4	99.8	103.1	104.9	102.5	129.0
重 庆	Chongqing								
四 川	Sichuan	100.7	99.7	99.3	100.1	100.5	100.5	101.4	106.3
贵 州	Guizhou	100.8	99.5	99.3	99.8	107.1	100.1	100.5	104.2
云 南	Yunnan	102.7	102.9	103.1	102.8	101.7	100.5	102.5	108.1
西 藏	Tibet	101.0	100.6	100.8	100.3	101.4	101.8	100.6	102.7
陕 西	Shaanxi	102.2	100.9	100.9	100.8	102.8	101.6	102.9	107.6
甘 肃	Gansu	103.9	101.4	103.3	99.7	99.2	101.5	104.0	111.8
青 海	Qinghai	101.0	99.2	99.2	99.2	100.6	102.3	102.0	103.9
宁 夏	Ningxia	102.7	101.0	101.4	100.6	101.5	103.5	104.1	111.3
新 疆	Xinjiang	102.1	100.4	102.5	99.0	99.6	100.1	102.0	113.1

3-1-6 续表 6 Continued 6

(上年价格=100) (Preceding year=100)

地区	Region	五、医疗保健和个人用品 Health Care and Personal Articles	1.医疗保健 Health Care	(1)医疗器具及用品 Medical Instrument and Articles	(2)中药材及中成药 Traditional Chinese Medicine	(3)西药 Western Medicine	(4)保健器具及用品 Health Care Appliances and Articles	(5)医疗保健服务 Health Care Services	2.个人用品及服务 Personal Articles and Services
全国	**National**	**101.8**	**101.8**	**100.4**	**103.3**	**99.6**	**101.4**	**103.0**	**101.9**
北京	Beijing								
天津	Tianjin								
河北	Hebei	102.3	101.9	100.0	103.6	102.0	101.0	101.5	103.5
山西	Shanxi	100.0	99.8	100.1	102.3	101.3	100.0	98.3	100.6
内蒙古	Inner Mongolia	102.3	102.5	100.5	101.1	101.4	100.2	103.5	101.8
辽宁	Liaoning	101.2	101.0	100.7	102.3	101.1	100.2	100.2	101.9
吉林	Jilin	101.4	101.8	100.8	106.2	100.6	100.0	100.0	100.7
黑龙江	Heilongjiang	101.0	100.7	104.1	97.7	100.6	101.5	101.6	102.2
上海	Shanghai								
江苏	Jiangsu	102.1	102.8	101.0	104.2	98.3	102.1	104.8	100.8
浙江	Zhejiang	98.6	98.3	98.9	97.8	87.3	101.6	108.4	99.7
安徽	Anhui	101.9	101.7	102.0	100.2	101.6	101.6	103.0	102.5
福建	Fujian	102.4	103.2	101.6	104.0	99.7	105.1	105.5	100.5
江西	Jiangxi	102.1	101.6	99.6	104.1	101.2	101.5	100.6	103.2
山东	Shandong	101.5	101.0	100.7	101.7	98.6	100.2	103.6	102.7
河南	Henan	102.6	102.2	100.4	106.1	102.3	100.6	101.6	103.7
湖北	Hubei	102.3	102.1	100.1	105.7	100.6	101.4	101.1	102.8
湖南	Hunan	101.0	101.4	105.2	101.8	101.3	102.2	100.9	99.8
广东	Guangdong	101.1	101.3	99.8	102.9	99.6	101.1	101.8	100.7
广西	Guangxi	101.6	102.2	100.8	103.0	100.2	101.4	104.7	100.2
海南	Hainan	106.8	106.6	102.9	105.5	107.3	100.0	106.9	107.4
重庆	Chongqing								
四川	Sichuan	104.1	104.5	98.8	104.8	99.2	100.1	107.6	102.5
贵州	Guizhou	100.8	100.5	100.1	103.0	99.6	100.6	100.1	101.3
云南	Yunnan	104.0	104.7	100.2	114.2	102.7	100.7	100.0	101.7
西藏	Tibet	100.9	100.6	101.2	100.7	99.0	100.2	103.0	101.3
陕西	Shaanxi	103.5	103.0	99.7	103.9	101.1	102.4	104.9	104.5
甘肃	Gansu	103.6	104.0	101.0	105.1	101.4	100.2	104.7	101.7
青海	Qinghai	102.4	103.0	101.9	105.5	104.2	102.0	101.4	100.4
宁夏	Ningxia	101.9	101.4	102.4	103.0	100.7	110.1	100.7	103.2
新疆	Xinjiang	101.7	101.6	97.8	102.2	102.1	102.0	100.3	101.7

3-1-6 续表 7 Continued 7

(上年价格=100) (Preceding year=100)

地 区	Region	(1)化妆美容用品 Cosmetics	(2)清洁类化妆品 Clean make-up Supplies	(3)个人饰品 Personal Decorations	(4)个人服务 Personal Services	六、交通和通信 Transportation and Communication	1.交通 Transportation	(1)交通工具 Transportation Facility	(2)车用燃料及零配件 Fuels and Parts
全 国	**National**	**101.2**	**102.1**	**96.3**	**106.6**	**100.1**	**100.7**	**99.7**	**99.4**
北 京	Beijing								
天 津	Tianjin								
河 北	Hebei	102.4	102.7	98.7	109.1	99.9	100.5	100.1	99.0
山 西	Shanxi	100.2	100.9	95.2	104.8	100.1	100.8	100.2	98.7
内蒙古	Inner Mongolia	100.5	100.8	95.8	105.4	100.3	100.6	99.7	99.4
辽 宁	Liaoning	100.9	102.3	96.8	106.3	99.8	100.5	99.2	99.6
吉 林	Jilin	101.3	101.4	94.4	103.6	100.0	100.7	98.2	99.7
黑龙江	Heilongjiang	101.5	99.6	97.0	110.6	100.0	101.5	100.2	98.4
上 海	Shanghai								
江 苏	Jiangsu	101.5	104.2	92.9	103.9	100.0	100.2	98.7	100.8
浙 江	Zhejiang	100.2	100.9	93.2	104.7	99.7	99.7	99.0	99.0
安 徽	Anhui	98.8	103.3	96.8	107.5	99.8	100.7	99.2	99.3
福 建	Fujian	101.4	101.2	95.2	104.3	100.2	101.1	101.6	99.9
江 西	Jiangxi	101.5	104.8	97.7	110.4	100.5	101.0	100.1	98.8
山 东	Shandong	101.0	103.3	96.9	108.0	100.3	100.9	100.6	99.0
河 南	Henan	102.5	102.7	97.2	110.4	100.2	100.8	99.8	99.6
湖 北	Hubei	101.4	101.5	97.2	109.3	100.0	101.0	98.6	99.6
湖 南	Hunan	100.4	100.9	95.3	101.1	100.7	101.4	100.1	99.5
广 东	Guangdong	100.5	101.2	96.8	103.0	99.5	100.1	99.7	99.2
广 西	Guangxi	100.3	101.3	95.1	102.7	100.2	100.5	98.3	98.3
海 南	Hainan	101.0	101.8	95.7	126.4	100.9	101.3	96.8	99.8
重 庆	Chongqing								
四 川	Sichuan	100.6	101.1	96.5	109.1	100.2	100.8	99.5	99.6
贵 州	Guizhou	99.4	101.0	97.1	107.6	100.4	101.5	100.2	101.0
云 南	Yunnan	101.3	101.4	97.5	105.5	100.6	101.4	101.8	99.1
西 藏	Tibet	102.3	104.0	95.1	106.5	100.0	100.8	99.8	98.9
陕 西	Shaanxi	105.4	103.1	97.9	110.2	99.5	100.5	100.4	99.0
甘 肃	Gansu	101.7	101.8	98.5	107.4	100.0	101.0	100.8	99.9
青 海	Qinghai	100.7	102.6	95.9	101.9	99.5	100.6	98.7	100.7
宁 夏	Ningxia	103.5	104.0	96.2	107.0	98.8	99.8	96.2	98.3
新 疆	Xinjiang	101.1	103.8	95.7	106.6	100.3	102.0	99.4	99.6

(上年价格=100) (Preceding year=100)

地 区	Region	(3)车辆使用及维修 Using and Upkeep Fare	(4)市区公共交通费 Incity Traffic Fare	(5)城市间交通费 Intercity Traffic Fare	2.通信 Communication	(1)通信工具 Communication Facility	(2)通信服务 Communication Service	七、娱乐教育文化用品及服务 Recreation, Education and Culture Articles
全 国	**National**	**103.9**	**102.1**	**102.0**	**99.1**	**95.0**	**100.0**	**101.8**
北 京	Beijing							
天 津	Tianjin							
河 北	Hebei	106.9	100.9	100.7	99.0	94.5	99.7	102.2
山 西	Shanxi	113.2	103.8	98.4	99.2	93.3	100.0	101.4
内 蒙 古	Inner Mongolia	103.1	101.4	103.2	99.8	99.6	99.9	102.5
辽 宁	Liaoning	101.3	103.9	100.9	99.0	94.9	99.6	101.0
吉 林	Jilin	102.4	101.5	104.9	99.1	96.5	100.0	100.8
黑 龙 江	Heilongjiang	100.4	100.0	105.8	97.5	91.3	100.0	101.5
上 海	Shanghai							
江 苏	Jiangsu	103.8	102.5	99.8	99.7	97.6	100.1	101.0
浙 江	Zhejiang	104.2	102.8	98.9	99.8	95.6	100.3	103.3
安 徽	Anhui	104.2	101.7	101.3	98.9	95.8	100.0	103.6
福 建	Fujian	101.1	101.6	101.7	99.1	92.3	99.9	102.3
江 西	Jiangxi	106.1	102.2	101.7	99.5	93.7	100.6	103.1
山 东	Shandong	104.2	102.7	102.3	99.3	96.8	100.0	101.0
河 南	Henan	105.5	104.0	103.1	98.8	94.6	99.9	102.8
湖 北	Hubei	105.8	104.1	100.7	98.8	93.0	100.3	101.8
湖 南	Hunan	100.2	100.0	105.1	99.6	97.7	99.9	101.5
广 东	Guangdong	100.9	100.0	101.8	98.7	93.3	99.8	102.4
广 西	Guangxi	103.1	102.1	104.5	99.8	98.6	100.0	101.5
海 南	Hainan	109.9	120.6	99.0	100.0	91.7	100.8	101.4
重 庆	Chongqing							
四 川	Sichuan	101.9	103.6	100.9	98.8	94.1	100.1	100.6
贵 州	Guizhou	106.7	100.0	102.1	98.7	91.8	100.9	102.5
云 南	Yunnan	105.2	100.6	102.7	99.5	96.9	100.1	99.9
西 藏	Tibet	105.8	100.0	101.3	99.0	97.7	99.6	102.0
陕 西	Shaanxi	103.8	100.8	99.5	98.3	92.4	100.2	100.4
甘 肃	Gansu	107.7	100.0	102.0	98.7	93.4	99.9	101.9
青 海	Qinghai	104.3	99.9	101.4	97.9	91.1	99.5	101.2
宁 夏	Ningxia	102.8	108.3	100.3	97.1	87.3	100.2	101.8
新 疆	Xinjiang	110.0	100.4	104.4	98.3	92.8	99.7	101.9

(上年价格=100)

(Preceding year=100)

地 区	Region	1.文娱用耐用消费品及服务 Durable Consumer Goods for Cultural and Recreational Use and Services	2.教 育 Education	(1)教材及参考书 Teaching Materials and Reference Books	(2)教育服务 Tuition and Child Care	3.文化娱乐 Cultural and Recreational	(1)文化娱乐用品 Cultural Recreational Articles	(2)书报杂志 Newspapers and Magazines
全 国	**National**	**97.8**	**102.5**	**103.0**	**102.4**	**101.6**	**100.4**	**101.2**
北 京	Beijing							
天 津	Tianjin							
河 北	Hebei	96.3	103.6	99.6	103.9	101.0	101.1	100.0
山 西	Shanxi	98.4	100.9	106.6	100.4	101.9	100.7	102.9
内 蒙 古	Inner Mongolia	99.1	105.1	101.1	106.5	100.8	101.3	100.1
辽 宁	Liaoning	96.4	102.0	102.2	102.0	100.3	100.6	100.5
吉 林	Jilin	97.6	101.7	100.0	102.1	99.8	99.4	100.0
黑 龙 江	Heilongjiang	97.4	101.6	101.6	101.6	100.7	102.5	100.5
上 海	Shanghai							
江 苏	Jiangsu	95.9	100.8	105.3	100.6	102.5	102.1	102.4
浙 江	Zhejiang	98.6	102.8	100.0	102.9	103.0	100.8	100.2
安 徽	Anhui	99.2	105.2	109.8	104.0	100.5	100.6	100.4
福 建	Fujian	96.5	103.0	110.3	102.0	100.9	99.1	101.7
江 西	Jiangxi	98.2	103.8	101.6	103.9	101.3	100.4	100.3
山 东	Shandong	96.6	101.3	101.6	101.2	102.8	100.7	100.5
河 南	Henan	98.1	104.1	103.9	104.1	102.3	99.0	102.3
湖 北	Hubei	98.5	102.6	103.1	102.5	102.4	100.3	103.7
湖 南	Hunan	99.6	102.1	101.6	102.1	100.8	100.5	101.4
广 东	Guangdong	98.7	103.7	102.4	104.1	101.1	100.1	102.1
广 西	Guangxi	96.4	103.4	100.4	103.8	100.5	98.9	100.3
海 南	Hainan	97.5	101.5	101.0	101.7	102.7	105.1	100.2
重 庆	Chongqing							
四 川	Sichuan	98.2	101.2	101.3	101.2	101.0	100.1	100.8
贵 州	Guizhou	97.4	102.2	100.9	102.5	103.2	100.1	103.9
云 南	Yunnan	96.7	100.4	100.1	100.4	100.5	99.5	100.1
西 藏	Tibet	99.7	100.9	99.2	101.8	100.6	100.3	101.7
陕 西	Shaanxi	96.7	100.9	101.7	100.7	102.9	101.4	100.5
甘 肃	Gansu	98.4	103.0	100.2	103.2	99.6	98.7	99.7
青 海	Qinghai	98.1	102.0	103.8	101.6	100.0	99.5	103.1
宁 夏	Ningxia	96.3	103.4	102.7	103.5	101.2	100.9	100.4
新 疆	Xinjiang	98.3	102.3	101.5	102.5	102.3	100.9	101.3

3-1-6 续表 10 Continued 10

(上年价格=100) (Preceding year=100)

地 区	Region	(3)文娱费 Expenditure of Culture and Recreation	4.旅游 Touring	八、居住 Residence	1.建房及装修材料 Building and Building Decoration Materials	2.住房租金 Rent	3.自有住房 Private Housing	4.水、电、燃料 Water, Eletricity and Fuels
全 国	**National**	**103.2**	**104.9**	**102.3**	**101.1**	**104.7**	**103.8**	**100.9**
北 京	Beijing							
天 津	Tianjin							
河 北	Hebei	101.2	106.4	103.1	100.2	105.0	104.2	103.6
山 西	Shanxi	103.2	106.4	102.3	101.0	109.3	103.8	100.2
内蒙古	Inner Mongolia	101.1	103.0	100.7	100.4	100.8	102.2	99.5
辽 宁	Liaoning	99.4	100.5	101.9	100.9	104.8	103.1	100.7
吉 林	Jilin	100.1	102.6	101.5	99.5	101.7	103.9	100.8
黑龙江	Heilongjiang	99.1	120.4	103.4	97.8	102.3	107.4	102.1
上 海	Shanghai							
江 苏	Jiangsu	102.9	104.7	102.6	99.9	104.5	104.4	101.5
浙 江	Zhejiang	105.3	109.8	103.7	102.3	109.8	106.1	100.5
安 徽	Anhui	100.5	106.5	101.1	101.5	100.5	101.0	101.2
福 建	Fujian	101.8	105.9	101.8	100.6	104.8	103.2	98.7
江 西	Jiangxi	104.0	107.8	101.7	100.8	104.5	102.0	101.9
山 东	Shandong	109.2	103.0	101.0	101.8	101.6	101.2	100.0
河 南	Henan	107.7	103.6	101.1	99.9	104.8	103.5	98.4
湖 北	Hubei	103.1	101.8	102.5	101.0	106.1	104.3	101.1
湖 南	Hunan	100.6	102.1	101.0	102.9	100.1	100.4	98.9
广 东	Guangdong	101.5	104.7	102.9	100.9	108.1	105.1	100.4
广 西	Guangxi	101.9	101.8	103.5	102.5	105.4	103.3	104.0
海 南	Hainan	100.8	102.8	99.6	96.7	105.7	104.5	101.0
重 庆	Chongqing							
四 川	Sichuan	103.0	100.6	104.1	102.4	106.6	106.4	101.5
贵 州	Guizhou	104.3	108.9	101.4	103.4	104.6	100.2	100.8
云 南	Yunnan	102.4	101.2	102.6	102.9	100.6	103.0	101.9
西 藏	Tibet	100.2	110.5	103.7	101.2	105.1	103.3	102.9
陕 西	Shaanxi	106.2	99.2	103.3	101.1	106.6	105.2	101.4
甘 肃	Gansu	102.2	100.6	102.8	100.9	106.3	104.6	102.9
青 海	Qinghai	99.7	103.0	103.0	98.4	110.2	104.7	102.5
宁 夏	Ningxia	103.2	103.7	102.0	101.1	109.2	110.5	99.4
新 疆	Xinjiang	104.7	105.1	102.5	99.1	102.1	103.6	100.7

3-1-7 36个大中城市居民消费价格指数（2013年）

Consumer Price Indices in 36 Major Cities (2013)

（上年价格=100） (Preceding year=100)

地 区	Region	居民消费价格指数 Consumer Price Index	一、食品 Food	1.粮食 Grain	2.淀粉及制品 Starches	3.干豆类及豆制品 Bean and Its Products	4.油脂 Oil or Fat	5.肉禽及其制品 Meal, Poultry and Their Products	(1)食用畜肉及副产品 Meal and Their Products
平均指数	**Average**	**102.7**	**104.6**	**104.1**	**104.1**	**105.1**	**99.7**	**104.5**	**105.6**
北 京	Beijing	103.3	104.7	104.4	105.0	105.0	99.8	106.7	108.6
天 津	Tianjin	103.1	105.8	108.7	102.1	108.0	98.7	108.0	109.7
石家庄	Shijiazhuang	102.9	105.3	107.6	104.4	102.3	99.4	105.3	107.3
太 原	Taiyuan	103.1	105.5	107.1	105.0	102.3	99.4	105.6	104.2
呼和浩特	Hohhot	103.8	108.3	105.6	105.3	104.5	102.5	113.2	114.8
沈 阳	Shenyang	102.5	106.1	108.2	102.5	109.2	98.9	108.7	110.5
大 连	Dalian	102.5	103.4	106.4	98.5	104.5	100.7	104.9	105.9
长 春	Changchun	103.0	104.0	103.7	97.2	102.4	96.8	107.3	109.1
哈尔滨	Harbin	102.1	103.7	103.0	100.1	102.8	98.1	106.3	109.1
上 海	Shanghai	102.3	104.4	103.7	101.6	103.1	97.9	103.7	104.9
南 京	Nanjing	102.7	105.6	104.1	101.0	103.5	97.7	103.3	103.8
杭 州	Hangzhou	102.5	104.2	103.5	104.2	100.8	97.2	103.9	103.8
宁 波	Ningbo	102.2	102.6	101.9	102.2	105.0	96.3	104.8	104.4
合 肥	Hefei	102.7	104.8	103.0	100.2	102.9	99.1	104.6	105.5
福 州	Fuzhou	102.6	104.6	101.5	105.4	104.7	98.7	105.6	106.4
厦 门	Xiamen	102.3	103.7	103.5	101.3	102.8	101.8	103.3	103.4
南 昌	Nanchang	102.3	104.6	102.0	100.3	103.3	98.1	104.4	102.6
济 南	Jinan	102.8	104.9	105.9	108.3	103.7	105.0	102.2	102.5
青 岛	Qingdao	102.5	105.3	108.1	106.2	104.0	103.8	104.0	105.7
郑 州	Zhengzhou	102.8	104.8	104.3	111.0	109.1	101.8	105.5	106.2
武 汉	Wuhan	102.4	102.9	103.5	103.4	102.0	100.1	102.0	100.4
长 沙	Changsha	102.8	104.0	104.8	105.1	105.9	102.0	104.7	104.9
广 州	Guangzhou	102.6	104.1	103.4	111.0	102.7	101.9	101.7	102.3
深 圳	Shenzhen	102.7	102.9	100.9	98.7	108.9	101.6	103.3	104.5
南 宁	Nanning	102.1	103.9	101.4	100.0	105.1	103.1	103.2	105.2
海 口	Haikou	102.9	103.6	102.0	105.8	101.5	102.5	102.6	102.6
重 庆	Chongqing	102.7	104.1	103.0	112.8	105.6	98.6	103.7	104.5
成 都	Chengdu	103.1	105.5	102.9	100.8	112.0	101.3	103.7	104.1
贵 阳	Guiyang	103.2	105.5	105.3	107.9	100.2	96.5	102.5	101.9
昆 明	Kunming	103.9	106.8	103.0	100.7	108.9	97.1	101.7	102.4
拉 萨	Lhasa	103.4	109.3	113.1	105.3	111.9	100.2	113.3	116.1
西 安	Xi'an	102.7	104.8	106.1	105.3	111.2	100.0	104.2	104.3
兰 州	Lanzhou	103.5	107.3	106.2	103.1	108.4	99.8	104.6	105.5
西 宁	Xining	103.8	108.1	107.9	100.5	107.8	103.4	110.5	110.5
银 川	Yinchuan	103.5	107.3	105.1	104.1	103.7	100.9	110.2	112.5
乌鲁木齐	Urumqi	103.5	107.5	106.5	100.1	105.3	103.2	115.1	118.5

(上年价格=100) (Preceding year=100)

地 区	Region	(2)禽 Poultry	(3)加工肉禽 Meat and Poultry Products	6.蛋 Eggs	7.水产品 Aquatic Products	(1)鱼 Fish	(2)其他水产品 Other Aquatic Products	8.菜 Vegetables	9.调味品 Flavoring
平均指数	**Average**	**101.7**	**103.6**	**105.0**	**104.1**	**102.4**	**106.1**	**107.6**	**103.4**
北 京	Beijing	101.7	103.8	103.7	103.4	102.0	104.8	109.6	103.8
天 津	Tianjin	103.3	104.4	102.2	100.9	97.5	102.8	110.0	101.9
石家庄	Shijiazhuang	97.6	102.3	104.0	99.3	95.0	104.6	110.5	104.8
太 原	Taiyuan	98.6	110.7	103.6	101.9	99.6	105.2	107.5	110.0
呼和浩特	Hohhot	101.8	105.5	110.1	98.6	97.1	104.0	109.1	102.0
沈 阳	Shenyang	98.4	108.6	105.4	101.8	101.3	102.2	103.6	105.7
大 连	Dalian	100.7	104.1	105.0	105.0	97.3	109.7	104.2	101.4
长 春	Changchun	99.7	105.2	106.3	102.1	99.5	105.5	108.7	104.3
哈尔滨	Harbin	95.1	100.6	102.9	103.5	99.7	108.5	106.6	100.6
上 海	Shanghai	102.5	102.0	102.2	105.0	106.1	104.1	108.1	102.5
南 京	Nanjing	102.7	102.7	105.3	107.7	105.4	110.6	108.8	101.5
杭 州	Hangzhou	103.7	104.6	99.5	106.8	106.3	107.3	108.3	99.9
宁 波	Ningbo	105.6	104.9	101.3	102.7	98.4	106.8	101.3	100.6
合 肥	Hefei	101.6	105.1	106.3	107.0	104.5	111.0	107.4	101.0
福 州	Fuzhou	108.9	98.6	109.6	103.4	102.2	104.0	102.7	105.0
厦 门	Xiamen	103.0	103.0	110.4	103.0	101.3	104.7	111.0	104.7
南 昌	Nanchang	112.2	104.7	105.4	106.7	106.3	107.4	108.7	102.0
济 南	Jinan	96.4	104.0	97.4	114.5	113.1	115.6	100.8	104.4
青 岛	Qingdao	101.1	100.8	103.7	101.7	98.6	103.2	112.2	101.8
郑 州	Zhengzhou	102.9	105.1	104.9	103.9	101.3	116.5	108.5	109.9
武 汉	Wuhan	103.4	106.6	105.2	102.2	100.5	107.1	100.2	103.5
长 沙	Changsha	103.4	105.5	104.2	105.0	102.0	111.8	99.6	104.2
广 州	Guangzhou	99.8	102.2	102.4	106.5	102.9	112.5	109.7	100.2
深 圳	Shenzhen	100.4	102.0	107.4	100.5	98.6	103.7	110.2	100.6
南 宁	Nanning	100.3	101.2	106.6	107.4	104.3	114.4	105.9	102.6
海 口	Haikou	102.1	104.2	100.6	105.3	104.7	107.0	110.2	103.8
重 庆	Chongqing	101.7	103.8	109.1	102.7	99.9	110.9	107.1	104.7
成 都	Chengdu	101.8	105.0	107.1	103.4	101.8	106.6	113.5	104.3
贵 阳	Guiyang	104.6	104.9	106.4	103.9	102.5	107.0	104.6	110.0
昆 明	Kunming	98.3	103.7	104.9	103.6	103.4	104.1	103.9	107.6
拉 萨	Lhasa	113.2	105.0	108.7	109.2	111.3	103.7	108.1	100.8
西 安	Xi'an	102.1	104.7	109.1	101.8	99.8	108.5	106.2	102.8
兰 州	Lanzhou	104.4	100.0	107.8	103.8	102.8	106.0	111.4	104.3
西 宁	Xining	104.8	115.3	110.1	104.5	103.6	106.4	108.5	118.5
银 川	Yinchuan	103.5	104.7	108.2	107.6	106.9	108.8	110.4	101.8
乌鲁木齐	Urumqi	102.9	113.8	109.4	107.2	106.2	112.1	100.1	101.3

3-1-7 续表 2 Continued 2

(上年价格=100)

(Preceding year=100)

地区	Region	10.糖 Carbohydrate	11.茶及饮料 Tea and Beverages	(1)茶叶 Tea	(2)饮料 Beverages	12.干鲜瓜果 Dried and Fresh Melons and Fruits	13.糕点饼干面包 Cake, Biscuit and Bread	14.液体乳及乳制品 Milk and Its Products	15.在外用膳食品 Outward Dinner
平均指数	**Average**	**101.4**	**101.6**	**101.7**	**101.6**	**105.4**	**102.4**	**107.3**	**104.2**
北京	Beijing	101.4	101.1	99.9	102.0	105.7	102.4	106.2	104.0
天津	Tianjin	99.7	104.6	106.3	103.8	112.6	101.9	103.5	104.6
石家庄	Shijiazhuang	101.0	100.3	99.0	101.4	105.2	102.6	113.6	103.2
太原	Taiyuan	101.3	100.7	101.1	100.5	109.2	103.7	104.7	104.9
呼和浩特	Hohhot	111.4	102.6	101.0	103.6	108.7	105.9	106.8	109.3
沈阳	Shenyang	101.6	101.6	102.7	100.8	104.3	100.8	104.6	108.7
大连	Dalian	99.2	100.8	101.1	100.6	97.3	100.2	110.2	102.5
长春	Changchun	98.5	99.2	100.0	98.9	100.3	103.3	104.9	102.2
哈尔滨	Harbin	101.3	100.9	100.3	101.2	100.6	102.3	102.9	103.2
上海	Shanghai	102.1	100.4	100.8	100.3	107.3	101.7	108.1	103.3
南京	Nanjing	98.6	101.7	103.0	100.9	110.1	103.4	108.1	106.3
杭州	Hangzhou	100.2	101.4	99.6	101.9	103.6	102.3	107.1	102.9
宁波	Ningbo	99.4	104.2	101.9	104.9	104.2	104.0	107.6	101.0
合肥	Hefei	101.8	101.4	102.1	100.6	107.8	101.8	103.9	105.6
福州	Fuzhou	101.9	101.0	100.5	101.3	108.4	100.9	106.8	106.8
厦门	Xiamen	97.7	100.9	101.2	100.7	106.8	102.7	106.2	99.5
南昌	Nanchang	99.9	100.5	100.4	100.6	105.5	101.0	111.8	103.1
济南	Jinan	102.7	106.1	107.4	105.0	108.9	104.7	107.6	104.0
青岛	Qingdao	102.9	97.3	95.4	101.4	108.5	99.8	105.4	106.6
郑州	Zhengzhou	99.3	102.3	100.9	103.3	102.0	103.4	104.2	104.1
武汉	Wuhan	99.6	102.4	101.7	102.7	101.9	101.4	110.1	105.9
长沙	Changsha	100.5	102.2	100.0	102.9	103.9	98.8	105.1	106.5
广州	Guangzhou	98.5	101.3	102.3	100.3	104.0	102.3	108.0	103.8
深圳	Shenzhen	103.6	99.1	100.5	98.3	104.8	102.9	106.0	100.2
南宁	Nanning	100.4	100.6	100.0	100.8	110.3	100.9	105.5	101.2
海口	Haikou	99.4	99.8	97.7	100.7	108.3	100.4	104.1	100.7
重庆	Chongqing	104.4	104.2	106.7	101.5	101.7	103.2	106.1	104.6
成都	Chengdu	102.7	103.7	102.5	104.2	111.7	104.9	113.3	101.6
贵阳	Guiyang	99.2	99.4	97.1	100.0	104.5	102.9	117.1	108.6
昆明	Kunming	101.7	112.1	117.5	108.9	107.7	105.9	104.8	114.0
拉萨	Lhasa	105.8	105.1	110.5	100.0	109.1	104.3	108.7	107.8
西安	Xi'an	101.4	102.8	103.2	102.5	100.4	101.3	108.1	106.1
兰州	Lanzhou	101.5	102.5	101.6	103.5	103.8	101.8	105.9	113.0
西宁	Xining	102.2	101.0	103.0	100.0	106.0	102.1	109.9	109.2
银川	Yinchuan	100.6	101.9	99.3	103.4	107.5	102.8	105.8	107.4
乌鲁木齐	Urumqi	102.3	101.6	100.1	101.9	100.7	103.6	118.5	107.1

(上年价格=100) (Preceding year=100)

地　区	Region	16.其他食品 Other Foods	二、烟酒及用品 Tobacco, Liquor and Articles	1．烟草 Tobacco	2．酒 Liquor	三、衣着 Clothing	1．服装 Garments	(1)男式服装 Men's Clothing
平均指数	**Average**	**101.4**	**100.2**	**100.0**	**100.4**	**102.4**	**102.5**	**101.9**
北　京	Beijing	97.6	100.1	99.8	100.5	101.5	101.8	100.4
天　津	Tianjin	105.1	100.9	100.2	101.6	101.1	100.9	101.2
石家庄	Shijiazhuang	101.1	100.9	100.0	101.8	101.3	102.2	101.5
太　原	Taiyuan	100.9	100.9	98.6	105.6	100.9	100.1	101.5
呼和浩特	Hohhot	99.3	103.4	102.5	104.8	104.7	105.3	106.9
沈　阳	Shenyang	101.2	100.2	100.0	100.5	102.3	103.3	101.3
大　连	Dalian	105.6	101.0	100.4	101.7	101.3	100.1	98.4
长　春	Changchun	101.9	100.3	100.2	100.5	104.9	103.9	104.9
哈尔滨	Harbin	100.1	100.5	100.0	100.9	104.8	105.1	106.3
上　海	Shanghai	102.6	100.1	100.1	99.9	100.0	100.3	98.8
南　京	Nanjing	99.6	97.9	99.6	95.6	101.7	101.4	98.9
杭　州	Hangzhou	100.6	99.5	100.0	97.9	101.3	100.9	100.9
宁　波	Ningbo	98.1	100.8	100.2	102.2	102.6	101.0	99.2
合　肥	Hefei	100.2	98.6	100.0	96.6	101.3	101.7	102.1
福　州	Fuzhou	105.3	99.9	99.8	99.9	100.7	98.9	100.6
厦　门	Xiamen	102.3	98.9	100.5	96.5	103.8	103.3	104.0
南　昌	Nanchang	104.0	100.3	99.8	101.0	103.9	105.8	107.0
济　南	Jinan	100.0	99.1	99.9	98.6	106.0	108.3	108.3
青　岛	Qingdao	102.7	102.5	99.8	104.7	104.9	106.6	106.5
郑　州	Zhengzhou	99.7	99.6	100.0	99.3	101.9	102.0	102.0
武　汉	Wuhan	93.7	100.9	99.9	102.6	103.3	104.5	104.2
长　沙	Changsha	100.5	101.1	100.5	102.4	102.8	102.6	103.1
广　州	Guangzhou	104.2	100.7	100.0	101.6	100.3	102.1	97.5
深　圳	Shenzhen	104.5	98.8	99.6	97.7	101.9	100.7	100.8
南　宁	Nanning	102.9	98.9	100.0	98.1	104.7	105.3	103.3
海　口	Haikou	96.0	101.1	100.0	102.8	100.8	100.6	100.7
重　庆	Chongqing	100.8	100.6	100.0	101.6	106.3	106.2	106.8
成　都	Chengdu	103.1	100.0	99.9	100.3	101.6	101.9	102.5
贵　阳	Guiyang	104.8	100.5	100.2	101.0	103.6	104.5	105.9
昆　明	Kunming	107.7	100.8	100.2	104.2	101.9	105.5	104.1
拉　萨	Lhasa	100.0	99.3	100.0	97.3	103.9	102.4	100.1
西　安	Xi'an	100.7	100.7	100.1	101.8	104.0	103.6	102.9
兰　州	Lanzhou	100.9	100.1	100.0	100.3	101.6	102.0	102.3
西　宁	Xining	100.3	99.6	100.0	99.1	101.3	98.5	102.0
银　川	Yinchuan	105.3	99.7	100.0	99.0	102.8	103.5	102.4
乌鲁木齐	Urumqi	102.7	101.8	101.1	102.5	99.5	99.1	98.0

3-1-7 续表 4 Continued 4

(上年价格=100) (Preceding year=100)

地 区	Region	(2)女式服装 Women's Clothing	(3)儿童服装 Children's Clothing	2.衣着材料 Clothing Material	3.鞋袜帽 Footgear and Hats	(1)鞋 Shoes	(2)袜子 Socks	(3)帽子 Hats	4.衣着加工服务 Clothing Manufacturing Services
平均指数	**Average**	**103.2**	**100.9**	**101.5**	**101.7**	**101.8**	**100.6**	**100.8**	**106.1**
北 京	Beijing	102.5	105.8	103.1	100.8	100.8	101.5	94.8	105.3
天 津	Tianjin	100.8	98.7	99.8	101.6	101.4	103.2	108.3	104.4
石家庄	Shijiazhuang	103.6	98.2	103.0	99.3	99.2	101.7	98.3	100.0
太 原	Taiyuan	100.3	93.6	101.1	103.4	103.6	101.2	100.6	108.0
呼和浩特	Hohhot	104.7	103.8	102.2	103.7	103.9	100.0	102.9	104.2
沈 阳	Shenyang	105.2	99.9	100.0	99.9	99.6	103.0	99.7	105.9
大 连	Dalian	101.7	99.6	107.5	103.7	103.2	107.0	105.8	106.0
长 春	Changchun	102.9	106.5	98.1	107.5	108.3	100.6	101.4	101.9
哈尔滨	Harbin	104.3	104.4	101.9	104.5	104.9	101.0	94.3	104.1
上 海	Shanghai	101.7	98.0	98.5	98.4	98.4	97.7	101.3	105.4
南 京	Nanjing	103.1	108.5	100.6	102.4	102.9	100.2	100.2	108.8
杭 州	Hangzhou	100.5	103.1	100.8	102.6	102.2	106.9	105.8	106.5
宁 波	Ningbo	102.7	99.7	107.2	108.2	109.0	99.9	100.7	101.6
合 肥	Hefei	101.6	101.4	104.6	99.7	99.6	100.5	100.5	108.9
福 州	Fuzhou	99.4	84.9	100.7	105.5	105.5	112.7	100.3	103.3
厦 门	Xiamen	102.5	104.8	93.3	106.2	107.1	98.5	98.2	100.6
南 昌	Nanchang	105.6	102.6	107.1	98.8	98.8	100.0	93.5	100.0
济 南	Jinan	109.4	100.5	106.1	99.1	98.9	100.6	96.7	101.0
青 岛	Qingdao	106.7	105.7	99.2	101.3	100.9	100.1	109.7	113.7
郑 州	Zhengzhou	102.0	102.3	100.0	101.8	101.9	100.0	102.0	102.3
武 汉	Wuhan	106.3	95.4	106.3	98.9	99.4	95.6	97.2	109.1
长 沙	Changsha	102.4	102.1	103.7	102.0	102.0	101.6	100.2	126.1
广 州	Guangzhou	105.4	100.3	94.0	95.3	94.4	98.8	100.6	109.1
深 圳	Shenzhen	101.2	98.7	100.7	106.5	107.8	100.0	97.2	101.0
南 宁	Nanning	106.0	109.8	100.0	103.4	103.7	101.1	103.9	100.9
海 口	Haikou	100.2	101.3	104.3	101.0	101.1	100.0	100.0	100.8
重 庆	Chongqing	105.9	104.0	102.6	106.9	107.8	101.8	101.0	106.7
成 都	Chengdu	101.7	100.5	99.6	99.5	99.4	100.6	98.6	115.4
贵 阳	Guiyang	103.8	102.5	99.7	101.4	101.6	99.6	102.9	104.1
昆 明	Kunming	106.1	106.1	100.6	88.9	86.6	101.9	97.7	114.3
拉 萨	Lhasa	102.0	105.2	101.8	102.2	103.9	100.0	101.7	118.9
西 安	Xi'an	104.3	103.2	100.0	104.6	105.7	97.5	100.2	112.3
兰 州	Lanzhou	102.2	100.6	100.0	100.7	100.4	102.4	100.7	102.0
西 宁	Xining	97.6	93.9	100.4	108.3	108.7	108.5	102.6	109.8
银 川	Yinchuan	104.2	103.7	105.7	100.4	99.5	108.7	105.8	109.2
乌鲁木齐	Urumqi	99.8	99.5	100.7	100.3	100.4	100.0	95.8	100.0

3-1-7 续表 5 Continued 5

(上年价格=100) (Preceding year=100)

地　区	Region	四、家庭设备用品及维修服务 Household Facilities, Articles and Maintenemce Services	1.耐用消费品 Durable Consumer Goods	(1)家具 Furniture	(2)家庭设备 Household Facilities	2.室内装饰品 Interior Decorations	3.床上用品 Bed Articles	4.家庭日用杂品 Daily Use Household Articles	5.家庭服务及加工维修服务 Household Service and Manufacturing Upkeep
平均指数	**Average**	**101.6**	**99.9**	**101.1**	**99.2**	**99.7**	**100.7**	**101.3**	**109.9**
北　京	Beijing	101.7	100.8	103.2	98.9	102.0	98.9	100.3	109.8
天　津	Tianjin	102.0	100.7	102.6	99.3	99.1	104.8	101.6	109.2
石家庄	Shijiazhuang	100.1	99.4	98.8	99.6	102.8	99.9	99.6	105.5
太　原	Taiyuan	103.8	101.8	103.8	100.5	100.0	107.8	99.3	114.3
呼和浩特	Hohhot	100.8	101.5	101.2	101.9	100.8	100.2	99.3	103.6
沈　阳	Shenyang	100.7	99.9	101.6	98.9	102.9	99.9	101.3	102.1
大　连	Dalian	102.5	101.7	101.0	102.2	100.2	102.4	103.6	102.6
长　春	Changchun	100.7	101.3	101.4	101.2	98.7	102.2	99.7	101.2
哈尔滨	Harbin	100.3	98.7	99.4	98.6	98.7	94.7	101.9	108.5
上　海	Shanghai	101.3	99.5	99.5	99.5	98.0	100.8	101.1	108.8
南　京	Nanjing	102.6	100.2	98.5	101.0	99.9	103.4	103.1	106.3
杭　州	Hangzhou	103.3	100.0	99.0	100.5	102.1	109.2	100.8	114.0
宁　波	Ningbo	102.0	100.7	101.3	100.4	100.0	99.2	101.6	110.4
合　肥	Hefei	102.1	100.0	100.4	99.8	100.2	100.1	100.0	115.8
福　州	Fuzhou	101.3	99.5	101.6	99.0	100.8	98.5	100.7	109.4
厦　门	Xiamen	99.8	98.2	102.0	97.0	102.3	96.9	100.5	106.8
南　昌	Nanchang	100.6	97.5	96.3	97.9	102.2	103.7	99.2	114.7
济　南	Jinan	100.2	98.2	99.3	97.7	97.2	102.5	102.9	101.2
青　岛	Qingdao	101.0	100.3	100.9	100.0	97.5	100.8	101.9	104.4
郑　州	Zhengzhou	101.8	101.7	101.5	101.8	101.3	99.8	101.5	110.5
武　汉	Wuhan	102.6	98.7	103.9	95.9	100.6	106.2	104.6	113.4
长　沙	Changsha	102.6	100.8	103.8	99.9	101.4	100.4	102.4	114.4
广　州	Guangzhou	100.4	97.3	98.2	96.7	101.1	95.4	100.6	110.0
深　圳	Shenzhen	101.9	100.1	104.0	97.8	100.7	95.7	100.7	111.6
南　宁	Nanning	101.3	100.3	101.0	99.8	99.8	105.6	99.9	104.8
海　口	Haikou	101.4	100.2	103.2	98.6	100.0	100.0	102.3	103.7
重　庆	Chongqing	101.6	100.4	99.6	100.9	98.0	101.0	100.6	111.4
成　都	Chengdu	103.0	100.6	101.7	100.1	97.3	102.0	101.9	112.9
贵　阳	Guiyang	102.1	102.2	104.9	101.2	98.4	93.2	101.3	110.3
昆　明	Kunming	101.7	100.7	100.6	100.8	95.8	103.8	99.1	107.8
拉　萨	Lhasa	100.2	100.2	100.5	100.0	100.0	100.0	100.4	100.0
西　安	Xi'an	104.0	102.3	106.9	99.3	100.8	103.2	102.7	117.0
兰　州	Lanzhou	100.6	100.3	101.1	99.6	100.9	100.2	101.4	100.4
西　宁	Xining	99.4	98.2	103.5	95.8	103.0	98.5	99.8	108.7
银　川	Yinchuan	101.2	100.5	100.1	100.7	98.1	99.4	102.7	102.5
乌鲁木齐	Urumqi	101.8	99.8	101.2	98.9	99.6	106.0	101.7	110.9

3-1-7 续表 6 Continued 6

(上年价格=100) (Preceding year=100)

地 区	Region	五、医疗保健和个人用品 Health Care and Personal Articles	1.医疗保健 Health Care	(1)医疗器具及用品 Medical Instrument and Articles	(2)中药材及中成药 Traditional Chinese Medicine	(3)西药 Western Medicine	(4)保健器具及用品 Health Care Appliances and Articles	(5)医疗保健服务 Health Care Services	2.个人用品及服务 Personal Articles and Services
平均指数	**Average**	**100.9**	**101.2**	**100.4**	**102.5**	**100.2**	**102.6**	**100.8**	**100.3**
北 京	Beijing	100.2	101.2	100.1	103.8	99.9	103.0	100.0	98.4
天 津	Tianjin	100.6	101.2	99.9	104.3	100.8	100.1	100.0	99.3
石家庄	Shijiazhuang	103.5	104.3	100.5	106.2	107.9	101.9	100.0	101.1
太 原	Taiyuan	101.4	101.2	102.0	102.7	100.9	104.2	99.8	102.2
呼和浩特	Hohhot	100.8	102.8	100.1	103.4	100.6	100.1	106.3	99.3
沈 阳	Shenyang	100.5	100.4	105.4	100.1	101.3	100.0	100.0	100.9
大 连	Dalian	103.0	101.7	98.2	105.1	101.4	99.8	101.5	105.3
长 春	Changchun	100.9	100.4	106.2	99.2	101.1	101.1	100.0	102.2
哈尔滨	Harbin	101.3	101.5	100.0	102.5	100.5	112.6	102.2	100.8
上 海	Shanghai	100.0	100.8	100.6	103.3	99.3	103.1	100.4	99.3
南 京	Nanjing	100.2	99.7	100.6	102.0	99.0	98.0	100.0	101.3
杭 州	Hangzhou	101.1	101.5	100.0	101.9	99.9	105.1	99.3	99.6
宁 波	Ningbo	102.8	102.7	100.0	106.0	100.9	104.7	101.1	102.9
合 肥	Hefei	101.1	101.5	104.1	102.0	101.6	103.7	100.1	100.6
福 州	Fuzhou	99.6	100.7	99.6	102.7	99.4	104.4	100.0	98.4
厦 门	Xiamen	100.0	100.5	97.5	100.8	98.2	104.5	100.9	99.3
南 昌	Nanchang	100.3	100.0	100.0	99.9	100.0	100.0	100.0	100.8
济 南	Jinan	100.6	99.5	96.4	100.4	97.5	102.7	100.0	103.4
青 岛	Qingdao	101.5	101.8	100.1	103.5	101.2	104.8	100.2	100.8
郑 州	Zhengzhou	100.8	101.5	102.1	101.5	101.8	105.3	100.0	99.4
武 汉	Wuhan	102.1	102.6	97.8	100.9	105.1	102.4	100.0	100.7
长 沙	Changsha	101.8	102.0	100.6	106.2	101.1	102.5	100.0	101.3
广 州	Guangzhou	99.5	99.1	100.7	103.9	93.3	102.0	99.8	100.1
深 圳	Shenzhen	101.8	103.1	100.8	101.3	99.1	102.3	109.4	99.5
南 宁	Nanning	99.7	100.0	101.3	98.3	101.4	99.7	100.0	99.0
海 口	Haikou	101.3	101.5	101.8	103.7	102.7	102.7	100.0	100.9
重 庆	Chongqing	101.0	101.2	100.9	101.2	101.1	102.6	100.6	100.6
成 都	Chengdu	101.9	101.0	100.0	99.2	101.0	105.2	100.5	103.2
贵 阳	Guiyang	101.2	100.2	100.0	100.0	100.9	98.4	100.0	102.7
昆 明	Kunming	101.7	101.9	101.8	104.4	100.7	105.4	100.0	100.9
拉 萨	Lhasa	99.4	100.0	96.9	102.8	98.7	99.6	100.0	98.9
西 安	Xi'an	101.9	102.1	100.0	106.5	100.1	100.2	100.0	101.4
兰 州	Lanzhou	101.2	100.6	100.0	101.2	101.0	100.4	100.0	101.8
西 宁	Xining	101.5	101.9	103.6	103.5	102.8	105.9	99.9	100.6
银 川	Yinchuan	104.5	104.9	100.0	109.5	101.1	109.2	104.9	103.7
乌鲁木齐	Urumqi	102.3	102.4	99.3	102.7	101.3	116.0	100.0	101.9

3-1-7 续表 7 Continued 7

(上年价格=100) (Preceding year=100)

地 区	Region	(1)化妆美容用品 Cosmetics	(2)清洁用化妆品 Clean make-up Supplies	(3)个人饰品 Personal Decorations	(4)个人服务 Personal Services	六、交通和通信 Transportation and Communication	1.交通 Transportation	(1)交通工具 Transportation Facility	(2)车用燃料及零配件 Fuels and Parts
平均指数	**Average**	**101.0**	**101.7**	**94.7**	**105.3**	**99.3**	**100.0**	**98.1**	**99.1**
北 京	Beijing	97.0	100.7	92.3	108.8	99.0	100.4	97.6	99.0
天 津	Tianjin	101.7	100.2	94.1	102.9	98.6	98.3	95.3	99.4
石家庄	Shijiazhuang	104.8	102.6	93.4	104.5	100.3	101.9	101.7	98.7
太 原	Taiyuan	105.3	101.0	97.8	104.7	99.2	99.6	99.7	98.5
呼和浩特	Hohhot	100.1	105.4	93.2	103.7	99.1	99.0	96.7	98.7
沈 阳	Shenyang	101.1	101.8	95.2	103.0	98.9	99.1	99.1	99.1
大 连	Dalian	105.3	101.5	98.1	110.3	101.1	101.5	100.1	100.5
长 春	Changchun	100.0	104.8	98.4	104.1	99.0	99.5	91.9	99.1
哈尔滨	Harbin	103.2	103.2	99.7	100.2	97.9	98.0	95.6	99.0
上 海	Shanghai	100.3	102.0	94.2	106.7	100.4	101.3	98.5	99.0
南 京	Nanjing	102.2	97.5	91.6	108.7	99.5	99.2	98.4	99.8
杭 州	Hangzhou	105.3	101.0	91.6	101.7	99.5	99.0	98.6	99.2
宁 波	Ningbo	100.9	102.6	94.1	112.5	99.4	99.2	98.8	98.9
合 肥	Hefei	98.4	101.3	96.7	104.7	100.1	100.7	97.7	99.4
福 州	Fuzhou	100.7	99.1	95.4	101.7	100.1	101.8	99.2	100.3
厦 门	Xiamen	99.5	97.2	96.0	101.8	98.8	98.8	96.4	99.7
南 昌	Nanchang	99.9	102.2	94.7	107.2	99.8	100.8	100.3	99.5
济 南	Jinan	105.2	104.0	100.8	103.0	97.9	98.0	94.8	99.4
青 岛	Qingdao	101.0	101.1	99.1	103.8	98.2	98.6	97.8	99.4
郑 州	Zhengzhou	101.2	100.7	96.3	101.2	99.7	100.2	98.0	99.8
武 汉	Wuhan	100.1	104.7	90.6	105.3	98.9	99.5	98.0	99.6
长 沙	Changsha	100.5	100.9	96.0	104.0	99.3	98.8	95.6	99.4
广 州	Guangzhou	101.7	101.1	93.4	103.5	98.8	99.0	94.1	98.8
深 圳	Shenzhen	101.8	101.5	92.3	105.4	100.2	100.8	100.5	98.3
南 宁	Nanning	98.0	100.8	92.2	106.3	98.7	99.4	95.8	99.1
海 口	Haikou	100.0	102.8	95.8	104.4	101.4	102.3	102.2	100.7
重 庆	Chongqing	101.6	103.2	95.8	102.2	98.3	99.3	97.8	98.9
成 都	Chengdu	101.6	102.6	95.6	112.8	99.8	100.9	100.4	99.5
贵 阳	Guiyang	100.0	105.9	99.3	103.0	99.7	101.2	100.5	100.9
昆 明	Kunming	99.8	100.5	94.8	106.9	99.7	101.1	100.0	99.0
拉 萨	Lhasa	98.8	100.6	97.6	99.5	100.9	101.6	100.8	99.4
西 安	Xi'an	101.4	101.5	94.5	105.9	97.6	100.0	99.1	98.7
兰 州	Lanzhou	102.0	103.5	101.6	102.5	100.3	102.3	100.0	100.4
西 宁	Xining	98.2	101.6	95.9	106.7	98.3	98.6	95.8	99.8
银 川	Yinchuan	100.6	104.1	100.0	108.7	97.8	99.4	98.6	97.7
乌鲁木齐	Urumqi	105.0	102.2	96.2	105.2	100.4	101.1	97.2	100.4

3-1-7 续表 8 Continued 8

(上年价格=100) (Preceding year=100)

地 区	Region	(3)车辆使用及维修 Using and Upkeep Fare	(4)市区公共交通费 Incity Traffic Fare	(5)城市间交通费 Intercity Traffic Fare	2.通信 Communication	(1)通信工具 Communication Facility	(2)通信服务 Communication Service	七、娱乐教育文化用品及服务 Recreation, Education and Culture Articles
平均指数	**Average**	**105.2**	**100.5**	**100.7**	**98.2**	**86.9**	**99.8**	**101.9**
北 京	Beijing	104.9	103.2	101.3	96.1	74.4	99.5	103.9
天 津	Tianjin	109.6	100.0	96.4	98.9	88.7	100.0	102.5
石家庄	Shijiazhuang	118.9	99.1	99.2	98.9	89.9	100.0	102.6
太 原	Taiyuan	101.8	100.0	98.3	98.6	75.1	100.1	103.9
呼和浩特	Hohhot	106.2	99.7	100.8	99.2	96.5	100.2	101.3
沈 阳	Shenyang	102.0	100.0	96.7	98.7	89.0	100.0	100.2
大 连	Dalian	103.7	99.8	109.7	100.5	91.3	101.5	100.9
长 春	Changchun	107.3	100.0	100.7	98.4	92.3	99.6	103.7
哈尔滨	Harbin	103.2	99.6	94.0	97.9	73.5	100.0	100.2
上 海	Shanghai	108.2	100.0	107.2	97.8	79.8	100.0	100.1
南 京	Nanjing	100.2	100.0	100.2	100.0	98.2	100.2	102.3
杭 州	Hangzhou	100.1	99.0	100.1	100.8	91.7	101.6	103.9
宁 波	Ningbo	101.8	102.2	98.2	99.8	98.6	100.0	101.9
合 肥	Hefei	105.8	103.9	100.4	99.5	93.7	100.5	102.3
福 州	Fuzhou	113.0	105.2	101.8	97.9	74.8	100.0	103.7
厦 门	Xiamen	98.5	100.1	103.5	98.9	83.0	100.1	96.7
南 昌	Nanchang	104.8	100.2	100.5	99.1	93.2	100.0	101.7
济 南	Jinan	99.8	101.1	98.2	97.8	87.0	100.0	104.0
青 岛	Qingdao	103.9	97.4	98.1	97.5	79.9	100.0	100.8
郑 州	Zhengzhou	101.2	100.0	118.4	99.2	94.2	100.0	103.7
武 汉	Wuhan	109.4	100.3	96.2	98.2	84.2	100.0	100.3
长 沙	Changsha	107.3	100.0	99.1	100.0	100.3	100.0	102.9
广 州	Guangzhou	102.0	100.0	100.1	98.4	78.7	100.0	101.3
深 圳	Shenzhen	107.1	99.9	100.9	98.8	91.0	99.9	103.3
南 宁	Nanning	100.0	100.0	103.5	97.7	88.2	100.0	100.5
海 口	Haikou	108.3	100.0	100.2	99.1	90.4	100.0	101.9
重 庆	Chongqing	104.0	101.1	96.1	97.2	93.1	98.2	101.4
成 都	Chengdu	100.0	100.0	104.4	98.1	82.8	100.0	101.3
贵 阳	Guiyang	105.7	100.0	101.6	98.0	85.0	100.0	99.5
昆 明	Kunming	109.7	99.8	101.0	98.3	83.9	100.0	102.6
拉 萨	Lhasa	107.5	102.8	100.0	99.9	99.7	100.0	99.8
西 安	Xi'an	105.3	100.0	99.2	95.1	79.6	96.9	101.5
兰 州	Lanzhou	106.2	102.0	105.1	99.4	98.8	100.0	100.9
西 宁	Xining	110.2	100.0	96.5	98.0	86.8	100.0	100.9
银 川	Yinchuan	101.9	103.9	96.7	94.8	79.5	97.7	99.6
乌鲁木齐	Urumqi	101.3	105.3	91.3	99.5	96.3	100.0	102.7

(上年价格=100) (Preceding year=100)

地 区	Region	1.文娱用耐用消费品及服务 Durable Consumer Goods for Cultural and Recreational Use and Services	2.教育 Education	(1)教材及参考书 Teaching Materials and Reference Books	(2)教育服务 Tuition and Child Care	3.文化娱乐 Cultural and Recreational	(1)文化娱乐用品 Cultural Recreational Articles	(2)书报杂志 Newspapers and Magazines
平均指数	**Average**	**94.1**	**103.3**	**101.6**	**103.5**	**101.4**	**100.2**	**101.2**
北 京	Beijing	92.2	107.2	100.3	107.8	102.7	101.5	101.0
天 津	Tianjin	94.2	100.2	100.0	100.2	101.1	99.6	101.4
石家庄	Shijiazhuang	93.8	103.2	102.8	103.3	102.1	99.5	109.7
太 原	Taiyuan	91.6	102.6	102.9	102.6	102.5	96.9	102.0
呼和浩特	Hohhot	102.1	100.0	100.0	100.0	100.8	99.2	100.0
沈 阳	Shenyang	96.5	100.7	103.7	100.5	101.5	100.9	99.9
大 连	Dalian	95.3	101.4	101.6	101.4	101.8	101.0	102.4
长 春	Changchun	98.2	105.8	100.7	106.5	101.1	99.9	100.7
哈尔滨	Harbin	89.5	103.4	102.1	103.6	97.4	100.3	96.0
上 海	Shanghai	88.7	103.0	103.9	103.0	100.3	98.4	100.4
南 京	Nanjing	98.1	102.0	99.7	102.0	100.7	101.2	99.7
杭 州	Hangzhou	96.9	104.9	100.0	105.1	99.7	99.9	100.0
宁 波	Ningbo	99.1	103.0	100.0	103.2	105.5	100.2	100.0
合 肥	Hefei	97.3	102.8	106.9	101.8	101.8	101.4	100.0
福 州	Fuzhou	94.0	106.5	119.7	105.4	101.3	99.4	105.3
厦 门	Xiamen	92.2	90.5	107.0	88.4	99.7	98.3	100.0
南 昌	Nanchang	95.9	101.9	100.0	102.1	98.8	95.3	100.6
济 南	Jinan	96.9	104.6	105.5	104.5	101.1	100.9	100.3
青 岛	Qingdao	95.4	102.2	102.6	102.1	102.6	98.6	106.5
郑 州	Zhengzhou	94.7	102.0	109.8	101.3	117.9	99.7	106.2
武 汉	Wuhan	88.0	101.9	99.8	102.1	99.6	99.9	100.0
长 沙	Changsha	99.5	103.2	100.0	103.4	100.2	100.5	100.2
广 州	Guangzhou	95.3	103.1	100.0	103.6	100.5	101.0	100.5
深 圳	Shenzhen	96.9	107.5	100.0	109.2	101.1	99.6	103.4
南 宁	Nanning	91.1	104.7	99.8	105.3	99.9	100.3	100.0
海 口	Haikou	99.8	102.4	101.4	102.5	102.0	99.7	100.0
重 庆	Chongqing	99.3	103.3	101.8	103.5	101.9	101.1	100.2
成 都	Chengdu	90.8	103.9	101.8	105.2	102.3	100.4	100.0
贵 阳	Guiyang	91.2	101.1	102.0	101.0	102.7	99.9	105.1
昆 明	Kunming	98.5	100.7	92.2	102.8	100.0	100.8	100.2
拉 萨	Lhasa	98.9	100.5	100.0	100.7	100.7	99.3	100.0
西 安	Xi'an	94.5	101.5	100.7	101.6	101.5	101.6	100.0
兰 州	Lanzhou	97.1	101.5	100.0	101.9	100.1	100.4	100.0
西 宁	Xining	90.2	103.6	105.5	103.2	99.5	96.5	101.9
银 川	Yinchuan	87.0	105.8	108.5	105.3	104.7	101.8	105.7
乌鲁木齐	Urumqi	94.3	101.2	103.0	101.0	109.1	99.1	120.2

3-1-7 续表 10 Continued 10

(上年价格=100)

(Preceding year=100)

地 区	Region	(3)文娱费 Expenditure of Culture and Recreation	4.旅游 Touring	八、居住 Residence	1.建房及装修材料 Building and Building Decoration Materials	2.住房租金 Rent	3.自有住房 Private Housing	4.水、电、燃料 Water, Eletricity and Fuels
平均指数	**Average**	**102.2**	**104.2**	**103.8**	**101.4**	**105.0**	**104.8**	**102.6**
北 京	Beijing	103.3	105.6	105.6	100.8	106.0	106.8	103.4
天 津	Tianjin	102.1	113.7	104.4	103.4	99.9	106.0	101.7
石家庄	Shijiazhuang	100.6	109.6	102.0	100.8	103.8	101.8	102.3
太 原	Taiyuan	106.0	116.4	102.7	100.1	110.3	103.3	102.7
呼和浩特	Hohhot	101.7	103.7	101.6	98.6	105.8	102.3	100.4
沈 阳	Shenyang	102.3	98.9	101.5	100.2	104.2	101.8	100.7
大 连	Dalian	102.1	103.1	103.2	102.2	102.4	103.8	101.6
长 春	Changchun	102.3	103.4	103.8	101.7	104.6	103.0	106.4
哈尔滨	Harbin	96.4	95.1	102.1	99.2	103.4	102.8	102.7
上 海	Shanghai	101.2	103.4	103.9	101.4	104.0	104.9	102.8
南 京	Nanjing	100.6	105.9	102.8	99.1	104.2	102.7	103.3
杭 州	Hangzhou	99.5	106.8	102.1	101.3	102.8	102.6	101.2
宁 波	Ningbo	109.4	98.1	103.5	100.5	108.7	105.4	99.5
合 肥	Hefei	102.9	103.1	102.8	100.3	105.0	103.7	101.5
福 州	Fuzhou	101.6	108.6	103.1	100.1	100.5	102.0	106.0
厦 门	Xiamen	100.5	111.4	106.2	101.6	105.4	107.9	104.9
南 昌	Nanchang	99.8	107.1	101.0	103.6	103.4	102.0	98.8
济 南	Jinan	101.9	113.2	102.0	101.6	99.1	103.0	100.9
青 岛	Qingdao	102.9	99.6	100.8	101.0	100.4	100.2	101.6
郑 州	Zhengzhou	127.1	102.6	102.9	101.2	101.4	104.8	100.8
武 汉	Wuhan	99.3	102.8	104.4	103.4	104.6	105.2	103.6
长 沙	Changsha	99.9	107.7	103.4	100.6	102.9	106.2	100.4
广 州	Guangzhou	100.1	101.8	105.9	102.8	108.0	107.2	105.3
深 圳	Shenzhen	101.1	100.2	104.8	104.1	109.0	106.4	101.4
南 宁	Nanning	99.6	101.0	102.3	100.8	101.8	102.5	103.0
海 口	Haikou	105.5	102.8	105.0	99.3	104.3	107.9	104.4
重 庆	Chongqing	103.0	98.2	102.8	102.9	103.7	103.3	101.5
成 都	Chengdu	103.5	98.6	103.3	100.4	109.5	103.0	103.2
贵 阳	Guiyang	103.0	102.4	105.4	99.0	103.5	109.6	101.9
昆 明	Kunming	99.2	111.5	104.6	104.3	106.4	102.7	107.0
拉 萨	Lhasa	102.5	98.7	98.5	102.0	94.3	100.0	101.0
西 安	Xi'an	102.1	106.8	102.0	98.0	103.5	103.9	102.5
兰 州	Lanzhou	100.0	110.7	103.7	101.9	112.3	105.4	101.6
西 宁	Xining	100.2	101.9	104.4	101.4	105.0	104.5	105.4
银 川	Yinchuan	106.6	92.9	102.6	99.1	112.7	101.0	103.6
乌鲁木齐	Urumqi	111.2	104.1	101.3	98.4	102.3	102.3	102.1

3-2-1 全国商品零售价格分类指数(1978～2013年)

Retail Price Indices by Category(1978~2013)

(上年价格=100) (Preceding year=100)

年 份 Year	总指数 Retail Price Index	食品类 Food	粮食 Grain	油脂 Oil or Fat	肉禽及其制品 Meat, Poultry and Their Products	蛋 Eggs	水产品 Aquatic Products	菜 Vegetables	调味品 Flavoring	食糖 Sugar	糖果 Candy
1978	100.7	101.5	101.3					105.0			
1979	102.0	105.5	103.7					107.8			
1980	106.0	110.5	103.5					110.9			
1981	102.4	103.7	103.9					110.6			
1982	101.9	102.8	100.2					101.8			
1983	101.5	102.4	99.9					112.7			
1984	102.8	102.6	99.8	102.6	105.0		111.1	107.5			
1985	108.8	114.4	110.9	112.3	122.0		134.3	134.5			
1986	106.0	107.4	109.3	111.0	110.1		111.7	103.3			
1987	107.3	110.1	106.2	107.7	116.5		117.0	117.7			
1988	118.5	123.0	114.1	117.1	136.8		131.1	131.7			
1989	117.8	116.2	121.3	121.5	114.3		116.3	102.1			
1990	102.1	100.3	95.2	101.6	97.9		99.3	99.6			
1991	102.9	103.3	108.6	109.9	97.7		101.5	106.1			
1992	105.4	107.7	124.3	105.9	104.8		105.4	109.6			
1993	113.2	114.3	127.7	116.2	114.0		116.3	115.7			
1994	121.7	135.2	148.7	161.4	137.2		120.7	138.2	118.3	138.5	127.1
1995	114.8	124.7	134.4	116.3	124.2		114.2	129.3	117.3	130.5	122.5
1996	106.1	107.7	107.5	92.1	106.4		105.6	118.4	114.3	95.8	109.5
1997	100.8	99.8	92.1	101.6	101.3		101.2	99.5	102.9	98.0	102.9
1998	97.4	96.8	96.9	100.7	92.6		94.2	100.3	99.3	92.8	99.7
1999	97.0	95.8	96.4	94.4	91.1		93.6	100.4	99.9	84.8	98.1
2000	98.5	97.5	90.1	86.2	96.1		102.7	105.3	101.2	108.6	99.2
2001	99.2	100.6	101.5	89.3	102.9		96.3	103.3	100.8	115.8	100.6
2002	98.7	99.9	98.6	100.1	100.4	96.2	100.8	99.6	101.2	88.8	102.5
2003	99.9	103.4	102.2	112.5	103.0	98.5	100.3	116.3	100.3	91.1	103.1
2004	102.8	109.9	126.5	116.8	117.1	119.8	112.5	95.2	101.8	104.1	101.1
2005	100.8	103.1	101.4	94.7	103.0	104.7	105.8	108.1	101.4	106.9	102.6
2006	101.0	102.6	102.5	98.7	97.3	96.3	101.6	108.1	102.2	130.7	103.4
2007	103.8	112.3	106.4	126.3	131.0	121.8	105.3	107.9	103.9	98.8	102.3
2008	105.9	114.4	107.0	125.0	121.7	104.3	114.5	110.4	105.6	98.2	106.3
2009	98.8	100.9	105.7	81.8	91.7	101.6	102.3	113.2	103.5	100.8	103.7
2010	103.1	107.6	111.7	103.7	103.0	108.3	108.3	119.0	104.1	121.7	102.2
2011	104.9	111.9	112.3	113.4	122.4	114.3	112.1	101.0	105.7	123.1	106.7
2012	102.0	104.8	103.8	105.1	102.2	97.1	108.1	113.5	104.5	102.3	105.6
2013	101.4	104.7	104.9	100.4	104.4	104.8	104.1	108.1	103.9	98.6	101.6

3-2-1 续表 1 Continued 1

(上年价格=100) (Preceding year=100)

年 份 Year	干鲜瓜果 Dried and Fresh Melons and Fruits	糕点 Cake	液体乳及乳制品 Milk and Its Products	在外用膳食品 Outward Dinner Food	主食 Staple Food	炒菜 Fried Dishes	地方小吃 Local Snack	其他食品 Other Foods	饮料、烟酒 Beverages, Tobacco and Liquor	茶及饮料 Tea and Beverages
1978								102.7	100.1	
1979								103.5	100.7	
1980								106.4	100.5	
1981								102.5	103.3	
1982								101.2	116.4	
1983								105.2	98.7	
1984								104.0	99.9	
1985								115.0	100.7	
1986								106.7	101.2	
1987								109.7	103.2	
1988								120.2	113.0	
1989								121.9	110.7	
1990								102.5	100.9	
1991								103.9	100.8	
1992								103.6	104.6	
1993								109.5	105.8	
1994		127.0	133.3	128.2	133.8	124.8	130.8	126.5	111.3	113.8
1995		124.8	126.3	123.5	128.7	120.5	126.3	123.2	107.8	111.3
1996		110.2	110.3	108.6	110.7	107.1	110.5	108.8	105.1	106.2
1997		103.9	104.8	104.7	104.5	104.7	105.2	103.0	101.2	102.1
1998		100.7	100.0	101.1	101.1	100.7	102.5	99.2	98.8	99.1
1999	99.4	100.7	99.1	99.6	100.3	98.9	100.9	97.8	97.3	98.4
2000	95.7	99.5	100.0	99.8	99.0	99.7	101.3	100.9	98.0	98.5
2001	100.1	99.2	99.9	100.4	99.9	100.4	101.1	101.8	99.5	98.9
2002	100.8	99.3	99.4	100	100.1	99.7	101.1	101.2	99.9	99.5
2003	102.2	99.8	99.7	100	100.7	99.7	100.3	99.2	99.9	99.3
2004	104.1	101.5	100.4	103.8	106.8	102.3	104.9	100.8	101.0	99.8
2005	101.7	100.8	100.9	102.8	102.2	103.2	102	101.2	100.5	100.2
2006	117.0	101.1	101.0	101.9	101.4	102.1	101.7	101.3	100.7	101.0
2007	102.5	104.6	102.9	107.1	108.2	105.9	110.2	104.3	101.8	101.4
2008	111.3	109.2	117.4	111.6	111.6	110.5	116.0	108.3	103.4	103.8
2009	106.7	102.3	101.4	102.7	102.4	102.6	103.7	101.6	101.7	101.9
2010	114.3	103.4	102.9	103.6	102.9	103.6	105.2	101.7	101.7	101.5
2011	115.9	110.1	105.0	108.1	108.8	107.1	112.4	106.0	103.3	103.9
2012	99.7	104.9	103.1	106.6	106.6	106.2	108.1	104.8	103.3	104.0
2013	106.0	102.5	105.7	104.6	106.5	103.5	107.0	101.3	100.7	102.1

3-2-1 续表 2 Continued 2

(上年价格=100) (Preceding year=100)

年 份 Year	烟草 Tobacco	酒 Liquor	服装、鞋帽 Garments, Shoes and Hats	服装 Garments	鞋袜帽 Footgear and Hats	纺织品 Textiles	棉布 Cotton Cloth	混纺布 Blend Cloth	化纤布 Chemical Fiber Cloth
1978			100.2						
1979			99.5				100.0		97.7
1980			100.0				100.0		99.3
1981			99.6				100.0		98.6
1982			97.9				100.0		92.3
1983			98.8				119.6		80.6
1984			100.0				100.0		97.2
1985			100.9				99.1		100.4
1986			103.2				102.0		100.2
1987			103.5				103.0		99.9
1988			112.7				121.7		102.6
1989			118.1				132.1		108.9
1990			107.1				111.2		106.0
1991			104.1				105.4		103.1
1992			102.8				101.2		101.0
1993			106.2				103.1		102.1
1994	110.8	110.8	119.6	117.9	119.0	114.7	130.9	115.4	111.3
1995	106.8	106.8	116.8	113.4	117.8	115.4	134.4	116.2	112.2
1996	104.8	104.8	108.5	107.3	109.4	106.4	109.3	105.1	104.9
1997	100.9	100.9	103.5	103.0	103.7	101.9	102.8	101.7	101.2
1998	98.7	98.7	99.3	98.5	99.8	99.1	100.2	99.4	97.0
1999	97.0	97.0	97.3	96.3	98.3	98.0	98.5	97.7	97.5
2000	97.8	97.8	99.2	98.7	99.8	98.6	98.9	98.5	99.0
2001	99.7	99.7	98.9	98.3	99.6	99.1	99.7	99.1	99.6
2002	100.0	100.0	97.9	97.5	98.0	99.4	99.3	100.3	99.2
2003	99.8	100.3	97.5	97.5	97.4	99.3	99.9	99.6	100.2
2004	100.7	102.2	98.2	98.2	98.0	100.0	103.2	101.4	101.2
2005	100.3	100.9	97.9	97.9	98.1	99.8	101.0	101.2	101.2
2006	100.2	101.3	99.8	99.4	100.8	100.0	100.9	101.8	100.6
2007	100.9	103.4	99.4	99.6	98.9	100.2	102.4	102.0	101.4
2008	100.5	107.5	98.4	98.5	98.1	100.5	102.6	102.1	101.6
2009	100.4	103.3	97.9	98.0	97.6	99.6	101.2	100.8	101.1
2010	100.5	103.7	98.8	99.0	98.3	101.2	105.0	104.0	102.4
2011	100.4	106.8	101.8	102.4	100.6	105.7	118.3		108.4
2012	100.5	106.3	102.9	103.3	102.2	101.5	104.6		103.4
2013	100.5	100.0	102.2	102.5	101.6	101.0	102.5		102.2

3-2-1 续表 3 Continued 3

（上年价格=100 ） (Preceding year=100)

年 份 Year	家用电器及音像器材 Household Appliances, Music and Video Equipment	文化办公用品 Cultural and Office Appliances	日用品 Articles for Daily Use	日用百货 General Merchandise for Daily Use	日用杂品 Grocery for Daily Use	体育娱乐用品 Sports and Recreation Articles	交通、通信用品 Transportation and Communication Appliances	家具 Furniture	化妆品 Cosmetics
1978			100.1			100.6			
1979	100.0	102.3	100.5	99.8	102.2	101.8		100.4	
1980	93.6	100.8	101.6	100.1	103.0	95.5		101.1	
1981	97.2	100.4	101.3	100.1	103.2	98.0		107.6	
1982	96.1	100.2	100.6	100.4	102.2	97.2		107.6	
1983	95.1	100.3	99.3	100.2	101.8	98.1		101.1	
1984	99.7	100.3	100.2	100.8	104.6	99.8		101.7	
1985	100.8	103.9	102.7	103.8	109.5	101.5		103.9	
1986	99.6	105.1	106.1	105.9	109.8	101.0		103.6	
1987	100.2	107.9	106.1	106.0	110.4	102.5		105.7	
1988	115.3	114.8	112.2	121.7	112.8	114.1		109.2	
1989	114.0	119.2	115.3	124.1	118.0	114.3		111.6	
1990	93.1	111.4	101.9	107.7	108.3	97.5		102.3	
1991	93.2	105.0	101.5	103.8	103.7	96.2		100.4	
1992	93.0	102.7	101.4	101.4	103.6	95.7		100.6	
1993	99.5	107.3	107.9	107.8	112.2	101.6		107.3	
1994	106.7	109.4	113.9	114.0	118.0	109.8		111.0	116.4
1995	100.7	108.6	109.7	110.6	112.5	108.9		106.6	109.9
1996	98.7	106.2	105.3	105.7	107.1	106.7		103.7	105.0
1997	95.6	100.9	102.3	102.2	102.7	101.7		102.3	102.3
1998	93.9	98.4	99.0	99.5	99.8	99.0		97.9	100.5
1999	94.0	99.5	97.9	97.8	98.6	99.5		97.6	99.6
2000	93.6	98.9	98.1	97.9	99.4	98.9		97.8	98.9
2001	93.9	98.4	98.3	98.4	99.6	98.6		97.6	98.8
2002	94.2	98.6	98.7	98.8	99.0	99.3		98.4	98.4
2003	94.2	95.8	98.5	98.0	99.7	98.1	91.1	97.8	98.9
2004	94.7	96.9	99.6	99.7	100.3	98.2	91.8	98.8	98.9
2005	96.3	96.7	100.2	100.0	100.7	98.4	91.7	99.1	99.3
2006	97.3	97.6	100.8	100.5	101.2	98.5	92.3	100.1	99.8
2007	97.4	97.0	101.1	100.7	101.5	97.4	92.7	101.6	100.2
2008	96.9	96.8	103.7	103.2	101.8	97.7	93.2	102.6	100.7
2009	94.2	96.2	102.0	101.5	101.9	97.8	93.7	99.7	100.8
2010	96.1	97.8	100.3	100.6	100.4	98.3	95.6	100.1	100.4
2011	96.9	97.6	102.3	102.5	101.8	100.9	96.1	102.3	101.3
2012	97.7	98.1	102.1	101.6	101.7	101.0	96.0	101.3	102.2
2013	98.3	98.6	100.8	100.5	101.0	100.7	97.3	101.2	101.5

(上年价格=100) (Preceding year=100)

年 份 Year	金银珠宝 Gold, Silver and Jewelry	中西药品及医疗保健用品 Traditional Chinese and Western Medicines and Health Care Articles	医疗器具及用品 Medical Apparatus and Article	中药材及中成药 Traditional Chinese Medicinal Materials and Medicines	西药 Western Medicines	书报杂志及电子出版物 Books, Newspapers, Magazines and Electronic Publications	燃料 Fuels	建筑材料及五金电料 Building Materials and Hardware	建筑装璜材料 Building Decoration Materials	五金电料 Hardware
1978		100.5					100.1			
1979		101.7	99.7	105.7	99.7		100.2			
1980		100.9	99.8	102.9	99.8		100.7			
1981		100.2	98.1	102.9	98.1		100.6			
1982		101.3	100.4	102.9	100.4		100.8			
1983		103.9	101.8	107.2	101.8		101.0			
1984		104.9	102.1	109.0	102.1	100.0	102.2			
1985		103.8	102.5	105.8	102.5	132.5	104.0			
1986		102.0	101.9	102.0	101.9	113.9	103.9			
1987		104.6	106.1	102.5	106.1	101.4	103.6			
1988		124.8	117.6	134.8	117.6	115.2	116.1		121.4	
1989		121.2	121.9	120.1	121.9	192.7	127.4		118.7	
1990		102.4	106.8	96.6	106.8	107.6	108.2		97.0	
1991		103.4	101.1	106.3	101.1	100.8	115.6		100.8	
1992		109.1	102.1	118.4	102.1	103.3	114.6		106.5	
1993		109.2	106.2	113.1	106.2	107.1	135.0		128.8	
1994	110.1	111.8	113.4	109.3	113.4	133.5	115.1		112.9	
1995	99.4	111.5	114.9	111.6	111.0	115.2	107.2		105.7	
1996	99.4	108.8	106.8	112.8	106.2	136.9	105.0		101.2	
1997	97.8	104.4	103.5	108.4	101.6	112.8	107.3		99.0	
1998	90.9	102.8	101.0	108.1	99.1	105.1	96.1		97.1	
1999	94.5	101.0	100.1	105.6	97.9	104.9	100.4		98.3	
2000	97.6	100.2	99.6	104.6	97.3	105.4	117.7		98.4	
2001	90.7	98.5	98.8	102.3	95.8	108.1	102.4		100.1	
2002	100.9	96.5	99.0	97.5	95.4	100.8	102.0		100.1	
2003	108.6	98.4	100.6	104.4	94.3	100.3	109.3	99.7	99.7	99.7
2004	111.6	96.7	101.9	98.4	94.5	101.0	112.4	103.7	104.2	102.0
2005	104.4	97.6	98.4	96.5	97.8	100.3	115.4	102.1	102.3	101.5
2006	119.7	99.1	98.3	100.0	98.4	100.2	112.4	103.0	102.8	103.6
2007	107.9	102.0	98.5	108.0	99.0	99.7	104.2	105.1	105.6	103.4
2008	116.8	103.1	99.6	106.9	101.3	101.5	116.0	107.9	109.5	102.9
2009	95.6	101.5	101.5	102.4	101.1	105.0	92.7	98.4	97.9	100.2
2010	114.5	104.3	103.7	111.1	101.0	101.3	112.3	103.5	104.0	101.9
2011	114.3	103.9	102.0	112.1	99.6	100.8	111.1	105.1	105.7	103.1
2012	101.0	102.1	102.4	104.9	100.3	101.4	102.9	100.3	99.8	101.8
2014	91.9	101.3	100.8	103.1	100.0	101.3	99.9	100.5	100.3	101.1

3-2-2 全国商品零售价格分类指数（2013年）
Retail Price Indices by Category (2013)

(上年价格=100) (Preceding year=100)

项 目	Item	全国 National Indices	城市 Urban Indices	36个大中城市 36 Major Cities	农村 Rural Indices
商品零售价格总指数	**Retail Price Index**	**101.4**	**101.3**	**101.0**	**101.8**
一、食品	**Food**	**104.7**	**104.6**	**104.6**	**105.0**
1.粮食	Grain	104.9	104.8	104.3	105.0
2.淀粉及制品	Starches	103.0	103.2	103.7	102.5
3.干豆类及豆制品	Bean and Its Products	105.6	105.4	105.2	106.1
4.油脂	Oil or Fat	100.4	100.3	99.8	100.6
5.肉禽及其制品	Meat, Poultry and Their Products	104.4	104.7	104.8	103.9
6.蛋	Eggs	104.8	104.8	104.9	104.9
7.水产品	Aquatic Products	104.1	103.9	103.9	104.7
8.菜	Vegetables	108.1	107.4	107.5	109.9
9.调味品	Flavoring	103.9	103.5	103.6	104.6
10.糖	Carbohydrate	100.6	101.0	101.3	99.8
11.干鲜瓜果	Dried and Fresh Melons and Fruits	106.0	105.5	105.5	107.4
12.糕点饼干面包	Cake	102.5	102.5	102.4	102.4
13.液体乳及乳制品	Milk and Its Products	105.7	106.2	107.2	103.5
14.在外用膳食品	Outward Dinner Food	104.6	104.3	104.3	105.6
15.其他食品	Other Foods	101.3	101.2	101.2	101.7
二、饮料、烟酒	**Beverages, Tobacco and Liquor**	**100.7**	**100.5**	**100.6**	**101.1**
1.茶及饮料	Tea and Beverages	102.1	102.1	101.8	101.9
2.烟草	Tobacco	100.5	100.0	100.0	101.5
3.酒	Liquor	100.0	99.9	100.3	100.3
三、服装、鞋帽	**Garments, Shoes and Hats**	**102.2**	**102.1**	**102.1**	**102.5**
1.服装	Garments	102.5	102.4	102.4	103.0
2.鞋袜帽	Footgear and Hats	101.6	101.6	101.4	101.6
3.其他	Others	100.1	100.0	99.4	100.3
四、纺织品	**Textiles**	**101.0**	**100.9**	**101.0**	**101.2**
1.衣着材料	Clothing Material	102.0	101.6	100.9	102.5
2.床上用品	Bed Articles	100.6	100.6	101.0	100.4
五、家用电器及音像器材	**Household Appliances, Music and Video Equipment**	**98.3**	**98.0**	**97.1**	**98.9**
1.家庭设备	Household Facilities	99.7	99.6	99.3	100.0
2.文娱用耐用消费品	Durable Consumer Goods for Cultural and Recreational Use	95.7	95.1	93.3	97.1
3.专业音像器材	Music and Video Equipment	99.2	99.1	98.7	99.8
六、文化办公用品	**Cultural and Office Appliances**	**98.6**	**98.3**	**97.6**	**99.7**
七、日用品	**Articles for Daily Use**	**100.8**	**100.7**	**100.7**	**101.2**
1.日用百货	General Merchandise for Daily Use	100.5	100.3	100.2	100.7
2.日用杂品	Grocery for Daily Use	101.0	100.8	100.9	101.5
3.洗涤用品	Wash	101.6	101.5	101.7	101.6
4.其他日用品	Other Articles for Daily Use	100.5	100.3	100.1	101.1
八、体育娱乐用品	**Sports and Recreation Articles**	**100.7**	**100.7**	**100.7**	**100.8**
1.体育用品	Sports Articles	101.1	101.1	101.3	101.2
2.娱乐用品	Recreation Articles	100.3	100.3	100.1	100.5
九、交通、通信用品	**Transportation and Communication Appliances**	**97.3**	**97.1**	**96.6**	**98.1**
1.交通运输机械	Transportation Appliances	98.6	98.5	98.3	99.1
2.通信器材	Communication Appliances	93.7	92.7	89.6	96.3
十、家具	**Furniture**	**101.2**	**101.4**	**101.5**	**100.8**
十一、化妆品	**Cosmetics**	**101.5**	**101.5**	**101.5**	**101.6**
十二、金银珠宝	**Gold, Silver and Jewelry**	**91.9**	**91.9**	**91.8**	**91.8**
十三、中西药品及医疗保健用品	**Traditional Chinese and Western Medicines and Health Care Articles**	**101.3**	**101.5**	**101.4**	**101.0**
1.医疗器具及用品	Medical Apparatus and Article	100.8	100.8	100.5	101.0
2.中药材及中成药	Traditional Chinese Medicinal Materials and Medicines	103.1	103.1	102.7	103.2
3.西药	Western Medicines	100.0	100.2	100.2	99.4
4.保健器具及用品	Health Care Appliances and Articles	102.1	102.3	102.9	101.2
十四、书报杂志及电子出版物	**Books, Newspapers, Magazines and Electronic Publications**	**101.3**	**101.2**	**101.0**	**101.6**
1.教材及参考书	Teaching Materials and Reference Books	101.7	101.6	101.2	102.4
2.书报杂志	Newspapers and Magazines	101.2	101.2	101.3	101.3
3.电子音像制品	Electronic Publications	100.3	100.3	99.8	100.5
十五、燃料	**Fuels**	**99.9**	**100.0**	**100.0**	**99.7**
1.煤炭及制品	Coal and its product	98.5	98.0	97.4	99.2
2.石油及制品	Petroleum and its product	100.2	100.3	100.2	99.8
十六、建筑材料及五金电料	**Building Materials and Hardware**	**100.5**	**100.5**	**100.6**	**100.5**
1.建筑装璜材料	Building Decoration Materials	100.3	100.4	100.5	100.2
2.五金电料	Hardware	101.1	100.9	101.0	101.6

3-2-3 各地区商品零售价格总指数(1981～2013年)

(上年价格=100)

地 区	Region	1981	1982	1983	1984	1985	1986	1987	1988	1989	1990	1991	1992	1993	1994
全 国	**National**	**102.4**	**101.9**	**101.5**	**102.8**	**108.8**	**106.0**	**107.3**	**118.5**	**117.8**	**102.1**	**102.9**	**105.4**	**113.2**	**121.7**
北 京	Beijing	101.4	102.0	100.6	102.1	118.6	106.7	108.7	121.9	118.5	104.1	108.5	108.3	116.9	117.9
天 津	Tianjin	101.5	100.5	100.5	101.8	113.9	107.2	106.9	117.7	115.1	102.7	108.0	109.4	114.3	115.6
河 北	Hebei	102.1	101.5	101.4	103.4	107.8	105.2	108.3	118.1	118.4	99.9	102.8	105.2	110.5	121.4
山 西	Shanxi	102.3	102.2	101.2	103.0	107.6	105.3	107.5	121.0	119.1	102.1	103.9	106.3	113.1	121.6
内蒙古	Inner Mongolia	101.8	101.7	101.0	104.4	108.5	105.0	108.1	116.3	115.9	102.9	104.5	106.8	112.5	119.3
辽 宁	Liaoning	101.6	101.2	101.5	103.9	110.0	106.0	109.0	119.3	118.4	102.7	104.1	106.0	113.5	120.6
吉 林	Jilin	101.7	103.0	102.6	104.2	109.7	105.4	107.5	119.9	116.9	103.9	105.1	107.1	111.3	119.9
黑龙江	Heilongjiang	102.1	102.8	102.2	104.4	111.7	105.9	109.6	117.8	114.0	104.9	106.5	108.5	114.6	120.7
上 海	Shanghai	101.5	100.3	100.1	102.2	116.4	106.7	108.8	121.3	116.7	104.8	109.5	109.7	117.5	117.5
江 苏	Jiangsu	101.6	101.1	100.8	103.5	109.2	106.5	109.3	121.7	118.0	102.3	104.4	104.8	115.4	123.6
浙 江	Zhejiang	101.5	100.9	102.0	103.4	114.0	106.0	109.5	122.1	117.8	101.6	103.0	106.6	116.7	121.7
安 徽	Anhui	101.7	101.0	101.1	102.0	106.4	105.2	109.7	121.8	117.1	101.9	105.7	106.6	112.9	123.3
福 建	Fujian	103.4	103.6	101.5	101.9	110.6	105.9	109.4	126.5	118.8	98.9	103.6	105.0	113.4	123.0
江 西	Jiangxi	104.6	102.9	101.4	102.5	108.3	105.8	106.9	121.8	118.6	101.3	102.4	105.6	111.1	125.1
山 东	Shandong	101.8	100.9	100.5	102.6	107.1	104.2	108.0	118.3	117.1	101.8	104.7	105.9	110.7	120.3
河 南	Henan	101.6	101.5	102.3	102.1	104.9	105.0	108.1	120.2	118.3	99.7	101.7	104.4	108.4	120.6
湖 北	Hubei	101.4	100.7	101.4	103.0	107.5	104.2	107.6	119.5	117.0	102.9	104.3	107.0	115.0	124.9
湖 南	Hunan	100.9	101.7	102.4	103.1	111.1	104.8	110.6	125.9	118.1	99.4	104.1	109.5	115.1	125.3
广 东	Guangdong	109.3	102.3	100.7	101.2	113.6	104.8	111.7	130.2	121.0	95.6	100.6	105.8	118.2	118.9
广 西	Guangxi	101.7	103.1	102.8	104.2	111.2	105.1	108.0	121.0	121.3	100.1	102.5	104.6	118.9	124.4
海 南	Hainan								127.8	126.8	100.6	103.1	108.7	123.9	121.8
重 庆	Chongqing														
四 川	Sichuan	101.8	102.3	100.7	102.3	106.8	103.9	107.5	120.0	118.3	103.1	102.3	106.4	113.9	123.9
贵 州	Guizhou	102.3	102.0	100.7	102.5	107.7	105.3	107.3	120.2	117.4	101.4	103.3	107.4	114.8	119.5
云 南	Yunnan	101.2	101.9	101.0	102.7	108.0	105.0	106.6	199.6	119.3	102.1	103.7	107.7	118.9	116.0
西 藏	Tibet														
陕 西	Shaanxi	103.0	101.0	101.5	103.9	106.5	105.2	108.6	119.0	118.8	101.6	105.8	109.5	111.8	125.9
甘 肃	Gansu	102.0	101.4	100.2	103.0	108.5	106.0	107.4	118.6	116.4	103.4	104.6	105.8	113.0	122.5
青 海	Qinghai	101.4	101.8	100.7	103.8	110.7	106.1	107.3	118.3	117.7	104.5	106.3	106.4	112.5	123.2
宁 夏	Ningxia	102.0	102.5	101.1	103.2	107.8	104.9	108.0	117.5	117.8	104.2	105.7	107.4	112.8	120.1
新 疆	Xinjiang	101.6	100.2	101.5	103.1	108.1	106.7	107.1	114.6	116.7	104.1	108.0	108.1	112.6	125.7

Retail Price Indices by Region(1981~2013)

(Preceding year=100)

1995	1996	1997	1998	1999	2000	2001	2002	2003	2004	2005年	2006	2007	2008	2009	2010	2011	2012	2013
114.8	**106.1**	**100.8**	**97.4**	**97.0**	**98.5**	**99.2**	**98.7**	**99.9**	**102.8**	**100.8**	**101.0**	**103.8**	**105.9**	**98.8**	**103.1**	**104.9**	**102.0**	**101.4**
112.6	107.3	103.8	98.3	98.8	98.9	98.8	98.4	98.2	99.2	99.7	100.2	100.8	104.4	97.8	100.4	103.2	100.6	99.8
110.6	105.1	100.7	96.6	97.5	98.6	98.6	97.4	97.4	100.8	99.9	100.4	103.2	105.1	98.9	103.4	104.7	103.0	101.7
115.8	106.2	102.1	97.7	97.8	99.1	99.8	99.2	100.2	103.2	101.1	101.5	104.1	106.7	99.0	103.1	105.0	102.2	102.2
115.6	106.2	101.3	97.0	96.8	97.1	99.0	98.6	100.3	103.1	100.3	101.2	104.2	107.2	99.1	102.3	104.9	101.8	101.8
116.8	105.8	102.3	98.1	97.7	98.8	100.0	99.4	99.6	102.7	101.5	101.4	103.6	104.7	99.5	103.0	104.9	102.5	102.6
114.0	105.4	101.0	97.6	96.1	98.4	99.4	97.4	98.9	101.9	100.1	101.3	104.4	105.3	99.8	103.2	105.0	102.2	101.6
114.2	105.1	101.8	97.9	96.7	98.0	100.9	99.0	100.5	103.5	101.1	101.5	103.3	106.2	99.3	104.1	104.9	101.7	101.6
114.3	105.1	102.2	98.4	96.1	97.8	100.4	98.5	99.7	102.8	100.4	101.5	105.6	105.8	98.9	103.1	104.5	102.2	101.1
113.0	105.0	98.8	95.1	97.3	96.4	98.6	98.7	99.0	100.9	99.4	100.2	102.4	105.3	99.4	101.7	104.1	101.2	100.2
114.3	106.8	99.3	98.2	96.9	98.6	98.9	98.4	99.8	102.2	100.3	100.8	102.9	104.9	98.9	103.2	104.6	102.1	101.4
113.5	105.8	100.3	98.4	97.7	99.0	98.1	98.7	99.6	102.7	100.9	100.8	103.8	106.3	98.8	103.9	105.5	101.9	101.0
112.7	107.1	99.4	98.1	96.6	98.0	99.6	99.2	101.3	102.7	100.6	100.8	104.5	106.3	99.0	103.2	105.3	102.1	101.3
114.4	104.5	99.8	98.5	96.5	98.9	98.0	98.3	99.1	102.7	100.6	100.5	104.3	105.7	97.9	103.4	104.8	101.8	101.1
115.9	106.6	99.6	98.8	96.8	98.5	98.4	100.2	100.1	103.0	100.9	101.2	104.0	106.1	99.1	102.7	104.8	102.1	101.5
114.2	107.0	100.8	97.1	97.1	98.6	100.0	98.8	100.2	102.8	100.6	100.6	103.6	104.9	99.4	102.7	104.7	101.6	101.4
114.9	107.9	100.5	96.6	96.2	98.5	99.8	99.2	101.3	105.7	101.7	100.9	104.4	107.5	99.4	103.7	105.7	102.3	101.9
116.6	106.5	101.5	97.1	95.9	97.8	97.4	98.8	101.2	104.1	102.1	101.1	104.2	106.3	98.6	103.1	105.6	102.6	101.8
115.5	105.2	100.3	97.9	97.6	99.3	98.8	99.2	100.6	103.9	102.3	101.3	104.3	105.6	98.5	103.1	105.5	101.7	101.7
111.6	104.4	99.8	97.0	96.7	99.9	98.7	98.5	100.0	102.9	101.8	101.5	103.4	106.0	96.8	103.3	105.1	102.2	101.0
116.4	104.5	99.6	96.3	97.2	98.6	97.8	98.1	100.2	103.9	101.1	100.3	104.8	107.6	98.0	103.0	106.0	102.3	101.2
111.3	102.3	99.4	96.5	96.6	99.9	97.7	98.4	100.4	103.4	100.9	101.3	103.8	106.7	98.5	104.6	105.4	102.7	101.5
		101.6	94.5	96.5	95.5	99.0	98.9	99.5	101.4	98.7	101.6	103.7	105.0	97.3	101.7	104.7	101.6	101.8
117.0	107.7	102.9	97.7	97.3	97.7	100.8	99.4	100.1	103.7	100.6	101.7	105.3	105.3	100.1	103.0	104.6	101.6	101.7
117.2	106.9	101.5	98.9	97.9	97.3	98.4	99.3	100.0	103.2	101.3	100.9	104.2	107.2	97.6	103.0	105.5	102.0	101.5
118.1	106.6	102.3	99.2	98.3	97.6	98.4	98.1	99.9	104.7	100.1	100.8	104.4	106.1	100.1	103.6	105.1	102.4	102.6
				98.8	99.2	99.6	99.5	99.4	100.7	100.8	100.2	101.7	103.9	99.5	101.0	103.7	102.9	103.0
117.0	108.1	101.6	96.2	97.5	98.3	99.1	98.6	100.5	102.5	100.1	101.8	105.0	106.9	99.9	103.6	104.8	102.3	101.8
116.5	106.6	101.6	98.1	97.2	99.1	99.6	98.9	100.2	102.1	99.9	101.2	104.4	107.9	101.8	104.6	105.4	102.6	102.6
116.3	107.8	103.0	99.6	98.5	99.0	99.9	99.3	100.8	102.6	100.7	102.0	106.0	110.6	101.6	104.3	105.4	102.1	102.7
115.3	106.7	102.2	97.5	97.9	97.6	100.0	98.6	99.5	102.8	100.4	101.3	104.1	108.5	99.5	103.2	105.3	101.0	102.4
116.7	108.8	101.8	99.7	96.2	98.3	102.5	97.9	99.2	100.7	99.4	101.8	105.1	108.5	100.4	104.6	105.1	103.3	103.3

3-2-4 各地区商品零售价格分类指数（2013年）

Retail Price Indices by Category and Region (2013)

（上年价格=100） (Preceding year=100)

地区	Region	总指数 Retail Price Index	一、食品 Food	1.粮食 Grain	2.淀粉及制品 Starches	3.干豆类及豆制品 Dried Bean and Their Products	4.油脂 Oil or Fat	5.肉禽及其制品 Meat, Poultry and Their Products	6.蛋 Eggs
全国	**National**	**101.4**	**104.7**	**104.9**	**103.0**	**105.6**	**100.4**	**104.4**	**104.8**
北京	Beijing	99.8	104.9	104.4	105.0	105.0	99.8	106.7	103.7
天津	Tianjin	101.7	105.8	108.7	102.1	108.0	98.7	108.0	102.2
河北	Hebei	102.2	105.8	108.1	104.8	105.2	101.1	106.7	103.3
山西	Shanxi	101.8	106.3	109.3	102.5	104.1	102.2	104.5	103.6
内蒙古	Inner Mongolia	102.6	106.5	105.9	101.2	106.4	101.2	109.7	104.3
辽宁	Liaoning	101.6	104.7	106.0	101.3	107.1	100.0	107.2	104.1
吉林	Jilin	101.6	105.6	106.1	99.5	104.3	98.2	107.0	106.1
黑龙江	Heilongjiang	101.1	104.3	104.5	101.2	105.5	96.1	106.7	102.8
上海	Shanghai	100.2	104.5	103.6	101.6	103.1	97.5	103.7	102.2
江苏	Jiangsu	101.4	104.1	102.9	102.1	104.8	98.3	103.1	104.5
浙江	Zhejiang	101.0	103.8	102.8	103.7	102.7	98.1	103.9	103.7
安徽	Anhui	101.3	104.7	104.5	101.8	102.8	99.9	104.6	104.6
福建	Fujian	101.1	104.3	102.4	103.2	105.6	100.0	103.5	109.7
江西	Jiangxi	101.5	104.6	102.4	99.7	105.7	100.0	104.3	105.7
山东	Shandong	101.4	104.9	107.2	103.9	105.4	102.6	103.2	102.7
河南	Henan	101.9	105.6	107.0	104.5	108.5	100.0	104.8	104.2
湖北	Hubei	101.8	105.2	104.2	103.2	108.1	99.3	105.3	107.1
湖南	Hunan	101.7	104.3	105.6	106.5	107.5	102.7	103.9	104.4
广东	Guangdong	101.0	103.8	102.4	103.7	103.8	100.9	102.0	105.1
广西	Guangxi	101.2	103.9	101.6	101.8	105.2	101.1	102.8	107.6
海南	Hainan	101.5	103.7	101.9	105.2	101.8	103.5	102.0	101.1
重庆	Chongqing	101.8	103.3	103.0	112.8	105.6	98.6	103.7	109.1
四川	Sichuan	101.7	105.0	102.9	101.7	108.8	101.2	103.9	106.6
贵州	Guizhou	101.5	104.2	103.7	109.6	102.7	100.8	104.1	106.1
云南	Yunnan	102.6	105.3	102.4	103.5	108.2	100.3	103.6	106.0
西藏	Tibet	103.0	108.4	107.9	103.8	109.7	102.3	112.7	107.2
陕西	Shaanxi	101.8	105.2	107.3	103.5	109.4	100.6	104.0	109.1
甘肃	Gansu	102.6	106.2	107.4	102.3	107.0	100.6	104.2	107.5
青海	Qinghai	102.7	108.0	107.8	99.6	108.2	102.6	110.6	108.2
宁夏	Ningxia	102.4	106.8	106.0	101.7	103.7	100.8	109.0	105.7
新疆	Xinjiang	103.3	108.2	106.3	103.5	106.5	103.6	114.7	110.5

3-2-4 续表 1 Continued 1

(上年价格=100) (Preceding year=100)

地 区 Region	7.水产品 Aquatic Products	8.菜 Vegetables	9.调味品 Flavoring	10.糖 Carbohydrate	11.干鲜瓜果 Dried and Fresh Melons and Fruits	12.糕点饼干面包 Cake	13.液体乳及乳制品 Milk and Its Products	14.在外用膳食品 Outward Dinner Food
全 国 National	**104.1**	**108.1**	**103.9**	**100.6**	**106.0**	**102.5**	**105.7**	**104.6**
北 京 Beijing	103.4	109.6	103.8	101.4	105.7	102.4	106.2	104.0
天 津 Tianjin	100.9	110.0	101.9	99.7	112.6	101.9	103.5	104.6
河 北 Hebei	101.8	108.0	105.2	102.8	105.8	103.0	108.6	105.4
山 西 Shanxi	101.3	109.3	110.4	102.8	108.7	104.0	104.8	106.0
内蒙古 Inner Mongolia	102.8	108.6	104.1	102.7	107.6	103.0	107.4	105.6
辽 宁 Liaoning	101.8	104.9	104.2	102.1	100.8	102.0	106.2	105.8
吉 林 Jilin	101.9	112.6	102.0	99.4	104.9	102.8	103.6	105.0
黑龙江 Heilongjiang	102.3	107.4	103.0	102.3	102.9	104.3	104.2	103.6
上 海 Shanghai	105.0	108.0	102.4	102.0	107.3	101.7	108.1	103.3
江 苏 Jiangsu	105.6	107.0	103.9	100.7	106.7	103.4	106.8	103.7
浙 江 Zhejiang	104.5	106.4	101.8	100.4	104.2	103.2	105.3	103.1
安 徽 Anhui	105.8	108.8	101.7	100.5	106.4	101.5	103.9	104.8
福 建 Fujian	104.4	107.9	104.7	99.9	107.1	101.2	105.0	102.9
江 西 Jiangxi	107.4	107.6	102.5	99.6	105.6	101.7	107.8	105.0
山 东 Shandong	102.7	109.2	102.9	100.5	108.7	101.5	103.9	104.9
河 南 Henan	103.3	110.4	108.7	99.5	104.1	104.1	104.3	106.7
湖 北 Hubei	105.7	106.1	102.8	100.4	105.6	102.5	105.5	107.2
湖 南 Hunan	103.3	104.2	102.4	98.1	106.5	101.8	102.8	104.8
广 东 Guangdong	104.4	111.1	101.9	100.6	105.6	101.7	105.7	102.4
广 西 Guangxi	104.5	107.3	102.0	98.4	107.4	102.0	104.7	103.9
海 南 Hainan	104.1	110.5	103.3	98.8	108.4	101.2	104.2	102.1
重 庆 Chongqing	102.7	107.1	104.7	104.7	101.7	103.2	104.4	104.6
四 川 Sichuan	104.0	109.4	102.7	100.4	108.7	103.1	109.4	104.7
贵 州 Guizhou	103.5	101.6	103.4	100.3	106.0	101.8	108.1	107.3
云 南 Yunnan	103.1	107.1	105.5	100.9	107.8	105.1	103.8	109.1
西 藏 Tibet	107.4	108.7	100.8	103.4	107.1	103.7	106.7	107.6
陕 西 Shaanxi	102.6	107.0	105.1	102.5	102.6	102.5	107.3	106.3
甘 肃 Gansu	101.4	108.8	108.2	100.6	102.9	102.5	105.8	108.7
青 海 Qinghai	104.7	110.2	114.0	100.4	106.5	103.3	106.6	108.5
宁 夏 Ningxia	106.5	110.0	102.5	100.3	109.2	103.1	105.0	107.4
新 疆 Xinjiang	107.4	104.5	101.0	99.7	101.8	104.2	113.3	108.6

3-2-4 续表 2 Continued 2

(上年价格=100) (Preceding year=100)

地 区	Region	15.其他食品 Other Foods	二、饮料、烟酒 Beverages, Tobacco and Liquor	1.茶及饮料 Tea and Beverages	2.烟 草 Tobacco	3.酒 Liquor	三、服装、鞋帽 Garments, Shoes and Hats	1.服 装 Garments	2.鞋袜帽 Footgear and Hats
全 国	**National**	**101.3**	**100.7**	**102.1**	**100.5**	**100.0**	**102.2**	**102.5**	**101.6**
北 京	Beijing	97.6	100.6	101.1	99.8	100.5	101.5	101.8	100.8
天 津	Tianjin	105.1	101.8	104.6	100.2	101.6	101.0	100.9	101.6
河 北	Hebei	101.6	100.9	102.3	100.3	100.6	102.7	103.2	101.4
山 西	Shanxi	101.2	101.4	101.7	99.8	105.9	102.1	102.1	102.2
内蒙古	Inner Mongolia	101.1	101.4	102.2	100.5	102.0	103.8	104.1	103.3
辽 宁	Liaoning	103.3	100.8	101.5	99.9	101.3	101.9	101.9	102.1
吉 林	Jilin	100.9	100.5	100.5	100.4	100.7	102.0	101.8	102.6
黑龙江	Heilongjiang	100.5	101.1	101.5	100.4	101.5	102.5	102.4	103.0
上 海	Shanghai	102.6	100.1	100.4	100.1	99.9	99.9	100.3	98.4
江 苏	Jiangsu	100.6	99.7	102.6	99.7	97.1	103.1	103.0	103.6
浙 江	Zhejiang	101.6	100.2	102.4	100.1	99.2	103.0	103.1	102.6
安 徽	Anhui	101.1	98.9	101.5	100.1	97.1	102.0	102.5	100.9
福 建	Fujian	102.8	100.1	101.5	100.1	99.1	101.7	101.7	101.6
江 西	Jiangxi	101.7	100.8	102.0	100.6	100.4	102.7	103.4	101.2
山 东	Shandong	101.0	100.6	101.1	100.5	100.3	102.8	103.5	101.4
河 南	Henan	101.5	101.4	103.0	101.1	100.9	102.7	102.8	102.7
湖 北	Hubei	99.7	101.2	103.9	100.0	101.3	101.7	102.1	100.9
湖 南	Hunan	101.9	102.6	101.8	103.6	101.5	102.2	102.7	100.9
广 东	Guangdong	101.7	100.4	100.8	100.7	99.4	101.7	102.2	100.6
广 西	Guangxi	103.6	100.5	101.9	99.9	100.0	101.7	102.3	100.3
海 南	Hainan	97.3	100.7	99.8	100.0	101.9	100.5	100.4	101.1
重 庆	Chongqing	100.8	102.0	104.2	100.0	101.5	106.3	106.2	106.9
四 川	Sichuan	101.5	100.0	103.5	99.9	99.0	101.1	101.4	100.2
贵 州	Guizhou	100.6	101.7	103.1	100.8	102.3	102.9	103.4	101.9
云 南	Yunnan	103.6	102.4	107.3	100.3	101.5	101.0	102.7	96.9
西 藏	Tibet	102.2	100.6	103.8	99.7	99.3	101.3	101.4	101.4
陕 西	Shaanxi	101.7	101.4	102.9	100.3	101.5	103.0	102.9	103.8
甘 肃	Gansu	104.6	100.7	102.1	99.9	101.3	102.8	103.4	101.5
青 海	Qinghai	99.1	99.8	100.8	100.1	99.2	101.5	100.0	105.9
宁 夏	Ningxia	104.1	100.4	101.8	100.0	99.3	102.4	103.2	100.9
新 疆	Xinjiang	103.5	102.0	103.2	101.1	102.4	99.8	99.5	100.1

(上年价格=100) (Preceding year=100)

地 区 Region	3.其他 Others	四、纺织品 Textiles	1.衣着材料 Clothing Material	2.床上用品 Bed Articles	五、家用电器及音像器材 Household Appliances, Music and Video Equipment	1.家庭设备 Household Facilities	2.文娱用耐用消费品 Durable Consumer Goods for Cultural and Recreational Use	3.专业音像器材 Music and Video Equipment
全 国 National	**100.1**	**101.0**	**102.0**	**100.6**	**98.3**	**99.7**	**95.7**	**99.2**
北 京 Beijing	102.7	99.3	103.1	98.8	95.7	98.9	91.9	98.1
天 津 Tianjin	90.7	103.5	99.8	104.4	96.6	99.3	91.7	97.3
河 北 Hebei	101.2	101.3	101.3	101.4	99.1	100.6	96.8	99.7
山 西 Shanxi	99.6	102.7	101.7	102.9	98.5	99.9	95.5	98.0
内 蒙 古 Inner Mongolia	101.2	104.0	107.5	101.3	99.1	99.3	98.9	98.8
辽 宁 Liaoning	99.7	101.2	101.8	100.8	98.1	99.6	95.9	99.3
吉 林 Jilin	100.1	100.6	99.8	101.3	99.1	100.1	97.5	99.8
黑 龙 江 Heilongjiang	99.5	99.3	101.2	97.8	96.5	98.8	92.3	100.4
上 海 Shanghai	98.3	100.6	98.5	101.0	94.9	99.5	88.9	97.0
江 苏 Jiangsu	98.5	101.5	103.8	100.7	99.6	101.0	96.0	98.8
浙 江 Zhejiang	100.3	102.1	102.5	101.8	99.4	100.4	96.7	99.9
安 徽 Anhui	100.2	99.1	100.9	98.2	99.1	99.9	97.6	99.6
福 建 Fujian	100.2	98.9	99.8	98.5	96.5	98.1	93.2	99.2
江 西 Jiangxi	100.7	101.2	102.4	100.1	97.8	98.1	97.0	100.1
山 东 Shandong	101.5	101.3	103.2	100.4	98.0	98.8	96.5	99.7
河 南 Henan	100.6	100.8	101.7	100.6	99.8	101.2	96.2	99.3
湖 北 Hubei	98.6	102.3	103.4	101.5	97.9	99.6	94.9	99.5
湖 南 Hunan	100.2	101.4	104.0	100.8	99.4	99.7	98.7	99.7
广 东 Guangdong	100.0	98.0	99.4	97.5	97.9	98.5	96.7	98.5
广 西 Guangxi	100.8	101.7	101.1	102.0	98.4	100.6	95.2	100.4
海 南 Hainan	99.7	101.5	104.1	100.4	99.1	98.7	99.3	100.0
重 庆 Chongqing	102.4	100.8	102.6	100.7	100.4	100.9	99.6	100.8
四 川 Sichuan	100.3	101.6	101.3	101.8	98.7	100.5	95.3	98.8
贵 州 Guizhou	96.0	99.2	100.7	98.2	97.3	100.9	93.0	97.4
云 南 Yunnan	100.0	102.0	101.7	102.2	99.5	101.5	95.3	103.8
西 藏 Tibet	97.9	100.6	101.0	100.3	99.5	99.7	99.3	99.6
陕 西 Shaanxi	97.4	102.2	101.3	102.8	98.0	100.1	93.8	99.4
甘 肃 Gansu	99.3	101.5	102.7	100.8	97.8	97.7	97.6	99.8
青 海 Qinghai	99.3	100.0	101.4	99.0	96.2	97.2	95.0	92.9
宁 夏 Ningxia	98.5	102.1	104.3	101.2	96.0	100.3	89.3	97.7
新 疆 Xinjiang	101.7	102.4	101.2	103.6	97.7	98.8	96.2	98.3

3-2-4 续表 4 Continued 4

(上年价格=100) (Preceding year=100)

地 区	Region	六、文化办公用品 Cultural and Office Appliances	七、日用品 Articles for Daily Use	1.日用百货 General Merchandise for Daily Use	2.日用杂品 Grocery for Daily Use	3.洗涤用品 Wash	4.其他日用品 Other Articles for Daily Use	八、体育娱乐用品 Sports and Recreation Articles	1.体育用品 Sports Articles
全 国	**National**	**98.6**	**100.8**	**100.5**	**101.0**	**101.6**	**100.5**	**100.7**	**101.1**
北 京	Beijing	95.6	100.8	100.8	99.8	101.4	100.9	101.9	102.0
天 津	Tianjin	97.7	101.0	98.8	100.7	104.3	100.9	107.6	108.8
河 北	Hebei	99.5	100.8	100.9	100.8	101.2	100.3	100.9	100.8
山 西	Shanxi	98.0	100.6	100.2	100.7	100.9	100.8	100.9	101.2
内蒙古	Inner Mongolia	98.9	101.5	100.3	101.5	103.1	101.0	100.8	100.3
辽 宁	Liaoning	99.5	101.1	100.7	101.6	101.8	100.5	100.6	101.3
吉 林	Jilin	98.9	100.5	101.1	99.9	100.7	100.1	99.1	99.3
黑龙江	Heilongjiang	96.3	100.5	100.7	99.7	101.1	100.2	101.7	105.6
上 海	Shanghai	94.9	100.2	99.9	101.1	102.3	98.3	98.6	99.1
江 苏	Jiangsu	99.5	101.6	101.2	102.5	101.9	101.5	101.1	101.1
浙 江	Zhejiang	98.2	100.6	100.5	100.3	101.0	100.7	100.4	100.8
安 徽	Anhui	99.6	100.6	100.2	100.5	101.4	100.6	100.3	100.6
福 建	Fujian	98.5	99.9	99.5	100.5	100.7	99.3	99.9	101.0
江 西	Jiangxi	98.0	100.9	100.7	100.1	102.2	100.2	100.2	100.9
山 东	Shandong	98.9	100.7	100.4	101.0	102.0	99.7	100.5	100.6
河 南	Henan	99.2	101.3	100.9	100.6	102.4	101.3	100.3	100.1
湖 北	Hubei	99.1	101.0	100.2	102.6	101.1	101.0	100.5	101.5
湖 南	Hunan	99.8	100.8	100.2	102.4	100.5	100.2	101.2	101.7
广 东	Guangdong	99.3	100.4	100.2	100.2	100.5	100.7	100.6	101.0
广 西	Guangxi	98.6	100.6	100.2	100.9	101.0	100.5	100.0	100.4
海 南	Hainan	99.2	101.7	103.7	104.5	97.5	100.4	102.5	101.1
重 庆	Chongqing	98.7	100.5	101.3	101.4	99.1	100.7	99.8	101.7
四 川	Sichuan	98.2	100.7	99.7	100.5	102.4	100.0	100.8	101.0
贵 州	Guizhou	98.6	101.0	99.9	100.8	101.7	101.6	99.6	99.7
云 南	Yunnan	100.3	101.1	99.6	102.2	101.7	100.7	100.8	104.8
西 藏	Tibet	99.3	100.3	100.6	99.8	100.5	100.0	99.7	99.6
陕 西	Shaanxi	99.6	101.3	100.6	103.3	101.2	101.2	101.6	102.0
甘 肃	Gansu	99.9	102.1	101.5	101.3	106.2	101.2	101.3	100.8
青 海	Qinghai	97.4	101.0	101.3	99.7	101.8	100.9	101.4	103.9
宁 夏	Ningxia	98.7	101.9	100.4	103.6	102.5	100.8	100.4	101.0
新 疆	Xinjiang	99.5	101.2	101.0	100.4	102.7	99.7	99.2	99.1

(上年价格=100) (Preceding year=100)

地 区	Region	2.娱乐用品 Recreation Articles	九、交通、通信用品 Transportation and Communication Appliances	1.交通运输机械 Transportation Appliances	2.通信器材 Communication Appliances	十、家具 Furniture	十一、化妆品 Cosmetics	十二、金银珠宝 Gold, Silver and Jewelry	十三、中西药品及医疗保健用品 Traditional Chinese and Western Medicines and Health Care Articles
全 国	**National**	**100.3**	**97.3**	**98.6**	**93.7**	**101.2**	**101.5**	**91.9**	**101.3**
北 京	Beijing	101.6	94.5	97.3	76.7	103.2	99.1	88.9	101.6
天 津	Tianjin	107.1	96.8	97.1	88.8	102.6	102.2	91.0	101.9
河 北	Hebei	101.1	98.8	99.2	97.4	101.9	103.0	91.7	102.7
山 西	Shanxi	100.7	98.1	99.7	91.5	101.7	101.9	92.1	101.9
内蒙古	Inner Mongolia	101.3	98.2	98.5	97.8	100.9	100.7	91.5	102.0
辽 宁	Liaoning	100.2	97.8	100.1	94.1	100.8	101.6	91.9	101.8
吉 林	Jilin	99.0	95.7	96.5	94.3	100.9	101.6	89.1	101.5
黑龙江	Heilongjiang	98.7	95.4	97.9	91.1	99.5	102.0	98.3	101.3
上 海	Shanghai	98.2	96.8	98.8	87.0	99.7	100.8	93.7	101.0
江 苏	Jiangsu	101.1	98.3	98.6	97.3	102.1	102.1	91.2	100.7
浙 江	Zhejiang	100.2	98.7	99.0	96.5	101.0	101.5	91.8	98.6
安 徽	Anhui	100.1	97.0	97.7	95.2	99.5	100.8	90.9	101.5
福 建	Fujian	99.2	96.7	99.3	91.1	100.7	101.3	94.1	101.2
江 西	Jiangxi	99.7	97.0	99.0	94.0	100.1	101.4	92.2	101.6
山 东	Shandong	100.3	97.4	98.6	95.3	100.3	101.4	93.9	100.5
河 南	Henan	100.5	97.4	98.0	96.4	101.4	102.0	91.5	102.2
湖 北	Hubei	99.8	93.5	96.6	89.9	100.8	102.0	92.3	102.7
湖 南	Hunan	100.7	98.2	98.3	97.7	102.1	101.5	91.7	102.4
广 东	Guangdong	100.4	97.3	98.9	93.5	101.6	101.4	90.6	100.8
广 西	Guangxi	99.6	98.5	99.8	95.9	100.2	101.0	90.6	100.6
海 南	Hainan	104.0	99.1	100.2	91.8	102.7	101.4	90.5	103.2
重 庆	Chongqing	98.9	96.9	98.7	94.5	99.6	102.6	93.9	101.3
四 川	Sichuan	100.8	98.5	99.8	94.7	101.7	101.6	91.8	101.0
贵 州	Guizhou	99.6	98.1	99.7	95.8	103.1	102.2	95.1	102.1
云 南	Yunnan	97.7	98.0	99.8	94.7	100.5	100.7	90.5	104.8
西 藏	Tibet	99.9	99.6	100.5	99.2	100.4	100.9	99.7	100.0
陕 西	Shaanxi	101.2	96.8	98.9	89.4	105.0	102.1	90.2	102.6
甘 肃	Gansu	102.0	96.1	99.3	94.0	102.7	102.3	91.4	102.9
青 海	Qinghai	98.5	95.1	98.3	92.4	101.5	100.0	91.4	103.3
宁 夏	Ningxia	100.0	94.0	98.0	85.8	100.3	102.3	90.8	105.2
新 疆	Xinjiang	99.2	97.3	98.3	96.0	101.1	103.0	94.4	102.5

3-2-4 续表 6 Continued 6

(上年价格=100) (Preceding year=100)

地　区　Region	1.医疗器具及用品 Medical Apparatus and Article	2.中药材及中成药 Tradtional Chinese Medicinal Materials and Medicines	3.西　药 Western Medicines	4.保健器具及用品 Health Care Appliances and Articles	十四、书报杂志及电子出版物 Books, Newspapers, Magazines and Electronic Publications	1.教材及参考书 Teaching Materials and Reference Books	2.书报杂志 Newspapers and Magazines
全　国 National	**100.8**	**103.1**	**100.0**	**102.1**	**101.3**	**101.7**	**101.2**
北　京 Beijing	100.1	103.8	99.9	103.0	100.8	100.3	101.0
天　津 Tianjin	99.9	104.3	100.8	100.1	100.3	100.0	101.4
河　北 Hebei	100.6	103.7	102.8	101.6	101.2	101.1	101.9
山　西 Shanxi	100.6	103.6	101.3	102.7	102.9	105.9	101.5
内蒙古 Inner Mongolia	101.1	102.7	102.0	100.3	100.4	100.1	100.4
辽　宁 Liaoning	101.2	102.7	101.6	100.1	101.2	102.2	101.1
吉　林 Jilin	102.2	102.1	101.2	101.4	100.3	100.5	100.5
黑龙江 Heilongjiang	101.2	101.2	100.6	106.9	100.1	101.9	98.3
上　海 Shanghai	100.6	103.3	99.3	103.1	100.9	103.9	100.4
江　苏 Jiangsu	102.2	105.1	98.1	100.4	101.4	103.6	100.9
浙　江 Zhejiang	99.7	101.4	93.9	103.5	100.5	100.1	100.7
安　徽 Anhui	101.6	101.5	101.3	102.4	103.4	107.0	100.7
福　建 Fujian	100.4	102.8	100.0	102.6	105.2	112.7	102.1
江　西 Jiangxi	100.8	102.7	101.1	100.5	100.5	100.9	100.4
山　东 Shandong	101.0	101.8	99.2	101.3	101.1	101.4	101.2
河　南 Henan	101.2	104.1	101.5	101.9	102.5	102.7	103.1
湖　北 Hubei	100.1	104.0	102.2	101.1	101.7	101.9	101.7
湖　南 Hunan	102.8	104.5	101.4	102.0	100.9	100.9	101.1
广　东 Guangdong	100.7	103.5	98.0	101.8	101.0	101.2	101.6
广　西 Guangxi	100.9	100.8	100.5	100.7	99.9	99.9	100.0
海　南 Hainan	101.9	103.9	103.0	102.7	100.9	101.6	100.0
重　庆 Chongqing	100.9	101.2	101.0	102.6	100.7	102.3	100.2
四　川 Sichuan	100.1	102.1	100.2	103.3	100.5	101.1	101.0
贵　州 Guizhou	102.2	103.8	101.0	100.5	104.9	101.4	106.6
云　南 Yunnan	100.1	110.2	101.3	104.4	99.4	99.1	100.4
西　藏 Tibet	99.0	101.8	98.8	100.0	100.2	99.7	100.7
陕　西 Shaanxi	100.0	106.0	100.5	99.8	101.6	101.9	100.4
甘　肃 Gansu	101.8	104.2	101.9	101.2	100.1	100.4	99.8
青　海 Qinghai	103.8	103.6	102.8	103.9	102.8	104.4	102.1
宁　夏 Ningxia	100.4	111.1	101.0	106.2	104.9	105.2	105.5
新　疆 Xinjiang	98.9	102.4	101.3	110.1	105.4	101.8	111.3

3-2-4 续表 7 Continued 7

(上年价格=100) (Preceding year=100)

地 区 Region	3.电子音像制品 Electronic Publications	十五、燃料 Fuels	1.煤炭及制品 Coal and its product	2.石油及制品 Petroleum and its product	十六、建筑材料及五金电料 Building Materials and Hardware	1.建筑装璜材料 Building Decoration Materials	2.五金电料 Hardware
全 国 National	**100.3**	**99.9**	**98.5**	**100.2**	**100.5**	**100.3**	**101.1**
北 京 Beijing	103.3	100.6	102.8	100.4	100.4	100.5	99.8
天 津 Tianjin	99.6	99.8	96.7	99.9	102.4	102.9	99.3
河 北 Hebei	100.2	98.7	95.6	100.1	101.3	100.9	102.7
山 西 Shanxi	100.5	97.4	91.7	99.5	99.7	99.6	99.8
内蒙古 Inner Mongolia	100.9	100.0	95.3	101.9	99.8	99.5	100.7
辽 宁 Liaoning	99.6	99.6	99.1	99.8	100.4	100.2	100.8
吉 林 Jilin	99.7	101.6	100.7	101.8	100.9	101.0	100.7
黑龙江 Heilongjiang	99.9	99.1	94.2	101.4	99.1	98.2	102.3
上 海 Shanghai	98.6	99.3	98.4	99.3	100.6	100.5	101.2
江 苏 Jiangsu	101.7	101.9	100.0	102.0	100.3	100.2	100.5
浙 江 Zhejiang	100.3	99.8	100.8	99.7	100.3	100.0	100.8
安 徽 Anhui	100.2	99.3	97.9	99.6	100.1	99.9	100.8
福 建 Fujian	100.6	100.7	98.6	100.9	99.3	99.0	100.2
江 西 Jiangxi	99.9	100.1	103.4	99.0	101.3	101.3	101.4
山 东 Shandong	100.4	99.5	98.4	100.0	100.3	99.8	101.3
河 南 Henan	99.5	98.3	95.6	99.3	100.0	99.6	101.2
湖 北 Hubei	101.3	100.5	101.1	100.4	101.3	100.9	102.3
湖 南 Hunan	100.3	99.0	95.1	99.3	101.9	101.9	101.6
广 东 Guangdong	100.1	99.2	97.3	99.3	100.8	100.6	101.3
广 西 Guangxi	99.7	99.7	99.6	99.7	100.9	101.1	99.9
海 南 Hainan	100.9	102.4	98.3	102.5	97.3	96.6	100.0
重 庆 Chongqing	101.6	100.7	100.4	100.7	103.1	103.1	102.9
四 川 Sichuan	98.0	100.4	102.7	99.6	100.3	100.1	101.6
贵 州 Guizhou	110.4	99.7	96.1	101.1	99.3	100.0	97.0
云 南 Yunnan	98.3	103.9	105.4	103.5	101.3	101.4	101.1
西 藏 Tibet	100.6	100.9	103.1	100.1	104.7	102.0	115.6
陕 西 Shaanxi	102.7	99.4	99.5	99.4	98.7	97.8	101.0
甘 肃 Gansu	99.4	100.5	101.5	100.1	100.8	100.8	102.0
青 海 Qinghai	101.0	100.3	100.4	100.3	99.7	99.3	101.4
宁 夏 Ningxia	99.2	100.7	98.2	101.3	100.1	99.3	101.4
新 疆 Xinjiang	100.3	102.0	104.2	101.2	99.6	98.4	102.7

3-2-5 各地区城市商品零售价格分类指数(2013年)

Urban Retail Price Indices by Category and Region (2013)

(上年价格=100) (Preceding year=100)

地区 Region	总指数 Retail Price Index	一、食品 Food	1.粮食 Grain	2.淀粉及制品 Starches	3.干豆类及豆制品 Dried Bean and Their Products	4.油脂 Oil or Fat	5.肉禽及其制品 Meat, Poultry and Their Products	6.蛋 Eggs
全国 National	**101.3**	**104.6**	**104.8**	**103.2**	**105.4**	**100.3**	**104.7**	**104.8**
北京 Beijing	99.8	104.9	104.4	105.0	105.0	99.8	106.7	103.7
天津 Tianjin	101.7	105.8	108.7	102.1	108.0	98.7	108.0	102.2
河北 Hebei	102.1	105.7	107.9	103.3	105.2	101.1	106.9	102.8
山西 Shanxi	101.6	105.8	107.6	102.8	103.5	100.8	105.8	103.0
内蒙古 Inner Mongolia	102.6	106.8	106.0	101.0	108.9	102.3	110.6	104.6
辽宁 Liaoning	101.6	104.9	106.7	101.0	107.2	100.3	107.2	104.4
吉林 Jilin	101.6	105.4	105.8	99.0	104.6	97.9	106.8	105.9
黑龙江 Heilongjiang	100.9	103.9	104.3	100.1	105.2	97.1	106.3	103.1
上海 Shanghai	100.2	104.5	103.6	101.6	103.1	97.5	103.7	102.2
江苏 Jiangsu	101.4	104.2	103.7	102.6	104.7	97.9	103.2	104.6
浙江 Zhejiang	101.2	103.8	102.5	103.1	102.6	98.0	104.3	104.5
安徽 Anhui	101.2	104.8	105.3	101.6	103.2	99.9	104.8	104.9
福建 Fujian	101.1	104.2	102.6	103.9	105.3	99.4	103.9	109.8
江西 Jiangxi	101.2	104.5	101.9	101.8	105.2	99.9	103.6	105.8
山东 Shandong	101.2	104.2	106.1	105.0	104.5	103.2	103.1	101.5
河南 Henan	101.6	105.3	106.3	105.2	107.9	100.5	104.9	104.8
湖北 Hubei	101.6	104.8	104.2	104.1	106.6	100.2	105.3	106.0
湖南 Hunan	101.4	104.2	105.2	107.0	106.5	101.5	103.8	104.5
广东 Guangdong	100.8	103.6	102.3	104.9	103.9	101.0	102.2	104.8
广西 Guangxi	101.1	104.2	101.3	102.1	105.6	101.2	103.5	108.3
海南 Hainan	101.5	103.5	101.6	105.8	101.6	103.3	102.1	100.7
重庆 Chongqing	101.8	103.3	103.0	112.8	105.6	98.6	103.7	109.1
四川 Sichuan	101.7	105.3	102.8	101.8	108.7	101.6	104.6	106.7
贵州 Guizhou	101.7	104.6	105.0	110.2	103.3	100.5	104.5	106.4
云南 Yunnan	102.3	105.9	102.8	102.2	109.1	100.8	103.4	105.3
西藏 Tibet	103.3	108.8	109.8	104.3	111.5	101.4	113.6	108.6
陕西 Shaanxi	101.8	105.0	106.9	102.8	109.9	100.5	103.7	109.2
甘肃 Gansu	102.3	106.2	107.2	103.5	107.6	100.7	104.3	107.7
青海 Qinghai	102.8	108.3	107.8	100.3	108.4	103.4	110.7	109.2
宁夏 Ningxia	102.4	106.8	106.0	101.9	103.4	100.6	108.8	105.9
新疆 Xinjiang	103.3	108.1	106.3	101.2	106.1	103.6	114.8	109.8

3-2-5 续表 1 Continued 1

(上年价格=100) (Preceding year=100)

地 区 Region	7.水产品 Aquatic Products	8.菜 Vegetables	9.调味品 Flavoring	10.糖 Carbohydrate	11.干鲜瓜果 Dried and Fresh Melons and Fruits	12.糕点饼干面包 Cake	13.液体乳及乳制品 Milk and Its Products	14.在外用膳食品 Outward Dinner Food
全 国 National	**103.9**	**107.4**	**103.5**	**101.0**	**105.5**	**102.5**	**106.2**	**104.3**
北 京 Beijing	103.4	109.6	103.8	101.4	105.7	102.4	106.2	104.0
天 津 Tianjin	100.9	110.0	101.9	99.7	112.6	101.9	103.5	104.6
河 北 Hebei	101.5	107.4	104.6	102.6	106.1	103.3	109.4	104.8
山 西 Shanxi	101.7	107.9	110.5	103.7	108.0	104.3	105.0	105.1
内蒙古 Inner Mongolia	104.1	109.5	104.7	103.3	106.7	102.5	107.5	105.2
辽 宁 Liaoning	101.7	104.9	103.9	101.9	100.9	101.7	106.5	105.9
吉 林 Jilin	102.1	111.9	102.3	99.3	104.4	103.1	103.9	105.0
黑龙江 Heilongjiang	101.7	106.8	101.6	100.5	101.7	102.4	104.0	103.3
上 海 Shanghai	105.0	108.0	102.4	102.0	107.3	101.7	108.1	103.3
江 苏 Jiangsu	106.1	106.7	103.3	100.7	107.2	103.5	106.9	103.2
浙 江 Zhejiang	104.3	106.0	101.2	100.7	103.7	103.6	105.9	103.1
安 徽 Anhui	105.8	109.0	101.9	100.5	105.6	101.9	104.5	104.9
福 建 Fujian	103.7	106.7	104.8	99.8	107.3	101.3	105.9	103.0
江 西 Jiangxi	107.6	107.2	101.9	98.6	106.7	102.2	109.6	104.6
山 东 Shandong	102.5	107.5	102.4	102.0	106.9	101.5	104.3	103.6
河 南 Henan	105.7	109.9	108.5	99.5	103.3	103.9	104.7	105.5
湖 北 Hubei	104.2	103.9	102.6	100.0	104.5	103.2	106.8	106.8
湖 南 Hunan	104.0	102.2	103.3	100.9	104.2	101.1	103.9	106.6
广 东 Guangdong	103.6	110.0	100.9	100.3	105.3	102.0	106.1	102.5
广 西 Guangxi	105.8	107.3	102.1	99.1	108.6	102.7	104.0	102.8
海 南 Hainan	105.0	110.2	103.8	99.1	108.7	100.7	103.8	100.7
重 庆 Chongqing	102.7	107.1	104.7	104.7	101.7	103.2	104.4	104.6
四 川 Sichuan	103.6	109.4	102.9	102.0	110.1	103.4	110.1	103.3
贵 州 Guizhou	103.4	101.7	104.1	100.4	106.3	102.0	108.9	107.0
云 南 Yunnan	103.7	105.8	106.5	100.8	108.2	105.2	104.3	112.0
西 藏 Tibet	108.2	108.2	101.1	104.4	109.3	105.0	105.3	106.5
陕 西 Shaanxi	102.7	106.8	105.6	102.7	101.5	102.2	107.5	106.2
甘 肃 Gansu	103.1	109.0	105.2	101.5	103.3	102.3	106.1	108.7
青 海 Qinghai	105.2	108.7	117.4	101.6	106.2	102.7	108.5	109.7
宁 夏 Ningxia	106.7	110.2	102.2	100.3	108.9	103.1	105.0	107.3
新 疆 Xinjiang	108.0	102.8	101.3	101.1	102.5	103.3	115.1	107.4

3-2-5 续表 2 Continued 2

(上年价格=100) (Preceding year=100)

地 区 Region	15.其他食品 Other Foods	二、饮料、烟酒 Beverages, Tobacco and Liquor	1.茶及饮料 Tea and Beverages	2.烟 草 Tobacco	3.酒 Liquor	三、服装、鞋帽 Garments, Shoes and Hats	1.服 装 Garments	2.鞋袜帽 Footgear and Hats
全 国 National	**101.2**	**100.5**	**102.1**	**100.0**	**99.9**	**102.1**	**102.4**	**101.6**
北 京 Beijing	97.6	100.6	101.1	99.8	100.5	101.5	101.8	100.8
天 津 Tianjin	105.1	101.8	104.6	100.2	101.6	101.0	100.9	101.6
河 北 Hebei	101.8	100.9	102.0	100.3	100.7	102.0	102.6	100.6
山 西 Shanxi	101.7	101.4	101.7	99.4	106.4	101.5	101.4	102.1
内蒙古 Inner Mongolia	101.1	101.6	102.5	100.7	102.2	103.4	103.6	102.9
辽 宁 Liaoning	103.7	100.7	101.5	99.8	101.1	101.6	101.7	101.6
吉 林 Jilin	100.9	100.5	100.3	100.4	100.6	102.1	101.8	103.1
黑龙江 Heilongjiang	99.7	101.0	101.1	100.4	101.5	102.5	102.6	102.2
上 海 Shanghai	102.6	100.1	100.4	100.1	99.9	99.9	100.3	98.4
江 苏 Jiangsu	100.1	99.7	103.2	99.7	96.8	102.7	102.4	104.0
浙 江 Zhejiang	100.8	100.2	102.3	100.0	99.4	103.7	103.3	104.8
安 徽 Anhui	101.3	98.9	100.9	100.1	97.2	101.7	102.2	100.3
福 建 Fujian	101.9	100.1	101.4	100.1	99.1	101.6	101.5	102.1
江 西 Jiangxi	102.3	100.8	102.1	100.4	100.4	102.5	103.7	99.5
山 东 Shandong	101.0	100.7	101.3	100.4	100.6	103.2	104.1	100.8
河 南 Henan	100.7	100.4	102.7	100.1	98.6	101.9	102.0	101.6
湖 北 Hubei	98.8	100.8	103.3	100.0	100.7	102.2	102.5	101.7
湖 南 Hunan	100.9	100.9	102.5	100.0	101.1	102.0	102.2	101.7
广 东 Guangdong	102.1	100.2	100.6	100.2	99.8	101.2	101.6	100.5
广 西 Guangxi	102.3	100.5	102.3	100.0	99.5	101.7	102.3	99.7
海 南 Hainan	96.0	100.7	99.9	100.0	102.0	100.7	100.6	101.0
重 庆 Chongqing	100.8	102.0	104.2	100.0	101.5	106.3	106.2	106.9
四 川 Sichuan	103.4	100.3	103.6	99.8	99.6	101.3	101.5	100.6
贵 州 Guizhou	100.9	101.6	103.1	100.8	102.0	103.2	103.5	102.9
云 南 Yunnan	104.1	102.9	108.6	100.2	101.3	100.4	103.0	93.0
西 藏 Tibet	101.3	100.5	104.4	99.3	98.5	101.4	101.7	101.1
陕 西 Shaanxi	101.1	101.5	102.8	100.3	101.7	103.2	103.1	104.0
甘 肃 Gansu	104.9	100.6	101.9	99.9	100.9	102.2	102.9	100.6
青 海 Qinghai	98.9	99.7	100.9	100.0	99.1	102.0	100.1	107.5
宁 夏 Ningxia	104.6	100.4	101.7	100.0	99.3	102.2	103.1	100.5
新 疆 Xinjiang	102.6	101.9	103.6	101.1	101.9	99.6	99.3	99.9

3-2-5 续表 3 Continued 3

(上年价格=100) (Preceding year=100)

地区 Region	3.其他 Others	四、纺织品 Textiles	1.衣着材料 Clothing Material	2.床上用品 Bed Articles	五、家用电器及音像器材 Household Appliances, Music and Video Equipment	1.家庭设备 Household Facilities	2.文娱用耐用消费品 Durable Consumer Goods for Cultural and Recreational Use	3.专业音像器材 Music and Video Equipment
全 国 National	**100.0**	**100.9**	**101.6**	**100.6**	**98.0**	**99.6**	**95.1**	**99.1**
北 京 Beijing	102.7	99.3	103.1	98.8	95.7	98.9	91.9	98.1
天 津 Tianjin	90.7	103.5	99.8	104.4	96.6	99.3	91.7	97.3
河 北 Hebei	100.9	101.2	100.8	101.4	99.4	100.8	97.1	99.7
山 西 Shanxi	99.2	103.4	101.3	103.8	98.1	99.9	93.0	98.0
内蒙古 Inner Mongolia	100.4	104.4	110.1	100.9	99.1	99.2	98.9	98.7
辽 宁 Liaoning	100.6	101.0	101.6	100.7	98.1	99.6	95.9	99.2
吉 林 Jilin	100.6	100.6	99.5	101.5	99.1	100.0	97.7	99.9
黑龙江 Heilongjiang	99.3	98.9	101.3	97.3	96.1	98.6	90.9	100.5
上 海 Shanghai	98.3	100.6	98.5	101.0	94.9	99.5	88.9	97.0
江 苏 Jiangsu	97.6	102.2	103.3	101.8	99.5	100.8	96.7	98.6
浙 江 Zhejiang	100.9	103.2	103.2	103.2	99.1	100.2	96.0	100.2
安 徽 Anhui	100.3	99.6	101.7	98.6	98.8	99.4	97.6	99.6
福 建 Fujian	99.5	98.7	98.7	98.8	96.5	98.6	92.4	99.3
江 西 Jiangxi	101.6	101.1	103.1	99.0	97.8	97.6	97.6	100.2
山 东 Shandong	102.1	100.5	100.8	100.5	98.6	99.3	97.1	99.9
河 南 Henan	100.8	100.2	101.7	99.7	99.1	101.4	94.7	99.0
湖 北 Hubei	97.6	103.3	104.4	102.7	96.7	98.9	93.3	99.3
湖 南 Hunan	100.2	101.4	102.5	101.2	99.6	100.3	98.6	99.5
广 东 Guangdong	98.9	96.8	99.2	95.9	97.3	98.0	95.6	98.6
广 西 Guangxi	102.1	100.8	99.7	101.3	98.4	100.6	95.1	100.6
海 南 Hainan	100.0	101.2	104.4	100.0	99.1	98.6	99.6	100.0
重 庆 Chongqing	102.4	100.8	102.6	100.7	100.4	100.9	99.6	100.8
四 川 Sichuan	100.3	102.4	100.8	102.9	98.8	100.8	94.0	99.0
贵 州 Guizhou	95.2	98.9	101.0	97.6	97.2	101.1	93.1	97.5
云 南 Yunnan	101.9	102.7	102.0	103.0	98.1	100.1	95.4	100.8
西 藏 Tibet	96.9	100.4	100.8	100.1	99.5	99.5	99.4	99.6
陕 西 Shaanxi	97.0	102.2	101.0	103.0	97.9	100.0	93.4	99.5
甘 肃 Gansu	99.0	100.4	101.5	99.6	97.2	96.9	96.9	99.9
青 海 Qinghai	98.8	99.6	101.3	98.6	95.0	96.1	93.7	89.7
宁 夏 Ningxia	98.3	102.0	104.4	101.1	95.9	100.3	88.8	97.7
新 疆 Xinjiang	102.1	102.9	100.7	104.9	97.2	98.6	95.0	97.9

(上年价格=100) (Preceding year=100)

地 区 Region	六、文化办公用品 Cultural and Office Appliances	七、日用品 Articles for Daily Use	1.日用百货 General Merchandise for Daily Use	2.日用杂品 Grocery for Daily Use	3.洗涤用品 Wash	4.其他日用品 Other Articles for Daily Use	八、体育娱乐用品 Sports and Recreation Articles	1.体育用品 Sports Articles
全 国 National	**98.3**	**100.7**	**100.3**	**100.8**	**101.5**	**100.3**	**100.7**	**101.1**
北 京 Beijing	95.6	100.8	100.8	99.8	101.4	100.9	101.9	102.0
天 津 Tianjin	97.7	101.0	98.8	100.7	104.3	100.9	107.6	108.8
河 北 Hebei	99.5	100.4	100.6	100.6	100.8	99.6	100.9	100.4
山 西 Shanxi	97.0	100.5	99.8	100.9	101.0	100.8	100.8	101.0
内蒙古 Inner Mongolia	98.3	101.6	100.2	101.0	103.8	100.6	100.5	99.8
辽 宁 Liaoning	99.4	101.0	100.8	101.7	101.4	100.4	100.5	100.9
吉 林 Jilin	98.8	100.5	101.2	99.9	100.7	100.0	98.9	99.1
黑龙江 Heilongjiang	95.8	100.4	100.5	99.5	101.1	99.8	102.0	106.9
上 海 Shanghai	94.9	100.2	99.9	101.1	102.3	98.3	98.6	99.1
江 苏 Jiangsu	99.6	101.5	101.1	102.6	101.7	101.1	100.9	101.2
浙 江 Zhejiang	97.9	100.7	100.7	100.0	101.3	100.7	100.1	100.7
安 徽 Anhui	99.5	100.3	99.9	100.1	100.8	100.4	100.3	100.6
福 建 Fujian	98.1	99.6	98.3	100.9	100.7	99.1	100.0	101.4
江 西 Jiangxi	97.5	100.6	100.5	98.9	102.3	99.9	100.4	101.0
山 东 Shandong	98.1	100.7	100.5	100.5	102.6	99.4	100.7	101.3
河 南 Henan	99.0	101.1	100.7	100.2	102.0	101.0	100.1	99.9
湖 北 Hubei	98.2	101.1	100.4	103.9	101.5	99.8	100.6	102.0
湖 南 Hunan	99.8	100.7	100.0	102.6	100.4	100.3	100.6	100.6
广 东 Guangdong	99.3	100.3	100.0	100.0	100.3	100.7	100.5	100.8
广 西 Guangxi	98.3	100.5	100.3	100.5	100.7	100.4	100.0	100.1
海 南 Hainan	99.1	101.6	104.2	104.6	97.0	100.0	102.4	100.4
重 庆 Chongqing	98.7	100.5	101.3	101.4	99.1	100.7	99.8	101.7
四 川 Sichuan	97.6	100.9	100.2	100.0	102.3	99.9	101.4	101.7
贵 州 Guizhou	98.7	101.3	99.9	101.0	102.6	101.8	99.4	99.3
云 南 Yunnan	99.5	100.0	98.8	100.6	100.3	101.2	98.7	102.8
西 藏 Tibet	98.9	100.2	100.7	99.4	100.3	100.0	99.7	99.6
陕 西 Shaanxi	99.7	101.1	100.3	103.3	101.2	100.8	101.5	101.9
甘 肃 Gansu	99.9	102.2	101.5	100.6	106.3	101.2	101.8	100.7
青 海 Qinghai	96.9	101.1	101.2	99.5	101.9	101.2	101.1	104.2
宁 夏 Ningxia	98.7	101.9	100.8	103.4	102.5	100.7	100.5	101.0
新 疆 Xinjiang	99.2	101.3	100.9	100.2	102.7	99.7	98.8	98.8

3-2-5 续表 5 Continued 5

(上年价格=100) (Preceding year=100)

地区 Region	2.娱乐用品 Recreation Articles	九、交通、通信用品 Transportation and Communication Appliances	1.交通运输机械 Transportation Appliances	2.通信器材 Communication Appliances	十、家具 Furniture	十一、化妆品 Cosmetics	十二、金银珠宝 Gold, Silver and Jewelry	十三、中西药品及医疗保健用品 Traditional Chinese and Western Medicines and Health Care Articles
全 国 National	**100.3**	**97.1**	**98.5**	**92.7**	**101.4**	**101.5**	**91.9**	**101.5**
北 京 Beijing	101.6	94.5	97.3	76.7	103.2	99.1	88.9	101.6
天 津 Tianjin	107.1	96.8	97.1	88.8	102.6	102.2	91.0	101.9
河 北 Hebei	101.4	98.9	99.3	97.5	102.3	103.1	91.9	102.7
山 西 Shanxi	100.7	98.3	99.7	90.9	102.3	102.6	92.6	102.2
内蒙古 Inner Mongolia	101.1	97.6	98.0	97.0	101.1	100.7	91.3	102.2
辽 宁 Liaoning	100.3	97.8	100.0	93.8	101.0	101.7	91.6	101.8
吉 林 Jilin	98.9	95.5	96.5	93.8	100.9	101.7	88.7	101.4
黑龙江 Heilongjiang	98.5	95.6	97.8	90.9	99.6	102.3	99.8	101.6
上 海 Shanghai	98.2	96.8	98.8	87.0	99.7	100.8	93.7	101.0
江 苏 Jiangsu	100.7	98.2	98.5	97.0	103.0	101.7	91.4	100.9
浙 江 Zhejiang	99.8	98.6	99.0	96.2	100.7	101.7	92.2	100.4
安 徽 Anhui	100.1	96.8	97.6	94.9	99.9	100.9	91.0	101.7
福 建 Fujian	99.2	96.3	99.2	89.4	101.0	101.3	95.1	101.0
江 西 Jiangxi	100.0	96.5	98.7	93.2	98.6	101.2	92.7	101.3
山 东 Shandong	100.2	96.7	98.4	92.7	100.0	101.3	94.2	100.6
河 南 Henan	100.5	97.4	97.9	96.3	101.2	101.4	91.4	101.7
湖 北 Hubei	99.6	92.9	96.7	87.9	101.7	102.2	91.6	102.8
湖 南 Hunan	100.7	97.4	97.3	97.7	102.7	101.8	91.4	102.5
广 东 Guangdong	100.3	97.3	98.9	92.6	101.4	101.5	90.3	100.8
广 西 Guangxi	99.9	97.8	99.7	93.8	99.9	100.8	90.5	100.3
海 南 Hainan	104.4	99.6	100.7	92.1	103.0	101.4	90.5	102.9
重 庆 Chongqing	98.9	96.9	98.7	94.5	99.6	102.6	93.9	101.3
四 川 Sichuan	101.2	98.5	99.8	94.5	102.5	101.7	91.8	100.7
贵 州 Guizhou	99.4	98.3	99.5	96.5	103.6	102.4	95.2	102.6
云 南 Yunnan	96.4	97.4	99.6	92.7	100.1	100.4	91.4	102.6
西 藏 Tibet	100.0	100.3	100.5	100.1	100.3	100.0	100.7	100.1
陕 西 Shaanxi	101.1	97.0	98.8	88.4	105.6	101.8	90.0	102.6
甘 肃 Gansu	103.4	95.4	98.6	92.2	101.5	102.0	90.4	102.6
青 海 Qinghai	97.6	95.3	98.1	91.7	103.8	99.7	91.5	103.0
宁 夏 Ningxia	100.1	93.9	97.8	85.8	100.2	102.2	90.9	105.7
新 疆 Xinjiang	98.9	97.5	97.8	96.9	100.6	103.5	94.8	102.9

3-2-5 续表 6 Continued 6

(上年价格=100) (Preceding year=100)

地 区	Region	1.医疗器具及用品 Medical Apparatus and Article	2.中药材及中成药 Tradtional Chinese Medicinal Materials and Medicines	3.西 药 Western Medicines	4.保健器具及用品 Health Care Appliances and Articles	十四、书报杂志及电子出版物 Books, Newspapers, Magazines and Electronic Publications	1.教材及参考书 Teaching Materials and Reference Books	2.书报杂志 Newspapers and Magazines
全 国	**National**	**100.8**	**103.1**	**100.2**	**102.3**	**101.2**	**101.6**	**101.2**
北 京	Beijing	100.1	103.8	99.9	103.0	100.8	100.3	101.0
天 津	Tianjin	99.9	104.3	100.8	100.1	100.3	100.0	101.4
河 北	Hebei	100.9	103.5	103.0	101.7	101.6	101.5	102.4
山 西	Shanxi	101.2	104.1	101.2	103.7	103.0	105.9	101.4
内蒙古	Inner Mongolia	101.4	103.3	102.0	100.3	100.2	100.1	100.5
辽 宁	Liaoning	101.3	102.6	101.7	100.1	101.3	102.3	101.2
吉 林	Jilin	102.2	101.5	101.2	101.5	100.4	100.5	100.6
黑龙江	Heilongjiang	100.2	102.9	100.7	108.1	99.7	101.6	98.0
上 海	Shanghai	100.6	103.3	99.3	103.1	100.9	103.9	100.4
江 苏	Jiangsu	102.4	105.2	98.1	100.2	101.0	103.0	100.5
浙 江	Zhejiang	99.9	102.7	96.7	104.2	100.6	100.2	101.1
安 徽	Anhui	101.3	101.9	101.3	102.8	103.6	107.6	100.8
福 建	Fujian	99.7	102.3	99.9	102.3	105.4	113.6	102.3
江 西	Jiangxi	101.3	102.1	101.0	100.2	100.5	100.7	100.4
山 东	Shandong	100.8	101.8	99.3	101.7	101.2	101.1	101.5
河 南	Henan	101.5	103.1	101.1	102.2	102.7	102.7	103.4
湖 北	Hubei	100.5	102.7	103.4	100.9	100.5	101.0	100.5
湖 南	Hunan	101.0	105.9	101.1	101.8	100.6	100.4	100.8
广 东	Guangdong	101.0	103.8	97.5	102.1	100.8	100.9	101.5
广 西	Guangxi	101.0	99.6	100.7	100.4	99.8	99.6	100.0
海 南	Hainan	101.8	103.6	102.6	102.8	100.7	101.7	100.0
重 庆	Chongqing	100.9	101.2	101.0	102.6	100.7	102.3	100.2
四 川	Sichuan	100.2	100.7	100.2	104.0	100.4	101.1	101.1
贵 州	Guizhou	102.3	104.0	101.6	100.7	105.6	101.5	107.4
云 南	Yunnan	101.0	104.2	100.3	105.9	97.9	95.7	100.6
西 藏	Tibet	97.8	102.6	98.8	99.9	100.1	100.0	100.3
陕 西	Shaanxi	100.1	106.2	100.4	99.3	101.7	102.0	100.3
甘 肃	Gansu	101.8	103.3	102.2	101.3	100.2	100.4	100.1
青 海	Qinghai	103.2	103.2	102.3	104.7	102.4	104.7	101.9
宁 夏	Ningxia	100.4	112.0	101.1	105.8	105.5	106.0	105.9
新 疆	Xinjiang	99.5	102.6	101.2	112.0	107.2	102.2	114.5

3-2-5 续表 7 Continued 7

(上年价格=100) (Preceding year=100)

地　区 Region	3.电子音像制品 Electronic Publications	十五、燃料 Fuels	1.煤炭及制品 Coal and its product	2.石油及制品 Petroleum and its product	十六、建筑材料及五金电料 Building Materials and Hardware	1.建筑装璜材料 Building Decoration Materials	2.五金电料 Hardware
全　国 National	**100.3**	**100.0**	**98.0**	**100.3**	**100.5**	**100.4**	**100.9**
北　京 Beijing	103.3	100.6	102.8	100.4	100.4	100.5	99.8
天　津 Tianjin	99.6	99.8	96.7	99.9	102.4	102.9	99.3
河　北 Hebei	100.1	98.4	94.1	99.9	101.3	101.0	102.2
山　西 Shanxi	100.8	97.2	90.1	99.4	99.4	99.3	99.7
内蒙古 Inner Mongolia	100.1	100.1	93.8	102.3	99.7	99.5	100.4
辽　宁 Liaoning	100.0	99.7	100.1	99.6	100.4	100.2	100.7
吉　林 Jilin	99.6	101.7	101.0	101.8	101.1	101.3	100.5
黑龙江 Heilongjiang	99.8	98.4	90.4	101.4	99.2	98.2	102.7
上　海 Shanghai	98.6	99.3	98.4	99.3	100.6	100.5	101.2
江　苏 Jiangsu	101.4	102.2	99.6	102.4	100.4	100.5	100.2
浙　江 Zhejiang	100.2	99.8	100.0	99.8	99.8	99.5	100.5
安　徽 Anhui	100.3	99.1	95.7	99.7	100.0	99.8	100.8
福　建 Fujian	101.2	100.9	97.7	101.1	99.5	99.3	100.3
江　西 Jiangxi	99.8	99.9	104.2	98.8	101.8	101.9	101.2
山　东 Shandong	100.6	99.9	99.1	100.2	99.6	99.3	100.2
河　南 Henan	99.7	98.6	96.0	99.3	100.4	100.5	100.4
湖　北 Hubei	99.2	100.6	101.5	100.5	101.9	101.5	102.8
湖　南 Hunan	100.4	99.3	100.7	99.2	101.5	101.3	102.6
广　东 Guangdong	100.1	99.2	95.1	99.3	100.9	100.7	101.6
广　西 Guangxi	99.7	99.5	99.4	99.6	101.3	101.7	99.9
海　南 Hainan	100.0	102.7	96.9	102.8	97.4	96.7	99.9
重　庆 Chongqing	101.6	100.7	100.4	100.7	103.1	103.1	102.9
四　川 Sichuan	97.8	100.0	101.2	99.7	100.1	100.0	100.7
贵　州 Guizhou	111.5	99.8	94.8	101.4	98.6	99.4	96.2
云　南 Yunnan	97.8	105.0	102.3	105.2	101.3	101.7	99.9
西　藏 Tibet	100.0	101.3	104.4	100.3	106.3	102.1	123.5
陕　西 Shaanxi	103.2	99.4	99.8	99.3	98.5	97.5	101.1
甘　肃 Gansu	99.1	99.9	99.6	100.0	100.5	100.4	102.3
青　海 Qinghai	99.6	100.4	100.4	100.4	99.9	99.4	101.6
宁　夏 Ningxia	100.1	100.9	98.5	101.4	100.1	99.4	101.2
新　疆 Xinjiang	100.6	102.8	107.7	101.6	99.9	98.7	103.2

3-2-6 各地区农村商品零售价格分类指数(2013年)

Rural Retail Price Indices by Category and RegionUrban (2013)

(上年价格=100) (Preceding year=100)

地区 Region	总指数 Retail Price Index	一、食品 Food	1.粮食 Grain	2.淀粉及制品 Starches	3.干豆类及豆制品 Dried Bean and Their Products	4.油脂 Oil or Fat	5.肉禽及其制品 Meat, Poultry and Their Products	6.蛋 Eggs
全国 National	**101.8**	**105.0**	**105.0**	**102.5**	**106.1**	**100.6**	**103.9**	**104.9**
北京 Beijing								
天津 Tianjin								
河北 Hebei	102.5	106.2	108.7	108.6	105.4	101.2	106.1	104.3
山西 Shanxi	102.3	107.0	111.6	102.1	105.8	103.4	102.4	104.3
内蒙古 Inner Mongolia	102.7	105.8	105.6	101.6	101.2	98.7	107.4	103.4
辽宁 Liaoning	101.7	104.1	104:3	102.7	106.6	99.3	107.2	103.1
吉林 Jilin	102.2	107.0	107.1	102.1	102.8	100.5	108.7	107.6
黑龙江 Heilongjiang	101.7	106.1	104.8	106.5	106.5	93.8	109.3	101.8
上海 Shanghai								
江苏 Jiangsu	101.5	103.9	102.2	101.2	104.9	99.0	102.9	104.2
浙江 Zhejiang	100.5	103.9	103.4	105.4	102.8	98.4	103.3	101.8
安徽 Anhui	101.4	104.1	102.6	102.3	101.7	99.8	104.0	103.8
福建 Fujian	101.3	104.4	102.2	102.5	106.2	101.1	102.9	109.6
江西 Jiangxi	101.9	104.8	103.2	96.1	106.7	100.1	105.7	105.5
山东 Shandong	101.8	106.0	108.8	102.1	107.0	101.9	103.4	104.2
河南 Henan	102.3	105.9	107.8	100.7	109.8	99.5	104.7	103.7
湖北 Hubei	102.1	105.7	104.3	102.2	109.9	98.5	105.4	108.8
湖南 Hunan	102.3	104.4	105.8	105.7	108.5	103.8	104.0	104.2
广东 Guangdong	101.6	104.2	102.6	100.1	103.7	100.8	101.5	106.0
广西 Guangxi	101.3	103.4	102.0	101.3	104.5	101.1	101.6	106.2
海南 Hainan	101.6	105.3	104.4	99.3	104.4	104.3	100.9	104.8
重庆 Chongqing								
四川 Sichuan	101.6	104.2	103.0	101.6	109.8	100.3	102.7	106.2
贵州 Guizhou	100.8	102.9	99.9	104.4	101.4	101.7	102.5	104.8
云南 Yunnan	103.0	104.4	102.0	107.5	106.8	99.4	104.0	107.3
西藏 Tibet	102.5	107.6	104.6	102.6	104.0	104.0	111.0	104.1
陕西 Shaanxi	102.0	106.7	109.4	106.8	107.1	101.2	106.1	108.2
甘肃 Gansu	103.1	106.0	107.5	100.0	105.6	100.5	103.9	107.1
青海 Qinghai	102.6	107.4	107.8	97.7	107.3	100.5	110.4	104.9
宁夏 Ningxia	102.9	107.6	106.2	100.3	107.0	101.6	110.1	104.9
新疆 Xinjiang	103.1	108.4	106.4	106.1	107.0	103.6	114.7	111.9

3-2-6 续表 1 Continued 1

(上年价格=100) (Preceding year=100)

地 区	Region	7.水产品 Aquatic Products	8.菜 Vegetables	9.调味品 Flavoring	10.糖 Carbohydrate	11.干鲜瓜果 Dried and Fresh Melons and Fruits	12.糕点饼干面包 Cake	13.液体乳及乳制品 Milk and Its Products	14.在外用膳食品 Outward Dinner Food
全 国	**National**	**104.7**	**109.9**	**104.6**	**99.8**	**107.4**	**102.4**	**103.5**	**105.6**
北 京	Beijing								
天 津	Tianjin								
河 北	Hebei	102.8	110.5	106.9	103.4	104.7	102.1	104.9	107.6
山 西	Shanxi	99.7	111.8	110.3	101.4	111.0	102.9	104.4	107.5
内 蒙 古	Inner Mongolia	99.6	106.5	103.0	101.9	110.2	103.9	106.9	106.8
辽 宁	Liaoning	102.0	104.7	105.1	102.8	100.4	103.7	102.6	104.6
吉 林	Jilin	100.4	117.6	100.1	100.3	108.7	100.4	99.6	104.4
黑 龙 江	Heilongjiang	106.2	110.2	107.3	109.4	109.7	113.8	105.7	105.3
上 海	Shanghai								
江 苏	Jiangsu	103.7	108.1	105.3	100.9	105.1	103.2	106.2	105.1
浙 江	Zhejiang	105.3	107.8	102.7	99.3	105.8	101.5	103.2	103.3
安 徽	Anhui	106.1	108.4	101.1	100.7	108.6	100.3	101.8	104.7
福 建	Fujian	106.3	110.9	104.7	100.0	106.5	101.0	102.3	102.7
江 西	Jiangxi	107.2	108.5	103.2	100.9	103.1	100.6	102.5	105.7
山 东	Shandong	103.0	112.2	103.9	99.3	112.6	101.5	103.1	107.8
河 南	Henan	99.5	111.0	108.8	99.6	105.5	104.3	103.2	108.0
湖 北	Hubei	107.4	109.4	103.0	100.8	107.4	101.5	102.5	107.9
湖 南	Hunan	102.5	107.4	101.8	96.2	111.3	102.7	100.2	102.0
广 东	Guangdong	107.1	114.4	103.8	101.2	106.4	100.6	103.8	102.4
广 西	Guangxi	101.5	107.3	101.8	97.4	104.5	100.3	106.7	106.1
海 南	Hainan	97.5	113.1	100.9	97.8	106.1	104.9	107.5	116.5
重 庆	Chongqing								
四 川	Sichuan	105.2	109.3	102.5	98.6	104.0	101.3	104.2	107.2
贵 州	Guizhou	104.1	101.0	101.4	100.0	104.7	101.0	103.7	108.8
云 南	Yunnan	101.0	109.1	104.2	101.0	107.3	105.0	100.8	104.2
西 藏	Tibet	105.6	109.6	99.7	101.1	101.7	101.1	109.4	109.9
陕 西	Shaanxi	101.5	108.5	102.9	101.1	110.0	105.2	104.5	107.3
甘 肃	Gansu	95.2	107.9	113.0	99.1	101.7	103.0	104.4	108.7
青 海	Qinghai	102.7	114.5	109.4	98.5	107.6	105.2	100.9	105.7
宁 夏	Ningxia	101.7	108.6	106.0	98.9	112.4	104.4	105.1	108.6
新 疆	Xinjiang	105.7	107.4	100.5	97.2	99.9	106.7	107.2	112.7

3-2-6 续表 2 Continued 2

(上年价格=100) (Preceding year=100)

地 区 Region	15.其他食品 Other Foods	二、饮料、烟酒 Beverages, Tobacco and Liquor	1.茶及饮料 Tea and Beverages	2.烟 草 Tobacco	3.酒 Liquor	三、服装、鞋帽 Garments, Shoes and Hats	1.服 装 Garments	2.鞋袜帽 Footgear and Hats
全 国 National	**101.7**	**101.1**	**101.9**	**101.5**	**100.3**	**102.5**	**103.0**	**101.6**
北 京 Beijing								
天 津 Tianjin								
河 北 Hebei	101.2	100.8	103.3	100.3	100.3	104.8	105.4	103.7
山 西 Shanxi	100.6	101.4	101.5	100.3	104.9	103.1	103.4	102.6
内蒙古 Inner Mongolia	101.2	101.1	101.7	100.2	101.7	104.8	105.2	104.2
辽 宁 Liaoning	102.2	101.3	101.2	100.4	102.3	103.0	102.9	104.1
吉 林 Jilin	100.6	100.8	101.2	100.3	100.9	100.6	101.4	99.4
黑龙江 Heilongjiang	102.9	101.5	102.5	100.8	101.4	102.5	100.8	105.6
上 海 Shanghai								
江 苏 Jiangsu	102.2	99.6	101.2	99.9	97.7	104.2	104.7	102.1
浙 江 Zhejiang	102.6	100.1	102.6	100.2	98.6	100.9	102.4	96.9
安 徽 Anhui	100.5	99.0	103.0	100.0	96.9	102.9	103.2	102.5
福 建 Fujian	104.7	100.1	101.6	99.9	98.9	101.8	102.3	100.4
江 西 Jiangxi	100.5	100.9	102.0	101.0	100.3	103.0	102.7	104.2
山 东 Shandong	101.0	100.3	100.7	100.7	99.9	101.8	101.5	102.8
河 南 Henan	103.7	102.3	104.1	101.9	102.2	103.5	103.7	103.4
湖 北 Hubei	100.4	101.7	104.3	100.0	102.0	101.1	101.6	99.8
湖 南 Hunan	103.2	105.9	100.0	109.4	102.6	102.4	103.3	100.2
广 东 Guangdong	100.9	100.7	101.4	101.8	98.9	103.0	103.9	100.8
广 西 Guangxi	106.2	100.5	101.3	99.8	100.7	101.7	102.1	101.4
海 南 Hainan	103.3	100.3	98.9	100.3	101.1	99.3	98.7	101.9
重 庆 Chongqing								
四 川 Sichuan	99.9	99.3	102.9	100.0	97.5	100.6	101.1	99.5
贵 州 Guizhou	99.2	102.0	103.3	100.8	104.2	101.3	102.9	96.9
云 南 Yunnan	102.6	101.7	104.8	100.4	101.6	101.7	102.1	101.0
西 藏 Tibet	104.5	100.8	101.7	100.4	100.7	101.2	100.8	102.2
陕 西 Shaanxi	104.4	100.9	103.0	99.8	100.5	101.5	100.9	102.6
甘 肃 Gansu	103.3	101.1	102.9	100.0	102.4	104.1	104.4	103.4
青 海 Qinghai	99.6	100.1	100.7	100.5	99.5	100.3	99.7	101.8
宁 夏 Ningxia	102.0	100.6	104.9	100.0	99.1	104.0	103.6	105.2
新 疆 Xinjiang	107.0	102.4	102.5	101.1	103.6	100.3	100.1	100.5

3-2-6 续表 3 Continued 3

(上年价格=100) (Preceding year=100)

地　区	Region	3.其他 Others	四、纺织品 Textiles	1.衣着材料 Clothing Material	2.床上用品 Bed Articles	五、家用电器及音像器材 Household Appliances, Music and Video Equipment	1.家庭设备 Household Facilities	2.文娱用耐用消费品 Durable Consumer Goods for Cultural and Recreational Use	3.专业音像器材 Music and Video Equipment
全　国	**National**	**100.3**	**101.2**	**102.5**	**100.4**	**98.9**	**100.0**	**97.1**	**99.8**
北　京	Beijing								
天　津	Tianjin								
河　北	Hebei	102.0	101.6	102.8	101.3	98.3	100.0	95.8	100.4
山　西	Shanxi	100.2	101.1	102.1	100.7	99.0	99.9	97.9	
内 蒙 古	Inner Mongolia	102.2	103.2	104.2	102.2	99.2	99.5	98.8	100.0
辽　宁	Liaoning	96.8	101.9	102.5	101.2	98.2	99.5	96.2	99.6
吉　林	Jilin	98.5	100.6	101.1	99.7	98.7	100.4	96.3	99.3
黑 龙 江	Heilongjiang	100.5	100.5	101.0	100.1	98.7	99.5	97.4	100.0
上　海	Shanghai								
江　苏	Jiangsu	100.9	99.9	104.4	96.9	99.8	101.5	94.4	102.1
浙　江	Zhejiang	99.0	99.7	101.3	98.7	100.2	100.9	98.9	98.9
安　徽	Anhui	100.0	98.0	99.6	96.9	100.0	101.4	97.7	99.4
福　建	Fujian	101.2	99.1	101.3	98.1	96.3	96.9	94.9	98.9
江　西	Jiangxi	99.9	101.5	100.9	101.9	97.8	99.4	96.0	99.1
山　东	Shandong	100.2	102.6	104.2	100.3	97.1	98.0	95.8	99.2
河　南	Henan	100.2	101.6	101.7	101.6	100.4	101.1	98.1	100.0
湖　北	Hubei	99.9	101.1	102.6	100.0	99.4	100.5	97.4	99.8
湖　南	Hunan	100.0	101.3	105.6	100.4	99.0	98.9	98.9	100.6
广　东	Guangdong	101.3	100.8	99.7	101.3	99.3	100.1	98.5	98.5
广　西	Guangxi	98.7	103.2	102.9	103.5	98.4	100.7	95.5	97.5
海　南	Hainan	96.9	102.7	102.9	102.6	99.0	100.0	97.5	99.6
重　庆	Chongqing								
四　川	Sichuan	100.3	100.8	101.7	100.3	98.4	99.4	97.4	98.4
贵　州	Guizhou	100.1	100.2	100.0	100.3	97.7	99.9	92.6	96.2
云　南	Yunnan	96.9	100.9	101.4	100.6	102.2	103.5	95.0	107.4
西　藏	Tibet	100.5	101.1	101.4	100.9	99.5	99.9	99.1	100.0
陕　西	Shaanxi	100.6	102.3	102.5	102.1	98.5	100.5	95.7	98.9
甘　肃	Gansu	100.1	103.6	105.5	102.6	99.2	99.6	98.8	99.2
青　海	Qinghai	100.2	101.0	101.5	100.3	98.6	99.8	97.2	100.1
宁　夏	Ningxia	101.9	102.8	102.7	102.9	98.0	100.2	95.7	98.3
新　疆	Xinjiang	100.4	101.3	102.2	100.3	98.8	99.1	98.4	98.9

(上年价格=100) (Preceding year=100)

地 区	Region	六、文化办公用品 Cultural and Office Appliances	七、日用品 Articles for Daily Use	1.日用百货 General Merchandise for Daily Use	2.日用杂品 Grocery for Daily Use	3.洗涤用品 Wash	4.其他日用品 Other Articles for Daily Use	八、体育娱乐用品 Sports and Recreation Articles	1.体育用品 Sports Articles
全 国	**National**	**99.7**	**101.2**	**100.7**	**101.5**	**101.6**	**101.1**	**100.8**	**101.2**
北 京	Beijing								
天 津	Tianjin								
河 北	Hebei	99.3	102.2	101.9	101.7	102.5	102.5	101.0	101.9
山 西	Shanxi	99.9	100.8	101.1	100.6	100.7	100.7	101.1	101.7
内蒙古	Inner Mongolia	100.8	101.4	100.5	102.8	100.7	102.4	101.2	100.9
辽 宁	Liaoning	99.9	101.6	100.3	101.3	103.0	101.9	101.0	102.3
吉 林	Jilin	99.8	100.7	101.0	100.0	100.8	100.7	100.0	100.2
黑龙江	Heilongjiang	98.4	101.1	101.7	100.4	100.9	101.1	100.1	100.1
上 海	Shanghai								
江 苏	Jiangsu	99.0	102.0	101.5	101.8	102.4	102.3	101.7	100.5
浙 江	Zhejiang	99.4	100.3	100.0	101.0	100.0	100.9	101.6	101.2
安 徽	Anhui	99.7	101.6	100.9	101.7	103.3	101.2	100.3	100.7
福 建	Fujian	99.4	100.7	101.6	99.7	100.8	99.7	99.6	100.3
江 西	Jiangxi	99.5	101.6	101.2	102.4	101.8	101.1	99.6	100.7
山 东	Shandong	100.5	100.8	100.2	102.6	100.9	100.2	100.0	99.7
河 南	Henan	99.4	101.4	100.9	101.5	102.7	101.7	100.8	101.3
湖 北	Hubei	100.5	100.9	100.0	100.8	100.7	102.4	100.4	100.8
湖 南	Hunan	99.7	100.9	100.5	102.3	100.6	99.9	102.2	103.8
广 东	Guangdong	99.2	100.9	100.9	100.7	101.4	100.5	101.2	101.6
广 西	Guangxi	99.3	100.9	99.9	101.6	101.6	100.6	100.0	101.1
海 南	Hainan	100.1	101.8	100.2	104.0	101.2	102.7	103.9	106.6
重 庆	Chongqing								
四 川	Sichuan	100.0	100.1	98.6	101.2	103.4	100.2	99.6	99.5
贵 州	Guizhou	98.0	99.8	100.1	100.5	98.3	100.8	101.4	102.3
云 南	Yunnan	102.0	102.6	101.0	103.7	104.3	100.2	104.2	106.7
西 藏	Tibet	100.2	100.6	100.5	100.7	100.9	100.0	99.6	99.7
陕 西	Shaanxi	99.3	102.5	102.6	103.4	101.0	103.5	102.1	102.7
甘 肃	Gansu	100.0	101.9	101.5	103.4	104.8	101.1	100.4	101.1
青 海	Qinghai	99.6	100.9	101.4	100.1	101.6	99.8	102.3	103.2
宁 夏	Ningxia	98.2	101.7	98.6	105.2	103.3	102.1	100.0	100.9
新 疆	Xinjiang	100.1	101.2	101.3	100.9	102.6	99.8	100.1	100.1

3-2-6 续表 5 Continued 5

(上年价格=100) (Preceding year=100)

地　区 Region	2.娱乐用品 Recreation Articles	九、交通、通信用品 Transportation and Communication Appliances	1.交通运输机械 Transportation Appliances	2.通信器材 Communication Appliances	十、家具 Furniture	十一、化妆品 Cosmetics	十二、金银珠宝 Gold, Silver and Jewelry	十三、中西药品及医疗保健用品 Traditional Chinese and Western Medicines and Health Care Articles
全　国 National	**100.5**	**98.1**	**99.1**	**96.3**	**100.8**	**101.6**	**91.8**	**101.0**
北　京 Beijing								
天　津 Tianjin								
河　北 Hebei	100.0	98.6	99.2	97.1	100.5	102.9	90.9	102.5
山　西 Shanxi	100.7	97.6	99.7	92.5	100.7	100.3	91.1	101.3
内蒙古 Inner Mongolia	101.5	99.8	100.0	99.5	99.9	100.7	92.0	101.6
辽　宁 Liaoning	99.8	98.2	100.5	95.9	100.1	101.4	92.8	101.7
吉　林 Jilin	99.8	97.1	96.9	97.3	100.8	101.1	94.1	102.9
黑龙江 Heilongjiang	100.2	94.5	99.4	91.6	99.2	100.1	90.5	99.8
上　海 Shanghai								
江　苏 Jiangsu	102.3	98.9	98.9	98.6	99.8	103.1	90.3	99.9
浙　江 Zhejiang	101.8	98.9	99.3	97.2	101.9	100.8	90.4	94.4
安　徽 Anhui	100.0	97.6	98.1	96.3	98.1	100.3	90.7	101.1
福　建 Fujian	99.1	97.8	99.7	94.4	100.1	101.4	91.9	101.8
江　西 Jiangxi	98.9	98.0	100.0	95.7	103.7	101.9	91.2	102.2
山　东 Shandong	100.4	98.7	99.0	98.4	100.7	101.7	93.2	100.3
河　南 Henan	100.5	97.5	98.1	96.6	101.9	102.6	91.8	103.1
湖　北 Hubei	100.0	94.2	96.2	92.3	99.5	101.8	93.0	102.6
湖　南 Hunan	100.7	99.4	100.0	97.8	101.0	100.9	92.2	102.2
广　东 Guangdong	100.7	97.3	98.9	95.6	102.4	100.9	92.1	100.9
广　西 Guangxi	98.8	100.1	100.0	100.1	100.8	101.3	91.0	101.3
海　南 Hainan	99.9	93.3	94.2	90.3	100.4	101.6	90.4	106.8
重　庆 Chongqing								
四　川 Sichuan	99.6	98.6	99.8	95.3	99.2	101.0	91.7	101.8
贵　州 Guizhou	100.9	97.1	100.2	92.5	100.2	100.9	94.0	100.1
云　南 Yunnan	100.7	99.4	100.5	97.9	101.3	101.2	89.0	108.4
西　藏 Tibet	99.4	98.2	99.8	98.0	100.6	103.3	97.5	99.8
陕　西 Shaanxi	101.5	95.2	100.5	91.6	100.3	104.8	92.0	102.6
甘　肃 Gansu	99.7	97.7	101.9	96.4	105.1	103.0	94.3	103.5
青　海 Qinghai	101.2	94.5	100.4	93.6	98.0	101.1	91.4	103.9
宁　夏 Ningxia	98.7	95.3	101.0	86.5	101.6	103.9	89.9	102.1
新　疆 Xinjiang	100.2	97.0	99.4	94.0	102.6	101.9	93.3	101.6

(上年价格=100) (Preceding year=100)

地 区 Region	1.医疗器具及用品 Medical Apparatus and Article	2.中药材及中成药 Tradtional Chinese Medicinal Materials and Medicines	3.西 药 Western Medicines	4.保健器具及用品 Health Care Appliances and Articles	十四、书报杂志及电子出版物 Books, Newspapers, Magazines and Electronic Publications	1.教材及参考书 Teaching Materials and Reference Books	2.书报杂志 Newspapers and Magazines
全 国 National	**101.0**	**103.2**	**99.4**	**101.2**	**101.6**	**102.4**	**101.3**
北 京 Beijing							
天 津 Tianjin							
河 北 Hebei	99.0	104.1	102.3	101.1	100.0	99.8	100.0
山 西 Shanxi	99.5	102.5	101.4	99.8	102.7	105.9	101.8
内蒙古 Inner Mongolia	100.6	101.6	101.9	100.3	100.7	100.3	100.0
辽 宁 Liaoning	100.9	103.1	101.1	100.4	100.6	102.1	100.6
吉 林 Jilin	102.0	106.0	100.5	100.2	100.0	100.0	100.0
黑龙江 Heilongjiang	104.3	96.9	100.6	103.6	101.8	103.4	100.7
上 海 Shanghai							
江 苏 Jiangsu	100.8	104.2	98.2	102.0	102.8	105.1	102.0
浙 江 Zhejiang	99.2	98.7	88.2	101.4	100.2	100.0	100.1
安 徽 Anhui	102.1	100.3	101.5	101.3	102.7	105.2	100.2
福 建 Fujian	101.6	103.9	100.1	103.4	104.7	111.2	101.6
江 西 Jiangxi	99.5	103.9	101.3	101.7	100.7	101.4	100.2
山 东 Shandong	101.4	101.8	99.1	100.4	100.9	101.8	100.7
河 南 Henan	99.2	105.9	102.3	100.7	101.7	102.6	101.9
湖 北 Hubei	99.8	105.7	100.6	101.5	103.5	103.1	103.7
湖 南 Hunan	105.0	101.9	102.0	102.3	101.4	101.7	101.4
广 东 Guangdong	99.6	102.8	99.2	101.0	101.6	102.0	101.9
广 西 Guangxi	100.7	102.9	100.0	101.4	100.1	100.2	100.2
海 南 Hainan	103.4	106.6	108.0	100.3	102.0	101.1	100.3
重 庆 Chongqing							
四 川 Sichuan	99.3	104.3	100.1	100.1	100.8	100.9	100.7
贵 州 Guizhou	101.3	102.6	98.5	99.8	101.3	101.2	101.9
云 南 Yunnan	99.1	119.5	102.7	100.6	101.9	103.7	100.1
西 藏 Tibet	101.2	100.4	98.9	100.2	100.5	99.0	101.6
陕 西 Shaanxi	99.7	104.9	101.0	102.9	100.9	101.1	101.3
甘 肃 Gansu	102.0	106.2	101.4	99.2	100.0	100.3	99.3
青 海 Qinghai	104.4	104.4	104.0	101.1	103.6	104.0	102.6
宁 夏 Ningxia	101.5	103.5	100.5	108.4	100.7	102.1	100.3
新 疆 Xinjiang	97.9	102.2	101.7	102.0	100.8	101.2	101.1

3-2-6 续表 7 Continued 7

(上年价格=100) (Preceding year=100)

地 区 Region	3.电子音像制品 Electronic Publications	十五、燃料 Fuels	1.煤炭及制品 Coal and its product	2.石油及制品 Petroleum and its product	十六、建筑材料及五金电料 Building Materials and Hardware	1.建筑装璜材料 Building Decoration Materials	2.五金电料 Hardware
全 国 National	**100.5**	**99.7**	**99.2**	**99.8**	**100.5**	**100.2**	**101.6**
北 京 Beijing							
天 津 Tianjin							
河 北 Hebei	100.6	99.8	98.4	101.0	101.3	100.6	104.0
山 西 Shanxi	100.0	97.7	94.1	99.6	100.1	100.1	100.0
内 蒙 古 Inner Mongolia	102.5	99.6	98.1	100.6	99.9	99.5	101.1
辽 宁 Liaoning	97.4	99.5	96.9	100.7	100.6	100.4	101.0
吉 林 Jilin	99.9	101.0	98.8	101.7	99.9	99.2	101.6
黑 龙 江 Heilongjiang	100.0	101.6	102.3	101.1	98.9	98.1	101.1
上 海 Shanghai							
江 苏 Jiangsu	103.1	101.0	101.4	101.0	99.9	99.3	101.4
浙 江 Zhejiang	100.5	99.9	102.1	99.5	101.5	101.5	101.5
安 徽 Anhui	100.1	99.8	101.7	99.2	100.4	100.2	101.0
福 建 Fujian	98.8	100.1	99.8	100.2	99.0	98.7	100.1
江 西 Jiangxi	100.1	100.7	102.6	99.5	100.5	100.3	101.9
山 东 Shandong	100.0	98.8	97.8	99.5	101.0	100.3	102.6
河 南 Henan	99.0	97.8	95.3	99.3	99.6	99.1	102.4
湖 北 Hubei	104.4	100.4	100.9	100.3	100.6	100.3	101.8
湖 南 Hunan	100.0	98.7	93.4	99.4	102.3	102.6	100.4
广 东 Guangdong	99.9	99.4	99.8	99.4	100.3	100.3	100.2
广 西 Guangxi	99.7	99.9	100.0	99.9	100.2	100.3	99.9
海 南 Hainan	108.0	100.6	107.6	100.4	96.9	96.0	101.3
重 庆 Chongqing							
四 川 Sichuan	100.0	101.5	105.0	99.5	100.6	100.2	102.5
贵 州 Guizhou	100.0	99.4	99.4	99.3	101.6	101.5	101.9
云 南 Yunnan	99.7	102.3	106.2	99.5	101.3	100.8	102.8
西 藏 Tibet	101.9	100.0	100.8	99.7	101.3	101.7	99.7
陕 西 Shaanxi	99.9	99.4	97.9	100.0	99.8	99.5	100.6
甘 肃 Gansu	100.0	102.4	103.4	100.8	101.4	101.4	100.4
青 海 Qinghai	105.9	100.1	100.4	99.9	99.5	99.2	100.9
宁 夏 Ningxia	93.8	98.6	97.6	100.1	100.1	99.1	102.4
新 疆 Xinjiang	99.7	100.2	100.4	100.0	99.0	97.9	101.9

3-2-7 36个大中城市商品零售价格分类指数(2013年)

Retail Price Indices by Category in 36 Major Cities (2013)

(上年价格=100) (Preceding year=100)

地 区	Region	总指数 Retail Price Index	一、食 品 Food	1.粮 食 Grain	2.淀粉及制品 Starches	3.干豆类及豆制品 Dried Bean and Their Products	4.油 脂 Oil or Fat	5.肉禽及其制品 Meat, Poultry and Their Products	6.蛋 Eggs
平 均	**Average**	**101.0**	**104.6**	**104.3**	**103.7**	**105.2**	**99.8**	**104.8**	**104.9**
北 京	Beijing	99.8	104.9	104.4	105.0	105.0	99.8	106.7	103.7
天 津	Tianjin	101.7	105.8	108.7	102.1	108.0	98.7	108.0	102.2
石家庄	Shijiazhuang	102.1	105.4	107.6	104.4	102.3	99.4	105.6	104.0
太 原	Taiyuan	101.3	105.6	107.1	105.0	102.3	99.4	105.6	103.6
呼和浩特	Hohhot	101.9	108.4	105.6	105.3	104.5	102.5	113.2	110.1
沈 阳	Shenyang	101.6	106.2	108.2	102.5	109.2	98.9	108.7	105.4
大 连	Dalian	101.0	103.5	106.4	98.5	104.5	100.7	104.9	105.0
长 春	Changchun	101.3	104.0	103.7	97.2	102.4	96.8	107.3	106.3
哈尔滨	Harbin	101.2	103.7	103.0	100.1	102.8	98.0	106.3	102.9
上 海	Shanghai	100.2	104.5	103.6	101.6	103.1	97.5	103.7	102.2
南 京	Nanjing	101.2	105.6	104.1	101.0	103.5	97.7	103.3	105.3
杭 州	Hangzhou	101.5	104.2	103.6	104.2	101.0	97.2	103.5	99.5
宁 波	Ningbo	101.0	102.6	101.9	102.2	105.0	96.3	105.4	101.3
合 肥	Hefei	101.2	104.6	103.0	100.2	102.9	99.1	104.6	106.3
福 州	Fuzhou	101.0	104.6	100.9	105.4	106.5	98.7	105.4	109.5
厦 门	Xiamen	100.4	103.1	103.5	101.3	102.8	101.8	102.9	110.4
南 昌	Nanchang	101.3	104.6	102.7	100.3	103.3	98.1	104.4	105.3
济 南	Jinan	101.3	104.8	105.9	108.3	103.7	105.0	102.2	97.4
青 岛	Qingdao	101.4	105.2	106.6	106.2	104.2	103.6	104.8	103.7
郑 州	Zhengzhou	101.4	105.2	105.2	111.0	111.0	101.2	104.8	104.8
武 汉	Wuhan	100.9	103.1	103.7	103.4	102.0	100.1	102.0	105.2
长 沙	Changsha	101.2	104.0	104.8	105.1	105.9	102.0	104.7	104.2
广 州	Guangzhou	100.5	104.2	103.6	111.0	102.7	102.0	101.7	102.4
深 圳	Shenzhen	100.7	103.0	101.4	98.7	108.9	101.7	103.5	107.4
南 宁	Nanning	100.8	104.1	101.4	100.0	105.1	102.8	103.4	106.6
海 口	Haikou	101.6	103.7	101.6	105.8	101.5	103.1	102.6	100.6
重 庆	Chongqing	101.8	103.3	103.0	112.8	105.6	98.6	103.7	109.1
成 都	Chengdu	101.7	105.7	103.1	100.8	112.0	101.3	103.6	107.1
贵 阳	Guiyang	101.9	105.4	104.8	107.9	100.3	96.3	103.3	106.4
昆 明	Kunming	102.5	106.2	103.1	100.7	110.1	98.1	101.5	104.9
拉 萨	Lhasa	103.5	109.4	113.1	105.3	111.9	100.2	113.3	108.7
西 安	Xi'an	101.7	105.0	106.4	105.3	110.6	100.0	104.2	109.2
兰 州	Lanzhou	102.7	107.4	106.2	103.1	108.4	99.9	104.6	107.8
西 宁	Xining	102.5	108.1	107.9	100.5	107.9	103.4	110.3	109.5
银 川	Yinchuan	102.3	106.9	106.6	104.1	103.2	100.8	108.1	106.6
乌鲁木齐	Urumqi	103.5	107.7	106.4	100.1	105.3	103.0	114.8	109.4

3-2-7 续表 1 Continued 1

(上年价格=100) (Preceding year=100)

地 区	Region	7.水产品 Aquatic Products	8.菜 Vegetables	9.调味品 Flavoring	10.糖 Carbohydrate	11.干鲜瓜果 Dried and Fresh Melons and Fruits	12.糕点饼干面包 Cake	13.液体乳及乳制品 Milk and Its Products	14.在外用膳食品 Outward Dinner Food
平 均	**Average**	**103.9**	**107.5**	**103.6**	**101.3**	**105.5**	**102.4**	**107.2**	**104.3**
北 京	Beijing	103.4	109.6	103.8	101.4	105.7	102.4	106.2	104.0
天 津	Tianjin	100.9	110.0	101.9	99.7	112.6	101.9	103.5	104.6
石家庄	Shijiazhuang	99.5	110.6	104.7	101.9	105.2	102.6	113.6	103.1
太 原	Taiyuan	101.9	107.5	110.0	101.3	109.2	103.7	104.7	104.9
呼和浩特	Hohhot	98.6	109.1	102.0	111.4	108.7	105.9	106.8	109.2
沈 阳	Shenyang	101.8	103.6	105.7	101.6	104.3	100.8	104.6	108.7
大 连	Dalian	105.0	104.2	101.9	99.2	97.3	100.2	110.2	102.5
长 春	Changchun	102.1	108.7	104.3	98.5	100.3	103.3	104.9	102.2
哈尔滨	Harbin	102.9	106.5	100.6	101.3	100.6	102.0	102.9	103.2
上 海	Shanghai	105.0	108.0	102.4	102.0	107.3	101.7	108.1	103.3
南 京	Nanjing	107.7	108.8	101.5	98.6	110.1	103.4	108.1	106.3
杭 州	Hangzhou	106.8	108.3	99.9	100.1	103.7	102.4	106.4	103.1
宁 波	Ningbo	102.7	101.3	100.6	99.4	104.2	104.0	107.6	100.9
合 肥	Hefei	107.0	107.4	101.0	101.8	107.8	102.1	103.9	105.6
福 州	Fuzhou	103.5	102.6	105.6	103.4	108.9	100.9	107.2	106.9
厦 门	Xiamen	103.0	111.0	104.7	97.7	107.0	102.7	106.1	99.5
南 昌	Nanchang	106.6	108.6	102.1	100.0	105.5	100.2	111.7	103.1
济 南	Jinan	114.5	100.8	104.4	102.7	108.9	104.7	107.6	104.0
青 岛	Qingdao	99.6	112.2	101.9	102.5	108.0	99.8	105.5	106.5
郑 州	Zhengzhou	109.4	108.2	115.9	98.5	102.5	103.1	104.2	103.8
武 汉	Wuhan	102.2	100.2	103.5	99.4	101.9	101.4	110.1	105.9
长 沙	Changsha	105.0	99.6	104.2	100.5	103.9	98.8	105.1	106.5
广 州	Guangzhou	105.6	109.7	100.2	98.5	104.0	102.3	108.0	103.8
深 圳	Shenzhen	100.5	110.2	100.6	103.6	104.8	102.9	106.0	100.2
南 宁	Nanning	107.9	105.9	102.7	100.4	110.3	100.9	105.5	101.1
海 口	Haikou	105.3	110.2	103.8	99.4	108.3	100.4	104.1	100.7
重 庆	Chongqing	102.7	107.1	104.7	104.7	101.7	103.2	104.4	104.6
成 都	Chengdu	103.5	113.7	104.3	102.7	111.7	104.9	113.3	101.6
贵 阳	Guiyang	103.1	104.4	110.0	99.2	104.7	103.1	117.5	108.2
昆 明	Kunming	103.6	104.2	107.6	98.9	107.8	105.8	104.8	115.1
拉 萨	Lhasa	109.2	108.1	100.8	105.8	109.1	104.3	108.7	107.8
西 安	Xi'an	102.4	106.2	102.1	100.4	100.4	101.0	108.3	106.2
兰 州	Lanzhou	103.8	110.6	104.3	101.5	103.8	101.8	105.9	113.0
西 宁	Xining	105.1	108.2	118.7	101.7	105.9	102.3	109.0	110.0
银 川	Yinchuan	108.1	112.0	102.1	100.7	107.5	102.5	104.5	107.8
乌鲁木齐	Urumqi	107.2	99.9	101.3	102.3	100.7	103.7	118.5	106.8

3-2-7 续表 2 Continued 2

(上年价格=100) (Preceding year=100)

地 区	Region	15.其他食品 Other Foods	二、饮料、烟酒 Beverages, Tobacco and Liquor	1.茶及饮料 Tea and Beverages	2.烟草 Tobacco	3.酒 Liquor	三、服装、鞋帽 Garments, Shoes and Hats	1.服装 Garments	2.鞋袜帽 Footgear and Hats
平 均	**Average**	**101.2**	**100.6**	**101.8**	**100.0**	**100.3**	**102.1**	**102.4**	**101.4**
北 京	Beijing	97.6	100.6	101.1	99.8	100.5	101.5	101.8	100.8
天 津	Tianjin	105.1	101.8	104.6	100.2	101.6	101.0	100.9	101.6
石家庄	Shijiazhuang	101.1	100.8	100.3	100.0	101.8	101.3	102.2	99.3
太 原	Taiyuan	100.9	100.8	100.7	98.6	105.6	100.8	100.1	103.4
呼和浩特	Hohhot	99.3	103.3	102.6	102.5	104.8	104.2	105.3	103.7
沈 阳	Shenyang	101.2	100.5	101.3	100.0	100.5	102.4	103.3	99.9
大 连	Dalian	105.6	100.9	100.8	100.4	101.7	100.8	100.0	103.5
长 春	Changchun	101.9	100.2	99.2	100.2	100.5	104.7	103.9	107.2
哈尔滨	Harbin	100.1	100.6	100.9	100.0	101.0	104.9	105.1	104.5
上 海	Shanghai	102.6	100.1	100.4	100.1	99.9	99.9	100.3	98.4
南 京	Nanjing	99.6	98.7	101.7	99.6	95.6	101.6	101.4	102.4
杭 州	Hangzhou	100.6	99.5	101.2	100.0	97.6	101.3	100.9	102.5
宁 波	Ningbo	98.1	101.4	104.2	100.2	102.2	102.5	100.7	108.3
合 肥	Hefei	100.2	98.6	101.4	100.0	96.6	101.2	101.7	99.7
福 州	Fuzhou	105.3	99.9	100.8	99.7	99.4	100.4	99.5	103.1
厦 门	Xiamen	102.3	99.3	101.0	100.5	96.5	103.7	103.3	106.2
南 昌	Nanchang	104.0	100.4	100.5	99.8	100.9	103.5	105.4	98.9
济 南	Jinan	100.0	101.9	106.1	99.9	98.6	105.9	108.3	99.1
青 岛	Qingdao	102.7	101.2	97.3	99.8	104.7	104.3	106.6	101.3
郑 州	Zhengzhou	99.7	100.3	102.3	100.0	99.4	101.9	101.9	101.8
武 汉	Wuhan	93.7	101.0	102.4	99.9	102.6	102.9	104.5	98.9
长 沙	Changsha	100.5	101.5	102.3	100.5	102.4	102.3	102.6	102.0
广 州	Guangzhou	104.2	100.8	101.3	100.0	101.6	100.3	102.1	95.3
深 圳	Shenzhen	104.5	98.7	98.9	99.6	97.3	101.8	100.7	106.4
南 宁	Nanning	102.9	99.4	100.6	100.0	98.0	104.9	105.0	103.4
海 口	Haikou	96.0	101.0	99.8	100.0	102.8	100.7	100.6	101.0
重 庆	Chongqing	100.8	102.0	104.2	100.0	101.5	106.3	106.2	106.9
成 都	Chengdu	103.1	100.7	103.8	99.9	100.3	101.2	101.8	99.5
贵 阳	Guiyang	104.8	100.3	99.9	100.0	101.1	102.7	104.4	101.5
昆 明	Kunming	107.7	104.8	111.1	100.1	102.4	101.1	105.1	89.6
拉 萨	Lhasa	100.0	100.8	105.1	100.0	97.3	101.8	102.4	102.2
西 安	Xi'an	100.7	101.6	103.0	99.8	101.8	103.9	103.5	105.3
兰 州	Lanzhou	100.9	100.5	102.5	100.0	100.3	101.5	101.8	100.7
西 宁	Xining	100.3	99.8	100.9	100.0	99.1	100.7	98.4	108.2
银 川	Yinchuan	105.3	100.1	101.5	100.0	98.8	102.6	103.7	100.5
乌鲁木齐	Urumqi	102.7	101.7	101.6	101.1	102.5	99.5	99.1	100.3

3-2-7 续表 3 Continued 3

(上年价格=100) (Preceding year=100)

地 区 Region		3.其他 Others	四、纺织品 Textiles	1.衣着材料 Clothing Material	2.床上用品 Bed Articles	五、家用电器及音像器材 Household Appliances, Music and Video Equipment	1.家庭设备 Household Facilities	2.文娱用耐用消费品 Durable Consumer Goods for Cultural and Recreational Use	3.专业音像器材 Music and Video Equipment
平 均	**Average**	**99.4**	**101.0**	**100.9**	**101.0**	**97.1**	**99.3**	**93.3**	**98.7**
北 京	Beijing	102.7	99.3	103.1	98.8	95.7	98.9	91.9	98.1
天 津	Tianjin	90.7	103.5	99.8	104.4	96.6	99.3	91.7	97.3
石家庄	Shijiazhuang	98.3	100.9	103.0	100.1	97.0	99.6	93.2	96.8
太 原	Taiyuan	101.2	107.6	101.1	109.9	94.4	100.5	88.0	95.3
呼和浩特	Hohhot	100.2	100.7	101.8	100.4	102.3	101.9	103.8	98.1
沈 阳	Shenyang	99.9	100.2	100.0	100.4	97.5	98.6	95.7	100.0
大 连	Dalian	103.0	102.7	107.5	102.3	99.3	102.3	96.1	99.4
长 春	Changchun	100.8	101.0	98.1	103.0	99.6	101.2	97.5	99.8
哈尔滨	Harbin	99.7	97.3	101.9	94.6	95.6	98.8	88.7	100.0
上 海	Shanghai	98.3	100.6	98.5	101.0	94.9	99.5	88.9	97.0
南 京	Nanjing	99.9	103.7	100.6	104.4	99.1	101.0	96.7	97.2
杭 州	Hangzhou	106.1	104.5	100.8	107.2	99.5	100.3	96.6	101.6
宁 波	Ningbo	97.8	101.9	107.2	99.1	99.9	100.4	98.8	99.9
合 肥	Hefei	108.3	100.7	104.6	99.9	99.0	99.8	96.3	101.5
福 州	Fuzhou	101.8	100.5	100.5	100.5	95.9	99.2	90.7	102.3
厦 门	Xiamen	90.1	95.4	93.3	95.8	94.7	97.0	88.9	98.0
南 昌	Nanchang	102.9	105.8	107.2	104.3	98.7	97.8	99.2	101.4
济 南	Jinan	107.4	103.3	106.1	102.6	97.4	97.7	96.0	100.0
青 岛	Qingdao	100.0	100.0	99.2	100.1	97.8	99.8	94.8	99.3
郑 州	Zhengzhou	101.5	99.9	100.1	99.8	98.7	102.1	93.4	100.0
武 汉	Wuhan	90.6	106.5	106.3	106.5	93.0	95.9	87.5	99.2
长 沙	Changsha	100.2	100.9	103.7	100.3	99.7	99.9	99.3	100.3
广 州	Guangzhou	98.8	93.8	93.9	93.7	95.7	96.2	93.7	98.9
深 圳	Shenzhen	97.8	97.5	100.7	95.6	97.1	97.8	95.0	97.0
南 宁	Nanning	112.0	103.9	100.0	105.6	97.7	99.9	93.6	101.7
海 口	Haikou	100.0	101.2	104.3	100.0	98.9	98.6	99.0	100.0
重 庆	Chongqing	102.4	100.8	102.6	100.7	100.4	100.9	99.6	100.8
成 都	Chengdu	100.0	101.7	99.9	102.2	96.7	100.2	89.1	98.9
贵 阳	Guiyang	94.7	98.4	99.8	98.0	96.4	102.3	89.1	96.5
昆 明	Kunming	102.3	104.1	102.5	104.7	98.4	100.8	95.9	100.2
拉 萨	Lhasa	96.5	100.7	101.8	100.0	99.6	100.0	99.2	99.1
西 安	Xi'an	95.0	102.4	100.0	103.5	96.8	99.3	91.9	100.0
兰 州	Lanzhou	101.6	100.1	100.0	100.2	98.5	99.7	97.2	99.9
西 宁	Xining	98.3	98.8	100.4	98.4	93.9	95.2	92.0	90.5
银 川	Yinchuan	97.6	101.8	104.2	101.1	95.3	100.3	86.0	98.1
乌鲁木齐	Urumqi	102.3	104.6	100.7	107.6	97.4	98.9	95.0	99.1

3-2-7 续表 4 Continued 4

(上年价格=100) (Preceding year=100)

地 区	Region	六、文化办公用品 Cultural and Office Appliances	七、日用品 Articles for Daily Use	1.日用百货 General Merchandise for Daily Use	2.日用杂品 Grocery for Daily Use	3.洗涤用品 Wash	4.其他日用品 Other Articles for Daily Use	八、体育娱乐用品 Sports and Recreation Articles	1.体育用品 Sports Articles
平 均	**Average**	**97.6**	**100.7**	**100.2**	**100.9**	**101.7**	**100.1**	**100.7**	**101.3**
北 京	Beijing	95.6	100.8	100.8	99.8	101.4	100.9	101.9	102.0
天 津	Tianjin	97.7	101.0	98.8	100.7	104.3	100.9	107.6	108.8
石家庄	Shijiazhuang	97.7	100.1	101.4	97.2	100.4	100.0	99.1	98.0
太 原	Taiyuan	95.3	100.0	100.1	99.1	100.0	100.8	100.0	99.5
呼和浩特	Hohhot	97.4	100.0	98.7	99.5	100.9	101.1	101.7	99.6
沈 阳	Shenyang	98.8	100.0	100.5	99.6	101.0	98.3	99.4	102.3
大 连	Dalian	99.2	102.6	101.3	104.5	101.3	103.1	102.5	100.6
长 春	Changchun	99.3	100.5	102.0	99.1	100.2	100.3	98.0	98.2
哈尔滨	Harbin	96.8	100.9	100.5	100.4	102.4	99.8	99.4	102.2
上 海	Shanghai	94.9	100.2	99.9	101.1	102.3	98.3	98.6	99.1
南 京	Nanjing	100.4	102.6	103.7	103.4	102.5	100.4	100.2	100.9
杭 州	Hangzhou	98.8	100.6	99.9	101.2	100.1	101.8	100.4	102.1
宁 波	Ningbo	99.1	100.9	100.1	98.7	105.4	100.3	100.3	101.3
合 肥	Hefei	99.4	100.5	100.7	99.2	101.4	100.6	100.5	101.7
福 州	Fuzhou	98.2	98.8	96.9	103.4	101.7	95.5	100.0	100.0
厦 门	Xiamen	96.6	98.9	100.3	97.8	97.9	99.0	98.8	98.6
南 昌	Nanchang	93.5	99.7	99.8	97.4	101.2	99.2	101.1	101.9
济 南	Jinan	98.3	101.5	100.6	101.8	104.8	98.5	101.7	104.1
青 岛	Qingdao	96.5	100.4	101.7	99.3	101.6	98.8	101.1	101.5
郑 州	Zhengzhou	98.9	100.1	99.3	99.3	101.2	100.4	100.1	100.3
武 汉	Wuhan	95.1	101.3	99.8	107.5	102.3	98.4	101.3	103.1
长 沙	Changsha	100.2	100.3	99.1	104.1	98.9	100.1	101.0	101.0
广 州	Guangzhou	100.1	100.2	99.6	100.5	100.5	100.3	101.1	101.6
深 圳	Shenzhen	99.1	100.7	100.4	100.7	101.5	100.6	100.5	100.7
南 宁	Nanning	96.3	99.6	99.6	99.9	99.6	99.5	100.5	100.1
海 口	Haikou	99.2	101.5	103.8	104.5	97.0	100.0	102.7	100.4
重 庆	Chongqing	98.7	100.5	101.3	101.4	99.1	100.7	99.8	101.7
成 都	Chengdu	96.5	101.3	100.3	99.3	103.1	99.8	102.1	102.5
贵 阳	Guiyang	97.7	101.0	100.1	100.8	103.2	98.4	100.5	101.0
昆 明	Kunming	99.9	99.9	98.1	100.9	99.8	102.3	96.9	105.3
拉 萨	Lhasa	98.2	100.3	101.0	100.1	100.0	100.0	99.8	99.5
西 安	Xi'an	99.8	100.6	99.8	103.7	100.5	100.4	100.3	100.1
兰 州	Lanzhou	97.4	102.0	102.3	101.2	102.7	102.0	100.5	100.6
西 宁	Xining	95.4	100.8	101.3	98.9	102.1	101.2	100.9	104.1
银 川	Yinchuan	98.5	101.9	100.4	104.7	102.2	100.9	100.5	101.1
乌鲁木齐	Urumqi	98.4	101.4	100.8	100.0	102.7	98.8	99.0	98.5

3-2-7 续表 5 Continued 5

(上年价格=100) (Preceding year=100)

地区	Region	2.娱乐用品 Recreation Articles	九、交通、通信用品 Transportation and Communication Appliances	1.交通运输机械 Transportation Appliances	2.通信器材 Communication Appliances	十、家具 Furniture	十一、化妆品 Cosmetics	十二、金银珠宝 Gold, Silver and Jewelry	十三、中西药品及医疗保健用品 Traditional Chinese and Western Medicines and Health Care Articles
平　均	**Average**	**100.1**	**96.6**	**98.3**	**89.6**	**101.5**	**101.5**	**91.8**	**101.4**
北　京	Beijing	101.6	94.5	97.3	76.7	103.2	99.1	88.9	101.6
天　津	Tianjin	107.1	96.8	97.1	88.8	102.6	102.2	91.0	101.9
石家庄	Shijiazhuang	100.1	99.4	101.8	93.5	98.8	104.4	88.8	105.8
太　原	Taiyuan	100.4	98.3	100.0	87.4	103.8	104.2	91.2	102.1
呼和浩特	Hohhot	103.8	97.2	97.8	95.6	101.2	100.8	89.8	101.5
沈　阳	Shenyang	98.6	99.2	99.9	90.0	101.7	101.6	91.7	101.0
大　连	Dalian	104.1	99.6	100.1	92.9	101.0	103.9	92.3	101.7
长　春	Changchun	98.0	95.4	95.4	94.7	101.4	101.4	88.6	100.8
哈尔滨	Harbin	97.5	95.0	96.6	88.7	99.5	102.8	102.2	101.7
上　海	Shanghai	98.2	96.8	98.8	87.0	99.7	100.8	93.7	101.0
南　京	Nanjing	99.4	98.4	98.4	98.2	98.5	100.5	89.4	99.4
杭　州	Hangzhou	99.8	98.9	99.4	94.8	99.0	104.1	98.5	101.5
宁　波	Ningbo	99.8	99.1	99.1	99.3	101.3	101.5	90.9	103.1
合　肥	Hefei	99.6	96.9	97.9	94.0	100.4	99.3	91.2	102.2
福　州	Fuzhou	99.9	95.4	99.7	85.0	101.9	101.5	94.5	101.2
厦　门	Xiamen	98.8	96.4	97.6	87.0	102.1	99.7	95.6	99.5
南　昌	Nanchang	100.5	98.1	99.4	95.9	96.3	101.0	92.8	100.0
济　南	Jinan	99.5	95.4	96.3	92.9	99.3	104.5	95.8	99.3
青　岛	Qingdao	100.9	95.0	98.5	81.9	100.8	100.9	91.2	102.3
郑　州	Zhengzhou	99.8	98.0	99.0	95.3	101.7	101.1	93.0	102.0
武　汉	Wuhan	99.8	90.3	94.4	85.3	103.9	103.0	89.1	103.4
长　沙	Changsha	101.1	96.6	95.7	100.3	103.8	100.6	92.4	102.5
广　州	Guangzhou	100.7	95.4	97.0	86.9	98.8	102.0	90.0	98.7
深　圳	Shenzhen	100.4	97.8	99.6	93.1	103.9	102.1	90.7	100.6
南　宁	Nanning	100.8	94.9	97.1	90.8	101.0	100.4	90.1	99.6
海　口	Haikou	104.4	100.1	101.2	91.4	103.0	101.3	90.8	102.9
重　庆	Chongqing	98.9	96.9	98.7	94.5	99.6	102.6	93.9	101.3
成　都	Chengdu	101.9	98.7	100.4	87.0	101.7	101.4	91.1	101.2
贵　阳	Guiyang	100.0	99.1	100.2	88.3	104.1	101.7	98.0	100.5
昆　明	Kunming	95.2	97.7	99.8	93.3	100.7	100.4	91.2	103.2
拉　萨	Lhasa	100.0	100.3	100.8	99.7	100.5	99.8	102.6	100.1
西　安	Xi'an	100.4	97.1	98.7	85.3	107.3	102.0	89.7	101.4
兰　州	Lanzhou	100.2	97.8	100.0	97.7	101.1	103.6	89.2	101.0
西　宁	Xining	97.1	95.4	97.9	90.4	103.7	99.4	90.3	103.7
银　川	Yinchuan	100.0	92.3	96.7	82.9	100.2	102.2	89.9	106.0
乌鲁木齐	Urumqi	99.4	97.1	97.0	97.3	100.5	104.2	94.0	103.5

3-2-7 续表 6 Continued 6

(上年价格=100) (Preceding year=100)

地区	Region	1.医疗器具及用品 Medical Apparatus and Article	2.中药材及中成药 Traditional Chinese Medicinal Materials and Medicines	3.西药 Western Medicines	4.保健器具及用品 Health Care Appliances and Articles	十四、书报杂志及电子出版物 Books, Newspapers, Magazines and Electronic Publications	1.教材及参考书 Teaching Materials and Reference Books	2.书报杂志 Newspapers and Magazines
平均	**Average**	**100.5**	**102.7**	**100.2**	**102.9**	**101.0**	**101.2**	**101.3**
北京	Beijing	100.1	103.8	99.9	103.0	100.8	100.3	101.0
天津	Tianjin	99.9	104.3	100.8	100.1	100.3	100.0	101.4
石家庄	Shijiazhuang	100.5	106.2	107.9	101.9	104.9	102.8	109.7
太原	Taiyuan	102.0	102.7	100.9	104.2	102.6	102.9	102.0
呼和浩特	Hohhot	100.1	103.4	100.6	100.1	99.9	100.0	100.0
沈阳	Shenyang	105.4	100.2	101.3	100.0	101.3	103.7	99.9
大连	Dalian	98.2	105.1	101.4	99.1	101.4	101.6	102.1
长春	Changchun	106.2	99.2	101.1	101.1	100.6	100.7	100.7
哈尔滨	Harbin	100.0	103.0	100.7	112.6	99.3	102.1	96.0
上海	Shanghai	100.6	103.3	99.3	103.1	100.9	103.9	100.4
南京	Nanjing	100.6	102.0	99.1	97.6	99.8	99.7	99.7
杭州	Hangzhou	100.0	101.8	99.9	105.1	100.0	100.0	100.0
宁波	Ningbo	100.0	106.6	100.9	104.1	100.0	100.0	100.0
合肥	Hefei	104.1	102.0	101.6	103.7	103.6	106.9	100.0
福州	Fuzhou	99.6	102.6	99.4	104.0	109.9	120.5	104.9
厦门	Xiamen	97.5	100.8	98.2	103.9	102.4	107.0	100.0
南昌	Nanchang	100.0	99.9	100.0	100.0	100.3	100.0	100.6
济南	Jinan	96.4	100.4	97.5	102.6	102.3	105.5	100.3
青岛	Qingdao	100.1	103.5	101.2	104.7	104.4	102.6	106.5
郑州	Zhengzhou	102.1	101.9	101.3	105.6	105.9	105.5	107.0
武汉	Wuhan	97.8	100.9	105.1	102.4	99.4	99.8	100.0
长沙	Changsha	100.6	106.2	101.1	102.5	100.1	100.0	100.2
广州	Guangzhou	100.7	104.1	93.3	102.0	99.2	100.0	100.5
深圳	Shenzhen	100.8	101.3	99.1	102.3	101.5	100.0	103.4
南宁	Nanning	101.3	97.6	101.2	99.7	99.9	99.8	100.0
海口	Haikou	101.8	103.7	102.7	102.7	100.5	101.4	100.0
重庆	Chongqing	100.9	101.2	101.0	102.6	100.7	102.3	100.2
成都	Chengdu	100.0	99.2	101.0	105.2	98.9	100.9	100.0
贵阳	Guiyang	100.0	100.0	100.9	98.4	106.0	102.7	108.3
昆明	Kunming	101.8	104.8	100.5	107.4	96.1	92.0	100.2
拉萨	Lhasa	96.9	102.8	98.7	99.6	100.0	100.0	100.0
西安	Xi'an	100.0	105.9	100.1	99.9	100.7	100.7	100.0
兰州	Lanzhou	100.0	101.2	101.0	100.4	99.9	100.0	100.0
西宁	Xining	103.6	103.4	102.7	106.2	103.1	105.0	102.0
银川	Yinchuan	100.0	113.8	101.0	106.5	106.8	108.3	106.6
乌鲁木齐	Urumqi	99.3	102.6	101.1	116.0	111.0	103.1	120.2

3-2-7 续表 7 Continued 7

(上年价格=100) (Preceding year=100)

地 区	Region	3.电子音像制品 Electronic Publications	十五、燃料 Fuels	1.煤炭及制品 Coal and Its Product	2.石油及制品 Petroleum and Its Product	十六、建筑材料及五金电料 Building Materials and Hardware	1.建筑装璜材料 Building Decoration Materials	2.五金电料 Hardware
平 均	**Average**	**99.8**	**100.0**	**97.4**	**100.2**	**100.6**	**100.5**	**101.0**
北 京	Beijing	103.3	100.6	102.8	100.4	100.4	100.5	99.8
天 津	Tianjin	99.6	99.8	96.7	99.9	102.4	102.9	99.3
石家庄	Shijiazhuang	100.0	98.3	93.2	100.3	100.6	100.3	101.5
太 原	Taiyuan	101.3	98.2	75.4	100.2	99.3	98.9	99.8
呼和浩特	Hohhot	99.7	99.1	91.3	100.9	96.9	95.5	99.7
沈 阳	Shenyang	101.0	99.3	100.0	99.3	100.3	99.6	101.1
大 连	Dalian	100.0	99.7	100.0	99.6	100.0	100.1	99.9
长 春	Changchun	100.0	102.4	101.6	102.5	101.6	102.0	99.6
哈尔滨	Harbin	101.6	97.9	84.2	101.8	99.1	97.8	104.5
上 海	Shanghai	98.6	99.3	98.4	99.3	100.6	100.5	101.2
南 京	Nanjing	101.5	101.9	100.0	102.1	99.3	99.3	99.4
杭 州	Hangzhou	100.0	101.3	105.6	100.6	99.1	98.3	101.1
宁 波	Ningbo	100.0	98.9	99.6	98.8	99.6	99.3	100.2
合 肥	Hefei	100.1	100.1	97.9	100.4	100.3	100.1	101.2
福 州	Fuzhou	100.0	101.4	100.0	101.5	99.1	98.9	100.0
厦 门	Xiamen	101.6	100.1		100.1	100.4	100.5	100.3
南 昌	Nanchang	100.0	98.8	107.1	97.9	102.0	102.1	101.4
济 南	Jinan	100.3	99.2	98.6	99.3	99.5	98.9	100.9
青 岛	Qingdao	102.2	101.6	99.1	101.8	98.8	100.9	95.4
郑 州	Zhengzhou	99.0	99.4	100.0	99.2	100.0	99.4	101.6
武 汉	Wuhan	97.5	100.8	102.5	100.5	103.7	103.3	104.5
长 沙	Changsha	100.0	99.1	96.0	99.1	101.3	101.4	101.0
广 州	Guangzhou	97.8	98.7	92.7	99.1	102.3	101.7	103.8
深 圳	Shenzhen	101.0	98.9	100.0	98.9	101.4	102.1	100.0
南 宁	Nanning	100.0	99.3	100.0	99.3	98.8	99.1	97.8
海 口	Haikou	100.0	102.7	96.9	102.9	97.1	96.4	99.9
重 庆	Chongqing	101.6	100.7	100.4	100.7	103.1	103.1	102.9
成 都	Chengdu	94.7	100.0	103.3	99.8	99.1	98.8	100.9
贵 阳	Guiyang	100.0	102.2	95.5	103.0	99.3	99.2	99.7
昆 明	Kunming	98.9	107.0	101.9	107.0	103.1	103.7	98.9
拉 萨	Lhasa	100.0	100.5	100.3	100.5	107.6	102.2	128.6
西 安	Xi'an	102.3	99.2	98.2	99.3	97.6	96.9	100.1
兰 州	Lanzhou	98.9	99.1	94.6	100.0	101.4	101.3	102.8
西 宁	Xining	98.6	100.2	100.9	100.1	99.2	98.8	101.1
银 川	Yinchuan	100.0	101.7	102.4	101.7	99.1	98.3	100.5
乌鲁木齐	Urumqi	100.0	103.3	120.0	102.5	99.4	98.4	102.5

3-3-1 各地区农业生产资料价格分类指数(2013年)

Price Indices of Means of Agricultural Production by Category (2013)

(上年价格=100) (Preceding year=100)

地区	Region	农业生产资料价格指数 General Index	一、农用手工工具 Hand Tool for Farming	二、饲料 Forage	三、产品畜 Production Livestock	四、半机械化农具 Half-mechanized Farm Tools	五、机械化农具 Mechanized Farm Tools	六、化学肥料 Chemical Fertilizer	七、农药及农药械 Pesticide and Its Appliances
全国	**National**	**101.4**	**103.0**	**104.5**	**100.3**	**100.7**	**100.5**	**97.7**	**101.6**
河北	Hebei	101.1	100.2	104.0	102.1	101.0	101.0	95.3	103.2
山西	Shanxi	102.5	101.8	102.0	101.4	100.0	99.9	100.4	101.3
内蒙古	Inner Mongolia	103.5	101.1	103.3	128.2	100.9	100.9	98.9	101.4
辽宁	Liaoning	99.9	101.8	103.8	91.6	100.1	100.3	98.0	102.0
吉林	Jilin	100.8	101.9	105.7	102.5	100.7	100.7	96.3	104.7
黑龙江	Heilongjiang	104.1	102.1	103.9	104.3	100.4	100.4	98.8	100.6
江苏	Jiangsu	102.4	101.9	104.3	101.1	102.0	100.6	98.2	102.4
浙江	Zhejiang	102.8	104.1	105.2	101.8	101.1	100.3	98.3	100.7
安徽	Anhui	100.9	102.5	105.1	102.7	100.0	100.5	95.7	101.4
福建	Fujian	99.5	101.7	102.5	97.6	100.5	100.4	96.3	100.4
江西	Jiangxi	102.4	106.3	103.4	99.7	100.9	102.7	99.6	100.9
山东	Shandong	101.2	101.8	104.7	104.2	99.3	100.9	97.2	102.0
河南	Henan	101.3	105.0	106.4	98.5	102.3	100.3	95.4	102.1
湖北	Hubei	103.1	103.0	107.3	101.6	102.0	100.5	102.2	100.2
湖南	Hunan	102.3	105.0	103.3	98.3	104.6	100.4	101.6	101.2
广东	Guangdong	99.7	102.0	104.9	89.7	100.9	99.5	98.4	100.7
广西	Guangxi	99.9	104.3	103.8	90.3	99.7	99.6	93.3	102.4
海南	Hainan	101.0	106.5	102.2	90.2	100.8	103.2	101.8	102.9
四川	Sichuan	101.5	103.9	103.5	100.6	100.1	100.2	99.1	102.4
贵州	Guizhou	99.0	105.8	100.7	97.9	97.6	99.3	96.9	101.3
云南	Yunnan	100.1	101.5	104.0	96.1	101.4	101.7	98.5	100.2
西藏	Tibet	101.8	100.9	100.7	103.3	100.9	101.7	101.5	100.0
陕西	Shaanxi	102.6	104.4	105.7	102.7	103.0	101.0	98.1	103.3
甘肃	Gansu	102.1	106.5	102.5	108.0	100.3	100.3	100.3	103.5
青海	Qinghai	104.3	99.7	110.2	111.4	100.5	100.0	100.9	99.6
宁夏	Ningxia	101.6	101.5	111.1	101.7	101.5	99.5	96.6	102.1
新疆	Xinjiang	102.6	102.4	106.6	112.3	101.0	100.5	98.3	101.0

3-3-1 续表 Continued

(上年价格=100) (Preceding year=100)

地 区 Region	1.化学农药 Chemical Pesticide	2.农药器械 Pesticides Appliances	八、农用机油 Oil for Farm Machinery	九、其他农业生产资料 Others Means of Agricultural Production	1.农用种子 Seed	2.其 他 Others	十、农 业 生产服务 Services for Agriculture
全 国 National	**101.7**	**101.5**	**100.5**	**103.9**	**105.0**	**101.3**	**106.5**
河 北 Hebei	102.9	104.3	100.8	102.8	103.1	102.1	104.8
山 西 Shanxi	100.4	104.0	100.0	102.9	103.8	100.4	110.2
内 蒙 古 Inner Mongolia	100.2	102.5	99.4	102.1	102.9	100.7	101.3
辽 宁 Liaoning	102.1	100.2	99.8	104.2	105.5	101.0	104.0
吉 林 Jilin	105.3	100.2	101.9	101.3	101.4	101.0	105.8
黑 龙 江 Heilongjiang	100.7	100.0	99.0	108.8	113.9	100.8	113.1
江 苏 Jiangsu	102.3	103.3	100.7	102.2	102.5	101.1	105.5
浙 江 Zhejiang	100.6	101.5	99.8	102.8	103.4	101.6	106.7
安 徽 Anhui	101.4	102.1	99.5	102.5	103.7	100.3	104.4
福 建 Fujian	100.5	100.0	100.1	101.3	102.1	100.2	104.0
江 西 Jiangxi	101.1	100.2	99.8	103.6	105.1	100.8	112.3
山 东 Shandong	102.0	102.3	102.6	104.3	106.4	101.5	105.7
河 南 Henan	102.4	99.6	99.3	106.0	106.6	102.0	106.1
湖 北 Hubei	100.1	100.8	105.3	104.4	105.4	101.4	107.3
湖 南 Hunan	101.1	103.5	102.6	102.7	103.6	100.4	106.9
广 东 Guangdong	100.9	99.2	99.1	101.5	102.2	100.1	102.0
广 西 Guangxi	102.7	101.0	99.7	107.4	110.3	102.3	105.4
海 南 Hainan	103.0	102.7	99.7	106.7	109.3	101.5	107.3
四 川 Sichuan	102.2	103.5	99.1	101.9	102.0	101.4	109.7
贵 州 Guizhou	101.8	98.9	99.1	101.5	98.3	109.1	100.3
云 南 Yunnan	100.9	94.8	100.2	101.6	102.3	100.3	109.2
西 藏 Tibet	100.0	100.0	100.8	101.6	101.6	101.6	103.7
陕 西 Shaanxi	103.8	101.0	99.6	105.9	108.0	102.4	108.2
甘 肃 Gansu	101.9	107.7	100.2	103.3	104.8	100.8	100.9
青 海 Qinghai	99.5	100.7	100.5	104.0	104.7	101.4	105.2
宁 夏 Ningxia	101.9	103.8	100.3	102.5	102.9	101.5	103.9
新 疆 Xinjiang	100.9	101.5	101.9	103.5	103.9	102.2	106.8

3-3-2 各地区农业生产资料价格总指数(1994～2013年)

Price Indices of Means of Agricultural Production by Region(1994~2013)

(上年价格=100) (Preceding year=100)

地 区	Region	1994	1995	1996	1997	1998	1999	2000	2001	2002	2003
全 国	**National**	**121.6**	**127.4**	**108.4**	**99.5**	**94.5**	**95.8**	**99.1**	**99.1**	**100.5**	**101.4**
河 北	Hebei	117.0	120.9	108.0	104.3	98.7	97.5	101.5	100.2	100.4	99.8
山 西	Shanxi	122.4	129.3	111.5	104.3	95.8	94.1	102.5	101.9	100.9	98.4
内蒙古	Inner Mongolia	122.6	128.5	109.9	104.0	98.7	96.3	106.1	101.4	102.6	101.2
辽 宁	Liaoning	121.5	128.7	109.0	99.2	95.6	94.4	97.5	100.5	101.7	98.4
吉 林	Jilin	120.2	130.2	111.5	99.8	97.2	97.6	98.9	101.1	100.4	101.0
黑龙江	Heilongjiang	125.9	123.1	110.3	100.6	96.0	96.5	98.6	98.9	99.7	101.8
江 苏	Jiangsu	121.5	126.9	106.6	101.2	92.5	95.5	98.9	96.8	99.3	101.9
浙 江	Zhejiang	126.5	129.8	106.7	99.7	92.4	95.8	100.4	99.7	99.5	102.9
安 徽	Anhui	122.8	128.0	107.2	98.9	94.8	95.3	98.2	97.9	99.9	100.2
福 建	Fujian	117.8	120.2	106.2	99.5	94.6	96.1	97.4	98.7	99.9	101.8
江 西	Jiangxi	116.7	128.7	107.0	100.4	95.5	93.8	95.9	99.6	99.8	102.5
山 东	Shandong	124.1	133.3	105.5	96.6	96.2	95.1	98.7	101.8	100.3	102.4
河 南	Henan	124.4	125.8	107.9	99.3	94.2	95.7	99.6	99.1	100.9	101.9
湖 北	Hubei	122.4	129.0	108.6	96.0	91.9	93.9	97.6	99.3	101.0	100.8
湖 南	Hunan	118.6	129.3	107.3	97.9	89.5	95.3	99.3	98.4	98.9	102.6
广 东	Guangdong	115.8	120.3	104.7	98.2	94.9	95.5	98.1	97.1	98.4	99.6
广 西	Guangxi	118.1	130.1	103.8	100.3	92.1	96.4	99.9	97.7	98.2	102.4
海 南	Hainan	138.2	115.7	106.8	100.3	98.4	97.1	98.0	99.5	101.7	104.8
四 川	Sichuan	117.4	130.8	114.0	100.9	92.9	95.2	96.2	97.8	104.1	100.8
贵 州	Guizhou	114.9	135.7	108.1	101.3	95.0	94.9	100.6	99.4	100.6	104.1
云 南	Yunnan	114.6	125.5	113.3	102.4	96.5	98.7	98.9	96.6	100.4	101.9
西 藏	Tibet							96.0	98.9		102.8
陕 西	Shaanxi	128.6	126.3	110.3	102.4	95.2	93.9	102.2	101.9	100.8	102.3
甘 肃	Gansu	123.2	129.6	110.7	101.4	96.3	95.8	103.9	98.6	100.4	101.8
青 海	Qinghai	125.0	123.9	112.6	105.0	100.3	95.6	100.7	99.6	98.0	101.1
宁 夏	Ningxia	123.3	130.4	109.0	98.2	96.1	93.4	96.0	102.0	103.5	99.4
新 疆	Xinjiang	126.8	126.6	115.5	106.5	100.8	97.0	97.9	103.0	99.6	101.1

3-3-2 续表 Continued

(上年价格=100) (Preceding year=100)

地区	Region	2004	2005	2006	2007	2008	2009	2010	2011	2012	2013
全国	**National**	**110.6**	**108.3**	**101.5**	**107.7**	**120.3**	**97.5**	**102.9**	**111.3**	**105.6**	**101.4**
河北	Hebei	106.7	106.8	101.6	106.9	118.6	100.6	104.4	112.6	108.2	101.1
山西	Shanxi	107.3	113.3	103.6	106.2	118.7	101.6	102.0	109.4	105.4	102.5
内蒙古	Inner Mongolia	109.5	108.3	101.1	103.0	114.9	99.7	102.0	106.3	104.9	103.5
辽宁	Liaoning	113.3	110.0	100.5	114.2	128.1	96.7	103.7	112.8	106.9	99.9
吉林	Jilin	106.3	109.2	97.2	106.0	127.3	96.4	99.1	111.4	106.8	100.8
黑龙江	Heilongjiang	112.0	108.6	101.9	109.4	122.7	94.2	105.6	110.2	107.8	104.1
江苏	Jiangsu	112.3	106.9	101.7	106.9	117.3	97.6	104.2	112.6	104.6	102.4
浙江	Zhejiang	113.2	105.8	99.6	107.3	118.9	95.9	102.9	110.8	104.2	102.8
安徽	Anhui	112.0	108.3	100.0	106.8	123.9	95.8	102.0	114.3	105.3	100.9
福建	Fujian	112.5	108.1	100.9	110.3	123.6	93.3	102.4	111.8	103.3	99.5
江西	Jiangxi	110.7	107.9	101.1	106.6	119.9	97.6	101.9	111.2	106.6	102.4
山东	Shandong	110.2	106.2	103.0	107.1	119.3	96.3	103.0	111.1	105.9	101.2
河南	Henan	111.4	107.9	101.2	106.1	120.9	98.1	103.1	111.1	105.4	101.3
湖北	Hubei	111.3	115.1	101.4	108.0	127.2	95.3	101.9	113.5	107.2	103.1
湖南	Hunan	112.1	111.2	100.7	113.0	126.5	95.0	101.4	110.9	104.7	102.3
广东	Guangdong	109.4	105.8	102.6	105.8	114.5	98.2	101.7	109.6	104.0	99.7
广西	Guangxi	115.3	110.5	101.0	114.4	124.0	94.2	101.9	112.2	103.9	99.9
海南	Hainan	111.3	108.9	100.7	107.1	114.8	94.0	107.3	115.6	104.3	101.0
四川	Sichuan	110.9	107.2	103.3	109.0	116.6	101.2	103.6	112.4	104.7	101.5
贵州	Guizhou	109.0	110.2	105.4	105.1	113.4	96.2	101.1	111.1	100.7	99.0
云南	Yunnan	106.3	105.9	102.8	107.0	116.6	99.3	101.4	108.3	104.6	100.1
西藏	Tibet	101.3	100.6	100.4	101.0	103.2	99.1	100.6	102.6	101.6	101.8
陕西	Shaanxi	111.6	107.2	100.7	108.3	122.0	95.8	105.3	110.3	105.4	102.6
甘肃	Gansu	107.4	109.0	104.4	107.1	114.7	99.0	101.7	107.6	105.2	102.1
青海	Qinghai	109.2	106.5	102.1	108.1	124.2	97.8	103.5	112.4	108.7	104.3
宁夏	Ningxia	113.5	109.3	100.8	112.2	126.2	96.3	104.4	114.0	107.6	101.6
新疆	Xinjiang	107.3	105.3	102.5	106.2	112.3	99.5	103.1	106.6	106.2	102.6

3-4-1　2013年1月35个城市部分食品价格

35 Cities Partial Food Price (2013.01)

单位：元/公斤

城　市	City	大米 Rice	富强粉 Strong Flour	标准粉 Prosperous and powerful powder	豆腐 Bean curd	花生油 Peanut oil	大豆油 Soybean oil	猪后腿肉 Pig hind leg meat	猪五花肉 Pig streaky pork
平　均	**Average**	**5.75**	**5.11**	**4.28**	**4.14**	**29.25**	**12.22**	**27.99**	**27.88**
北　京	Beijing	5.24	4.12	3.74	7.14	30.10	11.72	28.99	32.15
天　津	Tianjin	5.83	4.49	4.03	4.67	29.96	12.11	31.62	31.83
石家庄	Shijiazhuang	5.87	4.19		4.00	29.98	11.77	31.11	30.67
太　原	Taiyuan	6.39	3.73	3.52	3.80	29.95	12.35	27.45	28.49
呼和浩特	Hohhot	6.20	4.60	3.79	5.20	29.88	12.64	26.77	24.77
沈　阳	Shenyang	5.27	4.44	4.02	4.20	30.50	12.20	26.75	27.39
大　连	Dalian	6.41	4.73	4.00	3.00	31.30	12.50	26.94	28.39
长　春	Changchun	5.44	6.10	5.25	3.90	31.34	11.31	28.60	28.98
哈尔滨	Harbin	6.27	6.02	4.18	3.88	29.73	12.85	27.84	27.78
上　海	Shanghai	5.80	7.44	5.49	4.50	29.70	10.80	45.42	36.81
南　京	Nanjing	4.95	6.04	4.66	5.58	28.23	12.03	27.19	30.38
杭　州	Hangzhou	6.02	5.67	4.13	3.75	30.17	12.37	26.80	28.43
宁　波	Ningbo	5.65	5.07	4.89	4.34	30.38	11.88	26.30	28.35
合　肥	Hefei	5.13	4.29	5.10	3.00	27.00	12.07	25.65	23.77
福　州	Fuzhou	5.49	5.50	4.77	3.25	29.56	12.26	22.07	27.68
厦　门	Xiamen	5.42	5.80	3.96	4.47	28.38	12.24	25.76	32.18
南　昌	Nanchang	4.76	5.78	3.76	4.00	29.98	11.98	30.47	24.03
济　南	Jinan	5.78	4.92	4.57	5.19	29.78	12.10	37.14	33.90
青　岛	Qingdao	5.81	4.37		4.33	27.00	11.60	30.27	29.32
郑　州	Zhengzhou	5.94	3.90	3.38	3.58	26.35	12.50	29.75	30.88
武　汉	Wuhan	5.76	6.76	4.82	3.00	31.98	12.18	26.56	26.12
长　沙	Changsha	4.38	4.24	3.60	3.56	30.79	12.09	26.29	25.48
广　州	Guangzhou	5.56	10.86	5.83	3.50	27.16	12.29	29.07	27.67
深　圳	Shenzhen	5.32	5.43	5.06	4.72	26.19	11.37	25.49	27.52
南　宁	Nanning	6.07	4.65	4.11	3.43	29.98	12.58	22.75	26.25
海　口	Haikou	4.95	6.57	4.65	5.53	24.76	12.26	32.03	27.49
重　庆	Chongqing	5.52	4.38	4.89	4.47	30.14	11.79	26.23	26.12
成　都	Chengdu	5.69	5.48	4.71	3.85	29.64	12.64	29.09	28.82
贵　阳	Guiyang	5.44	6.10	4.80	5.61	30.13	11.82	30.22	30.38
昆　明	Kunming	7.17	4.82	4.00	4.94	27.00	12.42	25.27	23.95
西　安	Xi'an	5.07	6.30	4.99	3.20	29.94	12.36	30.17	28.93
兰　州	Lanzhou	8.10	5.19	4.81	4.33	30.11	12.61	29.78	29.78
西　宁	Xining	7.29	4.34	4.41	3.90	29.64	12.77	27.34	27.80
银　川	Yinchuan	5.04	4.88	4.35	4.62	29.66	13.35	27.68	26.46
乌鲁木齐	Urumqi	6.38	3.59	2.88	4.24	29.92	12.62	28.63	27.17

注：1.该数据来源于国家统计局在部分城市开展的主要食品价格旬报监测。
　　2.同一食品在不同城市监测的具体规格品种有差异价格不完全可比。
　　3.本月价格为上、中、下旬监测价格的简单算术平均数。

3-4-1 续表 1 continued 1

城 市	City	牛肉 Beef	羊肉 Mutton	鸡胸肉 Chicken brisket	鸡蛋 Eggs	活鲤鱼 Live carp	活草鱼 Live grass carp	带鱼 Hairtail	大白菜 Cabbage
平 均	**Average**	**60.00**	**60.67**	**21.06**	**10.76**	**13.81**	**15.54**	**29.67**	**2.46**
北 京	Beijing	64.99	72.66	22.92	10.10	13.36	15.86	43.51	2.42
天 津	Tianjin	56.11	64.44	22.46	10.11	15.13	18.57	33.04	1.83
石家庄	Shijiazhuang	52.55	57.33	19.00	9.98	11.44	14.61	23.00	2.09
太 原	Taiyuan	59.38	61.12	21.53	9.63	17.30	18.81	28.86	2.12
呼和浩特	Hohhot	55.94	56.33	20.00	10.36	12.70	15.29	24.27	1.90
沈 阳	Shenyang	53.39	56.94	19.00	9.68	13.58	15.73	26.17	2.17
大 连	Dalian	61.33	64.67	18.75	9.98	14.00	17.39	37.73	2.54
长 春	Changchun	65.07	61.29	18.80	9.86	13.60	16.40	18.13	2.48
哈尔滨	Harbin	53.95	54.28	18.50	9.25	14.17	19.61	29.33	2.58
上 海	Shanghai	73.31	65.00	21.11	10.57	16.60	17.98	45.15	2.94
南 京	Nanjing	66.55	57.47	19.97	9.95		13.44	29.01	1.87
杭 州	Hangzhou	64.78	61.56	21.43	11.34		15.55	37.97	2.88
宁 波	Ningbo	68.30	74.00	22.00	10.58		15.25	43.37	2.37
合 肥	Hefei	54.17	52.92	18.33	10.25		12.97	23.46	1.90
福 州	Fuzhou	63.62	79.23	20.43	10.57		14.20	53.74	2.18
厦 门	Xiamen	68.11	78.60	21.62	10.94	14.60	15.99	52.01	3.30
南 昌	Nanchang	61.00	49.47	13.57	10.30	9.06	12.13	15.00	2.26
济 南	Jinan	62.75	73.40	21.26	9.68	14.66	17.51	29.68	2.88
青 岛	Qingdao	63.24	60.91	22.93	9.57	16.12		27.33	2.16
郑 州	Zhengzhou	54.76	64.19	19.82	9.55	13.43	14.11	31.03	2.10
武 汉	Wuhan	61.72	50.34	20.73	11.03	12.56	12.62	22.28	2.41
长 沙	Changsha	70.97	62.10	24.00	11.26	15.67	14.39	42.60	3.13
广 州	Guangzhou	68.07	71.58	26.00	11.03	14.47	22.13	40.40	3.47
深 圳	Shenzhen	77.33	73.74	24.34	11.17	13.90	13.99	45.62	3.40
南 宁	Nanning	64.00	65.80		11.41	11.34	15.45	21.50	2.94
海 口	Haikou	58.19	65.72	21.86	13.00	16.09	20.17	46.79	3.78
重 庆	Chongqing	57.81	60.64	22.69	11.23	15.37	15.64	28.25	2.71
成 都	Chengdu	64.50	67.67	23.84	11.12	17.38	17.00	25.78	2.27
贵 阳	Guiyang	54.50	59.67	22.33	13.70	15.26	15.56	24.77	3.26
昆 明	Kunming	55.07	68.98	21.62	10.51	15.36	15.68	28.93	2.00
西 安	Xi'an	57.25	61.00	29.15	9.93	12.63	13.00	49.09	2.33
兰 州	Lanzhou	55.33	50.67	18.56	10.35	13.22	14.33	25.33	2.40
西 宁	Xining	54.00	50.00	26.40	10.66	15.04	16.00	24.83	3.01
银 川	Yinchuan	52.15	49.39	23.08	11.42	16.63	18.13	22.08	1.92
乌鲁木齐	Urumqi	56.55	58.75	15.83	10.53	12.37	14.56	24.99	2.23

城　市	City	油菜 Rape	芹菜 Celery	黄瓜 Cucumber	西红柿 Tomato	豆角 Cowpea	土豆 Potato	苹果 Apple	香蕉 Banana
平　均	**Average**	**6.36**	**6.34**	**7.01**	**6.88**	**10.11**	**3.90**	**9.97**	**5.13**
北　京	Beijing	9.18	5.67	8.18	8.43	10.41	4.04	11.01	6.00
天　津	Tianjin	9.10	5.14	8.00	8.35	10.23	3.26	11.15	5.30
石家庄	Shijiazhuang	6.89	4.64	7.47	6.54	10.78	3.47	7.57	4.10
太　原	Taiyuan	7.21	5.14	7.44	6.74	9.86	3.08	10.90	5.61
呼和浩特	Hohhot	6.19	4.86	7.21	7.39	10.42	3.30	9.22	5.57
沈　阳	Shenyang	8.23	5.92	7.86	7.08	10.81	3.90	8.11	4.89
大　连	Dalian	11.17	7.85	9.47	7.11	17.37	4.10	8.06	7.29
长　春	Changchun	8.47	6.43	8.23	7.97	11.13	2.93	12.16	5.23
哈尔滨	Harbin	7.89	6.44	8.11	8.64	13.78	3.83	9.61	6.92
上　海	Shanghai	5.18	9.49	9.87	8.02	12.45	5.17	12.39	5.64
南　京	Nanjing	4.09	6.60	6.75	6.33	10.62	4.43	9.02	3.97
杭　州	Hangzhou	4.39	8.67	9.84	8.87	14.32	5.30	9.68	6.38
宁　波	Ningbo	5.14	8.50	10.16	8.67	14.15	4.72	10.65	5.63
合　肥	Hefei	4.11	5.32	7.02	6.03	8.75	4.05	8.75	4.53
福　州	Fuzhou	5.34	9.82	6.71	6.46	16.68	3.28	9.13	5.41
厦　门	Xiamen	4.22	8.71	5.95	6.52	11.96	4.94	10.97	4.04
南　昌	Nanchang	3.78	6.11	3.65	5.27	5.51	3.43	8.49	3.96
济　南	Jinan	8.18	6.69	8.94	8.12	14.28	3.58	11.26	6.06
青　岛	Qingdao	7.17	5.59	7.37	6.68	9.20	4.27	7.43	4.42
郑　州	Zhengzhou	8.30	5.38	8.04	7.89	10.37	4.92	8.95	4.47
武　汉	Wuhan	5.62	6.24	6.51	6.51	9.21	3.99	10.32	5.20
长　沙	Changsha	5.50	7.39	5.36	6.53	7.70	4.03	11.17	4.67
广　州	Guangzhou	5.27	7.63	5.03	6.70	9.13	5.17	11.12	4.58
深　圳	Shenzhen	5.45	9.38	6.68	7.04	10.23	5.65	12.98	6.14
南　宁	Nanning	5.44	6.70	4.29	5.21	7.29	4.53	9.31	2.71
海　口	Haikou	6.27	10.68	5.13	6.66	7.60	5.28	12.26	4.93
重　庆	Chongqing	4.61	5.82	6.21	6.34	8.45	3.79	14.25	6.94
成　都	Chengdu	6.20	5.90	6.84	6.50	9.45	3.90	11.22	5.76
贵　阳	Guiyang	6.00	8.87	6.33	6.42	8.77	3.82	9.97	5.09
昆　明	Kunming	4.32	5.36	4.88	4.61	5.67	3.90	9.98	5.58
西　安	Xi'an	7.18	4.69	7.89	7.67	9.37	4.27	9.80	4.69
兰　州	Lanzhou	8.18	5.47	6.60	6.89	11.78	2.80	9.33	5.22
西　宁	Xining	8.88	5.46	7.38	7.67	12.21	3.81	10.33	6.14
银　川	Yinchuan	6.65	5.79	6.83	5.40	9.08	3.15	9.33	5.19
乌鲁木齐	Urumqi	8.48	4.67	8.14	7.28	11.03	3.11	10.02	6.29

3-4-2　2013年2月35个城市部分食品价格

35 Cities Partial Food Price (2013.02)

单位：元/公斤

城市	City	大米 Rice	富强粉 Strong Flour	标准粉 Prosperous and powerful powder	豆腐 Bean curd	花生油 Peanut oil	大豆油 Soybean oil	猪后腿肉 Pig hind leg meat	猪五花肉 Pig streaky pork
平　均	**Average**	**5.74**	**5.19**	**4.37**	**4.19**	**29.23**	**12.33**	**28.14**	**28.10**
北　京	Beijing	5.25	4.21	3.84	7.41	30.17	11.61	28.91	32.12
天　津	Tianjin	5.83	4.65	4.40	4.98	30.01	12.13	32.02	32.59
石家庄	Shijiazhuang	5.87	4.39		4.00	29.98	11.77	30.94	30.61
太　原	Taiyuan	6.39	3.92	3.66	3.85	29.94	12.42	26.78	27.61
呼和浩特	Hohhot	6.23	4.65	3.84	5.02	29.89	12.73	27.11	24.99
沈　阳	Shenyang	5.27	4.54	4.13	4.25	31.14	12.23	26.09	26.20
大　连	Dalian	6.42	4.80	4.17	3.04	31.39	12.56	26.84	28.28
长　春	Changchun	5.44	6.11	5.25	3.90	31.32	11.40	28.11	28.61
哈尔滨	Harbin	6.44	6.02	4.20	3.88	30.36	12.95	26.70	26.70
上　海	Shanghai	5.81	8.03	5.61	4.50	29.97	10.63	45.76	36.92
南　京	Nanjing	4.95	6.02	4.73	5.61	28.92	11.94	27.97	30.74
杭　州	Hangzhou	6.02	5.71	4.23	3.75	30.28	12.25	27.82	29.28
宁　波	Ningbo	5.65	5.09	4.89	4.36	30.37	11.75	26.86	29.35
合　肥	Hefei	5.11	4.29	5.33	3.09	27.00	12.18	24.92	23.33
福　州	Fuzhou	5.43	5.50	4.75	3.25	29.05	12.23	22.69	27.38
厦　门	Xiamen	5.44	6.06	4.00	4.47	28.38	12.29	26.79	32.40
南　昌	Nanchang	4.76	5.78	3.80	4.00	29.98	11.98	30.67	24.43
济　南	Jinan	5.79	4.96	4.62	5.30	29.97	12.11	36.34	32.85
青　岛	Qingdao	5.77	4.42		4.34	27.00	11.29	29.65	28.59
郑　州	Zhengzhou	5.94	3.92	3.41	3.60	26.25	12.46	31.71	32.93
武　汉	Wuhan	5.77	6.76	5.28	3.00	31.98	12.18	26.09	25.69
长　沙	Changsha	4.38	4.47	3.60	3.56	31.00	12.12	26.69	26.64
广　州	Guangzhou	5.43	11.10	5.14	3.50	27.09	12.52	29.53	28.33
深　圳	Shenzhen	5.28	5.45	5.13	4.72	26.08	11.30	27.09	29.86
南　宁	Nanning	6.07	4.83	4.29	3.45	29.86	12.58	22.30	27.97
海　口	Haikou	4.96	6.57	4.65	5.64	24.76	12.26	32.93	27.83
重　庆	Chongqing	5.49	4.50	4.96	4.54	30.15	12.61	25.19	26.89
成　都	Chengdu	5.71	5.57	4.77	3.86	29.64	12.64	28.88	28.67
贵　阳	Guiyang	5.41	6.12	4.77	5.49	30.13	11.98	31.83	32.27
昆　明	Kunming	7.17	4.92	4.13	4.80	27.00	12.39	26.93	24.24
西　安	Xi'an	5.09	6.28	5.14	3.59	29.86	12.37	30.90	29.53
兰　州	Lanzhou	8.10	5.32	4.88	4.33	30.02	12.61	29.78	29.78
西　宁	Xining	7.28	4.85	4.41	4.15	29.64	12.84	27.55	28.04
银　川	Yinchuan	5.05	4.95	4.64	4.87	29.71	13.35	27.45	26.55
乌鲁木齐	Urumqi	6.38	3.57	2.88	4.48	29.94	12.64	28.76	28.50

3-4-2 续表 1 continued 1

城市 City		牛肉 Beef	羊肉 Mutton	鸡胸肉 Chicken brisket	鸡蛋 Eggs	活鲤鱼 Live carp	活草鱼 Live grass carp	带鱼 Hairtail	大白菜 Cabbage
平　均	**Average**	**62.73**	**62.78**	**21.30**	**10.56**	**14.78**	**16.53**	**30.54**	**2.73**
北　京	Beijing	69.15	74.41	23.32	9.80	13.86	16.46	44.94	2.82
天　津	Tianjin	58.28	65.84	22.42	9.90	15.82	19.82	33.87	2.52
石家庄	Shijiazhuang	55.11	58.89	18.94	9.87	12.16	16.50	23.06	2.29
太　原	Taiyuan	61.30	62.95	20.64	9.34	17.15	20.50	28.33	2.95
呼和浩特	Hohhot	57.00	58.05	20.00	10.30	13.44	15.53	25.48	2.06
沈　阳	Shenyang	57.73	60.89	19.06	9.29	14.03	16.59	26.50	2.91
大　连	Dalian	61.33	65.17	19.47	9.64	14.86	18.09	40.45	3.02
长　春	Changchun	67.02	62.22	18.80	9.43	13.83	17.03	18.47	3.09
哈尔滨	Harbin	54.28	58.95	18.22	9.26	15.59	19.00	31.45	3.23
上　海	Shanghai	75.50	65.56	22.11	10.32	17.50	18.94	47.82	3.38
南　京	Nanjing	67.54	59.29	20.40	9.67		14.85	29.46	2.52
杭　州	Hangzhou	71.45	66.03	21.49	11.14		16.76	40.67	3.06
宁　波	Ningbo	72.09	79.90	22.00	10.39		17.10	46.06	2.67
合　肥	Hefei	56.71	55.29	18.61	9.79		14.75	23.79	2.06
福　州	Fuzhou	67.51	83.74	21.70	9.94		15.15	53.26	2.55
厦　门	Xiamen	71.37	83.37	21.19	10.57	15.27	16.70	57.85	3.25
南　昌	Nanchang	64.67	51.60	14.60	10.25	9.83	12.47	15.20	2.17
济　南	Jinan	63.84	73.78	21.31	9.40	16.81	19.37	30.70	3.36
青　岛	Qingdao	63.74	62.16	23.73	8.96	16.49		29.65	2.92
郑　州	Zhengzhou	57.14	66.75	20.75	9.25	15.12	15.93	32.15	2.65
武　汉	Wuhan	63.45	51.00	20.67	11.01	13.45	13.96	22.11	2.39
长　沙	Changsha	74.44	65.47	24.03	11.37	15.60	15.45	42.60	2.85
广　州	Guangzhou	69.67	74.50	26.00	10.86	14.80	22.10	41.47	3.65
深　圳	Shenzhen	84.14	75.32	24.16	11.45	14.94	15.29	48.07	3.58
南　宁	Nanning	67.72	66.50		11.46	11.54	15.97	22.67	2.57
海　口	Haikou	63.24	70.65	22.39	13.00	17.93	20.31	48.12	3.64
重　庆	Chongqing	60.81	61.99	23.82	11.06	17.27	17.44	30.40	2.57
成　都	Chengdu	65.69	68.39	23.84	10.82	18.88	18.48	26.41	2.40
贵　阳	Guiyang	59.95	60.00	22.27	13.53	16.93	17.10	24.80	3.06
昆　明	Kunming	57.71	71.95	22.23	10.28	16.33	16.62	29.17	2.01
西　安	Xi'an	58.08	60.75	28.78	10.02	13.63	14.20	53.13	3.13
兰　州	Lanzhou	57.11	52.44	18.67	10.00	13.67	15.33	25.33	3.00
西　宁	Xining	56.50	51.08	26.40	10.34	16.42	18.67	24.50	3.31
银　川	Yinchuan	54.69	51.04	23.27	11.20	18.99	19.04	22.27	2.50
乌鲁木齐	Urumqi	61.59	64.49	16.17	9.99	12.33	14.50	24.92	2.63

3-4-2 续表 2 continued 2

城　市	City	油菜 Rape	芹菜 Celery	黄瓜 Cucumber	西红柿 Tomato	豆角 Cowpea	土豆 Potato	苹果 Apple	香蕉 Banana
平　均	**Average**	**5.95**	**6.79**	**9.58**	**7.12**	**12.30**	**4.17**	**10.42**	**5.99**
北　京	Beijing	9.39	7.33	12.58	9.52	12.76	4.46	11.29	7.46
天　津	Tianjin	10.01	7.04	12.90	9.47	12.83	3.76	11.43	6.59
石家庄	Shijiazhuang	6.22	5.72	10.83	6.90	13.56	3.67	7.93	5.16
太　原	Taiyuan	7.04	5.93	12.06	6.96	13.73	3.46	11.36	6.80
呼和浩特	Hohhot	5.35	5.85	10.81	9.18	14.50	3.67	10.00	6.18
沈　阳	Shenyang	8.50	8.70	10.95	7.87	16.70	4.03	8.33	5.87
大　连	Dalian	10.67	9.55	15.11	8.09	23.83	4.54	8.60	8.81
长　春	Changchun	9.27	9.33	11.67	10.27	19.47	3.40	12.16	5.83
哈尔滨	Harbin	9.70	9.67	13.47	11.56	24.20	4.64	9.67	8.45
上　海	Shanghai	5.21	9.07	14.37	8.12	15.26	5.45	12.48	6.53
南　京	Nanjing	4.40	7.52	10.03	7.17	12.05	4.79	9.37	4.75
杭　州	Hangzhou	4.40	7.64	13.31	9.44	15.62	5.35	9.69	7.26
宁　波	Ningbo	4.76	8.00	12.69	9.03	16.53	5.42	11.18	6.26
合　肥	Hefei	4.11	5.47	8.90	6.16	9.13	4.30	9.04	4.83
福　州	Fuzhou	3.33	9.28	6.69	5.38	15.78	3.39	10.21	6.37
厦　门	Xiamen	3.59	8.03	6.08	5.49	12.67	5.39	11.23	4.22
南　昌	Nanchang	2.94	5.43	3.95	5.13	5.47	3.61	8.69	4.70
济　南	Jinan	9.07	8.70	12.75	8.73	16.52	3.63	11.32	6.79
青　岛	Qingdao	7.42	7.02	11.67	7.05	10.79	4.95	8.35	4.43
郑　州	Zhengzhou	7.94	6.75	11.78	7.96	11.21	5.73	9.44	5.74
武　汉	Wuhan	5.04	6.55	7.54	6.55	10.12	4.11	10.50	5.53
长　沙	Changsha	4.82	6.67	6.19	6.05	8.18	4.26	10.95	5.39
广　州	Guangzhou	4.42	6.70	5.76	5.90	9.60	5.35	11.48	5.01
深　圳	Shenzhen	4.80	8.35	8.70	7.44	11.06	5.70	12.98	7.37
南　宁	Nanning	4.00	6.01	4.66	4.12	7.56	4.41	10.23	3.10
海　口	Haikou	4.72	10.19	5.43	6.45	6.96	5.13	12.92	5.76
重　庆	Chongqing	3.69	5.93	7.06	5.95	10.50	3.98	14.63	7.95
成　都	Chengdu	4.79	5.59	7.57	6.53	10.69	4.32	12.07	7.92
贵　阳	Guiyang	5.30	7.60	7.78	6.17	10.93	3.91	9.84	5.94
昆　明	Kunming	3.78	5.36	5.12	3.90	5.91	4.78	10.71	7.17
西　安	Xi'an	7.48	6.25	12.60	8.18	15.97	4.54	10.17	5.76
兰　州	Lanzhou	8.56	6.18	10.56	6.67	13.22	2.96	10.22	6.00
西　宁	Xining	6.92	6.13	12.88	6.96	17.04	4.46	11.17	6.75
银　川	Yinchuan	5.06	7.58	9.88	5.45	10.60	3.20	9.79	6.77
乌鲁木齐	Urumqi	7.15	5.23	14.45	7.04	14.44	3.46	10.56	6.73

3-4-3　2013年3月35个城市部分食品价格

35 Cities Partial Food Price (2013.03)

单位：元/公斤

城　市	City	大米 Rice	富强粉 Strong Flour	标准粉 Prosperous and powerful powder	豆腐 Bean curd	花生油 Peanut oil	大豆油 Soybean oil	猪后腿肉 Pig hind leg meat	猪五花肉 Pig streaky pork
平　均	**Average**	**5.73**	**5.19**	**4.39**	**4.20**	**29.36**	**12.30**	**25.33**	**25.26**
北　京	Beijing	5.22	4.23	3.90	7.23	30.08	11.68	25.72	29.33
天　津	Tianjin	5.83	4.77	4.40	4.97	30.07	11.99	29.28	30.14
石家庄	Shijiazhuang	5.87	4.39		4.00	29.98	11.88	28.22	27.89
太　原	Taiyuan	6.39	3.97	3.57	3.90	29.94	12.45	23.66	23.49
呼和浩特	Hohhot	6.23	4.65	3.84	5.20	29.89	12.73	24.95	22.89
沈　阳	Shenyang	5.27	4.55	4.13	4.25	31.29	12.20	22.75	23.09
大　连	Dalian	6.45	4.80	4.17	3.08	31.34	12.57	24.20	25.31
长　春	Changchun	5.46	6.11	5.25	3.90	30.99	11.56	24.87	25.89
哈尔滨	Harbin	6.47	6.02	4.20	3.88	30.96	12.90	21.87	21.81
上　海	Shanghai	5.82	8.09	5.67	4.50	29.69	10.78	44.50	35.51
南　京	Nanjing	4.95	6.10	4.75	5.63	28.33	12.16	25.14	27.74
杭　州	Hangzhou	6.04	5.71	4.27	3.75	30.83	12.25	24.90	26.18
宁　波	Ningbo	5.64	5.12	4.74	4.27	29.60	11.66	24.31	27.12
合　肥	Hefei	5.24	4.29	5.33	3.00	27.00	12.14	21.69	20.38
福　州	Fuzhou	5.48	5.50	4.76	3.25	29.00	12.31	19.74	25.42
厦　门	Xiamen	5.43	5.95	4.00	4.47	28.38	12.29	23.63	30.61
南　昌	Nanchang	4.76	5.78	3.98	4.00	29.98	11.98	29.80	23.10
济　南	Jinan	5.78	4.97	4.67	5.16	29.97	11.94	30.85	29.55
青　岛	Qingdao	5.82	4.52		4.39	27.00	11.29	25.55	24.80
郑　州	Zhengzhou	5.94	3.92	3.42	3.63	26.58	12.31	27.07	27.87
武　汉	Wuhan	5.77	6.76	5.28	3.00	31.98	12.17	23.84	23.28
长　沙	Changsha	4.38	4.47	3.60	3.56	31.00	12.12	25.32	24.37
广　州	Guangzhou	5.51	11.18	5.85	3.50	26.97	12.42	28.73	27.53
深　圳	Shenzhen	5.32	5.41	5.06	4.74	26.15	11.17	24.56	26.78
南　宁	Nanning	6.07	5.00	4.33	3.43	29.75	12.58	21.34	23.64
海　口	Haikou	4.97	6.57	4.78	5.56	24.76	12.26	32.31	27.55
重　庆	Chongqing	5.43	4.50	4.98	4.55	30.15	11.89	21.31	21.99
成　都	Chengdu	5.69	5.57	4.79	3.85	29.64	12.64	25.69	25.49
贵　阳	Guiyang	5.41	4.80	6.10	5.60	30.13	11.98	27.27	28.50
昆　明	Kunming	7.17	4.96	4.25	4.80	26.99	12.39	24.90	23.20
西　安	Xi'an	5.10	5.86	4.70	3.89	29.98	12.37	27.57	26.03
兰　州	Lanzhou	8.08	5.31	4.88	4.33	29.98	12.61	26.78	26.78
西　宁	Xining	7.28	4.82	4.53	4.00	29.64	12.84	24.46	24.80
银　川	Yinchuan	5.04	4.95	4.70	4.85	29.80	13.27	26.55	24.66
乌鲁木齐	Urumqi	6.38	3.55	2.88	4.13	29.94	12.68	24.92	25.35

3-4-3 续表 1 continued 1

城 市	City	牛肉 Beef	羊肉 Mutton	鸡胸肉 Chicken brisket	鸡蛋 Eggs	活鲤鱼 Live carp	活草鱼 Live grass carp	带鱼 Hairtail	大白菜 Cabbage
平 均	**Average**	**61.47**	**61.99**	**21.25**	**9.80**	**14.01**	**16.16**	**29.66**	**2.51**
北 京	Beijing	67.93	74.06	23.53	8.77	13.36	16.65	43.71	2.70
天 津	Tianjin	57.06	66.67	22.50	8.77	15.56	18.33	33.47	2.20
石家庄	Shijiazhuang	53.56	59.78	18.67	8.73	11.56	16.95	21.67	1.89
太 原	Taiyuan	61.30	63.74	20.03	8.00	14.04	19.11	26.26	2.58
呼和浩特	Hohhot	56.00	58.50	19.71	9.37	12.77	15.05	24.92	1.84
沈 阳	Shenyang	55.06	58.84	18.67	8.24	13.11	16.22	26.33	2.96
大 连	Dalian	61.33	65.28	19.00	8.84	14.28	17.97	37.28	2.88
长 春	Changchun	64.56	64.11	18.80	8.93	13.47	17.27	18.40	2.91
哈尔滨	Harbin	51.56	55.00	17.89	8.23	12.89	16.61	30.00	2.66
上 海	Shanghai	76.15		22.18	9.72	16.87	18.97	40.71	3.11
南 京	Nanjing	66.58	58.20	20.28	8.76		14.43	29.38	2.15
杭 州	Hangzhou	72.78	65.02	21.37	10.25		15.90	38.90	2.74
宁 波	Ningbo	71.60	77.33	22.00	9.90		16.48	35.96	2.47
合 肥	Hefei	53.29	52.46	18.33	8.84		14.31	22.79	2.04
福 州	Fuzhou	66.40	83.74	19.74	9.27		15.11	51.51	2.06
厦 门	Xiamen	70.35	80.86	20.55	9.84	14.56	15.88	48.49	2.71
南 昌	Nanchang	65.47	51.27	14.40	9.58	9.00	12.13	15.20	1.91
济 南	Jinan	63.10	72.97	20.84	8.06	15.20	18.56	28.73	2.36
青 岛	Qingdao	59.70	61.28	22.54	8.10	16.10		27.98	2.42
郑 州	Zhengzhou	57.09	66.57	21.09	8.29	13.13	15.63	31.31	2.51
武 汉	Wuhan	62.00	49.11	20.95	10.58	13.64	13.20	21.94	2.21
长 沙	Changsha	74.39	66.00	24.00	10.31	15.60	14.53	42.93	2.65
广 州	Guangzhou	72.00	75.50	26.00	10.05	14.80	22.00	41.73	3.37
深 圳	Shenzhen	83.78	74.76	23.96	10.89	13.83	14.05	45.15	3.46
南 宁	Nanning	62.78	62.43		10.51	11.63	15.17	22.39	2.22
海 口	Haikou	62.80	71.52	22.13	12.80	16.16	20.26	46.87	3.72
重 庆	Chongqing	59.49	61.53	23.77	9.79	15.93	17.29	29.36	2.49
成 都	Chengdu	67.33	68.16	23.65	9.67	18.15	17.69	26.17	2.58
贵 阳	Guiyang	57.80	60.00	22.97	13.10	15.97	16.57	24.80	3.13
昆 明	Kunming	57.01	71.78	21.53	9.58	16.10	15.83	29.26	1.93
西 安	Xi'an	57.31	60.58	28.15	9.31	13.03	14.13	52.47	2.63
兰 州	Lanzhou	55.44	51.11	18.56	9.14	13.22	14.95	25.33	2.88
西 宁	Xining	60.25	55.92	26.40	9.30	15.50	18.75	24.50	2.89
银 川	Yinchuan	54.54	51.71	23.34	10.53	16.25	19.03	22.42	2.41
乌鲁木齐	Urumqi	60.48	63.08	16.00	9.24	11.33	14.50	23.92	2.48

3-4-3 续表 2 continued 2

城 市	City	油菜 Rape	芹菜 Celery	黄瓜 Cucumber	西红柿 Tomato	豆角 Cowpea	土豆 Potato	苹果 Apple	香蕉 Banana
平 均	**Average**	**4.56**	**4.86**	**7.57**	**6.22**	**11.25**	**4.11**	**10.35**	**6.13**
北 京	Beijing	6.09	4.93	9.01	8.34	11.33	4.34	11.24	7.31
天 津	Tianjin	6.21	4.37	9.04	8.12	11.60	3.43	10.98	6.91
石家庄	Shijiazhuang	4.84	3.78	7.72	5.83	12.78	3.62	8.00	5.38
太 原	Taiyuan	3.52	3.29	7.39	4.98	9.05	3.67	8.73	5.94
呼和浩特	Hohhot	3.09	3.64	7.27	7.38	14.29	3.33	9.53	6.03
沈 阳	Shenyang	5.19	5.56	7.25	7.09	12.20	4.03	8.17	5.91
大 连	Dalian	6.90	6.73	9.56	7.64	19.14	4.31	8.38	8.16
长 春	Changchun	7.00	5.80	8.53	8.80	14.73	3.80	11.99	6.50
哈尔滨	Harbin	7.20	6.47	8.37	8.37	20.56	4.28	8.50	8.11
上 海	Shanghai	5.59	6.70	10.09	7.39	13.60	5.37	12.50	6.61
南 京	Nanjing	2.71	4.91	7.87	5.56	10.70	4.57	9.40	4.83
杭 州	Hangzhou	4.09	5.42	10.54	8.21	14.29	5.27	9.93	7.27
宁 波	Ningbo	4.66	5.58	10.29	8.11	14.42	5.13	10.92	6.88
合 肥	Hefei	3.50	3.56	6.86	5.32	8.12	3.80	9.00	5.10
福 州	Fuzhou	2.81	6.48	7.50	5.52	15.01	3.85	9.81	6.59
厦 门	Xiamen	3.40	6.20	6.11	5.14	10.67	5.26	11.18	4.65
南 昌	Nanchang	2.67	3.65	4.79	4.78	5.87	3.61	8.67	4.93
济 南	Jinan	5.85	5.20	8.83	6.92	12.92	3.27	11.65	7.22
青 岛	Qingdao	4.20	5.27	7.97	5.41	10.29	4.37	7.82	4.69
郑 州	Zhengzhou	5.02	4.50	8.15	6.06	10.40	4.87	9.44	6.15
武 汉	Wuhan	4.47	6.10	7.46	6.10	9.35	3.97	10.50	5.55
长 沙	Changsha	4.51	4.15	6.25	5.51	7.43	4.31	11.39	6.03
广 州	Guangzhou	4.95	6.20	6.70	5.63	9.50	5.39	11.35	5.47
深 圳	Shenzhen	4.76	7.69	7.62	6.35	10.93	5.22	13.48	7.81
南 宁	Nanning	3.88	4.69	4.84	3.78	7.55	4.43	9.97	3.89
海 口	Haikou	5.31	9.79	5.23	5.04	6.88	5.07	12.76	6.23
重 庆	Chongqing	3.38	4.84	7.46	5.71	9.14	3.91	14.35	8.00
成 都	Chengdu	4.67	3.24	8.36	5.65	9.16	4.22	11.61	7.50
贵 阳	Guiyang	4.86	5.96	7.58	5.64	11.37	3.91	9.88	5.80
昆 明	Kunming	2.65	3.90	4.98	3.42	6.23	4.18	10.75	7.69
西 安	Xi'an	4.43	3.64	8.62	7.01	13.87	4.24	10.00	5.48
兰 州	Lanzhou	5.95	3.68	7.00	5.76	12.34	3.14	10.78	5.61
西 宁	Xining	4.75	3.99	9.08	5.46	15.88	3.88	11.00	6.60
银 川	Yinchuan	4.22	4.71	7.32	5.16	10.29	3.36	9.73	6.41
乌鲁木齐	Urumqi	4.58	2.72	8.40	5.25	12.35	3.60	9.76	6.48

3-4-4 2013年4月35个城市部分食品价格
35 Cities Partial Food Price (2013.04)

单位：元/公斤

城市	City	大米 Rice	富强粉 Strong Flour	标准粉 Prosperous and powerful powder	豆腐 Bean curd	花生油 Peanut oil	大豆油 Soybean oil	猪后腿肉 Pig hind leg meat	猪五花肉 Pig streaky pork
平均	**Average**	**5.71**	**5.19**	**4.39**	**4.22**	**29.39**	**12.22**	**23.59**	**23.56**
北京	Beijing	5.15	4.21	3.91	7.20	29.99	11.60	24.20	27.80
天津	Tianjin	5.83	4.69	4.39	4.99	29.98	11.91	28.13	28.63
石家庄	Shijiazhuang	5.87	4.39		4.09	30.04	11.98	26.00	25.67
太原	Taiyuan	6.20	3.97	3.37	3.98	29.98	12.34	21.88	21.57
呼和浩特	Hohhot	6.24	4.65	3.87	5.20	29.89	12.73	22.28	20.28
沈阳	Shenyang	5.27	4.55	4.13	4.25	31.40	12.29	20.92	20.97
大连	Dalian	6.45	4.80	4.12	3.08	31.53	12.60	21.39	22.34
长春	Changchun	5.48	6.11	5.25	3.90	30.50	11.02	22.42	23.85
哈尔滨	Harbin	6.47	6.02	4.20	3.88	31.05	13.02	19.53	19.51
上海	Shanghai	5.80	8.14	5.67	4.50	29.78	10.50	43.45	34.55
南京	Nanjing	4.95	6.06	4.75	5.63	27.98	12.15	23.44	26.20
杭州	Hangzhou	6.06	5.71	4.27	3.75	30.68	12.08	23.20	24.75
宁波	Ningbo	5.67	5.12	4.65	4.33	29.51	11.46	22.43	25.37
合肥	Hefei	5.24	4.29	5.34	3.00	26.88	12.04	20.19	18.71
福州	Fuzhou	5.47	5.50	4.84	3.25	28.94	11.83	18.91	25.00
厦门	Xiamen	5.45	5.95	4.28	4.47	28.38	12.29	22.65	29.79
南昌	Nanchang	4.76	5.78	4.04	4.00	29.98	11.98	29.27	21.77
济南	Jinan	5.78	5.02	4.71	5.07	29.95	12.04	27.65	25.85
青岛	Qingdao	5.82	4.44		4.39	28.63	11.29	22.83	22.12
郑州	Zhengzhou	5.94	3.92	3.42	3.63	26.62	12.15	25.54	26.62
武汉	Wuhan	5.77	6.76	5.28	3.00	31.98	12.13	23.20	22.33
长沙	Changsha	4.38	4.47	3.60	3.56	31.00	12.12	23.44	22.90
广州	Guangzhou	5.61	11.33	5.82	3.50	26.88	12.36	28.07	27.27
深圳	Shenzhen	5.26	5.36	5.17	4.78	26.25	11.25	23.52	26.06
南宁	Nanning	6.10	5.00	4.33	3.43	29.98	12.58	20.09	22.64
海口	Haikou	4.92	6.57	4.90	5.53	24.59	12.26	31.67	26.85
重庆	Chongqing	5.40	4.50	4.98	4.55	30.04	11.38	20.01	20.42
成都	Chengdu	5.69	5.57	4.80	3.85	29.51	12.64	24.21	24.13
贵阳	Guiyang	5.41	4.80	6.10	5.60	30.13	11.98	25.50	26.20
昆明	Kunming	7.16	4.96	4.25	4.80	26.82	11.75	22.33	22.08
西安	Xi'an	5.08	4.99	3.88	4.10	29.98	12.35	25.43	24.07
兰州	Lanzhou	7.99	5.31	4.88	4.78	29.98	12.61	25.06	25.06
西宁	Xining	7.29	4.88	4.54	4.17	29.71	12.84	22.46	23.25
银川	Yinchuan	5.00	4.95	4.67	4.72	30.07	12.97	24.75	23.21
乌鲁木齐	Urumqi	6.38	3.67	2.95	4.20	29.96	12.68	23.19	23.84

3-4-4 续表 1 continued 1

城 市	City	牛肉 Beef	羊肉 Mutton	鸡胸肉 Chicken brisket	鸡蛋 Eggs	活鲤鱼 Live carp	活草鱼 Live grass carp	带鱼 Hairtail	大白菜 Cabbage
平 均	**Average**	**61.32**	**62.06**	**20.64**	**9.41**	**13.94**	**16.41**	**29.71**	**3.68**
北 京	Beijing	67.87	73.89	23.45	8.51	13.12	16.79	44.64	4.15
天 津	Tianjin	57.00	66.50	22.92	8.47	15.63	19.35	33.23	3.68
石家庄	Shijiazhuang	52.67	60.56	17.89	8.44	11.06	16.33	21.33	2.82
太 原	Taiyuan	60.72	63.43	19.24	7.94	14.44	20.65	25.77	3.96
呼和浩特	Hohhot	54.56	58.67	19.25	8.81	12.24	15.41	24.75	2.84
沈 阳	Shenyang	55.50	59.44	18.11	8.10	12.81	16.23	26.33	3.85
大 连	Dalian	61.33	67.00	18.53	8.82	14.17	17.83	37.67	4.23
长 春	Changchun	64.30	64.84	18.07	8.25	12.93	17.40	18.33	4.23
哈尔滨	Harbin	51.67	54.67	17.58	7.60	12.22	16.36	30.00	2.43
上 海	Shanghai	75.33		21.11	9.33	17.51	20.78	45.15	4.72
南 京	Nanjing	67.96	58.00	20.38	8.52		15.25	29.50	3.15
杭 州	Hangzhou	72.57	65.39	21.32	9.48		16.23	38.82	3.51
宁 波	Ningbo	71.61	76.87	21.55	9.62		16.73	37.03	3.84
合 肥	Hefei	51.79	50.75	18.06	8.60		14.92	23.08	3.46
福 州	Fuzhou	66.29	83.40	20.40	9.16		15.30	51.32	2.71
厦 门	Xiamen	70.73	80.53	19.53	9.40	14.70	16.29	47.05	3.99
南 昌	Nanchang	66.27	51.33	13.50	9.38	9.00	12.75	15.20	2.69
济 南	Jinan	63.03	73.97	20.13	7.97	14.67	18.88	29.16	3.87
青 岛	Qingdao	58.08	61.74	21.55	8.07	15.51		26.98	3.61
郑 州	Zhengzhou	57.40	66.40	19.65	8.01	12.92	15.74	30.39	3.12
武 汉	Wuhan	62.89	49.00	20.95	10.22	13.59	13.17	21.78	3.17
长 沙	Changsha	74.20	66.00	23.87	9.84	15.60	14.45	42.60	4.07
广 州	Guangzhou	72.00	75.50	25.00	9.64	14.70	22.00	42.73	5.11
深 圳	Shenzhen	83.87	74.26	24.14	10.55	14.04	14.30	47.47	5.41
南 宁	Nanning	63.73	61.53		10.03	11.46	15.11	21.89	3.40
海 口	Haikou	63.75	70.32	21.85	12.80	16.29	20.15	46.62	5.20
重 庆	Chongqing	59.76	61.43	23.51	9.74	16.20	17.00	29.55	3.56
成 都	Chengdu	67.42	67.91	22.88	9.29	17.88	17.63	26.17	3.71
贵 阳	Guiyang	57.20	60.00	23.30	13.03	15.60	16.40	24.80	4.10
昆 明	Kunming	56.24	71.68	20.79	9.23	16.42	16.35	29.24	3.08
西 安	Xi'an	58.08	61.92	27.59	8.80	13.13	14.53	51.77	4.04
兰 州	Lanzhou	55.33	51.89	17.67	8.88	13.33	16.45	25.33	4.40
西 宁	Xining	59.83	55.50	26.40	9.17	15.50	19.42	24.50	4.88
银 川	Yinchuan	54.24	52.38	23.49	10.24	16.03	18.90	23.12	3.51
乌鲁木齐	Urumqi	60.35	64.62	14.92	8.88	12.08	14.67	23.27	4.14

3-4-4 续表 2 continued 2

城　市	City	油菜 Rape	芹菜 Celery	黄瓜 Cucumber	西红柿 Tomato	豆角 Cowpea	土豆 Potato	苹果 Apple	香蕉 Banana
平　均	**Average**	**5.74**	**5.23**	**5.75**	**6.89**	**11.25**	**4.39**	**10.43**	**6.49**
北　京	Beijing	6.48	4.64	6.65	9.07	11.10	4.64	11.09	7.28
天　津	Tianjin	6.16	3.95	5.65	8.67	11.70	3.54	11.06	7.32
石家庄	Shijiazhuang	5.35	3.57	4.74	6.98	10.67	3.79	7.93	5.91
太　原	Taiyuan	4.59	3.36	4.89	5.89	7.96	3.53	8.78	6.71
呼和浩特	Hohhot	3.63	3.70	6.41	6.99	14.82	3.38	9.54	5.91
沈　阳	Shenyang	6.61	4.89	5.08	7.06	12.49	3.97	8.18	6.74
大　连	Dalian	6.85	6.21	5.72	8.22	13.90	4.48	7.98	8.44
长　春	Changchun	7.87	5.20	6.10	8.77	13.27	3.99	11.76	6.56
哈尔滨	Harbin	6.73	5.56	5.84	8.26	19.81	4.17	8.50	7.75
上　海	Shanghai	6.11	7.92	7.48	8.38	13.89	5.67	12.64	6.73
南　京	Nanjing	4.71	4.95	5.78	6.01	10.97	4.57	9.55	5.24
杭　州	Hangzhou	6.18	6.00	8.42	8.48	13.83	5.58	10.08	7.19
宁　波	Ningbo	6.30	6.04	8.55	8.26	15.16	5.59	10.94	7.39
合　肥	Hefei	5.83	3.58	4.86	6.22	10.01	4.18	9.08	5.53
福　州	Fuzhou	5.58	7.25	5.77	6.65	17.03	4.28	10.84	7.04
厦　门	Xiamen	6.21	8.95	6.21	6.21	16.42	5.76	11.26	5.40
南　昌	Nanchang	3.59	4.13	4.05	5.57	6.47	3.67	8.80	5.51
济　南	Jinan	5.92	4.41	5.28	7.75	14.04	3.49	11.67	7.76
青　岛	Qingdao	5.28	4.97	5.68	6.41	10.25	5.28	7.51	5.22
郑　州	Zhengzhou	6.75	3.95	5.50	7.41	11.44	5.06	9.40	6.38
武　汉	Wuhan	5.26	5.83	6.05	6.56	9.99	4.27	10.57	5.98
长　沙	Changsha	6.34	5.78	5.47	6.67	9.27	5.31	11.72	6.65
广　州	Guangzhou	8.23	8.37	5.77	6.97	11.60	5.95	11.35	5.70
深　圳	Shenzhen	8.22	9.53	6.93	7.86	13.07	5.85	12.99	7.85
南　宁	Nanning	5.23	5.67	4.44	4.85	7.62	4.68	10.25	4.56
海　口	Haikou	7.21	10.94	6.11	6.96	7.93	5.33	12.72	6.51
重　庆	Chongqing	6.05	5.76	6.09	6.38	9.49	4.04	14.71	8.39
成　都	Chengdu	5.56	6.04	5.96	6.46	8.29	4.43	11.50	7.61
贵　阳	Guiyang	6.55	6.91	6.80	6.21	10.83	3.95	10.00	5.93
昆　明	Kunming	3.86	4.69	4.40	3.82	6.26	4.05	10.52	8.22
西　安	Xi'an	5.83	4.16	6.42	7.58	12.95	6.58	10.27	5.99
兰　州	Lanzhou	7.00	4.82	5.42	7.22	12.28	3.34	12.22	6.50
西　宁	Xining	7.58	4.17	5.54	6.67	12.75	3.84	10.42	6.72
银　川	Yinchuan	6.93	4.96	4.77	6.19	10.38	3.63	9.48	6.72
乌鲁木齐	Urumqi	3.74	3.23	5.01	5.91	11.91	3.48	12.03	6.67

3-4-5　2013年5月35个城市部分食品价格

35 Cities Partial Food Price (2013.05)

单位：元/公斤

城　市	City	大米 Rice	富强粉 Strong Flour	标准粉 Prosperous and powerful powder	豆腐 Bean curd	花生油 Peanut oil	大豆油 Soybean oil	猪后腿肉 Pig hind leg meat	猪五花肉 Pig streaky pork
平　均	**Average**	**5.72**	**5.22**	**4.40**	**4.27**	**29.33**	**11.91**	**23.49**	**23.33**
北　京	Beijing	5.15	4.23	3.90	7.05	29.99	11.49	24.18	27.71
天　津	Tianjin	5.80	4.74	4.39	4.99	29.98	12.03	27.97	28.47
石家庄	Shijiazhuang	5.87	4.39		4.13	30.05	11.59	25.17	24.55
太　原	Taiyuan	6.22	3.98	3.65	4.00	29.94	12.31	21.31	21.97
呼和浩特	Hohhot	6.27	4.65	3.94	5.20	29.89	12.73	21.68	19.68
沈　阳	Shenyang	5.27	4.51	4.13	4.25	31.44	11.82	21.39	21.44
大　连	Dalian	6.49	4.80	4.10	3.08	31.22	12.36	22.64	23.50
长　春	Changchun	5.48	6.11	5.25	3.90	30.19	11.15	23.84	25.77
哈尔滨	Harbin	6.47	6.02	4.20	3.88	31.05	13.05	20.17	20.17
上　海	Shanghai	5.80	8.03	5.67	4.50	29.68	10.05	42.04	34.77
南　京	Nanjing	4.95	6.06	4.75	5.63	27.78	11.39	22.99	25.90
杭　州	Hangzhou	6.07	5.71	4.27	3.75	29.85	12.00	23.36	24.74
宁　波	Ningbo	5.63	5.12	4.70	4.33	29.35	10.98	21.83	24.58
合　肥	Hefei	5.26	4.34	5.34	3.00	26.82	11.82	19.91	18.42
福　州	Fuzhou	5.43	5.50	4.77	3.25	28.67	10.90	19.47	24.36
厦　门	Xiamen	5.45	5.93	4.33	4.47	28.38	12.28	22.79	29.39
南　昌	Nanchang	4.79	5.78	4.04	4.11	29.98	10.93	29.20	20.87
济　南	Jinan	5.86	5.10	4.73	5.10	30.20	11.87	28.57	25.58
青　岛	Qingdao	5.82	4.52		4.40	28.82	11.22	23.37	22.54
郑　州	Zhengzhou	5.91	3.89	3.34	3.62	26.62	11.85	25.44	26.57
武　汉	Wuhan	5.77	6.76	5.42	3.00	31.98	10.93	22.92	21.87
长　沙	Changsha	4.38	4.47	3.60	3.56	31.00	12.12	23.37	22.42
广　州	Guangzhou	5.64	11.88	5.79	3.50	26.99	11.89	28.00	27.20
深　圳	Shenzhen	5.25	5.64	5.26	4.81	25.91	11.07	23.60	25.95
南　宁	Nanning	6.18	5.00	4.33	3.49	29.98	12.58	19.84	21.78
海　口	Haikou	4.96	6.57	4.90	5.53	24.85	12.26	31.37	26.64
重　庆	Chongqing	5.40	4.52	4.98	4.55	29.99	10.95	19.78	19.85
成　都	Chengdu	5.68	5.57	4.80	3.85	29.24	12.02	23.50	23.50
贵　阳	Guiyang	5.43	4.80	6.19	5.60	30.13	11.08	25.23	25.43
昆　明	Kunming	7.17	4.96	4.25	4.80	26.63	11.14	23.00	21.50
西　安	Xi'an	5.03	4.95	3.83	4.17	29.90	12.15	24.87	23.60
兰　州	Lanzhou	7.81	5.31	4.71	5.00	29.98	12.24	24.78	24.78
西　宁	Xining	7.32	4.88	4.65	4.25	29.72	12.84	22.50	23.38
银　川	Yinchuan	5.01	4.95	4.70	4.72	29.76	12.76	24.95	22.17
乌鲁木齐	Urumqi	6.38	3.67	2.96	4.34	30.49	12.62	22.77	23.46

3-4-5 续表 1 continued 1

城市	City	牛肉 Beef	羊肉 Mutton	鸡胸肉 Chicken brisket	鸡蛋 Eggs	活鲤鱼 Live carp	活草鱼 Live grass carp	带鱼 Hairtail	大白菜 Cabbage
平　均	**Average**	**61.88**	**62.32**	**20.19**	**9.40**	**13.88**	**16.67**	**29.83**	**3.42**
北　京	Beijing	68.33	74.74	23.44	8.54	12.86	16.88	44.83	3.18
天　津	Tianjin	57.00	67.22	23.07	8.51	15.42	20.16	33.39	2.96
石家庄	Shijiazhuang	52.78	60.67	17.33	8.41	10.89	16.83	21.33	2.25
太　原	Taiyuan	60.48	64.43	18.74	7.94	14.08	20.25	25.40	3.33
呼和浩特	Hohhot	55.00	58.67	18.71	8.64	11.98	16.28	24.75	3.10
沈　阳	Shenyang	55.56	59.95	17.86	8.26	13.09	17.03	26.33	2.98
大　连	Dalian	61.33	67.33	18.47	8.89	13.92	17.95	37.11	3.70
长　春	Changchun	65.37	65.77	17.80	8.57	12.90	17.30	18.40	3.41
哈尔滨	Harbin	51.50	54.56	17.17	8.24	11.75	16.50	30.00	2.37
上　海	Shanghai	75.50	76.00	20.89	9.17	17.65	21.26	43.93	4.04
南　京	Nanjing	68.43	58.00	20.38	8.35		15.10	29.42	3.42
杭　州	Hangzhou	72.28	65.39	21.31	9.44		16.43	38.90	3.70
宁　波	Ningbo	70.78	76.00	21.30	9.35		17.01	37.98	3.41
合　肥	Hefei	51.75	50.75	17.67	8.47		14.96	23.46	3.21
福　州	Fuzhou	66.01	83.40	19.38	8.92		15.95	51.48	3.38
厦　门	Xiamen	71.92	80.87	20.20	9.66	14.81	16.64	47.69	4.34
南　昌	Nanchang	67.33	51.20	13.00	9.35	9.00	13.00	15.30	3.15
济　南	Jinan	63.60	75.50	20.08	7.85	14.08	18.98	31.03	2.66
青　岛	Qingdao	58.91	61.91	22.13	7.91	15.37		27.15	2.81
郑　州	Zhengzhou	57.88	66.61	18.95	7.79	12.71	15.49	30.60	3.24
武　汉	Wuhan	63.73	49.00	20.67	10.08	13.31	13.28	21.67	3.14
长　沙	Changsha	74.49	66.00	23.60	9.76	15.60	14.79	42.60	3.55
广　州	Guangzhou	72.00	75.50	24.33	9.51	14.80	22.00	42.87	4.41
深　圳	Shenzhen	83.80	74.59	23.29	10.60	14.07	14.37	47.73	5.12
南　宁	Nanning	65.28	60.53		10.08	11.29	15.14	22.84	3.47
海　口	Haikou	64.47	71.25	21.26	12.80	16.39	20.31	46.46	4.50
重　庆	Chongqing	60.16	60.86	23.33	9.86	16.12	17.40	28.95	3.65
成　都	Chengdu	67.61	67.41	22.38	9.33	17.88	17.63	26.50	3.72
贵　阳	Guiyang	56.93	60.00	22.55	13.00	16.40	17.07	24.80	4.10
昆　明	Kunming	56.13	72.18	21.29	9.18	17.15	16.96	29.34	2.65
西　安	Xi'an	57.84	62.42	27.90	8.68	12.80	14.63	51.83	3.91
兰　州	Lanzhou	56.78	52.45	17.33	9.53	12.34	17.56	25.33	4.45
西　宁	Xining	62.92	56.00	26.40	9.31	15.88	22.29	24.17	3.82
银　川	Yinchuan	56.35	53.12	22.46	10.32	16.22	19.67	23.10	2.98
乌鲁木齐	Urumqi	61.81	64.87	14.75	9.67	13.35	14.78	23.33	2.97

3-4-5 续表 2 continued 2

城 市	City	油菜 Rape	芹菜 Celery	黄瓜 Cucumber	西红柿 Tomato	豆角 Cowpea	土豆 Potato	苹果 Apple	香蕉 Banana
平 均	**Average**	**4.66**	**5.35**	**4.35**	**5.82**	**9.26**	**4.64**	**10.55**	**7.18**
北 京	Beijing	4.98	4.72	4.60	7.20	9.28	5.20	11.23	7.86
天 津	Tianjin	5.03	4.43	3.43	6.65	9.48	4.40	11.17	7.93
石家庄	Shijiazhuang	3.28	3.61	2.84	4.98	6.78	4.04	7.57	6.89
太 原	Taiyuan	3.29	4.20	3.48	4.64	6.40	6.07	9.23	8.23
呼和浩特	Hohhot	3.80	4.09	4.17	5.45	11.53	3.33	9.50	6.21
沈 阳	Shenyang	4.00	3.77	3.82	6.33	9.73	4.10	8.44	7.79
大 连	Dalian	4.32	3.75	4.07	6.83	10.36	4.90	8.38	9.43
长 春	Changchun	4.00	4.15	3.92	6.72	9.52	4.93	10.89	7.05
哈尔滨	Harbin	5.09	4.70	3.98	6.56	13.47	3.86	8.39	7.70
上 海	Shanghai	4.49	8.67	5.86	6.61	11.11	6.11	12.76	7.10
南 京	Nanjing	3.95	4.39	3.91	5.03	9.02	4.96	9.49	6.56
杭 州	Hangzhou	4.85	6.29	6.26	8.05	12.45	5.65	10.02	7.84
宁 波	Ningbo	4.71	5.92	6.06	7.26	12.22	5.61	10.77	7.80
合 肥	Hefei	5.12	3.98	3.73	4.24	7.83	4.54	9.25	6.51
福 州	Fuzhou	4.64	9.02	4.05	6.04	16.89	4.21	10.48	7.75
厦 门	Xiamen	4.45	9.17	4.95	5.96	16.96	5.86	11.29	6.29
南 昌	Nanchang	3.27	4.22	2.65	4.80	6.71	3.76	8.40	5.96
济 南	Jinan	3.67	4.05	3.77	5.61	11.15	4.13	11.32	8.61
青 岛	Qingdao	3.46	4.88	4.18	5.26	7.58	5.34	7.65	6.66
郑 州	Zhengzhou	5.22	4.35	3.85	5.27	9.64	5.21	9.44	6.97
武 汉	Wuhan	5.00	6.09	4.44	5.78	8.67	4.35	10.83	6.40
长 沙	Changsha	5.36	5.31	3.77	6.11	7.45	5.26	11.72	7.15
广 州	Guangzhou	5.78	8.27	4.74	7.37	8.67	6.05	11.30	5.72
深 圳	Shenzhen	6.40	9.92	5.62	7.53	9.60	6.69	13.64	7.96
南 宁	Nanning	4.38	5.32	3.93	4.68	6.63	4.85	10.72	5.13
海 口	Haikou	5.71	10.88	5.52	7.44	7.22	5.66	12.79	6.54
重 庆	Chongqing	5.10	5.88	4.44	5.59	6.71	4.01	14.90	8.88
成 都	Chengdu		6.69	4.56	5.46	6.00	4.47	11.84	8.30
贵 阳	Guiyang	5.55	7.22	5.94	5.73	8.69	4.00	10.00	6.37
昆 明	Kunming	3.32	4.89	3.74	3.80	5.84	4.02	11.37	8.53
西 安	Xi'an	5.41	3.99	4.39	6.10	10.71	5.69	10.40	7.01
兰 州	Lanzhou	7.37	5.49	5.01	5.94	10.28	3.41	12.33	7.53
西 宁	Xining	6.71	4.96	4.88	5.50	11.13	3.88	10.67	7.74
银 川	Yinchuan	6.59	5.57	4.32	5.27	9.95	5.17	10.07	8.11
乌鲁木齐	Urumqi	2.96	3.58	3.11	3.61	9.61	3.75	11.56	8.16

3-4-6　2013年6月35个城市部分食品价格

35 Cities Partial Food Price (2013.06)

单位：元/公斤

城　市	City	大米 Rice	富强粉 Strong Flour	标准粉 Prosperous and powerful powder	豆腐 Bean curd	花生油 Peanut oil	大豆油 Soybean oil	猪后腿肉 Pig hind leg meat	猪五花肉 Pig streaky pork
平　均	**Average**	**5.73**	**5.21**	**4.41**	**4.29**	**29.08**	**11.59**	**24.69**	**24.51**
北　京	Beijing	5.20	4.09	3.85	7.22	29.04	11.39	25.83	29.44
天　津	Tianjin	5.80	4.73	4.35	4.99	29.56	11.44	29.09	29.60
石家庄	Shijiazhuang	5.87	4.39		4.13	29.14	10.30	26.61	25.95
太　原	Taiyuan	6.18	3.98	3.69	4.00	29.79	12.26	22.84	24.00
呼和浩特	Hohhot	6.27	4.65	3.94	5.20	29.89	12.56	22.91	21.13
沈　阳	Shenyang	5.27	4.47	4.13	4.25	30.93	11.32	24.42	24.50
大　连	Dalian	6.51	4.80	4.10	3.08	30.54	11.77	24.95	25.95
长　春	Changchun	5.48	6.14	5.25	3.90	29.51	11.22	26.37	27.90
哈尔滨	Harbin	6.47	6.02	4.20	3.88	31.05	12.81	22.45	22.45
上　海	Shanghai	5.80	7.97	5.67	4.50	28.71	9.93	41.93	35.37
南　京	Nanjing	4.95	6.06	4.75	5.68	27.03	10.58	24.06	27.54
杭　州	Hangzhou	6.06	5.70	4.27	3.75	29.52	11.09	24.36	25.93
宁　波	Ningbo	5.68	5.16	4.86	4.28	29.95	10.18	22.72	25.72
合　肥	Hefei	5.21	4.35	5.33	3.00	27.00	11.82	21.52	19.98
福　州	Fuzhou	5.45	5.50	4.81	3.25	28.21	10.48	19.64	25.00
厦　门	Xiamen	5.50	5.93	4.33	4.48	28.21	12.29	24.74	29.73
南　昌	Nanchang	4.80	5.78	4.04	4.13	29.98	10.18	28.80	20.50
济　南	Jinan	5.98	5.10	4.77	5.18	28.95	11.64	31.68	28.69
青　岛	Qingdao	5.81	4.50		4.43	28.75	11.28	25.79	24.36
郑　州	Zhengzhou	5.84	3.86	3.30	3.63	26.62	11.57	26.40	27.87
武　汉	Wuhan	5.77	6.76	5.55	3.00	30.87	10.27	23.70	22.58
长　沙	Changsha	4.38	4.47	3.60	3.56	31.00	12.12	23.55	22.68
广　州	Guangzhou	5.64	12.02	6.00	3.50	26.87	12.10	28.00	27.20
深　圳	Shenzhen	5.32	5.68	5.30	4.81	25.64	11.00	23.69	26.26
南　宁	Nanning	6.20	4.98	4.32	3.57	29.98	12.58	20.06	22.22
海　口	Haikou	4.92	6.57	4.90	5.53	25.44	12.17	31.20	26.70
重　庆	Chongqing	5.41	4.52	4.98	4.62	29.88	10.40	20.41	20.26
成　都	Chengdu	5.67	5.57	4.80	3.85	29.24	10.37	24.00	24.00
贵　阳	Guiyang	5.43	4.80	6.24	5.60	29.52	10.18	25.33	25.73
昆　明	Kunming	7.18	4.96	4.25	5.02	26.67	10.95	22.60	21.29
西　安	Xi'an	4.97	5.16	3.79	4.16	29.15	11.62	26.40	24.97
兰　州	Lanzhou	7.68	5.31	4.58	5.00	29.47	11.30	25.95	25.95
西　宁	Xining	7.33	4.78	4.65	4.25	29.78	12.84	24.96	25.46
银　川	Yinchuan	5.04	4.95	4.76	4.72	29.63	12.49	25.95	23.71
乌鲁木齐	Urumqi	6.39	3.69	2.96	4.28	30.78	12.61	24.33	24.56

3-4-6 续表 1 continued 1

城 市 City	牛肉 Beef	羊肉 Mutton	鸡胸肉 Chicken brisket	鸡蛋 Eggs	活鲤鱼 Live carp	活草鱼 Live grass carp	带鱼 Hairtail	大白菜 Cabbage
平 均 Average	**62.53**	**62.79**	**20.32**	**9.41**	**13.81**	**16.88**	**30.37**	**2.96**
北 京 Beijing	68.97	76.49	23.65	8.48	12.83	17.02	45.17	2.75
天 津 Tianjin	57.11	68.17	23.09	8.44	13.79	21.50	34.50	2.34
石家庄 Shijiazhuang	53.33	61.22	17.33	8.21	10.56	17.28	21.33	2.23
太 原 Taiyuan	60.69	65.32	18.69	8.14	13.82	22.14	25.64	2.82
呼和浩特 Hohhot	58.34	60.00	18.75	9.17	12.26	16.61	24.98	2.01
沈 阳 Shenyang	55.50	62.34	17.89	8.07	12.81	16.86	26.33	2.24
大 连 Dalian	61.33	67.33	18.47	8.65	13.50	18.17	39.61	2.31
长 春 Changchun	66.67	66.35	18.07	8.17	12.60	17.20	18.40	2.46
哈尔滨 Harbin	51.39	54.14	17.17	7.59	11.56	16.67	30.00	2.25
上 海 Shanghai	77.50		21.22	9.06	17.60	21.48	50.15	4.26
南 京 Nanjing	68.28	58.00	19.92	8.48		15.21	29.63	2.90
杭 州 Hangzhou	72.16	65.39	21.69	9.93		16.54	38.86	3.63
宁 波 Ningbo	71.42	76.00	21.15	9.31		16.98	40.83	3.34
合 肥 Hefei	51.75	50.75	17.67	8.53		15.20	23.71	3.16
福 州 Fuzhou	66.77	83.40	18.87	8.99		16.30	51.32	3.69
厦 门 Xiamen	74.54	80.87	20.78	9.65	14.80	17.03	50.34	4.16
南 昌 Nanchang	68.47	51.20	13.97	9.29	9.00	12.84	15.40	2.95
济 南 Jinan	63.48	75.54	20.00	7.94	14.39	19.20	32.46	2.93
青 岛 Qingdao	60.16	62.95	22.13	7.87	15.22		28.71	2.77
郑 州 Zhengzhou	57.88	67.28	20.02	7.83	12.76	15.89	30.60	3.24
武 汉 Wuhan	63.67	49.00	20.84	10.07	13.30	13.35	21.44	2.94
长 沙 Changsha	74.77	66.00	23.60	9.86	15.60	15.02	42.60	3.01
广 州 Guangzhou	72.53	75.50	25.08	9.46	14.80	22.00	44.53	3.70
深 圳 Shenzhen	83.62	74.62	23.59	10.57	14.19	14.51	49.38	4.40
南 宁 Nanning	66.11	61.33		10.11	11.63	15.09	22.61	3.29
海 口 Haikou	64.47	71.45	20.90	12.80	16.26	20.09	48.46	4.16
重 庆 Chongqing	60.53	60.66	22.79	9.87	16.29	17.79	29.28	3.17
成 都 Chengdu	67.71	67.41	22.38	9.30	17.88	17.63	27.13	2.48
贵 阳 Guiyang	56.80	60.00	22.34	12.90	16.52	17.83	24.80	3.14
昆 明 Kunming	58.65	73.41	19.82	9.10	17.30	16.76	29.39	1.79
西 安 Xi'an	58.58	62.50	27.82	8.67	12.57	14.47	51.93	3.53
兰 州 Lanzhou	57.89	54.55	17.39	9.39	12.11	17.50	26.45	3.65
西 宁 Xining	65.25	57.58	26.40	9.16	16.00	22.25	24.00	2.83
银 川 Yinchuan	55.71	53.39	22.87	10.41	16.43	20.34	23.12	2.23
乌鲁木齐 Urumqi	62.66	65.34	15.00	9.43	13.21	14.95	22.35	1.87

3-4-6 续表 2 continued 2

城 市	City	油菜 Rape	芹菜 Celery	黄瓜 Cucumber	西红柿 Tomato	豆角 Cowpea	土豆 Potato	苹果 Apple	香蕉 Banana
平 均	**Average**	**4.83**	**5.35**	**4.20**	**4.75**	**7.26**	**4.37**	**10.79**	**7.14**
北 京	Beijing	6.71	4.90	4.61	5.14	7.50	4.58	11.50	7.82
天 津	Tianjin	6.62	4.30	3.80	3.97	6.44	4.03	11.61	7.37
石家庄	Shijiazhuang	5.56	3.78	3.25	3.02	4.84	3.69	8.26	6.68
太 原	Taiyuan	3.14	3.71	4.35	4.03	4.65	4.29	9.98	7.59
呼和浩特	Hohhot	4.20	3.24	3.58	4.20	8.41	3.33	9.58	7.32
沈 阳	Shenyang	3.38	2.93	2.98	4.38	6.26	3.56	8.78	7.61
大 连	Dalian	4.79	3.25	3.52	4.71	7.19	4.05	8.51	8.58
长 春	Changchun	3.77	3.73	3.09	4.75	6.88	4.34	10.63	7.03
哈尔滨	Harbin	4.76	3.89	3.42	5.00	8.51	3.75	8.50	7.75
上 海	Shanghai	6.69	9.74	7.04	5.95	9.90	5.76	13.13	7.10
南 京	Nanjing	5.93	4.94	3.48	4.15	7.04	4.88	9.63	6.38
杭 州	Hangzhou	6.20	7.15	5.40	6.55	11.03	5.26	10.26	8.08
宁 波	Ningbo	5.14	6.82	5.48	6.06	11.32	5.22	10.92	7.50
合 肥	Hefei	5.49	4.55	3.80	4.17	6.82	4.15	9.33	6.65
福 州	Fuzhou	5.22	10.61	3.55	5.28	16.68	4.80	11.43	7.94
厦 门	Xiamen	5.77	9.13	5.27	6.13	15.83	5.50	11.27	5.93
南 昌	Nanchang	3.14	4.46	2.28	3.87	5.13	3.85	8.40	5.86
济 南	Jinan	4.99	4.14	3.76	3.77	6.65	3.37	12.23	8.60
青 岛	Qingdao	4.61	4.90	4.31	3.84	6.30	3.60	7.87	6.14
郑 州	Zhengzhou	6.21	4.51	3.88	4.06	6.47	4.99	9.44	6.40
武 汉	Wuhan	5.09	6.09	4.32	4.20	5.95	4.49	10.93	6.18
长 沙	Changsha	4.64	5.40	3.63	4.97	5.59	4.83	11.72	6.88
广 州	Guangzhou	6.00	8.63	4.72	6.35	6.67	5.67	11.58	5.36
深 圳	Shenzhen	6.64	10.11	5.62	7.06	8.11	5.73	13.99	8.77
南 宁	Nanning	4.78	6.44	4.30	4.70	5.24	4.65	10.78	5.18
海 口	Haikou	6.29	10.82	5.40	6.98	6.29	5.56	12.72	7.10
重 庆	Chongqing	4.89	6.24	4.50	4.66	5.64	4.01	15.70	8.60
成 都	Chengdu		6.25	4.34	4.71	5.11	4.44	12.11	8.61
贵 阳	Guiyang	5.40	7.11	5.80	5.67	7.53	3.99	10.00	6.35
昆 明	Kunming	3.07	4.66	3.44	3.43	5.17	3.67	11.49	8.93
西 安	Xi'an	6.93	3.61	5.19	5.31	8.04	4.93	11.20	7.60
兰 州	Lanzhou	5.58	4.42	4.82	4.96	8.45	3.77	10.83	7.61
西 宁	Xining	3.71	5.63	4.96	5.25	9.67	4.50	11.25	7.68
银 川	Yinchuan	3.59	6.52	4.47	4.76	7.77	4.82	10.53	7.44
乌鲁木齐	Urumqi	3.16	2.88	2.86	4.76	5.48	4.43	12.80	7.93

3-4-7　2013年7月35个城市部分食品价格
35 Cities Partial Food Price (2013.07)

单位：元/公斤

城　市	City	大米 Rice	富强粉 Strong Flour	标准粉 Prosperous and powerful powder	豆腐 Bean curd	花生油 Peanut oil	大豆油 Soybean oil	猪后腿肉 Pig hind leg meat	猪五花肉 Pig streaky pork
平　均	**Average**	**5.73**	**5.24**	**4.41**	**4.28**	**28.94**	**11.48**	**25.21**	**24.93**
北　京	Beijing	5.22	4.11	3.78	7.15	28.35	10.95	26.08	29.85
天　津	Tianjin	5.80	4.89	4.33	4.99	29.31	11.59	29.57	29.93
石家庄	Shijiazhuang	5.87	4.39		4.13	28.09	10.49	26.67	26.00
太　原	Taiyuan	6.42	3.98	3.69	4.00	28.54	12.22	24.02	23.90
呼和浩特	Hohhot	6.27	4.65	3.94	5.20	29.89	12.52	23.59	21.65
沈　阳	Shenyang	5.27	4.47	4.13	4.25	30.43	11.04	25.42	25.42
大　连	Dalian	6.51	4.80	4.10	3.08	29.85	11.06	25.42	26.45
长　春	Changchun	5.48	6.15	5.25	3.90	28.07	10.70	28.05	29.38
哈尔滨	Harbin	6.47	6.02	4.20	3.88	31.13	12.28	25.17	25.06
上　海	Shanghai	5.84	8.15	5.67	4.50	28.75	10.01	41.99	35.61
南　京	Nanjing	4.95	6.27	4.75	5.70	28.15	10.59	24.36	27.87
杭　州	Hangzhou	6.05	5.66	4.27	3.75	29.77	10.72	24.44	26.05
宁　波	Ningbo	5.66	5.15	4.88	4.18	29.73	9.75	22.67	25.62
合　肥	Hefei	5.21	4.66	5.39	3.00	26.45	11.40	22.20	20.55
福　州	Fuzhou	5.44	5.50	4.84	3.25	27.50	10.54	20.62	25.30
厦　门	Xiamen	5.53	5.93	4.33	4.51	28.21	12.29	25.23	30.04
南　昌	Nanchang	4.80	5.78	4.12	4.13	29.98	10.18	29.07	20.70
济　南	Jinan	5.96	5.10	4.78	5.27	28.91	11.54	31.89	29.18
青　岛	Qingdao	5.82	4.49		4.43	29.38	10.75	25.51	24.46
郑　州	Zhengzhou	5.84	3.87	3.32	3.64	26.62	11.63	26.60	28.16
武　汉	Wuhan	5.78	6.89	5.63	3.00	31.53	10.18	23.70	22.95
长　沙	Changsha	4.38	4.47	3.60	3.56	31.00	12.05	23.81	22.54
广　州	Guangzhou	5.68	12.25	5.58	3.50	26.89	11.75	28.00	27.20
深　圳	Shenzhen	5.33	5.73	5.31	4.73	25.72	11.02	23.68	26.23
南　宁	Nanning	6.19	4.90	4.27	3.54	29.98	12.58	20.87	22.36
海　口	Haikou	4.93	6.51	4.82	5.53	25.44	12.26	30.87	25.96
重　庆	Chongqing	5.40	4.52	4.92	4.63	29.69	10.65	21.93	21.31
成　都	Chengdu	5.66	5.57	4.80	3.85	29.24	10.39	24.90	24.80
贵　阳	Guiyang	5.43	4.80	6.24	5.60	30.13	10.18	25.87	26.37
昆　明	Kunming	7.23	4.96	4.25	5.13	26.80	11.14	22.89	21.30
西　安	Xi'an	4.91	5.30	3.81	4.16	28.38	11.12	26.67	25.27
兰　州	Lanzhou	7.69	5.31	4.88	5.00	29.98	11.89	26.00	26.11
西　宁	Xining	7.36	4.89	4.59	4.25	30.01	12.86	25.33	25.96
银　川	Yinchuan	5.00	4.95	4.77	4.59	29.69	12.08	26.41	23.57
乌鲁木齐	Urumqi	6.38	3.69	2.96	4.21	30.86	12.37	24.83	24.81

3-4-7 续表 1 continued 1

城　市	City	牛肉 Beef	羊肉 Mutton	鸡胸肉 Chicken brisket	鸡蛋 Eggs	活鲤鱼 Live carp	活草鱼 Live grass carp	带鱼 Hairtail	大白菜 Cabbage
平　均	**Average**	**63.15**	**63.13**	**20.34**	**9.24**	**13.76**	**17.08**	**30.64**	**3.21**
北　京	Beijing	69.48	77.12	23.07	8.31	12.71	17.71	44.35	3.02
天　津	Tianjin	57.67	68.67	22.15	8.30	14.03	21.99	35.61	2.76
石家庄	Shijiazhuang	53.33	61.33	17.33	8.11	10.84	17.39	21.33	2.38
太　原	Taiyuan	61.48	65.13	18.53	8.00	14.22	22.38	26.25	3.20
呼和浩特	Hohhot	60.26	60.95	19.25	8.94	12.28	16.40	24.91	2.07
沈　阳	Shenyang	55.67	63.22	18.09	7.58	12.50	16.72	26.22	2.36
大　连	Dalian	61.33	67.33	18.36	7.94	13.50	18.09	38.89	2.67
长　春	Changchun	67.55	67.03	18.07	7.79	12.50	17.47	18.53	2.56
哈尔滨	Harbin	54.95	55.39	17.17	7.02	11.45	16.78	30.11	2.78
上　海	Shanghai	79.56		21.22	9.04	17.62	22.15	51.21	4.70
南　京	Nanjing	68.09	58.00	19.87	8.22		15.98	29.81	3.46
杭　州	Hangzhou	72.24	65.39	21.08	9.95		16.75	38.65	3.87
宁　波	Ningbo	70.93	76.00	21.20	9.22		17.72	41.46	3.65
合　肥	Hefei	51.75	50.75	17.67	8.31		15.34	23.75	3.55
福　州	Fuzhou	67.09	83.40	18.71	8.78		16.38	53.56	4.14
厦　门	Xiamen	75.44	80.87	20.83	9.53	14.80	17.11	52.21	4.81
南　昌	Nanchang	70.27	51.20	13.90	9.17	9.00	13.17	15.60	3.69
济　南	Jinan	64.08	75.54	18.80	7.77	14.27	19.23	32.13	3.33
青　岛	Qingdao	60.16	63.45	22.14	7.74	15.29		28.30	3.69
郑　州	Zhengzhou	57.88	67.40	19.78	7.64	12.47	15.58	30.60	3.24
武　汉	Wuhan	63.50	49.00	20.33	10.11	13.34	13.81	21.34	2.95
长　沙	Changsha	74.75	66.00	23.60	9.86	15.57	15.18	42.60	3.33
广　州	Guangzhou	73.13	75.50	25.00	9.80	14.80	22.00	44.53	3.83
深　圳	Shenzhen	83.56	74.86	24.26	10.57	14.24	14.19	50.24	4.85
南　宁	Nanning	65.89	60.83		10.05	11.54	15.22	23.11	3.24
海　口	Haikou	64.80	72.05	21.40	12.80	16.50	19.28	48.34	4.09
重　庆	Chongqing	60.56	60.66	23.34	9.64	16.05	17.96	29.28	3.23
成　都	Chengdu	67.75	67.41	22.76	9.27	17.88	17.53	27.44	3.79
贵　阳	Guiyang	57.73	60.00	22.33	13.00	16.13	17.67	24.80	3.52
昆　明	Kunming	60.86	76.05	20.98	8.77	17.36	16.98	28.04	1.94
西　安	Xi'an	59.42	62.50	27.38	8.61	12.60	14.77	51.10	3.19
兰　州	Lanzhou	57.78	56.00	17.33	8.99	12.89	17.95	26.67	3.28
西　宁	Xining	64.50	57.83	25.79	8.84	16.00	22.08	24.17	3.29
银　川	Yinchuan	55.52	51.80	23.06	9.80	16.47	20.59	23.18	2.58
乌鲁木齐	Urumqi	64.10	65.02	15.00	9.44	13.22	14.61	22.66	1.84

城 市	City	油菜 Rape	芹菜 Celery	黄瓜 Cucumber	西红柿 Tomato	豆角 Cowpea	土豆 Potato	苹果 Apple	香蕉 Banana
平 均	**Average**	**5.51**	**5.83**	**4.63**	**4.73**	**6.79**	**4.07**	**10.98**	**6.70**
北 京	Beijing	7.24	5.29	5.62	5.30	7.63	3.83	11.96	7.41
天 津	Tianjin	7.02	5.26	5.23	4.26	6.93	3.61	11.86	7.13
石家庄	Shijiazhuang	6.17	3.64	4.51	3.81	5.78	3.49	8.06	5.87
太 原	Taiyuan	4.56	4.80	4.86	3.78	5.48	3.55	11.70	7.04
呼和浩特	Hohhot	3.73	3.45	3.32	3.81	5.37	3.20	9.50	6.36
沈 阳	Shenyang	5.16	3.75	3.06	3.40	4.39	2.87	9.00	6.32
大 连	Dalian	7.87	5.53	4.55	4.82	6.56	3.40	8.84	7.55
长 春	Changchun	5.35	4.43	3.78	3.90	5.67	3.46	11.76	7.03
哈尔滨	Harbin	6.70	4.21	3.92	4.11	7.30	3.93	8.63	7.59
上 海	Shanghai	5.84	9.41	7.40	7.73	9.93	5.49	13.21	6.75
南 京	Nanjing	6.76	5.61	3.87	4.34	7.24	4.59	10.05	5.44
杭 州	Hangzhou	6.12	8.49	6.50	6.55	12.10	5.09	10.85	7.66
宁 波	Ningbo	5.44	7.54	6.60	6.41	11.49	4.68	11.23	7.26
合 肥	Hefei	5.97	4.85	4.50	4.32	5.47	3.63	9.48	5.73
福 州	Fuzhou	4.96	11.41	4.66	5.56	15.98	4.33	11.18	7.83
厦 门	Xiamen	6.23	10.64	6.25	6.55	14.79	5.54	11.67	5.48
南 昌	Nanchang	4.41	5.51	3.27	4.65	4.49	4.10	8.72	5.58
济 南	Jinan	5.93	4.75	5.10	4.55	5.58	3.51	12.92	7.83
青 岛	Qingdao	6.65	4.87	5.67	4.15	7.06	3.10	8.60	5.70
郑 州	Zhengzhou	6.34	4.61	4.38	4.28	6.57	4.66	9.76	5.92
武 汉	Wuhan	5.35	6.08	4.53	4.30	5.00	4.23	10.80	5.96
长 沙	Changsha	4.99	5.77	4.16	4.59	4.72	4.44	11.72	6.14
广 州	Guangzhou	5.59	8.60	5.14	6.13	6.80	5.49	11.63	5.29
深 圳	Shenzhen	7.04	9.71	5.71	7.00	7.64	5.78	14.27	8.21
南 宁	Nanning	4.89	6.49	3.57	4.31	4.62	4.40	10.97	4.41
海 口	Haikou	6.04	10.49	5.45	6.67	5.52	5.08	12.59	6.85
重 庆	Chongqing	5.23	6.21	4.57	4.88	6.58	3.78	15.93	8.54
成 都	Chengdu		7.12	4.86	5.40	7.42	4.40	12.13	8.38
贵 阳	Guiyang	5.59	7.08	5.63	4.80	7.83	3.95	10.00	6.40
昆 明	Kunming	3.99	4.33	3.92	3.62	4.77	3.10	11.58	8.08
西 安	Xi'an	6.31	4.69	5.02	5.52	7.18	4.18	11.70	7.00
兰 州	Lanzhou	6.83	5.19	5.36	5.38	8.17	3.45	10.89	7.33
西 宁	Xining	5.96	5.50	5.54	5.30	8.96	4.38	11.00	7.33
银 川	Yinchuan	4.30	6.93	4.25	4.21	6.48	3.93	10.92	6.77
乌鲁木齐	Urumqi	4.07	3.04	2.88	4.22	4.51	3.91	12.83	7.52

3-4-8　2013年8月35个城市部分食品价格
35 Cities Partial Food Price (2013.08)

单位：元/公斤

城　市	City	大米 Rice	富强粉 Strong Flour	标准粉 Prosperous and powerful powder	豆腐 Bean curd	花生油 Peanut oil	大豆油 Soybean oil	猪后腿肉 Pig hind leg meat	猪五花肉 Pig streaky pork
平　均	**Average**	**5.74**	**5.26**	**4.43**	**4.30**	**28.74**	**11.25**	**26.36**	**26.08**
北　京	Beijing	5.23	4.09	3.76	7.14	27.56	10.40	27.24	30.82
天　津	Tianjin	5.80	4.71	4.32	4.97	28.02	11.59	30.04	30.48
石家庄	Shijiazhuang	5.87	4.39		4.13	28.10	10.20	27.11	26.45
太　原	Taiyuan	6.66	3.98	3.69	4.00	28.61	12.22	24.26	24.22
呼和浩特	Hohhot	6.27	4.65	3.94	5.20	29.89	12.52	24.76	22.76
沈　阳	Shenyang	5.27	4.47	4.13	4.25	30.12	10.76	26.50	26.81
大　连	Dalian	6.52	4.80	4.12	3.08	29.42	10.93	26.81	27.78
长　春	Changchun	5.56	6.20	5.25	3.90	28.78	10.73	28.82	30.19
哈尔滨	Harbin	6.47	6.02	4.20	3.88	30.87	12.09	25.81	25.72
上　海	Shanghai	5.87	8.25	5.71	4.50	28.13	9.69	42.97	35.91
南　京	Nanjing	4.95	6.30	4.75	5.70	27.68	10.46	25.24	28.36
杭　州	Hangzhou	6.03	5.66	4.27	3.75	29.70	10.58	25.54	27.35
宁　波	Ningbo	5.72	5.12	5.06	4.36	29.75	9.68	24.11	26.36
合　肥	Hefei	5.17	4.77	5.22	3.00	25.95	10.27	23.82	21.83
福　州	Fuzhou	5.45	5.50	4.86	3.25	25.55	10.43	21.93	26.80
厦　门	Xiamen	5.53	5.70	4.33	4.51	28.10	11.81	25.82	31.29
南　昌	Nanchang	4.80	5.78	4.16	4.13	29.98	10.18	30.10	21.57
济　南	Jinan	5.98	5.10	4.78	5.23	27.91	11.65	34.78	31.32
青　岛	Qingdao	5.82	4.61		4.43	29.60	10.56	26.62	25.64
郑　州	Zhengzhou	5.84	3.92	3.37	3.94	26.62	11.63	27.63	28.63
武　汉	Wuhan	5.78	7.25	5.68	3.00	31.82	10.18	25.00	23.99
长　沙	Changsha	4.38	4.47	3.60	3.63	31.00	10.29	24.95	23.61
广　州	Guangzhou	5.69	11.83	6.13	3.50	26.91	11.39	28.40	27.60
深　圳	Shenzhen	5.37	5.74	5.33	4.72	25.57	11.04	24.81	27.40
南　宁	Nanning	6.19	4.90	4.27	3.52	29.98	12.58	21.92	23.75
海　口	Haikou	4.92	6.58	4.90	5.62	25.60	11.83	31.37	26.48
重　庆	Chongqing	5.40	4.52	4.89	4.69	29.37	9.11	23.72	23.29
成　都	Chengdu	5.67	5.57	4.80	3.85	29.02	10.39	26.21	25.96
贵　阳	Guiyang	5.41	4.80	6.24	5.60	30.13	10.18	27.20	28.07
昆　明	Kunming	7.24	4.96	4.25	5.13	26.96	10.40	23.22	21.85
西　安	Xi'an	4.90	5.41	3.85	4.35	27.90	10.75	27.77	26.43
兰　州	Lanzhou	7.56	5.31	4.82	5.00	29.60	11.89	26.78	26.78
西　宁	Xining	7.38	4.93	4.44	4.46	30.13	12.87	26.42	27.08
银　川	Yinchuan	4.95	5.02	4.83	4.44	29.31	11.72	24.21	23.83
乌鲁木齐	Urumqi	6.38	3.63	2.96	4.12	30.35	12.13	26.71	26.71

城　市	City	牛肉 Beef	羊肉 Mutton	鸡胸肉 Chicken brisket	鸡蛋 Eggs	活鲤鱼 Live carp	活草鱼 Live grass carp	带鱼 Hairtail	大白菜 Cabbage
平　均	**Average**	**63.53**	**63.23**	**20.41**	**10.01**	**13.89**	**17.36**	**30.70**	**3.38**
北　京	Beijing	69.61	77.13	22.76	9.05	12.88	17.93	45.36	2.69
天　津	Tianjin	57.45	68.56	22.98	9.12	13.95	22.12	35.53	2.77
石家庄	Shijiazhuang	53.33	61.33	17.33	8.97	11.22	17.67	21.33	2.12
太　原	Taiyuan	61.68	65.10	18.85	8.65	13.60	21.39	26.43	3.05
呼和浩特	Hohhot	60.28	61.78	19.25	9.79	12.45	17.65	24.50	1.94
沈　阳	Shenyang	56.39	61.95	18.25	8.97	12.14	17.22	26.33	2.45
大　连	Dalian	61.33	67.61	18.67	9.06	13.61	18.44	38.17	3.29
长　春	Changchun	68.45	67.36	18.00	9.09	12.90	17.97	18.80	2.36
哈尔滨	Harbin	56.67	56.29	17.30	8.37	11.73	16.73	30.39	2.74
上　海	Shanghai	79.83		21.09	9.92	17.60	22.74	47.37	4.60
南　京	Nanjing	68.19	58.00	19.77	9.39		16.51	29.92	3.66
杭　州	Hangzhou	71.87	65.39	20.21	10.64		17.18	38.65	4.16
宁　波	Ningbo	72.17	76.00	21.28	9.81		17.83	36.67	3.80
合　肥	Hefei	51.79	50.75	17.67	9.49		15.79	23.75	3.75
福　州	Fuzhou	67.63	83.40	19.52	10.04		16.89	52.01	4.23
厦　门	Xiamen	77.18	80.87	20.62	10.27	14.81	16.87	55.16	4.83
南　昌	Nanchang	72.20	51.20	13.67	9.38	9.00	12.97	15.80	3.67
济　南	Jinan	64.15	75.55	19.83	8.54	14.78	19.09	33.50	3.23
青　岛	Qingdao	60.28	64.12	22.05	9.10	15.60		27.62	3.75
郑　州	Zhengzhou	57.88	67.40	19.80	8.67	12.65	16.01	30.60	3.24
武　汉	Wuhan	63.67	49.00	20.33	10.62	13.25	13.77	21.49	3.46
长　沙	Changsha	75.30	66.00	23.60	10.76	15.90	15.11	42.60	3.81
广　州	Guangzhou	74.00	75.50	25.00	10.59	14.80	22.13	45.33	4.42
深　圳	Shenzhen	83.77	74.98	24.26	11.02	14.34	14.50	51.02	5.22
南　宁	Nanning	66.72	61.75		10.58	11.46	15.70	23.06	4.10
海　口	Haikou	64.80	72.32	21.73	12.80	16.82	19.59	48.55	5.39
重　庆	Chongqing	61.03	60.66	23.26	10.45	16.09	17.58	28.75	3.42
成　都	Chengdu	67.75	67.41	22.88	10.06	17.88	17.42	27.98	3.27
贵　阳	Guiyang	58.40	60.00	21.21	13.50	16.00	17.60	24.80	3.95
昆　明	Kunming	60.51	77.31	20.31	9.35	17.14	16.90	27.19	2.11
西　安	Xi'an	59.92	62.92	27.66	9.32	12.63	14.70	51.35	3.19
兰　州	Lanzhou	58.33	56.56	17.33	9.40	12.84	18.06	26.67	3.28
西　宁	Xining	59.03	55.46	25.67	9.89	16.21	23.50	25.67	2.92
银　川	Yinchuan	53.33	50.53	23.20	10.47	16.11	20.99	23.07	2.43
乌鲁木齐	Urumqi	63.75	63.88	14.92	9.91	13.21	14.95	22.82	2.30

3-4-8 续表 2 continued 2

城 市	City	油菜 Rape	芹菜 Celery	黄瓜 Cucumber	西红柿 Tomato	豆角 Cowpea	土豆 Potato	苹果 Apple	香蕉 Banana
平 均	**Average**	**6.18**	**6.29**	**4.66**	**4.79**	**7.06**	**4.00**	**11.02**	**6.52**
北 京	Beijing	6.93	4.88	5.60	5.50	7.44	3.97	14.77	7.10
天 津	Tianjin	7.85	4.47	5.44	4.81	7.74	3.79	12.61	7.13
石家庄	Shijiazhuang	6.50	4.00	3.62	4.05	5.11	3.38	5.38	5.15
太 原	Taiyuan	3.91	3.63	4.49	3.64	4.70	3.37	13.13	6.90
呼和浩特	Hohhot	4.06	3.43	3.46	3.42	4.25	3.01	9.25	6.11
沈 阳	Shenyang	5.53	3.97	3.18	3.50	4.57	3.13	9.00	5.99
大 连	Dalian	9.60	6.61	4.49	5.07	7.59	3.60	8.48	7.36
长 春	Changchun	4.68	3.92	3.30	3.40	5.60	3.18	12.16	6.92
哈尔滨	Harbin	5.77	4.42	3.09	3.40	5.59	3.38	8.83	7.60
上 海	Shanghai	9.01	10.26	7.87	7.86	12.06	5.56	12.94	6.58
南 京	Nanjing	8.19	6.47	4.25	4.60	8.51	4.45	10.12	5.14
杭 州	Hangzhou	7.84	9.83	7.05	7.33	13.58	4.97	10.95	7.09
宁 波	Ningbo	5.74	9.37	6.89	6.74	13.65	4.93	11.51	7.20
合 肥	Hefei	7.14	5.82	4.14	4.42	5.37	3.90	9.63	5.72
福 州	Fuzhou	5.93	12.08	4.75	5.81	17.18	4.17	11.18	7.54
厦 门	Xiamen	7.28	12.51	5.52	6.57	16.42	5.59	11.88	5.28
南 昌	Nanchang	4.99	6.76	3.60	4.70	5.02	4.12	8.80	5.57
济 南	Jinan	6.70	6.08	4.70	5.04	5.72	3.81	12.99	7.58
青 岛	Qingdao	6.86	6.35	4.96	4.79	7.10	3.75	8.62	5.34
郑 州	Zhengzhou	7.72	5.29	4.66	4.58	7.19	4.74	9.82	5.73
武 汉	Wuhan	5.86	6.25	4.68	4.39	5.57	4.17	10.97	6.19
长 沙	Changsha	5.70	6.87	4.36	5.14	5.37	4.67	11.72	6.06
广 州	Guangzhou	7.61	9.70	6.06	6.37	8.20	5.60	11.57	5.25
深 圳	Shenzhen	8.27	9.83	6.49	7.15	9.14	6.04	13.80	7.87
南 宁	Nanning	6.42	7.18	4.50	4.63	5.42	4.57	11.00	4.07
海 口	Haikou	7.98	10.93	6.10	6.92	7.28	5.57	12.86	7.27
重 庆	Chongqing	6.08	6.79	4.63	5.11	6.76	3.59	15.82	8.86
成 都	Chengdu		7.92	4.44	5.46	7.78	4.29	12.49	8.25
贵 阳	Guiyang	6.64	7.99	5.52	4.76	8.30	3.84	10.50	6.27
昆 明	Kunming	3.90	4.51	3.22	3.59	4.46	2.59	11.60	7.80
西 安	Xi'an	6.54	4.74	4.73	4.85	6.71	4.10	11.40	6.75
兰 州	Lanzhou	6.43	4.64	4.89	4.61	6.83	3.36	11.00	6.99
西 宁	Xining	4.42	5.05	5.57	4.37	6.54	4.04	10.92	7.13
银 川	Yinchuan	3.07	6.22	3.92	3.07	5.36	3.61	9.76	6.16
乌鲁木齐	Urumqi	3.91	2.77	3.43	2.78	4.80	3.55	10.70	7.10

3-4-9　2013年9月35个城市部分食品价格

35 Cities Partial Food Price (2013.09)

单位：元/公斤

城市	City	大米 Rice	富强粉 Strong Flour	标准粉 Prosperous and powerful powder	豆腐 Bean curd	花生油 Peanut oil	大豆油 Soybean oil	猪后腿肉 Pig hind leg meat	猪五花肉 Pig streaky pork
平　均	**Average**	**5.75**	**5.31**	**4.46**	**4.32**	**28.14**	**11.20**	**26.84**	**26.55**
北　京	Beijing	5.25	4.01	3.79	7.52	26.08	10.31	27.57	31.28
天　津	Tianjin	5.80	4.95	4.52	5.07	26.14	11.59	31.01	31.21
石家庄	Shijiazhuang	5.87	4.39		4.13	27.09	10.20	27.67	27.00
太　原	Taiyuan	6.86	4.02	3.69	4.25	28.11	12.22	24.31	26.41
呼和浩特	Hohhot	6.27	4.65	3.95	5.20	29.67	12.52	25.80	23.80
沈　阳	Shenyang	5.28	4.47	4.13	4.25	29.70	10.54	27.06	27.22
大　连	Dalian	6.58	4.83	4.17	3.08	28.87	10.35	27.17	28.17
长　春	Changchun	5.56	6.25	5.25	3.90	26.43	10.54	28.73	30.02
哈尔滨	Harbin	6.48	6.13	4.21	3.88	30.69	11.94	26.92	26.69
上　海	Shanghai	5.87	7.96	5.71	4.50	26.42	9.86	43.41	35.67
南　京	Nanjing	4.95	6.34	4.75	5.70	25.32	10.20	26.08	28.63
杭　州	Hangzhou	6.04	5.66	4.27	3.75	29.04	10.41	26.37	28.31
宁　波	Ningbo	5.80	5.11	5.12	4.36	28.31	9.68	24.79	27.15
合　肥	Hefei	5.18	4.74	5.19	3.00	24.77	10.06	24.12	22.16
福　州	Fuzhou	5.37	5.50	4.85	3.29	25.18	10.01	22.59	27.65
厦　门	Xiamen	5.53	6.13	4.33	4.51	28.04	11.53	25.73	31.57
南　昌	Nanchang	4.80	5.78	4.16	4.13	28.31	10.18	31.07	23.27
济　南	Jinan	5.99	5.10	4.78	5.13	27.15	11.34	35.24	31.41
青　岛	Qingdao	5.82	4.78		4.50	29.60	10.65	26.90	25.89
郑　州	Zhengzhou	5.84	4.07	3.45	3.98	26.30	11.63	27.75	28.63
武　汉	Wuhan	5.78	7.40	5.70	3.00	31.98	10.18	24.97	24.03
长　沙	Changsha	4.38	4.47	3.60	3.66	31.00	10.50	26.10	24.68
广　州	Guangzhou	5.67	12.45	6.55	3.50	26.40	11.57	28.40	27.60
深　圳	Shenzhen	5.35	5.76	5.42	4.81	25.52	11.04	25.13	27.75
南　宁	Nanning	6.29	4.90	4.27	3.57	29.98	11.98	22.34	23.98
海　口	Haikou	4.91	6.59	4.90	5.59	25.68	11.82	31.11	26.53
重　庆	Chongqing	5.31	4.55	4.89	4.92	28.67	9.50	24.05	24.48
成　都	Chengdu	5.66	5.57	4.80	3.85	28.87	10.39	26.48	26.23
贵　阳	Guiyang	5.41	4.80	6.24	5.60	29.88	10.18	28.00	28.60
昆　明	Kunming	7.25	4.96	4.25	5.13	25.66	9.81	23.78	22.36
西　安	Xi'an	4.93	5.61	4.02	4.40	26.08	10.60	27.97	26.77
兰　州	Lanzhou	7.53	5.31	4.82	5.00	28.31	11.89	27.06	27.06
西　宁	Xining	7.38	4.94	4.39	4.16	30.13	12.87	24.67	24.83
银　川	Yinchuan	4.96	5.15	4.86	4.58	28.84	12.02	25.02	24.12
乌鲁木齐	Urumqi	6.38	3.69	2.96	4.34	29.80	12.21	27.28	26.69

3-4-9 续表 1 continued 1

城市	City	牛肉 Beef	羊肉 Mutton	鸡胸肉 Chicken brisket	鸡蛋 Eggs	活鲤鱼 Live carp	活草鱼 Live grass carp	带鱼 Hairtail	大白菜 Cabbage
平均	**Average**	**64.20**	**63.51**	**20.47**	**10.86**	**14.06**	**17.25**	**30.78**	**3.28**
北京	Beijing	70.09	77.42	23.11	10.30	12.89	17.62	45.65	2.71
天津	Tianjin	58.33	68.33	23.22	10.05	14.34	21.41	35.07	2.54
石家庄	Shijiazhuang	53.33	61.33	17.67	10.02	11.11	17.22	21.67	2.22
太原	Taiyuan	63.70	66.85	19.43	9.64	13.95	21.00	29.78	2.40
呼和浩特	Hohhot	60.61	62.00	19.13	10.79	12.87	18.26	24.50	2.07
沈阳	Shenyang	57.00	62.50	18.47	9.75	12.75	17.33	27.17	2.45
大连	Dalian	61.33	67.67	19.20	10.15	13.67	18.56	37.34	3.32
长春	Changchun	69.39	69.53	18.20	10.28	13.23	18.47	18.93	2.35
哈尔滨	Harbin	57.42	57.22	17.35	9.83	12.81	17.95	30.67	2.81
上海	Shanghai	80.09		21.24	10.77	17.56	22.44	43.37	4.48
南京	Nanjing	69.91	58.14	19.75	10.30		15.85	30.19	3.68
杭州	Hangzhou	73.68	65.39	19.84	11.48		16.72	37.07	4.28
宁波	Ningbo	72.42	76.00	21.54	10.89		17.50	33.82	3.70
合肥	Hefei	53.67	52.21	17.67	10.45		15.46	23.79	3.40
福州	Fuzhou	68.03	83.40	19.45	10.69		16.99	52.61	4.24
厦门	Xiamen	78.57	80.53	20.90	10.97	14.81	17.14	54.63	4.67
南昌	Nanchang	73.00	51.20	13.63	10.42	9.00	12.87	15.80	3.47
济南	Jinan	66.08	75.57	19.54	9.81	15.08	19.12	34.67	2.88
青岛	Qingdao	61.05	64.45	20.46	9.56	15.77		29.14	3.60
郑州	Zhengzhou	57.88	67.40	19.68	9.57	12.87	15.63	31.68	3.24
武汉	Wuhan	63.80	49.00	20.33	11.14	13.44	13.58	21.60	3.28
长沙	Changsha	76.68	66.00	23.60	11.43	16.00	15.15	42.60	4.04
广州	Guangzhou	74.00	75.50	25.00	11.39	14.80	22.40	45.40	4.93
深圳	Shenzhen	83.92	75.45	24.16	11.29	14.30	14.62	50.05	5.27
南宁	Nanning	67.39	65.75		11.12	11.80	15.81	24.00	4.58
海口	Haikou	65.02	72.32	21.46	12.80	16.75	20.31	48.65	5.23
重庆	Chongqing	62.49	60.69	23.67	11.77	16.09	17.70	28.75	3.41
成都	Chengdu	67.75	67.54	23.13	11.26	17.88	17.57	28.13	3.67
贵阳	Guiyang	58.40	60.00	22.32	13.78	16.20	17.60	25.03	3.66
昆明	Kunming	60.62	75.81	20.14	9.39	17.25	16.65	26.86	2.14
西安	Xi'an	60.08	63.08	27.73	10.35	12.97	14.50	53.43	3.03
兰州	Lanzhou	58.00	56.00	17.33	10.64	12.34	17.28	26.67	2.88
西宁	Xining	56.38	54.29	25.67	10.40	16.04	22.42	26.50	2.13
银川	Yinchuan	54.40	51.40	23.46	11.45	16.57	20.86	23.17	1.85
乌鲁木齐	Urumqi	64.25	65.32	15.04	10.40	14.03	14.73	23.80	2.54

3-4-9 续表 2 continued 2

城 市	City	油菜 Rape	芹菜 Celery	黄瓜 Cucumber	西红柿 Tomato	豆角 Cowpea	土豆 Potato	苹果 Apple	香蕉 Banana
平 均	**Average**	**5.87**	**6.43**	**5.64**	**5.97**	**8.38**	**3.98**	**11.20**	**6.52**
北 京	Beijing	7.21	5.32	6.50	6.98	9.85	3.89	12.48	7.09
天 津	Tianjin	7.82	4.44	5.85	6.57	10.14	3.73	13.94	6.89
石家庄	Shijiazhuang	4.20	4.14	4.46	5.39	7.21	3.39	6.73	5.59
太 原	Taiyuan	3.51	3.70	5.56	4.59	6.47	3.24	13.32	6.79
呼和浩特	Hohhot	3.47	2.92	4.94	4.81	7.49	2.85	9.28	6.18
沈 阳	Shenyang	5.45	4.46	3.88	4.95	6.97	3.52	8.83	6.13
大 连	Dalian	6.39	6.52	4.64	6.36	9.69	3.73	9.09	7.83
长 春	Changchun	5.08	4.70	4.04	4.11	7.05	3.23	12.03	6.93
哈尔滨	Harbin	6.73	5.40	4.41	4.63	8.85	3.52	9.08	8.08
上 海	Shanghai	6.13	10.48	8.66	9.29	14.00	5.57	13.30	6.70
南 京	Nanjing	5.61	5.83	5.55	6.17	10.61	4.61	10.67	5.30
杭 州	Hangzhou	7.14	10.79	7.83	8.73	13.71	5.21	11.77	7.13
宁 波	Ningbo	5.93	9.79	8.39	8.36	13.94	5.00	12.79	7.37
合 肥	Hefei	5.64	5.72	4.86	5.98	5.15	3.83	10.75	5.78
福 州	Fuzhou	6.39	12.41	6.16	7.23	19.59	4.19	12.35	7.47
厦 门	Xiamen	7.01	13.36	7.00	8.54	18.29	5.32	12.84	5.60
南 昌	Nanchang	4.58	7.92	3.90	5.47	5.19	4.00	8.90	5.44
济 南	Jinan	5.82	5.89	5.88	6.36	5.66	3.41	12.78	7.55
青 岛	Qingdao	5.06	6.04	5.02	5.74	8.89	4.02	8.60	5.41
郑 州	Zhengzhou	7.12	5.22	5.84	5.91	7.27	4.50	10.05	5.93
武 汉	Wuhan	5.80	6.24	4.73	4.89	5.38	3.96	11.07	6.16
长 沙	Changsha	7.55	6.88	5.43	6.53	6.03	4.70	11.89	6.03
广 州	Guangzhou	8.07	11.00	8.19	8.07	10.00	5.90	12.25	5.38
深 圳	Shenzhen	9.14	11.64	8.41	8.93	11.55	6.28	14.73	7.38
南 宁	Nanning	7.72	7.26	5.96	5.75	6.67	5.02	10.89	4.07
海 口	Haikou	7.85	12.55	7.83	8.08	8.22	5.96	13.25	6.96
重 庆	Chongqing	6.79	6.75	6.32	6.51	8.06	3.74	15.68	8.66
成 都	Chengdu		8.78	6.24	6.78	7.79	4.23	13.36	7.90
贵 阳	Guiyang	6.07	7.63	6.43	6.46	8.77	3.81	10.50	6.37
昆 明	Kunming	3.85	4.65	4.01	4.10	4.81	2.46	11.46	7.82
西 安	Xi'an	5.67	4.23	6.77	5.90	8.83	4.10	11.63	6.09
兰 州	Lanzhou	6.93	4.17	5.78	5.58	7.06	3.17	10.95	6.61
西 宁	Xining	4.89	3.32	5.75	4.51	7.13	3.56	10.92	6.96
银 川	Yinchuan	2.50	4.82	4.14	3.59	5.14	3.17	9.90	6.50
乌鲁木齐	Urumqi	4.65	2.70	4.28	3.29	5.65	3.09	10.91	7.13

3-4-10　2013年10月35个城市部分食品价格
35 Cities Partial Food Price (2013.10)

单位：元/公斤

城市	City	大米 Rice	富强粉 Strong Flour	标准粉 Prosperous and powerful powder	豆腐 Bean curd	花生油 Peanut oil	大豆油 Soybean oil	猪后腿肉 Pig hind leg meat	猪五花肉 Pig streaky pork
平　均	**Average**	**5.76**	**5.34**	**4.47**	**4.33**	**28.07**	**11.25**	**26.67**	**26.47**
北　京	Beijing	5.21	4.14	3.77	7.36	26.06	10.32	27.43	31.17
天　津	Tianjin	5.80	4.82	4.48	5.11	26.94	11.66	31.03	31.39
石家庄	Shijiazhuang	5.87	4.39		4.13	25.98	11.00	27.67	27.00
太　原	Taiyuan	7.11	4.03	3.66	4.23	28.36	12.22	24.28	26.27
呼和浩特	Hohhot	6.25	4.65	3.97	5.20	29.44	12.47	25.80	23.80
沈　阳	Shenyang	5.31	4.51	4.18	4.25	29.67	10.68	27.17	27.00
大　连	Dalian	6.58	4.83	4.17	3.08	29.76	10.47	26.81	28.00
长　春	Changchun	5.56	6.25	5.25	3.90	26.00	11.17	28.61	29.92
哈尔滨	Harbin	6.53	6.31	4.23	3.88	29.74	12.08	26.42	26.19
上　海	Shanghai	5.89	8.41	5.71	4.50	26.49	9.19	42.87	35.47
南　京	Nanjing	4.94	6.48	4.75	5.70	25.66	10.19	25.63	28.52
杭　州	Hangzhou	6.03	5.66	4.27	3.75	29.03	10.10	26.39	28.39
宁　波	Ningbo	5.77	5.11	5.21	4.41	28.14	9.71	24.96	27.64
合　肥	Hefei	5.19	4.79	5.24	3.00	24.79	10.49	23.71	22.09
福　州	Fuzhou	5.37	5.50	4.84	3.29	25.96	10.14	22.31	28.69
厦　门	Xiamen	5.54	5.96	4.33	4.55	28.38	11.76	25.68	31.29
南　昌	Nanchang	4.80	5.78	4.16	4.13	27.98	10.18	31.00	23.87
济　南	Jinan	6.00	5.10	4.78	5.24	27.61	11.36	34.09	31.14
青　岛	Qingdao	5.81	4.90		4.50	29.42	10.59	26.88	25.85
郑　州	Zhengzhou	5.84	4.13	3.53	3.98	25.43	11.52	27.83	28.63
武　汉	Wuhan	5.78	7.43	5.72	3.00	31.98	10.18	24.75	23.76
长　沙	Changsha	4.38	4.60	3.60	3.66	31.00	10.77	25.87	24.75
广　州	Guangzhou	5.64	12.54	6.10	3.50	26.32	11.48	28.23	27.43
深　圳	Shenzhen	5.40	5.80	5.50	4.90	25.27	11.11	24.67	27.23
南　宁	Nanning	6.37	4.90	4.27	3.73	29.98	11.98	22.17	23.97
海　口	Haikou	4.93	6.59	4.90	5.45	25.68	11.82	31.61	26.53
重　庆	Chongqing	5.28	4.62	4.89	4.93	28.95	10.66	23.87	24.26
成　都	Chengdu	5.68	5.57	4.83	3.85	29.00	10.39	26.59	26.46
贵　阳	Guiyang	5.41	4.80	6.24	5.60	29.38	10.18	28.03	28.63
昆　明	Kunming	7.30	4.96	4.25	5.13	24.99	9.81	23.78	22.76
西　安	Xi'an	4.86	5.59	4.05	4.40	26.23	10.31	27.67	26.43
兰　州	Lanzhou	7.69	5.31	4.88	5.00	28.89	11.89	26.56	26.56
西　宁	Xining	7.38	4.93	4.29	3.98	30.13	12.87	24.00	24.38
银　川	Yinchuan	4.93	5.17	4.88	4.58	28.53	12.01	26.33	25.06
乌鲁木齐	Urumqi	6.29	3.70	2.96	4.38	29.53	11.80	27.01	26.85

城 市	City	牛肉 Beef	羊肉 Mutton	鸡胸肉 Chicken brisket	鸡蛋 Eggs	活鲤鱼 Live carp	活草鱼 Live grass carp	带鱼 Hairtail	大白菜 Cabbage
平 均	**Average**	**64.77**	**63.67**	**20.49**	**10.12**	**13.95**	**16.87**	**30.76**	**2.85**
北 京	Beijing	70.40	78.55	22.65	9.27	12.85	16.99	46.24	2.38
天 津	Tianjin	58.66	68.33	23.22	8.86	14.13	20.55	35.28	2.05
石家庄	Shijiazhuang	54.00	61.33	17.67	8.83	11.28	16.72	21.28	2.21
太 原	Taiyuan	63.55	67.24	20.38	8.48	14.67	21.41	28.95	2.02
呼和浩特	Hohhot	60.67	62.00	18.63	9.63	13.48	18.08	24.71	1.83
沈 阳	Shenyang	57.00	62.33	18.25	8.52	12.39	17.17	27.06	1.19
大 连	Dalian	61.33	67.67	19.28	8.69	13.67	18.75	37.39	2.28
长 春	Changchun	70.49	69.70	18.00	9.35	13.00	18.50	19.27	0.71
哈尔滨	Harbin	59.45	57.95	17.53	8.65	13.28	18.61	30.67	2.00
上 海	Shanghai	80.32		21.26	9.99	17.39	22.21	42.57	4.43
南 京	Nanjing	70.86	60.79	20.01	9.12		15.37	29.51	3.51
杭 州	Hangzhou	73.46	63.55	19.96	11.28		16.64	38.57	4.05
宁 波	Ningbo	72.30	74.80	21.60	10.52		17.20	35.55	4.16
合 肥	Hefei	53.58	52.92	17.67	9.06		14.88	23.75	2.94
福 州	Fuzhou	68.87	83.40	19.11	10.36		16.46	50.33	3.96
厦 门	Xiamen	78.84	80.15	21.15	10.43	14.74	17.18	56.93	4.64
南 昌	Nanchang	73.60	51.20	13.73	10.29	9.00	12.67	15.80	3.55
济 南	Jinan	66.27	75.62	19.23	8.37	14.07	18.18	33.72	2.35
青 岛	Qingdao	62.85	63.99	20.60	8.22	15.75		29.21	3.12
郑 州	Zhengzhou	58.05	67.40	19.72	8.33	13.08	14.75	31.85	2.97
武 汉	Wuhan	64.71	49.00	20.33	11.08	13.13	13.33	21.73	3.12
长 沙	Changsha	79.16	66.67	23.60	11.17	16.00	14.71	42.60	3.67
广 州	Guangzhou	74.13	74.92	25.00	10.47	14.63	22.40	45.33	4.52
深 圳	Shenzhen	84.44	78.50	24.26	11.22	14.28	14.48	48.66	4.71
南 宁	Nanning	68.56	65.80		11.01	11.75	15.64	24.42	3.68
海 口	Haikou	66.83	72.32	21.40	12.80	16.35	20.31	47.42	4.53
重 庆	Chongqing	63.69	60.69	23.50	11.05	15.92	17.42	29.45	3.34
成 都	Chengdu	68.50	65.79	23.13	10.48	17.88	17.71	28.13	3.52
贵 阳	Guiyang	58.73	60.00	22.32	13.80	16.07	17.60	25.42	3.77
昆 明	Kunming	62.65	76.08	20.69	9.44	17.15	16.59	26.85	1.85
西 安	Xi'an	60.58	63.42	27.46	9.48	12.80	14.07	52.83	2.85
兰 州	Lanzhou	58.00	56.00	17.33	10.26	12.12	16.83	26.67	2.52
西 宁	Xining	56.38	53.17	25.67	9.16	15.13	19.21	27.25	1.95
银 川	Yinchuan	55.29	52.67	23.64	10.78	16.79	19.90	23.08	1.72
乌鲁木齐	Urumqi	64.89	64.71	15.04	9.83	13.59	14.67	23.86	1.96

3-4-10 续表 2 continued 2

城　　市	City	油菜 Rape	芹菜 Celery	黄瓜 Cucumber	西红柿 Tomato	豆角 Cowpea	土豆 Potato	苹果 Apple	香蕉 Banana
平　均	**Average**	**4.98**	**6.71**	**6.12**	**7.14**	**8.38**	**3.87**	**10.89**	**5.81**
北　京	Beijing	7.05	5.53	7.06	8.53	8.98	3.69	11.98	6.12
天　津	Tianjin	6.70	4.85	6.28	8.19	8.99	3.53	13.52	5.38
石家庄	Shijiazhuang	4.26	4.22	5.34	5.64	6.62	3.38	6.93	4.19
太　原	Taiyuan	4.09	4.27	6.00	6.70	7.05	3.17	11.17	5.85
呼和浩特	Hohhot	2.96	3.31	5.75	5.60	8.28	2.73	9.12	5.18
沈　阳	Shenyang	4.47	4.78	5.91	5.80	5.36	3.50	7.96	5.41
大　连	Dalian	5.16	6.53	7.51	7.14	6.62	3.67	8.63	7.48
长　春	Changchun	4.53	5.42	5.67	5.73	6.52	2.03	10.53	5.90
哈尔滨	Harbin	5.67	5.52	6.68	5.33	8.00	3.20	9.11	7.85
上　海	Shanghai	7.45	12.82	8.25	10.81	14.07	5.87	13.23	6.29
南　京	Nanjing	4.22	6.29	6.03	7.45	9.50	4.61	10.06	5.02
杭　州	Hangzhou	7.09	11.27	8.65	10.66	14.44	5.41	11.74	6.47
宁　波	Ningbo	7.46	10.21	8.89	10.00	14.70	5.01	12.03	6.85
合　肥	Hefei	4.34	6.11	5.54	7.16	7.57	3.95	10.17	4.97
福　州	Fuzhou	5.58	12.53	6.14	9.30	19.50	4.21	11.58	6.48
厦　门	Xiamen	4.68	13.26	6.96	9.95	15.79	5.43	12.41	4.94
南　昌	Nanchang	3.81	7.97	3.87	6.31	6.23	4.08	8.87	4.55
济　南	Jinan	4.94	6.04	5.75	7.36	7.92	3.39	12.69	6.66
青　岛	Qingdao	4.57	5.74	5.61	7.00	7.41	3.99	8.36	4.59
郑　州	Zhengzhou	5.21	5.24	6.23	7.09	8.00	4.57	10.19	5.13
武　汉	Wuhan	4.67	6.30	4.71	5.44	6.11	4.01	10.93	5.61
长　沙	Changsha	6.27	7.11	5.72	7.74	7.59	4.75	12.02	5.49
广　州	Guangzhou	5.40	11.07	6.40	9.17	8.37	6.01	11.85	4.93
深　圳	Shenzhen	6.09	11.54	7.39	10.13	10.59	6.31	13.68	6.70
南　宁	Nanning	5.69	7.30	5.43	7.02	6.62	4.74	11.28	3.29
海　口	Haikou	6.90	13.71	8.13	8.68	8.68	5.71	13.69	6.60
重　庆	Chongqing	4.50	6.71	6.18	7.65	7.62	3.82	15.65	8.06
成　都	Chengdu	7.02	8.36	6.67	8.34	6.19	4.23	13.27	6.92
贵　阳	Guiyang	5.52	7.82	7.17	7.76	8.88	3.72	10.46	6.37
昆　明	Kunming	3.27	5.28	4.30	5.00	5.33	2.38	11.11	6.32
西　安	Xi'an	5.05	4.83	7.00	7.67	7.95	4.13	11.70	5.57
兰　州	Lanzhou	5.98	4.50	6.26	6.20	7.17	3.19	11.39	6.06
西　宁	Xining	4.26	4.49	6.08	6.48	8.14	2.94	11.00	6.40
银　川	Yinchuan	2.70	4.78	4.64	4.77	7.84	3.05	8.61	5.65
乌鲁木齐	Urumqi	4.28	2.68	5.27	4.89	8.32	3.03	12.17	6.46

3-4-11　2013年11月35个城市部分食品价格

35 Cities Partial Food Price (2013.11)

单位：元/公斤

城　市	City	大米 Rice	富强粉 Strong Flour	标准粉 Prosperous and powerful powder	豆腐 Bean curd	花生油 Peanut oil	大豆油 Soybean oil	猪后腿肉 Pig hind leg meat	猪五花肉 Pig streaky pork
平　均	**Average**	**5.77**	**5.36**	**4.47**	**4.35**	**27.88**	**11.25**	**26.55**	**26.31**
北　京	Beijing	5.17	4.06	3.80	7.56	26.07	10.29	27.24	31.10
天　津	Tianjin	5.80	4.96	4.52	5.11	26.04	11.79	30.86	31.22
石家庄	Shijiazhuang	5.95	4.39		4.13	25.98	10.20	27.67	27.00
太　原	Taiyuan	7.18	4.06	3.63	4.25	27.94	12.12	24.31	25.36
呼和浩特	Hohhot	6.27	4.65	3.97	5.20	29.33	12.50	25.38	23.38
沈　阳	Shenyang	5.33	4.58	4.21	4.25	29.46	10.66	26.53	26.34
大　连	Dalian	6.58	4.87	4.22	3.08	30.10	10.37	26.39	27.67
长　春	Changchun	5.56	6.25	5.25	3.90	26.17	11.55	28.31	29.30
哈尔滨	Harbin	6.63	6.30	4.29	3.88	29.55	12.12	26.06	26.06
上　海	Shanghai	5.91	8.56	5.84	4.50	26.61	9.42	43.08	35.36
南　京	Nanjing	4.90	6.48	4.76	5.70	26.70	10.17	25.60	28.62
杭　州	Hangzhou	6.04	5.66	4.27	3.80	28.85	10.18	25.94	28.21
宁　波	Ningbo	5.75	5.20	5.15	4.28	28.39	9.65	24.60	27.32
合　肥	Hefei	5.22	4.78	5.23	3.00	24.65	10.17	23.83	22.30
福　州	Fuzhou	5.40	5.50	4.82	3.29	25.99	10.49	22.75	28.23
厦　门	Xiamen	5.50	6.16	4.40	4.73	28.15	11.75	26.12	30.51
南　昌	Nanchang	4.80	5.78	4.16	4.13	27.98	10.18	31.13	24.67
济　南	Jinan	6.00	5.17	4.89	5.38	26.76	11.30	34.04	31.30
青　岛	Qingdao	5.82	5.02		4.50	28.57	10.84	26.74	25.80
郑　州	Zhengzhou	5.84	4.14	3.56	3.93	25.04	11.42	27.85	28.63
武　汉	Wuhan	5.78	7.54	5.73	3.00	31.04	10.18	24.72	23.78
长　沙	Changsha	4.38	4.67	3.60	3.66	31.00	10.71	25.28	24.42
广　州	Guangzhou	5.63	12.34	6.15	3.50	25.23	11.09	28.07	27.27
深　圳	Shenzhen	5.34	5.81	5.58	4.92	24.96	11.12	24.73	27.09
南　宁	Nanning	6.37	4.90	4.27	3.73	29.98	11.98	22.89	24.00
海　口	Haikou	4.92	6.43	4.65	5.70	25.68	11.77	31.88	26.53
重　庆	Chongqing	5.28	4.66	4.89	4.93	29.18	11.01	23.62	24.16
成　都	Chengdu	5.66	5.60	4.88	3.85	28.29	10.35	26.38	26.38
贵　阳	Guiyang	5.41	4.80	6.24	5.60	28.97	10.18	27.87	28.47
昆　明	Kunming	7.30	4.96	4.25	5.13	24.81	10.23	23.70	22.73
西　安	Xi'an	4.85	5.63	4.10	4.41	26.40	10.31	27.57	26.40
兰　州	Lanzhou	7.62	5.31	4.84	5.00	27.51	11.81	26.33	26.33
西　宁	Xining	7.38	4.86	4.09	3.90	30.13	12.27	24.00	24.00
银　川	Yinchuan	4.93	5.25	4.88	4.77	29.26	12.00	25.01	23.80
乌鲁木齐	Urumqi	6.37	3.70	2.96	4.37	29.78	12.43	26.26	26.12

3-4-11 续表 1 continued 1

城 市	City	牛肉 Beef	羊肉 Mutton	鸡胸肉 Chicken brisket	鸡蛋 Eggs	活鲤鱼 Live carp	活草鱼 Live grass carp	带鱼 Hairtail	大白菜 Cabbage
平 均	**Average**	**65.22**	**64.67**	**20.54**	**9.89**	**13.75**	**16.48**	**30.65**	**2.45**
北 京	Beijing	70.23	78.96	22.57	8.92	12.84	16.54	46.08	1.94
天 津	Tianjin	58.66	68.44	23.19	8.80	14.06	20.18	35.67	1.60
石家庄	Shijiazhuang	54.67	61.33	17.67	8.70	11.33	16.33	20.67	1.66
太 原	Taiyuan	63.37	67.23	20.26	8.41	13.38	19.74	29.77	1.94
呼和浩特	Hohhot	60.67	62.00	17.25	9.41	12.39	16.78	24.29	1.77
沈 阳	Shenyang	57.33	62.22	18.39	8.49	12.64	16.87	27.00	1.25
大 连	Dalian	61.33	67.95	19.50	8.89	13.67	18.39	36.67	1.93
长 春	Changchun	72.69	69.70	18.00	8.95	12.60	17.80	19.60	2.84
哈尔滨	Harbin	58.17	58.55	17.67	8.63	13.02	18.33	30.81	2.87
上 海	Shanghai	80.71	73.64	21.29	9.85	17.09	21.46	40.34	3.45
南 京	Nanjing	71.33	61.97	20.21	8.86		14.89	29.71	2.64
杭 州	Hangzhou	74.11	64.33	20.13	10.73		16.30	38.57	3.36
宁 波	Ningbo	71.97	74.80	21.76	10.29		16.89	36.56	3.20
合 肥	Hefei	55.04	53.88	17.67	8.94		14.45	23.75	2.04
福 州	Fuzhou	68.36	84.79	19.32	10.00		15.83	50.11	2.49
厦 门	Xiamen	77.99	81.13	20.91	10.09	14.60	16.99	53.35	3.58
南 昌	Nanchang	73.60	51.33	14.00	9.96	9.00	12.37	15.80	2.73
济 南	Jinan	66.60	76.51	20.24	8.31	13.54	17.69	33.27	1.73
青 岛	Qingdao	66.18	66.19	20.60	8.46	15.42		28.15	1.92
郑 州	Zhengzhou	58.72	67.98	19.36	8.17	12.84	14.28	31.85	2.23
武 汉	Wuhan	64.92	47.83	20.33	11.08	12.87	12.86	22.00	2.49
长 沙	Changsha	79.63	68.33	23.60	10.63	16.00	14.30	42.60	2.93
广 州	Guangzhou	74.00	73.67	25.00	9.94	14.60	22.40	44.80	3.81
深 圳	Shenzhen	84.04	80.26	24.41	10.92	14.20	14.44	49.81	3.77
南 宁	Nanning	68.22	65.87		10.85	11.88	15.33	24.61	2.75
海 口	Haikou	69.41	72.72	21.73	12.80	15.72	19.87	47.70	4.53
重 庆	Chongqing	63.88	62.53	23.35	10.76	15.72	17.24	29.33	2.94
成 都	Chengdu	69.46	63.84	23.13	10.22	17.88	17.63	28.29	2.77
贵 阳	Guiyang	59.13	60.00	22.50	13.80	15.43	17.00	25.50	2.74
昆 明	Kunming	63.21	76.21	20.97	9.18	16.88	15.56	27.60	1.45
西 安	Xi'an	61.33	64.29	27.37	8.95	12.63	13.47	52.83	2.40
兰 州	Lanzhou	58.00	56.00	17.33	9.84	12.11	16.33	26.67	2.86
西 宁	Xining	59.58	54.08	25.67	8.59	14.75	17.54	27.17	2.41
银 川	Yinchuan	55.42	52.79	23.40	10.51	16.43	19.73	23.07	1.86
乌鲁木齐	Urumqi	64.19	65.00	15.13	8.97	13.60	14.72	23.80	2.06

3-4-11 续表 2 continued 2

城 市	City	油菜 Rape	芹菜 Celery	黄瓜 Cucumber	西红柿 Tomato	豆角 Cowpea	土豆 Potato	苹果 Apple	香蕉 Banana
平 均	**Average**	**4.59**	**6.18**	**6.05**	**7.88**	**8.99**	**4.10**	**10.56**	**5.48**
北 京	Beijing	6.21	4.88	6.88	9.01	9.84	4.02	11.93	5.71
天 津	Tianjin	5.58	4.50	6.23	8.25	9.34	3.88	12.35	4.97
石家庄	Shijiazhuang	3.86	3.20	5.17	6.11	7.08	3.29	6.70	3.85
太 原	Taiyuan	3.80	4.09	5.97	7.98	7.32	3.42	10.90	5.60
呼和浩特	Hohhot	3.43	4.15	5.65	6.30	8.39	2.71	8.74	4.68
沈 阳	Shenyang	5.17	4.97	6.86	7.17	8.14	3.97	7.57	4.92
大 连	Dalian	6.16	6.38	7.41	7.41	10.24	3.99	8.11	7.11
长 春	Changchun	5.47	5.33	6.37	7.67	10.35	4.09	9.86	5.33
哈尔滨	Harbin	6.77	5.97	7.49	8.90	12.88	4.35	8.30	7.22
上 海	Shanghai	4.79	9.78	7.58	10.00	11.97	6.02	13.02	5.88
南 京	Nanjing	2.71	6.13	6.08	7.88	9.32	4.80	9.79	4.73
杭 州	Hangzhou	5.39	9.48	8.02	11.31	14.56	5.59	11.15	6.08
宁 波	Ningbo	5.00	9.07	8.43	10.72	14.14	5.28	11.68	6.27
合 肥	Hefei	3.77	4.72	5.53	7.00	7.70	4.55	9.79	4.90
福 州	Fuzhou	4.68	11.61	6.35	9.86	18.20	4.41	11.13	6.23
厦 门	Xiamen	4.73	11.45	5.80	9.40	14.13	5.55	11.96	4.58
南 昌	Nanchang	2.73	5.67	3.74	7.34	7.25	4.13	8.60	4.17
济 南	Jinan	4.39	5.09	5.48	7.93	8.36	3.70	11.57	6.23
青 岛	Qingdao	4.23	5.60	5.55	6.78	7.65	4.31	7.89	4.21
郑 州	Zhengzhou	5.35	4.50	6.20	8.15	8.31	4.72	10.07	4.94
武 汉	Wuhan	3.68	6.31	5.11	6.18	6.70	4.37	10.62	5.36
长 沙	Changsha	5.77	6.88	5.79	8.27	7.46	4.79	12.12	5.45
广 州	Guangzhou	5.22	10.47	6.33	8.90	8.90	5.55	11.14	5.04
深 圳	Shenzhen	5.10	11.22	6.97	10.06	9.89	6.24	12.99	6.30
南 宁	Nanning	4.78	6.22	4.86	7.43	6.77	4.49	11.45	3.01
海 口	Haikou	6.26	13.65	7.64	10.23	9.01	5.52	13.29	6.93
重 庆	Chongqing	3.86	6.50	5.83	8.19	7.19	3.69	15.65	7.82
成 都	Chengdu	5.57	6.44	6.27	8.71	6.40	4.23	13.00	6.31
贵 阳	Guiyang	4.97	7.48	6.90	7.99	8.08	3.65	10.50	5.97
昆 明	Kunming	2.66	4.88	4.28	5.49	5.29	2.56	10.99	6.31
西 安	Xi'an	4.77	4.23	6.51	7.85	7.62	4.29	11.17	5.34
兰 州	Lanzhou	5.65	4.93	5.69	7.39	8.12	3.27	10.44	5.56
西 宁	Xining	5.06	5.13	5.62	8.31	8.14	2.98	10.83	6.18
银 川	Yinchuan	3.47	5.08	4.75	5.83	9.19	3.06	8.36	5.84
乌鲁木齐	Urumqi	3.89	3.41	5.65	7.38	11.68	3.38	10.96	6.09

3-4-12 2013年12月35个城市部分食品价格
35 Cities Partial Food Price (2013.12)

单位：元/公斤

城市	City	大米 Rice	富强粉 Strong Flour	标准粉 Prosperous and powerful powder	豆腐 Bean curd	花生油 Peanut oil	大豆油 Soybean oil	猪后腿肉 Pig hind leg meat	猪五花肉 Pig streaky pork
平均	**Average**	**5.76**	**5.40**	**4.48**	**4.39**	**27.64**	**11.21**	**26.71**	**26.48**
北京	Beijing	5.22	4.11	3.85	7.89	26.08	10.33	27.21	31.10
天津	Tianjin	5.80	5.01	4.51	5.11	25.98	11.82	30.95	31.31
石家庄	Shijiazhuang	6.10	4.39		4.13	25.98	10.20	27.67	27.00
太原	Taiyuan	7.19	4.06	3.69	4.23	28.07	11.64	25.27	26.19
呼和浩特	Hohhot	6.27	4.65	3.97	5.20	29.23	12.52	25.07	23.07
沈阳	Shenyang	5.33	4.65	4.18	4.25	28.89	10.56	26.28	26.17
大连	Dalian	6.58	4.87	4.37	3.08	28.22	10.46	26.25	27.45
长春	Changchun	5.56	6.25	5.25	3.90	27.99	10.95	27.94	28.94
哈尔滨	Harbin	6.67	6.19	4.30	3.88	29.55	12.12	26.03	26.12
上海	Shanghai	5.91	8.48	5.87	4.50	26.08	9.56	43.19	35.44
南京	Nanjing	4.93	6.48	4.80	5.70	26.53	10.18	26.20	29.67
杭州	Hangzhou	6.03	5.55	4.27	3.91	28.64	10.18	26.47	27.96
宁波	Ningbo	5.59	5.47	5.35	4.28	28.30	9.65	25.32	27.53
合肥	Hefei	5.26	4.88	5.28	3.00	24.24	10.47	24.32	22.87
福州	Fuzhou	5.36	5.50	4.79	3.29	25.28	10.53	22.61	28.81
厦门	Xiamen	5.47	6.16	4.40	5.15	28.38	11.87	26.06	29.85
南昌	Nanchang	4.80	5.78	4.16	4.13	27.98	10.18	31.27	24.93
济南	Jinan	6.00	5.25	4.85	5.33	26.88	11.21	34.21	31.15
青岛	Qingdao	5.81	5.03		4.47	28.07	10.55	27.11	25.83
郑州	Zhengzhou	5.77	4.14	3.56	3.80	25.04	11.40	27.85	28.71
武汉	Wuhan	5.78	8.40	5.78	3.00	29.98	10.18	25.00	24.53
长沙	Changsha	4.38	4.67	3.60	3.66	31.00	11.34	25.16	24.37
广州	Guangzhou	5.61	12.50	5.73	3.50	25.92	11.34	28.00	27.20
深圳	Shenzhen	5.35	5.83	5.60	4.94	24.72	10.95	25.27	27.48
南宁	Nanning	6.39	4.90	4.27	3.60	26.65	11.98	23.14	24.42
海口	Haikou	4.95	6.43	4.65	5.84	25.68	11.78	31.98	26.53
重庆	Chongqing	5.28	4.66	4.89	4.93	28.48	11.14	24.67	24.55
成都	Chengdu	5.62	5.76	4.88	3.85	28.29	10.30	27.42	27.67
贵阳	Guiyang	5.41	4.80	6.24	5.60	28.77	10.18	27.83	28.57
昆明	Kunming	7.30	4.96	4.25	5.13	23.79	9.28	23.93	23.34
西安	Xi'an	4.76	5.85	4.08	4.55	26.25	10.18	27.60	26.47
兰州	Lanzhou	7.41	5.31	4.88	5.00	27.65	11.89	26.61	26.61
西宁	Xining	7.38	4.98	4.09	5.00	30.13	11.67	24.00	24.00
银川	Yinchuan	4.95	5.25	4.92	4.72	28.91	12.10	25.04	23.90
乌鲁木齐	Urumqi	6.21	3.67	2.96	4.29	29.30	12.56	26.64	26.15

3-4-12 续表 1 continued 1

城市	City	牛肉 Beef	羊肉 Mutton	鸡胸肉 Chicken brisket	鸡蛋 Eggs	活鲤鱼 Live carp	活草鱼 Live grass carp	带鱼 Hairtail	大白菜 Cabbage
平均	**Average**	**65.73**	**65.52**	**20.66**	**9.92**	**13.83**	**16.41**	**30.75**	**2.21**
北京	Beijing	70.61	79.07	22.46	8.97	12.75	16.34	46.33	2.05
天津	Tianjin	58.83	69.61	23.22	9.01	13.88	20.51	35.72	1.59
石家庄	Shijiazhuang	54.67	62.00	17.67	8.99	11.50	16.44	20.67	1.60
太原	Taiyuan	65.33	67.68	20.35	8.48	13.79	20.13	29.77	1.85
呼和浩特	Hohhot	60.67	62.00	17.32	9.44	12.09	16.57	24.63	1.89
沈阳	Shenyang	57.44	62.95	18.36	8.44	12.39	17.45	27.00	2.04
大连	Dalian	61.33	68.50	19.20	9.15	13.75	18.67	36.22	2.09
长春	Changchun	72.97	69.70	18.00	8.83	12.60	17.80	19.40	3.00
哈尔滨	Harbin	58.33	58.83	17.67	8.07	13.47	18.33	31.00	2.81
上海	Shanghai	80.68	72.82	21.33	9.76	17.04	21.17	41.11	2.90
南京	Nanjing	72.36	62.38	20.25	9.02	14.37	14.95	30.04	1.81
杭州	Hangzhou	75.20	66.37	20.70	11.01		16.23	38.88	2.72
宁波	Ningbo	73.79	76.90	21.45	10.27		16.53	35.40	2.38
合肥	Hefei	56.33	55.33	17.67	9.17		14.50	23.75	1.53
福州	Fuzhou	68.66	85.28	18.75	9.89		14.94	48.22	2.11
厦门	Xiamen	77.53	81.23	20.67	10.19	14.78	16.91	56.20	3.13
南昌	Nanchang	73.60	53.07	14.20	9.73	9.67	12.53	15.87	2.01
济南	Jinan	67.31	80.00	19.94	8.53	14.05	17.66	33.59	1.70
青岛	Qingdao	66.75	68.83	21.27	8.62	15.03		27.90	1.83
郑州	Zhengzhou	58.84	69.12	19.43	8.47	12.60	14.10	32.23	1.80
武汉	Wuhan	66.19	45.95	20.42	11.02	12.69	13.11	22.39	2.08
长沙	Changsha	79.44	65.33	23.60	10.52	16.00	14.51	42.60	2.41
广州	Guangzhou	74.27	74.75	25.33	10.08	14.57	22.40	44.20	3.40
深圳	Shenzhen	84.04	82.78	24.48	10.96	14.12	14.21	49.59	3.16
南宁	Nanning	68.78	66.60		10.52	13.24	15.17	25.00	2.48
海口	Haikou	70.37	74.12	21.73	12.80	15.79	19.90	47.53	4.02
重庆	Chongqing	64.76	63.96	23.61	10.70	15.45	16.52	29.56	2.28
成都	Chengdu	71.46	69.38	23.13	10.07	17.88	17.63	28.79	1.90
贵阳	Guiyang	60.57	65.00	22.85	13.80	14.60	15.93	25.87	2.60
昆明	Kunming	63.49	76.32	21.53	9.05	16.81	15.92	28.36	1.44
西安	Xi'an	61.50	64.92	27.55	8.91	12.90	13.70	53.12	2.18
兰州	Lanzhou	58.00	56.22	17.39	9.61	12.50	16.67	26.67	2.78
西宁	Xining	63.42	54.00	25.67	9.37	14.71	17.17	27.50	2.23
银川	Yinchuan	55.29	52.86	23.29	10.36	16.53	19.19	22.76	1.86
乌鲁木齐	Urumqi	64.75	64.99	14.75	8.81	13.95	15.33	23.93	2.06

3-4-12 续表 2 continued 2

城　市	City	油菜 Rape	芹菜 Celery	黄瓜 Cucumber	西红柿 Tomato	豆角 Cowpea	土豆 Potato	苹果 Apple	香蕉 Banana
平　均	**Average**	**4.52**	**5.57**	**5.93**	**7.02**	**9.76**	**4.20**	**10.74**	**5.85**
北　京	Beijing	6.07	4.71	6.51	8.41	9.90	4.13	12.16	6.37
天　津	Tianjin	5.44	4.06	5.47	7.64	9.36	3.66	13.03	5.81
石家庄	Shijiazhuang	4.34	3.00	5.31	5.59	7.71	3.40	6.70	4.77
太　原	Taiyuan	3.45	3.12	5.17	5.65	7.11	3.29	10.18	6.52
呼和浩特	Hohhot	3.55	4.05	6.01	6.51	8.22	2.85	9.31	5.51
沈　阳	Shenyang	5.14	4.83	6.20	6.64	8.67	4.20	7.93	5.74
大　连	Dalian	6.64	6.20	6.35	6.72	12.78	4.23	8.32	7.02
长　春	Changchun	6.33	4.87	5.67	7.57	9.97	4.20	10.36	5.67
哈尔滨	Harbin	6.90	6.00	7.00	8.88	13.72	4.38	8.43	7.12
上　海	Shanghai	3.93	9.08	7.83	8.83	11.61	6.23	13.20	5.89
南　京	Nanjing	2.20	5.34	6.17	6.67	9.68	4.99	9.91	4.96
杭　州	Hangzhou	3.63	7.90	7.81	9.28	13.58	5.70	11.25	6.01
宁　波	Ningbo	4.06	7.81	8.29	9.08	13.71	5.50	12.22	6.81
合　肥	Hefei	2.30	4.47	5.20	6.06	10.25	4.79	9.75	5.04
福　州	Fuzhou	4.42	10.29	5.52	6.91	17.10	4.38	11.29	6.71
厦　门	Xiamen	4.54	8.88	5.44	7.29	13.67	5.71	12.32	4.70
南　昌	Nanchang	2.27	4.11	4.27	6.51	7.65	4.21	8.60	4.83
济　南	Jinan	4.54	4.55	5.03	7.08	12.67	3.86	12.15	6.65
青　岛	Qingdao	4.63	4.98	5.91	5.85	8.68	4.33	8.04	4.65
郑　州	Zhengzhou	5.63	3.89	5.67	7.71	9.21	4.98	10.07	5.41
武　汉	Wuhan	3.41	6.32	5.69	6.86	8.04	4.44	10.84	5.52
长　沙	Changsha	5.20	5.79	5.56	6.88	9.93	4.75	12.12	5.70
广　州	Guangzhou	5.15	9.07	6.32	7.75	13.17	5.56	11.33	5.30
深　圳	Shenzhen	5.91	10.26	7.10	8.34	14.29	6.13	13.51	7.30
南　宁	Nanning	5.04	5.41	4.55	5.89	7.17	4.48	11.08	3.54
海　口	Haikou	6.00	12.63	6.97	8.69	9.68	5.53	13.32	7.21
重　庆	Chongqing	3.68	5.94	5.82	6.96	7.55	3.85	15.76	7.82
成　都	Chengdu	5.21	4.89	6.07	7.52	7.74	4.23	12.75	6.67
贵　阳	Guiyang	5.15	7.47	6.65	7.25	8.42	3.57	10.21	5.90
昆　明	Kunming	2.26	4.72	4.24	5.00	5.22	2.84	10.94	6.38
西　安	Xi'an	5.17	4.09	6.65	7.17	9.20	4.53	11.30	5.68
兰　州	Lanzhou	5.84	4.34	6.06	6.72	9.39	3.39	10.17	6.34
西　宁	Xining	6.08	4.96	6.11	7.88	10.42	3.02	12.21	6.22
银　川	Yinchuan	3.08	4.32	4.66	5.49	8.49	2.95	9.10	6.41
乌鲁木齐	Urumqi	3.81	3.43	6.04	6.81	11.69	3.55	10.97	6.43

70 个大中城市住房价格

第 4 篇

4-1-1 2013年70个大中城市新建住宅销售价格指数(以2010年价格为100)

Housing Price Indices of Newly Constructed Residential Buildings in 70 Large and Medium-Sized Cities 2013(2010=100)

城　市	City	1月	2月	3月	4月	5月	6月	7月	8月	9月	10月	11月	12月
北　京	Beijing	105.9	108.5	110.8	112.4	113.8	115.3	116.8	117.8	119.0	119.7	120.3	121.0
天　津	Tianjin	104.7	106.1	107.6	108.3	108.7	109.0	109.5	110.0	110.6	110.9	111.4	111.9
石家庄	Shijiazhuang	109.8	111.2	112.4	113.2	113.7	115.1	115.6	116.6	117.6	118.8	119.5	119.8
太　原	Taiyuan	103.0	104.1	104.9	106.2	108.4	109.6	110.6	111.6	113.0	114.1	114.4	114.8
呼和浩特	Hohhot	105.3	106.7	106.9	106.8	108.2	109.3	110.6	111.3	111.9	113.3	114.2	114.8
沈　阳	Shenyang	107.5	109.1	110.2	112.5	114.5	115.6	116.8	117.7	118.9	119.2	119.5	119.8
大　连	Dalian	107.5	108.7	109.8	111.3	112.7	113.9	114.7	115.1	115.8	116.3	116.8	117.6
长　春	Changchun	104.1	105.2	106.1	107.1	108.3	109.2	109.9	111.0	111.7	112.2	112.8	113.2
哈尔滨	Harbin	105.2	106.2	107.2	108.1	108.9	110.3	110.7	111.5	112.1	113.0	114.0	114.6
上　海	Shanghai	102.9	104.8	107.6	109.5	111.0	113.0	114.9	116.5	118.1	118.9	119.6	120.3
南　京	Nanjing	101.8	103.4	104.9	106.4	107.4	108.5	109.2	110.1	110.9	111.7	112.3	112.9
杭　州	Hangzhou	93.1	93.9	95.0	96.3	97.1	98.0	98.7	99.8	101.0	101.8	102.3	102.5
宁　波	Ningbo	93.6	94.8	95.0	95.6	96.2	97.0	97.0	97.6	98.5	98.9	99.4	99.9
合　肥	Hefei	103.3	104.5	105.2	106.0	106.9	107.7	108.7	109.4	109.9	110.4	111.6	112.8
福　州	Fuzhou	106.1	108.0	109.4	111.1	111.5	114.2	114.9	115.5	116.6	117.1	118.6	119.1
厦　门	Xiamen	107.9	109.7	111.9	113.8	115.2	117.0	119.5	120.6	122.3	123.0	123.4	123.8
南　昌	Nanchang	107.6	109.2	110.9	111.8	112.8	114.1	114.6	115.3	116.3	117.0	117.4	118.0
济　南	Jinan	104.1	105.0	106.0	107.2	107.8	108.4	109.5	110.5	111.2	111.8	112.5	113.1
青　岛	Qingdao	100.5	101.8	102.9	103.6	104.6	105.5	106.3	107.6	108.1	108.6	109.1	109.8
郑　州	Zhengzhou	108.8	110.5	112.5	114.3	115.3	116.5	118.5	119.4	119.7	119.7	119.8	120.0
武　汉	Wuhan	106.1	107.3	108.3	109.4	110.4	111.3	112.2	113.3	113.8	114.8	115.4	115.8
长　沙	Changsha	109.8	111.2	113.0	114.3	115.5	116.4	117.6	118.7	119.4	120.6	121.4	122.0
广　州	Guangzhou	108.6	112.0	114.8	117.2	118.9	120.1	121.3	123.4	125.1	126.1	127.1	128.0
深　圳	Shenzhen	106.6	108.9	111.8	113.9	116.0	117.9	118.9	120.5	122.2	123.3	124.5	125.1
南　宁	Nanning	101.6	102.8	104.5	105.2	106.7	107.6	108.8	109.7	110.3	111.3	111.5	112.0
海　口	Haikou	100.9	101.1	101.3	101.5	101.7	101.8	102.0	102.0	102.0	102.7	103.3	103.6
重　庆	Chongqing	105.3	106.3	107.3	108.5	109.2	109.9	110.4	111.4	112.3	112.9	113.8	114.0
成　都	Chengdu	104.4	105.1	106.1	108.0	109.0	110.0	110.4	111.3	111.9	112.4	113.1	113.3
贵　阳	Guiyang	106.7	107.4	108.1	109.4	110.2	110.1	110.8	110.7	111.7	112.7	113.1	113.4
昆　明	Kunming	107.7	107.8	108.7	109.3	110.0	110.5	110.9	111.6	112.1	112.5	113.1	113.7
西　安	Xi'an	105.9	106.8	107.9	108.8	110.0	111.0	112.1	113.1	113.9	114.6	115.0	115.6
兰　州	Lanzhou	107.8	108.8	110.0	110.8	111.5	112.7	113.2	114.5	114.9	115.2	115.7	115.9
西　宁	Xining	109.6	111.1	111.7	112.6	113.9	115.2	116.3	117.5	117.9	118.8	119.5	120.2
银　川	Yinchuan	105.6	106.2	106.8	107.8	108.6	109.5	110.1	111.5	112.3	112.9	113.7	114.3
乌鲁木齐	Urumqi	113.3	115.0	116.2	117.6	118.4	118.2	119.0	120.1	121.5	122.4	123.0	124.1

城 市	City	1月	2月	3月	4月	5月	6月	7月	8月	9月	10月	11月	12月
唐 山	Tangshan	101.5	101.9	102.5	102.5	102.4	102.5	102.5	102.7	102.6	103.0	103.0	103.2
秦皇岛	Qinhuangdao	107.7	109.0	109.8	110.7	111.4	112.0	112.7	113.7	114.6	114.5	114.7	115.0
包 头	Baotou	105.3	107.2	108.2	108.7	110.0	110.1	110.7	110.6	111.0	111.8	112.4	113.1
丹 东	Dandong	108.1	109.1	110.3	111.1	111.9	112.8	113.9	114.8	115.6	116.4	116.9	117.6
锦 州	Jinzhou	105.5	106.7	107.0	108.0	109.0	110.2	111.3	112.8	113.8	114.7	116.0	116.4
吉 林	Jilin	106.7	107.5	108.4	108.9	110.1	111.1	111.7	112.5	113.3	113.8	114.4	114.8
牡丹江	Mudanjiang	106.8	107.6	108.5	109.7	110.5	111.2	111.6	111.8	112.3	112.4	112.8	113.4
无 锡	Wuxi	101.8	102.4	103.8	104.3	104.8	104.8	105.1	105.4	105.8	106.4	106.8	107.0
扬 州	Yangzhou	103.7	104.3	104.8	106.0	106.8	107.7	107.7	108.2	108.7	109.9	110.8	111.2
徐 州	Xuzhou	103.5	104.6	106.0	107.0	108.1	108.9	109.9	110.9	111.6	112.5	113.0	113.4
温 州	Wenzhou	83.3	83.0	82.9	82.9	83.3	83.5	83.1	83.0	82.8	82.7	82.3	81.1
金 华	Jinhua	97.7	97.9	98.8	99.2	100.2	100.5	101.6	102.7	103.6	103.8	103.8	104.0
蚌 埠	Bengbu	103.8	104.3	104.8	105.0	105.7	106.1	106.2	106.7	107.5	108.1	108.4	108.3
安 庆	Anqing	103.4	104.1	105.1	105.5	106.1	106.6	106.5	107.2	107.8	108.6	109.1	109.3
泉 州	Quanzhou	100.6	101.3	101.3	102.8	103.5	103.9	104.9	105.4	106.6	107.1	107.5	108.1
九 江	Jiujiang	103.2	104.2	104.8	105.3	106.6	107.3	107.1	107.7	107.6	108.4	109.2	109.8
赣 州	Ganzhou	105.6	106.8	108.5	109.1	109.5	109.4	110.5	111.2	112.1	113.1	114.0	114.2
烟 台	Yantai	103.1	104.0	105.4	106.2	106.5	107.0	107.8	109.0	109.9	110.7	111.3	112.1
济 宁	Jining	104.0	105.0	106.3	107.2	107.6	108.9	109.6	110.9	111.1	112.5	112.8	113.7
洛 阳	Luoyang	106.9	108.3	108.8	109.7	110.4	111.1	112.4	113.1	114.2	114.8	115.5	115.9
平顶山	Pingdingshan	104.6	105.7	107.1	107.9	108.7	109.5	110.2	111.5	113.0	113.4	113.9	114.2
宜 昌	Yichang	105.5	106.2	107.5	108.7	109.9	110.6	111.1	112.5	113.4	113.9	114.5	115.2
襄 阳	Xiangyang	106.5	107.2	108.6	110.1	111.4	112.3	112.3	113.1	113.5	114.1	114.8	115.1
岳 阳	Yueyang	107.0	107.4	108.6	109.5	110.6	111.9	112.1	112.7	113.8	114.0	114.0	114.0
常 德	Changde	105.5	106.3	107.4	108.2	108.1	108.7	109.1	110.3	110.8	111.2	111.7	112.1
惠 州	Huizhou	105.1	105.8	106.5	107.2	107.9	108.9	109.5	110.4	111.2	112.1	113.2	114.0
湛 江	Zhanjiang	108.1	109.2	109.8	110.6	111.7	112.6	113.4	114.4	115.8	116.5	117.5	117.5
韶 关	Shaoguan	107.7	108.9	109.3	110.1	111.6	111.5	112.4	113.0	113.4	114.2	114.2	114.0
桂 林	Guilin	105.8	105.7	106.5	107.1	110.2	111.9	114.1	115.2	115.1	116.5	118.0	118.4
北 海	Beihai	101.5	102.5	103.5	104.5	105.3	106.5	107.4	108.5	109.6	110.2	111.1	111.6
三 亚	Sanya	101.3	101.7	102.3	102.9	102.8	103.0	103.3	103.9	104.3	105.1	106.1	106.3
泸 州	Luzhou	104.3	105.1	106.3	107.2	107.2	107.1	108.1	109.3	111.2	111.8	112.2	113.0
南 充	Nanchong	102.5	103.7	105.2	106.2	107.3	109.3	110.2	111.0	111.2	111.2	111.3	112.0
遵 义	Zunyi	107.3	108.3	108.9	109.4	109.4	109.7	110.0	111.1	111.4	111.9	112.9	113.3
大 理	Dali	101.4	101.4	102.1	102.5	103.2	103.9	104.2	105.2	105.5	105.9	106.9	107.0

4-1-2 2013年70个大中城市新建商品住宅销售价格指数
(以2010年价格为100)
Housing Price Indices of Newly Constructed Commercial Residential Buildings in 70 Large and Medium-Sized Cities 2013(2010=100)

城　市	City	1月	2月	3月	4月	5月	6月	7月	8月	9月	10月	11月	12月
北　京	Beijing	107.6	110.9	113.9	115.9	117.8	119.7	121.7	123.0	124.5	125.4	126.3	127.1
天　津	Tianjin	105.3	106.9	108.6	109.4	109.9	110.2	110.8	111.3	112.0	112.3	112.9	113.5
石家庄	Shijiazhuang	110.1	111.4	112.7	113.5	114.0	115.5	116.0	117.0	118.0	119.3	119.9	120.3
太　原	Taiyuan	103.2	104.3	105.1	106.5	108.7	110.0	111.1	112.1	113.5	114.7	115.0	115.4
呼和浩特	Hohhot	105.5	106.9	107.1	107.0	108.5	109.6	110.9	111.7	112.3	113.7	114.6	115.3
沈　阳	Shenyang	108.0	109.6	110.7	113.0	115.0	116.1	117.4	118.3	119.6	119.9	120.2	120.5
大　连	Dalian	107.6	108.7	109.8	111.4	112.8	114.0	114.8	115.2	115.9	116.5	116.9	117.8
长　春	Changchun	104.2	105.4	106.3	107.4	108.5	109.5	110.3	111.3	112.1	112.6	113.2	113.6
哈尔滨	Harbin	105.4	106.4	107.5	108.5	109.3	110.7	111.2	112.0	112.7	113.6	114.7	115.3
上　海	Shanghai	103.4	105.7	109.1	111.4	113.2	115.6	117.8	119.8	121.7	122.7	123.5	124.3
南　京	Nanjing	102.4	104.4	106.4	108.4	109.8	111.2	112.2	113.2	114.4	115.4	116.2	116.9
杭　州	Hangzhou	92.8	93.6	94.8	96.2	96.9	97.9	98.6	99.7	101.0	101.8	102.4	102.5
宁　波	Ningbo	93.3	94.5	94.7	95.3	96.0	96.8	96.8	97.5	98.4	98.8	99.3	99.9
合　肥	Hefei	103.4	104.7	105.6	106.4	107.4	108.2	109.3	110.1	110.7	111.2	112.6	113.9
福　州	Fuzhou	106.2	108.1	109.5	111.3	111.7	114.4	115.1	115.7	116.9	117.3	118.9	119.4
厦　门	Xiamen	108.1	109.9	112.2	114.1	115.6	117.4	120.0	121.2	122.9	123.6	124.0	124.4
南　昌	Nanchang	107.8	109.4	111.3	112.2	113.3	114.6	115.1	115.9	117.0	117.7	118.1	118.7
济　南	Jinan	104.1	105.0	106.0	107.2	107.8	108.4	109.5	110.5	111.2	111.8	112.5	113.1
青　岛	Qingdao	100.5	101.9	102.9	103.7	104.8	105.7	106.6	108.0	108.4	109.0	109.6	110.2
郑　州	Zhengzhou	109.0	110.8	112.9	114.6	115.7	117.0	119.0	119.9	120.2	120.2	120.3	120.5
武　汉	Wuhan	106.4	107.7	108.7	109.9	110.9	111.8	112.8	114.0	114.5	115.6	116.2	116.6
长　沙	Changsha	109.9	111.3	113.1	114.4	115.7	116.6	117.8	118.9	119.7	120.9	121.6	122.3
广　州	Guangzhou	108.7	112.1	115.0	117.4	119.1	120.3	121.6	123.7	125.4	126.4	127.4	128.3
深　圳	Shenzhen	106.7	109.1	112.1	114.1	116.3	118.3	119.3	121.0	122.7	123.8	124.9	125.6
南　宁	Nanning	101.6	102.9	104.6	105.4	106.9	107.8	109.1	110.0	110.6	111.6	111.8	112.3
海　口	Haikou	100.9	101.1	101.3	101.5	101.7	101.8	102.0	102.0	102.0	102.7	103.3	103.6
重　庆	Chongqing	105.4	106.4	107.5	108.7	109.4	110.1	110.6	111.6	112.5	113.2	114.1	114.3
成　都	Chengdu	104.4	105.2	106.1	108.0	109.1	110.1	110.4	111.3	112.0	112.5	113.1	113.3
贵　阳	Guiyang	107.1	107.8	108.7	110.0	110.9	110.8	111.6	111.6	112.6	113.7	114.2	114.5
昆　明	Kunming	108.6	108.6	109.7	110.5	111.2	111.9	112.3	113.2	113.8	114.3	115.0	115.6
西　安	Xi'an	106.4	107.3	108.6	109.6	111.0	112.0	113.3	114.4	115.3	116.1	116.6	117.2
兰　州	Lanzhou	108.0	109.0	110.2	111.1	111.7	112.9	113.5	114.8	115.2	115.5	116.0	116.2
西　宁	Xining	109.6	111.1	111.7	112.6	113.9	115.2	116.3	117.5	117.9	118.9	119.5	120.2
银　川	Yinchuan	106.0	106.6	107.2	108.3	109.2	110.2	110.8	112.4	113.1	113.8	114.6	115.4
乌鲁木齐	Urumqi	113.4	115.1	116.3	117.7	118.5	118.4	119.2	120.3	121.7	122.6	123.1	124.3

4-1-2 续表 Continued

城 市	City	1月	2月	3月	4月	5月	6月	7月	8月	9月	10月	11月	12月
唐 山	Tangshan	101.7	102.0	102.8	102.7	102.6	102.7	102.7	102.9	102.9	103.2	103.2	103.5
秦皇岛	Qinhuangdao	108.6	110.0	110.9	111.9	112.7	113.3	114.1	115.3	116.2	116.1	116.3	116.7
包 头	Baotou	105.6	107.8	109.0	109.6	111.1	111.3	112.0	111.9	112.3	113.2	113.9	114.7
丹 东	Dandong	108.1	109.1	110.3	111.2	112.0	112.9	114.0	114.9	115.7	116.5	117.0	117.7
锦 州	Jinzhou	105.5	106.7	107.0	108.0	109.0	110.2	111.3	112.8	113.8	114.7	116.0	116.4
吉 林	Jilin	107.0	107.8	108.7	109.3	110.5	111.6	112.3	113.1	113.9	114.4	115.1	115.5
牡丹江	Mudanjiang	106.8	107.7	108.6	109.8	110.6	111.3	111.7	111.9	112.4	112.5	112.9	113.5
无 锡	Wuxi	101.8	102.6	104.2	104.8	105.4	105.4	105.7	106.0	106.5	107.2	107.7	107.9
扬 州	Yangzhou	103.8	104.4	104.9	106.1	107.0	107.9	107.9	108.4	108.9	110.2	111.2	111.6
徐 州	Xuzhou	103.7	104.8	106.3	107.3	108.5	109.4	110.5	111.5	112.3	113.2	113.7	114.1
温 州	Wenzhou	82.3	82.0	81.9	81.9	82.3	82.5	82.1	82.0	81.8	81.7	81.3	79.9
金 华	Jinhua	97.7	97.9	98.7	99.2	100.2	100.5	101.6	102.7	103.6	103.8	103.8	104.1
蚌 埠	Bengbu	103.9	104.4	104.9	105.1	105.8	106.3	106.3	106.9	107.6	108.3	108.5	108.5
安 庆	Anqing	103.4	104.1	105.2	105.5	106.2	106.7	106.7	107.3	108.0	108.8	109.4	109.6
泉 州	Quanzhou	100.7	101.4	101.4	103.0	103.7	104.1	105.2	105.7	106.9	107.5	107.9	108.6
九 江	Jiujiang	103.4	104.4	105.1	105.6	107.0	107.7	107.5	108.1	108.0	108.8	109.7	110.3
赣 州	Ganzhou	105.6	106.9	108.6	109.2	109.6	109.4	110.6	111.3	112.2	113.2	114.1	114.3
烟 台	Yantai	103.1	104.0	105.5	106.3	106.6	107.1	107.9	109.1	110.0	110.8	111.5	112.3
济 宁	Jining	104.1	105.2	106.5	107.4	107.8	109.2	109.9	111.2	111.4	112.8	113.1	114.1
洛 阳	Luoyang	107.0	108.4	108.9	109.9	110.6	111.3	112.6	113.3	114.5	115.0	115.8	116.2
平顶山	Pingdingshan	104.6	105.7	107.2	108.0	108.8	109.7	110.4	111.7	113.2	113.6	114.1	114.4
宜 昌	Yichang	105.6	106.3	107.6	108.9	110.1	110.8	111.3	112.8	113.7	114.2	114.8	115.4
襄 阳	Xiangyang	106.5	107.2	108.6	110.2	111.5	112.4	112.4	113.2	113.7	114.2	114.9	115.2
岳 阳	Yueyang	107.9	108.6	110.5	112.1	113.8	115.9	116.3	117.2	119.0	119.3	119.4	119.3
常 德	Changde	105.6	106.4	107.5	108.3	108.2	108.9	109.3	110.4	110.9	111.3	111.9	112.3
惠 州	Huizhou	105.1	105.8	106.5	107.2	108.0	108.9	109.5	110.4	111.3	112.1	113.2	114.0
湛 江	Zhanjiang	108.1	109.2	109.8	110.6	111.7	112.6	113.4	114.4	115.8	116.5	117.5	117.5
韶 关	Shaoguan	107.9	109.1	109.6	110.3	111.9	111.8	112.7	113.3	113.7	114.6	114.6	114.3
桂 林	Guilin	105.9	105.9	106.6	107.3	110.4	112.2	114.4	115.5	115.4	116.9	118.4	118.8
北 海	Beihai	101.5	102.5	103.5	104.5	105.3	106.5	107.5	108.5	109.7	110.2	111.1	111.6
三 亚	Sanya	101.3	101.7	102.3	102.9	102.8	103.0	103.4	104.0	104.3	105.1	106.1	106.3
泸 州	Luzhou	104.4	105.3	106.5	107.4	107.5	107.4	108.4	109.6	111.6	112.1	112.6	113.5
南 充	Nanchong	102.5	103.7	105.2	106.3	107.4	109.4	110.3	111.1	111.4	111.3	111.4	112.1
遵 义	Zunyi	108.1	109.3	110.0	110.6	110.5	110.9	111.2	112.4	112.7	113.4	114.5	114.9
大 理	Dali	101.4	101.5	102.2	102.6	103.4	104.1	104.5	105.6	106.0	106.4	107.4	107.6

4-1-3 2013年70个大中城市90㎡及以下新建商品住宅销售价格指数（以2010年价格为100）

Housing Price Indices of 90㎡ and below Newly Constructed Commercial Residential Buildings in 70 Large and Medium-Sized Cities 2013(2010=100)

城 市	City	1月	2月	3月	4月	5月	6月	7月	8月	9月	10月	11月	12月
北 京	Beijing	107.5	111.2	114.5	116.9	118.7	120.9	123.0	124.4	126.1	127.0	127.8	128.4
天 津	Tianjin	106.8	108.8	110.4	111.4	112.2	112.6	113.1	113.6	114.6	115.0	115.5	115.9
石家庄	Shijiazhuang	108.8	110.2	111.7	112.4	113.0	115.1	115.9	117.3	118.3	119.8	120.6	121.1
太 原	Taiyuan	103.3	104.9	105.4	106.9	109.2	110.3	111.4	112.9	114.5	116.1	116.5	116.7
呼和浩特	Hohhot	104.9	106.7	107.4	107.3	108.4	110.1	112.0	112.9	113.7	113.9	115.2	116.1
沈 阳	Shenyang	110.3	112.1	113.5	115.8	117.7	118.8	120.1	121.1	122.4	122.6	122.8	123.1
大 连	Dalian	108.1	109.2	110.1	111.6	113.1	114.6	115.6	116.0	116.5	116.9	117.2	117.9
长 春	Changchun	107.9	109.3	110.9	112.3	113.4	114.6	115.6	116.6	117.3	117.7	118.2	118.6
哈尔滨	Harbin	106.5	107.5	108.7	109.6	110.3	111.9	112.4	112.9	113.3	114.8	116.0	116.8
上 海	Shanghai	104.9	107.3	111.7	114.1	116.2	118.8	121.3	123.3	125.3	126.3	127.2	127.9
南 京	Nanjing	102.0	103.8	105.9	108.0	109.4	111.0	112.3	113.4	114.6	115.3	116.1	116.8
杭 州	Hangzhou	94.0	95.0	96.1	97.7	98.5	99.6	100.2	101.5	102.6	103.4	103.7	103.8
宁 波	Ningbo	93.5	95.3	96.0	96.5	97.4	98.2	98.0	98.4	99.3	99.5	100.0	100.1
合 肥	Hefei	105.8	107.2	108.3	109.1	110.2	111.1	112.4	112.9	113.3	113.7	114.9	116.0
福 州	Fuzhou	104.4	106.8	108.6	110.6	111.1	114.3	114.4	115.4	116.7	117.0	118.5	119.1
厦 门	Xiamen	109.7	111.1	113.6	116.3	117.7	120.4	123.0	124.6	126.5	127.2	127.3	127.9
南 昌	Nanchang	106.3	108.2	110.2	110.7	112.2	113.5	114.2	114.6	115.8	116.6	117.2	117.2
济 南	Jinan	106.3	107.4	108.5	109.6	110.6	111.5	112.5	113.8	114.5	115.2	116.0	117.1
青 岛	Qingdao	101.1	102.4	103.0	103.3	104.3	105.6	106.5	108.1	108.4	109.2	109.6	110.2
郑 州	Zhengzhou	109.4	111.4	113.6	115.2	116.6	118.2	120.4	121.5	121.9	121.7	121.5	121.5
武 汉	Wuhan	106.8	107.9	109.1	110.4	111.5	112.6	113.5	114.8	115.8	116.9	117.4	117.8
长 沙	Changsha	113.0	114.9	116.2	117.5	118.4	119.5	120.6	121.7	122.6	123.7	124.6	125.5
广 州	Guangzhou	109.0	112.1	114.6	117.5	119.6	120.5	121.7	123.9	125.8	127.0	127.9	128.9
深 圳	Shenzhen	108.7	111.3	114.1	116.2	118.6	120.8	121.7	123.5	125.2	126.3	127.6	128.3
南 宁	Nanning	102.2	103.6	105.2	105.8	107.6	108.3	109.3	110.3	110.9	111.7	112.1	112.6
海 口	Haikou	103.0	103.3	103.6	103.9	104.2	104.3	104.5	104.7	104.8	105.8	106.3	106.3
重 庆	Chongqing	108.1	109.1	110.4	111.7	112.4	113.2	113.6	114.4	115.4	116.1	116.9	117.2
成 都	Chengdu	104.9	105.8	106.5	108.2	109.2	110.1	110.7	111.6	112.3	112.6	113.4	113.7
贵 阳	Guiyang	107.1	108.0	109.2	110.8	112.3	112.1	113.4	113.5	113.9	115.8	116.4	116.9
昆 明	Kunming	111.0	111.2	112.1	112.9	113.7	114.4	114.9	116.0	116.6	117.4	118.0	118.7
西 安	Xi'an	108.0	109.7	111.0	112.5	113.8	115.0	116.4	117.5	118.2	119.1	119.4	120.1
兰 州	Lanzhou	107.5	108.6	109.6	110.5	111.4	113.0	114.0	114.8	114.9	115.0	115.7	116.0
西 宁	Xining	109.5	110.4	111.3	111.9	112.9	114.6	115.8	116.8	117.5	118.4	118.8	119.6
银 川	Yinchuan	107.5	108.6	109.4	110.6	111.0	112.1	113.0	115.1	115.8	116.4	117.9	118.3
乌鲁木齐	Urumqi	113.2	114.9	115.8	117.1	118.1	118.1	119.4	120.7	122.3	123.4	124.1	125.6

城 市	City	1月	2月	3月	4月	5月	6月	7月	8月	9月	10月	11月	12月
唐 山	Tangshan	101.7	102.2	103.1	103.1	103.0	103.2	103.4	103.9	103.6	104.3	104.3	104.4
秦皇岛	Qinhuangdao	109.8	111.4	112.2	113.6	113.9	114.7	115.5	116.8	117.8	117.7	118.2	118.3
包 头	Baotou	105.1	107.7	109.7	110.1	111.4	111.5	112.5	112.5	113.0	113.4	114.1	114.8
丹 东	Dandong	109.1	110.5	111.9	112.8	113.3	114.4	115.6	116.2	116.7	117.6	118.5	119.3
锦 州	Jinzhou	105.8	107.2	107.7	108.7	109.7	110.8	111.8	113.3	114.1	114.6	116.4	116.8
吉 林	Jilin	106.9	108.0	109.3	109.8	110.8	112.4	113.0	113.7	114.1	114.4	114.9	115.3
牡丹江	Mudanjiang	106.6	107.4	108.4	109.6	110.4	111.1	111.5	111.8	112.3	112.4	112.8	113.3
无 锡	Wuxi	104.1	104.8	106.5	107.1	107.8	107.8	108.1	108.2	108.8	109.2	109.4	109.5
扬 州	Yangzhou	105.1	106.0	106.5	107.7	108.8	109.5	109.7	110.6	111.4	112.6	113.6	113.9
徐 州	Xuzhou	104.0	104.5	105.6	106.6	108.1	109.2	110.0	110.8	111.7	112.3	112.8	113.2
温 州	Wenzhou	85.0	84.7	84.7	84.9	85.2	85.6	85.3	85.3	84.4	84.2	83.3	81.8
金 华	Jinhua	104.0	104.4	105.1	105.7	106.5	106.9	108.0	109.1	110.1	110.5	110.4	110.7
蚌 埠	Bengbu	104.6	105.3	105.7	106.1	106.9	107.6	107.6	108.8	109.9	111.4	111.8	112.0
安 庆	Anqing	104.2	105.0	106.8	107.4	108.2	108.9	108.6	109.6	110.0	110.8	111.1	111.2
泉 州	Quanzhou	101.2	101.4	101.4	103.1	103.8	104.7	105.7	105.7	107.2	107.8	108.6	109.3
九 江	Jiujiang	103.4	104.5	105.2	105.7	107.0	108.1	107.9	108.7	108.9	109.8	110.5	110.7
赣 州	Ganzhou	104.2	105.5	107.6	108.1	108.3	108.3	109.5	110.1	110.9	112.0	113.0	113.6
烟 台	Yantai	103.1	103.8	105.1	105.9	106.3	106.9	107.3	108.4	109.9	110.7	111.1	111.6
济 宁	Jining	104.9	106.0	107.3	108.4	108.8	109.3	110.3	111.8	112.1	113.5	114.3	115.2
洛 阳	Luoyang	110.0	111.9	112.4	113.4	113.6	114.6	115.8	116.3	117.8	118.8	119.7	120.7
平顶山	Pingdingshan	105.9	106.8	108.5	109.5	109.6	110.9	111.8	113.3	114.5	114.9	116.0	116.1
宜 昌	Yichang	104.9	105.9	107.6	108.4	109.2	110.1	111.0	112.2	113.4	113.9	114.4	115.3
襄 阳	Xiangyang	108.1	109.1	110.5	111.9	113.4	114.3	114.3	115.2	115.8	116.2	116.7	117.0
岳 阳	Yueyang	107.3	108.1	110.5	112.4	114.0	116.3	116.6	117.6	119.6	119.9	120.1	119.9
常 德	Changde	107.6	108.6	110.1	111.0	110.8	111.3	112.0	113.2	114.0	114.5	115.5	116.3
惠 州	Huizhou	109.8	110.3	110.8	111.4	112.2	113.7	114.7	116.4	117.5	118.9	120.6	121.1
湛 江	Zhanjiang	108.0	109.3	110.1	110.4	111.7	112.5	112.9	114.0	115.7	116.4	116.9	116.9
韶 关	Shaoguan	109.2	110.4	110.8	111.8	113.4	113.2	113.9	114.4	115.0	116.2	116.2	116.0
桂 林	Guilin	104.9	104.8	105.5	106.2	109.4	110.9	113.1	114.0	114.1	116.1	117.4	117.7
北 海	Beihai	101.7	102.8	103.6	104.5	105.3	106.5	107.4	108.3	109.4	109.9	110.9	111.3
三 亚	Sanya	101.1	101.6	102.2	102.9	102.9	103.1	103.5	104.3	104.7	105.4	106.6	106.9
泸 州	Luzhou	103.9	105.2	106.5	107.2	107.1	106.8	107.4	108.7	110.3	110.6	111.0	112.1
南 充	Nanchong	102.5	103.7	105.2	106.4	107.3	108.9	109.7	110.4	110.5	110.4	110.5	111.0
遵 义	Zunyi	108.1	109.6	110.3	110.7	110.6	111.1	111.5	112.7	113.2	113.8	115.2	115.7
大 理	Dali	101.3	101.3	102.0	102.3	103.1	103.8	104.3	105.6	105.9	106.4	107.3	107.4

4-1-4 2013年70个大中城市90-144㎡新建商品住宅销售价格指数 (以2010年价格为100)

Housing Price Indices of 90-144㎡ Newly Constructed Commercial Residential Buildings in 70 Large and Medium-Sized Cities 2013(2010=100)

城 市	City	1月	2月	3月	4月	5月	6月	7月	8月	9月	10月	11月	12月
北 京	Beijing	108.0	111.0	114.0	115.9	117.7	119.6	121.5	122.9	124.5	125.5	126.4	127.0
天 津	Tianjin	105.1	106.6	107.8	108.5	108.9	109.2	109.8	110.4	111.2	111.5	112.0	112.6
石家庄	Shijiazhuang	110.9	112.4	113.9	114.5	115.1	116.4	117.0	117.7	118.7	119.8	120.4	120.8
太 原	Taiyuan	103.5	104.9	105.7	107.3	109.8	111.4	112.5	113.8	115.0	116.2	116.6	116.9
呼和浩特	Hohhot	104.7	106.1	106.2	106.1	107.7	108.5	109.5	110.2	110.7	112.2	113.1	113.8
沈 阳	Shenyang	107.4	109.0	109.6	111.8	114.0	115.0	116.1	117.0	118.2	118.4	118.6	118.9
大 连	Dalian	107.3	109.0	109.9	111.6	112.9	113.9	114.6	114.9	115.6	116.3	116.9	118.0
长 春	Changchun	103.3	104.6	105.1	106.5	107.6	108.8	109.4	110.5	111.3	111.7	112.5	112.8
哈尔滨	Harbin	104.9	106.1	107.4	108.3	109.3	110.6	111.1	112.1	112.6	113.2	114.0	114.6
上 海	Shanghai	103.6	105.8	108.7	110.8	112.7	115.1	117.2	119.4	121.4	122.1	122.9	123.6
南 京	Nanjing	103.2	105.2	107.0	109.0	110.4	111.5	112.5	113.5	114.6	115.9	116.6	117.3
杭 州	Hangzhou	92.4	93.2	94.4	95.5	96.1	96.9	97.7	98.8	100.2	101.0	101.6	101.6
宁 波	Ningbo	91.8	93.2	93.6	94.0	95.0	95.9	95.8	96.5	97.6	97.8	97.9	98.4
合 肥	Hefei	102.8	104.0	104.7	105.7	106.7	107.5	108.5	109.3	110.0	110.6	112.0	113.5
福 州	Fuzhou	108.3	110.1	112.0	113.4	113.8	116.6	117.6	118.1	119.0	119.4	121.3	122.1
厦 门	Xiamen	108.5	110.0	112.6	114.2	115.8	117.9	120.7	121.9	123.7	124.4	125.1	125.7
南 昌	Nanchang	109.2	110.9	112.9	113.9	114.8	116.0	116.4	117.5	118.6	119.0	119.5	120.1
济 南	Jinan	104.7	105.7	106.5	107.5	108.3	108.8	109.8	110.6	111.2	111.9	112.3	112.8
青 岛	Qingdao	101.5	102.6	103.7	104.9	105.9	107.0	107.9	109.4	109.9	110.2	110.7	111.3
郑 州	Zhengzhou	109.4	111.0	113.0	114.6	115.6	116.8	118.5	119.0	119.2	119.1	119.3	119.5
武 汉	Wuhan	107.2	108.5	109.5	110.8	111.7	112.5	113.5	114.6	115.0	116.0	116.6	117.0
长 沙	Changsha	110.5	112.1	113.6	114.9	116.1	117.3	118.3	119.6	120.2	121.7	122.4	123.0
广 州	Guangzhou	110.8	113.8	116.6	119.6	120.9	122.3	123.9	126.1	128.0	129.2	130.1	131.1
深 圳	Shenzhen	104.9	107.2	109.8	111.7	113.8	115.9	117.1	118.6	120.7	122.0	123.0	123.4
南 宁	Nanning	101.6	102.8	104.8	105.5	107.0	107.9	109.3	110.2	110.7	111.7	111.8	112.4
海 口	Haikou	100.8	101.0	101.3	101.5	101.5	101.5	101.8	101.7	101.8	102.5	103.1	103.5
重 庆	Chongqing	103.9	104.8	105.9	107.1	108.1	109.0	109.6	110.7	111.6	112.0	112.7	112.9
成 都	Chengdu	105.8	106.7	107.6	109.4	110.7	111.6	111.7	112.8	113.4	114.0	114.7	115.0
贵 阳	Guiyang	107.3	108.0	108.9	110.2	111.1	111.0	111.6	111.5	112.7	113.5	114.0	114.4
昆 明	Kunming	108.6	108.5	109.7	110.6	111.3	111.8	112.1	113.0	113.7	114.2	114.9	115.7
西 安	Xi'an	106.2	106.9	107.8	108.5	110.0	111.0	112.2	113.3	114.1	114.6	115.2	115.6
兰 州	Lanzhou	108.2	109.1	110.2	110.6	111.2	112.3	112.8	114.2	114.6	115.1	115.5	115.6
西 宁	Xining	109.7	111.5	112.1	113.0	114.3	115.5	116.7	118.1	118.5	119.1	119.7	120.4
银 川	Yinchuan	104.0	104.4	104.9	106.0	107.0	108.4	109.0	110.3	111.2	111.9	112.5	113.3
乌鲁木齐	Urumqi	114.9	117.1	118.6	120.3	120.8	120.6	121.1	122.1	123.5	124.1	124.7	125.8

4-1-4 续表 Continued

城 市	City	1月	2月	3月	4月	5月	6月	7月	8月	9月	10月	11月	12月
唐 山	Tangshan	101.9	102.3	103.1	103.0	103.0	103.1	103.0	103.0	103.2	103.5	103.3	103.8
秦皇岛	Qinhuangdao	107.5	108.8	109.9	110.9	111.9	112.5	113.3	114.4	115.2	115.1	115.1	115.7
包 头	Baotou	106.4	108.3	109.1	110.0	111.7	111.8	112.4	112.2	112.7	114.4	115.2	116.1
丹 东	Dandong	108.0	108.8	109.9	110.8	111.9	112.7	113.8	114.9	115.8	116.6	116.6	117.3
锦 州	Jinzhou	106.2	107.3	107.4	108.5	109.5	110.8	111.8	113.4	114.7	116.0	116.8	117.1
吉 林	Jilin	107.0	107.7	108.4	109.0	110.3	111.4	112.1	113.0	113.9	114.4	115.0	115.3
牡丹江	Mudanjiang	107.0	108.0	108.8	109.9	110.9	111.5	111.8	111.8	112.5	112.5	113.1	113.8
无 锡	Wuxi	101.8	102.6	104.1	104.7	105.3	105.3	105.6	106.0	106.2	106.8	107.1	107.3
扬 州	Yangzhou	103.6	104.2	104.9	106.0	107.1	108.0	108.0	108.4	108.8	110.2	111.0	111.2
徐 州	Xuzhou	103.9	105.3	107.0	108.0	109.1	110.0	111.1	112.1	112.9	113.8	114.4	114.7
温 州	Wenzhou	85.4	85.3	85.3	85.3	85.7	86.4	86.3	86.1	85.6	85.7	84.8	83.2
金 华	Jinhua	99.7	99.8	100.6	101.2	102.2	102.7	103.6	104.7	105.8	106.1	106.2	106.6
蚌 埠	Bengbu	103.6	104.0	104.6	104.8	105.4	105.8	105.8	106.2	106.8	107.1	107.3	107.2
安 庆	Anqing	103.2	104.0	105.2	105.6	106.3	106.8	106.7	107.2	107.8	108.8	109.5	109.5
泉 州	Quanzhou	101.1	102.1	102.1	103.8	104.6	105.2	106.1	106.8	108.2	108.7	109.0	109.5
九 江	Jiujiang	104.2	105.0	105.8	106.3	107.8	108.3	108.3	108.8	108.6	109.2	110.5	111.1
赣 州	Ganzhou	105.5	106.6	108.5	109.2	109.8	109.7	111.0	111.9	112.7	113.9	114.6	114.9
烟 台	Yantai	104.0	104.9	106.5	107.1	107.4	108.1	109.0	110.4	111.2	112.1	112.9	113.9
济 宁	Jining	104.5	105.7	107.1	107.9	108.2	110.1	111.1	112.3	112.5	114.0	114.2	115.2
洛 阳	Luoyang	106.4	107.7	108.1	109.0	110.0	110.6	111.9	112.6	113.3	113.4	114.0	114.3
平顶山	Pingdingshan	105.2	106.4	108.1	108.7	110.2	111.0	111.7	113.3	115.5	116.2	116.0	116.8
宜 昌	Yichang	105.9	106.6	107.9	109.3	110.7	111.4	111.8	113.3	114.2	114.6	115.3	116.0
襄 阳	Xiangyang	106.8	107.4	108.8	110.6	112.1	112.9	113.0	113.6	114.1	114.6	115.3	115.6
岳 阳	Yueyang	109.9	110.4	111.7	112.9	115.3	117.3	117.9	118.8	120.4	121.4	121.4	121.6
常 德	Changde	105.5	106.4	107.1	107.7	107.7	108.3	108.7	110.0	110.4	110.8	111.2	111.4
惠 州	Huizhou	106.6	107.4	108.6	109.1	109.8	110.5	111.3	112.0	112.9	114.0	114.7	115.4
湛 江	Zhanjiang	109.1	110.2	110.7	112.0	113.0	114.1	115.5	116.7	117.9	118.4	119.6	119.7
韶 关	Shaoguan	107.2	108.4	109.0	109.6	111.1	111.1	112.2	112.8	113.1	113.8	113.8	113.5
桂 林	Guilin	107.7	107.7	108.4	108.9	112.0	113.9	116.2	117.4	117.3	118.7	120.4	120.8
北 海	Beihai	101.9	102.9	104.4	105.4	106.5	107.7	108.9	110.0	111.3	111.9	112.7	113.5
三 亚	Sanya	102.3	102.6	103.1	103.6	103.4	103.6	104.0	104.7	105.0	105.7	106.6	106.9
泸 州	Luzhou	104.5	105.3	106.4	107.5	107.6	107.6	108.8	110.0	112.2	112.8	113.3	114.1
南 充	Nanchong	102.4	103.8	105.2	106.2	107.5	109.6	110.5	111.4	111.7	111.8	111.9	112.6
遵 义	Zunyi	108.5	109.5	110.3	111.1	111.1	111.3	111.5	112.9	113.1	113.7	114.7	114.7
大 理	Dali	100.9	100.9	101.7	102.1	102.8	103.3	103.6	104.7	105.1	105.4	106.6	106.8

4-1-5　2013年70个大中城市144㎡以上新建商品住宅销售价格指数
(以2010年价格为100)
Housing Price Indices of Above 144㎡ Newly Constructed Commercial Residential Buildings in 70 Large and Medium-Sized Cities 2013(2010=100)

城　市	City	1月	2月	3月	4月	5月	6月	7月	8月	9月	10月	11月	12月
北　京	Beijing	107.2	110.5	113.3	115.2	117.1	118.9	120.8	122.0	123.3	124.2	125.1	126.2
天　津	Tianjin	104.1	105.6	108.2	108.9	109.3	109.7	110.2	110.7	110.7	111.1	111.7	112.5
石家庄	Shijiazhuang	109.0	109.9	110.8	111.9	112.2	113.6	113.8	115.0	116.2	117.6	118.4	118.4
太　原	Taiyuan	102.7	103.4	104.2	105.3	107.3	108.3	109.2	109.8	111.3	112.4	112.6	113.1
呼和浩特	Hohhot	107.0	108.3	108.3	108.2	109.7	110.7	112.1	112.9	113.5	115.6	116.4	116.8
沈　阳	Shenyang	104.0	105.0	106.9	109.2	111.0	112.5	113.7	114.7	116.0	116.6	117.3	117.6
大　连	Dalian	107.0	107.5	109.3	110.7	112.1	113.2	113.9	114.3	115.2	116.0	116.7	117.3
长　春	Changchun	101.4	102.3	102.7	103.1	104.4	104.9	105.6	106.7	107.4	108.0	108.5	109.3
哈尔滨	Harbin	104.8	105.5	106.0	107.2	107.9	109.3	109.7	110.7	111.8	112.6	113.8	114.3
上　海	Shanghai	102.4	104.9	108.2	110.4	112.0	114.5	116.6	118.5	120.2	121.4	122.2	123.1
南　京	Nanjing	101.1	103.6	105.7	107.6	109.1	110.6	111.5	112.6	113.8	114.7	115.6	116.3
杭　州	Hangzhou	91.7	92.6	93.7	95.1	96.0	96.9	97.7	98.7	100.0	100.8	101.7	102.0
宁　波	Ningbo	94.3	95.3	95.2	95.9	96.3	97.1	97.2	97.9	98.7	99.3	100.3	101.0
合　肥	Hefei	101.2	102.4	103.1	103.6	104.2	105.3	106.3	107.1	108.1	108.5	109.8	110.6
福　州	Fuzhou	105.0	106.7	107.4	109.4	109.8	112.1	112.9	113.4	114.7	115.4	116.5	116.8
厦　门	Xiamen	106.8	109.2	110.9	112.7	114.0	115.1	117.4	118.2	119.8	120.3	120.7	120.7
南　昌	Nanchang	105.7	107.4	108.8	109.7	110.9	112.4	113.0	113.5	114.6	115.6	115.8	116.7
济　南	Jinan	102.3	103.0	104.1	105.5	105.9	106.3	107.8	109.1	109.9	110.3	111.4	112.0
青　岛	Qingdao	98.0	100.1	101.5	102.1	103.2	103.5	104.2	105.2	105.8	106.5	107.3	108.3
郑　州	Zhengzhou	108.0	109.7	111.7	114.0	114.7	115.6	117.6	118.8	119.0	119.5	119.9	120.2
武　汉	Wuhan	103.6	105.1	106.0	107.0	108.1	109.2	110.1	111.1	111.7	113.0	113.7	114.2
长　沙	Changsha	106.4	107.3	109.8	111.2	112.6	113.4	114.7	115.7	116.5	117.4	118.2	118.8
广　州	Guangzhou	106.4	110.3	113.4	114.9	116.9	118.1	119.0	121.0	122.3	123.2	124.3	125.1
深　圳	Shenzhen	105.5	107.8	111.1	113.2	115.3	116.9	117.9	119.5	121.2	122.2	123.2	123.9
南　宁	Nanning	100.5	101.8	103.0	104.1	105.6	106.6	107.8	108.7	109.5	110.8	110.8	111.6
海　口	Haikou	100.6	100.6	100.7	100.7	101.3	101.5	101.5	101.5	101.5	102.1	102.7	102.9
重　庆	Chongqing	103.7	104.9	105.6	106.7	107.1	107.4	108.1	109.1	110.0	110.9	112.1	112.2
成　都	Chengdu	101.3	101.7	103.2	105.5	106.5	107.5	107.9	108.7	109.3	109.9	110.2	110.3
贵　阳	Guiyang	106.4	107.1	107.7	108.9	109.6	109.5	110.5	110.5	111.3	112.8	113.2	113.4
昆　明	Kunming	105.5	105.5	106.7	107.3	108.1	108.8	109.2	110.0	110.5	110.6	111.3	111.7
西　安	Xi'an	104.1	104.5	106.4	107.4	108.4	109.4	110.7	111.9	113.1	114.5	114.7	115.8
兰　州	Lanzhou	108.0	109.2	111.0	113.3	113.8	114.8	115.0	117.0	117.3	117.6	118.2	118.6
西　宁	Xining	109.4	110.1	110.6	111.4	112.8	114.2	115.1	116.1	116.2	118.3	119.1	119.8
银　川	Yinchuan	107.8	108.0	108.7	109.6	110.8	110.9	111.5	112.5	113.2	113.9	114.3	115.3
乌鲁木齐	Urumqi	110.7	111.2	112.1	113.1	114.1	114.0	114.6	115.4	116.7	117.7	117.9	118.6

4-1-5 续表 Continued

城 市	City	1月	2月	3月	4月	5月	6月	7月	8月	9月	10月	11月	12月
唐 山	Tangshan	101.2	101.2	101.4	101.4	101.2	101.1	101.1	101.5	101.2	101.5	101.8	101.8
秦皇岛	Qinhuangdao	109.1	110.1	110.8	110.7	111.9	112.1	112.7	113.8	115.1	114.8	115.0	115.5
包 头	Baotou	104.3	106.5	107.1	107.3	108.5	108.7	109.5	109.4	109.7	108.9	109.2	109.7
丹 东	Dandong	105.9	106.5	107.7	108.0	109.1	109.4	110.4	111.4	112.3	113.6	114.6	115.0
锦 州	Jinzhou	101.6	102.4	102.6	103.3	104.4	106.1	107.2	108.8	109.8	110.6	111.5	112.1
吉 林	Jilin	107.0	107.6	108.7	109.6	110.8	111.2	111.6	112.4	113.6	114.5	115.7	116.5
牡丹江	Mudanjiang	108.8	109.3	110.5	111.3	111.8	112.6	112.9	113.3	113.5	113.3	113.5	113.7
无 锡	Wuxi	100.7	101.4	103.1	103.8	104.3	104.3	104.7	104.9	105.8	106.8	107.5	107.9
扬 州	Yangzhou	104.0	104.4	104.4	105.8	106.3	107.2	107.1	107.8	108.4	109.6	110.9	111.7
徐 州	Xuzhou	101.7	102.4	103.6	104.8	105.5	106.3	107.5	108.7	109.5	111.0	111.3	112.2
温 州	Wenzhou	81.1	80.7	80.6	80.6	80.9	81.0	80.6	80.5	80.4	80.4	80.2	78.9
金 华	Jinhua	94.4	94.6	95.5	95.8	96.8	97.0	98.3	99.4	100.1	100.2	100.2	100.3
蚌 埠	Bengbu	104.1	104.5	105.0	105.5	106.1	106.1	106.5	107.1	108.1	108.9	109.1	109.0
安 庆	Anqing	103.8	104.1	104.6	105.0	105.5	106.0	106.1	107.1	108.0	108.5	108.8	109.6
泉 州	Quanzhou	99.6	100.2	100.3	101.5	102.0	102.0	103.3	103.6	104.6	105.2	105.6	106.6
九 江	Jiujiang	100.7	101.9	102.0	102.7	103.6	104.1	103.8	104.1	103.9	104.6	105.1	105.9
赣 州	Ganzhou	106.6	108.2	109.4	109.7	109.9	109.5	110.5	110.9	111.9	112.5	113.7	113.8
烟 台	Yantai	100.5	101.3	102.9	104.4	104.5	104.5	105.1	105.9	106.4	106.9	107.8	108.1
济 宁	Jining	102.4	103.3	104.3	105.3	106.0	106.8	106.8	108.0	108.2	109.5	109.6	110.7
洛 阳	Luoyang	105.5	106.9	107.4	108.3	109.3	109.8	111.1	112.0	113.5	114.2	115.1	115.2
平顶山	Pingdingshan	101.9	103.2	103.9	104.8	105.5	105.9	106.4	107.1	108.0	108.1	108.6	108.6
宜 昌	Yichang	104.6	105.8	106.5	107.3	108.5	108.9	109.6	111.0	111.6	112.2	112.8	113.2
襄 阳	Xiangyang	104.2	105.1	106.4	107.7	108.3	109.0	109.1	110.1	110.6	111.2	112.4	112.4
岳 阳	Yueyang	108.8	109.2	110.4	111.6	113.3	115.1	115.3	116.2	117.7	117.7	117.7	117.8
常 德	Changde	104.7	105.3	107.6	108.8	108.5	109.2	109.8	110.6	111.2	111.4	112.1	113.2
惠 州	Huizhou	101.9	102.7	103.2	103.9	104.8	105.6	106.0	106.7	107.3	107.8	108.9	109.9
湛 江	Zhanjiang	106.6	107.4	107.8	108.2	109.2	109.8	110.5	111.2	112.3	113.3	114.9	114.9
韶 关	Shaoguan	104.6	105.9	106.3	106.9	108.1	108.0	108.0	108.3	109.0	109.2	109.4	108.9
桂 林	Guilin	99.9	99.6	100.7	101.9	105.1	106.6	108.5	109.3	109.2	110.3	111.1	112.1
北 海	Beihai	98.5	99.2	99.5	100.8	101.5	102.6	103.0	104.4	105.4	106.2	107.2	107.3
三 亚	Sanya	100.5	100.9	101.6	102.2	102.2	102.3	102.5	102.8	102.8	104.0	104.8	104.8
泸 州	Luzhou	104.4	104.8	107.1	107.4	107.2	106.9	107.9	108.6	110.4	110.8	111.7	112.2
南 充	Nanchong	102.8	103.7	105.2	106.6	107.4	109.3	110.4	110.9	111.3	111.1	111.0	112.1
遵 义	Zunyi	107.4	108.3	108.8	109.2	109.1	109.6	109.9	110.8	111.3	112.0	113.4	114.4
大 理	Dali	102.3	102.4	103.2	103.8	104.6	105.7	105.9	106.7	107.2	107.6	108.8	109.0

4-1-6 2013年70个大中城市二手住宅销售价格指数
(以2010年价格为100)
Housing Price Indices of Second-Hand Residential Buildings in 70 Large and Medium-Sized Cities 2013(2010=100)

城　市	City	1月	2月	3月	4月	5月	6月	7月	8月	9月	10月	11月	12月
北　京	Beijing	101.6	103.7	106.9	109.0	110.9	112.3	113.9	115.2	116.8	118.1	119.5	120.3
天　津	Tianjin	101.7	102.7	103.3	103.8	104.5	104.7	104.8	105.0	105.5	106.1	106.5	106.9
石家庄	Shijiazhuang	97.9	98.6	98.6	99.1	99.3	99.4	99.2	99.0	99.6	100.4	100.8	101.0
太　原	Taiyuan	111.5	112.2	112.7	112.7	113.0	113.6	114.0	114.0	114.4	115.0	115.2	115.6
呼和浩特	Hohhot	104.4	104.9	105.3	105.5	105.9	105.9	106.3	106.3	106.7	107.3	107.8	108.0
沈　阳	Shenyang	104.3	104.9	105.1	105.5	105.9	106.2	106.7	107.4	108.2	109.0	109.3	109.8
大　连	Dalian	105.9	106.4	106.9	107.3	107.2	107.3	107.3	107.3	107.5	107.7	107.8	108.0
长　春	Changchun	101.7	102.2	102.8	103.2	103.3	103.5	103.7	104.1	104.7	105.2	105.5	105.7
哈尔滨	Harbin	99.0	99.7	100.1	100.5	100.6	100.5	100.8	101.2	102.0	102.6	102.7	103.5
上　海	Shanghai	103.2	104.9	107.6	109.0	110.0	111.2	112.1	113.0	114.1	115.2	116.0	116.6
南　京	Nanjing	97.6	98.4	99.4	100.4	101.2	102.1	102.6	103.2	103.8	104.1	104.4	104.8
杭　州	Hangzhou	94.5	95.8	96.0	96.2	96.4	96.7	96.6	96.8	97.4	97.4	97.6	97.8
宁　波	Ningbo	92.1	93.2	93.4	93.6	94.3	94.7	94.8	95.0	94.9	95.3	95.8	96.1
合　肥	Hefei	99.8	100.1	101.2	101.9	102.2	102.2	102.7	103.0	104.0	104.6	105.4	106.2
福　州	Fuzhou	95.5	96.5	97.5	98.4	99.0	99.8	100.7	101.3	102.1	102.8	103.4	104.2
厦　门	Xiamen	103.9	104.5	105.6	106.0	106.4	106.9	107.4	107.9	108.3	108.9	109.3	110.0
南　昌	Nanchang	100.9	101.5	102.4	103.1	103.4	103.4	103.7	104.1	104.9	105.3	106.0	106.4
济　南	Jinan	101.9	102.5	102.7	103.0	103.4	103.8	104.4	104.8	105.2	105.5	105.8	106.2
青　岛	Qingdao	100.0	100.4	100.7	101.1	101.7	102.1	102.4	102.8	102.9	103.0	103.1	103.6
郑　州	Zhengzhou	103.5	104.1	104.7	105.6	106.1	106.8	107.1	107.7	108.4	109.2	110.0	110.7
武　汉	Wuhan	102.5	103.6	103.8	104.8	105.6	106.3	107.3	108.3	109.1	109.8	110.4	110.8
长　沙	Changsha	101.3	101.7	102.3	103.1	104.4	105.1	105.4	105.7	106.0	106.7	107.0	107.5
广　州	Guangzhou	106.4	108.2	109.9	110.6	111.9	112.9	114.1	115.2	115.7	116.9	118.3	119.0
深　圳	Shenzhen	105.3	106.9	109.3	110.5	111.5	113.0	114.1	116.0	117.5	118.5	119.5	120.3
南　宁	Nanning	103.1	102.9	103.4	103.9	104.5	104.9	104.9	104.9	105.4	105.8	105.9	106.5
海　口	Haikou	95.1	94.9	95.0	95.1	95.0	95.0	94.9	94.8	94.8	94.8	95.2	95.4
重　庆	Chongqing	100.5	100.9	101.6	102.0	102.5	102.7	103.0	103.1	103.3	103.9	104.7	105.1
成　都	Chengdu	99.3	99.7	100.4	101.0	101.3	101.8	102.1	102.4	102.8	103.4	103.8	104.2
贵　阳	Guiyang	108.4	108.9	110.2	110.9	111.9	113.0	114.0	114.7	116.7	117.4	118.6	118.8
昆　明	Kunming	107.4	108.0	109.2	110.3	111.7	112.5	113.0	113.4	113.7	114.3	114.9	115.4
西　安	Xi'an	101.8	102.4	103.3	103.4	103.9	104.3	104.6	104.7	105.1	105.7	106.1	106.5
兰　州	Lanzhou	98.1	98.3	98.7	99.1	99.4	99.3	99.7	99.5	100.0	100.5	100.9	101.1
西　宁	Xining	107.8	108.3	108.9	109.3	110.0	110.6	110.7	111.0	111.4	111.6	112.2	112.3
银　川	Yinchuan	102.8	103.6	104.3	105.1	106.0	106.7	107.3	108.1	108.8	109.7	110.5	111.1
乌鲁木齐	Urumqi	107.0	107.4	108.2	108.6	109.3	109.8	110.3	110.8	111.1	111.6	111.8	112.3

4-1-6 续表 Continued

城 市	City	1月	2月	3月	4月	5月	6月	7月	8月	9月	10月	11月	12月
唐 山	Tangshan	102.2	102.5	102.8	103.1	103.7	103.8	104.0	104.0	104.1	104.7	104.7	104.7
秦皇岛	Qinhuangdao	101.4	102.1	102.5	102.5	103.3	103.5	103.4	103.7	103.7	103.7	103.5	103.6
包 头	Baotou	100.1	100.5	100.7	101.0	101.2	101.2	101.4	101.7	102.1	102.5	102.8	103.0
丹 东	Dandong	102.2	102.6	103.0	103.4	103.8	103.7	104.0	104.5	104.9	105.5	105.9	106.2
锦 州	Jinzhou	98.9	99.3	99.7	100.0	100.3	100.6	101.0	101.3	101.8	102.1	102.3	102.2
吉 林	Jilin	103.4	104.0	103.9	104.2	104.4	104.5	104.8	104.9	104.9	105.0	105.2	105.4
牡丹江	Mudanjiang	101.2	101.4	101.5	102.4	102.7	103.0	103.3	103.0	103.3	103.0	103.0	102.9
无 锡	Wuxi	104.7	105.6	105.7	106.1	106.1	106.0	106.0	106.2	106.6	106.7	107.3	107.4
扬 州	Yangzhou	98.8	99.4	99.5	100.0	100.2	100.4	100.5	101.0	101.2	101.6	101.9	102.1
徐 州	Xuzhou	98.9	99.4	98.8	98.8	98.9	99.4	99.5	99.8	100.0	100.0	100.2	100.0
温 州	Wenzhou	89.0	88.4	87.4	86.8	86.5	86.3	85.9	85.8	85.3	85.0	84.4	82.9
金 华	Jinhua	94.2	94.6	95.0	95.2	95.6	96.0	96.5	96.9	97.5	97.9	98.5	98.8
蚌 埠	Bengbu	104.5	104.6	104.7	105.3	105.8	105.9	105.9	106.2	106.1	106.4	106.9	107.6
安 庆	Anqing	99.2	99.5	99.7	100.0	100.2	100.4	100.7	100.9	101.1	101.3	101.4	101.3
泉 州	Quanzhou	96.0	96.2	96.3	96.7	97.2	97.5	98.0	98.3	98.6	99.0	99.3	99.9
九 江	Jiujiang	101.1	101.7	102.4	102.8	103.2	103.0	102.8	103.0	102.9	103.2	103.9	104.7
赣 州	Ganzhou	99.0	99.4	99.8	99.8	99.7	99.6	100.0	100.1	100.3	100.7	100.9	101.0
烟 台	Yantai	98.0	98.6	99.3	100.1	100.8	101.3	102.1	102.3	102.7	103.3	103.8	104.3
济 宁	Jining	104.9	105.5	106.2	106.7	107.2	107.6	107.8	107.9	108.2	108.3	108.3	108.9
洛 阳	Luoyang	105.3	106.0	106.7	107.5	108.3	108.5	109.4	109.4	109.7	110.1	110.3	111.1
平顶山	Pingdingshan	105.4	105.7	106.3	107.2	108.0	108.4	108.8	109.1	109.4	109.8	110.0	110.5
宜 昌	Yichang	99.8	101.3	102.8	103.8	104.9	105.5	105.9	106.4	106.8	107.5	108.0	108.5
襄 阳	Xiangyang	106.0	107.0	108.1	109.5	110.9	111.8	112.6	113.3	113.5	114.2	115.1	115.3
岳 阳	Yueyang	109.6	110.0	110.6	111.3	111.9	112.3	112.7	113.0	113.6	113.9	114.2	114.5
常 德	Changde	105.3	105.8	108.3	110.2	111.1	112.0	112.1	112.8	113.3	113.8	114.0	114.1
惠 州	Huizhou	104.5	105.0	105.8	106.3	106.8	107.3	107.7	108.0	108.5	109.2	110.1	111.0
湛 江	Zhanjiang	107.0	107.5	107.7	108.0	108.3	108.5	108.7	109.2	109.8	110.3	110.6	111.1
韶 关	Shaoguan	105.3	106.3	107.0	107.3	107.6	107.6	107.6	109.3	109.6	109.6	109.6	109.8
桂 林	Guilin	101.8	102.2	102.7	103.1	103.9	104.4	104.8	105.3	105.8	106.0	106.3	106.6
北 海	Beihai	102.0	102.4	103.4	104.0	104.7	105.4	105.9	106.3	106.7	107.1	107.7	108.1
三 亚	Sanya	94.1	94.2	94.4	94.6	94.8	94.8	94.9	95.1	95.2	95.4	95.4	96.1
泸 州	Luzhou	101.0	100.9	101.3	101.7	101.9	101.9	102.1	102.4	103.0	103.4	104.2	104.9
南 充	Nanchong	101.0	101.7	102.0	102.6	103.0	103.2	103.5	103.9	104.5	105.1	105.8	106.3
遵 义	Zunyi	107.1	108.2	109.0	109.5	109.8	110.0	110.0	110.1	110.0	110.7	111.4	111.7
大 理	Dali	102.7	102.9	103.5	103.6	103.9	104.2	103.9	104.2	104.6	105.1	105.6	105.7

4-1-7　2013年70个大中城市90㎡及以下二手住宅销售价格指数（以2010年价格为100）

Housing Price Indices of 90㎡ and below Second-Hand Residential Buildings in 70 Large and Medium-Sized Cities 2013(2010=100)

城市	City	1月	2月	3月	4月	5月	6月	7月	8月	9月	10月	11月	12月
北京	Beijing	102.5	105.2	108.5	110.8	112.4	113.9	115.6	117.1	118.8	120.1	121.7	122.3
天津	Tianjin	103.7	104.8	105.3	105.9	106.6	106.8	107.1	107.4	108.0	108.4	108.7	109.1
石家庄	Shijiazhuang	97.9	98.6	98.7	99.1	99.4	99.4	99.3	99.0	99.5	100.4	100.7	100.9
太原	Taiyuan	112.3	113.3	113.8	113.8	114.2	114.9	115.3	115.7	115.7	116.2	116.3	117.0
呼和浩特	Hohhot	104.1	104.7	105.2	105.5	105.9	106.0	106.5	106.5	106.9	107.6	108.2	108.1
沈阳	Shenyang	104.8	105.5	105.8	106.1	106.5	106.7	107.2	108.0	108.9	109.8	110.2	110.9
大连	Dalian	105.6	106.2	106.8	107.1	107.0	107.1	107.2	107.5	107.7	107.9	108.0	108.2
长春	Changchun	102.9	103.5	104.1	104.6	104.7	105.2	105.7	106.2	106.8	107.5	107.5	107.6
哈尔滨	Harbin	98.7	99.3	99.8	100.3	100.5	100.3	100.8	101.1	102.1	102.5	102.7	103.6
上海	Shanghai	104.5	106.2	109.0	110.5	111.6	112.9	113.9	115.0	116.3	117.4	118.4	119.0
南京	Nanjing	97.0	97.6	98.5	99.4	100.0	100.6	101.3	101.7	102.4	102.7	102.9	103.4
杭州	Hangzhou	95.5	97.0	97.4	97.5	97.6	97.9	98.2	98.5	99.2	99.2	99.3	99.6
宁波	Ningbo	92.6	94.0	94.2	94.4	95.0	95.4	95.5	95.9	95.8	96.2	96.6	96.8
合肥	Hefei	102.4	102.4	103.8	104.5	104.7	104.0	104.1	104.4	105.5	106.1	106.8	108.2
福州	Fuzhou	95.1	96.0	96.9	97.8	98.7	99.7	101.1	101.7	102.5	103.2	104.2	105.1
厦门	Xiamen	105.7	106.4	107.7	108.2	108.8	109.4	110.0	110.6	111.0	111.5	111.9	112.7
南昌	Nanchang	103.8	104.5	105.6	106.3	106.8	106.6	107.0	107.3	108.2	108.5	109.3	109.5
济南	Jinan	100.2	100.7	101.0	101.3	101.7	102.0	102.8	103.2	103.1	103.3	103.8	104.3
青岛	Qingdao	99.4	99.8	100.1	100.7	101.3	101.7	102.3	102.8	103.1	103.4	103.7	104.3
郑州	Zhengzhou	104.2	104.9	105.5	106.3	106.7	107.6	107.8	108.5	109.3	110.1	110.9	111.8
武汉	Wuhan	102.7	103.8	103.8	104.9	105.8	106.5	107.4	108.3	109.2	109.8	110.2	110.8
长沙	Changsha	102.0	102.6	103.2	104.1	105.1	105.9	106.0	106.2	106.5	106.7	107.0	107.3
广州	Guangzhou	110.2	112.1	113.5	114.3	115.4	116.2	117.5	118.5	119.1	120.5	121.7	122.1
深圳	Shenzhen	106.5	107.9	110.6	111.5	112.6	114.2	115.5	117.6	119.3	120.3	121.6	122.5
南宁	Nanning	103.3	103.1	103.8	104.3	104.8	105.1	105.3	105.4	105.9	106.3	106.3	106.8
海口	Haikou	95.3	95.0	95.1	95.2	95.2	95.2	95.0	95.1	95.1	95.2	95.6	95.8
重庆	Chongqing	98.4	98.6	99.3	99.5	99.9	100.1	100.2	100.2	100.6	101.2	102.1	102.5
成都	Chengdu	100.4	100.7	101.4	101.8	102.1	102.6	102.7	103.1	103.3	103.7	104.1	104.4
贵阳	Guiyang	108.1	108.6	110.1	110.7	111.8	112.9	114.2	115.4	117.8	118.5	119.8	120.1
昆明	Kunming	109.0	109.5	110.8	112.1	113.9	114.4	115.0	115.1	115.2	116.0	116.5	116.9
西安	Xi'an	102.8	103.7	105.3	105.3	106.0	106.4	106.8	106.9	107.1	107.4	108.0	108.3
兰州	Lanzhou	97.6	97.7	98.3	98.7	99.1	99.0	99.3	99.2	99.6	100.1	100.4	100.5
西宁	Xining	108.6	109.3	109.9	110.3	110.9	111.6	111.7	112.0	112.5	112.7	113.3	113.4
银川	Yinchuan	102.4	103.5	104.1	104.9	105.8	106.5	107.1	107.8	108.5	109.4	110.1	110.8
乌鲁木齐	Urumqi	109.2	109.6	110.5	111.0	111.8	112.3	113.0	113.6	113.9	114.4	114.9	115.4

城　　市	City	1月	2月	3月	4月	5月	6月	7月	8月	9月	10月	11月	12月
唐　山	Tangshan	102.5	102.9	103.2	103.5	104.1	104.1	104.4	104.4	104.5	105.1	105.1	105.1
秦皇岛	Qinhuangdao	102.8	103.6	104.0	104.2	105.0	105.0	104.8	105.1	105.2	105.0	104.9	105.0
包　头	Baotou	98.9	99.6	99.8	100.0	100.3	100.3	100.4	101.0	101.4	101.7	102.3	102.6
丹　东	Dandong	104.0	104.5	105.0	105.4	105.8	105.9	106.4	106.7	107.3	107.9	108.1	108.3
锦　州	Jinzhou	98.0	98.4	98.8	99.1	99.2	99.6	99.9	100.2	100.7	100.9	101.1	101.0
吉　林	Jilin	104.8	105.5	105.3	105.6	105.8	106.0	106.1	106.2	106.3	106.4	106.7	106.8
牡丹江	Mudanjiang	102.6	102.9	103.0	104.1	104.3	104.7	104.8	104.7	104.7	104.5	104.4	104.1
无　锡	Wuxi	103.3	104.6	104.6	105.1	104.9	104.8	105.1	105.4	105.7	105.6	106.3	106.5
扬　州	Yangzhou	98.9	99.4	99.6	100.2	100.3	100.6	100.6	101.0	101.4	101.8	102.2	102.3
徐　州	Xuzhou	98.6	99.1	98.7	99.0	99.1	99.3	99.4	99.5	99.8	99.9	99.9	99.9
温　州	Wenzhou	91.2	90.8	89.9	89.2	89.0	88.6	88.2	87.9	87.6	87.3	86.8	85.4
金　华	Jinhua	95.1	95.5	96.3	96.5	96.8	96.9	97.6	98.1	98.8	99.3	99.6	99.8
蚌　埠	Bengbu	104.5	104.6	104.7	105.4	105.8	105.9	105.9	106.2	106.1	106.1	106.8	107.8
安　庆	Anqing	99.1	99.5	99.7	100.0	100.2	100.4	100.6	100.9	101.1	101.2	101.4	101.2
泉　州	Quanzhou	95.4	95.7	95.7	96.1	96.6	97.0	97.4	97.7	98.0	98.5	98.7	99.2
九　江	Jiujiang	101.4	102.1	102.9	103.3	103.7	103.5	103.3	103.6	103.4	103.9	104.7	105.3
赣　州	Ganzhou	99.2	99.8	100.5	100.5	100.6	100.3	100.5	100.8	101.0	101.3	101.6	101.4
烟　台	Yantai	99.3	99.9	101.1	102.1	102.9	103.5	104.6	104.8	105.1	105.3	105.7	106.1
济　宁	Jining	107.3	107.7	108.6	109.3	109.5	110.2	110.9	112.1	111.8	111.9	111.7	112.2
洛　阳	Luoyang	104.7	105.4	106.4	107.3	108.2	108.9	109.9	110.0	110.7	111.3	111.4	112.4
平顶山	Pingdingshan	109.0	109.2	109.9	110.7	111.5	112.5	113.0	113.4	113.8	114.1	114.5	115.1
宜　昌	Yichang	99.2	100.5	101.9	103.0	104.0	104.6	105.3	105.6	105.9	106.5	107.0	107.5
襄　阳	Xiangyang	108.1	109.1	110.4	113.1	113.1	114.6	115.4	115.6	115.8	116.2	117.2	116.7
岳　阳	Yueyang	108.8	109.2	109.8	110.4	111.1	111.6	111.9	112.2	112.9	113.3	113.5	113.8
常　德	Changde	110.5	111.5	113.1	114.2	115.3	115.5	116.0	116.9	116.9	117.1	117.5	117.5
惠　州	Huizhou	105.1	105.6	106.5	107.2	107.7	108.3	108.6	108.9	109.4	110.1	111.0	111.9
湛　江	Zhanjiang	106.2	106.6	106.6	107.2	107.8	107.9	108.2	108.6	109.5	110.1	110.5	110.8
韶　关	Shaoguan	104.7	105.7	106.1	106.3	106.1	105.4	105.9	108.0	108.1	107.8	107.7	107.9
桂　林	Guilin	101.3	101.8	102.4	103.0	103.9	104.5	104.7	105.1	105.6	105.7	106.1	106.4
北　海	Beihai	102.3	102.7	103.7	104.1	104.7	105.4	105.9	106.3	106.5	106.9	107.7	108.2
三　亚	Sanya	94.5	94.6	94.7	94.9	95.0	95.1	95.3	95.4	95.6	96.0	96.1	97.1
泸　州	Luzhou	101.4	101.3	101.6	102.1	102.3	102.3	102.5	102.6	103.4	103.9	104.6	105.3
南　充	Nanchong	101.7	102.3	102.6	103.1	103.4	103.7	103.9	104.3	105.1	105.6	106.0	106.6
遵　义	Zunyi	103.7	105.1	106.0	106.5	107.2	107.3	107.6	107.9	107.8	108.5	109.3	109.5
大　理	Dali	103.8	103.9	104.6	104.7	105.0	105.0	104.8	104.7	105.2	105.8	106.6	106.8

4-1-8　2013年70个大中城市90-144㎡二手住宅销售价格指数（以2010年价格为100）

Housing Price Indices of 90-144㎡ Second-Hand Residential Buildings in 70 Large and Medium-Sized Cities 2013(2010=100)

城　市	City	1月	2月	3月	4月	5月	6月	7月	8月	9月	10月	11月	12月
北　京	Beijing	100.8	102.7	105.8	107.9	110.1	111.6	113.1	114.3	115.8	117.3	118.5	119.5
天　津	Tianjin	103.3	103.9	104.7	105.0	105.7	106.0	105.8	106.1	106.6	107.4	108.0	108.5
石家庄	Shijiazhuang	98.9	99.7	99.6	100.2	100.4	100.4	100.1	100.2	100.9	101.5	102.1	102.2
太　原	Taiyuan	110.6	111.2	111.7	111.8	112.1	112.8	113.2	112.8	113.3	114.1	114.6	114.8
呼和浩特	Hohhot	105.4	105.9	106.3	106.4	106.6	106.6	107.0	107.0	107.3	107.9	108.4	108.9
沈　阳	Shenyang	104.2	104.6	104.8	105.1	105.6	106.1	106.7	107.4	108.2	108.6	108.6	108.9
大　连	Dalian	106.1	106.5	107.1	107.4	107.5	107.5	107.3	106.8	107.0	107.1	107.1	107.1
长　春	Changchun	100.7	101.3	102.0	102.3	102.2	102.1	101.8	102.0	102.7	103.0	103.7	103.8
哈尔滨	Harbin	99.4	100.2	100.6	101.1	100.9	100.8	101.0	101.6	102.6	103.4	103.6	104.4
上　海	Shanghai	103.5	105.1	108.0	109.2	110.2	111.3	112.2	112.9	114.0	115.0	115.9	116.7
南　京	Nanjing	97.0	97.9	98.8	99.3	100.2	101.3	101.6	102.2	102.5	102.9	103.1	103.1
杭　州	Hangzhou	94.8	96.2	96.2	96.6	96.7	97.3	96.4	96.5	97.1	97.2	97.7	97.8
宁　波	Ningbo	92.2	92.6	92.9	92.9	93.7	94.1	94.1	94.1	93.9	94.3	94.9	95.5
合　肥	Hefei	99.0	99.5	100.7	101.4	101.8	102.1	102.7	103.1	104.0	104.6	105.3	105.9
福　州	Fuzhou	96.6	98.1	98.9	99.7	100.5	101.5	102.4	103.2	104.1	104.8	105.6	106.4
厦　门	Xiamen	104.3	104.9	106.1	106.5	106.9	107.4	107.8	108.4	108.9	109.6	110.1	111.0
南　昌	Nanchang	98.0	98.5	99.3	100.1	100.2	100.3	100.7	101.1	101.8	102.3	103.0	103.6
济　南	Jinan	103.2	103.9	104.0	104.2	104.5	105.0	105.5	105.8	106.7	107.3	107.3	107.7
青　岛	Qingdao	99.9	100.4	100.7	101.1	101.6	102.1	102.3	102.7	102.8	102.8	102.7	103.1
郑　州	Zhengzhou	102.9	103.4	104.0	104.8	105.3	106.0	106.4	106.9	107.7	108.3	109.2	109.9
武　汉	Wuhan	102.9	104.2	104.4	105.3	106.2	106.9	107.9	109.0	109.6	110.4	111.3	111.7
长　沙	Changsha	101.2	101.5	101.9	102.9	104.4	105.4	105.9	106.2	106.4	107.8	108.2	108.8
广　州	Guangzhou	105.1	106.8	108.5	109.4	110.5	111.8	112.6	114.1	114.8	115.9	117.6	118.6
深　圳	Shenzhen	107.1	109.2	111.7	113.3	114.1	115.8	116.8	118.8	120.9	121.6	122.5	123.4
南　宁	Nanning	104.4	104.2	104.6	105.1	106.0	106.3	106.3	106.3	106.8	107.3	107.4	108.2
海　口	Haikou	95.1	95.0	95.0	95.1	95.1	95.1	95.1	95.0	95.0	95.0	95.4	95.6
重　庆	Chongqing	101.8	102.1	102.7	103.3	103.8	104.2	104.6	104.7	104.9	105.5	106.5	107.0
成　都	Chengdu	98.0	98.4	99.2	99.9	100.1	100.7	101.0	101.5	102.0	102.8	102.9	103.5
贵　阳	Guiyang	109.4	109.8	110.6	111.1	111.7	112.6	113.1	112.6	113.8	114.7	115.5	115.5
昆　明	Kunming	106.1	106.9	108.1	109.6	110.6	111.3	111.9	112.3	112.6	113.2	113.9	114.5
西　安	Xi'an	100.7	101.3	101.8	101.7	102.2	102.6	102.8	102.8	103.3	104.1	104.5	104.9
兰　州	Lanzhou	97.9	98.1	98.5	98.9	99.2	99.0	99.4	99.2	99.7	100.3	100.6	100.9
西　宁	Xining	107.3	107.4	108.0	108.5	109.2	109.7	109.8	110.1	110.5	110.7	111.1	111.2
银　川	Yinchuan	102.8	103.5	104.3	105.2	106.0	106.7	107.5	108.3	109.2	110.0	110.8	111.5
乌鲁木齐	Urumqi	105.6	106.0	106.7	107.1	107.8	108.2	108.6	109.0	109.4	109.8	110.0	110.4

4-1-8 续表 Continued

城 市	City	1月	2月	3月	4月	5月	6月	7月	8月	9月	10月	11月	12月
唐 山	Tangshan	100.9	101.2	101.4	101.7	102.5	102.5	102.6	102.6	102.7	103.1	103.2	103.2
秦皇岛	Qinhuangdao	99.0	99.6	100.0	99.8	100.4	101.0	101.2	101.2	101.2	101.3	101.1	101.2
包 头	Baotou	102.2	102.4	102.6	103.0	103.2	103.2	103.4	103.5	103.8	104.3	104.3	104.5
丹 东	Dandong	100.8	101.3	101.7	102.0	102.5	102.2	102.4	102.9	103.3	103.8	104.5	104.8
锦 州	Jinzhou	99.2	99.5	100.0	100.3	101.0	101.2	101.6	101.9	102.4	103.0	103.4	103.4
吉 林	Jilin	103.8	104.5	104.3	104.5	104.9	105.0	105.5	105.6	105.6	105.6	105.9	106.1
牡丹江	Mudanjiang	98.6	98.8	99.0	99.2	99.6	99.7	100.5	99.8	100.6	100.3	100.4	100.6
无 锡	Wuxi	104.8	105.6	106.0	106.4	106.3	106.3	106.1	106.4	106.8	106.9	107.4	107.6
扬 州	Yangzhou	98.8	99.3	99.5	99.8	100.2	100.3	100.4	101.0	101.0	101.3	101.6	101.9
徐 州	Xuzhou	98.9	99.4	98.6	98.5	98.7	99.4	99.4	99.5	99.7	99.7	99.8	99.4
温 州	Wenzhou	87.3	86.7	85.7	85.3	85.0	85.0	84.7	84.6	84.3	84.2	84.0	82.3
金 华	Jinhua	94.2	94.7	95.0	95.2	95.5	96.0	96.5	97.0	97.6	98.1	98.7	99.0
蚌 埠	Bengbu	104.5	104.6	104.8	105.1	105.7	105.9	105.9	106.3	106.2	106.8	107.0	107.3
安 庆	Anqing	99.7	100.0	100.1	100.6	100.7	100.8	101.2	101.5	101.5	101.6	101.6	101.5
泉 州	Quanzhou	96.5	96.8	96.8	97.2	97.7	98.0	98.5	98.8	99.2	99.4	99.8	100.5
九 江	Jiujiang	99.8	100.5	101.0	101.4	101.7	101.4	101.2	101.3	101.3	101.3	102.0	102.9
赣 州	Ganzhou	98.9	99.3	99.6	99.6	99.7	99.6	100.1	100.2	100.4	101.0	101.1	101.4
烟 台	Yantai	99.2	99.9	100.5	101.2	101.8	102.2	103.3	103.7	104.2	105.2	105.6	106.2
济 宁	Jining	103.5	104.2	104.9	105.3	105.9	106.1	106.1	106.0	106.7	106.9	107.1	107.8
洛 阳	Luoyang	105.4	106.3	106.9	107.7	108.4	108.5	109.3	109.3	109.4	109.8	110.1	110.3
平顶山	Pingdingshan	103.7	104.1	104.5	105.5	106.3	106.3	106.4	106.7	107.0	107.5	107.5	108.1
宜 昌	Yichang	100.0	101.7	103.2	104.3	105.3	106.0	106.4	106.9	107.4	108.1	108.7	109.2
襄 阳	Xiangyang	105.8	106.8	107.9	109.2	111.0	111.9	113.1	113.9	114.1	114.7	115.7	116.4
岳 阳	Yueyang	109.9	110.4	110.7	111.4	111.9	112.3	112.9	113.2	114.2	114.5	114.7	115.0
常 德	Changde	106.1	106.8	109.3	111.6	112.3	113.6	113.6	114.3	115.0	115.7	115.8	115.9
惠 州	Huizhou	102.6	103.1	103.6	103.9	104.2	104.6	105.2	105.5	105.9	106.6	107.7	108.5
湛 江	Zhanjiang	108.3	108.9	109.3	109.6	109.9	110.2	110.5	110.8	111.7	112.0	112.3	113.0
韶 关	Shaoguan	106.8	108.0	109.0	109.2	110.1	110.2	109.9	111.4	111.9	111.7	111.8	112.0
桂 林	Guilin	103.4	103.7	103.9	104.0	104.6	105.1	105.7	106.3	107.0	107.1	107.3	107.4
北 海	Beihai	101.7	102.2	103.2	104.0	104.9	105.7	106.1	106.7	107.3	107.7	108.1	108.0
三 亚	Sanya	93.8	93.9	94.4	94.5	94.6	94.7	94.8	95.0	95.1	95.2	95.2	95.8
泸 州	Luzhou	100.4	100.3	100.7	101.0	101.2	101.2	101.4	101.8	102.5	102.8	103.9	104.5
南 充	Nanchong	99.9	100.6	101.2	101.7	102.3	102.7	103.0	103.4	103.8	104.4	105.6	106.1
遵 义	Zunyi	108.9	110.0	110.9	111.3	111.4	111.6	111.5	111.7	111.6	112.3	112.9	113.2
大 理	Dali	101.8	101.9	102.3	102.5	102.8	103.1	102.8	103.2	103.6	104.0	104.0	104.2

4-1-9　2013年70个大中城市144㎡以上二手住宅销售价格指数
(以2010年价格为100)
Housing Price Indices of Above 144㎡ Second-Hand Residential Buildings in 70 Large and Medium-Sized Cities 2013(2010=100)

城　市	City	1月	2月	3月	4月	5月	6月	7月	8月	9月	10月	11月	12月
北　京	Beijing	99.8	101.4	104.2	106.1	108.3	109.4	110.7	112.0	113.0	114.0	115.3	116.5
天　津	Tianjin	95.7	97.3	97.5	98.2	98.6	98.9	99.4	98.8	98.8	99.2	100.0	100.3
石家庄	Shijiazhuang	94.1	94.5	94.3	94.6	94.8	94.9	95.2	94.4	95.1	96.1	96.5	96.4
太　原	Taiyuan	111.2	111.3	111.8	111.8	111.8	111.8	112.0	112.0	113.5	113.5	113.5	113.5
呼和浩特	Hohhot	103.5	103.6	103.8	104.1	104.3	104.4	104.7	104.6	105.0	105.4	105.5	105.7
沈　阳	Shenyang	101.3	101.4	101.9	102.3	102.5	102.7	102.6	102.8	103.3	104.4	104.8	104.8
大　连	Dalian	107.3	107.3	107.4	107.7	107.6	108.0	108.0	107.9	108.2	108.5	108.5	109.5
长　春	Changchun	99.1	99.4	100.1	100.6	100.6	100.4	100.7	101.0	101.6	101.9	102.5	103.0
哈尔滨	Harbin	98.5	99.6	99.9	100.1	100.4	100.4	100.5	100.8	101.1	101.3	101.3	101.9
上　海	Shanghai	99.3	101.2	103.4	104.7	105.6	106.8	107.6	108.2	109.1	110.0	110.3	110.7
南　京	Nanjing	99.3	100.2	101.5	103.6	104.6	105.7	106.2	106.9	107.7	107.9	108.9	109.2
杭　州	Hangzhou	90.0	90.4	90.6	90.8	91.0	91.2	90.8	90.9	91.3	90.6	90.9	90.9
宁　波	Ningbo	90.0	91.4	91.6	92.1	92.9	93.2	93.4	93.6	93.5	94.2	94.8	94.9
合　肥	Hefei	98.5	98.5	98.7	99.2	99.5	99.1	100.1	100.0	100.9	101.7	102.7	103.9
福　州	Fuzhou	96.5	97.2	98.3	99.5	99.4	100.0	100.4	100.9	101.6	102.3	102.5	103.0
厦　门	Xiamen	101.1	101.7	102.2	102.4	102.7	103.1	103.4	103.8	104.0	104.6	104.8	105.2
南　昌	Nanchang	99.7	100.3	100.6	101.3	101.5	101.4	101.7	102.1	102.8	103.4	103.9	104.3
济　南	Jinan	104.8	105.7	105.8	106.2	106.8	107.1	107.7	108.2	108.6	108.9	109.2	109.5
青　岛	Qingdao	101.5	101.9	102.1	102.4	102.8	102.8	102.8	103.0	102.8	102.7	102.7	103.4
郑　州	Zhengzhou	103.5	104.2	104.8	105.9	106.3	107.1	107.4	107.8	108.5	109.3	109.9	110.6
武　汉	Wuhan	100.4	101.4	101.6	102.5	103.1	103.7	104.9	105.8	106.9	107.8	107.9	108.2
长　沙	Changsha	100.2	100.5	101.3	101.6	102.9	103.3	103.7	103.9	104.2	104.5	104.9	105.2
广　州	Guangzhou	101.0	102.7	104.6	105.2	106.7	108.1	109.4	110.4	110.4	111.2	112.9	113.8
深　圳	Shenzhen	99.1	99.9	101.6	102.7	104.1	105.0	105.9	106.9	107.1	108.4	109.0	109.3
南　宁	Nanning	99.8	99.5	99.9	100.2	100.9	101.2	101.2	101.0	101.2	101.6	102.0	102.3
海　口	Haikou	95.1	94.7	94.9	94.9	94.9	94.7	94.5	94.5	94.4	94.3	94.7	94.8
重　庆	Chongqing	103.5	104.6	105.3	106.2	106.5	106.9	107.2	107.3	107.4	107.4	107.8	107.8
成　都	Chengdu	98.8	99.6	100.4	101.3	101.5	101.9	102.5	102.7	103.2	103.6	105.1	105.5
贵　阳	Guiyang	107.8	108.1	109.1	111.1	113.0	114.9	115.2	115.9	117.5	117.8	118.6	118.8
昆　明	Kunming	107.5	108.0	108.7	109.2	110.7	111.7	112.0	112.6	113.5	113.8	114.4	114.6
西　安	Xi'an	103.2	103.4	104.4	104.6	104.9	105.3	105.6	106.1	106.6	107.1	107.6	108.0
兰　州	Lanzhou	99.8	100.0	100.1	100.6	100.8	101.0	101.6	101.3	101.9	102.2	102.7	102.7
西　宁	Xining	105.5	105.5	106.1	106.9	107.5	107.9	108.0	108.2	108.7	108.8	109.6	109.9
银　川	Yinchuan	104.5	104.7	105.3	105.9	106.7	107.1	107.7	108.3	108.9	109.9	110.4	110.8
乌鲁木齐	Urumqi	105.2	105.2	105.7	106.4	107.0	107.1	107.4	107.7	108.0	108.6	108.5	108.6

4-1-9 续表 Continued

城市	City	1月	2月	3月	4月	5月	6月	7月	8月	9月	10月	11月	12月
唐山	Tangshan	100.1	100.1	100.1	100.3	100.8	100.8	100.8	100.8	100.8	101.4	101.5	101.5
秦皇岛	Qinhuangdao	100.4	100.7	101.0	101.1	101.7	101.8	102.1	102.7	102.7	102.7	102.5	102.3
包头	Baotou	96.5	96.6	96.7	96.9	97.1	97.2	97.2	97.3	97.6	98.2	98.2	98.4
丹东	Dandong	98.6	98.8	98.7	98.8	99.5	99.6	99.6	100.1	100.4	100.8	101.1	101.5
锦州	Jinzhou	105.5	105.6	106.1	106.4	106.4	107.6	107.6	108.1	108.7	108.7	108.7	107.7
吉林	Jilin	99.0	99.4	99.4	99.6	99.8	99.5	99.8	99.8	99.8	99.8	100.0	100.4
牡丹江	Mudanjiang	95.7	95.9	96.1	96.6	96.8	97.0	97.9	97.2	98.0	97.9	98.2	98.2
无锡	Wuxi	107.7	107.9	107.9	108.0	108.2	108.2	107.8	108.0	108.5	108.7	109.2	109.3
扬州	Yangzhou	98.4	99.1	99.2	99.8	100.0	100.1	100.1	100.8	101.5	101.7	101.7	101.7
徐州	Xuzhou	99.7	99.7	99.7	99.3	99.5	99.8	99.9	101.4	101.9	101.9	102.2	102.5
温州	Wenzhou	88.9	88.1	87.2	86.3	86.0	85.7	85.2	85.1	84.3	83.9	82.6	81.2
金华	Jinhua	92.5	92.6	92.8	92.9	93.8	94.3	94.5	94.7	95.1	95.3	95.8	96.3
蚌埠	Bengbu	104.5	104.5	104.4	104.9	105.3	105.6	105.6	105.6	106.3	106.9	107.0	107.3
安庆	Anqing	100.4	100.3	100.4	100.4	100.6	100.6	101.1	101.4	101.5	101.5	101.6	101.8
泉州	Quanzhou	96.5	96.8	96.8	97.0	97.7	98.0	98.4	98.8	99.3	99.7	100.0	100.5
九江	Jiujiang	103.9	104.8	105.5	105.9	106.6	106.3	106.0	106.4	106.4	106.6	107.0	107.8
赣州	Ganzhou	99.1	99.3	99.8	99.6	99.3	99.3	99.5	99.6	99.7	99.9	100.0	100.0
烟台	Yantai	95.0	95.5	95.8	96.4	96.8	97.5	97.6	97.7	98.1	98.8	99.4	99.8
济宁	Jining	103.4	103.9	104.2	104.7	105.1	105.6	105.2	103.3	103.2	103.1	103.3	103.6
洛阳	Luoyang	105.9	106.4	106.8	107.6	108.2	108.1	108.8	108.7	108.9	109.0	109.1	110.4
平顶山	Pingdingshan	96.3	97.1	97.3	98.3	98.9	98.9	99.5	99.8	100.1	100.3	100.3	100.3
宜昌	Yichang	99.5	100.4	102.4	103.0	103.7	104.4	104.6	104.9	105.2	105.7	106.1	106.5
襄阳	Xiangyang	104.9	106.0	107.0	107.8	109.3	110.0	110.3	111.2	111.2	112.2	113.0	113.0
岳阳	Yueyang	109.3	109.7	110.3	111.2	111.7	111.9	112.4	112.6	113.0	113.2	113.5	113.8
常德	Changde	100.0	100.0	103.0	104.2	105.4	105.5	105.5	106.1	106.4	106.4	106.6	107.0
惠州	Huizhou	106.2	107.0	107.3	107.8	108.2	108.7	109.3	109.5	109.8	110.7	111.5	112.1
湛江	Zhanjiang	106.1	106.7	106.7	106.8	106.9	106.9	107.1	107.6	107.9	108.3	108.6	109.2
韶关	Shaoguan	102.2	102.9	103.5	104.0	103.8	104.5	104.5	105.8	106.2	107.0	107.2	107.2
桂林	Guilin	99.5	99.8	100.7	101.0	101.6	101.9	102.7	103.2	103.8	104.0	104.2	104.9
北海	Beihai	100.4	100.7	101.9	102.8	103.5	104.3	104.9	104.9	105.3	106.4	106.7	107.0
三亚	Sanya	94.0	94.1	94.2	94.3	94.7	94.7	94.7	94.8	94.9	94.9	94.9	95.4
泸州	Luzhou	101.8	101.5	101.9	102.6	102.9	102.9	103.2	103.3	103.7	103.9	104.3	105.0
南充	Nanchong	101.2	101.9	101.9	102.4	102.9	102.8	102.8	103.2	103.8	104.6	105.4	105.9
遵义	Zunyi	108.8	109.4	110.0	110.3	110.4	110.9	110.2	109.4	109.4	109.9	111.0	111.4
大理	Dali	102.6	102.9	103.6	103.9	104.3	104.7	104.6	105.1	105.5	106.0	106.5	106.8

4-2-1 2013年70个大中城市新建住宅销售价格指数（以上年同月价格为100）

Housing Price Indices of Newly Constructed Residential Buildings in 70 Large and Medium-Sized Cities 2013(Same Month of Preceding Year=100)

城市	City	1月	2月	3月	4月	5月	6月	7月	8月	9月	10月	11月	12月
北京	Beijing	103.3	105.9	108.6	110.3	111.8	112.9	114.1	114.9	116.0	116.4	116.3	116.0
天津	Tianjin	101.4	102.8	104.3	105.2	105.4	105.8	106.0	106.1	106.7	107.0	107.0	107.4
石家庄	Shijiazhuang	102.0	103.3	104.5	105.3	105.8	106.8	106.6	107.3	108.0	109.1	109.2	109.9
太原	Taiyuan	101.3	102.4	103.2	104.5	106.8	107.9	108.8	109.6	110.8	112.0	112.1	111.7
呼和浩特	Hohhot	100.3	101.7	101.9	101.9	103.4	104.5	105.8	106.9	107.9	109.3	109.7	110.3
沈阳	Shenyang	101.3	102.9	104.2	106.4	108.5	109.4	110.5	111.5	112.6	113.2	113.1	113.1
大连	Dalian	102.0	103.1	104.3	105.8	107.0	107.7	108.2	108.4	108.9	109.3	109.4	110.0
长春	Changchun	100.1	101.4	102.5	103.6	104.7	105.8	106.3	107.0	107.7	107.8	108.8	108.6
哈尔滨	Harbin	101.6	102.7	103.5	104.2	105.0	106.4	106.7	107.4	107.9	109.7	110.0	110.2
上海	Shanghai	101.3	103.4	106.4	108.5	110.2	111.9	113.7	115.4	117.0	117.8	118.2	118.2
南京	Nanjing	102.3	104.0	105.7	107.3	108.5	109.2	109.6	110.2	111.0	111.6	112.0	111.9
杭州	Hangzhou	93.6	94.7	100.3	105.2	106.7	107.1	107.5	108.3	109.4	110.5	111.2	111.0
宁波	Ningbo	93.7	95.0	96.7	99.4	101.7	102.9	103.4	104.5	105.6	106.3	106.8	107.3
合肥	Hefei	101.5	102.7	103.6	104.5	105.4	106.2	107.0	107.5	108.1	108.3	109.2	109.9
福州	Fuzhou	102.3	104.3	105.9	107.6	108.3	110.8	110.8	111.1	112.1	112.6	113.8	113.1
厦门	Xiamen	102.3	104.1	106.5	108.4	110.0	111.6	113.6	114.6	116.1	116.5	116.7	116.5
南昌	Nanchang	101.6	103.1	104.8	106.3	107.2	108.2	108.2	108.4	109.2	109.6	110.0	109.9
济南	Jinan	100.9	101.7	102.9	104.7	105.5	106.0	106.9	107.6	108.2	108.7	109.3	109.4
青岛	Qingdao	97.6	99.0	101.2	103.6	104.7	105.5	106.6	108.0	108.9	109.4	109.9	110.0
郑州	Zhengzhou	102.5	104.2	106.3	108.0	109.1	110.1	111.7	112.3	112.4	112.2	112.1	111.7
武汉	Wuhan	102.0	103.5	104.7	105.8	106.9	107.6	108.5	109.4	110.0	110.7	110.8	110.4
长沙	Changsha	101.9	103.4	105.0	106.3	107.5	108.4	109.3	110.1	110.7	111.6	111.6	112.1
广州	Guangzhou	104.7	108.1	111.1	113.5	115.3	116.3	117.2	118.8	120.0	120.5	120.7	120.1
深圳	Shenzhen	103.2	105.7	108.9	111.3	113.7	115.7	116.6	118.1	119.7	120.2	120.6	119.9
南宁	Nanning	99.7	101.3	103.3	104.0	105.6	106.4	107.4	108.3	108.7	109.4	109.4	110.1
海口	Haikou	99.7	99.9	100.1	100.3	100.8	100.9	101.0	101.0	101.1	101.8	101.8	102.3
重庆	Chongqing	102.5	103.5	104.3	105.5	106.2	106.8	107.1	107.9	108.9	109.2	109.5	109.3
成都	Chengdu	101.5	102.3	103.4	105.4	106.8	107.7	107.7	108.6	109.1	109.6	109.8	109.6
贵阳	Guiyang	101.4	102.0	102.7	103.9	104.6	104.5	105.1	104.9	105.5	106.3	106.7	106.7
昆明	Kunming	101.7	101.7	102.7	103.3	104.1	104.7	104.6	105.3	105.6	105.9	105.9	105.8
西安	Xi'an	101.4	102.4	103.8	104.7	105.8	106.6	107.7	108.3	108.8	109.3	109.5	109.8
兰州	Lanzhou	100.5	101.4	102.6	103.5	104.1	105.3	105.8	107.0	107.3	107.7	107.7	107.9
西宁	Xining	102.3	103.6	104.0	104.6	105.8	106.9	107.9	108.7	108.9	109.3	109.4	109.9
银川	Yinchuan	102.0	102.6	103.1	104.2	105.0	106.0	106.3	107.3	107.6	108.1	108.3	108.6
乌鲁木齐	Urumqi	103.5	105.0	106.1	107.3	108.1	107.9	108.2	109.0	110.0	110.2	110.0	110.7

4-2-1 续表

城市	City	1月	2月	3月	4月	5月	6月	7月	8月	9月	10月	11月	12月
唐山	Tangshan	99.8	100.3	101.1	101.1	101.0	101.1	101.3	101.5	101.3	101.7	101.4	101.6
秦皇岛	Qinhuangdao	101.3	102.6	103.3	104.1	104.9	105.4	105.8	106.4	107.1	106.9	107.2	107.1
包头	Baotou	101.4	103.1	104.1	104.9	106.0	105.9	106.3	106.2	106.5	107.1	107.4	108.0
丹东	Dandong	100.4	101.4	102.5	103.3	104.1	104.9	105.6	107.0	107.8	108.4	108.9	109.3
锦州	Jinzhou	100.3	101.5	101.9	103.0	103.9	105.3	106.0	107.6	108.7	109.7	110.2	110.7
吉林	Jilin	100.9	101.7	102.7	103.4	104.5	105.5	105.7	106.7	107.4	107.9	108.0	108.3
牡丹江	Mudanjiang	99.9	100.8	101.6	103.0	103.8	104.3	104.5	104.9	105.6	105.6	105.6	106.2
无锡	Wuxi	100.4	101.1	102.7	103.2	103.7	103.8	103.7	103.4	103.9	104.5	104.8	105.1
扬州	Yangzhou	100.1	100.8	101.3	102.4	103.4	104.3	104.2	104.7	105.2	106.4	107.4	107.0
徐州	Xuzhou	100.5	101.6	103.3	104.4	105.6	106.5	107.1	108.2	109.1	110.0	110.1	110.4
温州	Wenzhou	89.9	89.9	90.8	94.3	96.4	97.2	97.6	97.9	98.3	98.6	98.9	97.4
金华	Jinhua	94.4	94.7	100.1	101.0	102.3	103.1	104.3	106.4	107.7	107.9	107.6	107.0
蚌埠	Bengbu	100.3	100.9	101.5	101.8	102.5	102.9	103.0	103.5	104.3	104.9	105.1	104.7
安庆	Anqing	100.1	101.0	102.0	102.3	103.1	103.7	103.3	103.9	104.5	105.2	105.4	105.5
泉州	Quanzhou	99.8	100.5	100.8	102.5	103.3	103.9	104.6	105.1	106.4	106.9	107.5	108.0
九江	Jiujiang	100.8	101.7	102.2	102.9	104.3	104.9	104.7	105.3	105.3	105.9	106.6	106.7
赣州	Ganzhou	100.5	101.9	103.6	104.1	104.5	104.5	105.6	106.4	107.5	108.5	109.3	109.1
烟台	Yantai	99.7	100.7	102.3	103.3	103.7	103.9	104.8	106.2	107.1	107.6	108.4	108.8
济宁	Jining	100.8	102.0	103.2	104.0	104.5	105.8	106.3	107.3	107.4	108.9	108.8	109.7
洛阳	Luoyang	100.0	101.3	101.9	103.0	103.8	104.5	105.5	106.4	107.6	108.0	108.6	108.7
平顶山	Pingdingshan	99.8	101.0	102.4	103.2	104.2	105.1	105.8	106.9	108.3	108.5	109.2	109.1
宜昌	Yichang	101.1	102.0	103.4	105.0	106.4	107.1	107.5	108.4	109.1	109.5	109.7	109.9
襄阳	Xiangyang	100.2	100.9	103.0	104.7	106.2	107.1	107.3	108.0	108.3	108.6	108.8	108.7
岳阳	Yueyang	100.1	100.5	101.6	102.6	103.6	104.8	105.0	105.5	106.7	106.7	106.7	106.7
常德	Changde	100.7	101.6	102.6	103.3	103.3	103.8	104.5	105.5	106.0	106.4	106.8	106.3
惠州	Huizhou	100.3	101.2	102.0	102.7	103.5	104.3	104.7	105.7	106.7	107.2	108.0	108.5
湛江	Zhanjiang	102.6	103.8	104.4	105.0	106.1	106.5	107.0	107.9	109.3	109.6	110.0	109.6
韶关	Shaoguan	101.4	102.5	102.7	103.4	105.0	105.0	105.7	106.3	106.3	106.8	106.3	105.8
桂林	Guilin	99.7	99.8	100.6	101.3	104.2	105.7	107.7	108.5	108.5	109.9	111.4	111.9
北海	Beihai	99.6	100.9	102.0	103.1	104.1	105.3	105.9	106.8	108.2	108.6	109.1	109.9
三亚	Sanya	99.9	100.3	101.1	102.0	102.2	102.4	102.8	103.4	103.7	104.6	105.5	105.3
泸州	Luzhou	102.0	102.9	104.1	105.0	105.1	104.8	105.4	106.4	108.4	109.2	108.7	108.9
南充	Nanchong	102.7	104.0	105.6	106.7	107.9	110.0	110.7	111.3	111.4	111.2	110.8	110.7
遵义	Zunyi	101.8	102.8	103.2	103.8	104.0	104.1	104.2	104.8	105.4	105.7	106.6	106.4
大理	Dali	99.7	99.8	100.4	100.8	101.6	102.3	102.5	103.6	103.9	104.5	105.6	105.5

4-2-2　2013年70个大中城市新建商品住宅销售价格指数
(以上年同月价格为100)
Housing Price Indices of Newly Constructed Commercial Residential Buildings in 70 Large and Medium-Sized Cities 2013(Same Month of Preceding Year=100)

城　市	City	1月	2月	3月	4月	5月	6月	7月	8月	9月	10月	11月	12月
北　京	Beijing	104.3	107.7	111.2	113.4	115.2	116.7	118.3	119.3	120.6	121.2	121.1	120.6
天　津	Tianjin	101.6	103.2	104.9	105.9	106.2	106.5	106.8	107.0	107.6	107.9	108.0	108.3
石家庄	Shijiazhuang	102.1	103.4	104.6	105.4	105.9	107.0	106.8	107.4	108.2	109.3	109.4	110.1
太　原	Taiyuan	101.4	102.5	103.3	104.7	107.0	108.2	109.1	110.0	111.3	112.5	112.5	112.1
呼和浩特	Hohhot	100.3	101.7	102.0	102.0	103.5	104.7	106.0	107.1	108.2	109.6	110.0	110.6
沈　阳	Shenyang	101.3	102.9	104.3	106.4	108.6	109.5	110.6	111.7	112.7	113.3	113.2	113.2
大　连	Dalian	102.0	103.1	104.4	105.9	107.1	107.8	108.3	108.5	109.0	109.4	109.5	110.1
长　春	Changchun	100.1	101.5	102.6	103.7	104.8	105.9	106.5	107.2	107.9	108.1	109.0	108.8
哈尔滨	Harbin	101.7	102.8	103.7	104.4	105.2	106.7	107.0	107.8	108.2	110.1	110.5	110.7
上　海	Shanghai	101.5	104.1	107.8	110.2	112.2	114.4	116.5	118.5	120.4	121.4	121.9	121.9
南　京	Nanjing	103.0	105.3	107.6	109.7	111.3	112.3	112.8	113.5	114.5	115.3	115.8	115.6
杭　州	Hangzhou	93.4	94.5	100.3	105.4	107.0	107.4	107.9	108.7	109.8	111.0	111.7	111.5
宁　波	Ningbo	93.3	94.7	96.5	99.3	101.8	103.0	103.6	104.7	105.9	106.6	107.2	107.8
合　肥	Hefei	101.6	102.9	103.9	104.9	105.9	106.8	107.6	108.2	108.9	109.1	110.0	110.7
福　州	Fuzhou	102.4	104.4	106.0	107.8	108.4	111.0	110.9	111.2	112.3	112.8	114.0	113.3
厦　门	Xiamen	102.4	104.2	106.6	108.6	110.2	111.9	113.9	114.9	116.5	116.9	117.1	116.9
南　昌	Nanchang	101.7	103.3	105.1	106.7	107.6	108.6	108.6	108.8	109.7	110.1	110.5	110.4
济　南	Jinan	100.9	101.7	102.9	104.7	105.5	106.0	106.9	107.6	108.2	108.7	109.3	109.4
青　岛	Qingdao	97.4	99.0	101.3	103.8	104.9	105.8	106.9	108.4	109.3	109.9	110.4	110.5
郑　州	Zhengzhou	102.5	104.3	106.5	108.2	109.3	110.4	112.0	112.6	112.7	112.5	112.4	112.0
武　汉	Wuhan	102.1	103.6	104.9	106.1	107.3	108.0	108.9	109.9	110.5	111.3	111.3	110.9
长　沙	Changsha	102.0	103.5	105.1	106.3	107.6	108.5	109.4	110.2	110.8	111.8	111.8	112.3
广　州	Guangzhou	104.7	108.2	111.2	113.7	115.5	116.5	117.4	119.0	120.2	120.7	120.9	120.4
深　圳	Shenzhen	103.3	105.8	109.1	111.5	114.0	116.0	117.0	118.4	120.1	120.6	121.0	120.3
南　宁	Nanning	99.7	101.3	103.4	104.1	105.7	106.6	107.6	108.5	108.9	109.6	109.7	110.3
海　口	Haikou	99.6	99.9	100.0	100.3	100.8	100.9	101.0	101.0	101.1	101.8	101.8	102.4
重　庆	Chongqing	102.5	103.6	104.4	105.6	106.3	106.9	107.3	108.1	109.0	109.4	109.7	109.5
成　都	Chengdu	101.5	102.3	103.4	105.4	106.8	107.7	107.7	108.6	109.1	109.6	109.8	109.7
贵　阳	Guiyang	101.5	102.2	103.0	104.3	105.1	105.0	105.6	105.4	106.1	106.9	107.4	107.4
昆　明	Kunming	102.0	102.1	103.2	104.0	104.8	105.6	105.5	106.3	106.6	107.0	107.0	106.9
西　安	Xi'an	101.6	102.6	104.2	105.2	106.5	107.3	108.6	109.3	109.8	110.3	110.5	110.9
兰　州	Lanzhou	100.5	101.4	102.7	103.6	104.2	105.4	105.9	107.1	107.5	107.9	107.9	108.0
西　宁	Xining	102.3	103.6	104.0	104.6	105.8	106.9	107.9	108.7	108.9	109.3	109.4	109.9
银　川	Yinchuan	102.2	102.8	103.3	104.5	105.4	106.5	106.8	107.9	108.2	108.7	109.0	109.2
乌鲁木齐	Urumqi	103.5	105.0	106.2	107.4	108.1	107.9	108.3	109.1	110.0	110.3	110.1	110.7

城　市	City	1月	2月	3月	4月	5月	6月	7月	8月	9月	10月	11月	12月
唐　山	Tangshan	99.8	100.3	101.2	101.1	101.1	101.2	101.4	101.7	101.4	101.8	101.5	101.7
秦皇岛	Qinhuangdao	101.5	102.8	103.7	104.6	105.4	106.0	106.4	107.1	107.8	107.6	107.9	107.8
包　头	Baotou	101.6	103.6	104.9	105.7	107.1	107.0	107.4	107.3	107.6	108.4	108.7	109.4
丹　东	Dandong	100.4	101.4	102.5	103.3	104.2	105.0	105.7	107.0	107.9	108.5	109.0	109.3
锦　州	Jinzhou	100.3	101.5	101.9	103.0	103.9	105.3	106.0	107.6	108.7	109.7	110.2	110.7
吉　林	Jilin	101.0	101.8	102.8	103.6	104.7	105.7	106.0	107.1	107.7	108.3	108.4	108.8
牡丹江	Mudanjiang	99.9	100.8	101.6	103.0	103.8	104.4	104.6	105.0	105.7	105.7	105.7	106.2
无　锡	Wuxi	100.4	101.3	103.2	103.8	104.4	104.4	104.3	104.0	104.5	105.2	105.6	105.9
扬　州	Yangzhou	100.1	100.8	101.4	102.5	103.5	104.4	104.3	104.8	105.4	106.6	107.6	107.3
徐　州	Xuzhou	100.5	101.7	103.5	104.7	105.9	106.9	107.5	108.7	109.6	110.6	110.6	111.0
温　州	Wenzhou	89.2	89.3	90.2	93.9	96.2	97.0	97.4	97.7	98.2	98.5	98.8	97.2
金　华	Jinhua	94.4	94.7	100.1	101.0	102.3	103.2	104.4	106.5	107.8	108.0	107.7	107.0
蚌　埠	Bengbu	100.3	100.9	101.5	101.9	102.5	103.0	103.0	103.5	104.4	105.0	105.2	104.8
安　庆	Anqing	100.1	101.0	102.1	102.5	103.2	103.9	103.5	104.2	104.8	105.5	105.7	105.9
泉　州	Quanzhou	99.8	100.5	100.9	102.6	103.5	104.1	104.8	105.4	106.7	107.3	107.9	108.4
九　江	Jiujiang	100.8	101.8	102.3	103.0	104.5	105.1	104.9	105.6	105.5	106.2	106.9	107.0
赣　州	Ganzhou	100.6	101.9	103.6	104.1	104.5	104.5	105.6	106.4	107.5	108.6	109.4	109.2
烟　台	Yantai	99.7	100.8	102.4	103.4	103.7	104.0	104.9	106.3	107.2	107.8	108.5	108.9
济　宁	Jining	100.8	102.0	103.3	104.1	104.7	106.0	106.5	107.5	107.6	109.1	109.0	110.0
洛　阳	Luoyang	100.0	101.4	102.0	103.0	103.8	104.6	105.6	106.5	107.7	108.2	108.7	108.9
平顶山	Pingdingshan	99.8	101.0	102.5	103.3	104.3	105.2	105.9	107.0	108.5	108.6	109.3	109.3
宜　昌	Yichang	101.1	102.0	103.5	105.1	106.5	107.2	107.6	108.6	109.3	109.6	109.9	110.0
襄　阳	Xiangyang	100.2	100.9	103.0	104.7	106.2	107.2	107.3	108.1	108.4	108.6	108.9	108.8
岳　阳	Yueyang	100.2	100.9	102.6	104.3	106.0	107.9	108.2	108.9	110.8	110.8	110.9	110.8
常　德	Changde	100.8	101.6	102.6	103.4	103.3	103.9	104.5	105.6	106.1	106.5	106.9	106.4
惠　州	Huizhou	100.3	101.2	102.0	102.7	103.6	104.3	104.7	105.7	106.7	107.2	108.1	108.5
湛　江	Zhanjiang	102.6	103.8	104.4	105.0	106.1	106.5	107.0	107.9	109.3	109.6	110.0	109.6
韶　关	Shaoguan	101.5	102.6	102.8	103.5	105.1	105.2	105.9	106.4	106.4	107.0	106.5	106.0
桂　林	Guilin	99.7	99.8	100.6	101.3	104.3	105.8	107.8	108.7	108.7	110.1	111.6	112.1
北　海	Beihai	99.6	100.9	102.0	103.1	104.1	105.3	105.9	106.9	108.2	108.7	109.1	110.0
三　亚	Sanya	99.9	100.3	101.1	102.0	102.2	102.4	102.8	103.4	103.7	104.7	105.5	105.4
泸　州	Luzhou	102.1	103.0	104.2	105.2	105.3	105.0	105.6	106.6	108.7	109.5	108.9	109.2
南　充	Nanchong	102.7	104.0	105.7	106.8	108.0	110.1	110.9	111.5	111.5	111.4	110.9	110.8
遵　义	Zunyi	102.0	103.1	103.6	104.3	104.5	104.6	104.7	105.3	106.0	106.4	107.3	107.2
大　理	Dali	99.7	99.8	100.4	100.9	101.8	102.6	102.8	104.0	104.3	104.9	106.1	106.0

4-2-3　2013年70个大中城市90㎡及以下新建商品住宅销售价格指数（以上年同月价格为100）

Housing Price Indices of 90㎡ and below Newly Constructed Commercial Residential Buildings in 70 Large and Medium-Sized Cities 2013 (Same Month of Preceding Year=100)

城　市	City	1月	2月	3月	4月	5月	6月	7月	8月	9月	10月	11月	12月
北　京	Beijing	104.3	108.0	111.9	114.5	116.2	118.0	119.6	120.6	122.1	122.7	122.5	121.7
天　津	Tianjin	101.8	103.6	105.1	106.1	106.9	107.1	107.1	107.2	108.3	108.6	108.3	108.6
石家庄	Shijiazhuang	102.1	103.5	104.8	105.6	106.3	108.1	108.1	109.2	110.0	111.3	111.4	112.4
太　原	Taiyuan	101.4	103.2	103.7	105.2	107.6	108.8	109.7	111.0	112.2	114.0	114.0	113.2
呼和浩特	Hohhot	100.0	101.7	102.5	102.5	103.6	105.3	107.4	109.0	110.2	110.4	110.9	111.8
沈　阳	Shenyang	102.1	103.9	105.5	107.6	109.6	110.5	111.7	112.7	113.7	113.9	113.4	113.2
大　连	Dalian	102.1	103.2	104.3	105.7	107.1	108.0	108.4	108.7	109.1	109.5	109.3	109.7
长　春	Changchun	100.8	102.3	103.8	105.0	106.0	107.2	107.9	108.4	109.1	109.6	110.1	109.7
哈尔滨	Harbin	102.0	103.1	104.2	104.7	105.5	107.0	107.3	107.9	108.1	110.6	110.9	111.2
上　海	Shanghai	101.3	103.6	108.1	110.6	112.9	115.1	117.4	119.4	121.3	122.4	123.1	123.4
南　京	Nanjing	103.1	105.0	107.6	109.9	111.5	112.5	113.5	114.4	115.3	115.7	116.2	116.0
杭　州	Hangzhou	93.2	94.5	102.0	107.2	108.7	108.8	109.0	109.6	110.7	112.2	112.6	112.0
宁　波	Ningbo	92.3	94.2	96.2	99.5	103.0	104.0	104.4	105.2	106.5	107.0	107.4	107.5
合　肥	Hefei	102.6	103.9	105.0	105.8	107.0	107.8	108.7	108.8	109.3	109.4	109.9	110.5
福　州	Fuzhou	102.4	104.9	106.8	108.7	109.3	112.5	111.9	112.3	113.5	114.0	115.5	114.9
厦　门	Xiamen	102.9	104.4	107.0	109.7	111.5	113.7	115.6	117.0	118.8	119.4	119.7	119.1
南　昌	Nanchang	100.3	102.2	104.2	105.6	106.7	108.0	108.4	108.5	109.5	110.2	110.6	110.3
济　南	Jinan	101.0	101.9	103.1	105.1	106.2	107.1	107.6	108.6	109.1	109.6	110.2	111.0
青　岛	Qingdao	98.5	100.0	101.4	103.4	104.4	105.8	107.0	108.6	109.0	109.7	110.1	109.9
郑　州	Zhengzhou	102.4	104.5	106.9	108.5	109.9	111.3	113.2	113.8	114.2	113.6	113.1	112.6
武　汉	Wuhan	102.6	104.0	105.3	106.5	107.7	108.5	109.3	110.4	111.3	111.9	111.9	111.4
长　沙	Changsha	102.4	104.1	105.2	106.4	107.5	108.5	109.3	110.0	110.7	111.4	111.5	112.1
广　州	Guangzhou	105.1	108.2	110.7	113.5	115.8	116.4	117.3	118.8	120.1	120.5	120.8	120.3
深　圳	Shenzhen	103.2	106.0	109.2	111.6	114.3	116.6	117.5	118.9	120.4	120.9	121.4	120.6
南　宁	Nanning	99.5	101.3	103.3	103.8	105.6	106.4	107.3	108.3	108.5	109.3	109.6	109.9
海　口	Haikou	99.5	99.8	100.5	101.1	101.5	101.5	101.7	101.7	101.8	102.7	102.6	102.9
重　庆	Chongqing	103.0	104.0	104.9	106.1	106.8	107.5	107.7	108.3	109.0	109.5	109.7	109.5
成　都	Chengdu	102.1	103.0	103.8	105.5	106.7	107.7	107.9	108.7	109.1	109.4	109.6	109.3
贵　阳	Guiyang	102.5	103.3	104.3	105.8	107.3	107.0	108.2	107.9	107.9	109.7	109.8	110.1
昆　明	Kunming	102.0	102.2	103.4	103.9	104.8	105.5	105.5	106.5	106.8	107.5	107.5	107.2
西　安	Xi'an	101.4	103.0	105.2	106.6	107.9	108.7	110.0	110.7	110.7	111.4	111.4	111.9
兰　州	Lanzhou	100.3	101.2	102.2	103.1	104.0	105.4	106.5	107.3	107.3	107.5	107.9	108.0
西　宁	Xining	102.6	103.4	104.1	104.7	105.6	107.3	108.3	108.8	109.4	110.0	109.4	110.2
银　川	Yinchuan	101.7	102.9	103.5	104.7	105.3	106.5	107.2	109.0	109.3	109.9	110.7	110.1
乌鲁木齐	Urumqi	102.8	104.4	105.4	106.6	107.4	107.2	108.3	109.5	110.6	111.2	111.1	112.2

4-2-3 续表

城 市	City	1月	2月	3月	4月	5月	6月	7月	8月	9月	10月	11月	12月
唐 山	Tangshan	99.8	100.2	101.3	101.4	101.2	101.3	101.9	102.4	101.8	102.6	102.4	102.5
秦皇岛	Qinhuangdao	101.5	102.9	103.7	104.8	105.2	105.8	106.3	107.0	107.9	107.8	108.2	107.7
包 头	Baotou	101.2	103.5	105.6	106.4	107.4	107.3	107.9	107.9	108.3	108.6	108.7	109.4
丹 东	Dandong	101.1	102.4	103.8	104.6	105.1	106.2	107.3	108.1	108.3	109.0	109.9	110.3
锦 州	Jinzhou	100.3	101.7	102.3	103.4	104.3	105.7	106.0	107.5	108.3	108.9	110.0	110.5
吉 林	Jilin	101.2	102.2	103.8	104.3	105.2	106.7	106.9	107.9	108.1	108.5	108.2	108.6
牡丹江	Mudanjiang	99.8	100.8	101.6	103.0	103.7	104.3	104.6	105.1	105.9	105.8	105.8	106.3
无 锡	Wuxi	100.8	101.6	103.5	104.1	104.9	105.0	104.8	104.1	104.6	105.0	105.0	105.1
扬 州	Yangzhou	100.3	101.2	101.8	103.0	104.2	104.8	104.9	105.6	106.4	107.7	108.9	108.6
徐 州	Xuzhou	100.2	101.1	102.5	103.7	105.3	106.3	106.8	107.5	108.4	109.1	109.4	109.7
温 州	Wenzhou	88.4	88.0	88.4	92.5	95.4	96.3	97.1	98.2	98.4	99.1	98.3	96.3
金 华	Jinhua	99.2	99.8	102.7	103.8	105.2	106.0	107.1	109.4	110.9	111.1	109.0	107.1
蚌 埠	Bengbu	100.9	101.6	102.2	102.6	103.4	104.0	104.0	105.1	106.3	107.7	108.1	107.5
安 庆	Anqing	99.9	100.8	102.6	103.1	104.2	104.9	104.4	105.4	106.0	106.7	106.8	106.6
泉 州	Quanzhou	100.1	100.4	100.6	102.4	103.2	104.2	104.7	104.9	106.3	106.9	107.9	108.3
九 江	Jiujiang	101.1	102.5	103.2	103.9	105.4	106.4	106.2	107.0	107.2	108.0	108.3	107.5
赣 州	Ganzhou	100.4	101.9	104.0	104.5	104.7	104.9	106.0	106.8	108.0	109.1	109.9	109.5
烟 台	Yantai	99.8	100.7	102.3	103.3	103.9	104.3	104.8	106.0	107.2	107.8	108.2	108.2
济 宁	Jining	100.6	101.8	103.1	104.5	104.9	105.3	106.1	107.2	107.3	108.7	109.0	109.8
洛 阳	Luoyang	101.0	102.6	103.1	104.0	104.3	105.3	106.1	106.7	108.3	109.2	109.6	110.0
平顶山	Pingdingshan	100.2	101.2	102.9	103.9	104.3	105.6	106.4	107.6	108.7	108.6	109.8	109.6
宜 昌	Yichang	101.0	102.2	104.2	105.2	106.1	107.0	107.8	108.6	109.5	109.9	110.1	110.4
襄 阳	Xiangyang	100.5	101.4	103.4	104.9	106.5	107.5	107.5	108.3	108.5	108.8	109.0	108.7
岳 阳	Yueyang	99.5	100.3	102.5	104.7	106.2	108.4	108.7	109.6	111.8	111.9	112.0	111.8
常 德	Changde	100.5	101.5	102.7	103.6	103.5	103.9	104.8	105.8	106.4	107.1	107.9	108.2
惠 州	Huizhou	101.3	102.1	102.6	103.2	104.0	105.2	106.0	107.7	108.5	109.1	110.3	110.4
湛 江	Zhanjiang	103.0	104.5	105.2	105.3	106.7	106.9	106.7	107.9	109.4	109.8	109.7	109.2
韶 关	Shaoguan	101.1	102.1	102.2	103.1	104.6	104.6	105.2	105.8	106.0	107.1	106.6	106.2
桂 林	Guilin	99.9	99.8	100.6	101.4	104.5	105.8	107.8	108.5	108.6	110.5	111.7	112.2
北 海	Beihai	99.7	101.0	101.9	103.0	104.0	105.2	105.7	106.6	107.8	108.2	108.6	109.5
三 亚	Sanya	99.8	100.3	101.1	101.9	102.1	102.6	103.0	103.7	104.1	104.8	106.0	106.0
泸 州	Luzhou	102.2	103.6	104.9	105.6	105.5	105.2	105.0	106.1	107.7	108.5	107.8	108.4
南 充	Nanchong	102.0	103.3	105.1	106.3	107.4	109.2	110.0	110.2	110.3	110.0	109.7	109.5
遵 义	Zunyi	101.5	103.0	103.4	103.8	104.2	104.3	104.7	105.3	106.1	106.7	107.8	107.7
大 理	Dali	100.2	100.2	100.7	101.2	102.1	102.8	102.9	104.4	104.7	105.4	106.2	105.9

4-2-4　2013年70个大中城市90-144㎡新建商品住宅销售价格指数（以上年同月价格为100）

Housing Price Indices of 90-144㎡ Newly Constructed Commercial Residential Buildings in 70 Large and Medium-Sized Cities 2013 (Same Month of Preceding Year=100)

城　市	City	1月	2月	3月	4月	5月	6月	7月	8月	9月	10月	11月	12月
北　京	Beijing	104.3	107.5	110.8	113.0	114.9	116.3	117.7	118.8	120.1	120.8	120.8	120.1
天　津	Tianjin	101.5	103.0	104.3	105.3	105.5	105.8	106.3	106.6	107.4	107.6	107.8	108.1
石家庄	Shijiazhuang	102.1	103.6	104.9	105.6	106.1	107.0	106.9	107.3	107.9	109.0	109.0	109.6
太　原	Taiyuan	101.0	102.3	103.1	104.7	107.1	108.6	109.6	110.8	112.1	113.2	113.5	113.1
呼和浩特	Hohhot	100.6	101.9	101.9	102.0	103.5	104.5	105.4	106.3	107.2	108.6	109.1	109.7
沈　阳	Shenyang	100.3	102.0	102.8	105.0	107.4	108.2	109.3	110.3	111.4	111.9	111.9	112.0
大　连	Dalian	102.0	103.6	104.5	106.1	107.5	107.9	108.4	108.8	109.2	109.3	109.6	110.6
长　春	Changchun	100.0	101.5	102.6	104.0	105.1	106.5	107.0	107.8	108.6	108.2	109.4	109.1
哈尔滨	Harbin	101.6	102.9	103.9	104.4	105.5	106.8	107.1	108.0	108.2	109.9	110.2	110.4
上　海	Shanghai	101.7	104.1	107.0	109.3	111.5	113.6	115.6	117.7	119.7	120.3	121.1	120.6
南　京	Nanjing	103.4	105.6	107.6	109.8	111.1	112.1	112.4	113.0	113.9	115.0	115.2	115.1
杭　州	Hangzhou	93.2	94.2	100.7	106.0	107.4	107.7	107.7	108.4	109.4	110.7	111.4	111.0
宁　波	Ningbo	91.8	93.3	96.9	99.4	102.8	104.0	104.2	105.3	106.7	107.5	107.3	107.8
合　肥	Hefei	101.4	102.7	103.7	104.7	105.7	106.5	107.2	108.1	108.8	109.1	110.1	111.0
福　州	Fuzhou	102.1	104.1	106.3	107.7	108.5	111.2	111.3	111.5	112.4	112.8	114.2	113.6
厦　门	Xiamen	102.5	103.9	106.7	108.2	110.1	111.9	114.2	115.4	116.8	117.4	117.6	117.5
南　昌	Nanchang	102.0	103.5	105.5	107.3	107.9	108.7	108.5	109.1	109.9	110.1	110.2	110.2
济　南	Jinan	101.7	102.6	103.5	105.0	105.9	106.4	107.0	107.5	108.1	108.6	108.9	108.7
青　岛	Qingdao	97.4	98.7	101.2	103.7	104.8	105.8	107.0	108.6	110.0	110.2	110.6	110.4
郑　州	Zhengzhou	102.7	104.2	106.2	107.8	108.7	109.7	111.0	111.3	111.2	110.9	111.0	110.5
武　汉	Wuhan	102.2	103.5	104.8	106.1	107.1	107.7	108.6	109.6	110.0	110.8	110.8	110.4
长　沙	Changsha	101.9	103.7	105.1	106.4	107.5	108.6	109.3	110.2	110.7	111.9	111.8	112.2
广　州	Guangzhou	104.5	107.7	110.6	113.4	114.7	115.9	117.1	118.6	120.0	120.8	121.0	120.4
深　圳	Shenzhen	103.2	105.9	109.1	111.2	113.7	115.9	117.0	118.1	119.9	120.8	121.1	120.3
南　宁	Nanning	99.9	101.4	103.7	104.5	105.9	106.8	107.9	108.8	109.2	109.8	109.7	110.5
海　口	Haikou	99.7	99.9	100.2	100.4	100.6	100.6	100.9	100.7	100.9	101.6	101.7	102.5
重　庆	Chongqing	102.2	103.2	104.1	105.3	106.2	107.0	107.4	108.4	109.4	109.6	109.7	109.6
成　都	Chengdu	101.3	102.2	103.3	105.1	106.6	107.4	107.5	108.3	108.9	109.6	109.8	109.7
贵　阳	Guiyang	101.4	102.1	103.0	104.2	104.8	104.8	105.2	105.0	105.9	106.2	106.8	106.9
昆　明	Kunming	102.2	102.3	103.3	104.3	105.0	105.7	105.1	106.0	106.6	107.1	107.0	107.0
西　安	Xi'an	101.8	102.5	103.5	104.3	105.6	106.4	107.7	108.1	108.8	109.0	109.4	109.4
兰　州	Lanzhou	100.6	101.5	102.7	103.2	103.7	104.8	105.3	106.6	107.0	107.5	107.3	107.4
西　宁	Xining	102.5	104.1	104.4	105.1	106.2	107.3	108.3	109.2	109.3	109.4	109.6	109.9
银　川	Yinchuan	102.0	102.4	102.8	104.1	105.1	106.6	106.8	107.6	108.1	108.4	108.5	109.3
乌鲁木齐	Urumqi	103.8	105.7	107.1	108.5	109.0	108.6	108.6	109.1	109.9	109.9	109.9	110.3

城　　市	City	1月	2月	3月	4月	5月	6月	7月	8月	9月	10月	11月	12月
唐　山	Tangshan	99.6	100.2	101.3	101.2	101.2	101.4	101.5	101.6	101.7	102.0	101.5	101.9
秦皇岛	Qinhuangdao	101.5	102.8	103.8	104.8	105.9	106.5	106.9	107.6	108.1	107.9	108.2	108.3
包　头	Baotou	101.5	103.3	104.2	105.2	106.8	106.6	106.9	106.6	107.1	108.7	109.5	110.3
丹　东	Dandong	100.3	101.2	102.1	103.0	104.1	104.8	105.1	106.8	108.0	108.5	108.5	108.8
锦　州	Jinzhou	100.6	101.7	102.0	103.1	103.9	105.2	106.2	108.0	109.5	111.0	110.8	111.1
吉　林	Jilin	101.0	101.7	102.5	103.2	104.4	105.5	105.9	107.1	107.8	108.3	108.3	108.6
牡丹江	Mudanjiang	100.0	100.9	101.7	103.2	104.1	104.6	104.6	104.8	105.3	105.5	105.7	106.3
无　锡	Wuxi	100.4	101.3	103.2	103.7	104.2	104.3	104.3	104.0	104.2	105.1	105.2	105.4
扬　州	Yangzhou	99.8	100.5	101.2	102.2	103.4	104.3	104.4	104.9	105.3	106.5	107.5	107.1
徐　州	Xuzhou	100.7	102.0	104.0	105.1	106.3	107.3	107.9	109.2	110.0	111.0	111.1	111.4
温　州	Wenzhou	89.6	89.5	89.6	94.6	97.5	98.3	100.4	100.2	99.6	99.8	99.8	97.5
金　华	Jinhua	96.8	97.0	99.4	101.0	102.3	103.0	104.0	106.3	107.4	107.7	107.8	107.2
蚌　埠	Bengbu	100.1	100.7	101.2	101.6	102.2	102.6	102.7	103.0	103.7	104.0	104.2	103.8
安　庆	Anqing	99.9	101.0	102.4	102.7	103.5	104.3	103.8	104.3	104.9	105.7	105.9	105.9
泉　州	Quanzhou	99.4	100.4	100.8	102.7	103.8	104.5	105.3	106.1	107.5	107.9	108.5	108.8
九　江	Jiujiang	100.9	101.6	102.2	102.9	104.5	105.0	104.8	105.4	105.0	105.5	106.5	107.1
赣　州	Ganzhou	100.4	101.6	103.3	104.0	104.5	104.5	105.7	106.6	107.9	109.1	109.8	109.7
烟　台	Yantai	99.9	101.0	102.7	103.4	103.7	104.0	105.0	106.7	107.5	108.2	109.0	109.6
济　宁	Jining	101.0	102.3	103.6	104.2	104.6	106.6	107.4	108.3	108.3	109.9	109.8	110.7
洛　阳	Luoyang	99.6	100.8	101.3	102.5	103.6	104.4	105.4	106.1	106.9	107.1	107.5	107.6
平顶山	Pingdingshan	99.4	100.7	102.4	103.1	104.8	105.6	106.2	107.7	109.8	110.5	110.4	110.7
宜　昌	Yichang	101.3	102.1	103.5	105.2	106.7	107.5	107.8	108.8	109.4	109.8	110.0	110.2
襄　阳	Xiangyang	100.3	100.9	103.1	105.0	106.5	107.6	107.7	108.4	108.6	108.8	109.0	108.9
岳　阳	Yueyang	101.5	101.9	103.0	104.1	106.5	108.3	108.8	109.3	110.9	111.1	111.0	111.1
常　德	Changde	100.9	101.8	102.5	103.0	103.0	103.6	104.1	105.3	105.7	106.1	106.4	105.5
惠　州	Huizhou	101.4	102.4	103.6	104.2	104.9	105.5	105.8	106.4	107.4	107.9	108.2	108.2
湛　江	Zhanjiang	102.4	103.5	104.0	105.3	106.2	106.8	108.0	109.0	110.0	110.2	111.1	110.7
韶　关	Shaoguan	101.7	102.9	103.2	103.8	105.5	105.6	106.4	106.9	106.8	107.0	106.4	105.9
桂　林	Guilin	99.8	99.9	100.7	101.2	104.1	105.7	107.8	108.8	108.6	110.0	111.7	112.1
北　海	Beihai	99.8	101.0	102.7	103.7	104.9	106.0	106.8	107.9	109.6	110.1	110.5	111.4
三　亚	Sanya	100.3	100.6	101.3	101.8	101.8	101.9	102.5	103.3	103.6	104.5	105.1	104.8
泸　州	Luzhou	102.1	102.9	104.0	105.1	105.2	105.0	105.9	107.0	109.2	110.1	109.5	109.7
南　充	Nanchong	102.8	104.3	105.9	107.0	108.4	110.6	111.3	112.1	112.0	112.0	111.6	111.5
遵　义	Zunyi	102.2	103.3	103.8	104.7	104.8	104.7	104.9	105.6	106.0	106.6	107.3	107.0
大　理	Dali	99.4	99.4	100.2	100.6	101.6	102.0	102.3	103.5	103.9	104.4	105.9	105.8

4-2-5 2013年70个大中城市144㎡以上新建商品住宅销售价格指数
(以上年同月价格为100)
Housing Price Indices of Above 144㎡ Newly Constructed Commercial Residential Buildings in 70 Large and Medium-Sized Cities 2013
(Same Month of Preceding Year=100)

城 市	City	1月	2月	3月	4月	5月	6月	7月	8月	9月	10月	11月	12月
北 京	Beijing	104.2	107.5	110.9	112.9	114.8	116.3	117.8	118.8	120.0	120.4	120.2	120.2
天 津	Tianjin	101.8	103.3	105.8	106.7	106.6	107.2	107.5	107.3	107.3	107.9	107.9	108.5
石家庄	Shijiazhuang	101.9	102.7	103.9	104.9	105.1	106.2	105.6	106.5	107.4	108.6	109.2	109.6
太 原	Taiyuan	101.8	102.5	103.4	104.4	106.7	107.5	108.4	108.6	110.0	111.0	110.8	110.6
呼和浩特	Hohhot	100.2	101.5	101.7	101.6	103.2	104.4	105.7	106.9	108.1	110.3	110.5	110.9
沈 阳	Shenyang	101.5	102.5	104.3	106.6	108.5	109.9	110.7	111.9	113.2	114.9	115.5	115.8
大 连	Dalian	101.9	102.3	104.2	105.7	106.7	107.4	108.0	107.9	108.7	109.4	109.9	110.2
长 春	Changchun	99.3	100.5	101.2	101.7	103.0	103.5	104.1	104.9	105.6	106.0	107.3	107.4
哈尔滨	Harbin	101.4	102.2	102.7	103.9	104.6	106.0	106.3	107.3	108.4	109.8	110.5	110.5
上 海	Shanghai	101.6	104.4	108.1	110.7	112.4	114.6	116.7	118.7	120.6	121.7	121.9	122.1
南 京	Nanjing	102.3	105.1	107.5	109.6	111.3	112.4	112.8	113.6	114.9	115.7	116.5	116.2
杭 州	Hangzhou	93.8	94.8	98.3	103.3	105.0	105.7	106.9	108.0	109.2	110.0	111.1	111.6
宁 波	Ningbo	94.9	96.0	96.3	99.3	100.7	101.9	102.7	104.1	105.1	105.8	107.0	107.8
合 肥	Hefei	100.4	101.9	102.7	103.4	104.3	105.7	106.5	107.4	108.4	108.5	109.8	109.7
福 州	Fuzhou	102.7	104.4	105.3	107.3	107.9	110.0	110.1	110.4	111.5	112.3	113.1	112.2
厦 门	Xiamen	101.9	104.5	106.2	108.3	109.6	110.7	112.5	113.1	114.6	114.9	115.0	114.7
南 昌	Nanchang	101.8	103.4	104.8	106.1	107.3	108.7	109.0	108.4	109.4	110.1	111.0	111.0
济 南	Jinan	99.5	100.2	101.6	103.8	104.4	104.9	106.3	107.3	108.0	108.3	109.5	110.1
青 岛	Qingdao	96.2	98.3	101.2	104.5	105.7	105.8	106.6	107.8	108.5	109.4	110.2	111.3
郑 州	Zhengzhou	102.4	104.1	106.3	108.5	109.2	110.0	111.5	112.4	112.4	112.8	113.0	112.9
武 汉	Wuhan	101.4	103.5	104.8	105.8	107.1	108.2	109.1	110.0	110.9	111.9	112.0	111.7
长 沙	Changsha	101.7	102.6	105.0	106.3	107.7	108.3	109.5	110.4	111.1	111.9	112.0	112.5
广 州	Guangzhou	104.9	108.8	112.2	114.1	116.1	117.2	117.8	119.6	120.5	120.8	120.9	120.4
深 圳	Shenzhen	103.4	105.6	109.0	111.6	113.8	115.4	116.5	118.1	119.8	120.3	120.6	120.0
南 宁	Nanning	99.4	101.1	102.7	103.8	105.5	106.2	107.3	108.2	109.1	109.9	109.8	110.7
海 口	Haikou	99.6	99.8	99.7	100.0	100.7	101.2	101.0	101.2	101.3	101.9	101.8	102.1
重 庆	Chongqing	102.2	103.6	104.0	105.2	105.7	105.9	106.4	107.2	108.6	109.0	109.6	109.3
成 都	Chengdu	100.6	101.2	102.9	105.6	107.2	108.3	107.9	108.8	109.5	110.1	110.2	110.2
贵 阳	Guiyang	101.3	102.0	102.4	103.6	104.2	104.2	105.1	105.0	105.5	106.9	107.3	107.1
昆 明	Kunming	101.7	101.6	102.9	103.6	104.6	105.5	105.9	106.5	106.5	106.4	106.4	106.4
西 安	Xi'an	101.6	102.2	104.1	104.9	105.7	106.7	108.2	109.3	110.1	111.2	111.4	112.1
兰 州	Lanzhou	100.5	101.7	103.4	105.6	106.2	107.3	107.4	109.0	109.4	109.7	109.9	110.2
西 宁	Xining	101.3	102.0	102.3	103.0	104.2	105.4	106.1	107.0	107.1	108.6	109.0	109.6
银 川	Yinchuan	103.3	103.5	103.9	104.9	106.0	106.2	106.5	106.8	107.0	107.6	107.6	108.0
乌鲁木齐	Urumqi	103.9	104.5	105.5	106.2	107.4	107.4	107.5	108.2	109.3	109.4	108.7	109.1

4-2-5 续表

城 市	City	1月	2月	3月	4月	5月	6月	7月	8月	9月	10月	11月	12月
唐 山	Tangshan	100.3	100.5	100.7	100.7	100.6	100.3	100.7	101.1	100.1	100.4	100.4	100.4
秦皇岛	Qinhuangdao	101.4	102.4	103.0	103.1	104.3	104.4	104.7	105.5	106.2	105.9	106.3	106.2
包 头	Baotou	102.8	104.9	105.6	106.3	107.4	107.6	108.4	108.1	107.7	106.7	105.8	106.1
丹 东	Dandong	98.9	99.3	100.4	100.9	102.3	102.5	103.2	104.7	106.3	107.2	108.2	108.7
锦 州	Jinzhou	98.9	99.7	99.9	100.6	101.8	103.7	105.0	106.7	108.2	109.7	108.7	110.3
吉 林	Jilin	100.5	101.3	102.4	103.5	104.6	105.0	105.0	105.9	107.1	107.9	109.0	109.6
牡丹江	Mudanjiang	100.0	100.5	101.5	102.7	103.3	104.1	104.1	104.5	104.5	104.5	104.1	105.1
无 锡	Wuxi	100.4	101.1	103.0	103.8	104.3	104.2	104.0	103.8	104.9	105.6	106.5	107.1
扬 州	Yangzhou	100.8	101.5	101.8	103.1	103.7	104.5	103.9	104.5	105.2	106.6	107.7	107.4
徐 州	Xuzhou	100.0	100.9	102.6	103.9	104.7	105.4	106.6	108.0	108.9	110.5	110.2	111.3
温 州	Wenzhou	89.4	89.6	90.8	94.1	96.1	97.0	97.0	97.2	97.9	98.1	98.8	97.4
金 华	Jinhua	91.2	91.5	99.7	100.2	101.4	102.3	103.7	105.7	107.0	107.2	107.2	106.8
蚌 埠	Bengbu	100.6	101.0	101.6	102.0	102.5	102.6	103.2	103.8	105.0	105.5	105.4	105.0
安 庆	Anqing	100.7	101.0	101.5	101.7	102.3	102.7	102.5	103.5	104.4	104.7	105.0	105.5
泉 州	Quanzhou	100.2	100.9	101.2	102.6	103.2	103.3	104.2	104.5	105.8	106.4	106.9	107.8
九 江	Jiujiang	99.6	100.8	100.7	101.5	102.5	102.8	102.4	103.0	103.4	104.3	104.8	105.5
赣 州	Ganzhou	100.9	102.6	103.9	104.2	104.6	104.4	105.4	106.0	106.6	107.3	108.3	108.2
烟 台	Yantai	98.9	100.0	101.5	103.2	103.7	103.3	104.7	105.6	106.2	106.4	107.3	107.6
济 宁	Jining	100.7	101.7	102.7	103.6	104.5	105.1	104.8	105.8	106.1	107.5	107.3	108.3
洛 阳	Luoyang	99.8	101.1	102.0	102.9	103.8	104.3	105.6	106.7	108.2	108.7	109.6	109.6
平顶山	Pingdingshan	99.8	101.2	101.9	102.7	103.7	104.1	104.5	105.0	105.9	105.8	106.8	106.6
宜 昌	Yichang	100.0	101.3	102.7	104.3	105.6	106.1	106.8	107.6	108.1	108.7	109.0	108.9
襄 阳	Xiangyang	99.6	100.5	102.4	103.9	105.1	105.9	106.2	107.4	107.6	108.1	108.7	108.3
岳 阳	Yueyang	101.0	101.6	102.6	103.7	105.3	106.8	107.0	107.6	108.9	108.9	108.7	108.9
常 德	Changde	100.3	100.9	103.1	104.3	104.1	104.8	105.8	106.4	107.0	107.5	108.0	108.2
惠 州	Huizhou	99.0	100.0	100.5	101.4	102.3	102.9	103.2	104.2	105.3	105.9	106.9	107.8
湛 江	Zhanjiang	101.8	102.7	103.2	103.8	104.4	104.9	105.5	106.0	107.3	108.1	108.8	108.6
韶 关	Shaoguan	101.2	102.5	102.7	103.3	104.6	104.6	104.4	104.7	105.3	105.2	105.1	104.0
桂 林	Guilin	99.2	99.1	100.3	101.5	104.8	106.1	107.9	108.4	108.9	110.0	111.0	112.1
北 海	Beihai	98.2	99.7	100.4	101.7	102.6	103.6	104.1	105.5	106.7	107.5	108.5	108.7
三 亚	Sanya	99.7	100.1	100.9	102.3	102.6	102.7	102.8	103.1	103.2	104.6	105.2	104.8
泸 州	Luzhou	101.8	102.2	104.6	104.9	105.0	104.7	104.9	105.5	107.3	107.7	107.8	107.7
南 充	Nanchong	103.2	104.1	105.7	107.1	107.6	109.7	110.5	110.9	111.2	111.1	110.4	110.2
遵 义	Zunyi	101.9	102.9	103.2	103.6	103.9	104.3	104.0	104.4	105.9	105.6	107.0	107.2
大 理	Dali	99.5	99.7	100.3	100.9	101.7	103.0	103.3	104.1	104.4	105.0	106.3	106.3

4-2-6 2013年70个大中城市二手住宅销售价格指数
(以上年同月价格为100)
Housing Price Indices of Second-Hand Residential Buildings in 70 Large and Medium-Sized Cities 2013(Same Month of Preceding Year=100)

城 市	City	1月	2月	3月	4月	5月	6月	7月	8月	9月	10月	11月	12月
北 京	Beijing	103.5	106.0	109.1	110.9	112.8	114.1	115.3	116.4	117.8	119.0	120.1	119.7
天 津	Tianjin	103.2	103.9	104.1	104.6	105.1	105.1	104.6	104.3	105.1	105.7	105.2	105.1
石家庄	Shijiazhuang	99.9	100.4	100.1	100.7	101.1	101.3	101.2	101.2	101.7	102.6	103.0	103.2
太 原	Taiyuan	106.0	106.7	106.9	106.8	106.1	106.2	106.2	105.5	105.1	104.8	104.4	104.1
呼和浩特	Hohhot	100.5	100.9	101.3	101.5	101.8	101.9	102.2	102.2	102.5	103.1	103.4	103.5
沈 阳	Shenyang	100.3	101.2	101.6	102.1	102.4	102.5	102.9	103.4	104.2	105.3	105.2	105.6
大 连	Dalian	104.0	104.0	104.7	105.4	105.3	104.2	103.2	102.4	102.1	101.8	101.9	102.5
长 春	Changchun	101.7	102.3	103.1	103.6	103.5	103.8	103.7	103.8	104.0	104.5	104.5	104.5
哈尔滨	Harbin	99.8	100.4	100.6	101.1	101.2	101.1	101.4	101.9	102.7	104.0	104.2	104.8
上 海	Shanghai	102.0	103.9	107.2	108.5	109.2	110.2	110.9	111.4	112.3	113.2	113.7	113.9
南 京	Nanjing	101.1	102.3	103.1	104.4	105.3	106.1	106.0	106.7	107.1	107.3	107.4	107.9
杭 州	Hangzhou	99.1	101.1	101.6	102.5	102.7	103.0	102.0	101.8	102.8	102.8	103.0	102.9
宁 波	Ningbo	96.0	98.1	98.7	99.8	101.2	101.3	101.9	102.3	102.6	103.1	103.8	104.4
合 肥	Hefei	100.8	100.8	101.2	101.9	102.5	102.6	103.0	103.1	104.9	105.3	106.0	106.4
福 州	Fuzhou	100.9	102.5	104.0	105.0	105.1	106.3	106.9	107.5	108.3	108.8	109.1	109.5
厦 门	Xiamen	103.3	104.5	105.4	105.4	105.7	105.9	106.3	106.6	106.8	107.3	107.4	107.7
南 昌	Nanchang	102.8	103.6	104.6	105.3	105.2	104.9	105.2	105.3	105.8	105.8	106.1	106.0
济 南	Jinan	99.5	100.1	100.6	100.8	101.4	102.0	102.5	102.7	103.1	103.5	103.9	104.3
青 岛	Qingdao	99.1	99.6	100.2	100.9	102.0	102.5	102.6	102.8	102.9	102.9	103.1	103.7
郑 州	Zhengzhou	101.0	102.1	103.0	103.8	104.4	104.8	104.9	105.1	105.5	106.1	106.8	107.3
武 汉	Wuhan	101.4	102.7	102.7	103.9	104.6	104.8	105.8	106.7	107.5	108.1	108.4	108.5
长 沙	Changsha	100.2	100.7	101.3	102.2	103.5	104.4	104.8	105.0	105.1	105.7	105.9	106.2
广 州	Guangzhou	103.5	105.7	107.5	108.6	109.9	110.4	110.7	110.9	110.7	111.4	112.2	112.3
深 圳	Shenzhen	102.4	103.9	106.2	107.3	108.3	109.6	110.5	112.2	113.6	114.1	114.7	114.8
南 宁	Nanning	101.9	101.8	102.1	102.4	102.8	103.0	103.0	103.1	103.4	103.8	103.9	104.6
海 口	Haikou	99.5	99.3	99.4	99.7	99.7	99.7	99.5	99.4	99.5	99.6	100.0	100.2
重 庆	Chongqing	100.6	100.8	101.6	101.9	102.4	102.6	102.9	102.9	103.1	103.6	104.3	104.7
成 都	Chengdu	99.8	100.6	101.5	102.8	103.2	103.7	103.8	104.1	104.4	104.9	105.2	105.2
贵 阳	Guiyang	100.6	100.8	101.7	102.1	103.0	104.0	105.4	106.0	108.4	108.9	110.0	110.0
昆 明	Kunming	104.3	105.5	107.1	108.3	109.3	109.0	107.1	107.3	108.0	108.8	108.8	108.0
西 安	Xi'an	99.4	100.4	101.7	101.7	102.1	102.7	103.6	104.1	104.3	104.6	104.9	105.0
兰 州	Lanzhou	99.6	99.5	100.2	100.7	101.1	101.0	101.4	101.2	101.9	102.3	102.7	102.8
西 宁	Xining	101.6	101.7	102.3	102.7	103.3	103.5	103.3	103.6	103.9	103.9	104.3	104.3
银 川	Yinchuan	99.9	101.3	102.5	103.4	104.4	105.1	105.7	106.2	106.9	107.6	107.9	108.4
乌鲁木齐	Urumqi	98.9	99.8	101.4	102.4	102.9	103.2	103.5	103.8	104.0	104.4	104.7	105.0

4-2-6 续表

城 市	City	1月	2月	3月	4月	5月	6月	7月	8月	9月	10月	11月	12月
唐 山	Tangshan	98.3	99.3	99.9	100.2	101.2	101.5	102.0	102.0	102.1	102.6	102.7	102.6
秦皇岛	Qinhuangdao	100.7	101.7	102.3	102.3	103.2	103.3	102.7	102.8	102.9	102.7	102.3	102.2
包 头	Baotou	99.0	100.0	100.5	100.8	101.3	100.3	99.9	100.4	101.2	102.2	103.2	102.9
丹 东	Dandong	99.9	100.3	100.7	101.0	101.5	101.3	101.6	102.3	102.6	103.0	103.5	103.9
锦 州	Jinzhou	98.7	99.1	99.5	99.9	100.1	100.2	100.7	101.2	101.6	102.2	103.4	103.3
吉 林	Jilin	99.3	100.0	99.9	100.2	100.4	100.6	100.9	100.9	101.0	101.1	101.6	101.9
牡丹江	Mudanjiang	99.5	99.9	100.0	100.9	101.3	101.7	102.0	101.7	101.9	101.7	101.7	101.6
无 锡	Wuxi	100.1	100.7	101.0	101.7	101.5	101.7	102.0	102.4	102.4	103.1	103.7	102.6
扬 州	Yangzhou	97.0	97.7	98.5	99.6	100.6	100.9	101.2	101.9	102.6	103.0	103.5	103.4
徐 州	Xuzhou	102.0	102.6	102.2	102.2	102.4	101.8	101.8	102.1	102.3	102.3	102.3	101.9
温 州	Wenzhou	95.6	95.5	94.6	96.3	96.4	96.4	95.5	95.1	94.7	94.7	94.3	92.8
金 华	Jinhua	98.5	99.2	100.1	100.9	102.4	102.9	103.2	103.0	103.6	104.1	104.8	105.1
蚌 埠	Bengbu	100.3	100.5	100.6	101.1	101.6	101.7	101.6	101.8	101.7	101.8	102.4	103.0
安 庆	Anqing	100.3	100.7	100.9	101.2	101.4	101.6	101.8	101.9	102.2	102.3	102.3	102.2
泉 州	Quanzhou	97.1	99.2	99.7	100.2	100.8	101.1	101.5	102.0	102.3	102.6	103.2	103.8
九 江	Jiujiang	100.2	101.2	102.4	102.8	103.1	102.6	102.2	102.5	102.3	102.4	102.9	103.8
赣 州	Ganzhou	99.9	100.3	100.8	100.8	100.8	100.7	101.0	101.2	101.3	101.9	102.1	102.1
烟 台	Yantai	95.1	95.9	97.3	98.4	99.9	101.1	102.2	103.3	103.8	104.6	105.4	106.2
济 宁	Jining	99.7	100.3	101.0	101.5	102.1	102.4	102.7	102.5	102.7	102.8	103.0	103.7
洛 阳	Luoyang	98.9	100.0	101.0	102.1	103.0	103.3	104.2	104.3	104.6	105.0	105.0	105.7
平顶山	Pingdingshan	99.4	100.3	101.0	102.0	102.8	103.4	103.7	103.7	103.9	104.2	104.4	104.8
宜 昌	Yichang	97.7	99.2	100.8	105.2	106.1	107.2	107.5	107.8	108.1	108.6	109.2	109.4
襄 阳	Xiangyang	100.3	101.4	102.5	103.9	105.2	106.1	106.8	107.3	107.5	108.1	108.8	108.9
岳 阳	Yueyang	102.7	102.9	103.3	103.9	104.3	104.4	104.7	104.6	104.9	104.8	104.8	104.7
常 德	Changde	97.4	97.9	100.2	102.8	103.6	104.3	105.3	106.5	106.7	107.2	108.6	109.2
惠 州	Huizhou	99.9	100.5	101.3	101.9	102.2	102.3	103.0	103.6	104.4	104.7	105.5	106.3
湛 江	Zhanjiang	100.7	101.2	101.4	101.6	102.0	102.1	101.9	102.2	102.9	103.4	103.7	104.1
韶 关	Shaoguan	102.0	103.1	103.6	103.8	104.3	104.3	104.2	105.6	105.7	105.7	105.2	105.3
桂 林	Guilin	99.8	100.7	101.1	101.4	102.5	103.0	103.2	103.6	104.0	104.3	104.5	104.8
北 海	Beihai	100.3	101.0	102.3	103.0	103.6	104.4	104.8	105.0	105.3	105.7	106.3	106.3
三 亚	Sanya	98.9	99.5	100.0	100.4	100.8	101.1	101.3	101.4	101.5	101.7	101.7	102.2
泸 州	Luzhou	100.9	100.8	101.2	101.6	101.8	101.7	101.8	102.1	102.6	103.0	103.7	104.1
南 充	Nanchong	100.3	100.9	101.4	102.0	102.4	102.6	102.9	103.3	103.9	104.4	105.0	105.4
遵 义	Zunyi	98.9	99.9	100.9	101.4	101.7	102.0	102.1	102.1	102.3	102.9	104.5	104.6
大 理	Dali	99.5	99.6	100.2	100.4	100.6	100.9	100.8	101.2	101.7	102.3	102.8	103.1

4-2-7 2013年70个大中城市90㎡及以下二手住宅销售价格指数
(以上年同月价格为100)
Housing Price Indices of 90㎡ and below Second-Hand Residential Buildings in 70 Large and Medium-Sized Cities 2013(Same Month of Preceding Year=100)

城 市	City	1月	2月	3月	4月	5月	6月	7月	8月	9月	10月	11月	12月
北 京	Beijing	104.0	106.8	110.3	112.3	113.7	114.9	116.4	117.4	119.0	120.3	121.4	120.8
天 津	Tianjin	104.7	105.4	105.5	106.0	106.3	106.0	105.8	105.5	106.4	106.3	105.7	105.4
石家庄	Shijiazhuang	100.2	100.8	100.5	101.1	101.5	101.6	101.6	101.4	101.8	102.6	103.0	103.2
太 原	Taiyuan	105.9	106.7	106.9	107.0	106.5	106.9	107.1	106.9	105.8	105.5	105.1	104.7
呼和浩特	Hohhot	100.0	100.5	101.1	101.3	101.7	101.9	102.3	102.4	102.8	103.4	104.0	104.0
沈 阳	Shenyang	100.6	101.7	102.1	102.6	102.9	103.0	103.4	103.9	104.7	105.9	105.7	106.2
大 连	Dalian	104.4	104.4	105.3	105.9	105.4	104.2	103.6	103.2	103.0	102.5	102.3	102.9
长 春	Changchun	102.6	103.2	103.9	104.4	104.4	104.9	105.1	105.4	105.3	105.8	105.4	105.1
哈尔滨	Harbin	99.5	99.9	100.2	100.8	101.1	101.0	101.4	101.9	102.8	103.9	104.2	105.1
上 海	Shanghai	102.9	104.6	107.6	109.1	109.7	110.9	111.6	112.3	113.3	114.2	114.8	114.9
南 京	Nanjing	101.3	102.3	103.3	104.2	105.1	105.4	105.8	106.1	106.7	106.4	106.2	106.9
杭 州	Hangzhou	100.4	102.5	102.9	103.6	103.8	103.7	103.3	102.6	103.4	103.3	103.2	103.4
宁 波	Ningbo	96.9	99.3	99.8	101.0	102.3	101.8	102.7	103.1	103.4	103.6	104.2	104.5
合 肥	Hefei	101.4	101.1	101.8	102.5	102.6	101.9	101.5	102.1	103.4	103.0	104.1	105.7
福 州	Fuzhou	100.2	101.7	103.5	104.4	105.3	106.7	107.8	108.1	109.6	110.0	110.4	110.9
厦 门	Xiamen	104.3	105.6	106.6	106.4	106.8	107.0	107.4	107.7	108.0	108.3	108.4	108.6
南 昌	Nanchang	104.8	105.6	106.6	107.2	107.7	106.8	106.2	106.2	106.6	106.5	106.7	106.2
济 南	Jinan	97.2	97.6	97.9	98.1	98.5	99.5	100.4	100.8	100.9	101.4	102.4	103.2
青 岛	Qingdao	98.4	99.1	99.9	100.7	102.1	102.6	103.1	103.4	103.6	103.8	104.3	105.0
郑 州	Zhengzhou	102.3	103.4	104.0	104.6	105.1	105.3	105.4	105.6	105.8	106.6	107.2	107.7
武 汉	Wuhan	101.7	102.8	102.5	104.1	104.7	105.1	105.9	106.7	107.6	108.0	108.1	108.3
长 沙	Changsha	100.8	101.3	102.0	102.8	103.9	104.7	104.8	104.9	104.9	105.1	105.2	105.3
广 州	Guangzhou	105.2	107.2	108.6	109.6	110.2	111.1	111.7	112.5	112.3	112.0	112.3	111.5
深 圳	Shenzhen	103.5	104.8	107.3	108.0	108.7	110.0	111.1	112.8	114.1	114.6	115.4	115.5
南 宁	Nanning	101.9	101.8	102.3	102.7	102.9	103.1	103.2	103.4	103.7	104.1	104.1	104.8
海 口	Haikou	99.7	99.4	99.5	99.7	99.8	99.9	99.6	99.7	99.9	99.9	100.3	100.5
重 庆	Chongqing	100.7	101.0	101.9	101.8	102.2	102.4	102.5	102.5	102.7	103.3	104.0	104.4
成 都	Chengdu	99.9	100.8	101.6	102.4	102.9	103.2	103.1	103.5	103.6	103.9	104.1	104.2
贵 阳	Guiyang	100.6	101.0	102.0	102.2	103.2	104.2	105.7	106.9	109.4	109.9	111.2	111.5
昆 明	Kunming	105.5	106.6	108.6	110.1	110.9	110.7	108.9	109.1	109.3	109.9	109.7	108.0
西 安	Xi'an	100.6	101.6	103.3	103.8	104.4	104.8	106.0	105.0	105.2	105.2	105.6	105.7
兰 州	Lanzhou	99.9	99.7	100.6	101.2	101.6	101.4	101.8	101.7	102.3	102.7	102.8	102.7
西 宁	Xining	101.6	101.7	102.2	102.6	103.2	103.4	103.3	103.6	104.2	104.2	104.6	104.6
银 川	Yinchuan	100.2	101.7	102.9	103.9	104.9	105.6	106.2	106.7	107.5	108.2	108.2	108.4
乌鲁木齐	Urumqi	99.1	100.2	101.8	102.8	103.5	103.7	104.1	104.4	104.5	105.0	105.4	105.8

4-2-7 续表

城市	City	1月	2月	3月	4月	5月	6月	7月	8月	9月	10月	11月	12月
唐　山	Tangshan	98.2	99.2	99.8	100.1	101.1	101.4	102.0	102.0	102.1	102.7	102.7	102.6
秦皇岛	Qinhuangdao	101.3	102.3	102.8	103.0	104.0	103.6	102.8	102.9	103.0	102.7	102.4	102.2
包　头	Baotou	99.2	100.5	101.1	101.2	101.9	101.0	100.6	101.4	102.3	103.0	104.1	103.7
丹　东	Dandong	101.5	102.0	102.4	102.9	103.3	103.1	103.6	104.1	104.1	104.6	104.4	104.4
锦　州	Jinzhou	97.7	98.2	98.6	98.9	99.0	99.0	100.3	100.5	100.9	101.5	103.1	103.1
吉　林	Jilin	100.0	100.7	100.4	100.8	100.7	100.9	101.1	101.1	101.1	101.2	101.8	102.0
牡丹江	Mudanjiang	99.8	100.1	100.2	101.3	101.6	102.0	102.1	102.0	102.0	101.8	101.7	101.5
无　锡	Wuxi	99.9	101.0	101.5	102.0	101.8	101.9	102.5	102.8	102.2	103.4	103.8	102.9
扬　州	Yangzhou	97.1	97.9	98.6	99.6	100.5	100.8	101.2	101.6	102.6	103.1	103.7	103.5
徐　州	Xuzhou	102.1	103.0	102.6	102.9	103.1	101.9	102.0	102.1	102.3	102.4	102.5	101.9
温　州	Wenzhou	96.7	96.9	96.0	97.3	97.4	97.2	95.8	95.3	95.3	95.1	94.7	93.5
金　华	Jinhua	99.5	100.2	101.1	101.5	102.3	102.4	103.6	104.1	104.7	105.3	105.5	105.5
蚌　埠	Bengbu	100.3	100.4	100.5	101.1	101.5	101.6	101.4	101.6	101.7	101.5	102.3	103.2
安　庆	Anqing	100.4	100.7	101.0	101.2	101.4	101.7	101.9	101.9	102.2	102.3	102.4	102.2
泉　州	Quanzhou	97.1	99.4	100.2	100.7	101.3	101.9	101.8	102.1	102.5	102.8	103.4	103.8
九　江	Jiujiang	100.2	101.3	102.8	103.1	103.5	103.2	102.8	102.8	102.3	102.6	103.3	104.0
赣　州	Ganzhou	100.0	100.7	101.3	101.4	101.6	101.3	101.5	101.8	102.0	102.6	102.8	102.6
烟　台	Yantai	95.7	96.4	98.1	99.4	101.1	102.1	103.5	104.5	105.1	105.5	106.2	106.8
济　宁	Jining	101.0	101.5	102.4	103.1	103.1	103.0	104.0	104.5	104.4	104.2	103.9	104.5
洛　阳	Luoyang	98.1	99.3	100.6	101.9	103.2	104.0	105.0	105.2	105.9	106.5	106.5	107.5
平顶山	Pingdingshan	100.7	101.3	102.1	103.2	104.2	105.1	105.4	104.8	104.9	104.9	105.3	105.5
宜　昌	Yichang	97.2	98.5	100.3	104.9	105.9	106.4	107.0	107.2	107.3	107.8	108.3	108.7
襄　阳	Xiangyang	100.8	101.9	103.2	105.7	105.8	107.2	107.7	107.7	107.9	108.1	108.7	108.1
岳　阳	Yueyang	103.0	103.2	103.6	104.0	104.5	104.5	104.7	104.7	105.0	104.9	104.9	104.8
常　德	Changde	99.5	100.8	102.0	103.1	104.4	104.8	104.0	104.6	104.9	104.7	106.4	105.9
惠　州	Huizhou	100.6	101.1	102.1	102.9	103.2	103.2	103.5	104.0	104.7	105.0	105.6	106.5
湛　江	Zhanjiang	100.2	100.5	100.6	101.1	101.6	101.7	101.8	102.1	103.5	104.1	104.3	104.5
韶　关	Shaoguan	101.8	102.8	103.2	103.3	103.3	102.5	103.6	105.5	105.2	104.8	104.2	104.6
桂　林	Guilin	100.0	100.8	101.2	101.8	103.2	103.8	103.7	104.0	104.4	104.9	104.7	105.1
北　海	Beihai	100.5	101.1	102.4	102.9	103.5	104.2	104.6	104.8	105.0	105.3	106.0	106.3
三　亚	Sanya	99.3	99.6	100.0	100.4	100.7	101.0	101.3	101.5	101.7	102.1	102.0	102.9
泸　州	Luzhou	101.2	101.2	101.5	101.9	102.1	102.0	101.9	102.1	102.7	103.2	103.8	104.2
南　充	Nanchong	100.8	101.3	101.7	102.2	102.5	102.6	103.0	103.4	104.0	104.2	104.6	105.0
遵　义	Zunyi	98.6	99.9	100.9	101.5	102.2	103.1	103.6	103.7	103.6	104.5	105.5	105.8
大　理	Dali	99.1	99.2	99.9	100.0	100.2	100.3	100.6	100.7	101.2	101.8	102.8	102.9

4-2-8　2013年70个大中城市90-144m^2二手住宅销售价格指数
(以上年同月价格为100)
Housing Price Indices of 90-144m^2 Second-Hand Residential Buildings in 70 Large and Medium-Sized Cities 2013(Same Month of Preceding Year=100)

城　市	City	1月	2月	3月	4月	5月	6月	7月	8月	9月	10月	11月	12月
北　京	Beijing	103.0	105.2	108.1	109.7	112.1	113.6	114.7	115.7	117.1	118.6	119.7	119.5
天　津	Tianjin	102.9	103.1	103.6	103.9	104.9	105.4	103.6	103.4	103.9	105.0	104.6	105.0
石家庄	Shijiazhuang	100.0	100.4	99.6	100.5	100.8	101.2	101.0	101.4	101.9	102.8	103.4	103.4
太　原	Taiyuan	106.6	107.2	107.5	107.1	106.4	106.3	106.3	104.9	104.9	104.5	104.5	104.1
呼和浩特	Hohhot	101.3	101.6	101.7	101.9	102.1	102.0	102.3	102.2	102.4	102.9	103.3	103.5
沈　阳	Shenyang	99.7	100.4	100.6	100.9	101.5	101.7	102.4	102.8	103.5	104.4	104.4	104.7
大　连	Dalian	103.1	103.4	103.7	104.5	105.1	104.1	102.5	101.1	100.6	100.8	101.2	101.6
长　春	Changchun	101.4	101.8	103.1	103.4	103.1	103.2	102.4	102.4	102.7	103.0	103.5	103.4
哈尔滨	Harbin	100.4	100.9	100.8	101.4	101.2	101.1	101.3	102.0	103.1	104.7	105.0	105.3
上　海	Shanghai	101.2	103.3	107.0	108.2	108.8	109.8	110.4	110.9	111.7	112.6	113.3	113.7
南　京	Nanjing	101.6	102.9	103.4	104.3	104.9	106.1	105.5	106.5	106.5	107.5	107.1	107.2
杭　州	Hangzhou	98.5	100.8	101.5	102.4	102.8	103.4	101.1	101.7	103.0	103.2	103.7	103.3
宁　波	Ningbo	96.1	97.4	98.1	98.8	100.3	101.0	101.1	101.2	101.3	102.0	102.6	103.5
合　肥	Hefei	100.8	100.9	101.3	102.0	102.8	103.4	103.9	103.9	106.0	106.5	107.1	107.4
福　州	Fuzhou	100.4	102.5	103.9	104.9	105.4	106.8	107.7	108.5	109.2	109.7	110.1	110.7
厦　门	Xiamen	103.9	105.1	106.2	106.1	106.4	106.5	106.8	107.1	107.5	108.1	108.2	108.4
南　昌	Nanchang	100.6	101.4	102.5	103.3	102.5	102.7	104.3	104.5	105.1	105.2	105.6	106.0
济　南	Jinan	102.0	103.0	103.4	103.7	104.3	104.7	104.1	104.1	104.8	105.4	105.2	105.2
青　岛	Qingdao	99.3	99.8	100.2	101.0	102.1	102.7	102.7	102.8	102.9	102.9	102.7	103.3
郑　州	Zhengzhou	100.4	101.5	102.6	103.1	103.8	104.4	104.7	105.0	105.5	105.9	106.7	107.2
武　汉	Wuhan	101.7	103.0	103.1	104.1	104.9	105.0	105.9	106.9	107.5	108.2	108.8	108.8
长　沙	Changsha	100.1	100.5	101.1	102.2	103.7	104.7	105.3	105.5	105.7	106.9	107.1	107.6
广　州	Guangzhou	101.8	104.4	106.1	107.6	109.3	109.4	110.0	109.5	110.2	111.4	112.7	113.5
深　圳	Shenzhen	102.2	104.1	106.4	108.0	109.1	110.5	111.2	113.4	115.4	115.6	115.9	116.1
南　宁	Nanning	101.9	101.8	102.0	102.3	103.0	103.2	103.1	103.2	103.5	104.0	104.0	104.9
海　口	Haikou	99.6	99.5	99.5	99.9	100.0	100.0	99.9	99.7	99.9	99.9	100.3	100.5
重　庆	Chongqing	100.6	100.6	101.3	101.9	102.5	102.6	103.1	103.2	103.2	103.7	104.5	105.0
成　都	Chengdu	99.3	100.0	101.1	102.6	103.0	103.8	103.9	104.3	104.8	105.4	105.4	105.4
贵　阳	Guiyang	100.9	100.7	101.4	101.9	102.2	103.0	104.1	103.7	105.8	106.2	106.8	106.2
昆　明	Kunming	104.3	105.6	107.4	108.7	109.7	109.8	107.2	107.7	108.5	109.4	109.8	108.9
西　安	Xi'an	98.1	99.2	100.2	99.9	100.2	100.8	101.6	103.4	103.5	104.1	104.3	104.4
兰　州	Lanzhou	99.4	99.4	100.1	100.6	100.9	100.7	101.2	101.0	101.7	102.2	102.6	102.8
西　宁	Xining	101.5	101.8	102.4	102.9	103.6	103.7	103.5	103.5	103.5	103.5	103.8	103.9
银　川	Yinchuan	99.6	101.1	102.3	103.2	104.2	104.9	105.6	106.0	106.8	107.5	108.1	108.8
乌鲁木齐	Urumqi	98.7	99.5	101.2	102.1	102.6	102.8	103.1	103.6	103.7	104.1	104.3	104.6

4-2-8 续表

城市	City	1月	2月	3月	4月	5月	6月	7月	8月	9月	10月	11月	12月
唐山	Tangshan	98.8	99.7	100.3	100.7	101.5	101.8	101.9	102.0	102.0	102.5	102.5	102.5
秦皇岛	Qinhuangdao	99.9	100.8	101.4	101.2	102.1	103.0	102.7	102.8	102.7	102.7	102.3	102.4
包头	Baotou	99.5	100.3	100.6	101.3	101.3	100.2	99.8	100.1	100.6	101.9	102.5	102.3
丹东	Dandong	98.7	99.2	99.6	99.9	100.4	100.0	100.1	100.8	101.3	101.6	102.8	103.6
锦州	Jinzhou	99.2	99.5	100.0	100.3	100.9	101.1	101.5	102.5	103.3	103.6	104.2	104.2
吉林	Jilin	99.3	100.1	99.9	100.2	100.6	100.7	101.3	101.3	101.4	101.5	101.9	102.2
牡丹江	Mudanjiang	98.9	99.5	99.7	100.0	100.6	100.7	101.6	100.9	101.8	101.6	101.6	102.0
无锡	Wuxi	99.5	99.9	100.1	101.1	100.8	101.3	101.6	102.0	102.4	102.7	103.4	103.1
扬州	Yangzhou	96.6	97.3	98.3	99.7	100.8	101.2	101.3	102.4	102.4	102.8	103.4	103.2
徐州	Xuzhou	102.4	103.0	102.6	102.5	102.7	102.1	102.2	102.2	102.3	102.2	102.2	101.7
温州	Wenzhou	95.5	95.7	94.6	96.7	97.2	97.1	96.3	95.7	95.6	95.6	95.8	94.0
金华	Jinhua	98.8	99.6	100.7	101.5	103.4	103.7	104.0	102.8	103.4	104.0	105.0	105.3
蚌埠	Bengbu	100.4	100.7	100.9	101.1	101.7	101.8	101.8	102.1	101.7	102.2	102.5	102.7
安庆	Anqing	100.4	100.7	100.8	101.4	101.5	101.4	101.9	102.2	102.3	102.3	102.2	102.0
泉州	Quanzhou	97.1	98.9	99.2	99.6	100.2	100.4	101.2	101.8	102.2	102.4	103.0	103.9
九江	Jiujiang	99.8	100.7	101.4	102.1	102.1	101.5	101.0	101.8	102.0	101.8	102.2	103.3
赣州	Ganzhou	100.0	100.6	100.8	101.0	101.1	100.9	101.5	101.5	101.7	102.4	102.6	102.7
烟台	Yantai	95.8	96.6	97.4	98.2	99.5	100.6	102.0	103.4	104.0	105.2	105.8	106.7
济宁	Jining	98.2	99.0	99.7	100.2	101.3	101.9	101.9	101.7	102.3	102.6	103.1	104.1
洛阳	Luoyang	99.4	100.6	101.5	102.5	103.4	103.6	104.4	104.3	104.4	104.8	104.9	105.0
平顶山	Pingdingshan	98.5	99.5	100.2	101.0	101.8	101.8	102.1	102.6	103.1	103.6	103.7	104.4
宜昌	Yichang	97.9	99.6	101.1	105.5	106.5	107.8	108.1	108.4	108.8	109.4	110.0	110.0
襄阳	Xiangyang	100.2	101.4	102.6	103.8	105.7	106.6	107.6	108.1	108.3	108.8	109.6	110.0
岳阳	Yueyang	102.8	103.0	103.3	103.8	104.3	104.6	104.8	104.8	105.3	105.3	105.0	105.0
常德	Changde	98.7	99.3	101.5	104.7	105.4	106.4	106.1	107.6	107.8	108.5	109.6	110.5
惠州	Huizhou	98.5	98.9	99.4	99.7	100.0	100.1	101.5	102.4	103.7	104.1	105.3	105.9
湛江	Zhanjiang	101.7	102.3	102.7	102.9	103.2	103.5	103.3	103.3	103.9	104.0	104.2	104.7
韶关	Shaoguan	103.3	104.4	105.0	105.2	106.3	106.3	105.2	106.4	106.4	106.5	106.1	106.0
桂林	Guilin	99.7	100.7	100.8	100.6	101.5	101.8	102.3	103.0	103.5	103.3	104.0	104.1
北海	Beihai	99.9	100.9	102.3	103.2	104.0	104.8	105.3	105.7	106.1	106.5	106.9	106.4
三亚	Sanya	98.8	99.3	100.0	100.3	100.6	101.0	101.2	101.5	101.7	101.7	101.7	102.2
泸州	Luzhou	100.6	100.7	101.1	101.4	101.6	101.5	101.7	102.1	102.7	103.0	103.9	104.3
南充	Nanchong	99.7	100.4	101.3	101.9	102.5	102.9	103.3	103.7	104.2	104.8	106.0	106.4
遵义	Zunyi	99.6	100.6	101.6	102.0	102.1	102.1	102.1	102.0	102.2	102.7	104.4	104.5
大理	Dali	99.9	100.1	100.4	100.6	100.9	101.3	100.8	101.4	101.9	102.4	102.5	102.8

4-2-9 2013年70个大中城市144㎡以上二手住宅销售价格指数
(以上年同月价格为100)
Housing Price Indices of Above 144㎡ Second-Hand Residential Buildings in 70 Large and Medium-Sized Cities 2013(Same Month of Preceding Year=100)

城市	City	1月	2月	3月	4月	5月	6月	7月	8月	9月	10月	11月	12月
北京	Beijing	103.1	105.0	107.4	109.0	111.6	112.7	113.5	114.7	115.5	116.3	117.5	117.4
天津	Tianjin	98.4	100.0	100.2	101.0	101.1	101.4	102.7	102.1	103.2	105.5	105.2	104.6
石家庄	Shijiazhuang	95.2	95.6	95.4	95.7	96.5	96.6	96.9	98.7	99.4	101.1	101.9	101.9
太原	Taiyuan	105.0	105.3	105.2	105.2	104.2	103.8	103.3	102.4	103.7	103.2	102.4	102.4
呼和浩特	Hohhot	100.7	100.8	101.1	101.3	101.4	101.5	101.8	101.7	102.1	102.5	102.0	102.3
沈阳	Shenyang	100.5	100.6	101.0	101.5	101.4	101.5	101.4	101.6	102.0	103.4	103.5	103.3
大连	Dalian	104.4	103.9	104.1	105.0	105.1	104.5	103.2	102.2	101.6	101.6	101.6	102.8
长春	Changchun	99.2	99.9	100.3	101.1	101.1	100.9	101.3	101.4	102.0	102.8	103.6	104.7
哈尔滨	Harbin	99.4	100.4	100.8	100.9	101.3	101.2	101.4	101.6	101.9	102.9	102.9	103.5
上海	Shanghai	101.2	103.2	106.5	107.6	108.5	109.0	109.8	110.4	111.1	111.7	112.0	112.0
南京	Nanjing	100.0	101.5	102.7	104.9	106.2	106.9	107.2	107.9	108.6	108.3	109.7	110.2
杭州	Hangzhou	94.9	96.3	97.1	98.1	98.4	99.4	99.0	98.8	100.0	100.2	100.8	100.5
宁波	Ningbo	92.9	95.1	95.8	97.4	99.3	99.7	100.7	101.6	102.6	103.6	105.2	105.4
合肥	Hefei	99.9	99.9	99.5	100.0	100.8	100.4	101.3	101.1	102.8	103.6	104.6	102.8
福州	Fuzhou	102.0	103.2	104.5	105.6	104.6	105.2	105.4	105.7	106.2	106.8	106.8	106.9
厦门	Xiamen	101.1	102.2	102.8	102.9	103.2	103.6	103.9	104.2	104.3	104.9	105.0	105.3
南昌	Nanchang	102.2	103.3	103.7	104.6	104.8	104.8	104.4	104.6	105.2	104.8	105.4	105.4
济南	Jinan	101.7	102.7	103.4	103.8	105.1	104.6	106.1	106.0	106.8	106.3	106.4	106.2
青岛	Qingdao	100.1	100.5	100.7	101.1	101.5	101.5	101.5	101.5	101.5	101.2	101.2	102.0
郑州	Zhengzhou	100.2	101.2	102.3	103.7	104.5	104.9	104.7	104.5	104.9	105.6	106.2	106.8
武汉	Wuhan	99.8	101.0	101.4	102.4	103.3	103.6	104.9	106.0	107.2	107.9	107.8	108.1
长沙	Changsha	99.6	99.9	100.6	101.0	102.5	103.1	103.8	104.1	104.3	104.6	104.9	105.1
广州	Guangzhou	102.0	104.0	106.7	107.8	110.2	110.2	109.6	109.4	108.3	110.1	111.5	112.6
深圳	Shenzhen	99.9	101.0	102.8	104.0	105.9	106.7	107.4	108.5	108.6	110.0	110.5	110.3
南宁	Nanning	101.8	101.6	101.8	102.0	102.4	102.6	102.4	102.2	102.4	102.8	103.2	103.5
海口	Haikou	99.2	98.8	99.0	99.2	99.2	99.1	98.8	98.7	98.7	98.8	99.4	99.4
重庆	Chongqing	100.1	100.9	101.5	102.2	102.6	103.2	103.5	103.6	104.0	104.0	104.4	104.4
成都	Chengdu	100.5	101.5	102.4	104.2	104.5	104.9	105.5	105.5	106.2	106.9	108.1	107.9
贵阳	Guiyang	99.7	100.0	100.8	102.5	104.2	106.1	106.7	107.3	109.2	109.1	109.9	110.7
昆明	Kunming	102.9	103.9	104.8	105.2	106.6	105.6	104.5	104.4	105.5	106.2	105.9	106.6
西安	Xi'an	101.2	101.9	103.3	103.5	103.7	104.1	104.9	104.4	104.5	104.8	105.3	105.5
兰州	Lanzhou	100.1	99.8	100.0	100.5	100.5	101.0	101.4	101.1	101.6	102.0	102.6	102.6
西宁	Xining	101.6	101.6	101.9	102.8	103.3	103.3	103.3	103.4	103.8	103.8	104.6	105.0
银川	Yinchuan	100.0	100.6	101.4	102.0	102.8	103.3	103.7	103.9	104.6	105.4	105.7	106.1
乌鲁木齐	Urumqi	99.5	100.0	100.5	101.9	102.4	102.4	102.5	102.6	102.7	103.3	103.3	103.2

4-2-9 续表

城市	City	1月	2月	3月	4月	5月	6月	7月	8月	9月	10月	11月	12月
唐山	Tangshan	99.2	99.3	99.4	100.2	100.7	100.7	100.8	100.8	100.8	101.4	101.4	101.4
秦皇岛	Qinhuangdao	98.9	100.6	100.8	100.9	101.5	101.6	101.9	102.5	102.7	102.8	102.5	102.0
包头	Baotou	96.0	96.8	97.6	97.7	98.1	97.7	97.3	97.4	99.7	100.3	102.3	102.0
丹东	Dandong	96.7	96.9	96.8	96.8	97.5	97.9	98.1	100.1	100.2	101.0	101.8	103.0
锦州	Jinzhou	105.5	105.6	106.1	106.4	106.4	107.6	102.1	101.9	102.3	102.7	103.0	102.1
吉林	Jilin	97.2	98.0	98.4	98.8	99.3	99.2	99.7	99.7	100.0	100.0	100.6	101.2
牡丹江	Mudanjiang	97.8	98.4	98.7	99.7	100.1	100.5	101.4	100.7	101.8	102.0	102.3	102.5
无锡	Wuxi	101.9	102.1	102.1	102.2	102.4	102.4	102.1	102.3	102.8	103.5	104.3	100.8
扬州	Yangzhou	98.0	98.7	98.8	99.7	100.4	100.5	100.6	101.1	103.3	103.5	103.4	103.4
徐州	Xuzhou	100.0	100.0	100.1	99.7	99.8	100.2	100.3	101.7	102.2	102.3	102.6	102.8
温州	Wenzhou	94.6	94.1	93.3	95.0	94.8	94.9	94.2	94.2	93.3	93.4	92.4	90.9
金华	Jinhua	95.9	96.5	97.1	98.1	100.1	101.5	100.2	101.3	102.3	102.3	103.3	103.8
蚌埠	Bengbu	100.6	100.6	100.6	101.0	101.3	101.5	101.5	101.5	101.7	102.1	102.4	102.7
安庆	Anqing	100.1	100.0	100.1	100.1	100.3	100.5	100.8	101.2	101.3	101.2	101.2	101.5
泉州	Quanzhou	98.2	100.0	100.1	100.3	101.1	101.3	101.8	102.3	102.8	103.2	103.7	104.1
九江	Jiujiang	102.0	102.8	103.5	103.9	104.3	103.2	102.5	102.8	103.1	103.5	103.4	104.3
赣州	Ganzhou	99.5	99.7	100.3	100.3	100.0	99.9	100.0	100.2	100.3	100.6	100.8	100.8
烟台	Yantai	93.6	94.7	96.1	97.3	98.8	100.2	100.5	101.5	101.9	102.9	104.0	104.8
济宁	Jining	101.3	101.8	102.0	102.2	102.6	102.3	101.9	99.6	99.4	99.7	99.9	100.2
洛阳	Luoyang	99.2	99.9	100.5	101.5	102.0	101.9	102.6	102.8	102.9	103.2	103.1	104.5
平顶山	Pingdingshan	97.4	99.0	99.4	100.3	101.2	101.6	102.1	102.9	102.8	103.3	103.5	103.6
宜昌	Yichang	97.3	98.3	100.3	104.1	104.8	105.3	105.4	105.7	105.9	106.2	106.7	107.3
襄阳	Xiangyang	100.1	101.1	102.1	102.9	104.3	104.9	105.2	106.1	106.1	107.1	107.8	107.8
岳阳	Yueyang	102.0	102.3	102.9	103.7	103.9	104.1	104.4	104.3	104.4	104.2	104.3	104.3
常德	Changde	92.3	92.3	95.3	96.9	97.8	97.9	103.5	104.0	104.4	104.4	106.6	106.9
惠州	Huizhou	99.6	100.5	100.9	101.4	102.2	102.8	103.8	104.2	104.9	105.1	105.7	106.3
湛江	Zhanjiang	99.8	100.5	100.5	100.5	100.7	100.7	100.2	100.7	101.2	102.0	102.5	103.0
韶关	Shaoguan	99.1	100.0	100.5	101.3	100.8	102.0	102.6	103.8	104.3	104.9	104.4	104.9
桂林	Guilin	99.0	100.2	101.1	101.4	102.1	102.6	103.3	103.3	103.7	104.2	104.9	105.4
北海	Beihai	99.5	100.3	101.8	102.8	103.4	104.2	104.8	104.6	105.0	106.1	106.4	106.6
三亚	Sanya	98.7	99.8	100.1	100.5	101.0	101.3	101.4	101.2	101.1	101.2	101.2	101.4
泸州	Luzhou	100.7	100.4	100.8	101.5	101.7	101.7	101.9	102.1	102.5	102.7	103.0	103.4
南充	Nanchong	99.8	100.5	100.5	101.1	101.5	101.5	101.5	102.0	102.6	103.5	104.2	104.7
遵义	Zunyi	96.5	97.0	97.9	98.2	98.4	98.7	98.3	98.3	98.8	99.5	102.4	102.2
大理	Dali	99.3	99.6	100.2	100.5	100.8	101.3	101.2	101.9	102.2	102.8	103.5	103.9

4-3-1 2013年70个大中城市新建住宅销售价格指数
(以上月价格为100)
Housing Price Indices of Newly Constructed Residential Buildings in 70 Large and Medium-Sized Cities 2013 (Last Month=100)

城 市	City	1月	2月	3月	4月	5月	6月	7月	8月	9月	10月	11月	12月
北 京	Beijing	101.6	102.4	102.1	101.4	101.3	101.3	101.3	100.9	101.0	100.6	100.5	100.5
天 津	Tianjin	100.5	101.4	101.4	100.7	100.4	100.3	100.5	100.4	100.5	100.3	100.4	100.5
石家庄	Shijiazhuang	100.7	101.2	101.2	100.7	100.5	101.2	100.5	100.8	100.8	101.1	100.5	100.3
太 原	Taiyuan	100.3	101.1	100.7	101.3	102.0	101.2	100.9	100.9	101.2	101.0	100.3	100.3
呼和浩特	Hohhot	101.1	101.3	100.2	99.9	101.4	101.0	101.2	100.7	100.5	101.2	100.8	100.6
沈 阳	Shenyang	101.5	101.4	101.1	102.0	101.8	101.0	101.1	100.8	101.1	100.3	100.3	100.2
大 连	Dalian	100.5	101.1	101.0	101.4	101.3	101.1	100.7	100.4	100.6	100.5	100.4	100.7
长 春	Changchun	99.8	101.1	100.8	101.0	101.0	100.9	100.7	100.9	100.6	100.4	100.6	100.4
哈尔滨	Harbin	101.1	100.9	101.0	100.9	100.7	101.3	100.4	100.7	100.5	100.8	100.9	100.5
上 海	Shanghai	101.1	101.9	102.7	101.7	101.4	101.8	101.6	101.5	101.4	100.7	100.6	100.6
南 京	Nanjing	100.9	101.5	101.5	101.4	101.0	100.9	100.7	100.7	100.8	100.7	100.5	100.5
杭 州	Hangzhou	100.9	100.9	101.2	101.4	100.8	101.0	100.7	101.1	101.2	100.8	100.5	100.1
宁 波	Ningbo	100.6	101.2	100.2	100.6	100.7	100.8	99.9	100.7	100.9	100.4	100.5	100.5
合 肥	Hefei	100.6	101.1	100.7	100.8	100.8	100.7	100.9	100.6	100.5	100.5	101.1	101.1
福 州	Fuzhou	100.8	101.8	101.3	101.6	100.4	102.4	100.6	100.5	101.0	100.4	101.3	100.5
厦 门	Xiamen	101.5	101.6	102.0	101.7	101.3	101.6	102.1	101.0	101.4	100.5	100.3	100.3
南 昌	Nanchang	100.3	101.5	101.6	100.7	100.9	101.1	100.4	100.6	100.9	100.6	100.3	100.5
济 南	Jinan	100.8	100.9	100.9	101.1	100.6	100.5	101.0	101.0	100.6	100.5	100.6	100.5
青 岛	Qingdao	100.7	101.3	101.0	100.7	100.9	100.8	100.8	101.2	100.4	100.5	100.5	100.6
郑 州	Zhengzhou	101.3	101.6	101.8	101.5	100.9	101.0	101.7	100.8	100.2	100.0	100.1	100.1
武 汉	Wuhan	101.1	101.2	100.9	101.1	100.9	100.8	100.8	101.0	100.5	100.9	100.5	100.3
长 沙	Changsha	100.9	101.3	101.6	101.2	101.1	100.8	101.0	101.0	100.6	101.0	100.6	100.5
广 州	Guangzhou	102.0	103.1	102.5	102.1	101.5	101.0	101.0	101.7	101.3	100.9	100.8	100.7
深 圳	Shenzhen	102.2	102.2	102.7	101.8	101.9	101.6	100.8	101.4	101.4	100.9	100.9	100.5
南 宁	Nanning	99.8	101.2	101.6	100.7	101.5	100.8	101.1	100.8	100.5	100.9	100.2	100.5
海 口	Haikou	99.7	100.2	100.2	100.1	100.3	100.0	100.2	100.0	100.0	100.7	100.6	100.3
重 庆	Chongqing	100.9	100.9	101.0	101.1	100.7	100.6	100.5	100.9	100.8	100.6	100.8	100.2
成 都	Chengdu	101.0	100.8	100.9	101.8	101.0	100.9	100.3	100.8	100.6	100.4	100.6	100.2
贵 阳	Guiyang	100.4	100.7	100.7	101.1	100.7	99.9	100.6	100.0	100.8	100.9	100.4	100.3
昆 明	Kunming	100.3	100.0	100.9	100.6	100.6	100.5	100.3	100.7	100.4	100.4	100.5	100.5
西 安	Xi'an	100.6	100.8	101.1	100.9	101.1	100.9	101.0	100.9	100.7	100.6	100.3	100.5
兰 州	Lanzhou	100.3	100.9	101.1	100.8	100.6	101.1	100.5	101.1	100.3	100.3	100.4	100.2
西 宁	Xining	100.2	101.4	100.5	100.8	101.2	101.1	100.9	101.1	100.3	100.8	100.5	100.6
银 川	Yinchuan	100.3	100.5	100.5	100.9	100.8	100.9	100.6	101.3	100.6	100.5	100.7	100.6
乌鲁木齐	Urumqi	101.1	101.5	101.0	101.2	100.7	99.9	100.7	100.9	101.2	100.7	100.4	100.9

城　市	City	1月	2月	3月	4月	5月	6月	7月	8月	9月	10月	11月	12月
唐　山	Tangshan	99.9	100.3	100.6	99.9	99.9	100.1	100.0	100.2	100.0	100.3	100.0	100.3
秦皇岛	Qinhuangdao	100.3	101.1	100.7	100.8	100.6	100.5	100.6	100.9	100.7	99.9	100.2	100.3
包　头	Baotou	100.6	101.8	100.9	100.5	101.1	100.1	100.6	99.9	100.4	100.7	100.5	100.6
丹　东	Dandong	100.4	100.9	101.1	100.7	100.8	100.8	101.0	100.8	100.7	100.7	100.4	100.6
锦　州	Jinzhou	100.3	101.2	100.3	100.9	100.9	101.2	101.0	101.4	100.9	100.7	101.2	100.3
吉　林	Jilin	100.7	100.7	100.8	100.5	101.1	101.0	100.5	100.7	100.6	100.4	100.6	100.3
牡丹江	Mudanjiang	100.0	100.8	100.9	101.1	100.7	100.6	100.3	100.2	100.5	100.0	100.4	100.5
无　锡	Wuxi	99.9	100.6	101.3	100.5	100.5	100.0	100.3	100.2	100.5	100.5	100.4	100.2
扬　州	Yangzhou	99.8	100.6	100.5	101.1	100.8	100.8	100.0	100.5	100.4	101.2	100.8	100.3
徐　州	Xuzhou	100.8	101.0	101.4	100.9	101.0	100.8	100.9	100.9	100.7	100.8	100.4	100.4
温　州	Wenzhou	100.0	99.6	99.9	100.0	100.4	100.2	99.6	99.9	99.7	99.9	99.5	98.4
金　华	Jinhua	100.4	100.2	100.8	100.4	101.0	100.3	101.1	101.1	100.9	100.2	100.0	100.2
蚌　埠	Bengbu	100.4	100.4	100.5	100.2	100.6	100.4	100.0	100.5	100.7	100.6	100.2	100.0
安　庆	Anqing	99.8	100.6	101.0	100.3	100.6	100.5	99.9	100.6	100.6	100.7	100.5	100.2
泉　州	Quanzhou	100.5	100.7	100.0	101.5	100.6	100.4	100.9	100.5	101.2	100.5	100.4	100.6
九　江	Jiujiang	100.4	100.9	100.6	100.4	101.2	100.6	99.9	100.5	100.0	100.7	100.8	100.5
赣　州	Ganzhou	100.9	101.2	101.6	100.5	100.4	99.9	101.0	100.7	100.8	100.9	100.8	100.2
烟　台	Yantai	100.0	100.8	101.4	100.8	100.3	100.5	100.7	101.1	100.8	100.7	100.6	100.7
济　宁	Jining	100.3	101.0	101.2	100.8	100.4	101.2	100.6	101.2	100.2	101.3	100.3	100.8
洛　阳	Luoyang	100.2	101.3	100.4	100.9	100.7	100.6	101.1	100.6	101.0	100.5	100.7	100.3
平顶山	Pingdingshan	99.9	101.1	101.4	100.7	100.7	100.8	100.7	101.2	101.3	100.4	100.4	100.3
宜　昌	Yichang	100.6	100.7	101.2	101.2	101.1	100.6	100.5	101.3	100.8	100.4	100.5	100.6
襄　阳	Xiangyang	100.6	100.7	101.3	101.4	101.2	100.8	100.0	100.7	100.4	100.5	100.6	100.2
岳　阳	Yueyang	100.2	100.4	101.1	100.9	101.0	101.2	100.2	100.5	101.0	100.2	100.1	100.0
常　德	Changde	100.0	100.8	101.0	100.7	99.9	100.6	100.4	101.1	100.4	100.3	100.5	100.4
惠　州	Huizhou	100.0	100.7	100.7	100.6	100.7	100.9	100.6	100.8	100.7	100.8	100.9	100.7
湛　江	Zhanjiang	100.8	101.1	100.6	100.6	101.0	100.8	100.7	100.9	101.2	100.6	100.8	100.0
韶　关	Shaoguan	100.0	101.1	100.4	100.7	101.4	99.9	100.8	100.5	100.4	100.7	100.0	99.8
桂　林	Guilin	99.9	100.0	100.7	100.6	102.8	101.6	101.9	101.0	99.9	101.2	101.3	100.4
北　海	Beihai	100.0	101.0	100.9	101.0	100.8	101.1	100.9	100.9	101.1	100.5	100.8	100.5
三　亚	Sanya	100.3	100.4	100.6	100.6	99.9	100.2	100.3	100.6	100.3	100.8	100.9	100.2
泸　州	Luzhou	100.5	100.8	101.1	100.8	100.0	99.9	101.0	101.0	101.8	100.5	100.4	100.7
南　充	Nanchong	101.2	101.2	101.4	101.0	101.0	101.8	100.8	100.7	100.2	100.0	100.1	100.6
遵　义	Zunyi	100.8	101.0	100.5	100.5	100.0	100.3	100.2	101.0	100.3	100.5	100.9	100.3
大　理	Dali	99.9	100.0	100.7	100.4	100.7	100.6	100.3	101.0	100.3	100.4	100.9	100.1

4-3-2 2013年70个大中城市新建商品住宅销售价格指数
(以上月价格为100)
Housing Price Indices of Newly Constructed Commercial Residential Buildings in 70 Large and Medium-Sized Cities 2013(Last Month=100)

城 市	City	1月	2月	3月	4月	5月	6月	7月	8月	9月	10月	11月	12月
北 京	Beijing	102.1	103.1	102.7	101.8	101.6	101.7	101.6	101.1	101.2	100.8	100.7	100.6
天 津	Tianjin	100.5	101.6	101.5	100.7	100.4	100.3	100.5	100.5	100.6	100.3	100.5	100.6
石家庄	Shijiazhuang	100.7	101.2	101.2	100.7	100.5	101.3	100.5	100.8	100.9	101.1	100.5	100.3
太 原	Taiyuan	100.3	101.1	100.8	101.3	102.1	101.2	100.9	100.9	101.2	101.1	100.3	100.3
呼和浩特	Hohhot	101.1	101.4	100.2	99.9	101.4	101.0	101.2	100.7	100.6	101.2	100.8	100.6
沈 阳	Shenyang	101.5	101.5	101.1	102.1	101.8	101.0	101.1	100.8	101.1	100.3	100.3	100.2
大 连	Dalian	100.6	101.1	101.0	101.4	101.3	101.1	100.7	100.4	100.6	100.5	100.4	100.7
长 春	Changchun	99.8	101.1	100.8	101.0	101.1	100.9	100.7	101.0	100.7	100.4	100.6	100.4
哈尔滨	Harbin	101.2	101.0	101.0	100.9	100.8	101.3	100.4	100.8	100.6	100.8	100.9	100.6
上 海	Shanghai	101.3	102.3	103.2	102.0	101.7	102.2	101.9	101.7	101.6	100.8	100.7	100.6
南 京	Nanjing	101.2	102.0	101.9	101.9	101.3	101.2	100.9	101.0	101.0	100.9	100.7	100.6
杭 州	Hangzhou	100.9	100.9	101.2	101.4	100.8	101.0	100.8	101.1	101.3	100.8	100.6	100.1
宁 波	Ningbo	100.6	101.3	100.2	100.6	100.7	100.9	99.9	100.7	100.9	100.4	100.5	100.5
合 肥	Hefei	100.6	101.2	100.8	100.8	100.9	100.8	101.0	100.7	100.6	100.5	101.2	101.1
福 州	Fuzhou	100.8	101.8	101.3	101.6	100.4	102.4	100.6	100.5	101.0	100.4	101.3	100.5
厦 门	Xiamen	101.6	101.7	102.1	101.7	101.3	101.6	102.2	101.0	101.4	100.5	100.4	100.3
南 昌	Nanchang	100.3	101.6	101.7	100.8	101.0	101.2	100.5	100.7	100.9	100.6	100.3	100.5
济 南	Jinan	100.8	100.9	100.9	101.1	100.6	100.5	101.0	101.0	100.6	100.5	100.6	100.5
青 岛	Qingdao	100.7	101.4	101.0	100.8	101.0	100.9	100.8	101.3	100.4	100.5	100.5	100.6
郑 州	Zhengzhou	101.4	101.6	101.9	101.6	100.9	101.1	101.7	100.8	100.2	100.0	100.1	100.1
武 汉	Wuhan	101.2	101.2	101.0	101.1	100.9	100.8	100.9	101.0	100.5	100.9	100.5	100.3
长 沙	Changsha	100.9	101.3	101.6	101.2	101.1	100.9	101.0	101.0	100.6	101.0	100.6	100.6
广 州	Guangzhou	102.0	103.1	102.5	102.1	101.5	101.0	101.1	101.7	101.4	100.9	100.8	100.7
深 圳	Shenzhen	102.2	102.2	102.8	101.8	101.9	101.7	100.9	101.4	101.4	100.9	100.9	100.5
南 宁	Nanning	99.8	101.3	101.7	100.7	101.5	100.8	101.2	100.8	100.5	100.9	100.2	100.5
海 口	Haikou	99.7	100.2	100.2	100.2	100.3	100.0	100.2	100.0	100.0	100.7	100.6	100.3
重 庆	Chongqing	101.0	101.0	101.0	101.1	100.7	100.6	100.5	100.9	100.8	100.6	100.8	100.2
成 都	Chengdu	101.0	100.8	100.9	101.8	101.0	100.9	100.3	100.8	100.6	100.4	100.6	100.2
贵 阳	Guiyang	100.4	100.7	100.8	101.2	100.8	99.9	100.7	100.0	100.9	101.0	100.4	100.3
昆 明	Kunming	100.4	100.0	101.0	100.7	100.7	100.6	100.4	100.8	100.5	100.4	100.6	100.6
西 安	Xi'an	100.6	100.9	101.2	101.0	101.2	101.0	101.1	101.0	100.8	100.7	100.4	100.6
兰 州	Lanzhou	100.4	100.9	101.1	100.8	100.6	101.1	100.5	101.2	100.3	100.3	100.4	100.2
西 宁	Xining	100.2	101.4	100.5	100.8	101.2	101.1	100.9	101.1	100.3	100.8	100.5	100.6
银 川	Yinchuan	100.4	100.6	100.6	101.0	100.8	100.9	100.6	101.4	100.7	100.6	100.8	100.6
乌鲁木齐	Urumqi	101.1	101.5	101.0	101.2	100.7	99.9	100.7	100.9	101.2	100.7	100.4	100.9

4-3-2 续表

城　市	City	1月	2月	3月	4月	5月	6月	7月	8月	9月	10月	11月	12月
唐　山	Tangshan	99.9	100.4	100.7	99.9	99.9	100.1	100.0	100.2	100.0	100.4	100.0	100.3
秦皇岛	Qinhuangdao	100.3	101.3	100.8	100.9	100.7	100.6	100.7	101.0	100.8	99.9	100.2	100.3
包　头	Baotou	100.7	102.1	101.1	100.6	101.3	100.1	100.6	99.9	100.4	100.8	100.6	100.7
丹　东	Dandong	100.4	100.9	101.1	100.7	100.8	100.8	101.0	100.8	100.7	100.8	100.4	100.6
锦　州	Jinzhou	100.3	101.2	100.3	100.9	100.9	101.2	101.0	101.4	100.9	100.7	101.2	100.3
吉　林	Jilin	100.7	100.8	100.9	100.6	101.1	101.0	100.6	100.7	100.7	100.5	100.6	100.4
牡丹江	Mudanjiang	100.0	100.8	100.9	101.1	100.7	100.6	100.3	100.2	100.5	100.0	100.4	100.5
无　锡	Wuxi	99.9	100.8	101.6	100.6	100.5	100.0	100.3	100.2	100.5	100.6	100.4	100.2
扬　州	Yangzhou	99.8	100.6	100.5	101.1	100.9	100.8	100.0	100.5	100.4	101.2	100.9	100.4
徐　州	Xuzhou	100.9	101.1	101.4	101.0	101.1	100.9	100.9	100.9	100.7	100.9	100.4	100.4
温　州	Wenzhou	100.0	99.6	99.9	100.0	100.4	100.3	99.6	99.9	99.7	99.9	99.5	98.3
金　华	Jinhua	100.4	100.2	100.9	100.4	101.0	100.3	101.2	101.1	100.9	100.2	100.0	100.2
蚌　埠	Bengbu	100.4	100.5	100.5	100.3	100.6	100.5	100.0	100.5	100.7	100.6	100.2	100.0
安　庆	Anqing	99.8	100.7	101.0	100.4	100.6	100.5	99.9	100.6	100.6	100.8	100.6	100.2
泉　州	Quanzhou	100.6	100.7	100.0	101.5	100.7	100.4	101.0	100.5	101.2	100.5	100.4	100.6
九　江	Jiujiang	100.4	100.9	100.7	100.5	101.3	100.7	99.9	100.5	100.0	100.7	100.8	100.5
赣　州	Ganzhou	100.9	101.2	101.6	100.5	100.4	99.9	101.0	100.7	100.8	100.9	100.8	100.2
烟　台	Yantai	100.0	100.9	101.4	100.8	100.3	100.5	100.7	101.1	100.8	100.7	100.6	100.7
济　宁	Jining	100.3	101.0	101.2	100.8	100.4	101.3	100.7	101.2	100.2	101.3	100.3	100.9
洛　阳	Luoyang	100.2	101.4	100.4	100.9	100.7	100.6	101.2	100.6	101.0	100.5	100.7	100.3
平顶山	Pingdingshan	99.9	101.1	101.4	100.7	100.8	100.8	100.7	101.2	101.4	100.4	100.4	100.3
宜　昌	Yichang	100.6	100.7	101.2	101.2	101.1	100.6	100.5	101.3	100.8	100.4	100.5	100.6
襄　阳	Xiangyang	100.6	100.7	101.3	101.5	101.2	100.8	100.0	100.7	100.4	100.5	100.6	100.2
岳　阳	Yueyang	100.3	100.6	101.8	101.4	101.5	101.9	100.3	100.8	101.6	100.3	100.1	100.0
常　德	Changde	100.0	100.8	101.1	100.7	99.9	100.6	100.4	101.1	100.4	100.3	100.5	100.4
惠　州	Huizhou	100.0	100.7	100.7	100.6	100.7	100.9	100.6	100.8	100.7	100.8	100.9	100.7
湛　江	Zhanjiang	100.8	101.1	100.6	100.6	101.0	100.8	100.7	100.9	101.2	100.6	100.8	100.0
韶　关	Shaoguan	100.0	101.1	100.5	100.7	101.4	99.9	100.8	100.5	100.4	100.7	100.0	99.8
桂　林	Guilin	99.9	100.0	100.7	100.6	102.9	101.6	101.9	101.0	99.9	101.2	101.3	100.4
北　海	Beihai	100.0	101.0	100.9	101.0	100.8	101.1	100.9	100.9	101.1	100.5	100.8	100.5
三　亚	Sanya	100.3	100.4	100.6	100.6	99.9	100.2	100.3	100.6	100.3	100.8	100.9	100.2
泸　州	Luzhou	100.5	100.8	101.2	100.9	100.0	99.9	101.0	101.1	101.9	100.5	100.4	100.8
南　充	Nanchong	101.3	101.2	101.5	101.0	101.1	101.8	100.8	100.7	100.2	100.0	100.1	100.6
遵　义	Zunyi	100.9	101.1	100.6	100.6	100.0	100.3	100.3	101.1	100.3	100.6	101.0	100.3
大　理	Dali	99.9	100.0	100.8	100.4	100.8	100.7	100.4	101.1	100.4	100.4	101.0	100.2

4-3-3 2013年70个大中城市90㎡及以下新建商品住宅销售价格指数（以上月价格为100）

Housing Price Indices of 90㎡ and below Newly Constructed Commercial Residential Buildings in 70 Large and Medium-Sized Cities 2013(Last Month=100)

城　市	City	1月	2月	3月	4月	5月	6月	7月	8月	9月	10月	11月	12月
北　京	Beijing	101.9	103.4	103.0	102.1	101.5	101.9	101.7	101.1	101.4	100.7	100.6	100.5
天　津	Tianjin	100.1	101.8	101.4	100.9	100.8	100.3	100.5	100.4	100.9	100.3	100.4	100.4
石家庄	Shijiazhuang	100.9	101.3	101.3	100.6	100.6	101.8	100.7	101.2	100.8	101.3	100.7	100.4
太　原	Taiyuan	100.1	101.6	100.5	101.4	102.1	101.1	101.0	101.3	101.5	101.4	100.3	100.2
呼和浩特	Hohhot	101.0	101.7	100.7	99.8	101.1	101.5	101.8	100.8	100.7	100.2	101.2	100.7
沈　阳	Shenyang	101.4	101.7	101.2	102.0	101.7	100.9	101.1	100.8	101.1	100.2	100.2	100.2
大　连	Dalian	100.6	101.0	100.8	101.3	101.4	101.3	100.8	100.4	100.4	100.4	100.2	100.6
长　春	Changchun	99.8	101.2	101.5	101.3	101.0	101.1	100.8	100.9	100.6	100.4	100.4	100.4
哈尔滨	Harbin	101.3	101.0	101.2	100.8	100.7	101.4	100.5	100.4	100.4	101.3	101.0	100.7
上　海	Shanghai	101.2	102.3	104.0	102.2	101.8	102.2	102.1	101.7	101.6	100.8	100.7	100.6
南　京	Nanjing	101.3	101.8	102.0	102.0	101.4	101.4	101.2	101.0	101.0	100.6	100.7	100.6
杭　州	Hangzhou	101.4	101.0	101.2	101.7	100.8	101.1	100.7	101.2	101.1	100.8	100.3	100.1
宁　波	Ningbo	100.4	101.9	100.7	100.5	100.9	100.9	99.8	100.4	100.9	100.2	100.5	100.1
合　肥	Hefei	100.8	101.3	101.0	100.7	101.0	100.7	101.2	100.4	100.4	100.4	101.0	101.0
福　州	Fuzhou	100.7	102.3	101.7	101.9	100.5	102.8	100.1	100.8	101.1	100.3	101.3	100.5
厦　门	Xiamen	102.2	101.3	102.2	102.4	101.2	102.3	102.2	101.3	101.5	100.6	100.1	100.5
南　昌	Nanchang	100.0	101.8	101.8	100.5	101.3	101.2	100.6	100.3	101.1	100.7	100.5	100.1
济　南	Jinan	100.8	101.0	101.0	101.1	100.9	100.9	100.8	101.2	100.6	100.6	100.7	100.9
青　岛	Qingdao	100.8	101.3	100.6	100.3	100.9	101.2	100.8	101.5	100.3	100.7	100.4	100.5
郑　州	Zhengzhou	101.4	101.8	102.0	101.3	101.2	101.4	101.9	100.9	100.4	99.8	99.8	100.0
武　汉	Wuhan	101.0	101.0	101.1	101.2	101.1	100.9	100.8	101.1	100.9	100.9	100.5	100.3
长　沙	Changsha	101.0	101.6	101.1	101.1	100.8	100.9	100.9	101.0	100.7	100.9	100.7	100.7
广　州	Guangzhou	101.7	102.9	102.2	102.6	101.7	100.7	101.1	101.8	101.5	100.9	100.7	100.7
深　圳	Shenzhen	102.2	102.3	102.6	101.8	102.0	101.8	100.8	101.4	101.4	100.9	101.1	100.5
南　宁	Nanning	99.7	101.4	101.6	100.6	101.7	100.7	100.9	100.9	100.6	100.7	100.4	100.4
海　口	Haikou	99.7	100.3	100.3	100.2	100.3	100.1	100.2	100.2	100.1	100.9	100.5	100.0
重　庆	Chongqing	101.0	100.9	101.1	101.2	100.7	100.7	100.4	100.7	100.8	100.6	100.7	100.3
成　都	Chengdu	100.9	100.8	100.7	101.6	100.8	100.9	100.5	100.8	100.6	100.3	100.7	100.3
贵　阳	Guiyang	100.9	100.8	101.1	101.5	101.3	99.9	101.2	100.1	100.4	101.7	100.5	100.4
昆　明	Kunming	100.2	100.1	100.9	100.7	100.8	100.6	100.5	100.9	100.5	100.7	100.5	100.6
西　安	Xi'an	100.6	101.5	101.2	101.3	101.2	101.1	101.2	100.9	100.6	100.7	100.2	100.7
兰　州	Lanzhou	100.1	101.0	100.9	100.9	100.8	101.4	100.9	100.7	100.1	100.1	100.6	100.2
西　宁	Xining	100.8	100.8	100.8	100.6	100.9	101.6	101.0	100.8	100.6	100.8	100.4	100.7
银　川	Yinchuan	100.0	101.0	100.8	101.1	100.4	101.0	100.8	101.9	100.6	100.5	101.3	100.3
乌鲁木齐	Urumqi	101.0	101.5	100.8	101.1	100.9	100.0	101.1	101.1	101.3	100.9	100.6	101.2

4-3-3 续表

城市	City	1月	2月	3月	4月	5月	6月	7月	8月	9月	10月	11月	12月
唐山	Tangshan	99.9	100.5	100.9	100.0	99.9	100.2	100.2	100.5	99.7	100.7	100.0	100.1
秦皇岛	Qinhuangdao	100.0	101.4	100.7	101.2	100.3	100.7	100.8	101.1	100.8	100.0	100.4	100.0
包头	Baotou	100.1	102.5	101.8	100.4	101.2	100.1	100.9	100.0	100.4	100.4	100.6	100.7
丹东	Dandong	100.9	101.2	101.3	100.8	100.5	101.0	101.0	100.5	100.5	100.7	100.8	100.7
锦州	Jinzhou	100.1	101.3	100.5	100.9	100.9	101.0	100.9	101.3	100.8	100.4	101.5	100.4
吉林	Jilin	100.6	101.0	101.2	100.5	100.9	101.4	100.5	100.7	100.4	100.2	100.4	100.4
牡丹江	Mudanjiang	100.0	100.8	100.9	101.1	100.7	100.7	100.4	100.2	100.5	100.0	100.4	100.4
无锡	Wuxi	99.8	100.7	101.6	100.6	100.7	100.0	100.3	100.1	100.5	100.4	100.2	100.1
扬州	Yangzhou	100.2	100.9	100.5	101.1	101.0	100.6	100.2	100.8	100.8	101.0	100.9	100.3
徐州	Xuzhou	100.7	100.6	101.0	101.0	101.4	101.0	100.7	100.7	100.8	100.6	100.4	100.4
温州	Wenzhou	100.0	99.7	100.0	100.2	100.3	100.5	99.7	100.0	98.9	99.7	98.9	98.3
金华	Jinhua	100.6	100.4	100.7	100.6	100.8	100.3	101.0	101.1	100.9	100.3	99.9	100.3
蚌埠	Bengbu	100.4	100.7	100.4	100.3	100.8	100.6	100.0	101.1	101.1	101.3	100.4	100.1
安庆	Anqing	99.8	100.8	101.8	100.6	100.7	100.6	99.8	100.9	100.4	100.7	100.3	100.1
泉州	Quanzhou	100.4	100.1	100.0	101.6	100.7	100.8	101.0	100.1	101.4	100.5	100.7	100.6
九江	Jiujiang	100.3	101.1	100.7	100.5	101.3	101.0	99.8	100.7	100.2	100.8	100.6	100.3
赣州	Ganzhou	100.4	101.3	101.9	100.5	100.2	100.0	101.1	100.6	100.7	100.9	100.9	100.5
烟台	Yantai	99.9	100.8	101.2	100.7	100.3	100.6	100.4	101.0	101.3	100.7	100.4	100.4
济宁	Jining	100.0	101.1	101.2	101.0	100.4	100.4	100.9	101.4	100.2	101.3	100.6	100.8
洛阳	Luoyang	100.3	101.7	100.5	100.9	100.2	100.9	101.0	100.4	101.3	100.9	100.7	100.8
平顶山	Pingdingshan	100.0	100.8	101.6	100.9	100.1	101.2	100.8	101.3	101.1	100.3	101.0	100.0
宜昌	Yichang	100.5	100.9	101.6	100.8	100.7	100.8	100.8	101.1	101.0	100.5	100.4	100.8
襄阳	Xiangyang	100.5	100.9	101.3	101.3	101.3	100.8	100.0	100.8	100.5	100.4	100.5	100.2
岳阳	Yueyang	100.0	100.7	102.3	101.7	101.4	102.0	100.3	100.8	101.8	100.3	100.1	99.9
常德	Changde	100.0	101.0	101.4	100.8	99.8	100.5	100.6	101.1	100.7	100.5	100.9	100.7
惠州	Huizhou	100.1	100.5	100.4	100.5	100.8	101.3	100.8	101.5	100.9	101.2	101.4	100.5
湛江	Zhanjiang	100.8	101.2	100.7	100.3	101.2	100.7	100.4	100.9	101.5	100.6	100.5	100.0
韶关	Shaoguan	100.0	101.0	100.4	100.9	101.4	99.8	100.6	100.5	100.5	101.0	100.0	99.8
桂林	Guilin	100.0	99.9	100.7	100.7	103.0	101.4	102.0	100.8	100.1	101.7	101.1	100.2
北海	Beihai	100.0	101.0	100.8	100.9	100.7	101.1	100.8	100.9	101.0	100.4	100.8	100.4
三亚	Sanya	100.3	100.5	100.6	100.7	100.0	100.2	100.3	100.7	100.4	100.6	101.1	100.3
泸州	Luzhou	100.5	101.2	101.3	100.6	99.9	99.8	100.6	101.2	101.5	100.3	100.3	101.0
南充	Nanchong	101.1	101.1	101.5	101.2	100.8	101.5	100.7	100.6	100.1	99.9	100.0	100.5
遵义	Zunyi	100.6	101.4	100.6	100.4	100.0	100.4	100.4	101.0	100.4	100.5	101.2	100.4
大理	Dali	99.9	100.0	100.7	100.4	100.8	100.6	100.5	101.2	100.3	100.5	100.8	100.1

4-3-4 2013年70个大中城市90-144㎡新建商品住宅销售价格指数(以上月价格为100)

Housing Price Indices of 90-144㎡ Newly Constructed Commercial Residential Buildings in 70 Large and Medium-Sized Cities 2013(Last Month=100)

城市	City	1月	2月	3月	4月	5月	6月	7月	8月	9月	10月	11月	12月
北京	Beijing	102.1	102.8	102.7	101.7	101.6	101.6	101.6	101.1	101.3	100.8	100.7	100.5
天津	Tianjin	100.9	101.5	101.1	100.7	100.3	100.3	100.6	100.6	100.7	100.3	100.5	100.5
石家庄	Shijiazhuang	100.6	101.4	101.3	100.6	100.5	101.1	100.5	100.7	100.8	101.0	100.4	100.4
太原	Taiyuan	100.2	101.4	100.8	101.5	102.3	101.5	101.0	101.1	101.1	101.0	100.4	100.2
呼和浩特	Hohhot	100.9	101.4	100.0	99.9	101.5	100.8	100.9	100.6	100.5	101.3	100.8	100.7
沈阳	Shenyang	101.1	101.5	100.6	102.0	101.9	100.9	101.0	100.7	101.0	100.2	100.2	100.3
大连	Dalian	100.5	101.6	100.8	101.5	101.2	100.8	100.6	100.3	100.6	100.6	100.5	101.0
长春	Changchun	99.9	101.2	100.6	101.3	101.0	101.1	100.5	101.0	100.7	100.4	100.8	100.2
哈尔滨	Harbin	101.1	101.2	101.2	100.8	100.9	101.2	100.4	100.9	100.5	100.5	100.8	100.5
上海	Shanghai	101.2	102.1	102.7	101.9	101.8	102.1	101.8	101.8	101.7	100.5	100.7	100.5
南京	Nanjing	101.3	101.9	101.8	101.8	101.3	101.0	100.9	100.9	101.0	101.1	100.6	100.7
杭州	Hangzhou	101.0	100.9	101.3	101.1	100.6	100.9	100.8	101.1	101.4	100.7	100.6	100.0
宁波	Ningbo	100.6	101.4	100.4	100.5	101.0	101.0	99.9	100.8	101.1	100.2	100.1	100.5
合肥	Hefei	100.6	101.2	100.7	100.9	100.9	100.7	100.9	100.8	100.6	100.6	101.3	101.3
福州	Fuzhou	100.7	101.7	101.7	101.3	100.3	102.5	100.9	100.4	100.8	100.3	101.6	100.7
厦门	Xiamen	101.3	101.4	102.4	101.4	101.4	101.8	102.4	101.0	101.5	100.6	100.6	100.5
南昌	Nanchang	100.2	101.5	101.8	100.8	100.8	101.0	100.4	100.9	100.9	100.4	100.4	100.5
济南	Jinan	100.9	100.9	100.8	101.0	100.7	100.5	100.9	100.8	100.5	100.6	100.4	100.4
青岛	Qingdao	100.7	101.1	101.1	101.1	101.0	101.0	100.9	101.4	100.5	100.3	100.4	100.5
郑州	Zhengzhou	101.2	101.4	101.8	101.4	100.9	101.0	101.5	100.4	100.2	99.9	100.2	100.2
武汉	Wuhan	101.1	101.2	101.0	101.1	100.8	100.7	100.9	101.0	100.3	100.9	100.5	100.3
长沙	Changsha	100.9	101.4	101.4	101.2	101.1	101.0	100.9	101.1	100.5	101.3	100.5	100.5
广州	Guangzhou	101.8	102.7	102.5	102.5	101.1	101.2	101.3	101.7	101.5	101.0	100.7	100.8
深圳	Shenzhen	102.3	102.2	102.5	101.7	101.9	101.8	101.0	101.3	101.7	101.1	100.8	100.3
南宁	Nanning	99.9	101.2	101.9	100.7	101.4	100.9	101.3	100.8	100.4	100.9	100.1	100.5
海口	Haikou	99.7	100.2	100.3	100.2	100.1	100.0	100.2	100.0	100.1	100.7	100.6	100.4
重庆	Chongqing	100.9	100.9	101.0	101.1	100.9	100.8	100.5	101.0	100.8	100.4	100.6	100.2
成都	Chengdu	100.9	100.9	100.8	101.7	101.2	100.9	100.1	100.9	100.5	100.5	100.7	100.2
贵阳	Guiyang	100.2	100.7	100.8	101.2	100.8	99.9	100.5	99.9	101.1	100.8	100.4	100.3
昆明	Kunming	100.5	100.0	101.1	100.8	100.6	100.5	100.2	100.8	100.6	100.4	100.6	100.7
西安	Xi'an	100.5	100.7	100.8	100.6	101.4	100.9	101.1	101.0	100.8	100.4	100.5	100.4
兰州	Lanzhou	100.4	100.8	101.1	100.4	100.5	101.0	100.4	101.2	100.4	100.4	100.4	100.1
西宁	Xining	100.2	101.6	100.5	100.8	101.2	101.1	101.0	101.2	100.4	100.5	100.5	100.6
银川	Yinchuan	100.3	100.4	100.4	101.0	101.0	101.3	100.5	101.2	100.8	100.6	100.6	100.7
乌鲁木齐	Urumqi	100.8	101.9	101.3	101.5	100.4	99.8	100.4	100.9	101.1	100.5	100.5	100.8

4-3-4 续表

城　市	City	1月	2月	3月	4月	5月	6月	7月	8月	9月	10月	11月	12月
唐　山	Tangshan	100.0	100.4	100.8	99.9	99.9	100.1	99.9	100.0	100.2	100.2	99.8	100.5
秦皇岛	Qinhuangdao	100.6	101.3	100.9	100.9	100.9	100.6	100.7	100.9	100.7	99.9	100.0	100.5
包　头	Baotou	101.0	101.8	100.8	100.8	101.5	100.2	100.5	99.8	100.5	101.5	100.7	100.8
丹　东	Dandong	100.1	100.8	101.0	100.8	100.9	100.8	101.0	100.9	100.8	100.7	100.0	100.6
锦　州	Jinzhou	100.8	101.1	100.1	101.1	100.9	101.2	100.9	101.4	101.1	101.1	100.8	100.2
吉　林	Jilin	100.8	100.7	100.6	100.5	101.2	101.0	100.7	100.8	100.7	100.4	100.6	100.2
牡丹江	Mudanjiang	100.0	100.9	100.8	101.0	100.9	100.5	100.2	100.1	100.6	100.1	100.5	100.6
无　锡	Wuxi	99.9	100.8	101.5	100.5	100.6	100.0	100.3	100.3	100.3	100.6	100.3	100.2
扬　州	Yangzhou	99.7	100.6	100.7	101.1	101.0	100.8	100.0	100.4	100.3	101.3	100.8	100.2
徐　州	Xuzhou	100.9	101.3	101.6	101.0	101.1	100.8	101.0	101.0	100.7	100.9	100.4	100.3
温　州	Wenzhou	100.0	99.9	100.0	100.0	100.5	100.8	99.9	99.8	99.5	100.0	99.0	98.1
金　华	Jinhua	100.2	100.2	100.8	100.6	101.0	100.5	100.9	101.0	101.0	100.3	100.1	100.4
蚌　埠	Bengbu	100.4	100.4	100.5	100.2	100.5	100.5	100.0	100.3	100.6	100.3	100.2	99.9
安　庆	Anqing	99.8	100.8	101.2	100.3	100.7	100.5	99.9	100.5	100.6	100.9	100.7	100.0
泉　州	Quanzhou	100.5	101.0	100.0	101.7	100.8	100.5	100.9	100.7	101.3	100.4	100.3	100.4
九　江	Jiujiang	100.4	100.7	100.8	100.4	101.5	100.5	100.0	100.5	99.8	100.6	101.1	100.6
赣　州	Ganzhou	100.8	101.0	101.7	100.7	100.5	100.0	101.1	100.9	100.7	101.0	100.7	100.2
烟　台	Yantai	100.0	100.9	101.5	100.6	100.3	100.6	100.9	101.3	100.7	100.8	100.7	100.9
济　宁	Jining	100.5	101.1	101.4	100.7	100.3	101.8	100.9	101.1	100.2	101.4	100.2	100.8
洛　阳	Luoyang	100.2	101.2	100.3	100.9	100.9	100.5	101.2	100.6	100.6	100.2	100.5	100.2
平顶山	Pingdingshan	99.8	101.1	101.6	100.5	101.4	100.7	100.6	101.5	102.0	100.6	99.9	100.6
宜　昌	Yichang	100.6	100.6	101.2	101.4	101.2	100.6	100.3	101.4	100.8	100.4	100.6	100.5
襄　阳	Xiangyang	100.6	100.5	101.3	101.6	101.3	100.8	100.0	100.6	100.4	100.5	100.6	100.3
岳　阳	Yueyang	100.4	100.4	101.2	101.0	102.1	101.7	100.5	100.8	101.4	100.8	100.1	100.1
常　德	Changde	100.0	100.8	100.6	100.6	100.0	100.6	100.3	101.2	100.4	100.4	100.4	100.2
惠　州	Huizhou	100.1	100.7	101.1	100.5	100.6	100.7	100.7	100.6	100.8	101.0	100.6	100.6
湛　江	Zhanjiang	100.9	101.0	100.4	101.2	100.8	101.0	101.2	101.0	101.0	100.4	101.0	100.0
韶　关	Shaoguan	100.1	101.2	100.5	100.5	101.4	100.0	101.0	100.5	100.3	100.6	100.0	99.7
桂　林	Guilin	100.0	100.0	100.6	100.5	102.8	101.7	102.0	101.1	99.9	101.2	101.5	100.3
北　海	Beihai	100.0	101.1	101.4	101.0	101.0	101.2	101.1	101.0	101.2	100.5	100.7	100.7
三　亚	Sanya	100.3	100.3	100.5	100.5	99.8	100.2	100.4	100.7	100.3	100.7	100.8	100.3
泸　州	Luzhou	100.5	100.8	101.0	101.0	100.1	100.0	101.1	101.1	102.0	100.5	100.4	100.7
南　充	Nanchong	101.4	101.3	101.4	100.9	101.2	101.9	100.9	100.8	100.2	100.1	100.1	100.6
遵　义	Zunyi	101.1	101.0	100.7	100.7	100.0	100.2	100.2	101.2	100.2	100.6	100.8	100.1
大　理	Dali	100.0	100.0	100.8	100.3	100.7	100.5	100.3	101.1	100.4	100.3	101.1	100.2

4-3-5 2013年70个大中城市144㎡以上新建商品住宅销售价格指数（以上月价格为100）

Housing Price Indices Above 144㎡ Newly Constructed Commercial Residential Buildings in 70 Large and Medium-Sized Cities 2013(Last Month=100)

城市	City	1月	2月	3月	4月	5月	6月	7月	8月	9月	10月	11月	12月
北京	Beijing	102.2	103.1	102.5	101.7	101.6	101.6	101.6	101.0	101.0	100.8	100.7	100.8
天津	Tianjin	100.4	101.5	102.4	100.7	100.3	100.4	100.5	100.4	100.1	100.3	100.5	100.7
石家庄	Shijiazhuang	100.9	100.8	100.8	101.0	100.3	101.2	100.2	101.0	101.0	101.2	100.7	100.1
太原	Taiyuan	100.4	100.7	100.8	101.1	101.8	101.0	100.8	100.6	101.3	101.0	100.2	100.4
呼和浩特	Hohhot	101.6	101.2	100.0	99.9	101.4	100.9	101.2	100.7	100.5	101.9	100.7	100.4
沈阳	Shenyang	102.4	101.0	101.8	102.2	101.6	101.4	101.0	100.9	101.1	100.6	100.6	100.2
大连	Dalian	100.5	100.4	101.7	101.3	101.2	101.0	100.6	100.4	100.8	100.7	100.5	100.6
长春	Changchun	99.6	100.9	100.5	100.3	101.3	100.4	100.7	101.0	100.6	100.6	100.5	100.7
哈尔滨	Harbin	101.3	100.7	100.5	101.2	100.6	101.3	100.4	100.9	101.0	100.7	101.1	100.4
上海	Shanghai	101.6	102.4	103.1	102.1	101.5	102.2	101.8	101.6	101.5	101.0	100.6	100.8
南京	Nanjing	101.0	102.5	102.0	101.8	101.5	101.3	100.8	101.0	101.1	100.8	100.8	100.6
杭州	Hangzhou	100.3	100.9	101.2	101.5	101.0	100.9	100.8	101.0	101.3	100.9	100.8	100.3
宁波	Ningbo	100.7	101.0	99.9	100.8	100.4	100.8	100.0	100.8	100.8	100.7	100.9	100.7
合肥	Hefei	100.4	101.2	100.7	100.4	100.7	101.0	100.9	100.8	100.9	100.4	101.2	100.8
福州	Fuzhou	100.9	101.6	100.7	101.9	100.3	102.1	100.6	100.5	101.2	100.5	101.0	100.2
厦门	Xiamen	101.5	102.3	101.6	101.6	101.2	101.0	102.0	100.7	101.3	100.4	100.3	100.1
南昌	Nanchang	100.5	101.5	101.3	100.8	101.1	101.3	100.5	100.4	100.9	100.9	100.1	100.8
济南	Jinan	100.6	100.7	101.0	101.4	100.4	100.4	101.4	101.2	100.8	100.3	101.0	100.5
青岛	Qingdao	100.7	102.1	101.4	100.7	101.1	100.3	100.7	101.0	100.5	100.7	100.7	100.9
郑州	Zhengzhou	101.5	101.5	101.8	102.1	100.6	100.7	101.7	101.1	100.1	100.5	100.3	100.3
武汉	Wuhan	101.4	101.4	100.8	101.0	101.0	101.0	100.8	100.9	100.6	101.2	100.6	100.4
长沙	Changsha	100.9	100.8	102.3	101.2	101.3	100.7	101.2	100.9	100.6	100.8	100.7	100.5
广州	Guangzhou	102.4	103.7	102.8	101.3	101.7	101.0	100.8	101.6	101.1	100.7	100.9	100.6
深圳	Shenzhen	102.2	102.1	103.1	101.9	101.8	101.4	100.8	101.4	101.4	100.8	100.9	100.6
南宁	Nanning	99.7	101.3	101.2	101.1	101.4	100.9	101.2	100.8	100.8	101.2	100.0	100.7
海口	Haikou	99.8	100.0	100.1	100.1	100.6	100.1	100.0	100.0	100.0	100.6	100.6	100.1
重庆	Chongqing	101.1	101.1	100.7	101.0	100.4	100.3	100.6	100.9	100.9	100.8	101.1	100.1
成都	Chengdu	101.2	100.4	101.4	102.3	100.9	101.0	100.4	100.7	100.6	100.6	100.3	100.1
贵阳	Guiyang	100.5	100.7	100.5	101.1	100.6	99.8	100.9	100.0	100.8	101.3	100.3	100.2
昆明	Kunming	100.5	100.0	101.2	100.5	100.8	100.7	100.4	100.7	100.5	100.1	100.7	100.3
西安	Xi'an	100.8	100.4	101.8	101.0	100.9	101.0	101.2	101.1	101.0	101.2	100.2	100.9
兰州	Lanzhou	100.4	101.1	101.7	102.0	100.4	100.9	100.2	101.7	100.3	100.2	100.5	100.3
西宁	Xining	100.1	100.6	100.4	100.8	101.3	101.2	100.7	100.9	100.1	101.8	100.6	100.6
银川	Yinchuan	101.0	100.2	100.6	100.9	101.0	100.1	100.5	101.0	100.6	100.6	100.4	100.9
乌鲁木齐	Urumqi	101.8	100.5	100.8	100.9	100.9	99.9	100.6	100.7	101.1	100.9	100.2	100.6

城市	City	1月	2月	3月	4月	5月	6月	7月	8月	9月	10月	11月	12月
唐山	Tangshan	99.8	100.1	100.2	99.9	99.8	99.9	100.0	100.4	99.7	100.3	100.4	100.0
秦皇岛	Qinhuangdao	100.3	100.9	100.6	100.0	101.0	100.2	100.6	101.0	101.1	99.8	100.2	100.4
包头	Baotou	100.9	102.0	100.6	100.2	101.1	100.2	100.8	99.9	100.2	99.3	100.3	100.5
丹东	Dandong	100.1	100.5	101.2	100.3	101.0	100.3	100.9	100.9	100.9	101.1	100.9	100.4
锦州	Jinzhou	100.0	100.7	100.2	100.7	101.1	101.7	101.0	101.4	101.0	100.7	100.8	100.5
吉林	Jilin	100.7	100.5	101.0	100.9	101.1	100.3	100.4	100.8	101.1	100.8	101.0	100.7
牡丹江	Mudanjiang	100.5	100.4	101.1	100.7	100.5	100.7	100.2	100.3	100.2	99.9	100.1	100.2
无锡	Wuxi	100.0	100.7	101.6	100.7	100.4	100.1	100.4	100.2	100.9	100.9	100.7	100.3
扬州	Yangzhou	99.9	100.4	100.1	101.3	100.5	100.8	99.9	100.6	100.6	101.1	101.2	100.8
徐州	Xuzhou	100.8	100.7	101.1	101.2	100.7	100.8	101.2	101.1	100.8	101.4	100.2	100.9
温州	Wenzhou	100.1	99.5	99.9	100.0	100.4	100.1	99.5	99.9	99.9	99.9	99.8	98.4
金华	Jinhua	100.6	100.2	101.0	100.3	101.1	100.1	101.4	101.1	100.8	100.1	100.0	100.1
蚌埠	Bengbu	100.3	100.4	100.5	100.4	100.6	100.0	100.4	100.6	100.9	100.7	100.2	99.9
安庆	Anqing	99.9	100.3	100.5	100.4	100.5	100.4	100.1	101.0	100.8	100.5	100.3	100.7
泉州	Quanzhou	100.8	100.6	100.1	101.3	100.4	100.0	101.2	100.3	101.0	100.6	100.4	100.9
九江	Jiujiang	100.2	101.2	100.2	100.6	100.9	100.5	99.7	100.3	99.8	100.7	100.5	100.8
赣州	Ganzhou	101.4	101.5	101.1	100.3	100.2	99.6	100.9	100.4	100.9	100.6	101.0	100.1
烟台	Yantai	100.1	100.8	101.5	101.5	100.1	100.0	100.5	100.8	100.5	100.5	100.8	100.3
济宁	Jining	100.2	100.9	101.0	101.0	100.7	100.7	100.0	101.2	100.1	101.2	100.1	101.0
洛阳	Luoyang	100.3	101.3	100.5	100.9	100.9	100.5	101.2	100.8	101.4	100.6	100.9	100.1
平顶山	Pingdingshan	100.0	101.3	100.7	100.8	100.7	100.4	100.5	100.7	100.8	100.1	100.5	100.0
宜昌	Yichang	100.7	101.1	100.7	100.8	101.1	100.4	100.6	101.3	100.6	100.5	100.5	100.3
襄阳	Xiangyang	100.4	100.8	101.2	101.2	100.6	100.7	100.1	100.9	100.4	100.5	101.0	100.0
岳阳	Yueyang	100.6	100.4	101.0	101.1	101.5	101.6	100.2	100.7	101.3	100.1	100.0	100.1
常德	Changde	100.1	100.6	102.2	101.1	99.7	100.7	100.5	100.8	100.6	100.2	100.6	100.9
惠州	Huizhou	100.0	100.8	100.5	100.7	100.8	100.8	100.4	100.6	100.6	100.5	101.0	100.9
湛江	Zhanjiang	100.7	100.7	100.3	100.4	100.9	100.6	100.6	100.7	101.0	100.9	101.4	100.1
韶关	Shaoguan	99.9	101.3	100.3	100.5	101.2	99.8	100.0	100.3	100.6	100.2	100.2	99.6
桂林	Guilin	99.9	99.7	101.2	101.1	103.2	101.4	101.8	100.7	100.0	100.9	100.8	100.9
北海	Beihai	99.9	100.7	100.3	101.3	100.7	101.0	100.5	101.3	101.0	100.8	100.9	100.0
三亚	Sanya	100.5	100.4	100.7	100.5	100.0	100.1	100.2	100.3	100.0	101.2	100.7	100.0
泸州	Luzhou	100.3	100.4	102.2	100.3	99.8	99.8	100.9	100.7	101.6	100.4	100.8	100.4
南充	Nanchong	101.1	100.8	101.5	101.2	100.8	101.8	101.0	100.5	100.3	99.8	99.9	101.0
遵义	Zunyi	100.6	100.9	100.4	100.3	99.9	100.4	100.3	100.8	100.5	100.6	101.3	100.9
大理	Dali	99.8	100.1	100.8	100.5	100.8	101.0	100.2	100.8	100.4	100.4	101.1	100.2

4-3-6 2013年70个大中城市二手住宅销售价格指数
（以上月价格为100）
Housing Price Indices of Second-Hand Residential Buildings in 70 Large and Medium-Sized Cities 2013(Last Month=100)

城　市	City	1月	2月	3月	4月	5月	6月	7月	8月	9月	10月	11月	12月
北　京	Beijing	101.0	102.2	103.1	102.0	101.7	101.3	101.4	101.2	101.3	101.1	101.2	100.6
天　津	Tianjin	100.0	101.0	100.6	100.5	100.6	100.2	100.2	100.2	100.5	100.5	100.5	100.3
石家庄	Shijiazhuang	100.1	100.7	100.1	100.5	100.3	100.0	99.9	99.8	100.5	100.8	100.4	100.2
太　原	Taiyuan	100.4	100.6	100.4	100.1	100.3	100.5	100.3	100.0	100.4	100.5	100.2	100.4
呼和浩特	Hohhot	100.2	100.4	100.4	100.2	100.3	100.1	100.4	100.0	100.4	100.6	100.5	100.2
沈　阳	Shenyang	100.3	100.5	100.3	100.4	100.4	100.3	100.5	100.7	100.8	100.8	100.2	100.5
大　连	Dalian	100.5	100.4	100.5	100.3	99.9	100.1	100.0	100.0	100.2	100.2	100.0	100.2
长　春	Changchun	100.5	100.5	100.6	100.4	100.0	100.2	100.2	100.4	100.6	100.5	100.3	100.2
哈尔滨	Harbin	100.2	100.8	100.4	100.4	100.1	99.9	100.3	100.4	100.8	100.5	100.1	100.8
上　海	Shanghai	100.8	101.6	102.6	101.3	100.9	101.1	100.8	100.8	101.0	100.9	100.7	100.5
南　京	Nanjing	100.5	100.8	101.0	101.1	100.8	100.9	100.5	100.6	100.6	100.3	100.4	100.3
杭　州	Hangzhou	99.5	101.4	100.2	100.2	100.1	100.3	99.9	100.2	100.6	100.0	100.3	100.2
宁　波	Ningbo	100.0	101.2	100.2	100.3	100.7	100.4	100.1	100.2	99.9	100.5	100.5	100.4
合　肥	Hefei	100.0	100.3	101.2	100.7	100.3	100.0	100.5	100.3	100.9	100.6	100.8	100.8
福　州	Fuzhou	100.4	101.1	101.0	100.9	100.6	100.9	100.9	100.7	100.8	100.7	100.6	100.8
厦　门	Xiamen	101.7	100.6	101.0	100.4	100.4	100.5	100.4	100.5	100.4	100.6	100.4	100.7
南　昌	Nanchang	100.5	100.6	100.8	100.7	100.3	99.9	100.4	100.3	100.8	100.4	100.7	100.4
济　南	Jinan	100.1	100.6	100.2	100.3	100.4	100.3	100.6	100.4	100.3	100.3	100.2	100.4
青　岛	Qingdao	100.1	100.4	100.3	100.4	100.5	100.4	100.3	100.4	100.2	100.1	100.1	100.5
郑　州	Zhengzhou	100.3	100.6	100.6	100.8	100.4	100.7	100.3	100.5	100.7	100.7	100.7	100.7
武　汉	Wuhan	100.3	101.1	100.1	101.0	100.8	100.6	100.9	100.9	100.7	100.7	100.5	100.4
长　沙	Changsha	100.1	100.4	100.6	100.8	101.2	100.7	100.3	100.3	100.2	100.7	100.3	100.4
广　州	Guangzhou	100.4	101.7	101.5	100.7	101.1	100.9	101.0	101.0	100.4	101.0	101.2	100.6
深　圳	Shenzhen	100.5	101.4	102.3	101.1	101.0	101.3	101.0	101.6	101.3	100.9	100.8	100.7
南　宁	Nanning	101.3	99.8	100.5	100.5	100.7	100.3	100.0	100.0	100.5	100.4	100.1	100.6
海　口	Haikou	99.9	99.8	100.1	100.1	100.0	100.0	99.9	99.9	100.0	100.0	100.4	100.2
重　庆	Chongqing	100.1	100.4	100.7	100.5	100.4	100.3	100.3	100.0	100.3	100.5	100.8	100.4
成　都	Chengdu	100.2	100.4	100.8	100.6	100.3	100.6	100.3	100.4	100.4	100.6	100.4	100.4
贵　阳	Guiyang	100.4	100.4	101.2	100.6	100.9	101.0	100.9	100.6	101.8	100.6	101.0	100.2
昆　明	Kunming	100.6	100.6	101.1	101.1	101.3	100.7	100.4	100.3	100.3	100.5	100.6	100.4
西　安	Xi'an	100.4	100.6	100.9	100.0	100.5	100.4	100.3	100.1	100.4	100.6	100.4	100.3
兰　州	Lanzhou	99.7	100.2	100.4	100.4	100.3	99.9	100.4	99.8	100.5	100.5	100.4	100.2
西　宁	Xining	100.2	100.4	100.6	100.4	100.6	100.5	100.1	100.3	100.4	100.1	100.5	100.1
银　川	Yinchuan	100.2	100.8	100.7	100.8	100.8	100.6	100.6	100.7	100.7	100.8	100.7	100.6
乌鲁木齐	Urumqi	100.0	100.4	100.7	100.4	100.7	100.4	100.4	100.5	100.3	100.4	100.2	100.4

城市	City	1月	2月	3月	4月	5月	6月	7月	8月	9月	10月	11月	12月
唐山	Tangshan	100.1	100.3	100.3	100.3	100.6	100.0	100.2	100.0	100.1	100.6	100.0	100.0
秦皇岛	Qinhuangdao	100.1	100.7	100.4	100.1	100.7	100.3	99.9	100.2	100.0	100.0	99.8	100.1
包头	Baotou	100.0	100.4	100.2	100.3	100.2	100.0	100.1	100.3	100.4	100.4	100.3	100.2
丹东	Dandong	100.0	100.4	100.4	100.3	100.5	99.9	100.3	100.4	100.4	100.5	100.4	100.3
锦州	Jinzhou	100.0	100.4	100.4	100.3	100.3	100.4	100.3	100.3	100.5	100.3	100.2	99.9
吉林	Jilin	100.0	100.6	99.9	100.3	100.2	100.1	100.3	100.1	100.1	100.0	100.3	100.2
牡丹江	Mudanjiang	100.0	100.3	100.1	100.8	100.3	100.3	100.3	99.7	100.2	99.8	100.0	99.9
无锡	Wuxi	100.0	100.8	100.2	100.4	99.9	99.9	100.0	100.3	100.4	100.0	100.6	100.2
扬州	Yangzhou	100.1	100.5	100.2	100.4	100.3	100.2	100.1	100.5	100.3	100.4	100.3	100.2
徐州	Xuzhou	100.8	100.5	99.4	100.0	100.2	100.5	100.1	100.3	100.2	100.1	100.1	99.8
温州	Wenzhou	99.7	99.3	98.9	99.2	99.7	99.7	99.6	99.8	99.4	99.7	99.2	98.2
金华	Jinhua	100.2	100.4	100.5	100.2	100.4	100.4	100.5	100.4	100.6	100.4	100.5	100.3
蚌埠	Bengbu	100.0	100.1	100.1	100.5	100.5	100.1	100.0	100.3	99.9	100.3	100.5	100.6
安庆	Anqing	100.1	100.3	100.2	100.3	100.2	100.2	100.3	100.3	100.2	100.1	100.1	99.9
泉州	Quanzhou	99.8	100.3	100.0	100.4	100.5	100.4	100.5	100.3	100.4	100.4	100.3	100.6
九江	Jiujiang	100.2	100.7	100.7	100.4	100.4	99.8	99.8	100.3	99.9	100.3	100.7	100.7
赣州	Ganzhou	100.2	100.4	100.4	100.0	100.0	99.9	100.4	100.2	100.2	100.4	100.2	100.1
烟台	Yantai	99.8	100.6	100.7	100.8	100.6	100.5	100.8	100.2	100.4	100.6	100.5	100.5
济宁	Jining	99.9	100.6	100.7	100.5	100.4	100.4	100.2	100.1	100.2	100.1	100.1	100.5
洛阳	Luoyang	100.2	100.7	100.7	100.8	100.7	100.2	100.8	100.0	100.3	100.4	100.2	100.7
平顶山	Pingdingshan	100.0	100.4	100.5	100.9	100.7	100.4	100.3	100.3	100.3	100.3	100.2	100.4
宜昌	Yichang	100.6	101.5	101.5	101.0	101.0	100.6	100.4	100.4	100.4	100.6	100.5	100.4
襄阳	Xiangyang	100.1	101.0	101.1	101.3	101.2	100.9	100.7	100.6	100.1	100.6	100.8	100.2
岳阳	Yueyang	100.2	100.4	100.5	100.6	100.6	100.4	100.4	100.3	100.6	100.3	100.2	100.2
常德	Changde	100.8	100.5	102.3	101.8	100.8	100.8	100.1	100.6	100.5	100.4	100.1	100.1
惠州	Huizhou	100.1	100.5	100.7	100.5	100.4	100.4	100.4	100.3	100.4	100.7	100.9	100.8
湛江	Zhanjiang	100.2	100.5	100.2	100.3	100.3	100.1	100.3	100.4	100.6	100.4	100.3	100.5
韶关	Shaoguan	101.0	101.0	100.7	100.3	100.3	100.0	100.0	101.6	100.3	100.0	100.0	100.1
桂林	Guilin	100.1	100.4	100.5	100.4	100.8	100.5	100.4	100.4	100.5	100.1	100.3	100.3
北海	Beihai	100.4	100.4	101.0	100.6	100.7	100.7	100.5	100.4	100.3	100.4	100.6	100.3
三亚	Sanya	100.1	100.1	100.3	100.1	100.2	100.1	100.1	100.1	100.1	100.2	100.0	100.8
泸州	Luzhou	100.2	99.9	100.4	100.4	100.2	100.0	100.2	100.3	100.6	100.4	100.8	100.6
南充	Nanchong	100.2	100.7	100.4	100.5	100.4	100.3	100.2	100.3	100.7	100.5	100.7	100.5
遵义	Zunyi	100.3	101.0	100.8	100.4	100.3	100.2	100.0	100.1	100.0	100.6	100.7	100.3
大理	Dali	100.1	100.2	100.5	100.2	100.3	100.2	99.8	100.3	100.3	100.5	100.4	100.2

4-3-7 2013年70个大中城市90㎡及以下二手住宅销售价格指数
(以上月价格为100)
Housing Price Indices of 90㎡ and below Second-Hand Residential Buildings in 70 Large and Medium-Sized Cities 2013(Last Month=100)

城市	City	1月	2月	3月	4月	5月	6月	7月	8月	9月	10月	11月	12月
北京	Beijing	101.3	102.5	103.2	102.1	101.4	101.3	101.6	101.2	101.5	101.1	101.4	100.4
天津	Tianjin	100.1	101.1	100.5	100.6	100.6	100.2	100.3	100.3	100.6	100.4	100.3	100.3
石家庄	Shijiazhuang	100.1	100.7	100.1	100.4	100.3	100.0	99.9	99.7	100.5	100.9	100.4	100.2
太原	Taiyuan	100.5	100.8	100.4	100.1	100.3	100.7	100.3	100.3	100.1	100.4	100.1	100.6
呼和浩特	Hohhot	100.1	100.6	100.5	100.3	100.4	100.1	100.4	100.0	100.4	100.6	100.6	100.0
沈阳	Shenyang	100.4	100.6	100.3	100.3	100.3	100.2	100.5	100.7	100.8	100.9	100.3	100.7
大连	Dalian	100.4	100.5	100.5	100.4	99.9	100.1	100.1	100.3	100.2	100.2	100.1	100.2
长春	Changchun	100.6	100.6	100.5	100.4	100.1	100.5	100.4	100.5	100.5	100.6	100.0	100.1
哈尔滨	Harbin	100.2	100.6	100.5	100.4	100.2	99.8	100.5	100.3	101.0	100.4	100.1	100.9
上海	Shanghai	100.9	101.6	102.6	101.4	101.0	101.2	100.9	100.9	101.1	101.0	100.8	100.5
南京	Nanjing	100.3	100.6	100.9	100.9	100.6	100.6	100.7	100.4	100.7	100.3	100.2	100.5
杭州	Hangzhou	99.1	101.6	100.4	100.1	100.1	100.2	100.3	100.3	100.7	100.0	100.1	100.3
宁波	Ningbo	100.0	101.5	100.2	100.3	100.6	100.5	100.1	100.3	100.0	100.4	100.4	100.3
合肥	Hefei	100.1	100.0	101.4	100.6	100.2	99.3	100.1	100.4	101.0	100.6	100.6	101.3
福州	Fuzhou	100.4	100.9	101.0	100.9	100.9	101.1	101.4	100.6	100.8	100.7	101.0	100.9
厦门	Xiamen	101.8	100.7	101.2	100.4	100.6	100.6	100.5	100.5	100.4	100.4	100.4	100.7
南昌	Nanchang	100.7	100.7	101.0	100.6	100.5	99.8	100.4	100.3	100.9	100.2	100.8	100.1
济南	Jinan	99.3	100.4	100.3	100.3	100.4	100.3	100.7	100.4	100.0	100.2	100.4	100.5
青岛	Qingdao	100.1	100.4	100.3	100.5	100.6	100.4	100.6	100.5	100.3	100.3	100.4	100.5
郑州	Zhengzhou	100.5	100.6	100.6	100.7	100.5	100.8	100.2	100.7	100.7	100.7	100.7	100.8
武汉	Wuhan	100.4	101.1	100.0	101.1	100.9	100.7	100.8	100.8	100.9	100.5	100.4	100.5
长沙	Changsha	100.1	100.5	100.6	100.8	101.1	100.7	100.1	100.2	100.3	100.2	100.3	100.3
广州	Guangzhou	100.7	101.7	101.3	100.7	101.0	100.7	101.1	100.9	100.5	101.2	101.0	100.3
深圳	Shenzhen	100.5	101.3	102.5	100.8	101.0	101.4	101.2	101.8	101.5	100.9	101.0	100.8
南宁	Nanning	101.3	99.8	100.6	100.5	100.4	100.3	100.2	100.1	100.5	100.4	100.0	100.5
海口	Haikou	99.9	99.8	100.0	100.2	99.9	100.0	99.8	100.1	100.0	100.1	100.4	100.2
重庆	Chongqing	100.2	100.3	100.7	100.2	100.4	100.2	100.1	100.0	100.4	100.6	100.9	100.4
成都	Chengdu	100.2	100.3	100.7	100.3	100.3	100.5	100.1	100.4	100.2	100.4	100.4	100.2
贵阳	Guiyang	100.4	100.5	101.4	100.5	100.9	101.0	101.1	101.1	102.1	100.6	101.1	100.3
昆明	Kunming	100.7	100.4	101.3	101.1	101.6	100.5	100.4	100.2	100.0	100.7	100.4	100.4
西安	Xi'an	100.4	100.8	101.5	100.1	100.7	100.4	100.3	100.2	100.2	100.3	100.6	100.2
兰州	Lanzhou	99.7	100.2	100.6	100.4	100.4	99.9	100.3	99.9	100.4	100.5	100.3	100.1
西宁	Xining	100.2	100.6	100.6	100.4	100.6	100.6	100.1	100.3	100.4	100.1	100.5	100.1
银川	Yinchuan	100.2	101.0	100.6	100.8	100.9	100.6	100.6	100.7	100.6	100.8	100.7	100.6
乌鲁木齐	Urumqi	100.1	100.4	100.8	100.4	100.8	100.5	100.6	100.5	100.3	100.5	100.4	100.5

4-3-7 续表

城 市	City	1月	2月	3月	4月	5月	6月	7月	8月	9月	10月	11月	12月
唐 山	Tangshan	100.1	100.3	100.3	100.3	100.6	100.0	100.3	100.0	100.1	100.6	100.0	100.0
秦皇岛	Qinhuangdao	100.0	100.8	100.4	100.2	100.7	100.1	99.8	100.3	100.0	99.9	99.9	100.1
包 头	Baotou	100.0	100.7	100.2	100.2	100.3	100.0	100.2	100.6	100.4	100.3	100.6	100.3
丹 东	Dandong	100.3	100.5	100.4	100.4	100.4	100.1	100.4	100.3	100.5	100.6	100.2	100.2
锦 州	Jinzhou	100.0	100.5	100.4	100.3	100.1	100.4	100.3	100.3	100.4	100.3	100.1	99.9
吉 林	Jilin	100.1	100.6	99.8	100.3	100.1	100.2	100.1	100.1	100.1	100.1	100.3	100.1
牡丹江	Mudanjiang	100.0	100.3	100.1	101.1	100.3	100.3	100.1	99.9	100.0	99.8	99.9	99.7
无 锡	Wuxi	99.8	101.2	100.0	100.5	99.9	99.8	100.3	100.3	100.3	99.9	100.6	100.2
扬 州	Yangzhou	100.2	100.5	100.2	100.5	100.2	100.2	100.1	100.3	100.4	100.4	100.4	100.1
徐 州	Xuzhou	100.6	100.5	99.6	100.3	100.1	100.1	100.1	100.1	100.2	100.1	100.1	100.0
温 州	Wenzhou	99.9	99.6	99.0	99.2	99.8	99.6	99.6	99.7	99.6	99.7	99.3	98.4
金 华	Jinhua	100.5	100.5	100.8	100.2	100.3	100.1	100.7	100.5	100.7	100.4	100.4	100.2
蚌 埠	Bengbu	100.0	100.1	100.1	100.7	100.5	100.1	100.0	100.3	99.9	100.0	100.7	100.9
安 庆	Anqing	100.1	100.4	100.2	100.3	100.2	100.2	100.2	100.3	100.2	100.1	100.1	99.9
泉 州	Quanzhou	99.8	100.2	100.0	100.4	100.5	100.5	100.4	100.3	100.3	100.5	100.3	100.5
九 江	Jiujiang	100.2	100.6	100.9	100.3	100.4	99.8	99.8	100.3	99.8	100.5	100.7	100.6
赣 州	Ganzhou	100.3	100.7	100.7	100.0	100.1	99.7	100.2	100.3	100.2	100.4	100.2	99.9
烟 台	Yantai	99.9	100.5	101.2	101.0	100.8	100.5	101.1	100.2	100.3	100.2	100.4	100.4
济 宁	Jining	99.9	100.4	100.8	100.7	100.2	100.6	100.7	101.1	99.7	100.1	99.9	100.4
洛 阳	Luoyang	100.1	100.7	100.9	100.9	100.9	100.6	100.9	100.2	100.6	100.5	100.2	100.9
平顶山	Pingdingshan	99.9	100.3	100.6	100.7	100.8	100.9	100.5	100.3	100.4	100.2	100.4	100.4
宜 昌	Yichang	100.4	101.2	101.4	101.1	101.0	100.6	100.6	100.3	100.3	100.6	100.5	100.4
襄 阳	Xiangyang	100.1	100.9	101.2	102.4	100.0	101.3	100.7	100.2	100.2	100.3	100.8	99.6
岳 阳	Yueyang	100.2	100.4	100.6	100.5	100.7	100.4	100.2	100.3	100.6	100.3	100.2	100.2
常 德	Changde	99.5	100.9	101.4	101.0	101.0	100.1	100.5	100.7	100.0	100.2	100.3	100.0
惠 州	Huizhou	100.0	100.5	100.9	100.6	100.5	100.5	100.3	100.3	100.5	100.6	100.8	100.8
湛 江	Zhanjiang	100.1	100.3	100.1	100.6	100.5	100.1	100.4	100.4	100.8	100.6	100.4	100.3
韶 关	Shaoguan	101.5	100.9	100.4	100.2	99.8	99.4	100.5	102.0	100.1	99.6	99.9	100.1
桂 林	Guilin	100.1	100.5	100.6	100.6	100.9	100.6	100.2	100.3	100.5	100.1	100.4	100.3
北 海	Beihai	100.5	100.4	100.9	100.4	100.6	100.7	100.5	100.4	100.2	100.4	100.7	100.5
三 亚	Sanya	100.1	100.1	100.1	100.2	100.1	100.1	100.2	100.2	100.2	100.4	100.1	101.1
泸 州	Luzhou	100.3	99.9	100.3	100.5	100.2	100.0	100.1	100.2	100.7	100.6	100.7	100.7
南 充	Nanchong	100.1	100.6	100.3	100.5	100.3	100.2	100.3	100.3	100.8	100.4	100.4	100.5
遵 义	Zunyi	100.1	101.3	100.9	100.5	100.6	100.1	100.3	100.3	99.9	100.7	100.7	100.2
大 理	Dali	100.0	100.1	100.7	100.1	100.3	100.0	99.8	100.0	100.4	100.6	100.8	100.1

4-3-8 2013年70个大中城市90-144㎡二手住宅销售价格指数
(以上月价格为100)
Housing Price Indices of 90-144㎡ Second-Hand Residential Buildings in 70 Large and Medium-Sized Cities 2013(Last Month=100)

城 市	City	1月	2月	3月	4月	5月	6月	7月	8月	9月	10月	11月	12月
北 京	Beijing	100.8	101.9	103.1	102.0	102.0	101.4	101.3	101.1	101.3	101.3	101.0	100.8
天 津	Tianjin	100.0	100.5	100.8	100.3	100.7	100.2	99.8	100.2	100.5	100.7	100.6	100.4
石家庄	Shijiazhuang	100.1	100.8	99.9	100.7	100.1	100.0	99.7	100.1	100.6	100.7	100.6	100.1
太 原	Taiyuan	100.3	100.6	100.5	100.1	100.3	100.5	100.4	99.7	100.4	100.8	100.4	100.2
呼和浩特	Hohhot	100.2	100.4	100.4	100.1	100.2	100.0	100.4	100.0	100.3	100.6	100.4	100.4
沈 阳	Shenyang	100.2	100.4	100.1	100.3	100.5	100.5	100.5	100.7	100.7	100.4	100.0	100.3
大 连	Dalian	100.7	100.4	100.6	100.3	100.0	100.0	99.8	99.5	100.2	100.1	100.0	100.0
长 春	Changchun	100.4	100.5	100.7	100.3	99.9	100.0	99.7	100.2	100.7	100.2	100.7	100.1
哈尔滨	Harbin	100.3	100.7	100.4	100.5	99.8	99.9	100.2	100.6	101.0	100.8	100.2	100.7
上 海	Shanghai	100.8	101.5	102.8	101.1	100.9	101.1	100.8	100.7	100.9	100.9	100.8	100.7
南 京	Nanjing	100.8	101.0	100.9	100.6	100.9	101.1	100.3	100.6	100.3	100.4	100.1	100.1
杭 州	Hangzhou	100.1	101.5	100.0	100.4	100.1	100.6	99.1	100.1	100.6	100.1	100.5	100.1
宁 波	Ningbo	100.0	100.5	100.3	100.0	100.8	100.4	100.0	100.0	99.8	100.4	100.6	100.7
合 肥	Hefei	100.4	100.5	101.2	100.7	100.3	100.3	100.6	100.4	100.9	100.5	100.8	100.5
福 州	Fuzhou	100.5	101.5	100.9	100.8	100.9	101.0	100.9	100.8	100.9	100.7	100.7	100.8
厦 门	Xiamen	101.9	100.6	101.1	100.4	100.4	100.5	100.4	100.5	100.5	100.7	100.4	100.8
南 昌	Nanchang	100.3	100.5	100.8	100.8	100.1	100.1	100.4	100.4	100.7	100.5	100.7	100.6
济 南	Jinan	100.8	100.6	100.1	100.2	100.3	100.5	100.4	100.3	100.9	100.6	99.9	100.4
青 岛	Qingdao	100.1	100.5	100.3	100.4	100.5	100.5	100.2	100.4	100.2	100.0	99.9	100.5
郑 州	Zhengzhou	100.4	100.5	100.7	100.8	100.4	100.7	100.4	100.5	100.7	100.6	100.8	100.6
武 汉	Wuhan	100.3	101.2	100.2	100.9	100.9	100.6	101.0	101.0	100.6	100.8	100.8	100.3
长 沙	Changsha	100.1	100.3	100.4	101.0	101.4	101.0	100.4	100.3	100.2	101.3	100.4	100.5
广 州	Guangzhou	100.6	101.6	101.6	100.9	101.0	101.1	100.7	101.3	100.7	101.0	101.4	100.9
深 圳	Shenzhen	100.7	102.0	102.3	101.4	100.8	101.5	100.9	101.7	101.8	100.6	100.7	100.7
南 宁	Nanning	101.3	99.8	100.4	100.5	100.9	100.3	100.0	100.0	100.5	100.5	100.0	100.7
海 口	Haikou	100.0	99.9	100.1	100.1	100.0	100.0	100.0	99.9	100.0	100.0	100.4	100.2
重 庆	Chongqing	100.0	100.2	100.6	100.6	100.5	100.3	100.5	100.1	100.2	100.6	100.9	100.5
成 都	Chengdu	99.9	100.3	100.8	100.7	100.2	100.7	100.3	100.4	100.5	100.8	100.0	100.6
贵 阳	Guiyang	100.5	100.4	100.8	100.4	100.5	100.8	100.4	99.6	101.1	100.7	100.7	100.0
昆 明	Kunming	100.9	100.7	101.2	101.4	101.0	100.7	100.5	100.4	100.3	100.5	100.7	100.5
西 安	Xi'an	100.3	100.6	100.4	99.9	100.5	100.5	100.2	99.9	100.5	100.8	100.3	100.4
兰 州	Lanzhou	99.8	100.2	100.5	100.4	100.3	99.8	100.3	99.8	100.5	100.6	100.4	100.3
西 宁	Xining	100.2	100.1	100.5	100.5	100.7	100.4	100.1	100.3	100.3	100.2	100.4	100.1
银 川	Yinchuan	100.3	100.7	100.8	100.8	100.8	100.7	100.8	100.7	100.8	100.8	100.7	100.6
乌鲁木齐	Urumqi	100.0	100.3	100.7	100.3	100.6	100.4	100.4	100.4	100.3	100.4	100.2	100.4

4-3-8 续表

城市	City	1月	2月	3月	4月	5月	6月	7月	8月	9月	10月	11月	12月
唐山	Tangshan	100.2	100.3	100.3	100.3	100.7	100.1	100.0	100.0	100.0	100.5	100.0	100.0
秦皇岛	Qinhuangdao	100.2	100.6	100.4	99.8	100.6	100.6	100.1	100.0	100.1	100.1	99.8	100.1
包头	Baotou	100.0	100.2	100.2	100.4	100.2	100.0	100.2	100.1	100.3	100.5	100.0	100.2
丹东	Dandong	99.7	100.4	100.4	100.3	100.5	99.6	100.3	100.5	100.4	100.5	100.6	100.3
锦州	Jinzhou	100.0	100.2	100.5	100.4	100.7	100.2	100.4	100.3	100.5	100.5	100.5	100.0
吉林	Jilin	100.0	100.6	99.8	100.2	100.3	100.1	100.5	100.1	100.1	100.0	100.3	100.1
牡丹江	Mudanjiang	99.9	100.2	100.2	100.2	100.4	100.1	100.8	99.3	100.8	99.7	100.1	100.3
无锡	Wuxi	100.4	100.7	100.4	100.4	99.9	100.0	99.8	100.2	100.4	100.1	100.5	100.2
扬州	Yangzhou	100.1	100.5	100.2	100.3	100.4	100.1	100.1	100.5	100.0	100.4	100.2	100.3
徐州	Xuzhou	101.1	100.6	99.1	99.9	100.2	100.7	100.0	100.1	100.1	100.0	100.1	99.6
温州	Wenzhou	99.7	99.4	98.8	99.5	99.7	99.9	99.7	99.8	99.6	99.9	99.8	98.0
金华	Jinhua	100.2	100.5	100.3	100.3	100.3	100.5	100.5	100.5	100.7	100.5	100.6	100.3
蚌埠	Bengbu	100.0	100.1	100.2	100.3	100.6	100.1	100.1	100.4	99.9	100.6	100.2	100.3
安庆	Anqing	100.2	100.3	100.1	100.5	100.1	100.1	100.5	100.3	100.0	100.1	100.0	100.0
泉州	Quanzhou	99.7	100.3	100.1	100.4	100.5	100.3	100.5	100.3	100.4	100.3	100.4	100.7
九江	Jiujiang	100.3	100.7	100.5	100.4	100.3	99.6	99.8	100.2	99.9	100.0	100.7	100.8
赣州	Ganzhou	100.2	100.4	100.3	100.1	100.1	99.9	100.5	100.2	100.2	100.6	100.2	100.2
烟台	Yantai	99.7	100.6	100.6	100.7	100.6	100.4	101.1	100.3	100.5	100.9	100.4	100.6
济宁	Jining	99.9	100.7	100.7	100.4	100.6	100.2	100.0	99.9	100.7	100.1	100.2	100.7
洛阳	Luoyang	100.3	100.8	100.6	100.7	100.7	100.0	100.8	100.0	100.1	100.4	100.2	100.2
平顶山	Pingdingshan	100.1	100.3	100.4	101.0	100.7	100.0	100.1	100.3	100.2	100.5	100.0	100.5
宜昌	Yichang	100.8	101.7	101.5	101.0	101.0	100.7	100.4	100.4	100.5	100.7	100.6	100.4
襄阳	Xiangyang	100.1	100.9	101.1	101.2	101.7	100.8	101.0	100.7	100.2	100.5	100.8	100.6
岳阳	Yueyang	100.4	100.4	100.3	100.6	100.5	100.3	100.6	100.3	100.8	100.2	100.2	100.2
常德	Changde	101.2	100.7	102.3	102.1	100.6	101.2	100.1	100.6	100.6	100.6	100.1	100.1
惠州	Huizhou	100.1	100.5	100.4	100.3	100.3	100.3	100.5	100.4	100.4	100.6	101.1	100.7
湛江	Zhanjiang	100.4	100.5	100.4	100.3	100.3	100.3	100.3	100.3	100.7	100.3	100.3	100.6
韶关	Shaoguan	101.1	101.1	100.9	100.2	100.8	100.1	99.7	101.4	100.4	99.9	100.0	100.2
桂林	Guilin	100.2	100.2	100.3	100.1	100.5	100.5	100.6	100.6	100.6	100.1	100.2	100.1
北海	Beihai	100.2	100.5	101.0	100.8	100.9	100.7	100.4	100.6	100.5	100.4	100.4	99.9
三亚	Sanya	100.1	100.0	100.6	100.1	100.1	100.1	100.1	100.2	100.2	100.1	100.0	100.7
泸州	Luzhou	100.1	99.9	100.5	100.2	100.2	100.0	100.2	100.4	100.6	100.3	101.0	100.6
南充	Nanchong	100.2	100.7	100.6	100.6	100.5	100.4	100.3	100.4	100.5	100.6	101.1	100.4
遵义	Zunyi	100.5	101.0	100.8	100.4	100.1	100.2	99.9	100.1	99.9	100.6	100.6	100.3
大理	Dali	100.4	100.1	100.3	100.2	100.3	100.4	99.7	100.4	100.3	100.4	100.0	100.2

4-3-9　2013年70个大中城市144㎡以上二手住宅销售价格指数（以上月价格为100）

Housing Price Indices of Above 144㎡ Second-Hand Residential Buildings in 70 Large and Medium-Sized Cities 2013(Last Month=100)

城　市	City	1月	2月	3月	4月	5月	6月	7月	8月	9月	10月	11月	12月
北　京	Beijing	100.6	101.6	102.8	101.8	102.0	101.1	101.2	101.1	100.9	100.9	101.1	101.0
天　津	Tianjin	99.8	101.7	100.2	100.7	100.4	100.3	100.5	99.4	100.1	100.4	100.8	100.3
石家庄	Shijiazhuang	99.5	100.4	99.8	100.3	100.3	100.1	100.3	99.2	100.7	101.1	100.4	100.0
太　原	Taiyuan	100.3	100.1	100.4	100.0	100.1	100.0	100.1	100.0	101.3	100.0	100.0	100.0
呼和浩特	Hohhot	100.1	100.1	100.2	100.2	100.2	100.1	100.3	99.9	100.4	100.3	100.1	100.3
沈　阳	Shenyang	99.9	100.2	100.4	100.4	100.2	100.2	99.9	100.2	100.5	101.1	100.3	100.0
大　连	Dalian	100.8	100.0	100.1	100.3	99.9	100.3	100.0	99.9	100.3	100.3	100.0	100.9
长　春	Changchun	100.7	100.4	100.6	100.6	100.0	99.8	100.3	100.3	100.6	100.3	100.6	100.5
哈尔滨	Harbin	100.1	101.0	100.4	100.2	100.4	99.9	100.1	100.2	100.3	100.2	100.0	100.6
上　海	Shanghai	100.5	101.9	102.2	101.3	100.9	101.1	100.8	100.6	100.8	100.8	100.3	100.3
南　京	Nanjing	100.3	100.9	101.3	102.0	100.9	101.0	100.5	100.7	100.8	100.1	100.9	100.3
杭　州	Hangzhou	99.6	100.4	100.2	100.2	100.2	100.2	99.6	100.1	100.4	99.2	100.3	100.0
宁　波	Ningbo	100.0	101.5	100.2	100.5	100.9	100.3	100.2	100.1	99.9	100.8	100.7	100.0
合　肥	Hefei	97.5	--	100.2	100.5	100.3	99.6	101.0	99.9	100.9	100.8	101.0	101.1
福　州	Fuzhou	100.2	100.7	101.1	101.2	100.0	100.6	100.4	100.6	100.6	100.7	100.2	100.6
厦　门	Xiamen	101.2	100.5	100.5	100.2	100.2	100.4	100.3	100.4	100.1	100.6	100.2	100.4
南　昌	Nanchang	100.8	100.6	100.4	100.6	100.2	99.9	100.3	100.4	100.7	100.5	100.5	100.4
济　南	Jinan	101.6	100.8	100.1	100.4	100.5	100.2	100.6	100.4	100.3	100.3	100.3	100.3
青　岛	Qingdao	100.0	100.4	100.2	100.3	100.4	100.0	100.0	100.2	99.8	99.8	100.0	100.8
郑　州	Zhengzhou	99.9	100.7	100.5	101.0	100.5	100.7	100.3	100.4	100.6	100.8	100.6	100.6
武　汉	Wuhan	100.3	101.0	100.2	100.8	100.6	100.6	101.2	100.9	101.0	100.9	100.1	100.3
长　沙	Changsha	100.1	100.3	100.7	100.4	101.3	100.4	100.3	100.3	100.2	100.3	100.4	100.3
广　州	Guangzhou	99.9	101.7	101.9	100.6	101.4	101.2	101.2	101.0	100.0	100.8	101.5	100.8
深　圳	Shenzhen	100.0	100.8	101.7	101.1	101.3	100.9	100.8	101.0	100.1	101.3	100.5	100.3
南　宁	Nanning	100.9	99.8	100.3	100.3	100.6	100.4	100.0	99.8	100.3	100.4	100.3	100.3
海　口	Haikou	99.7	99.6	100.2	100.0	99.9	99.9	99.8	99.9	99.9	99.9	100.5	100.0
重　庆	Chongqing	100.2	101.1	100.7	100.8	100.3	100.4	100.3	100.1	100.1	100.0	100.3	100.0
成　都	Chengdu	101.1	100.8	100.8	100.9	100.2	100.4	100.6	100.2	100.5	100.4	101.4	100.4
贵　阳	Guiyang	100.4	100.3	100.9	101.8	101.7	101.7	100.3	100.6	101.4	100.2	100.7	100.2
昆　明	Kunming	100.0	100.4	100.7	100.4	101.3	101.0	100.3	100.5	100.7	100.3	100.6	100.1
西　安	Xi'an	100.8	100.2	101.0	100.2	100.3	100.4	100.2	100.5	100.5	100.5	100.4	100.4
兰　州	Lanzhou	99.6	100.3	100.0	100.5	100.2	100.2	100.6	99.7	100.6	100.3	100.5	100.0
西　宁	Xining	100.8	100.0	100.5	100.8	100.5	100.4	100.2	100.2	100.4	100.1	100.7	100.2
银　川	Yinchuan	100.1	100.2	100.6	100.6	100.7	100.4	100.6	100.5	100.6	100.9	100.4	100.4
乌鲁木齐	Urumqi	100.0	100.0	100.4	100.7	100.6	100.1	100.2	100.3	100.2	100.6	99.9	100.1

4-3-9 续表

城　市	City	1月	2月	3月	4月	5月	6月	7月	8月	9月	10月	11月	12月
唐　山	Tangshan	100.0	100.0	100.0	100.2	100.5	100.0	100.0	100.0	100.0	100.6	100.1	100.0
秦皇岛	Qinhuangdao	100.2	100.3	100.3	100.1	100.6	100.1	100.2	100.6	--	100.0	99.8	99.8
包　头	Baotou	100.0	100.1	100.1	100.2	100.2	100.1	100.0	100.1	100.4	100.6	100.0	100.2
丹　东	Dandong	--	100.2	99.9	100.1	100.8	100.1	100.0	100.5	100.3	100.4	100.2	100.5
锦　州	Jinzhou	100.0	100.1	100.5	100.3	100.0	101.1	100.0	100.5	100.5	100.0	100.0	99.1
吉　林	Jilin	99.8	100.4	100.0	100.2	100.2	99.8	100.3	100.0	100.0	100.0	100.2	100.4
牡丹江	Mudanjiang	99.9	100.2	100.2	100.6	100.2	100.2	100.9	99.3	100.8	99.9	100.3	100.0
无　锡	Wuxi	99.4	100.2	100.0	100.1	100.2	100.0	99.7	100.1	100.5	100.2	100.5	100.1
扬　州	Yangzhou	100.1	100.6	100.1	100.6	100.2	100.1	100.0	100.7	100.7	100.2	99.9	100.0
徐　州	Xuzhou	100.0	--	--	99.6	100.2	100.4	100.1	101.5	100.4	100.1	100.3	100.2
温　州	Wenzhou	99.5	99.1	98.9	99.0	99.6	99.6	99.5	99.9	99.0	99.5	98.5	98.3
金　华	Jinhua	99.8	100.1	100.2	100.1	101.0	100.5	100.3	100.2	100.4	100.2	100.6	100.4
蚌　埠	Bengbu	100.0	100.0	99.9	100.4	100.5	100.2	100.0	100.0	100.7	100.6	100.1	100.2
安　庆	Anqing	100.0	100.0	100.1	100.0	100.2	100.0	100.5	100.4	100.1	100.0	100.1	100.2
泉　州	Quanzhou	100.0	100.2	100.1	100.2	100.7	100.3	100.4	100.4	100.5	100.4	100.3	100.5
九　江	Jiujiang	100.6	100.8	100.6	100.4	100.6	99.8	99.7	100.4	100.0	100.2	100.4	100.8
赣　州	Ganzhou	99.9	100.2	100.5	99.8	99.7	99.9	100.2	100.1	100.1	100.2	100.1	100.0
烟　台	Yantai	99.8	100.5	100.3	100.7	100.4	100.7	100.1	100.2	100.3	100.8	100.6	100.5
济　宁	Jining	100.0	100.5	100.3	100.5	100.4	100.4	99.6	98.2	99.9	99.9	100.1	100.3
洛　阳	Luoyang	100.2	100.4	100.4	100.8	100.5	99.9	100.7	99.9	100.1	100.1	100.1	101.2
平顶山	Pingdingshan	99.4	100.8	100.3	101.0	100.7	100.0	100.5	100.4	100.3	100.2	100.0	100.1
宜　昌	Yichang	100.2	101.0	102.0	100.6	100.7	100.6	100.2	100.4	100.3	100.4	100.4	100.4
襄　阳	Xiangyang	100.1	101.0	101.0	100.8	101.3	100.7	100.2	100.8	100.0	100.9	100.7	100.0
岳　阳	Yueyang	100.2	100.3	100.6	100.9	100.4	100.2	100.4	100.2	100.3	100.2	100.3	100.2
常　德	Changde	--	--	102.9	101.2	101.1	100.1	100.1	100.5	100.3	100.0	100.2	100.3
惠　州	Huizhou	100.7	100.8	100.3	100.5	100.4	100.4	100.5	100.3	100.2	100.8	100.7	100.6
湛　江	Zhanjiang	100.0	100.6	100.0	100.0	100.1	100.0	100.1	100.5	100.3	100.3	100.3	100.5
韶　关	Shaoguan	100.0	100.7	100.6	100.6	99.8	100.7	100.0	101.3	100.4	100.8	100.1	100.0
桂　林	Guilin	100.0	100.3	100.9	100.4	100.5	100.3	100.8	100.5	100.6	100.2	100.1	100.7
北　海	Beihai	--	100.3	101.2	100.9	100.7	100.8	100.5	100.0	100.5	101.0	100.3	100.3
三　亚	Sanya	99.9	100.2	100.0	100.1	100.5	100.0	100.1	100.1	100.1	100.0	100.0	100.5
泸　州	Luzhou	100.2	99.7	100.4	100.7	100.3	100.1	100.2	100.1	100.4	100.2	100.3	100.7
南　充	Nanchong	100.1	100.6	100.0	100.5	100.4	100.0	100.0	100.4	100.6	100.8	100.8	100.4
遵　义	Zunyi	99.9	100.5	100.6	100.3	100.1	100.4	99.4	99.2	100.0	100.5	101.0	100.3
大　理	Dali	99.8	100.3	100.6	100.3	100.4	100.4	99.9	100.6	100.3	100.5	100.5	100.2

4-4-1　2013年北京市住宅销售价格指数

Beijing Housing Price Indices for 2013

		1月	2月	3月	4月	5月	6月	7月	8月	9月	10月	11月	12月
定基价格指数	**新建住宅价格指数**	**105.9**	**108.5**	**110.8**	**112.4**	**113.8**	**115.3**	**116.8**	**117.8**	**119.0**	**119.7**	**120.3**	**121.0**
	新建商品住宅	107.6	110.9	113.9	115.9	117.8	119.7	121.7	123.0	124.5	125.4	126.3	127.1
	一、90m²及以下	107.5	111.2	114.5	116.9	118.7	120.9	123.0	124.4	126.1	127.0	127.8	128.4
	二、90-144m²	108.0	111.0	114.0	115.9	117.7	119.6	121.5	122.9	124.5	125.5	126.4	127.0
	三、144m²以上	107.2	110.5	113.3	115.2	117.1	118.9	120.8	122.0	123.3	124.2	125.1	126.2
	二手住宅价格指数	**101.6**	**103.7**	**106.9**	**109.0**	**110.9**	**112.3**	**113.9**	**115.2**	**116.8**	**118.1**	**119.5**	**120.3**
	一、90m²及以下	102.5	105.2	108.5	110.8	112.4	113.9	115.6	117.1	118.8	120.1	121.7	122.3
	二、90-144m²	100.8	102.7	105.8	107.9	110.1	111.6	113.1	114.3	115.8	117.3	118.5	119.5
	三、144m²以上	99.8	101.4	104.2	106.1	108.3	109.4	110.7	112.0	113.0	114.0	115.3	116.5
同比价格指数	**新建住宅价格指数**	**103.3**	**105.9**	**108.6**	**110.3**	**111.8**	**112.9**	**114.1**	**114.9**	**116.0**	**116.4**	**116.3**	**116.0**
	新建商品住宅	104.3	107.7	111.2	113.4	115.2	116.7	118.3	119.3	120.6	121.2	121.1	120.6
	一、90m²及以下	104.3	108.0	111.9	114.5	116.2	118.0	119.6	120.6	122.1	122.7	122.5	121.7
	二、90-144m²	104.3	107.5	110.8	113.0	114.9	116.3	117.7	118.8	120.1	120.8	120.8	120.1
	三、144m²以上	104.2	107.5	110.9	112.9	114.8	116.3	117.8	118.8	120.0	120.4	120.2	120.2
	二手住宅价格指数	**103.5**	**106.0**	**109.1**	**110.9**	**112.8**	**114.1**	**115.3**	**116.4**	**117.8**	**119.0**	**120.1**	**119.7**
	一、90m²及以下	104.0	106.8	110.3	112.3	113.7	114.9	116.4	117.4	119.0	120.3	121.4	120.8
	二、90-144m²	103.0	105.2	108.1	109.7	112.1	113.6	114.7	115.7	117.1	118.6	119.7	119.5
	三、144m²以上	103.1	105.0	107.4	109.0	111.6	112.7	113.5	114.7	115.5	116.3	117.5	117.4
环比价格指数	**新建住宅价格指数**	**101.6**	**102.4**	**102.1**	**101.4**	**101.3**	**101.3**	**101.3**	**100.9**	**101.0**	**100.6**	**100.5**	**100.5**
	新建商品住宅	102.1	103.1	102.7	101.8	101.6	101.7	101.6	101.1	101.2	100.8	100.7	100.6
	一、90m²及以下	101.9	103.4	103.0	102.1	101.5	101.9	101.7	101.1	101.4	100.7	100.6	100.5
	二、90-144m²	102.1	102.8	102.7	101.7	101.6	101.6	101.6	101.1	101.3	100.8	100.7	100.5
	三、144m²以上	102.2	103.1	102.5	101.7	101.6	101.6	101.6	101.0	101.0	100.8	100.7	100.8
	二手住宅价格指数	**101.0**	**102.2**	**103.1**	**102.0**	**101.7**	**101.3**	**101.4**	**101.2**	**101.3**	**101.1**	**101.2**	**100.6**
	一、90m²及以下	101.3	102.5	103.2	102.1	101.4	101.3	101.6	101.2	101.5	101.1	101.4	100.4
	二、90-144m²	100.8	101.9	103.1	102.0	102.0	101.4	101.3	101.1	101.3	101.3	101.0	100.8
	三、144m²以上	100.6	101.6	102.8	101.8	102.0	101.1	101.2	101.1	100.9	100.9	101.1	101.0

注：表4-4-1至4-4-70，定基价格指数以2010年价格为100，同比价格指数以上年同月价格为100，环比价格指数以上月价格为100。

Note: Table 4-4-1 to 4-4-70, Fixed base price index:2010=100; year-on-year price index: Sanemonth of preceding year=100 Chain price index: Last month=100.

4-4-2 2013年天津市住宅销售价格指数

Tianjin Housing Price Indices for 2013

		1月	2月	3月	4月	5月	6月	7月	8月	9月	10月	11月	12月
定基价格指数	**新建住宅价格指数**	**104.7**	**106.1**	**107.6**	**108.3**	**108.7**	**109.0**	**109.5**	**110.0**	**110.6**	**110.9**	**111.4**	**111.9**
	新建商品住宅	105.3	106.9	108.6	109.4	109.9	110.2	110.8	111.3	112.0	112.3	112.9	113.5
	一、90m^2及以下	106.8	108.8	110.4	111.4	112.2	112.6	113.1	113.6	114.6	115.0	115.5	115.9
	二、90-144m^2	105.1	106.6	107.8	108.5	108.9	109.2	109.8	110.4	111.2	111.5	112.0	112.6
	三、144m^2以上	104.1	105.6	108.2	108.9	109.3	109.7	110.2	110.7	110.7	111.1	111.7	112.5
	二手住宅价格指数	**101.7**	**102.7**	**103.3**	**103.8**	**104.5**	**104.7**	**104.8**	**105.0**	**105.5**	**106.1**	**106.5**	**106.9**
	一、90m^2及以下	103.7	104.8	105.3	105.9	106.6	106.8	107.1	107.4	108.0	108.4	108.7	109.1
	二、90-144m^2	103.3	103.9	104.7	105.0	105.7	106.0	105.8	106.1	106.6	107.4	108.0	108.5
	三、144m^2以上	95.7	97.3	97.5	98.2	98.6	98.9	99.4	98.8	98.8	99.2	100.0	100.3
同比价格指数	**新建住宅价格指数**	**101.4**	**102.8**	**104.3**	**105.2**	**105.4**	**105.8**	**106.0**	**106.1**	**106.7**	**107.0**	**107.0**	**107.4**
	新建商品住宅	101.6	103.2	104.9	105.9	106.2	106.5	106.8	107.0	107.6	107.9	108.0	108.3
	一、90m^2及以下	101.8	103.6	105.1	106.1	106.9	107.1	107.1	107.2	108.3	108.6	108.3	108.6
	二、90-144m^2	101.5	103.0	104.3	105.3	105.5	105.8	106.3	106.6	107.4	107.6	107.8	108.1
	三、144m^2以上	101.8	103.3	105.8	106.7	106.6	107.2	107.5	107.3	107.3	107.9	107.9	108.5
	二手住宅价格指数	**103.2**	**103.9**	**104.1**	**104.6**	**105.1**	**105.1**	**104.6**	**104.3**	**105.1**	**105.7**	**105.2**	**105.1**
	一、90m^2及以下	104.7	105.4	105.5	106.0	106.3	106.0	105.8	105.5	106.4	106.3	105.7	105.4
	二、90-144m^2	102.9	103.1	103.6	103.9	104.9	105.4	103.6	103.4	103.9	105.0	104.6	105.0
	三、144m^2以上	98.4	100.0	100.2	101.0	101.1	101.4	102.7	102.1	103.2	105.5	105.2	104.6
环比价格指数	**新建住宅价格指数**	**100.5**	**101.4**	**101.4**	**100.7**	**100.4**	**100.3**	**100.5**	**100.4**	**100.5**	**100.3**	**100.4**	**100.5**
	新建商品住宅	100.5	101.6	101.5	100.7	100.4	100.3	100.5	100.5	100.6	100.3	100.5	100.6
	一、90m^2及以下	100.1	101.8	101.4	100.9	100.8	100.3	100.5	100.4	100.9	100.3	100.4	100.4
	二、90-144m^2	100.9	101.5	101.1	100.7	100.3	100.3	100.6	100.6	100.7	100.3	100.5	100.5
	三、144m^2以上	100.4	101.5	102.4	100.7	100.3	100.4	100.5	100.4	100.1	100.3	100.5	100.7
	二手住宅价格指数	**100.0**	**101.0**	**100.6**	**100.5**	**100.6**	**100.2**	**100.2**	**100.2**	**100.5**	**100.5**	**100.5**	**100.3**
	一、90m^2及以下	100.1	101.1	100.5	100.6	100.6	100.2	100.3	100.3	100.6	100.4	100.3	100.3
	二、90-144m^2	100.0	100.5	100.8	100.3	100.7	100.2	99.8	100.2	100.5	100.7	100.6	100.4
	三、144m^2以上	99.8	101.7	100.2	100.7	100.4	100.3	100.5	99.4	100.1	100.4	100.8	100.3

4-4-3 2013年石家庄市住宅销售价格指数

Shijiazhuang Housing Price Indices for 2013

		1月	2月	3月	4月	5月	6月	7月	8月	9月	10月	11月	12月
定基价格指数	**新建住宅价格指数**	**109.8**	**111.2**	**112.4**	**113.2**	**113.7**	**115.1**	**115.6**	**116.6**	**117.6**	**118.8**	**119.5**	**119.8**
	新建商品住宅	110.1	111.4	112.7	113.5	114.0	115.5	116.0	117.0	118.0	119.3	119.9	120.3
	一、90m²及以下	108.8	110.2	111.7	112.4	113.0	115.1	115.9	117.3	118.3	119.8	120.6	121.1
	二、90-144m²	110.9	112.4	113.9	114.5	115.1	116.4	117.0	117.7	118.7	119.8	120.4	120.8
	三、144m²以上	109.0	109.9	110.8	111.9	112.2	113.6	113.8	115.0	116.2	117.6	118.4	118.4
	二手住宅价格指数	**97.9**	**98.6**	**98.6**	**99.1**	**99.3**	**99.4**	**99.2**	**99.0**	**99.6**	**100.4**	**100.8**	**101.0**
	一、90m²及以下	97.9	98.6	98.7	99.1	99.4	99.4	99.3	99.0	99.5	100.4	100.7	100.9
	二、90-144m²	98.9	99.7	99.6	100.2	100.4	100.4	100.1	100.2	100.9	101.5	102.1	102.2
	三、144m²以上	94.1	94.5	94.3	94.6	94.8	94.9	95.2	94.4	95.1	96.1	96.5	96.4
同比价格指数	**新建住宅价格指数**	**102.0**	**103.3**	**104.5**	**105.3**	**105.8**	**106.8**	**106.6**	**107.3**	**108.0**	**109.1**	**109.2**	**109.9**
	新建商品住宅	102.1	103.4	104.6	105.4	105.9	107.0	106.8	107.4	108.2	109.3	109.4	110.1
	一、90m²及以下	102.1	103.5	104.8	105.6	106.3	108.1	108.1	109.2	110.0	111.3	111.4	112.4
	二、90-144m²	102.1	103.6	104.9	105.6	106.1	107.0	106.9	107.3	107.9	109.0	109.0	109.6
	三、144m²以上	101.9	102.7	103.9	104.9	105.1	106.2	105.6	106.5	107.4	108.6	109.2	109.6
	二手住宅价格指数	**99.9**	**100.4**	**100.1**	**100.7**	**101.1**	**101.3**	**101.2**	**101.2**	**101.7**	**102.6**	**103.0**	**103.2**
	一、90m²及以下	100.2	100.8	100.5	101.1	101.5	101.6	101.6	101.4	101.8	102.6	103.0	103.2
	二、90-144m²	100.0	100.4	99.6	100.5	100.8	101.2	101.0	101.4	101.9	102.8	103.4	103.4
	三、144m²以上	95.2	95.6	95.4	95.7	96.5	96.6	96.9	98.7	99.4	101.1	101.9	101.9
环比价格指数	**新建住宅价格指数**	**100.7**	**101.2**	**101.2**	**100.7**	**100.5**	**101.2**	**100.5**	**100.8**	**100.8**	**101.1**	**100.5**	**100.3**
	新建商品住宅	100.7	101.2	101.2	100.7	100.5	101.3	100.5	100.8	100.9	101.1	100.5	100.3
	一、90m²及以下	100.9	101.3	101.3	100.6	100.6	101.8	100.7	101.2	100.8	101.3	100.7	100.4
	二、90-144m²	100.6	101.4	101.3	100.6	100.5	101.1	100.5	100.7	100.8	101.0	100.4	100.4
	三、144m²以上	100.9	100.8	100.8	101.0	100.3	101.2	100.2	101.0	101.0	101.2	100.7	100.1
	二手住宅价格指数	**100.1**	**100.7**	**100.1**	**100.5**	**100.3**	**100.0**	**99.9**	**99.8**	**100.5**	**100.8**	**100.4**	**100.2**
	一、90m²及以下	100.1	100.7	100.1	100.4	100.3	100.0	99.9	99.7	100.5	100.9	100.4	100.2
	二、90-144m²	100.1	100.8	99.9	100.7	100.1	100.0	99.7	100.1	100.6	100.7	100.6	100.1
	三、144m²以上	99.5	100.4	99.8	100.3	100.3	100.1	100.3	99.2	100.7	101.1	100.4	100.0

4-4-4 2013年太原市住宅销售价格指数
Taiyuan Housing Price Indices for 2013

		1月	2月	3月	4月	5月	6月	7月	8月	9月	10月	11月	12月
定基价格指数	**新建住宅价格指数**	**103.0**	**104.1**	**104.9**	**106.2**	**108.4**	**109.6**	**110.6**	**111.6**	**113.0**	**114.1**	**114.4**	**114.8**
	新建商品住宅	103.2	104.3	105.1	106.5	108.7	110.0	111.1	112.1	113.5	114.7	115.0	115.4
	一、90㎡及以下	103.3	104.9	105.4	106.9	109.2	110.3	111.4	112.9	114.5	116.1	116.5	116.7
	二、90-144㎡	103.5	104.9	105.7	107.3	109.8	111.4	112.5	113.8	115.0	116.2	116.6	116.9
	三、144㎡以上	102.7	103.4	104.2	105.3	107.3	108.3	109.2	109.8	111.3	112.4	112.6	113.1
	二手住宅价格指数	**111.5**	**112.2**	**112.7**	**112.7**	**113.0**	**113.6**	**114.0**	**114.0**	**114.4**	**115.0**	**115.2**	**115.6**
	一、90㎡及以下	112.3	113.3	113.8	113.8	114.2	114.9	115.3	115.7	115.7	116.2	116.3	117.0
	二、90-144㎡	110.6	111.2	111.7	111.8	112.1	112.8	113.2	112.8	113.3	114.1	114.6	114.8
	三、144㎡以上	111.2	111.3	111.8	111.8	111.8	111.8	112.0	112.0	113.5	113.5	113.5	113.5
同比价格指数	**新建住宅价格指数**	**101.3**	**102.4**	**103.2**	**104.5**	**106.8**	**107.9**	**108.8**	**109.6**	**110.8**	**112.0**	**112.1**	**111.7**
	新建商品住宅	101.4	102.5	103.3	104.7	107.0	108.2	109.1	110.0	111.3	112.5	112.5	112.1
	一、90㎡及以下	101.4	103.2	103.7	105.2	107.6	108.8	109.7	111.0	112.2	114.0	114.0	113.2
	二、90-144㎡	101.0	102.3	103.1	104.7	107.1	108.6	109.6	110.8	112.1	113.2	113.5	113.1
	三、144㎡以上	101.8	102.5	103.4	104.4	106.7	107.5	108.4	108.6	110.0	111.0	110.8	110.6
	二手住宅价格指数	**106.0**	**106.7**	**106.9**	**106.8**	**106.1**	**106.2**	**106.2**	**105.5**	**105.1**	**104.8**	**104.4**	**104.1**
	一、90㎡及以下	105.9	106.7	106.9	107.0	106.5	106.9	107.1	106.9	105.8	105.5	105.1	104.7
	二、90-144㎡	106.6	107.2	107.5	107.1	106.4	106.3	106.3	104.9	104.9	104.5	104.5	104.1
	三、144㎡以上	105.0	105.3	105.2	105.2	104.2	103.8	103.3	102.4	103.7	103.2	102.4	102.4
环比价格指数	**新建住宅价格指数**	**100.3**	**101.1**	**100.7**	**101.3**	**102.0**	**101.2**	**100.9**	**100.9**	**101.2**	**101.0**	**100.3**	**100.3**
	新建商品住宅	100.3	101.1	100.8	101.3	102.1	101.2	100.9	100.9	101.2	101.1	100.3	100.3
	一、90㎡及以下	100.1	101.6	100.5	101.4	102.1	101.1	101.0	101.3	101.5	101.4	100.3	100.2
	二、90-144㎡	100.2	101.4	100.8	101.5	102.3	101.5	101.0	101.1	101.1	101.0	100.4	100.2
	三、144㎡以上	100.4	100.7	100.8	101.1	101.8	101.0	100.8	100.6	101.3	101.0	100.2	100.4
	二手住宅价格指数	**100.4**	**100.6**	**100.4**	**100.1**	**100.3**	**100.5**	**100.3**	**100.0**	**100.4**	**100.5**	**100.2**	**100.4**
	一、90㎡及以下	100.5	100.8	100.4	100.1	100.3	100.7	100.3	100.3	100.1	100.4	100.1	100.6
	二、90-144㎡	100.3	100.6	100.5	100.1	100.3	100.5	100.4	99.7	100.4	100.8	100.4	100.2
	三、144㎡以上	100.3	100.1	100.4	100.0	100.1	100.0	100.1	100.0	101.3	100.0	100.0	100.0

4-4-5　2013年呼和浩特市住宅销售价格指数

Hohhot Housing Price Indices for 2013

		1月	2月	3月	4月	5月	6月	7月	8月	9月	10月	11月	12月
定基价格指数	**新建住宅价格指数**	**105.3**	**106.7**	**106.9**	**106.8**	**108.2**	**109.3**	**110.6**	**111.3**	**111.9**	**113.3**	**114.2**	**114.8**
	新建商品住宅	105.5	106.9	107.1	107.0	108.5	109.6	110.9	111.7	112.3	113.7	114.6	115.3
	一、90㎡及以下	104.9	106.7	107.4	107.3	108.4	110.1	112.0	112.9	113.7	113.9	115.2	116.1
	二、90-144㎡	104.7	106.1	106.2	106.1	107.7	108.5	109.5	110.2	110.7	112.2	113.1	113.8
	三、144㎡以上	107.0	108.3	108.3	108.2	109.7	110.7	112.1	112.9	113.5	115.6	116.4	116.8
	二手住宅价格指数	**104.4**	**104.9**	**105.3**	**105.5**	**105.9**	**105.9**	**106.3**	**106.3**	**106.7**	**107.3**	**107.8**	**108.0**
	一、90㎡及以下	104.1	104.7	105.2	105.5	105.9	106.0	106.5	106.5	106.9	107.6	108.2	108.1
	二、90-144㎡	105.4	105.9	106.3	106.4	106.6	106.6	107.0	107.0	107.3	107.9	108.4	108.9
	三、144㎡以上	103.5	103.6	103.8	104.1	104.3	104.4	104.7	104.6	105.0	105.4	105.5	105.7
同比价格指数	**新建住宅价格指数**	**100.3**	**101.7**	**101.9**	**101.9**	**103.4**	**104.5**	**105.8**	**106.9**	**107.9**	**109.3**	**109.7**	**110.3**
	新建商品住宅	100.3	101.7	102.0	102.0	103.5	104.7	106.0	107.1	108.2	109.6	110.0	110.6
	一、90㎡及以下	100.0	101.7	102.5	102.5	103.6	105.3	107.4	109.0	110.2	110.4	110.9	111.8
	二、90-144㎡	100.6	101.9	101.9	102.0	103.5	104.5	105.4	106.3	107.2	108.6	109.1	109.7
	三、144㎡以上	100.2	101.5	101.7	101.6	103.2	104.4	105.7	106.9	108.1	110.3	110.5	110.9
	二手住宅价格指数	**100.5**	**100.9**	**101.3**	**101.5**	**101.8**	**101.9**	**102.2**	**102.2**	**102.5**	**103.1**	**103.4**	**103.5**
	一、90㎡及以下	100.0	100.5	101.1	101.3	101.7	101.9	102.3	102.4	102.8	103.4	104.0	104.0
	二、90-144㎡	101.3	101.6	101.7	101.9	102.1	102.0	102.3	102.2	102.4	102.9	103.3	103.5
	三、144㎡以上	100.7	100.8	101.1	101.3	101.4	101.5	101.8	101.7	102.1	102.5	102.0	102.3
环比价格指数	**新建住宅价格指数**	**101.1**	**101.3**	**100.2**	**99.9**	**101.4**	**101.0**	**101.2**	**100.7**	**100.5**	**101.2**	**100.8**	**100.6**
	新建商品住宅	101.1	101.4	100.2	99.9	101.4	101.0	101.2	100.7	100.6	101.2	100.8	100.6
	一、90㎡及以下	101.0	101.7	100.7	99.8	101.1	101.5	101.8	100.8	100.7	100.2	101.2	100.7
	二、90-144㎡	100.9	101.4	100.0	99.9	101.5	100.8	100.9	100.6	100.5	101.3	100.8	100.7
	三、144㎡以上	101.6	101.2	100.0	99.9	101.4	100.9	101.2	100.7	100.5	101.9	100.7	100.4
	二手住宅价格指数	**100.2**	**100.4**	**100.4**	**100.2**	**100.3**	**100.1**	**100.4**	**100.0**	**100.4**	**100.6**	**100.5**	**100.2**
	一、90㎡及以下	100.1	100.6	100.5	100.3	100.4	100.1	100.4	100.0	100.4	100.6	100.6	100.0
	二、90-144㎡	100.2	100.4	100.4	100.1	100.2	100.0	100.4	100.0	100.3	100.6	100.4	100.4
	三、144㎡以上	100.1	100.1	100.2	100.2	100.2	100.1	100.3	99.9	100.4	100.3	100.1	100.3

4-4-6 2013年沈阳市住宅销售价格指数

Shenyang Housing Price Indices for 2013

		1月	2月	3月	4月	5月	6月	7月	8月	9月	10月	11月	12月
定基价格指数	**新建住宅价格指数**	**107.5**	**109.1**	**110.2**	**112.5**	**114.5**	**115.6**	**116.8**	**117.7**	**118.9**	**119.2**	**119.5**	**119.8**
	新建商品住宅	108.0	109.6	110.7	113.0	115.0	116.1	117.4	118.3	119.6	119.9	120.2	120.5
	一、90㎡及以下	110.3	112.1	113.5	115.8	117.7	118.8	120.1	121.1	122.4	122.6	122.8	123.1
	二、90–144㎡	107.4	109.0	109.6	111.8	114.0	115.0	116.1	117.0	118.2	118.4	118.6	118.9
	三、144㎡以上	104.0	105.0	106.9	109.2	111.0	112.5	113.7	114.7	116.0	116.6	117.3	117.6
	二手住宅价格指数	**104.3**	**104.9**	**105.1**	**105.5**	**105.9**	**106.2**	**106.7**	**107.4**	**108.2**	**109.0**	**109.3**	**109.8**
	一、90㎡及以下	104.8	105.5	105.8	106.1	106.5	106.7	107.2	108.0	108.9	109.8	110.2	110.9
	二、90–144㎡	104.2	104.6	104.8	105.1	105.6	106.1	106.7	107.4	108.2	108.6	108.6	108.9
	三、144㎡以上	101.3	101.4	101.9	102.3	102.5	102.7	102.6	102.8	103.3	104.4	104.8	104.8
同比价格指数	**新建住宅价格指数**	**101.3**	**102.9**	**104.2**	**106.4**	**108.5**	**109.4**	**110.5**	**111.5**	**112.6**	**113.2**	**113.1**	**113.1**
	新建商品住宅	101.3	102.9	104.3	106.4	108.6	109.5	110.6	111.7	112.7	113.3	113.2	113.2
	一、90㎡及以下	102.1	103.9	105.5	107.6	109.6	110.5	111.7	112.7	113.7	113.9	113.4	113.2
	二、90–144㎡	100.3	102.0	102.8	105.0	107.4	108.2	109.3	110.3	111.4	111.9	111.9	112.0
	三、144㎡以上	101.5	102.5	104.3	106.6	108.5	109.9	110.7	111.9	113.2	114.9	115.5	115.8
	二手住宅价格指数	**100.3**	**101.2**	**101.6**	**102.1**	**102.4**	**102.5**	**102.9**	**103.4**	**104.2**	**105.3**	**105.2**	**105.6**
	一、90㎡及以下	100.6	101.7	102.1	102.6	102.9	103.0	103.4	103.9	104.7	105.9	105.7	106.2
	二、90–144㎡	99.7	100.4	100.6	100.9	101.5	101.7	102.4	102.8	103.5	104.4	104.4	104.7
	三、144㎡以上	100.5	100.6	101.0	101.5	101.4	101.5	101.4	101.6	102.0	103.4	103.5	103.3
环比价格指数	**新建住宅价格指数**	**101.5**	**101.4**	**101.1**	**102.0**	**101.8**	**101.0**	**101.1**	**100.8**	**101.1**	**100.3**	**100.3**	**100.2**
	新建商品住宅	101.5	101.5	101.1	102.1	101.8	101.0	101.1	100.8	101.1	100.3	100.3	100.2
	一、90㎡及以下	101.4	101.7	101.2	102.0	101.7	100.9	101.1	100.8	101.1	100.2	100.2	100.2
	二、90–144㎡	101.1	101.5	100.6	102.0	101.9	100.9	101.0	100.7	101.0	100.2	100.2	100.3
	三、144㎡以上	102.4	101.0	101.8	102.2	101.6	101.4	101.0	100.9	101.1	100.6	100.6	100.2
	二手住宅价格指数	**100.3**	**100.5**	**100.3**	**100.4**	**100.4**	**100.3**	**100.5**	**100.7**	**100.8**	**100.8**	**100.2**	**100.5**
	一、90㎡及以下	100.4	100.6	100.3	100.3	100.3	100.2	100.5	100.7	100.8	100.9	100.3	100.7
	二、90–144㎡	100.2	100.4	100.1	100.3	100.5	100.5	100.5	100.7	100.7	100.4	100.0	100.3
	三、144㎡以上	99.9	100.2	100.4	100.4	100.2	100.2	99.9	100.2	100.5	101.1	100.3	100.0

4-4-7　2013年大连市住宅销售价格指数
Dalian Housing Price Indices for 2013

		1月	2月	3月	4月	5月	6月	7月	8月	9月	10月	11月	12月
定基价格指数	**新建住宅价格指数**	**107.5**	**108.7**	**109.8**	**111.3**	**112.7**	**113.9**	**114.7**	**115.1**	**115.8**	**116.3**	**116.8**	**117.6**
	新建商品住宅	107.6	108.7	109.8	111.4	112.8	114.0	114.8	115.2	115.9	116.5	116.9	117.8
	一、90㎡及以下	108.1	109.2	110.1	111.6	113.1	114.6	115.6	116.0	116.5	116.9	117.2	117.9
	二、90-144㎡	107.3	109.0	109.9	111.6	112.9	113.9	114.6	114.9	115.6	116.3	116.9	118.0
	三、144㎡以上	107.0	107.5	109.3	110.7	112.1	113.2	113.9	114.3	115.2	116.0	116.7	117.3
	二手住宅价格指数	**105.9**	**106.4**	**106.9**	**107.3**	**107.2**	**107.3**	**107.3**	**107.3**	**107.5**	**107.7**	**107.8**	**108.0**
	一、90㎡及以下	105.6	106.2	106.8	107.1	107.0	107.1	107.2	107.5	107.7	107.9	108.0	108.2
	二、90-144㎡	106.1	106.5	107.1	107.4	107.5	107.5	107.3	106.8	107.0	107.1	107.1	107.1
	三、144㎡以上	107.3	107.3	107.4	107.7	107.6	108.0	108.0	107.9	108.2	108.5	108.5	109.5
同比价格指数	**新建住宅价格指数**	**102.0**	**103.1**	**104.3**	**105.8**	**107.0**	**107.7**	**108.2**	**108.4**	**108.9**	**109.3**	**109.4**	**110.0**
	新建商品住宅	102.0	103.1	104.4	105.9	107.1	107.8	108.3	108.5	109.0	109.4	109.5	110.1
	一、90㎡及以下	102.1	103.2	104.3	105.7	107.1	108.0	108.4	108.7	109.1	109.5	109.3	109.7
	二、90-144㎡	102.0	103.6	104.5	106.1	107.5	107.9	108.4	108.8	109.2	109.3	109.6	110.6
	三、144㎡以上	101.9	102.3	104.2	105.7	106.7	107.4	108.0	107.9	108.7	109.4	109.9	110.2
	二手住宅价格指数	**104.0**	**104.0**	**104.7**	**105.4**	**105.3**	**104.2**	**103.2**	**102.4**	**102.1**	**101.8**	**101.9**	**102.5**
	一、90㎡及以下	104.4	104.4	105.3	105.9	105.4	104.2	103.6	103.2	103.0	102.5	102.3	102.9
	二、90-144㎡	103.1	103.4	103.7	104.5	105.1	104.1	102.5	101.1	100.6	100.8	101.2	101.6
	三、144㎡以上	104.4	103.9	104.1	105.0	105.1	104.5	103.2	102.2	101.6	101.6	101.6	102.8
环比价格指数	**新建住宅价格指数**	**100.5**	**101.1**	**101.0**	**101.4**	**101.3**	**101.1**	**100.7**	**100.4**	**100.6**	**100.5**	**100.4**	**100.7**
	新建商品住宅	100.6	101.1	101.0	101.4	101.3	101.1	100.7	100.4	100.6	100.5	100.4	100.7
	一、90㎡及以下	100.6	101.0	100.8	101.3	101.4	101.3	100.8	100.4	100.4	100.4	100.2	100.6
	二、90-144㎡	100.5	101.6	100.8	101.5	101.2	100.8	100.6	100.3	100.6	100.6	100.5	101.0
	三、144㎡以上	100.5	100.4	101.7	101.3	101.2	101.0	100.6	100.4	100.8	100.7	100.5	100.6
	二手住宅价格指数	**100.5**	**100.4**	**100.5**	**100.3**	**99.9**	**100.1**	**100.0**	**100.0**	**100.2**	**100.2**	**100.0**	**100.2**
	一、90㎡及以下	100.4	100.5	100.5	100.4	99.9	100.1	100.1	100.3	100.2	100.2	100.1	100.2
	二、90-144㎡	100.7	100.4	100.6	100.3	100.0	100.0	99.8	99.5	100.2	100.1	100.0	100.0
	三、144㎡以上	100.8	100.0	100.1	100.3	99.9	100.3	100.0	99.9	100.3	100.3	100.0	100.9

4-4-8 2013年长春市住宅销售价格指数
Changchun Housing Price Indices for 2013

		1月	2月	3月	4月	5月	6月	7月	8月	9月	10月	11月	12月
定基价格指数	**新建住宅价格指数**	**104.1**	**105.2**	**106.1**	**107.1**	**108.3**	**109.2**	**109.9**	**111.0**	**111.7**	**112.2**	**112.8**	**113.2**
	新建商品住宅	104.2	105.4	106.3	107.4	108.5	109.5	110.3	111.3	112.1	112.6	113.2	113.6
	一、90m^2及以下	107.9	109.3	110.9	112.3	113.4	114.6	115.6	116.6	117.3	117.7	118.2	118.6
	二、90-144m^2	103.3	104.6	105.1	106.5	107.6	108.8	109.4	110.5	111.3	111.7	112.5	112.8
	三、144m^2以上	101.4	102.3	102.7	103.1	104.4	104.9	105.6	106.7	107.4	108.0	108.5	109.3
	二手住宅价格指数	**101.7**	**102.2**	**102.8**	**103.2**	**103.3**	**103.5**	**103.7**	**104.1**	**104.7**	**105.2**	**105.5**	**105.7**
	一、90m^2及以下	102.9	103.5	104.1	104.6	104.7	105.2	105.7	106.2	106.8	107.5	107.5	107.6
	二、90-144m^2	100.7	101.3	102.0	102.3	102.2	102.1	101.8	102.0	102.7	103.0	103.7	103.8
	三、144m^2以上	99.1	99.4	100.1	100.6	100.6	100.4	100.7	101.0	101.6	101.9	102.5	103.0
同比价格指数	**新建住宅价格指数**	**100.1**	**101.4**	**102.5**	**103.6**	**104.7**	**105.8**	**106.3**	**107.0**	**107.7**	**107.8**	**108.8**	**108.6**
	新建商品住宅	100.1	101.5	102.6	103.7	104.8	105.9	106.5	107.2	107.9	108.1	109.0	108.8
	一、90m^2及以下	100.8	102.3	103.8	105.0	106.0	107.2	107.9	108.4	109.1	109.6	110.1	109.7
	二、90-144m^2	100.0	101.5	102.6	104.0	105.1	106.5	107.0	107.8	108.6	108.2	109.4	109.1
	三、144m^2以上	99.3	100.5	101.2	101.7	103.0	103.5	104.1	104.9	105.6	106.0	107.3	107.4
	二手住宅价格指数	**101.7**	**102.3**	**103.1**	**103.6**	**103.5**	**103.8**	**103.7**	**103.8**	**104.0**	**104.5**	**104.5**	**104.5**
	一、90m^2及以下	102.6	103.2	103.9	104.4	104.4	104.9	105.1	105.4	105.3	105.8	105.4	105.1
	二、90-144m^2	101.4	101.8	103.1	103.4	103.1	103.2	102.4	102.4	102.7	103.0	103.5	103.4
	三、144m^2以上	99.2	99.9	100.3	101.1	101.1	100.9	101.3	101.4	102.0	102.8	103.6	104.7
环比价格指数	**新建住宅价格指数**	**99.8**	**101.1**	**100.8**	**101.0**	**101.0**	**100.9**	**100.7**	**100.9**	**100.6**	**100.4**	**100.6**	**100.4**
	新建商品住宅	99.8	101.1	100.8	101.0	101.1	100.9	100.7	101.0	100.7	100.4	100.6	100.4
	一、90m^2及以下	99.8	101.2	101.5	101.3	101.0	101.1	100.8	100.9	100.6	100.4	100.4	100.4
	二、90-144m^2	99.9	101.2	100.6	101.3	101.0	101.1	100.5	101.0	100.7	100.4	100.8	100.2
	三、144m^2以上	99.6	100.9	100.5	100.3	101.3	100.4	100.7	101.0	100.6	100.6	100.5	100.7
	二手住宅价格指数	**100.5**	**100.5**	**100.6**	**100.4**	**100.0**	**100.2**	**100.2**	**100.4**	**100.6**	**100.5**	**100.3**	**100.2**
	一、90m^2及以下	100.6	100.6	100.5	100.4	100.1	100.5	100.4	100.5	100.5	100.6	100.0	100.1
	二、90-144m^2	100.4	100.5	100.7	100.3	99.9	100.0	99.7	100.2	100.7	100.2	100.7	100.1
	三、144m^2以上	100.7	100.4	100.6	100.6	100.0	99.8	100.3	100.3	100.6	100.3	100.6	100.5

4-4-9　2013年哈尔滨市住宅销售价格指数
Harbin Housing Price Indices for 2013

		1月	2月	3月	4月	5月	6月	7月	8月	9月	10月	11月	12月
定基价格指数	**新建住宅价格指数**	**105.2**	**106.2**	**107.2**	**108.1**	**108.9**	**110.3**	**110.7**	**111.5**	**112.1**	**113.0**	**114.0**	**114.6**
	新建商品住宅	105.4	106.4	107.5	108.5	109.3	110.7	111.2	112.0	112.7	113.6	114.7	115.3
	一、90㎡及以下	106.5	107.5	108.7	109.6	110.3	111.9	112.4	112.9	113.3	114.8	116.0	116.8
	二、90-144㎡	104.9	106.1	107.4	108.3	109.3	110.6	111.1	112.1	112.6	113.2	114.0	114.6
	三、144㎡以上	104.8	105.5	106.0	107.2	107.9	109.3	109.7	110.7	111.8	112.6	113.8	114.3
	二手住宅价格指数	**99.0**	**99.7**	**100.1**	**100.5**	**100.6**	**100.5**	**100.8**	**101.2**	**102.0**	**102.6**	**102.7**	**103.5**
	一、90㎡及以下	98.7	99.3	99.8	100.3	100.5	100.3	100.8	101.1	102.1	102.5	102.7	103.6
	二、90-144㎡	99.4	100.2	100.6	101.1	100.9	100.8	101.0	101.6	102.6	103.4	103.6	104.4
	三、144㎡以上	98.5	99.6	99.9	100.1	100.4	100.4	100.5	100.8	101.1	101.3	101.3	101.9
同比价格指数	**新建住宅价格指数**	**101.6**	**102.7**	**103.5**	**104.2**	**105.0**	**106.4**	**106.7**	**107.4**	**107.9**	**109.7**	**110.0**	**110.2**
	新建商品住宅	101.7	102.8	103.7	104.4	105.2	106.7	107.0	107.8	108.2	110.1	110.5	110.7
	一、90㎡及以下	102.0	103.1	104.2	104.7	105.5	107.0	107.3	107.9	108.1	110.6	110.9	111.2
	二、90-144㎡	101.6	102.9	103.9	104.4	105.5	106.8	107.1	108.0	108.2	109.9	110.2	110.4
	三、144㎡以上	101.4	102.2	102.7	103.9	104.6	106.0	106.3	107.3	108.4	109.8	110.5	110.5
	二手住宅价格指数	**99.8**	**100.4**	**100.6**	**101.1**	**101.2**	**101.1**	**101.4**	**101.9**	**102.7**	**104.0**	**104.2**	**104.8**
	一、90㎡及以下	99.5	99.9	100.2	100.8	101.1	101.0	101.4	101.9	102.8	103.9	104.2	105.1
	二、90-144㎡	100.4	100.9	100.8	101.4	101.2	101.1	101.3	102.0	103.1	104.7	105.0	105.3
	三、144㎡以上	99.4	100.4	100.8	100.9	101.3	101.2	101.4	101.6	101.9	102.9	102.9	103.5
环比价格指数	**新建住宅价格指数**	**101.1**	**100.9**	**101.0**	**100.9**	**100.7**	**101.3**	**100.4**	**100.7**	**100.5**	**100.8**	**100.9**	**100.5**
	新建商品住宅	101.2	101.0	101.0	100.9	100.8	101.3	100.4	100.8	100.6	100.8	100.9	100.6
	一、90㎡及以下	101.3	101.0	101.2	100.8	100.7	101.4	100.5	100.4	100.4	101.3	101.0	100.7
	二、90-144㎡	101.1	101.2	101.2	100.8	100.9	101.2	100.4	100.9	100.5	100.5	100.8	100.5
	三、144㎡以上	101.3	100.7	100.5	101.2	100.6	101.3	100.4	100.9	101.0	100.7	101.1	100.4
	二手住宅价格指数	**100.2**	**100.8**	**100.4**	**100.4**	**100.1**	**99.9**	**100.3**	**100.4**	**100.8**	**100.5**	**100.1**	**100.8**
	一、90㎡及以下	100.2	100.6	100.5	100.4	100.2	99.8	100.5	100.3	101.0	100.4	100.1	100.9
	二、90-144㎡	100.3	100.7	100.4	100.5	99.8	99.9	100.2	100.6	101.0	100.8	100.2	100.7
	三、144㎡以上	100.1	101.0	100.4	100.2	100.4	99.9	100.1	100.2	100.3	100.2	100.0	100.6

4-4-10　2013年上海市住宅销售价格指数

Shanghai Housing Price Indices for 2013

		1月	2月	3月	4月	5月	6月	7月	8月	9月	10月	11月	12月
定基价格指数	**新建住宅价格指数**	**102.9**	**104.8**	**107.6**	**109.5**	**111.0**	**113.0**	**114.9**	**116.5**	**118.1**	**118.9**	**119.6**	**120.3**
	新建商品住宅	103.4	105.7	109.1	111.4	113.2	115.6	117.8	119.8	121.7	122.7	123.5	124.3
	一、90㎡及以下	104.9	107.3	111.7	114.1	116.2	118.8	121.3	123.3	125.3	126.3	127.2	127.9
	二、90-144㎡	103.6	105.8	108.7	110.8	112.7	115.1	117.2	119.4	121.4	122.1	122.9	123.6
	三、144㎡以上	102.4	104.9	108.2	110.4	112.0	114.5	116.6	118.5	120.2	121.4	122.2	123.1
	二手住宅价格指数	**103.2**	**104.9**	**107.6**	**109.0**	**110.0**	**111.2**	**112.1**	**113.0**	**114.1**	**115.2**	**116.0**	**116.6**
	一、90㎡及以下	104.5	106.2	109.0	110.5	111.6	112.9	113.9	115.0	116.3	117.4	118.4	119.0
	二、90-144㎡	103.5	105.1	108.0	109.2	110.2	111.3	112.2	112.9	114.0	115.0	115.9	116.7
	三、144㎡以上	99.3	101.2	103.4	104.7	105.6	106.8	107.6	108.2	109.1	110.0	110.3	110.7
同比价格指数	**新建住宅价格指数**	**101.3**	**103.4**	**106.4**	**108.5**	**110.2**	**111.9**	**113.7**	**115.4**	**117.0**	**117.8**	**118.2**	**118.2**
	新建商品住宅	101.5	104.1	107.8	110.2	112.2	114.4	116.5	118.5	120.4	121.4	121.9	121.9
	一、90㎡及以下	101.3	103.6	108.1	110.6	112.9	115.1	117.4	119.4	121.3	122.4	123.1	123.4
	二、90-144㎡	101.7	104.1	107.0	109.3	111.5	113.6	115.6	117.7	119.7	120.3	121.1	120.6
	三、144㎡以上	101.6	104.4	108.1	110.7	112.4	114.6	116.7	118.7	120.6	121.7	121.9	122.1
	二手住宅价格指数	**102.0**	**103.9**	**107.2**	**108.5**	**109.2**	**110.2**	**110.9**	**111.4**	**112.3**	**113.2**	**113.7**	**113.9**
	一、90㎡及以下	102.9	104.6	107.6	109.1	109.7	110.9	111.6	112.3	113.3	114.2	114.8	114.9
	二、90-144㎡	101.2	103.3	107.0	108.2	108.8	109.8	110.4	110.9	111.7	112.6	113.3	113.7
	三、144㎡以上	101.2	103.2	106.5	107.6	108.5	109.0	109.8	110.4	111.1	111.7	112.0	112.0
环比价格指数	**新建住宅价格指数**	**101.1**	**101.9**	**102.7**	**101.7**	**101.4**	**101.8**	**101.6**	**101.5**	**101.4**	**100.7**	**100.6**	**100.6**
	新建商品住宅	101.3	102.3	103.2	102.0	101.7	102.2	101.9	101.7	101.6	100.8	100.7	100.6
	一、90㎡及以下	101.2	102.3	104.0	102.2	101.8	102.2	102.1	101.7	101.6	100.8	100.7	100.6
	二、90-144㎡	101.2	102.1	102.7	101.9	101.8	102.1	101.8	101.8	101.7	100.5	100.7	100.5
	三、144㎡以上	101.6	102.4	103.1	102.1	101.5	102.2	101.8	101.6	101.5	101.0	100.6	100.8
	二手住宅价格指数	**100.8**	**101.6**	**102.6**	**101.3**	**100.9**	**101.1**	**100.8**	**100.8**	**101.0**	**100.9**	**100.7**	**100.5**
	一、90㎡及以下	100.9	101.6	102.6	101.4	101.0	101.2	100.9	100.9	101.1	101.0	100.8	100.5
	二、90-144㎡	100.8	101.5	102.8	101.1	100.9	101.1	100.8	100.7	100.9	100.9	100.8	100.7
	三、144㎡以上	100.5	101.9	102.2	101.3	100.9	101.1	100.8	100.6	100.8	100.8	100.3	100.3

4-4-11　2013年南京市住宅销售价格指数
Nanjing Housing Price Indices for 2013

		1月	2月	3月	4月	5月	6月	7月	8月	9月	10月	11月	12月
定基价格指数	**新建住宅价格指数**	**101.8**	**103.4**	**104.9**	**106.4**	**107.4**	**108.5**	**109.2**	**110.1**	**110.9**	**111.7**	**112.3**	**112.9**
	新建商品住宅	102.4	104.4	106.4	108.4	109.8	111.2	112.2	113.2	114.4	115.4	116.2	116.9
	一、90m²及以下	102.0	103.8	105.9	108.0	109.4	111.0	112.3	113.4	114.6	115.3	116.1	116.8
	二、90-144m²	103.2	105.2	107.0	109.0	110.4	111.5	112.5	113.5	114.6	115.9	116.6	117.3
	三、144m²以上	101.1	103.6	105.7	107.6	109.1	110.6	111.5	112.6	113.8	114.7	115.6	116.3
	二手住宅价格指数	**97.6**	**98.4**	**99.4**	**100.4**	**101.2**	**102.1**	**102.6**	**103.2**	**103.8**	**104.1**	**104.4**	**104.8**
	一、90m²及以下	97.0	97.6	98.5	99.4	100.0	100.6	101.3	101.7	102.4	102.7	102.9	103.4
	二、90-144m²	97.0	97.9	98.8	99.3	100.2	101.3	101.6	102.2	102.5	102.9	103.1	103.1
	三、144m²以上	99.3	100.2	101.5	103.6	104.6	105.7	106.2	106.9	107.7	107.9	108.9	109.2
同比价格指数	**新建住宅价格指数**	**102.3**	**104.0**	**105.7**	**107.3**	**108.5**	**109.2**	**109.6**	**110.2**	**111.0**	**111.6**	**112.0**	**111.9**
	新建商品住宅	103.0	105.3	107.6	109.7	111.3	112.3	112.8	113.5	114.5	115.3	115.8	115.6
	一、90m²及以下	103.1	105.0	107.6	109.9	111.5	112.5	113.5	114.4	115.3	115.7	116.2	116.0
	二、90-144m²	103.4	105.6	107.6	109.8	111.1	112.1	112.4	113.0	113.9	115.0	115.2	115.1
	三、144m²以上	102.3	105.1	107.5	109.6	111.3	112.4	112.8	113.6	114.9	115.7	116.5	116.2
	二手住宅价格指数	**101.1**	**102.3**	**103.1**	**104.4**	**105.3**	**106.1**	**106.0**	**106.7**	**107.1**	**107.3**	**107.4**	**107.9**
	一、90m²及以下	101.3	102.3	103.3	104.2	105.1	105.4	105.8	106.1	106.7	106.4	106.2	106.9
	二、90-144m²	101.6	102.9	103.4	104.3	104.9	106.1	105.5	106.5	106.5	107.5	107.1	107.2
	三、144m²以上	100.0	101.5	102.7	104.9	106.2	106.9	107.2	107.9	108.6	108.3	109.7	110.2
环比价格指数	**新建住宅价格指数**	**100.9**	**101.5**	**101.5**	**101.4**	**101.0**	**100.9**	**100.7**	**100.7**	**100.8**	**100.7**	**100.5**	**100.5**
	新建商品住宅	101.2	102.0	101.9	101.9	101.3	101.2	100.9	101.0	101.0	100.9	100.7	100.6
	一、90m²及以下	101.3	101.8	102.0	102.0	101.4	101.4	101.2	101.0	101.0	100.6	100.7	100.6
	二、90-144m²	101.3	101.9	101.8	101.8	101.3	101.0	100.9	100.9	101.0	101.1	100.6	100.7
	三、144m²以上	101.0	102.5	102.0	101.8	101.5	101.3	100.8	101.0	101.1	100.8	100.8	100.6
	二手住宅价格指数	**100.5**	**100.8**	**101.0**	**101.1**	**100.8**	**100.9**	**100.5**	**100.6**	**100.6**	**100.3**	**100.4**	**100.3**
	一、90m²及以下	100.3	100.6	100.9	100.9	100.6	100.6	100.7	100.4	100.7	100.3	100.2	100.5
	二、90-144m²	100.8	101.0	100.9	100.6	100.9	101.1	100.3	100.6	100.3	100.4	100.1	100.1
	三、144m²以上	100.3	100.9	101.3	102.0	100.9	101.0	100.5	100.7	100.8	100.1	100.9	100.3

4-4-12　2013年杭州市住宅销售价格指数

Hangzhou Housing Price Indices for 2013

		1月	2月	3月	4月	5月	6月	7月	8月	9月	10月	11月	12月
定基价格指数	**新建住宅价格指数**	**93.1**	**93.9**	**95.0**	**96.3**	**97.1**	**98.0**	**98.7**	**99.8**	**101.0**	**101.8**	**102.3**	**102.5**
	新建商品住宅	92.8	93.6	94.8	96.2	96.9	97.9	98.6	99.7	101.0	101.8	102.4	102.5
	一、90m²及以下	94.0	95.0	96.1	97.7	98.5	99.6	100.2	101.5	102.6	103.4	103.7	103.8
	二、90-144m²	92.4	93.2	94.4	95.5	96.1	96.9	97.7	98.8	100.2	101.0	101.6	101.6
	三、144m²以上	91.7	92.6	93.7	95.1	96.0	96.9	97.7	98.7	100.0	100.8	101.7	102.0
	二手住宅价格指数	**94.5**	**95.8**	**96.0**	**96.2**	**96.4**	**96.7**	**96.6**	**96.8**	**97.4**	**97.4**	**97.6**	**97.8**
	一、90m²及以下	95.5	97.0	97.4	97.5	97.6	97.9	98.2	98.5	99.2	99.2	99.3	99.6
	二、90-144m²	94.8	96.2	96.2	96.6	96.7	97.3	96.4	96.5	97.1	97.2	97.7	97.8
	三、144m²以上	90.0	90.4	90.6	90.8	91.0	91.2	90.8	90.9	91.3	90.6	90.9	90.9
同比价格指数	**新建住宅价格指数**	**93.6**	**94.7**	**100.3**	**105.2**	**106.7**	**107.1**	**107.5**	**108.3**	**109.4**	**110.5**	**111.2**	**111.0**
	新建商品住宅	93.4	94.5	100.3	105.4	107.0	107.4	107.9	108.7	109.8	111.0	111.7	111.5
	一、90m²及以下	93.2	94.5	102.0	107.2	108.7	108.8	109.0	109.6	110.7	112.2	112.6	112.0
	二、90-144m²	93.2	94.2	100.7	106.0	107.4	107.7	107.7	108.4	109.4	110.7	111.4	111.0
	三、144m²以上	93.8	94.8	98.3	103.3	105.0	105.7	106.9	108.0	109.2	110.0	111.1	111.6
	二手住宅价格指数	**99.1**	**101.1**	**101.6**	**102.5**	**102.7**	**103.0**	**102.0**	**101.8**	**102.8**	**102.8**	**103.0**	**102.9**
	一、90m²及以下	100.4	102.5	102.9	103.6	103.8	103.7	103.3	102.6	103.4	103.3	103.2	103.4
	二、90-144m²	98.5	100.8	101.5	102.4	102.8	103.4	101.1	101.7	103.0	103.2	103.7	103.3
	三、144m²以上	94.9	96.3	97.1	98.1	98.4	99.4	99.0	98.8	100.0	100.2	100.8	100.5
环比价格指数	**新建住宅价格指数**	**100.9**	**100.9**	**101.2**	**101.4**	**100.8**	**101.0**	**100.7**	**101.1**	**101.2**	**100.8**	**100.5**	**100.1**
	新建商品住宅	100.9	100.9	101.2	101.4	100.8	101.0	100.8	101.1	101.3	100.8	100.6	100.1
	一、90m²及以下	101.4	101.0	101.2	101.7	100.8	101.1	100.7	101.2	101.1	100.8	100.3	100.1
	二、90-144m²	101.0	100.9	101.3	101.1	100.6	100.9	100.8	101.1	101.4	100.7	100.6	100.0
	三、144m²以上	100.3	100.9	101.2	101.5	101.0	100.9	100.8	101.0	101.3	100.9	100.8	100.3
	二手住宅价格指数	**99.5**	**101.4**	**100.2**	**100.2**	**100.1**	**100.3**	**99.9**	**100.2**	**100.6**	**100.0**	**100.3**	**100.2**
	一、90m²及以下	99.1	101.6	100.4	100.1	100.1	100.2	100.3	100.3	100.7	100.0	100.1	100.3
	二、90-144m²	100.1	101.5	100.0	100.4	100.1	100.6	99.1	100.1	100.6	100.1	100.5	100.1
	三、144m²以上	99.6	100.4	100.2	100.2	100.2	100.2	99.6	100.1	100.4	99.2	100.3	100.0

4-4-13　2013年宁波市住宅销售价格指数
Ningbo Housing Price Indices for 2013

		1月	2月	3月	4月	5月	6月	7月	8月	9月	10月	11月	12月
定基价格指数	**新建住宅价格指数**	**93.6**	**94.8**	**95.0**	**95.6**	**96.2**	**97.0**	**97.0**	**97.6**	**98.5**	**98.9**	**99.4**	**99.9**
	新建商品住宅	93.3	94.5	94.7	95.3	96.0	96.8	96.8	97.5	98.4	98.8	99.3	99.9
	一、90㎡及以下	93.5	95.3	96.0	96.5	97.4	98.2	98.0	98.4	99.3	99.5	100.0	100.1
	二、90-144㎡	91.8	93.2	93.6	94.0	95.0	95.9	95.8	96.5	97.6	97.8	97.9	98.4
	三、144㎡以上	94.3	95.3	95.2	95.9	96.3	97.1	97.2	97.9	98.7	99.3	100.3	101.0
	二手住宅价格指数	**92.1**	**93.2**	**93.4**	**93.6**	**94.3**	**94.7**	**94.8**	**95.0**	**94.9**	**95.3**	**95.8**	**96.1**
	一、90㎡及以下	92.6	94.0	94.2	94.4	95.0	95.4	95.5	95.9	95.8	96.2	96.6	96.8
	二、90-144㎡	92.2	92.6	92.9	92.9	93.7	94.1	94.1	94.1	93.9	94.3	94.9	95.5
	三、144㎡以上	90.0	91.4	91.6	92.1	92.9	93.2	93.4	93.6	93.5	94.2	94.8	94.9
同比价格指数	**新建住宅价格指数**	**93.7**	**95.0**	**96.7**	**99.4**	**101.7**	**102.9**	**103.4**	**104.5**	**105.6**	**106.3**	**106.8**	**107.3**
	新建商品住宅	93.3	94.7	96.5	99.3	101.8	103.0	103.6	104.7	105.9	106.6	107.2	107.8
	一、90㎡及以下	92.3	94.2	96.2	99.5	103.0	104.0	104.4	105.2	106.5	107.0	107.4	107.5
	二、90-144㎡	91.8	93.3	96.9	99.4	102.8	104.0	104.2	105.3	106.7	107.5	107.3	107.8
	三、144㎡以上	94.9	96.0	96.3	99.3	100.7	101.9	102.7	104.1	105.1	105.8	107.0	107.8
	二手住宅价格指数	**96.0**	**98.1**	**98.7**	**99.8**	**101.2**	**101.3**	**101.9**	**102.3**	**102.6**	**103.1**	**103.8**	**104.4**
	一、90㎡及以下	96.9	99.3	99.8	101.0	102.3	101.8	102.7	103.1	103.4	103.6	104.2	104.5
	二、90-144㎡	96.1	97.4	98.1	98.8	100.3	101.0	101.1	101.2	101.3	102.0	102.6	103.5
	三、144㎡以上	92.9	95.1	95.8	97.4	99.3	99.7	100.7	101.6	102.6	103.6	105.2	105.4
环比价格指数	**新建住宅价格指数**	**100.6**	**101.2**	**100.2**	**100.6**	**100.7**	**100.8**	**99.9**	**100.7**	**100.9**	**100.4**	**100.5**	**100.5**
	新建商品住宅	100.6	101.3	100.2	100.6	100.7	100.9	99.9	100.7	100.9	100.4	100.5	100.5
	一、90㎡及以下	100.4	101.9	100.7	100.5	100.9	100.9	99.8	100.4	100.9	100.2	100.5	100.1
	二、90-144㎡	100.6	101.4	100.4	100.5	101.0	101.0	99.9	100.8	101.1	100.2	100.1	100.5
	三、144㎡以上	100.7	101.0	99.9	100.8	100.4	100.8	100.0	100.8	100.8	100.7	100.9	100.7
	二手住宅价格指数	**100.0**	**101.2**	**100.2**	**100.3**	**100.7**	**100.4**	**100.1**	**100.2**	**99.9**	**100.5**	**100.5**	**100.4**
	一、90㎡及以下	100.0	101.5	100.2	100.3	100.6	100.5	100.1	100.3	100.0	100.4	100.4	100.3
	二、90-144㎡	100.0	100.5	100.3	100.0	100.8	100.4	100.0	100.0	99.8	100.4	100.6	100.7
	三、144㎡以上	100.0	101.5	100.2	100.5	100.9	100.3	100.2	100.1	99.9	100.8	100.7	100.0

4-4-14 2013年合肥市住宅销售价格指数

Hefei Housing Price Indices for 2013

		1月	2月	3月	4月	5月	6月	7月	8月	9月	10月	11月	12月
定基价格指数	**新建住宅价格指数**	**103.3**	**104.5**	**105.2**	**106.0**	**106.9**	**107.7**	**108.7**	**109.4**	**109.9**	**110.4**	**111.6**	**112.8**
	新建商品住宅	103.4	104.7	105.6	106.4	107.4	108.2	109.3	110.1	110.7	111.2	112.6	113.9
	一、90㎡及以下	105.8	107.2	108.3	109.1	110.2	111.1	112.4	112.9	113.3	113.7	114.9	116.0
	二、90-144㎡	102.8	104.0	104.7	105.7	106.7	107.5	108.5	109.3	110.0	110.6	112.0	113.5
	三、144㎡以上	101.2	102.4	103.1	103.6	104.2	105.3	106.3	107.1	108.1	108.5	109.8	110.6
	二手住宅价格指数	**99.8**	**100.1**	**101.2**	**101.9**	**102.2**	**102.2**	**102.7**	**103.0**	**104.0**	**104.6**	**105.4**	**106.2**
	一、90㎡及以下	102.4	102.4	103.8	104.5	104.7	104.0	104.1	104.4	105.5	106.1	106.8	108.2
	二、90-144㎡	99.0	99.5	100.7	101.4	101.8	102.1	102.7	103.1	104.0	104.6	105.3	105.9
	三、144㎡以上	98.5	98.5	98.7	99.2	99.5	99.1	100.1	100.0	100.9	101.7	102.7	103.9
同比价格指数	**新建住宅价格指数**	**101.5**	**102.7**	**103.6**	**104.5**	**105.4**	**106.2**	**107.0**	**107.5**	**108.1**	**108.3**	**109.2**	**109.9**
	新建商品住宅	101.6	102.9	103.9	104.9	105.9	106.8	107.6	108.2	108.9	109.1	110.0	110.7
	一、90㎡及以下	102.6	103.9	105.0	105.8	107.0	107.8	108.7	108.8	109.3	109.4	109.9	110.5
	二、90-144㎡	101.4	102.7	103.7	104.7	105.7	106.5	107.2	108.1	108.8	109.1	110.1	111.0
	三、144㎡以上	100.4	101.9	102.7	103.4	104.3	105.7	106.5	107.4	108.4	108.5	109.8	109.7
	二手住宅价格指数	**100.8**	**100.8**	**101.2**	**101.9**	**102.5**	**102.6**	**103.0**	**103.1**	**104.9**	**105.3**	**106.0**	**106.4**
	一、90㎡及以下	101.4	101.1	101.8	102.5	102.6	101.9	101.5	102.1	103.4	103.0	104.1	105.7
	二、90-144㎡	100.8	100.9	101.3	102.0	102.8	103.4	103.9	103.9	106.0	106.5	107.1	107.4
	三、144㎡以上	99.9	99.9	99.5	100.0	100.8	100.4	101.3	101.1	102.8	103.6	104.6	102.8
环比价格指数	**新建住宅价格指数**	**100.6**	**101.1**	**100.7**	**100.8**	**100.8**	**100.7**	**100.9**	**100.6**	**100.5**	**100.5**	**101.1**	**101.1**
	新建商品住宅	100.6	101.2	100.8	100.8	100.9	100.8	101.0	100.7	100.6	100.5	101.2	101.1
	一、90㎡及以下	100.8	101.3	101.0	100.7	101.0	100.7	101.2	100.4	100.4	100.4	101.0	101.0
	二、90-144㎡	100.6	101.2	100.7	100.9	100.9	100.7	100.9	100.8	100.6	100.6	101.3	101.3
	三、144㎡以上	100.4	101.2	100.7	100.4	100.7	101.0	100.9	100.8	100.9	100.4	101.2	100.8
	二手住宅价格指数	**100.0**	**100.3**	**101.2**	**100.7**	**100.3**	**100.0**	**100.5**	**100.3**	**100.9**	**100.6**	**100.8**	**100.8**
	一、90㎡及以下	100.1	100.0	101.4	100.6	100.2	99.3	100.1	100.4	101.0	100.6	100.6	101.3
	二、90-144㎡	100.4	100.5	101.2	100.7	100.3	100.3	100.6	100.4	100.9	100.5	100.8	100.5
	三、144㎡以上	97.5	--	100.2	100.5	100.3	99.6	101.0	99.9	100.9	100.8	101.0	101.1

4-4-15 2013年福州市住宅销售价格指数

Fuzhou Housing Price Indices for 2013

		1月	2月	3月	4月	5月	6月	7月	8月	9月	10月	11月	12月
定基价格指数	**新建住宅价格指数**	**106.1**	**108.0**	**109.4**	**111.1**	**111.5**	**114.2**	**114.9**	**115.5**	**116.6**	**117.1**	**118.6**	**119.1**
	新建商品住宅	106.2	108.1	109.5	111.3	111.7	114.4	115.1	115.7	116.9	117.3	118.9	119.4
	一、90m²及以下	104.4	106.8	108.6	110.6	111.1	114.3	114.4	115.4	116.7	117.0	118.5	119.1
	二、90-144m²	108.3	110.1	112.0	113.4	113.8	116.6	117.6	118.1	119.0	119.4	121.3	122.1
	三、144m²以上	105.0	106.7	107.4	109.4	109.8	112.1	112.9	113.4	114.7	115.4	116.5	116.8
	二手住宅价格指数	**95.5**	**96.5**	**97.5**	**98.4**	**99.0**	**99.8**	**100.7**	**101.3**	**102.1**	**102.8**	**103.4**	**104.2**
	一、90m²及以下	95.1	96.0	96.9	97.8	98.7	99.7	101.1	101.7	102.5	103.2	104.2	105.1
	二、90-144m²	96.6	98.1	98.9	99.7	100.5	101.5	102.4	103.2	104.1	104.8	105.6	106.4
	三、144m²以上	96.5	97.2	98.3	99.5	99.4	100.0	100.4	100.9	101.6	102.3	102.5	103.0
同比价格指数	**新建住宅价格指数**	**102.3**	**104.3**	**105.9**	**107.6**	**108.3**	**110.8**	**110.8**	**111.1**	**112.1**	**112.6**	**113.8**	**113.1**
	新建商品住宅	102.4	104.4	106.0	107.8	108.4	111.0	110.9	111.2	112.3	112.8	114.0	113.3
	一、90m²及以下	102.4	104.9	106.8	108.7	109.3	112.5	111.9	112.3	113.5	114.0	115.5	114.9
	二、90-144m²	102.1	104.1	106.3	107.7	108.5	111.2	111.3	111.5	112.4	112.8	114.2	113.6
	三、144m²以上	102.7	104.4	105.3	107.3	107.9	110.0	110.1	110.4	111.5	112.3	113.1	112.2
	二手住宅价格指数	**100.9**	**102.5**	**104.0**	**105.0**	**105.1**	**106.3**	**106.9**	**107.5**	**108.3**	**108.8**	**109.1**	**109.5**
	一、90m²及以下	100.2	101.7	103.5	104.4	105.3	106.7	107.8	108.1	109.6	110.0	110.4	110.9
	二、90-144m²	100.4	102.5	103.9	104.9	105.4	106.8	107.7	108.5	109.2	109.7	110.1	110.7
	三、144m²以上	102.0	103.2	104.5	105.6	104.6	105.2	105.4	105.7	106.2	106.8	106.8	106.9
环比价格指数	**新建住宅价格指数**	**100.8**	**101.8**	**101.3**	**101.6**	**100.4**	**102.4**	**100.6**	**100.5**	**101.0**	**100.4**	**101.3**	**100.5**
	新建商品住宅	100.8	101.8	101.3	101.6	100.4	102.4	100.6	100.5	101.0	100.4	101.3	100.5
	一、90m²及以下	100.7	102.3	101.7	101.9	100.5	102.8	100.1	100.8	101.1	100.3	101.3	100.5
	二、90-144m²	100.7	101.7	101.7	101.3	100.3	102.5	100.9	100.4	100.8	100.3	101.6	100.7
	三、144m²以上	100.9	101.6	100.7	101.9	100.3	102.1	100.6	100.5	101.2	100.5	101.0	100.2
	二手住宅价格指数	**100.4**	**101.1**	**101.0**	**100.9**	**100.6**	**100.9**	**100.9**	**100.7**	**100.8**	**100.7**	**100.6**	**100.8**
	一、90m²及以下	100.4	100.9	101.0	100.9	100.9	101.1	101.4	100.6	100.8	100.7	101.0	100.9
	二、90-144m²	100.5	101.5	100.9	100.8	100.9	101.0	100.9	100.8	100.9	100.7	100.7	100.8
	三、144m²以上	100.2	100.7	101.1	101.2	100.0	100.6	100.4	100.6	100.6	100.7	100.2	100.6

4-4-16　2013年厦门市住宅销售价格指数
Xiamen Housing Price Indices for 2013

		1月	2月	3月	4月	5月	6月	7月	8月	9月	10月	11月	12月
定基价格指数	**新建住宅价格指数**	**107.9**	**109.7**	**111.9**	**113.8**	**115.2**	**117.0**	**119.5**	**120.6**	**122.3**	**123.0**	**123.4**	**123.8**
	新建商品住宅	108.1	109.9	112.2	114.1	115.6	117.4	120.0	121.2	122.9	123.6	124.0	124.4
	一、90㎡及以下	109.7	111.1	113.6	116.3	117.7	120.4	123.0	124.6	126.5	127.2	127.3	127.9
	二、90-144㎡	108.5	110.0	112.6	114.2	115.8	117.9	120.7	121.9	123.7	124.4	125.1	125.7
	三、144㎡以上	106.8	109.2	110.9	112.7	114.0	115.1	117.4	118.2	119.8	120.3	120.7	120.7
	二手住宅价格指数	**103.9**	**104.5**	**105.6**	**106.0**	**106.4**	**106.9**	**107.4**	**107.9**	**108.3**	**108.9**	**109.3**	**110.0**
	一、90㎡及以下	105.7	106.4	107.7	108.2	108.8	109.4	110.0	110.6	111.0	111.5	111.9	112.7
	二、90-144㎡	104.3	104.9	106.1	106.5	106.9	107.4	107.8	108.4	108.9	109.6	110.1	111.0
	三、144㎡以上	101.1	101.7	102.2	102.4	102.7	103.1	103.4	103.8	104.0	104.6	104.8	105.2
同比价格指数	**新建住宅价格指数**	**102.3**	**104.1**	**106.5**	**108.4**	**110.0**	**111.6**	**113.6**	**114.6**	**116.1**	**116.5**	**116.7**	**116.5**
	新建商品住宅	102.4	104.2	106.6	108.6	110.2	111.9	113.9	114.9	116.5	116.9	117.1	116.9
	一、90㎡及以下	102.9	104.4	107.0	109.7	111.5	113.7	115.6	117.0	118.8	119.4	119.7	119.1
	二、90-144㎡	102.5	103.9	106.7	108.2	110.1	111.9	114.2	115.4	116.8	117.4	117.6	117.5
	三、144㎡以上	101.9	104.5	106.2	108.3	109.6	110.7	112.5	113.1	114.6	114.9	115.0	114.7
	二手住宅价格指数	**103.3**	**104.5**	**105.4**	**105.4**	**105.7**	**105.9**	**106.3**	**106.6**	**106.8**	**107.3**	**107.4**	**107.7**
	一、90㎡及以下	104.3	105.6	106.6	106.4	106.8	107.0	107.4	107.7	108.0	108.3	108.4	108.6
	二、90-144㎡	103.9	105.1	106.2	106.1	106.4	106.5	106.8	107.1	107.5	108.1	108.2	108.4
	三、144㎡以上	101.1	102.2	102.8	102.9	103.2	103.6	103.9	104.2	104.3	104.9	105.0	105.3
环比价格指数	**新建住宅价格指数**	**101.5**	**101.6**	**102.0**	**101.7**	**101.3**	**101.6**	**102.1**	**101.0**	**101.4**	**100.5**	**100.3**	**100.3**
	新建商品住宅	101.6	101.7	102.1	101.7	101.3	101.6	102.2	101.0	101.4	100.5	100.4	100.3
	一、90㎡及以下	102.2	101.3	102.2	102.4	101.2	102.3	102.2	101.3	101.5	100.6	100.1	100.5
	二、90-144㎡	101.3	101.4	102.4	101.4	101.4	101.8	102.4	101.0	101.5	100.6	100.6	100.5
	三、144㎡以上	101.5	102.3	101.6	101.6	101.2	101.0	102.0	100.7	101.3	100.4	100.3	100.1
	二手住宅价格指数	**101.7**	**100.6**	**101.0**	**100.4**	**100.4**	**100.5**	**100.4**	**100.5**	**100.4**	**100.6**	**100.4**	**100.7**
	一、90㎡及以下	101.8	100.7	101.2	100.4	100.6	100.6	100.5	100.5	100.4	100.4	100.4	100.7
	二、90-144㎡	101.9	100.6	101.1	100.4	100.4	100.5	100.4	100.5	100.5	100.7	100.4	100.8
	三、144㎡以上	101.2	100.5	100.5	100.2	100.2	100.4	100.3	100.4	100.1	100.6	100.2	100.4

4-4-17 2013年南昌市住宅销售价格指数

Nanchang Housing Price Indices for 2013

		1月	2月	3月	4月	5月	6月	7月	8月	9月	10月	11月	12月
定基价格指数	**新建住宅价格指数**	**107.6**	**109.2**	**110.9**	**111.8**	**112.8**	**114.1**	**114.6**	**115.3**	**116.3**	**117.0**	**117.4**	**118.0**
	新建商品住宅	107.8	109.4	111.3	112.2	113.3	114.6	115.1	115.9	117.0	117.7	118.1	118.7
	一、90m²及以下	106.3	108.2	110.2	110.7	112.2	113.5	114.2	114.6	115.8	116.6	117.2	117.2
	二、90-144m²	109.2	110.9	112.9	113.9	114.8	116.0	116.4	117.5	118.6	119.0	119.5	120.1
	三、144m²以上	105.7	107.4	108.8	109.7	110.9	112.4	113.0	113.5	114.6	115.6	115.8	116.7
	二手住宅价格指数	**100.9**	**101.5**	**102.4**	**103.1**	**103.4**	**103.4**	**103.7**	**104.1**	**104.9**	**105.3**	**106.0**	**106.4**
	一、90m²及以下	103.8	104.5	105.6	106.3	106.8	106.6	107.0	107.3	108.2	108.5	109.3	109.5
	二、90-144m²	98.0	98.5	99.3	100.1	100.2	100.3	100.7	101.1	101.8	102.3	103.0	103.6
	三、144m²以上	99.7	100.3	100.6	101.3	101.5	101.4	101.7	102.1	102.8	103.4	103.9	104.3
同比价格指数	**新建住宅价格指数**	**101.6**	**103.1**	**104.8**	**106.3**	**107.2**	**108.2**	**108.2**	**108.4**	**109.2**	**109.6**	**110.0**	**109.9**
	新建商品住宅	101.7	103.3	105.1	106.7	107.6	108.6	108.6	108.8	109.7	110.1	110.5	110.4
	一、90m²及以下	100.3	102.2	104.2	105.6	106.7	108.0	108.4	108.5	109.5	110.2	110.6	110.3
	二、90-144m²	102.0	103.5	105.5	107.3	107.9	108.7	108.5	109.1	109.9	110.1	110.2	110.2
	三、144m²以上	101.8	103.4	104.8	106.1	107.3	108.7	109.0	108.4	109.4	110.1	111.0	111.0
	二手住宅价格指数	**102.8**	**103.6**	**104.6**	**105.3**	**105.2**	**104.9**	**105.2**	**105.3**	**105.8**	**105.8**	**106.1**	**106.0**
	一、90m²及以下	104.8	105.6	106.6	107.2	107.7	106.8	106.2	106.2	106.6	106.5	106.7	106.2
	二、90-144m²	100.6	101.4	102.5	103.3	102.5	102.7	104.3	104.5	105.1	105.2	105.6	106.0
	三、144m²以上	102.2	103.3	103.7	104.6	104.8	104.8	104.4	104.6	105.2	104.8	105.4	105.4
环比价格指数	**新建住宅价格指数**	**100.3**	**101.5**	**101.6**	**100.7**	**100.9**	**101.1**	**100.4**	**100.6**	**100.9**	**100.6**	**100.3**	**100.5**
	新建商品住宅	100.3	101.6	101.7	100.8	101.0	101.2	100.5	100.7	100.9	100.6	100.3	100.5
	一、90m²及以下	100.0	101.8	101.8	100.5	101.3	101.2	100.6	100.3	101.1	100.7	100.5	100.1
	二、90-144m²	100.2	101.5	101.8	100.8	100.8	101.0	100.4	100.9	100.9	100.4	100.4	100.5
	三、144m²以上	100.5	101.5	101.3	100.8	101.1	101.3	100.5	100.4	100.9	100.9	100.1	100.8
	二手住宅价格指数	**100.5**	**100.6**	**100.8**	**100.7**	**100.3**	**99.9**	**100.4**	**100.3**	**100.8**	**100.4**	**100.7**	**100.4**
	一、90m²及以下	100.7	100.7	101.0	100.6	100.5	99.8	100.4	100.3	100.9	100.2	100.8	100.1
	二、90-144m²	100.3	100.5	100.8	100.8	100.1	100.1	100.4	100.4	100.7	100.5	100.7	100.6
	三、144m²以上	100.8	100.6	100.4	100.6	100.2	99.9	100.3	100.4	100.7	100.5	100.5	100.4

4-4-18 2013年济南市住宅销售价格指数
Jinan Housing Price Indices for 2013

		1月	2月	3月	4月	5月	6月	7月	8月	9月	10月	11月	12月
定基价格指数	**新建住宅价格指数**	**104.1**	**105.0**	**106.0**	**107.2**	**107.8**	**108.4**	**109.5**	**110.5**	**111.2**	**111.8**	**112.5**	**113.1**
	新建商品住宅	104.1	105.0	106.0	107.2	107.8	108.4	109.5	110.5	111.2	111.8	112.5	113.1
	一、90m²及以下	106.3	107.4	108.5	109.6	110.6	111.5	112.5	113.8	114.5	115.2	116.0	117.1
	二、90-144m²	104.7	105.7	106.5	107.5	108.3	108.8	109.8	110.6	111.2	111.9	112.3	112.8
	三、144m²以上	102.3	103.0	104.1	105.5	105.9	106.3	107.8	109.1	109.9	110.3	111.4	112.0
	二手住宅价格指数	**101.9**	**102.5**	**102.7**	**103.0**	**103.4**	**103.8**	**104.4**	**104.8**	**105.2**	**105.5**	**105.8**	**106.2**
	一、90m²及以下	100.2	100.7	101.0	101.3	101.7	102.0	102.8	103.2	103.1	103.3	103.8	104.3
	二、90-144m²	103.2	103.9	104.0	104.2	104.5	105.0	105.5	105.8	106.7	107.3	107.3	107.7
	三、144m²以上	104.8	105.7	105.8	106.2	106.8	107.1	107.7	108.2	108.6	108.9	109.2	109.5
同比价格指数	**新建住宅价格指数**	**100.9**	**101.7**	**102.9**	**104.7**	**105.5**	**106.0**	**106.9**	**107.6**	**108.2**	**108.7**	**109.3**	**109.4**
	新建商品住宅	100.9	101.7	102.9	104.7	105.5	106.0	106.9	107.6	108.2	108.7	109.3	109.4
	一、90m²及以下	101.0	101.9	103.1	105.1	106.2	107.1	107.6	108.6	109.1	109.6	110.2	111.0
	二、90-144m²	101.7	102.6	103.5	105.0	105.9	106.4	107.0	107.5	108.1	108.6	108.9	108.7
	三、144m²以上	99.5	100.2	101.6	103.8	104.4	104.9	106.3	107.3	108.0	108.3	109.5	110.1
	二手住宅价格指数	**99.5**	**100.1**	**100.6**	**100.8**	**101.4**	**102.0**	**102.5**	**102.7**	**103.1**	**103.5**	**103.9**	**104.3**
	一、90m²及以下	97.2	97.6	97.9	98.1	98.5	99.5	100.4	100.8	100.9	101.4	102.4	103.2
	二、90-144m²	102.0	103.0	103.4	103.7	104.3	104.7	104.1	104.1	104.8	105.4	105.2	105.2
	三、144m²以上	101.7	102.7	103.4	103.8	105.1	104.6	106.1	106.0	106.8	106.3	106.4	106.2
环比价格指数	**新建住宅价格指数**	**100.8**	**100.9**	**100.9**	**101.1**	**100.6**	**100.5**	**101.0**	**101.0**	**100.6**	**100.5**	**100.6**	**100.5**
	新建商品住宅	100.8	100.9	100.9	101.1	100.6	100.5	101.0	101.0	100.6	100.5	100.6	100.5
	一、90m²及以下	100.8	101.0	101.0	101.1	100.9	100.9	100.8	101.2	100.6	100.6	100.7	100.9
	二、90-144m²	100.9	100.9	100.8	101.0	100.7	100.5	100.9	100.8	100.5	100.6	100.4	100.4
	三、144m²以上	100.6	100.7	101.0	101.4	100.4	100.4	101.4	101.2	100.8	100.3	101.0	100.5
	二手住宅价格指数	**100.1**	**100.6**	**100.2**	**100.3**	**100.4**	**100.3**	**100.6**	**100.4**	**100.3**	**100.3**	**100.2**	**100.4**
	一、90m²及以下	99.3	100.4	100.3	100.3	100.4	100.3	100.7	100.4	100.0	100.2	100.4	100.5
	二、90-144m²	100.8	100.6	100.1	100.2	100.3	100.5	100.4	100.3	100.9	100.6	99.9	100.4
	三、144m²以上	101.6	100.8	100.1	100.4	100.5	100.2	100.6	100.4	100.3	100.3	100.3	100.3

4-4-19　2013年青岛市住宅销售价格指数

Qingdao Housing Price Indices for 2013

		1月	2月	3月	4月	5月	6月	7月	8月	9月	10月	11月	12月
定基价格指数	**新建住宅价格指数**	**100.5**	**101.8**	**102.9**	**103.6**	**104.6**	**105.5**	**106.3**	**107.6**	**108.1**	**108.6**	**109.1**	**109.8**
	新建商品住宅	100.5	101.9	102.9	103.7	104.8	105.7	106.6	108.0	108.4	109.0	109.6	110.2
	一、90㎡及以下	101.1	102.4	103.0	103.3	104.3	105.6	106.5	108.1	108.4	109.2	109.6	110.2
	二、90-144㎡	101.5	102.6	103.7	104.9	105.9	107.0	107.9	109.4	109.9	110.2	110.7	111.3
	三、144㎡以上	98.0	100.1	101.5	102.1	103.2	103.5	104.2	105.2	105.8	106.5	107.3	108.3
	二手住宅价格指数	**100.0**	**100.4**	**100.7**	**101.1**	**101.7**	**102.1**	**102.4**	**102.8**	**102.9**	**103.0**	**103.1**	**103.6**
	一、90㎡及以下	99.4	99.8	100.1	100.7	101.3	101.7	102.3	102.8	103.1	103.4	103.7	104.3
	二、90-144㎡	99.9	100.4	100.7	101.1	101.6	102.1	102.3	102.7	102.8	102.8	102.7	103.1
	三、144㎡以上	101.5	101.9	102.1	102.4	102.8	102.8	102.8	103.0	102.8	102.7	102.7	103.4
同比价格指数	**新建住宅价格指数**	**97.6**	**99.0**	**101.2**	**103.6**	**104.7**	**105.5**	**106.6**	**108.0**	**108.9**	**109.4**	**109.9**	**110.0**
	新建商品住宅	97.4	99.0	101.3	103.8	104.9	105.8	106.9	108.4	109.3	109.9	110.4	110.5
	一、90㎡及以下	98.5	100.0	101.4	103.4	104.4	105.8	107.0	108.6	109.0	109.7	110.1	109.9
	二、90-144㎡	97.4	98.7	101.2	103.7	104.8	105.8	107.0	108.6	110.0	110.2	110.6	110.4
	三、144㎡以上	96.2	98.3	101.2	104.5	105.7	105.8	106.6	107.8	108.5	109.4	110.2	111.3
	二手住宅价格指数	**99.1**	**99.6**	**100.2**	**100.9**	**102.0**	**102.5**	**102.6**	**102.8**	**102.9**	**102.9**	**103.1**	**103.7**
	一、90㎡及以下	98.4	99.1	99.9	100.7	102.1	102.6	103.1	103.4	103.6	103.8	104.3	105.0
	二、90-144㎡	99.3	99.8	100.2	101.0	102.1	102.7	102.7	102.8	102.9	102.9	102.7	103.3
	三、144㎡以上	100.1	100.5	100.7	101.1	101.5	101.5	101.5	101.5	101.5	101.2	101.2	102.0
环比价格指数	**新建住宅价格指数**	**100.7**	**101.3**	**101.0**	**100.7**	**100.9**	**100.8**	**100.8**	**101.2**	**100.4**	**100.5**	**100.5**	**100.6**
	新建商品住宅	100.7	101.4	101.0	100.8	101.0	100.9	100.8	101.3	100.4	100.5	100.5	100.6
	一、90㎡及以下	100.8	101.3	100.6	100.3	100.9	101.2	100.8	101.5	100.3	100.7	100.4	100.5
	二、90-144㎡	100.7	101.1	101.1	101.1	101.0	101.0	100.9	101.4	100.5	100.3	100.4	100.5
	三、144㎡以上	100.7	102.1	101.4	100.7	101.1	100.3	100.7	101.0	100.5	100.7	100.7	100.9
	二手住宅价格指数	**100.1**	**100.4**	**100.3**	**100.4**	**100.5**	**100.4**	**100.3**	**100.4**	**100.2**	**100.1**	**100.1**	**100.5**
	一、90㎡及以下	100.1	100.4	100.3	100.5	100.6	100.4	100.6	100.5	100.3	100.3	100.4	100.5
	二、90-144㎡	100.1	100.5	100.3	100.4	100.5	100.5	100.2	100.4	100.2	100.0	99.9	100.5
	三、144㎡以上	100.0	100.4	100.2	100.3	100.4	100.0	100.0	100.2	99.8	99.8	100.0	100.8

4-4-20 2013年郑州市住宅销售价格指数

Zhengzhou Housing Price Indices for 2013

		1月	2月	3月	4月	5月	6月	7月	8月	9月	10月	11月	12月
定基价格指数	**新建住宅价格指数**	**108.8**	**110.5**	**112.5**	**114.3**	**115.3**	**116.5**	**118.5**	**119.4**	**119.7**	**119.7**	**119.8**	**120.0**
	新建商品住宅	109.0	110.8	112.9	114.6	115.7	117.0	119.0	119.9	120.2	120.2	120.3	120.5
	一、90m²及以下	109.4	111.4	113.6	115.2	116.6	118.2	120.4	121.5	121.9	121.7	121.5	121.5
	二、90-144m²	109.4	111.0	113.0	114.6	115.6	116.8	118.5	119.0	119.2	119.1	119.3	119.5
	三、144m²以上	108.0	109.7	111.7	114.0	114.7	115.6	117.6	118.8	119.0	119.5	119.9	120.2
	二手住宅价格指数	**103.5**	**104.1**	**104.7**	**105.6**	**106.1**	**106.8**	**107.1**	**107.7**	**108.4**	**109.2**	**110.0**	**110.7**
	一、90m²及以下	104.2	104.9	105.5	106.3	106.7	107.6	107.8	108.5	109.3	110.1	110.9	111.8
	二、90-144m²	102.9	103.4	104.0	104.8	105.3	106.0	106.4	106.9	107.7	108.3	109.2	109.9
	三、144m²以上	103.5	104.2	104.8	105.9	106.3	107.1	107.4	107.8	108.5	109.3	109.9	110.6
同比价格指数	**新建住宅价格指数**	**102.5**	**104.2**	**106.3**	**108.0**	**109.1**	**110.1**	**111.7**	**112.3**	**112.4**	**112.2**	**112.1**	**111.7**
	新建商品住宅	102.5	104.3	106.5	108.2	109.3	110.4	112.0	112.6	112.7	112.5	112.4	112.0
	一、90m²及以下	102.4	104.5	106.9	108.5	109.9	111.3	113.2	113.8	114.2	113.6	113.1	112.6
	二、90-144m²	102.7	104.2	106.2	107.8	108.7	109.7	111.0	111.3	111.2	110.9	111.0	110.5
	三、144m²以上	102.4	104.1	106.3	108.5	109.2	110.0	111.5	112.4	112.4	112.8	113.0	112.9
	二手住宅价格指数	**101.0**	**102.1**	**103.0**	**103.8**	**104.4**	**104.8**	**104.9**	**105.1**	**105.5**	**106.1**	**106.8**	**107.3**
	一、90m²及以下	102.3	103.4	104.0	104.6	105.1	105.3	105.4	105.6	105.8	106.6	107.2	107.7
	二、90-144m²	100.4	101.5	102.6	103.1	103.8	104.4	104.7	105.0	105.5	105.9	106.7	107.2
	三、144m²以上	100.2	101.2	102.3	103.7	104.5	104.9	104.7	104.5	104.9	105.6	106.2	106.8
环比价格指数	**新建住宅价格指数**	**101.3**	**101.6**	**101.8**	**101.5**	**100.9**	**101.0**	**101.7**	**100.8**	**100.2**	**100.0**	**100.1**	**100.1**
	新建商品住宅	101.4	101.6	101.9	101.6	100.9	101.1	101.7	100.8	100.2	100.0	100.1	100.1
	一、90m²及以下	101.4	101.8	102.0	101.3	101.2	101.4	101.9	100.9	100.4	99.8	99.8	100.0
	二、90-144m²	101.2	101.4	101.8	101.4	100.9	101.0	101.5	100.4	100.2	99.9	100.2	100.2
	三、144m²以上	101.5	101.5	101.8	102.1	100.6	100.7	101.7	101.1	100.1	100.5	100.3	100.3
	二手住宅价格指数	**100.3**	**100.6**	**100.6**	**100.8**	**100.4**	**100.7**	**100.3**	**100.5**	**100.7**	**100.7**	**100.7**	**100.7**
	一、90m²及以下	100.5	100.6	100.6	100.7	100.5	100.8	100.2	100.7	100.7	100.7	100.7	100.8
	二、90-144m²	100.4	100.5	100.7	100.8	100.4	100.7	100.4	100.5	100.7	100.6	100.8	100.6
	三、144m²以上	99.9	100.7	100.5	101.0	100.5	100.7	100.3	100.4	100.6	100.8	100.6	100.6

4-4-21 2013年武汉市住宅销售价格指数

Wuhan Housing Price Indices for 2013

		1月	2月	3月	4月	5月	6月	7月	8月	9月	10月	11月	12月
定基价格指数	**新建住宅价格指数**	**106.1**	**107.3**	**108.3**	**109.4**	**110.4**	**111.3**	**112.2**	**113.3**	**113.8**	**114.8**	**115.4**	**115.8**
	新建商品住宅	106.4	107.7	108.7	109.9	110.9	111.8	112.8	114.0	114.5	115.6	116.2	116.6
	一、90m^2及以下	106.8	107.9	109.1	110.4	111.5	112.6	113.5	114.8	115.8	116.9	117.4	117.8
	二、90-144m^2	107.2	108.5	109.5	110.8	111.7	112.5	113.5	114.6	115.0	116.0	116.6	117.0
	三、144m^2以上	103.6	105.1	106.0	107.0	108.1	109.2	110.1	111.1	111.7	113.0	113.7	114.2
	二手住宅价格指数	**102.5**	**103.6**	**103.8**	**104.8**	**105.6**	**106.3**	**107.3**	**108.3**	**109.1**	**109.8**	**110.4**	**110.8**
	一、90m^2及以下	102.7	103.8	103.8	104.9	105.8	106.5	107.4	108.3	109.2	109.8	110.2	110.8
	二、90-144m^2	102.9	104.2	104.4	105.3	106.2	106.9	107.9	109.0	109.6	110.4	111.3	111.7
	三、144m^2以上	100.4	101.4	101.6	102.5	103.1	103.7	104.9	105.8	106.9	107.8	107.9	108.2
同比价格指数	**新建住宅价格指数**	**102.0**	**103.5**	**104.7**	**105.8**	**106.9**	**107.6**	**108.5**	**109.4**	**110.0**	**110.7**	**110.8**	**110.4**
	新建商品住宅	102.1	103.6	104.9	106.1	107.3	108.0	108.9	109.9	110.5	111.3	111.3	110.9
	一、90m^2及以下	102.6	104.0	105.3	106.5	107.7	108.5	109.3	110.4	111.3	111.9	111.9	111.4
	二、90-144m^2	102.2	103.5	104.8	106.1	107.1	107.7	108.6	109.6	110.0	110.8	110.8	110.4
	三、144m^2以上	101.4	103.5	104.8	105.8	107.1	108.2	109.1	110.0	110.9	111.9	112.0	111.7
	二手住宅价格指数	**101.4**	**102.7**	**102.7**	**103.9**	**104.6**	**104.8**	**105.8**	**106.7**	**107.5**	**108.1**	**108.4**	**108.5**
	一、90m^2及以下	101.7	102.8	102.5	104.1	104.7	105.1	105.9	106.7	107.6	108.0	108.1	108.3
	二、90-144m^2	101.7	103.0	103.1	104.1	104.9	105.0	105.9	106.9	107.5	108.2	108.8	108.8
	三、144m^2以上	99.8	101.0	101.4	102.4	103.3	103.6	104.9	106.0	107.2	107.9	107.8	108.1
环比价格指数	**新建住宅价格指数**	**101.1**	**101.2**	**100.9**	**101.1**	**100.9**	**100.8**	**100.8**	**101.0**	**100.5**	**100.9**	**100.5**	**100.3**
	新建商品住宅	101.2	101.2	101.0	101.1	100.9	100.8	100.9	101.0	100.5	100.9	100.5	100.3
	一、90m^2及以下	101.0	101.0	101.1	101.2	101.1	100.9	100.8	101.1	100.9	100.9	100.5	100.3
	二、90-144m^2	101.1	101.2	101.0	101.1	100.8	100.7	100.9	101.0	100.3	100.9	100.5	100.3
	三、144m^2以上	101.4	101.4	100.8	101.0	101.0	101.0	100.8	100.9	100.6	101.2	100.6	100.4
	二手住宅价格指数	**100.3**	**101.1**	**100.1**	**101.0**	**100.8**	**100.6**	**100.9**	**100.9**	**100.7**	**100.7**	**100.5**	**100.4**
	一、90m^2及以下	100.4	101.1	100.0	101.1	100.9	100.7	100.8	100.8	100.9	100.5	100.4	100.5
	二、90-144m^2	100.3	101.2	100.2	100.9	100.9	100.6	101.0	101.0	100.6	100.8	100.8	100.3
	三、144m^2以上	100.3	101.0	100.2	100.8	100.6	100.6	101.2	100.9	101.0	100.9	100.1	100.3

4-4-22　2013年长沙市住宅销售价格指数

Changsha Housing Price Indices for 2013

		1月	2月	3月	4月	5月	6月	7月	8月	9月	10月	11月	12月
定基价格指数	**新建住宅价格指数**	**109.8**	**111.2**	**113.0**	**114.3**	**115.5**	**116.4**	**117.6**	**118.7**	**119.4**	**120.6**	**121.4**	**122.0**
	新建商品住宅	109.9	111.3	113.1	114.4	115.7	116.6	117.8	118.9	119.7	120.9	121.6	122.3
	一、90m²及以下	113.0	114.9	116.2	117.5	118.4	119.5	120.6	121.7	122.6	123.7	124.6	125.5
	二、90-144m²	110.5	112.1	113.6	114.9	116.1	117.3	118.3	119.6	120.2	121.7	122.4	123.0
	三、144m²以上	106.4	107.3	109.8	111.2	112.6	113.4	114.7	115.7	116.5	117.4	118.2	118.8
	二手住宅价格指数	**101.3**	**101.7**	**102.3**	**103.1**	**104.4**	**105.1**	**105.4**	**105.7**	**106.0**	**106.7**	**107.0**	**107.5**
	一、90m²及以下	102.0	102.6	103.2	104.1	105.1	105.9	106.0	106.2	106.5	106.7	107.0	107.3
	二、90-144m²	101.2	101.5	101.9	102.9	104.4	105.4	105.9	106.2	106.4	107.8	108.2	108.8
	三、144m²以上	100.2	100.5	101.3	101.6	102.9	103.3	103.7	103.9	104.2	104.5	104.9	105.2
同比价格指数	**新建住宅价格指数**	**101.9**	**103.4**	**105.0**	**106.3**	**107.5**	**108.4**	**109.3**	**110.1**	**110.7**	**111.6**	**111.6**	**112.1**
	新建商品住宅	102.0	103.5	105.1	106.3	107.6	108.5	109.4	110.2	110.8	111.8	111.8	112.3
	一、90m²及以下	102.4	104.1	105.2	106.4	107.5	108.5	109.3	110.0	110.7	111.4	111.5	112.1
	二、90-144m²	101.9	103.7	105.1	106.4	107.5	108.6	109.3	110.2	110.7	111.9	111.8	112.2
	三、144m²以上	101.7	102.6	105.0	106.3	107.7	108.3	109.5	110.4	111.1	111.9	112.0	112.5
	二手住宅价格指数	**100.2**	**100.7**	**101.3**	**102.2**	**103.5**	**104.4**	**104.8**	**105.0**	**105.1**	**105.7**	**105.9**	**106.2**
	一、90m²及以下	100.8	101.3	102.0	102.8	103.9	104.7	104.8	104.9	104.9	105.1	105.2	105.3
	二、90-144m²	100.1	100.5	101.1	102.2	103.7	104.7	105.3	105.5	105.7	106.9	107.1	107.6
	三、144m²以上	99.6	99.9	100.6	101.0	102.5	103.1	103.8	104.1	104.3	104.6	104.9	105.1
环比价格指数	**新建住宅价格指数**	**100.9**	**101.3**	**101.6**	**101.2**	**101.1**	**100.8**	**101.0**	**101.0**	**100.6**	**101.0**	**100.6**	**100.5**
	新建商品住宅	100.9	101.3	101.6	101.2	101.1	100.9	101.0	101.0	100.6	101.0	100.6	100.6
	一、90m²及以下	101.0	101.6	101.1	101.1	100.8	100.9	100.9	101.0	100.7	100.9	100.7	100.7
	二、90-144m²	100.9	101.4	101.4	101.2	101.1	101.0	100.9	101.1	100.5	101.3	100.5	100.5
	三、144m²以上	100.9	100.8	102.3	101.2	101.3	100.7	101.2	100.9	100.6	100.8	100.7	100.5
	二手住宅价格指数	**100.1**	**100.4**	**100.6**	**100.8**	**101.2**	**100.7**	**100.3**	**100.3**	**100.2**	**100.7**	**100.3**	**100.4**
	一、90m²及以下	100.1	100.5	100.6	100.8	101.1	100.7	100.1	100.2	100.3	100.2	100.3	100.3
	二、90-144m²	100.1	100.3	100.4	101.0	101.4	101.0	100.4	100.3	100.2	101.3	100.4	100.5
	三、144m²以上	100.1	100.3	100.7	100.4	101.3	100.4	100.3	100.3	100.2	100.3	100.4	100.3

4-4-23　2013年广州市住宅销售价格指数

Guangzhou Housing Price Indices for 2013

		1月	2月	3月	4月	5月	6月	7月	8月	9月	10月	11月	12月
定基价格指数	**新建住宅价格指数**	**108.6**	**112.0**	**114.8**	**117.2**	**118.9**	**120.1**	**121.3**	**123.4**	**125.1**	**126.1**	**127.1**	**128.0**
	新建商品住宅	108.7	112.1	115.0	117.4	119.1	120.3	121.6	123.7	125.4	126.4	127.4	128.3
	一、90m^2及以下	109.0	112.1	114.6	117.5	119.6	120.5	121.7	123.9	125.8	127.0	127.9	128.9
	二、90-144m^2	110.8	113.8	116.6	119.6	120.9	122.3	123.9	126.1	128.0	129.2	130.1	131.1
	三、144m^2以上	106.4	110.3	113.4	114.9	116.9	118.1	119.0	121.0	122.3	123.2	124.3	125.1
	二手住宅价格指数	**106.4**	**108.2**	**109.9**	**110.6**	**111.9**	**112.9**	**114.1**	**115.2**	**115.7**	**116.9**	**118.3**	**119.0**
	一、90m^2及以下	110.2	112.1	113.5	114.3	115.4	116.2	117.5	118.5	119.1	120.5	121.7	122.1
	二、90-144m^2	105.1	106.8	108.5	109.4	110.5	111.8	112.6	114.1	114.8	115.9	117.6	118.6
	三、144m^2以上	101.0	102.7	104.6	105.2	106.7	108.1	109.4	110.4	110.4	111.2	112.9	113.8
同比价格指数	**新建住宅价格指数**	**104.7**	**108.1**	**111.1**	**113.5**	**115.3**	**116.3**	**117.2**	**118.8**	**120.0**	**120.5**	**120.7**	**120.1**
	新建商品住宅	104.7	108.2	111.2	113.7	115.5	116.5	117.4	119.0	120.2	120.7	120.9	120.4
	一、90m^2及以下	105.1	108.2	110.7	113.5	115.8	116.4	117.3	118.8	120.1	120.5	120.8	120.3
	二、90-144m^2	104.5	107.7	110.6	113.4	114.7	115.9	117.1	118.6	120.0	120.8	121.0	120.4
	三、144m^2以上	104.9	108.8	112.2	114.1	116.1	117.2	117.8	119.6	120.5	120.8	120.9	120.4
	二手住宅价格指数	**103.5**	**105.7**	**107.5**	**108.6**	**109.9**	**110.4**	**110.7**	**110.9**	**110.7**	**111.4**	**112.2**	**112.3**
	一、90m^2及以下	105.2	107.2	108.6	109.6	110.2	111.1	111.7	112.5	112.3	112.0	112.3	111.5
	二、90-144m^2	101.8	104.4	106.1	107.6	109.3	109.4	110.0	109.5	110.2	111.4	112.7	113.5
	三、144m^2以上	102.0	104.0	106.7	107.8	110.2	110.2	109.6	109.4	108.3	110.1	111.5	112.6
环比价格指数	**新建住宅价格指数**	**102.0**	**103.1**	**102.5**	**102.1**	**101.5**	**101.0**	**101.0**	**101.7**	**101.3**	**100.9**	**100.8**	**100.7**
	新建商品住宅	102.0	103.1	102.5	102.1	101.5	101.0	101.1	101.7	101.4	100.9	100.8	100.7
	一、90m^2及以下	101.7	102.9	102.2	102.6	101.7	100.7	101.1	101.8	101.5	100.9	100.7	100.7
	二、90-144m^2	101.8	102.7	102.5	102.5	101.1	101.2	101.3	101.7	101.5	101.0	100.7	100.8
	三、144m^2以上	102.4	103.7	102.8	101.3	101.7	101.0	100.8	101.6	101.1	100.7	100.9	100.6
	二手住宅价格指数	**100.4**	**101.7**	**101.5**	**100.7**	**101.1**	**100.9**	**101.0**	**101.0**	**100.4**	**101.0**	**101.2**	**100.6**
	一、90m^2及以下	100.7	101.7	101.3	100.7	101.0	100.7	101.1	100.9	100.5	101.2	101.0	100.3
	二、90-144m^2	100.6	101.6	101.6	100.9	101.0	101.1	100.7	101.3	100.7	101.0	101.4	100.9
	三、144m^2以上	99.9	101.7	101.9	100.6	101.4	101.2	101.2	101.0	100.0	100.8	101.5	100.8

4-4-24　2013年深圳市住宅销售价格指数

Shenzhen Housing Price Indices for 2013

		1月	2月	3月	4月	5月	6月	7月	8月	9月	10月	11月	12月
定基价格指数	**新建住宅价格指数**	**106.6**	**108.9**	**111.8**	**113.9**	**116.0**	**117.9**	**118.9**	**120.5**	**122.2**	**123.3**	**124.5**	**125.1**
	新建商品住宅	106.7	109.1	112.1	114.1	116.3	118.3	119.3	121.0	122.7	123.8	124.9	125.6
	一、90m^{2}及以下	108.7	111.3	114.1	116.2	118.6	120.8	121.7	123.5	125.2	126.3	127.6	128.3
	二、90-144m^2	104.9	107.2	109.8	111.7	113.8	115.9	117.1	118.6	120.7	122.0	123.0	123.4
	三、144m^{2}以上	105.5	107.8	111.1	113.2	115.3	116.9	117.9	119.5	121.2	122.2	123.2	123.9
	二手住宅价格指数	**105.3**	**106.9**	**109.3**	**110.5**	**111.5**	**113.0**	**114.1**	**116.0**	**117.5**	**118.5**	**119.5**	**120.3**
	一、90m^{2}及以下	106.5	107.9	110.6	111.5	112.6	114.2	115.5	117.6	119.3	120.3	121.6	122.5
	二、90-144m^2	107.1	109.2	111.7	113.3	114.1	115.8	116.8	118.8	120.9	121.6	122.5	123.4
	三、144m^{2}以上	99.1	99.9	101.6	102.7	104.1	105.0	105.9	106.9	107.1	108.4	109.0	109.3
同比价格指数	**新建住宅价格指数**	**103.2**	**105.7**	**108.9**	**111.3**	**113.7**	**115.7**	**116.6**	**118.1**	**119.7**	**120.2**	**120.6**	**119.9**
	新建商品住宅	103.3	105.8	109.1	111.5	114.0	116.0	117.0	118.4	120.1	120.6	121.0	120.3
	一、90m^{2}及以下	103.2	106.0	109.2	111.6	114.3	116.6	117.5	118.9	120.4	120.9	121.4	120.6
	二、90-144m^2	103.2	105.9	109.1	111.2	113.7	115.9	117.0	118.1	119.9	120.8	121.1	120.3
	三、144m^{2}以上	103.4	105.6	109.0	111.6	113.8	115.4	116.5	118.1	119.8	120.3	120.6	120.0
	二手住宅价格指数	**102.4**	**103.9**	**106.2**	**107.3**	**108.3**	**109.6**	**110.5**	**112.2**	**113.6**	**114.1**	**114.7**	**114.8**
	一、90m^{2}及以下	103.5	104.8	107.3	108.0	108.7	110.0	111.1	112.8	114.1	114.6	115.4	115.5
	二、90-144m^2	102.2	104.1	106.4	108.0	109.1	110.5	111.2	113.4	115.4	115.6	115.9	116.1
	三、144m^{2}以上	99.9	101.0	102.8	104.0	105.9	106.7	107.4	108.5	108.6	110.0	110.5	110.3
环比价格指数	**新建住宅价格指数**	**102.2**	**102.2**	**102.7**	**101.8**	**101.9**	**101.6**	**100.8**	**101.4**	**101.4**	**100.9**	**100.9**	**100.5**
	新建商品住宅	102.2	102.2	102.8	101.8	101.9	101.7	100.9	101.4	101.4	100.9	100.9	100.5
	一、90m^{2}及以下	102.2	102.3	102.6	101.8	102.0	101.8	100.8	101.4	101.4	100.9	101.1	100.5
	二、90-144m^2	102.3	102.2	102.5	101.7	101.9	101.8	101.0	101.3	101.7	101.1	100.8	100.3
	三、144m^{2}以上	102.2	102.1	103.1	101.9	101.8	101.4	100.8	101.4	101.4	100.8	100.9	100.6
	二手住宅价格指数	**100.5**	**101.4**	**102.3**	**101.1**	**101.0**	**101.3**	**101.0**	**101.6**	**101.3**	**100.9**	**100.8**	**100.7**
	一、90m^{2}及以下	100.5	101.3	102.5	100.8	101.0	101.4	101.2	101.8	101.5	100.9	101.0	100.8
	二、90-144m^2	100.7	102.0	102.3	101.4	100.8	101.5	100.9	101.7	101.8	100.6	100.7	100.7
	三、144m^{2}以上	100.0	100.8	101.7	101.1	101.3	100.9	100.8	101.0	100.1	101.3	100.5	100.3

4-4-25 2013年南宁市住宅销售价格指数

Nanning Housing Price Indices for 2013

		1月	2月	3月	4月	5月	6月	7月	8月	9月	10月	11月	12月
定基价格指数	**新建住宅价格指数**	**101.6**	**102.8**	**104.5**	**105.2**	**106.7**	**107.6**	**108.8**	**109.7**	**110.3**	**111.3**	**111.5**	**112.0**
	新建商品住宅	101.6	102.9	104.6	105.4	106.9	107.8	109.1	110.0	110.6	111.6	111.8	112.3
	一、90㎡及以下	102.2	103.6	105.2	105.8	107.6	108.3	109.3	110.3	110.9	111.7	112.1	112.6
	二、90-144㎡	101.6	102.8	104.8	105.5	107.0	107.9	109.3	110.2	110.7	111.7	111.8	112.4
	三、144㎡以上	100.5	101.8	103.0	104.1	105.6	106.6	107.8	108.7	109.5	110.8	110.8	111.6
	二手住宅价格指数	**103.1**	**102.9**	**103.4**	**103.9**	**104.5**	**104.9**	**104.9**	**104.9**	**105.4**	**105.8**	**105.9**	**106.5**
	一、90㎡及以下	103.3	103.1	103.8	104.3	104.8	105.1	105.3	105.4	105.9	106.3	106.3	106.8
	二、90-144㎡	104.4	104.2	104.6	105.1	106.0	106.3	106.3	106.3	106.8	107.3	107.4	108.2
	三、144㎡以上	99.8	99.5	99.9	100.2	100.9	101.2	101.2	101.0	101.2	101.6	102.0	102.3
同比价格指数	**新建住宅价格指数**	**99.7**	**101.3**	**103.3**	**104.0**	**105.6**	**106.4**	**107.4**	**108.3**	**108.7**	**109.4**	**109.4**	**110.1**
	新建商品住宅	99.7	101.3	103.4	104.1	105.7	106.6	107.6	108.5	108.9	109.6	109.7	110.3
	一、90㎡及以下	99.5	101.3	103.3	103.8	105.6	106.4	107.3	108.3	108.5	109.3	109.6	109.9
	二、90-144㎡	99.9	101.4	103.7	104.5	105.9	106.8	107.9	108.8	109.2	109.8	109.7	110.5
	三、144㎡以上	99.4	101.1	102.7	103.8	105.5	106.2	107.3	108.2	109.1	109.9	109.8	110.7
	二手住宅价格指数	**101.9**	**101.8**	**102.1**	**102.4**	**102.8**	**103.0**	**103.0**	**103.1**	**103.4**	**103.8**	**103.9**	**104.6**
	一、90㎡及以下	101.9	101.8	102.3	102.7	102.9	103.1	103.2	103.4	103.7	104.1	104.1	104.8
	二、90-144㎡	101.9	101.8	102.0	102.3	103.0	103.2	103.1	103.2	103.5	104.0	104.0	104.9
	三、144㎡以上	101.8	101.6	101.8	102.0	102.4	102.6	102.4	102.2	102.4	102.8	103.2	103.5
环比价格指数	**新建住宅价格指数**	**99.8**	**101.2**	**101.6**	**100.7**	**101.5**	**100.8**	**101.1**	**100.8**	**100.5**	**100.9**	**100.2**	**100.5**
	新建商品住宅	99.8	101.3	101.7	100.7	101.5	100.8	101.2	100.8	100.5	100.9	100.2	100.5
	一、90㎡及以下	99.7	101.4	101.6	100.6	101.7	100.7	100.9	100.9	100.6	100.7	100.4	100.4
	二、90-144㎡	99.9	101.2	101.9	100.7	101.4	100.9	101.3	100.8	100.4	100.9	100.1	100.5
	三、144㎡以上	99.7	101.3	101.2	101.1	101.4	100.9	101.2	100.8	100.8	101.2	100.0	100.7
	二手住宅价格指数	**101.3**	**99.8**	**100.5**	**100.5**	**100.7**	**100.3**	**100.0**	**100.0**	**100.5**	**100.4**	**100.1**	**100.6**
	一、90㎡及以下	101.3	99.8	100.6	100.5	100.4	100.3	100.2	100.1	100.5	100.4	100.0	100.5
	二、90-144㎡	101.3	99.8	100.4	100.5	100.9	100.3	100.0	100.0	100.5	100.5	100.0	100.7
	三、144㎡以上	100.9	99.8	100.3	100.3	100.6	100.4	100.0	99.8	100.3	100.4	100.3	100.3

4-4-26 2013年海口市住宅销售价格指数
Haikou Housing Price Indices for 2013

		1月	2月	3月	4月	5月	6月	7月	8月	9月	10月	11月	12月
定基价格指数	**新建住宅价格指数**	**100.9**	**101.1**	**101.3**	**101.5**	**101.7**	**101.8**	**102.0**	**102.0**	**102.0**	**102.7**	**103.3**	**103.6**
	新建商品住宅	100.9	101.1	101.3	101.5	101.7	101.8	102.0	102.0	102.0	102.7	103.3	103.6
	一、90㎡及以下	103.0	103.3	103.6	103.9	104.2	104.3	104.5	104.7	104.8	105.8	106.3	106.3
	二、90-144㎡	100.8	101.0	101.3	101.5	101.5	101.5	101.8	101.7	101.8	102.5	103.1	103.5
	三、144㎡以上	100.6	100.6	100.7	100.7	101.3	101.5	101.5	101.5	101.5	102.1	102.7	102.9
	二手住宅价格指数	**95.1**	**94.9**	**95.0**	**95.1**	**95.0**	**95.0**	**94.9**	**94.8**	**94.8**	**94.8**	**95.2**	**95.4**
	一、90㎡及以下	95.3	95.0	95.1	95.2	95.2	95.2	95.0	95.1	95.1	95.2	95.6	95.8
	二、90-144㎡	95.1	95.0	95.0	95.1	95.1	95.1	95.1	95.0	95.0	95.0	95.4	95.6
	三、144㎡以上	95.1	94.7	94.9	94.9	94.9	94.7	94.5	94.5	94.4	94.3	94.7	94.8
同比价格指数	**新建住宅价格指数**	**99.7**	**99.9**	**100.1**	**100.3**	**100.8**	**100.9**	**101.0**	**101.0**	**101.1**	**101.8**	**101.8**	**102.3**
	新建商品住宅	99.6	99.9	100.0	100.3	100.8	100.9	101.0	101.0	101.1	101.8	101.8	102.4
	一、90㎡及以下	99.5	99.8	100.5	101.1	101.5	101.5	101.7	101.7	101.8	102.7	102.6	102.9
	二、90-144㎡	99.7	99.9	100.2	100.4	100.6	100.6	100.9	100.7	100.9	101.6	101.7	102.5
	三、144㎡以上	99.6	99.8	99.7	100.0	100.7	101.2	101.0	101.2	101.3	101.9	101.8	102.1
	二手住宅价格指数	**99.5**	**99.3**	**99.4**	**99.7**	**99.7**	**99.7**	**99.5**	**99.4**	**99.5**	**99.6**	**100.0**	**100.2**
	一、90㎡及以下	99.7	99.4	99.5	99.7	99.8	99.9	99.6	99.7	99.9	99.9	100.3	100.5
	二、90-144㎡	99.6	99.5	99.5	99.9	100.0	100.0	99.9	99.7	99.9	99.9	100.3	100.5
	三、144㎡以上	99.2	98.8	99.0	99.2	99.2	99.1	98.8	98.7	98.7	98.8	99.4	99.4
环比价格指数	**新建住宅价格指数**	**99.7**	**100.2**	**100.2**	**100.1**	**100.3**	**100.0**	**100.2**	**100.0**	**100.0**	**100.7**	**100.6**	**100.3**
	新建商品住宅	99.7	100.2	100.2	100.2	100.3	100.0	100.2	100.0	100.0	100.7	100.6	100.3
	一、90㎡及以下	99.7	100.3	100.3	100.2	100.3	100.1	100.2	100.2	100.1	100.9	100.5	100.0
	二、90-144㎡	99.7	100.2	100.3	100.2	100.1	100.0	100.2	100.0	100.1	100.7	100.6	100.4
	三、144㎡以上	99.8	100.0	100.1	100.1	100.6	100.1	100.0	100.0	100.0	100.6	100.6	100.1
	二手住宅价格指数	**99.9**	**99.8**	**100.1**	**100.1**	**100.0**	**100.0**	**99.9**	**99.9**	**100.0**	**100.0**	**100.4**	**100.2**
	一、90㎡及以下	99.9	99.8	100.0	100.2	99.9	100.0	99.8	100.1	100.0	100.1	100.4	100.2
	二、90-144㎡	100.0	99.9	100.1	100.1	100.0	100.0	100.0	99.9	100.0	100.0	100.4	100.2
	三、144㎡以上	99.7	99.6	100.2	100.0	99.9	99.9	99.8	99.9	99.9	99.9	100.5	100.0

4-4-27　2013年重庆市住宅销售价格指数
Chongqing Housing Price Indices for 2013

		1月	2月	3月	4月	5月	6月	7月	8月	9月	10月	11月	12月
定基价格指数	**新建住宅价格指数**	**105.3**	**106.3**	**107.3**	**108.5**	**109.2**	**109.9**	**110.4**	**111.4**	**112.3**	**112.9**	**113.8**	**114.0**
	新建商品住宅	105.4	106.4	107.5	108.7	109.4	110.1	110.6	111.6	112.5	113.2	114.1	114.3
	一、90㎡及以下	108.1	109.1	110.4	111.7	112.4	113.2	113.6	114.4	115.4	116.1	116.9	117.2
	二、90-144㎡	103.9	104.8	105.9	107.1	108.1	109.0	109.6	110.7	111.6	112.0	112.7	112.9
	三、144㎡以上	103.7	104.9	105.6	106.7	107.1	107.4	108.1	109.1	110.0	110.9	112.1	112.2
	二手住宅价格指数	**100.5**	**100.9**	**101.6**	**102.0**	**102.5**	**102.7**	**103.0**	**103.1**	**103.3**	**103.9**	**104.7**	**105.1**
	一、90㎡及以下	98.4	98.6	99.3	99.5	99.9	100.1	100.2	100.2	100.6	101.2	102.1	102.5
	二、90-144㎡	101.8	102.1	102.7	103.3	103.8	104.2	104.6	104.7	104.9	105.5	106.5	107.0
	三、144㎡以上	103.5	104.6	105.3	106.2	106.5	106.9	107.2	107.3	107.4	107.4	107.8	107.8
同比价格指数	**新建住宅价格指数**	**102.5**	**103.5**	**104.3**	**105.5**	**106.2**	**106.8**	**107.1**	**107.9**	**108.9**	**109.2**	**109.5**	**109.3**
	新建商品住宅	102.5	103.6	104.4	105.6	106.3	106.9	107.3	108.1	109.0	109.4	109.7	109.5
	一、90㎡及以下	103.0	104.0	104.9	106.1	106.8	107.5	107.7	108.3	109.0	109.5	109.7	109.5
	二、90-144㎡	102.2	103.2	104.1	105.3	106.2	107.0	107.4	108.4	109.4	109.6	109.7	109.6
	三、144㎡以上	102.2	103.6	104.0	105.2	105.7	105.9	106.4	107.2	108.6	109.0	109.6	109.3
	二手住宅价格指数	**100.6**	**100.8**	**101.6**	**101.9**	**102.4**	**102.6**	**102.9**	**102.9**	**103.1**	**103.6**	**104.3**	**104.7**
	一、90㎡及以下	100.7	101.0	101.9	101.8	102.2	102.4	102.5	102.5	102.7	103.3	104.0	104.4
	二、90-144㎡	100.6	100.6	101.3	101.9	102.5	102.6	103.1	103.2	103.2	103.7	104.5	105.0
	三、144㎡以上	100.1	100.9	101.5	102.2	102.6	103.2	103.5	103.6	104.0	104.0	104.4	104.4
环比价格指数	**新建住宅价格指数**	**100.9**	**100.9**	**101.0**	**101.1**	**100.7**	**100.6**	**100.5**	**100.9**	**100.8**	**100.6**	**100.8**	**100.2**
	新建商品住宅	101.0	101.0	101.0	101.1	100.7	100.6	100.5	100.9	100.8	100.6	100.8	100.2
	一、90㎡及以下	101.0	100.9	101.1	101.2	100.7	100.7	100.4	100.7	100.8	100.6	100.7	100.3
	二、90-144㎡	100.9	100.9	101.0	101.1	100.9	100.8	100.5	101.0	100.8	100.4	100.6	100.2
	三、144㎡以上	101.1	101.1	100.7	101.0	100.4	100.3	100.6	100.9	100.9	100.8	101.1	100.1
	二手住宅价格指数	**100.1**	**100.4**	**100.7**	**100.5**	**100.4**	**100.3**	**100.3**	**100.0**	**100.3**	**100.5**	**100.8**	**100.4**
	一、90㎡及以下	100.2	100.3	100.7	100.2	100.4	100.2	100.1	100.0	100.4	100.6	100.9	100.4
	二、90-144㎡	100.0	100.2	100.6	100.6	100.5	100.3	100.5	100.1	100.2	100.6	100.9	100.5
	三、144㎡以上	100.2	101.1	100.7	100.8	100.3	100.4	100.3	100.1	100.1	100.0	100.3	100.0

4-4-28　2013年成都市住宅销售价格指数
Chengdu Housing Price Indices for 2013

		1月	2月	3月	4月	5月	6月	7月	8月	9月	10月	11月	12月
定基价格指数	**新建住宅价格指数**	**104.4**	**105.1**	**106.1**	**108.0**	**109.0**	**110.0**	**110.4**	**111.3**	**111.9**	**112.4**	**113.1**	**113.3**
	新建商品住宅	104.4	105.2	106.1	108.0	109.1	110.1	110.4	111.3	112.0	112.5	113.1	113.3
	一、90㎡及以下	104.9	105.8	106.5	108.2	109.2	110.1	110.7	111.6	112.3	112.6	113.4	113.7
	二、90-144㎡	105.8	106.7	107.6	109.4	110.7	111.6	111.7	112.8	113.4	114.0	114.7	115.0
	三、144㎡以上	101.3	101.7	103.2	105.5	106.5	107.5	107.9	108.7	109.3	109.9	110.2	110.3
	二手住宅价格指数	**99.3**	**99.7**	**100.4**	**101.0**	**101.3**	**101.8**	**102.1**	**102.4**	**102.8**	**103.4**	**103.8**	**104.2**
	一、90㎡及以下	100.4	100.7	101.4	101.8	102.1	102.6	102.7	103.1	103.3	103.7	104.1	104.4
	二、90-144㎡	98.0	98.4	99.2	99.9	100.1	100.7	101.0	101.5	102.0	102.8	102.9	103.5
	三、144㎡以上	98.8	99.6	100.4	101.3	101.5	101.9	102.5	102.7	103.2	103.6	105.1	105.5
同比价格指数	**新建住宅价格指数**	**101.5**	**102.3**	**103.4**	**105.4**	**106.8**	**107.7**	**107.7**	**108.6**	**109.1**	**109.6**	**109.8**	**109.6**
	新建商品住宅	101.5	102.3	103.4	105.4	106.8	107.7	107.7	108.6	109.1	109.6	109.8	109.7
	一、90㎡及以下	102.1	103.0	103.8	105.5	106.7	107.7	107.9	108.7	109.1	109.4	109.6	109.3
	二、90-144㎡	101.3	102.2	103.3	105.1	106.6	107.4	107.5	108.3	108.9	109.6	109.8	109.7
	三、144㎡以上	100.6	101.2	102.9	105.6	107.2	108.3	107.9	108.8	109.5	110.1	110.2	110.2
	二手住宅价格指数	**99.8**	**100.6**	**101.5**	**102.8**	**103.2**	**103.7**	**103.8**	**104.1**	**104.4**	**104.9**	**105.2**	**105.2**
	一、90㎡及以下	99.9	100.8	101.6	102.4	102.9	103.2	103.1	103.5	103.6	103.9	104.1	104.2
	二、90-144㎡	99.3	100.0	101.1	102.6	103.0	103.8	103.9	104.3	104.8	105.4	105.4	105.4
	三、144㎡以上	100.5	101.5	102.4	104.2	104.5	104.9	105.5	105.5	106.2	106.9	108.1	107.9
环比价格指数	**新建住宅价格指数**	**101.0**	**100.8**	**100.9**	**101.8**	**101.0**	**100.9**	**100.3**	**100.8**	**100.6**	**100.4**	**100.6**	**100.2**
	新建商品住宅	101.0	100.8	100.9	101.8	101.0	100.9	100.3	100.8	100.6	100.4	100.6	100.2
	一、90㎡及以下	100.9	100.8	100.7	101.6	100.8	100.9	100.5	100.8	100.6	100.3	100.7	100.3
	二、90-144㎡	100.9	100.9	100.8	101.7	101.2	100.9	100.1	100.9	100.5	100.5	100.7	100.2
	三、144㎡以上	101.2	100.4	101.4	102.3	100.9	101.0	100.4	100.7	100.6	100.6	100.3	100.1
	二手住宅价格指数	**100.2**	**100.4**	**100.8**	**100.6**	**100.3**	**100.6**	**100.3**	**100.4**	**100.4**	**100.6**	**100.4**	**100.4**
	一、90㎡及以下	100.2	100.3	100.7	100.3	100.3	100.5	100.1	100.4	100.2	100.4	100.4	100.2
	二、90-144㎡	99.9	100.3	100.8	100.7	100.2	100.7	100.3	100.4	100.5	100.8	100.0	100.6
	三、144㎡以上	101.1	100.8	100.8	100.9	100.2	100.4	100.6	100.2	100.5	100.4	101.4	100.4

4-4-29　2013年贵阳市住宅销售价格指数
Guiyang Housing Price Indices for 2013

		1月	2月	3月	4月	5月	6月	7月	8月	9月	10月	11月	12月
定基价格指数	**新建住宅价格指数**	**106.7**	**107.4**	**108.1**	**109.4**	**110.2**	**110.1**	**110.8**	**110.7**	**111.7**	**112.7**	**113.1**	**113.4**
	新建商品住宅	107.1	107.8	108.7	110.0	110.9	110.8	111.6	111.6	112.6	113.7	114.2	114.5
	一、90㎡及以下	107.1	108.0	109.2	110.8	112.3	112.1	113.4	113.5	113.9	115.8	116.4	116.9
	二、90-144㎡	107.3	108.0	108.9	110.2	111.1	111.0	111.6	111.5	112.7	113.5	114.0	114.4
	三、144㎡以上	106.4	107.1	107.7	108.9	109.6	109.5	110.5	110.5	111.3	112.8	113.2	113.4
	二手住宅价格指数	**108.4**	**108.9**	**110.2**	**110.9**	**111.9**	**113.0**	**114.0**	**114.7**	**116.7**	**117.4**	**118.6**	**118.8**
	一、90㎡及以下	108.1	108.6	110.1	110.7	111.8	112.9	114.2	115.4	117.8	118.5	119.8	120.1
	二、90-144㎡	109.4	109.8	110.6	111.1	111.7	112.6	113.1	112.6	113.8	114.7	115.5	115.5
	三、144㎡以上	107.8	108.1	109.1	111.1	113.0	114.9	115.2	115.9	117.5	117.8	118.6	118.8
同比价格指数	**新建住宅价格指数**	**101.4**	**102.0**	**102.7**	**103.9**	**104.6**	**104.5**	**105.1**	**104.9**	**105.5**	**106.3**	**106.7**	**106.7**
	新建商品住宅	101.5	102.2	103.0	104.3	105.1	105.0	105.6	105.4	106.1	106.9	107.4	107.4
	一、90㎡及以下	102.5	103.3	104.3	105.8	107.3	107.0	108.2	107.9	107.9	109.7	109.8	110.1
	二、90-144㎡	101.4	102.1	103.0	104.2	104.8	104.8	105.2	105.0	105.9	106.2	106.8	106.9
	三、144㎡以上	101.3	102.0	102.4	103.6	104.2	104.2	105.1	105.0	105.5	106.9	107.3	107.1
	二手住宅价格指数	**100.6**	**100.8**	**101.7**	**102.1**	**103.0**	**104.0**	**105.4**	**106.0**	**108.4**	**108.9**	**110.0**	**110.0**
	一、90㎡及以下	100.6	101.0	102.0	102.2	103.2	104.2	105.7	106.9	109.4	109.9	111.2	111.5
	二、90-144㎡	100.9	100.7	101.4	101.9	102.2	103.0	104.1	103.7	105.8	106.2	106.8	106.2
	三、144㎡以上	99.7	100.0	100.8	102.5	104.2	106.1	106.7	107.3	109.2	109.1	109.9	110.7
环比价格指数	**新建住宅价格指数**	**100.4**	**100.7**	**100.7**	**101.1**	**100.7**	**99.9**	**100.6**	**100.0**	**100.8**	**100.9**	**100.4**	**100.3**
	新建商品住宅	100.4	100.7	100.8	101.2	100.8	99.9	100.7	100.0	100.9	101.0	100.4	100.3
	一、90㎡及以下	100.9	100.8	101.1	101.5	101.3	99.9	101.2	100.1	100.4	101.7	100.5	100.4
	二、90-144㎡	100.2	100.7	100.8	101.2	100.8	99.9	100.5	99.9	101.1	100.8	100.4	100.3
	三、144㎡以上	100.5	100.7	100.5	101.1	100.6	99.8	100.9	100.0	100.8	101.3	100.3	100.2
	二手住宅价格指数	**100.4**	**100.4**	**101.2**	**100.6**	**100.9**	**101.0**	**100.9**	**100.6**	**101.8**	**100.6**	**101.0**	**100.2**
	一、90㎡及以下	100.4	100.5	101.4	100.5	100.9	101.0	101.1	101.1	102.1	100.6	101.1	100.3
	二、90-144㎡	100.5	100.4	100.8	100.4	100.5	100.8	100.4	99.6	101.1	100.7	100.7	100.0
	三、144㎡以上	100.4	100.3	100.9	101.8	101.7	101.7	100.3	100.6	101.4	100.2	100.7	100.2

4-4-30　2013年昆明市住宅销售价格指数

Kunming Housing Price Indices for 2013

		1月	2月	3月	4月	5月	6月	7月	8月	9月	10月	11月	12月
定基价格指数	**新建住宅价格指数**	**107.7**	**107.8**	**108.7**	**109.3**	**110.0**	**110.5**	**110.9**	**111.6**	**112.1**	**112.5**	**113.1**	**113.7**
	新建商品住宅	108.6	108.6	109.7	110.5	111.2	111.9	112.3	113.2	113.8	114.3	115.0	115.6
	一、90㎡及以下	111.0	111.2	112.1	112.9	113.7	114.4	114.9	116.0	116.6	117.4	118.0	118.7
	二、90-144㎡	108.6	108.5	109.7	110.6	111.3	111.8	112.1	113.0	113.7	114.2	114.9	115.7
	三、144㎡以上	105.5	105.5	106.7	107.3	108.1	108.8	109.2	110.0	110.5	110.6	111.3	111.7
	二手住宅价格指数	**107.4**	**108.0**	**109.2**	**110.3**	**111.7**	**112.5**	**113.0**	**113.4**	**113.7**	**114.3**	**114.9**	**115.4**
	一、90㎡及以下	109.0	109.5	110.8	112.1	113.9	114.4	115.0	115.1	115.2	116.0	116.5	116.9
	二、90-144㎡	106.1	106.9	108.1	109.6	110.6	111.3	111.9	112.3	112.6	113.2	113.9	114.5
	三、144㎡以上	107.5	108.0	108.7	109.2	110.7	111.7	112.0	112.6	113.5	113.8	114.4	114.6
同比价格指数	**新建住宅价格指数**	**101.7**	**101.7**	**102.7**	**103.3**	**104.1**	**104.7**	**104.6**	**105.3**	**105.6**	**105.9**	**105.9**	**105.8**
	新建商品住宅	102.0	102.1	103.2	104.0	104.8	105.6	105.5	106.3	106.6	107.0	107.0	106.9
	一、90㎡及以下	102.0	102.2	103.4	103.9	104.8	105.5	105.5	106.5	106.8	107.5	107.5	107.2
	二、90-144㎡	102.2	102.3	103.3	104.3	105.0	105.7	105.1	106.0	106.6	107.1	107.0	107.0
	三、144㎡以上	101.7	101.6	102.9	103.6	104.6	105.5	105.9	106.5	106.5	106.4	106.4	106.4
	二手住宅价格指数	**104.3**	**105.5**	**107.1**	**108.3**	**109.3**	**109.0**	**107.1**	**107.3**	**108.0**	**108.8**	**108.8**	**108.0**
	一、90㎡及以下	105.5	106.6	108.6	110.1	110.9	110.7	108.9	109.1	109.3	109.9	109.7	108.0
	二、90-144㎡	104.3	105.6	107.4	108.7	109.7	109.8	107.2	107.7	108.5	109.4	109.8	108.9
	三、144㎡以上	102.9	103.9	104.8	105.2	106.6	105.6	104.5	104.4	105.5	106.2	105.9	106.6
环比价格指数	**新建住宅价格指数**	**100.3**	**100.0**	**100.9**	**100.6**	**100.6**	**100.5**	**100.3**	**100.7**	**100.4**	**100.4**	**100.5**	**100.5**
	新建商品住宅	100.4	100.0	101.0	100.7	100.7	100.6	100.4	100.8	100.5	100.4	100.6	100.6
	一、90㎡及以下	100.2	100.1	100.9	100.7	100.8	100.6	100.5	100.9	100.5	100.7	100.5	100.6
	二、90-144㎡	100.5	100.0	101.1	100.8	100.6	100.5	100.2	100.8	100.6	100.4	100.6	100.7
	三、144㎡以上	100.5	100.0	101.2	100.5	100.8	100.7	100.4	100.7	100.5	100.1	100.7	100.3
	二手住宅价格指数	**100.6**	**100.6**	**101.1**	**101.1**	**101.3**	**100.7**	**100.4**	**100.3**	**100.3**	**100.5**	**100.6**	**100.4**
	一、90㎡及以下	100.7	100.4	101.3	101.1	101.6	100.5	100.4	100.2	100.0	100.7	100.4	100.4
	二、90-144㎡	100.9	100.7	101.2	101.4	101.0	100.7	100.5	100.4	100.3	100.5	100.7	100.5
	三、144㎡以上	100.0	100.4	100.7	100.4	101.3	101.0	100.3	100.5	100.7	100.3	100.6	100.1

4-4-31　2013年西安市住宅销售价格指数

Xi'an Housing Price Indices for 2013

		1月	2月	3月	4月	5月	6月	7月	8月	9月	10月	11月	12月
定基价格指数	**新建住宅价格指数**	**105.9**	**106.8**	**107.9**	**108.8**	**110.0**	**111.0**	**112.1**	**113.1**	**113.9**	**114.6**	**115.0**	**115.6**
	新建商品住宅	106.4	107.3	108.6	109.6	111.0	112.0	113.3	114.4	115.3	116.1	116.6	117.2
	一、90m²及以下	108.0	109.7	111.0	112.5	113.8	115.0	116.4	117.5	118.2	119.1	119.4	120.1
	二、90-144m²	106.2	106.9	107.8	108.5	110.0	111.0	112.2	113.3	114.1	114.6	115.2	115.6
	三、144m²以上	104.1	104.5	106.4	107.4	108.4	109.4	110.7	111.9	113.1	114.5	114.7	115.8
	二手住宅价格指数	**101.8**	**102.4**	**103.3**	**103.4**	**103.9**	**104.3**	**104.6**	**104.7**	**105.1**	**105.7**	**106.1**	**106.5**
	一、90m²及以下	102.8	103.7	105.3	105.3	106.0	106.4	106.8	106.9	107.1	107.4	108.0	108.3
	二、90-144m²	100.7	101.3	101.8	101.7	102.2	102.6	102.8	102.8	103.3	104.1	104.5	104.9
	三、144m²以上	103.2	103.4	104.4	104.6	104.9	105.3	105.6	106.1	106.6	107.1	107.6	108.0
同比价格指数	**新建住宅价格指数**	**101.4**	**102.4**	**103.8**	**104.7**	**105.8**	**106.6**	**107.7**	**108.3**	**108.8**	**109.3**	**109.5**	**109.8**
	新建商品住宅	101.6	102.6	104.2	105.2	106.5	107.3	108.6	109.3	109.8	110.3	110.5	110.9
	一、90m²及以下	101.4	103.0	105.2	106.6	107.9	108.7	110.0	110.7	110.7	111.4	111.4	111.9
	二、90-144m²	101.8	102.5	103.5	104.3	105.6	106.4	107.7	108.1	108.8	109.0	109.4	109.4
	三、144m²以上	101.6	102.2	104.1	104.9	105.7	106.7	108.2	109.3	110.1	111.2	111.4	112.1
	二手住宅价格指数	**99.4**	**100.4**	**101.7**	**101.7**	**102.1**	**102.7**	**103.6**	**104.1**	**104.3**	**104.6**	**104.9**	**105.0**
	一、90m²及以下	100.6	101.6	103.3	103.8	104.4	104.8	106.0	105.0	105.2	105.2	105.6	105.7
	二、90-144m²	98.1	99.2	100.2	99.9	100.2	100.8	101.6	103.4	103.5	104.1	104.3	104.4
	三、144m²以上	101.2	101.9	103.3	103.5	103.7	104.1	104.9	104.4	104.5	104.8	105.3	105.5
环比价格指数	**新建住宅价格指数**	**100.6**	**100.8**	**101.1**	**100.9**	**101.1**	**100.9**	**101.0**	**100.9**	**100.7**	**100.6**	**100.3**	**100.5**
	新建商品住宅	100.6	100.9	101.2	101.0	101.2	101.0	101.1	101.0	100.8	100.7	100.4	100.6
	一、90m²及以下	100.6	101.5	101.2	101.3	101.2	101.1	101.2	100.9	100.6	100.7	100.2	100.7
	二、90-144m²	100.5	100.7	100.8	100.6	101.4	100.9	101.1	101.0	100.8	100.4	100.5	100.4
	三、144m²以上	100.8	100.4	101.8	101.0	100.9	101.0	101.2	101.1	101.0	101.2	100.2	100.9
	二手住宅价格指数	**100.4**	**100.6**	**100.9**	**100.0**	**100.5**	**100.4**	**100.3**	**100.1**	**100.4**	**100.6**	**100.4**	**100.3**
	一、90m²及以下	100.4	100.8	101.5	100.1	100.7	100.4	100.3	100.2	100.2	100.3	100.6	100.2
	二、90-144m²	100.3	100.6	100.4	99.9	100.5	100.5	100.2	99.9	100.5	100.8	100.3	100.4
	三、144m²以上	100.8	100.2	101.0	100.2	100.3	100.4	100.2	100.5	100.5	100.5	100.4	100.4

4-4-32 2013年兰州市住宅销售价格指数

Lanzhou Housing Price Indices for 2013

		1月	2月	3月	4月	5月	6月	7月	8月	9月	10月	11月	12月
定基价格指数	**新建住宅价格指数**	**107.8**	**108.8**	**110.0**	**110.8**	**111.5**	**112.7**	**113.2**	**114.5**	**114.9**	**115.2**	**115.7**	**115.9**
	新建商品住宅	108.0	109.0	110.2	111.1	111.7	112.9	113.5	114.8	115.2	115.5	116.0	116.2
	一、90m²及以下	107.5	108.6	109.6	110.5	111.4	113.0	114.0	114.8	114.9	115.0	115.7	116.0
	二、90-144m²	108.2	109.1	110.2	110.6	111.2	112.3	112.8	114.2	114.6	115.1	115.5	115.6
	三、144m²以上	108.0	109.2	111.0	113.3	113.8	114.8	115.0	117.0	117.3	117.6	118.2	118.6
	二手住宅价格指数	**98.1**	**98.3**	**98.7**	**99.1**	**99.4**	**99.3**	**99.7**	**99.5**	**100.0**	**100.5**	**100.9**	**101.1**
	一、90m²及以下	97.6	97.7	98.3	98.7	99.1	99.0	99.3	99.2	99.6	100.1	100.4	100.5
	二、90-144m²	97.9	98.1	98.5	98.9	99.2	99.0	99.4	99.2	99.7	100.3	100.6	100.9
	三、144m²以上	99.8	100.0	100.1	100.6	100.8	101.0	101.6	101.3	101.9	102.2	102.7	102.7
同比价格指数	**新建住宅价格指数**	**100.5**	**101.4**	**102.6**	**103.5**	**104.1**	**105.3**	**105.8**	**107.0**	**107.3**	**107.7**	**107.7**	**107.9**
	新建商品住宅	100.5	101.4	102.7	103.6	104.2	105.4	105.9	107.1	107.5	107.9	107.9	108.0
	一、90m²及以下	100.3	101.2	102.2	103.1	104.0	105.4	106.5	107.3	107.3	107.5	107.9	108.0
	二、90-144m²	100.6	101.5	102.7	103.2	103.7	104.8	105.3	106.6	107.0	107.5	107.3	107.4
	三、144m²以上	100.5	101.7	103.4	105.6	106.2	107.3	107.4	109.0	109.4	109.7	109.9	110.2
	二手住宅价格指数	**99.6**	**99.5**	**100.2**	**100.7**	**101.1**	**101.0**	**101.4**	**101.2**	**101.9**	**102.3**	**102.7**	**102.8**
	一、90m²及以下	99.9	99.7	100.6	101.2	101.6	101.4	101.8	101.7	102.3	102.7	102.8	102.7
	二、90-144m²	99.4	99.4	100.1	100.6	100.9	100.7	101.2	101.0	101.7	102.2	102.6	102.8
	三、144m²以上	100.1	99.8	100.0	100.5	100.5	101.0	101.4	101.1	101.6	102.0	102.6	102.6
环比价格指数	**新建住宅价格指数**	**100.3**	**100.9**	**101.1**	**100.8**	**100.6**	**101.1**	**100.5**	**101.1**	**100.3**	**100.3**	**100.4**	**100.2**
	新建商品住宅	100.4	100.9	101.1	100.8	100.6	101.1	100.5	101.2	100.3	100.3	100.4	100.2
	一、90m²及以下	100.1	101.0	100.9	100.9	100.8	101.4	100.9	100.7	100.1	100.1	100.6	100.2
	二、90-144m²	100.4	100.8	101.1	100.4	100.5	101.0	100.4	101.2	100.4	100.4	100.4	100.1
	三、144m²以上	100.4	101.1	101.7	102.0	100.4	100.9	100.2	101.7	100.3	100.2	100.5	100.3
	二手住宅价格指数	**99.7**	**100.2**	**100.4**	**100.4**	**100.3**	**99.9**	**100.4**	**99.8**	**100.5**	**100.5**	**100.4**	**100.2**
	一、90m²及以下	99.7	100.2	100.6	100.4	100.4	99.9	100.3	99.9	100.4	100.5	100.3	100.1
	二、90-144m²	99.8	100.2	100.5	100.4	100.3	99.8	100.3	99.8	100.5	100.6	100.4	100.3
	三、144m²以上	99.6	100.3	100.0	100.5	100.2	100.2	100.6	99.7	100.6	100.3	100.5	100.0

4-4-33 2013年西宁市住宅销售价格指数
Xining Housing Price Indices for 2013

		1月	2月	3月	4月	5月	6月	7月	8月	9月	10月	11月	12月
定基价格指数	**新建住宅价格指数**	**109.6**	**111.1**	**111.7**	**112.6**	**113.9**	**115.2**	**116.3**	**117.5**	**117.9**	**118.8**	**119.5**	**120.2**
	新建商品住宅	109.6	111.1	111.7	112.6	113.9	115.2	116.3	117.5	117.9	118.9	119.5	120.2
	一、90m²及以下	109.5	110.4	111.3	111.9	112.9	114.6	115.8	116.8	117.5	118.4	118.8	119.6
	二、90-144m²	109.7	111.5	112.1	113.0	114.3	115.5	116.7	118.1	118.5	119.1	119.7	120.4
	三、144m²以上	109.4	110.1	110.6	111.4	112.8	114.2	115.1	116.1	116.2	118.3	119.1	119.8
	二手住宅价格指数	**107.8**	**108.3**	**108.9**	**109.3**	**110.0**	**110.6**	**110.7**	**111.0**	**111.4**	**111.6**	**112.2**	**112.3**
	一、90m²及以下	108.6	109.3	109.9	110.3	110.9	111.6	111.7	112.0	112.5	112.7	113.3	113.4
	二、90-144m²	107.3	107.4	108.0	108.5	109.2	109.7	109.8	110.1	110.5	110.7	111.1	111.2
	三、144m²以上	105.5	105.5	106.1	106.9	107.5	107.9	108.0	108.2	108.7	108.8	109.6	109.9
同比价格指数	**新建住宅价格指数**	**102.3**	**103.6**	**104.0**	**104.6**	**105.8**	**106.9**	**107.9**	**108.7**	**108.9**	**109.3**	**109.4**	**109.9**
	新建商品住宅	102.3	103.6	104.0	104.6	105.8	106.9	107.9	108.7	108.9	109.3	109.4	109.9
	一、90m²及以下	102.6	103.4	104.1	104.7	105.6	107.3	108.3	108.8	109.4	110.0	109.4	110.2
	二、90-144m²	102.5	104.1	104.4	105.1	106.2	107.3	108.3	109.2	109.3	109.4	109.6	109.9
	三、144m²以上	101.3	102.0	102.3	103.0	104.2	105.4	106.1	107.0	107.1	108.6	109.0	109.6
	二手住宅价格指数	**101.6**	**101.7**	**102.3**	**102.7**	**103.3**	**103.5**	**103.3**	**103.6**	**103.9**	**103.9**	**104.3**	**104.3**
	一、90m²及以下	101.6	101.7	102.2	102.6	103.2	103.4	103.3	103.6	104.2	104.2	104.6	104.6
	二、90-144m²	101.5	101.8	102.4	102.9	103.6	103.7	103.5	103.5	103.5	103.5	103.8	103.9
	三、144m²以上	101.6	101.6	101.9	102.8	103.3	103.3	103.3	103.4	103.8	103.8	104.6	105.0
环比价格指数	**新建住宅价格指数**	**100.2**	**101.4**	**100.5**	**100.8**	**101.2**	**101.1**	**100.9**	**101.1**	**100.3**	**100.8**	**100.5**	**100.6**
	新建商品住宅	100.2	101.4	100.5	100.8	101.2	101.1	100.9	101.1	100.3	100.8	100.5	100.6
	一、90m²及以下	100.8	100.8	100.8	100.6	100.9	101.6	101.0	100.8	100.6	100.8	100.4	100.7
	二、90-144m²	100.2	101.6	100.5	100.8	101.2	101.1	101.0	101.2	100.4	100.5	100.5	100.6
	三、144m²以上	100.1	100.6	100.4	100.8	101.3	101.2	100.7	100.9	100.1	101.8	100.6	100.6
	二手住宅价格指数	**100.2**	**100.4**	**100.6**	**100.4**	**100.6**	**100.5**	**100.1**	**100.3**	**100.4**	**100.1**	**100.5**	**100.1**
	一、90m²及以下	100.2	100.6	100.6	100.4	100.6	100.6	100.1	100.3	100.4	100.1	100.5	100.1
	二、90-144m²	100.2	100.1	100.5	100.5	100.7	100.4	100.1	100.3	100.3	100.2	100.4	100.1
	三、144m²以上	100.8	100.0	100.5	100.8	100.5	100.4	100.2	100.2	100.4	100.1	100.7	100.2

4-4-34 2013年银川市住宅销售价格指数

Yinchuan Housing Price Indices for 2013

		1月	2月	3月	4月	5月	6月	7月	8月	9月	10月	11月	12月
定基价格指数	**新建住宅价格指数**	**105.6**	**106.2**	**106.8**	**107.8**	**108.6**	**109.5**	**110.1**	**111.5**	**112.3**	**112.9**	**113.7**	**114.3**
	新建商品住宅	106.0	106.6	107.2	108.3	109.2	110.2	110.8	112.4	113.1	113.8	114.6	115.4
	一、90m²及以下	107.5	108.6	109.4	110.6	111.0	112.1	113.0	115.1	115.8	116.4	117.9	118.3
	二、90-144m²	104.0	104.4	104.9	106.0	107.0	108.4	109.0	110.3	111.2	111.9	112.5	113.3
	三、144m²以上	107.8	108.0	108.7	109.6	110.8	110.9	111.5	112.5	113.2	113.9	114.3	115.3
	二手住宅价格指数	**102.8**	**103.6**	**104.3**	**105.1**	**106.0**	**106.7**	**107.3**	**108.1**	**108.8**	**109.7**	**110.5**	**111.1**
	一、90m²及以下	102.4	103.5	104.1	104.9	105.8	106.5	107.1	107.8	108.5	109.4	110.1	110.8
	二、90-144m²	102.8	103.5	104.3	105.2	106.0	106.7	107.5	108.3	109.2	110.0	110.8	111.5
	三、144m²以上	104.5	104.7	105.3	105.9	106.7	107.1	107.7	108.3	108.9	109.9	110.4	110.8
同比价格指数	**新建住宅价格指数**	**102.0**	**102.6**	**103.1**	**104.2**	**105.0**	**106.0**	**106.3**	**107.3**	**107.6**	**108.1**	**108.3**	**108.6**
	新建商品住宅	102.2	102.8	103.3	104.5	105.4	106.5	106.8	107.9	108.2	108.7	109.0	109.2
	一、90m²及以下	101.7	102.9	103.5	104.7	105.3	106.5	107.2	109.0	109.3	109.9	110.7	110.1
	二、90-144m²	102.0	102.4	102.8	104.1	105.1	106.6	106.8	107.6	108.1	108.4	108.5	109.3
	三、144m²以上	103.3	103.5	103.9	104.9	106.0	106.2	106.5	106.8	107.0	107.6	107.6	108.0
	二手住宅价格指数	**99.9**	**101.3**	**102.5**	**103.4**	**104.4**	**105.1**	**105.7**	**106.2**	**106.9**	**107.6**	**107.9**	**108.4**
	一、90m²及以下	100.2	101.7	102.9	103.9	104.9	105.6	106.2	106.7	107.5	108.2	108.2	108.4
	二、90-144m²	99.6	101.1	102.3	103.2	104.2	104.9	105.6	106.0	106.8	107.5	108.1	108.8
	三、144m²以上	100.0	100.6	101.4	102.0	102.8	103.3	103.7	103.9	104.6	105.4	105.7	106.1
环比价格指数	**新建住宅价格指数**	**100.3**	**100.5**	**100.5**	**100.9**	**100.8**	**100.9**	**100.6**	**101.3**	**100.6**	**100.5**	**100.7**	**100.6**
	新建商品住宅	100.4	100.6	100.6	101.0	100.8	100.9	100.6	101.4	100.7	100.6	100.8	100.6
	一、90m²及以下	100.0	101.0	100.8	101.1	100.4	101.0	100.8	101.9	100.6	100.5	101.3	100.3
	二、90-144m²	100.3	100.4	100.4	101.0	101.0	101.3	100.5	101.2	100.8	100.6	100.6	100.7
	三、144m²以上	101.0	100.2	100.6	100.9	101.0	100.1	100.5	101.0	100.6	100.6	100.4	100.9
	二手住宅价格指数	**100.2**	**100.8**	**100.7**	**100.8**	**100.8**	**100.6**	**100.6**	**100.7**	**100.7**	**100.8**	**100.7**	**100.6**
	一、90m²及以下	100.2	101.0	100.6	100.8	100.9	100.6	100.6	100.7	100.6	100.8	100.7	100.6
	二、90-144m²	100.3	100.7	100.8	100.8	100.8	100.7	100.8	100.7	100.8	100.8	100.7	100.6
	三、144m²以上	100.1	100.2	100.6	100.6	100.7	100.4	100.6	100.5	100.6	100.9	100.4	100.4

4-4-35 2013年乌鲁木齐市住宅销售价格指数
Urumqi Housing Price Indices for 2013

		1月	2月	3月	4月	5月	6月	7月	8月	9月	10月	11月	12月
定基价格指数	**新建住宅价格指数**	**113.3**	**115.0**	**116.2**	**117.6**	**118.4**	**118.2**	**119.0**	**120.1**	**121.5**	**122.4**	**123.0**	**124.1**
	新建商品住宅	113.4	115.1	116.3	117.7	118.5	118.4	119.2	120.3	121.7	122.6	123.1	124.3
	一、90㎡及以下	113.2	114.9	115.8	117.1	118.1	118.1	119.4	120.7	122.3	123.4	124.1	125.6
	二、90-144㎡	114.9	117.1	118.6	120.3	120.8	120.6	121.1	122.1	123.5	124.1	124.7	125.8
	三、144㎡以上	110.7	111.2	112.1	113.1	114.1	114.0	114.6	115.4	116.7	117.7	117.9	118.6
	二手住宅价格指数	**107.0**	**107.4**	**108.2**	**108.6**	**109.3**	**109.8**	**110.3**	**110.8**	**111.1**	**111.6**	**111.8**	**112.3**
	一、90㎡及以下	109.2	109.6	110.5	111.0	111.8	112.3	113.0	113.6	113.9	114.4	114.9	115.4
	二、90-144㎡	105.6	106.0	106.7	107.1	107.8	108.2	108.6	109.0	109.4	109.8	110.0	110.4
	三、144㎡以上	105.2	105.2	105.7	106.4	107.0	107.1	107.4	107.7	108.0	108.6	108.5	108.6
同比价格指数	**新建住宅价格指数**	**103.5**	**105.0**	**106.1**	**107.3**	**108.1**	**107.9**	**108.2**	**109.0**	**110.0**	**110.2**	**110.0**	**110.7**
	新建商品住宅	103.5	105.0	106.2	107.4	108.1	107.9	108.3	109.1	110.0	110.3	110.1	110.7
	一、90㎡及以下	102.8	104.4	105.4	106.6	107.4	107.2	108.3	109.5	110.6	111.2	111.1	112.2
	二、90-144㎡	103.8	105.7	107.1	108.5	109.0	108.6	108.6	109.1	109.9	109.9	109.9	110.3
	三、144㎡以上	103.9	104.5	105.5	106.2	107.4	107.4	107.5	108.2	109.3	109.4	108.7	109.1
	二手住宅价格指数	**98.9**	**99.8**	**101.4**	**102.4**	**102.9**	**103.2**	**103.5**	**103.8**	**104.0**	**104.4**	**104.7**	**105.0**
	一、90㎡及以下	99.1	100.2	101.8	102.8	103.5	103.7	104.1	104.4	104.5	105.0	105.4	105.8
	二、90-144㎡	98.7	99.5	101.2	102.1	102.6	102.8	103.1	103.6	103.7	104.1	104.3	104.6
	三、144㎡以上	99.5	100.0	100.5	101.9	102.4	102.4	102.5	102.6	102.7	103.3	103.3	103.2
环比价格指数	**新建住宅价格指数**	**101.1**	**101.5**	**101.0**	**101.2**	**100.7**	**99.9**	**100.7**	**100.9**	**101.2**	**100.7**	**100.4**	**100.9**
	新建商品住宅	101.1	101.5	101.0	101.2	100.7	99.9	100.7	100.9	101.2	100.7	100.4	100.9
	一、90㎡及以下	101.0	101.5	100.8	101.1	100.9	100.0	101.1	101.1	101.3	100.9	100.6	101.2
	二、90-144㎡	100.8	101.9	101.3	101.5	100.4	99.8	100.4	100.9	101.1	100.5	100.5	100.8
	三、144㎡以上	101.8	100.5	100.8	100.9	100.9	99.9	100.6	100.7	101.1	100.9	100.2	100.6
	二手住宅价格指数	**100.0**	**100.4**	**100.7**	**100.4**	**100.7**	**100.4**	**100.4**	**100.5**	**100.3**	**100.4**	**100.2**	**100.4**
	一、90㎡及以下	100.1	100.4	100.8	100.4	100.8	100.5	100.6	100.5	100.3	100.5	100.4	100.5
	二、90-144㎡	100.0	100.3	100.7	100.3	100.6	100.4	100.4	100.4	100.3	100.4	100.2	100.4
	三、144㎡以上	100.0	100.0	100.4	100.7	100.6	100.1	100.2	100.3	100.2	100.6	99.9	100.1

4-4-36　2013年唐山市住宅销售价格指数

Tangshan Housing Price Indices for 2013

		1月	2月	3月	4月	5月	6月	7月	8月	9月	10月	11月	12月
定基价格指数	**新建住宅价格指数**	**101.5**	**101.9**	**102.5**	**102.5**	**102.4**	**102.5**	**102.5**	**102.7**	**102.6**	**103.0**	**103.0**	**103.2**
	新建商品住宅	101.7	102.0	102.8	102.7	102.6	102.7	102.7	102.9	102.9	103.2	103.2	103.5
	一、90㎡及以下	101.7	102.2	103.1	103.1	103.0	103.2	103.4	103.9	103.6	104.3	104.3	104.4
	二、90-144㎡	101.9	102.3	103.1	103.0	103.0	103.1	103.0	103.0	103.2	103.5	103.3	103.8
	三、144㎡以上	101.2	101.2	101.4	101.4	101.2	101.1	101.1	101.5	101.2	101.5	101.8	101.8
	二手住宅价格指数	**102.2**	**102.5**	**102.8**	**103.1**	**103.7**	**103.8**	**104.0**	**104.0**	**104.1**	**104.7**	**104.7**	**104.7**
	一、90㎡及以下	102.5	102.9	103.2	103.5	104.1	104.1	104.4	104.4	104.5	105.1	105.1	105.1
	二、90-144㎡	100.9	101.2	101.4	101.7	102.5	102.5	102.6	102.6	102.7	103.1	103.2	103.2
	三、144㎡以上	100.1	100.1	100.1	100.3	100.8	100.8	100.8	100.8	100.8	101.4	101.5	101.5
同比价格指数	**新建住宅价格指数**	**99.8**	**100.3**	**101.1**	**101.1**	**101.0**	**101.1**	**101.3**	**101.5**	**101.3**	**101.7**	**101.4**	**101.6**
	新建商品住宅	99.8	100.3	101.2	101.1	101.1	101.2	101.4	101.7	101.4	101.8	101.5	101.7
	一、90㎡及以下	99.8	100.2	101.3	101.4	101.2	101.3	101.9	102.4	101.8	102.6	102.4	102.5
	二、90-144㎡	99.6	100.2	101.3	101.2	101.2	101.4	101.5	101.6	101.7	102.0	101.5	101.9
	三、144㎡以上	100.3	100.5	100.7	100.7	100.6	100.3	100.7	101.1	100.1	100.4	100.4	100.4
	二手住宅价格指数	**98.3**	**99.3**	**99.9**	**100.2**	**101.2**	**101.5**	**102.0**	**102.0**	**102.1**	**102.6**	**102.7**	**102.6**
	一、90㎡及以下	98.2	99.2	99.8	100.1	101.1	101.4	102.0	102.0	102.1	102.7	102.7	102.6
	二、90-144㎡	98.8	99.7	100.3	100.7	101.5	101.8	101.9	102.0	102.0	102.5	102.5	102.5
	三、144㎡以上	99.2	99.3	99.4	100.2	100.7	100.7	100.8	100.8	100.8	101.4	101.4	101.4
环比价格指数	**新建住宅价格指数**	**99.9**	**100.3**	**100.6**	**99.9**	**99.9**	**100.1**	**100.0**	**100.2**	**100.0**	**100.3**	**100.0**	**100.3**
	新建商品住宅	99.9	100.4	100.7	99.9	99.9	100.1	100.0	100.2	100.0	100.4	100.0	100.3
	一、90㎡及以下	99.9	100.5	100.9	100.0	99.9	100.2	100.2	100.5	99.7	100.7	100.0	100.1
	二、90-144㎡	100.0	100.4	100.8	99.9	99.9	100.1	99.9	100.0	100.2	100.2	99.8	100.5
	三、144㎡以上	99.8	100.1	100.2	99.9	99.8	99.9	100.0	100.4	99.7	100.3	100.4	100.0
	二手住宅价格指数	**100.1**	**100.3**	**100.3**	**100.3**	**100.6**	**100.0**	**100.2**	**100.0**	**100.1**	**100.6**	**100.0**	**100.0**
	一、90㎡及以下	100.1	100.3	100.3	100.3	100.6	100.0	100.3	100.0	100.1	100.6	100.0	100.0
	二、90-144㎡	100.2	100.3	100.3	100.3	100.7	100.1	100.0	100.0	100.0	100.5	100.0	100.0
	三、144㎡以上	100.0	100.0	100.0	100.2	100.5	100.0	100.0	100.0	100.0	100.6	100.1	100.0

4-4-37 2013年秦皇岛市住宅销售价格指数
Qinhuangdao Housing Price Indices for 2013

		1月	2月	3月	4月	5月	6月	7月	8月	9月	10月	11月	12月
定基价格指数	**新建住宅价格指数**	**107.7**	**109.0**	**109.8**	**110.7**	**111.4**	**112.0**	**112.7**	**113.7**	**114.6**	**114.5**	**114.7**	**115.0**
	新建商品住宅	108.6	110.0	110.9	111.9	112.7	113.3	114.1	115.3	116.2	116.1	116.3	116.7
	一、90㎡及以下	109.8	111.4	112.2	113.6	113.9	114.7	115.5	116.8	117.8	117.7	118.2	118.3
	二、90-144㎡	107.5	108.8	109.9	110.9	111.9	112.5	113.3	114.4	115.2	115.1	115.1	115.7
	三、144㎡以上	109.1	110.1	110.8	110.7	111.9	112.1	112.7	113.8	115.1	114.8	115.0	115.5
	二手住宅价格指数	**101.4**	**102.1**	**102.5**	**102.5**	**103.3**	**103.5**	**103.4**	**103.7**	**103.7**	**103.7**	**103.5**	**103.6**
	一、90㎡及以下	102.8	103.6	104.0	104.2	105.0	105.0	104.8	105.1	105.2	105.0	104.9	105.0
	二、90-144㎡	99.0	99.6	100.0	99.8	100.4	101.0	101.2	101.2	101.2	101.3	101.1	101.2
	三、144㎡以上	100.4	100.7	101.0	101.1	101.7	101.8	102.1	102.7	102.7	102.7	102.5	102.3
同比价格指数	**新建住宅价格指数**	**101.3**	**102.6**	**103.3**	**104.1**	**104.9**	**105.4**	**105.8**	**106.4**	**107.1**	**106.9**	**107.2**	**107.1**
	新建商品住宅	101.5	102.8	103.7	104.6	105.4	106.0	106.4	107.1	107.8	107.6	107.9	107.8
	一、90㎡及以下	101.5	102.9	103.7	104.8	105.2	105.8	106.3	107.0	107.9	107.8	108.2	107.7
	二、90-144㎡	101.5	102.8	103.8	104.8	105.9	106.5	106.9	107.6	108.1	107.9	108.2	108.3
	三、144㎡以上	101.4	102.4	103.0	103.1	104.3	104.4	104.7	105.5	106.2	105.9	106.3	106.2
	二手住宅价格指数	**100.7**	**101.7**	**102.3**	**102.3**	**103.2**	**103.3**	**102.7**	**102.8**	**102.9**	**102.7**	**102.3**	**102.2**
	一、90㎡及以下	101.3	102.3	102.8	103.0	104.0	103.6	102.8	102.9	103.0	102.7	102.4	102.2
	二、90-144㎡	99.9	100.8	101.4	101.2	102.1	103.0	102.7	102.8	102.7	102.7	102.3	102.4
	三、144㎡以上	98.9	100.6	100.8	100.9	101.5	101.6	101.9	102.5	102.7	102.8	102.5	102.0
环比价格指数	**新建住宅价格指数**	**100.3**	**101.1**	**100.7**	**100.8**	**100.6**	**100.5**	**100.6**	**100.9**	**100.7**	**99.9**	**100.2**	**100.3**
	新建商品住宅	100.3	101.3	100.8	100.9	100.7	100.6	100.7	101.0	100.8	99.9	100.2	100.3
	一、90㎡及以下	100.0	101.4	100.7	101.2	100.3	100.7	100.8	101.1	100.8	100.0	100.4	100.0
	二、90-144㎡	100.6	101.3	100.9	100.9	100.9	100.6	100.7	100.9	100.7	99.9	100.0	100.5
	三、144㎡以上	100.3	100.9	100.6	100.0	101.0	100.2	100.6	101.0	101.1	99.8	100.2	100.4
	二手住宅价格指数	**100.1**	**100.7**	**100.4**	**100.1**	**100.7**	**100.3**	**99.9**	**100.2**	**100.0**	**100.0**	**99.8**	**100.1**
	一、90㎡及以下	100.0	100.8	100.4	100.2	100.7	100.1	99.8	100.3	100.0	99.9	99.9	100.1
	二、90-144㎡	100.2	100.6	100.4	99.8	100.6	100.6	100.1	100.0	100.1	100.1	99.8	100.1
	三、144㎡以上	100.2	100.3	100.3	100.1	100.6	100.1	100.2	100.6	--	100.0	99.8	99.8

4-4-38 2013年包头市住宅销售价格指数
Baotou Housing Price Indices for 2013

		1月	2月	3月	4月	5月	6月	7月	8月	9月	10月	11月	12月
定基价格指数	**新建住宅价格指数**	**105.3**	**107.2**	**108.2**	**108.7**	**110.0**	**110.1**	**110.7**	**110.6**	**111.0**	**111.8**	**112.4**	**113.1**
	新建商品住宅	105.6	107.8	109.0	109.6	111.1	111.3	112.0	111.9	112.3	113.2	113.9	114.7
	一、90m²及以下	105.1	107.7	109.7	110.1	111.4	111.5	112.5	112.5	113.0	113.4	114.1	114.8
	二、90-144m²	106.4	108.3	109.1	110.0	111.7	111.8	112.4	112.2	112.7	114.4	115.2	116.1
	三、144m²以上	104.3	106.5	107.1	107.3	108.5	108.7	109.5	109.4	109.7	108.9	109.2	109.7
	二手住宅价格指数	**100.1**	**100.5**	**100.7**	**101.0**	**101.2**	**101.2**	**101.4**	**101.7**	**102.1**	**102.5**	**102.8**	**103.0**
	一、90m²及以下	98.9	99.6	99.8	100.0	100.3	100.3	100.4	101.0	101.4	101.7	102.3	102.6
	二、90-144m²	102.2	102.4	102.6	103.0	103.2	103.2	103.4	103.5	103.8	104.3	104.3	104.5
	三、144m²以上	96.5	96.6	96.7	96.9	97.1	97.2	97.2	97.3	97.6	98.2	98.2	98.4
同比价格指数	**新建住宅价格指数**	**101.4**	**103.1**	**104.1**	**104.9**	**106.0**	**105.9**	**106.3**	**106.2**	**106.5**	**107.1**	**107.4**	**108.0**
	新建商品住宅	101.6	103.6	104.9	105.7	107.1	107.0	107.4	107.3	107.6	108.4	108.7	109.4
	一、90m²及以下	101.2	103.5	105.6	106.4	107.4	107.3	107.9	107.9	108.3	108.6	108.7	109.4
	二、90-144m²	101.5	103.3	104.2	105.2	106.8	106.6	106.9	106.6	107.1	108.7	109.5	110.3
	三、144m²以上	102.8	104.9	105.6	106.3	107.4	107.6	108.4	108.1	107.7	106.7	105.8	106.1
	二手住宅价格指数	**99.0**	**100.0**	**100.5**	**100.8**	**101.3**	**100.3**	**99.9**	**100.4**	**101.2**	**102.2**	**103.2**	**102.9**
	一、90m²及以下	99.2	100.5	101.1	101.2	101.9	101.0	100.6	101.4	102.3	103.0	104.1	103.7
	二、90-144m²	99.5	100.3	100.6	101.3	101.3	100.2	99.8	100.1	100.6	101.9	102.5	102.3
	三、144m²以上	96.0	96.8	97.6	97.7	98.1	97.7	97.3	97.4	99.7	100.3	102.3	102.0
环比价格指数	**新建住宅价格指数**	**100.6**	**101.8**	**100.9**	**100.5**	**101.1**	**100.1**	**100.6**	**99.9**	**100.4**	**100.7**	**100.5**	**100.6**
	新建商品住宅	100.7	102.1	101.1	100.6	101.3	100.1	100.6	99.9	100.4	100.8	100.6	100.7
	一、90m²及以下	100.1	102.5	101.8	100.4	101.2	100.1	100.9	100.0	100.4	100.4	100.6	100.7
	二、90-144m²	101.0	101.8	100.8	100.8	101.5	100.2	100.5	99.8	100.5	101.5	100.7	100.8
	三、144m²以上	100.9	102.0	100.6	100.2	101.1	100.2	100.8	99.9	100.2	99.3	100.3	100.5
	二手住宅价格指数	**100.0**	**100.4**	**100.2**	**100.3**	**100.2**	**100.0**	**100.1**	**100.3**	**100.4**	**100.4**	**100.3**	**100.2**
	一、90m²及以下	100.0	100.7	100.2	100.2	100.3	100.0	100.2	100.6	100.4	100.3	100.6	100.3
	二、90-144m²	100.0	100.2	100.2	100.4	100.2	100.0	100.2	100.1	100.3	100.5	100.0	100.2
	三、144m²以上	100.0	100.1	100.1	100.2	100.2	100.1	100.0	100.1	100.4	100.6	100.0	100.2

4-4-39　2013年丹东市住宅销售价格指数

Dandong Housing Price Indices for 2013

		1月	2月	3月	4月	5月	6月	7月	8月	9月	10月	11月	12月
定基价格指数	**新建住宅价格指数**	**108.1**	**109.1**	**110.3**	**111.1**	**111.9**	**112.8**	**113.9**	**114.8**	**115.6**	**116.4**	**116.9**	**117.6**
	新建商品住宅	108.1	109.1	110.3	111.2	112.0	112.9	114.0	114.9	115.7	116.5	117.0	117.7
	一、90m^2及以下	109.1	110.5	111.9	112.8	113.3	114.4	115.6	116.2	116.7	117.6	118.5	119.3
	二、90-144m^2	108.0	108.8	109.9	110.8	111.9	112.7	113.8	114.9	115.8	116.6	116.6	117.3
	三、144m^2以上	105.9	106.5	107.7	108.0	109.1	109.4	110.4	111.4	112.3	113.6	114.6	115.0
	二手住宅价格指数	**102.2**	**102.6**	**103.0**	**103.4**	**103.8**	**103.7**	**104.0**	**104.5**	**104.9**	**105.5**	**105.9**	**106.2**
	一、90m^2及以下	104.0	104.5	105.0	105.4	105.8	105.9	106.4	106.7	107.3	107.9	108.1	108.3
	二、90-144m^2	100.8	101.3	101.7	102.0	102.5	102.2	102.4	102.9	103.3	103.8	104.5	104.8
	三、144m^2以上	98.6	98.8	98.7	98.8	99.5	99.6	99.6	100.1	100.4	100.8	101.1	101.5
同比价格指数	**新建住宅价格指数**	**100.4**	**101.4**	**102.5**	**103.3**	**104.1**	**104.9**	**105.6**	**107.0**	**107.8**	**108.4**	**108.9**	**109.3**
	新建商品住宅	100.4	101.4	102.5	103.3	104.2	105.0	105.7	107.0	107.9	108.5	109.0	109.3
	一、90m^2及以下	101.1	102.4	103.8	104.6	105.1	106.2	107.3	108.1	108.3	109.0	109.9	110.3
	二、90-144m^2	100.3	101.2	102.1	103.0	104.1	104.8	105.1	106.8	108.0	108.5	108.5	108.8
	三、144m^2以上	98.9	99.3	100.4	100.9	102.3	102.5	103.2	104.7	106.3	107.2	108.2	108.7
	二手住宅价格指数	**99.9**	**100.3**	**100.7**	**101.0**	**101.5**	**101.3**	**101.6**	**102.3**	**102.6**	**103.0**	**103.5**	**103.9**
	一、90m^2及以下	101.5	102.0	102.4	102.9	103.3	103.1	103.6	104.1	104.1	104.6	104.4	104.4
	二、90-144m^2	98.7	99.2	99.6	99.9	100.4	100.0	100.1	100.8	101.3	101.6	102.8	103.6
	三、144m^2以上	96.7	96.9	96.8	96.8	97.5	97.9	98.1	100.1	100.2	101.0	101.8	103.0
环比价格指数	**新建住宅价格指数**	**100.4**	**100.9**	**101.1**	**100.7**	**100.8**	**100.8**	**101.0**	**100.8**	**100.7**	**100.7**	**100.4**	**100.6**
	新建商品住宅	100.4	100.9	101.1	100.7	100.8	100.8	101.0	100.8	100.7	100.8	100.4	100.6
	一、90m^2及以下	100.9	101.2	101.3	100.8	100.5	101.0	101.0	100.5	100.5	100.7	100.8	100.7
	二、90-144m^2	100.1	100.8	101.0	100.8	100.9	100.8	101.0	100.9	100.8	100.7	100.0	100.6
	三、144m^2以上	100.1	100.5	101.2	100.3	101.0	100.3	100.9	100.9	100.9	101.1	100.9	100.4
	二手住宅价格指数	**100.0**	**100.4**	**100.4**	**100.3**	**100.5**	**99.9**	**100.3**	**100.4**	**100.4**	**100.5**	**100.4**	**100.3**
	一、90m^2及以下	100.3	100.5	100.4	100.4	100.4	100.1	100.4	100.3	100.5	100.6	100.2	100.2
	二、90-144m^2	99.7	100.4	100.4	100.3	100.5	99.6	100.3	100.5	100.4	100.5	100.6	100.3
	三、144m^2以上	--	100.2	99.9	100.1	100.8	100.1	100.0	100.5	100.3	100.4	100.2	100.5

4-4-40　2013年锦州市住宅销售价格指数

Jinzhou Housing Price Indices for 2013

		1月	2月	3月	4月	5月	6月	7月	8月	9月	10月	11月	12月
定基价格指数	**新建住宅价格指数**	**105.5**	**106.7**	**107.0**	**108.0**	**109.0**	**110.2**	**111.3**	**112.8**	**113.8**	**114.7**	**116.0**	**116.4**
	新建商品住宅	105.5	106.7	107.0	108.0	109.0	110.2	111.3	112.8	113.8	114.7	116.0	116.4
	一、90m^{2}及以下	105.8	107.2	107.7	108.7	109.7	110.8	111.8	113.3	114.1	114.6	116.4	116.8
	二、90-144m^2	106.2	107.3	107.4	108.5	109.5	110.8	111.8	113.4	114.7	116.0	116.8	117.1
	三、144m^{2}以上	101.6	102.4	102.6	103.3	104.4	106.1	107.2	108.8	109.8	110.6	111.5	112.1
	二手住宅价格指数	**98.9**	**99.3**	**99.7**	**100.0**	**100.3**	**100.6**	**101.0**	**101.3**	**101.8**	**102.1**	**102.3**	**102.2**
	一、90m^{2}及以下	98.0	98.4	98.8	99.1	99.2	99.6	99.9	100.2	100.7	100.9	101.1	101.0
	二、90-144m^2	99.2	99.5	100.0	100.3	101.0	101.2	101.6	101.9	102.4	103.0	103.4	103.4
	三、144m^{2}以上	105.5	105.6	106.1	106.4	106.4	107.6	107.6	108.1	108.7	108.7	108.7	107.7
同比价格指数	**新建住宅价格指数**	**100.3**	**101.5**	**101.9**	**103.0**	**103.9**	**105.3**	**106.0**	**107.6**	**108.7**	**109.7**	**110.2**	**110.7**
	新建商品住宅	100.3	101.5	101.9	103.0	103.9	105.3	106.0	107.6	108.7	109.7	110.2	110.7
	一、90m^{2}及以下	100.3	101.7	102.3	103.4	104.3	105.7	106.0	107.5	108.3	108.9	110.0	110.5
	二、90-144m^2	100.6	101.7	102.0	103.1	103.9	105.2	106.2	108.0	109.5	111.0	110.8	111.1
	三、144m^{2}以上	98.9	99.7	99.9	100.6	101.8	103.7	105.0	106.7	108.2	109.7	108.7	110.3
	二手住宅价格指数	**98.7**	**99.1**	**99.5**	**99.9**	**100.1**	**100.2**	**100.7**	**101.2**	**101.6**	**102.2**	**103.4**	**103.3**
	一、90m^{2}及以下	97.7	98.2	98.6	98.9	99.0	99.0	100.3	100.5	100.9	101.5	103.1	103.1
	二、90-144m^2	99.2	99.5	100.0	100.3	100.9	101.1	101.5	102.5	103.3	103.6	104.2	104.2
	三、144m^{2}以上	105.5	105.6	106.1	106.4	106.4	107.6	102.1	101.9	102.3	102.7	103.0	102.1
环比价格指数	**新建住宅价格指数**	**100.3**	**101.2**	**100.3**	**100.9**	**100.9**	**101.2**	**101.0**	**101.4**	**100.9**	**100.7**	**101.2**	**100.3**
	新建商品住宅	100.3	101.2	100.3	100.9	100.9	101.2	101.0	101.4	100.9	100.7	101.2	100.3
	一、90m^{2}及以下	100.1	101.3	100.5	100.9	100.9	101.0	100.9	101.3	100.8	100.4	101.5	100.4
	二、90-144m^2	100.8	101.1	100.1	101.1	100.9	101.2	100.9	101.4	101.1	101.1	100.8	100.2
	三、144m^{2}以上	100.0	100.7	100.2	100.7	101.1	101.7	101.0	101.4	101.0	100.7	100.8	100.5
	二手住宅价格指数	**100.0**	**100.4**	**100.4**	**100.3**	**100.3**	**100.4**	**100.3**	**100.3**	**100.5**	**100.3**	**100.2**	**99.9**
	一、90m^{2}及以下	100.0	100.5	100.4	100.3	100.1	100.4	100.3	100.3	100.4	100.3	100.1	99.9
	二、90-144m^2	100.0	100.2	100.5	100.4	100.7	100.2	100.4	100.3	100.5	100.5	100.5	100.0
	三、144m^{2}以上	100.0	100.1	100.5	100.3	100.0	101.1	100.0	100.5	100.5	100.0	100.0	99.1

4-4-41 2013年吉林市住宅销售价格指数
Jilin Housing Price Indices for 2013

		1月	2月	3月	4月	5月	6月	7月	8月	9月	10月	11月	12月
定基价格指数	**新建住宅价格指数**	**106.7**	**107.5**	**108.4**	**108.9**	**110.1**	**111.1**	**111.7**	**112.5**	**113.3**	**113.8**	**114.4**	**114.8**
	新建商品住宅	107.0	107.8	108.7	109.3	110.5	111.6	112.3	113.1	113.9	114.4	115.1	115.5
	一、90㎡及以下	106.9	108.0	109.3	109.8	110.8	112.4	113.0	113.7	114.1	114.4	114.9	115.3
	二、90-144㎡	107.0	107.7	108.4	109.0	110.3	111.4	112.1	113.0	113.9	114.4	115.0	115.3
	三、144㎡以上	107.0	107.6	108.7	109.6	110.8	111.2	111.6	112.4	113.6	114.5	115.7	116.5
	二手住宅价格指数	**103.4**	**104.0**	**103.9**	**104.2**	**104.4**	**104.5**	**104.8**	**104.9**	**104.9**	**105.0**	**105.2**	**105.4**
	一、90㎡及以下	104.8	105.5	105.3	105.6	105.8	106.0	106.1	106.2	106.3	106.4	106.7	106.8
	二、90-144㎡	103.8	104.5	104.3	104.5	104.9	105.0	105.5	105.6	105.6	105.6	105.9	106.1
	三、144㎡以上	99.0	99.4	99.4	99.6	99.8	99.5	99.8	99.8	99.8	99.8	100.0	100.4
同比价格指数	**新建住宅价格指数**	**100.9**	**101.7**	**102.7**	**103.4**	**104.5**	**105.5**	**105.7**	**106.7**	**107.4**	**107.9**	**108.0**	**108.3**
	新建商品住宅	101.0	101.8	102.8	103.6	104.7	105.7	106.0	107.1	107.7	108.3	108.4	108.8
	一、90㎡及以下	101.2	102.2	103.8	104.3	105.2	106.7	106.9	107.9	108.1	108.5	108.2	108.6
	二、90-144㎡	101.0	101.7	102.5	103.2	104.4	105.5	105.9	107.1	107.8	108.3	108.3	108.6
	三、144㎡以上	100.5	101.3	102.4	103.5	104.6	105.0	105.0	105.9	107.1	107.9	109.0	109.6
	二手住宅价格指数	**99.3**	**100.0**	**99.9**	**100.2**	**100.4**	**100.6**	**100.9**	**100.9**	**101.0**	**101.1**	**101.6**	**101.9**
	一、90㎡及以下	100.0	100.7	100.4	100.8	100.7	100.9	101.1	101.1	101.1	101.2	101.8	102.0
	二、90-144㎡	99.3	100.1	99.9	100.2	100.6	100.7	101.3	101.3	101.4	101.5	101.9	102.2
	三、144㎡以上	97.2	98.0	98.4	98.8	99.3	99.2	99.7	99.7	100.0	100.0	100.6	101.2
环比价格指数	**新建住宅价格指数**	**100.7**	**100.7**	**100.8**	**100.5**	**101.1**	**101.0**	**100.5**	**100.7**	**100.6**	**100.4**	**100.6**	**100.3**
	新建商品住宅	100.7	100.8	100.9	100.6	101.1	101.0	100.6	100.7	100.7	100.5	100.6	100.4
	一、90㎡及以下	100.6	101.0	101.2	100.5	100.9	101.4	100.5	100.7	100.4	100.2	100.4	100.4
	二、90-144㎡	100.8	100.7	100.6	100.5	101.2	101.0	100.7	100.8	100.7	100.4	100.6	100.2
	三、144㎡以上	100.7	100.5	101.0	100.9	101.1	100.3	100.4	100.8	101.1	100.8	101.0	100.7
	二手住宅价格指数	**100.0**	**100.6**	**99.9**	**100.3**	**100.2**	**100.1**	**100.3**	**100.1**	**100.1**	**100.0**	**100.3**	**100.2**
	一、90㎡及以下	100.1	100.6	99.8	100.3	100.1	100.2	100.1	100.1	100.1	100.1	100.3	100.1
	二、90-144㎡	100.0	100.6	99.8	100.2	100.3	100.1	100.5	100.1	100.1	100.0	100.3	100.1
	三、144㎡以上	99.8	100.4	100.0	100.2	100.2	99.8	100.3	100.0	100.0	100.0	100.2	100.4

4-4-42　2013年牡丹江市住宅销售价格指数
Mudanjiang Housing Price Indices for 2013

		1月	2月	3月	4月	5月	6月	7月	8月	9月	10月	11月	12月
定基价格指数	**新建住宅价格指数**	**106.8**	**107.6**	**108.5**	**109.7**	**110.5**	**111.2**	**111.6**	**111.8**	**112.3**	**112.4**	**112.8**	**113.4**
	新建商品住宅	106.8	107.7	108.6	109.8	110.6	111.3	111.7	111.9	112.4	112.5	112.9	113.5
	一、90㎡及以下	106.6	107.4	108.4	109.6	110.4	111.1	111.5	111.8	112.3	112.4	112.8	113.3
	二、90-144㎡	107.0	108.0	108.8	109.9	110.9	111.5	111.8	111.8	112.5	112.5	113.1	113.8
	三、144㎡以上	108.8	109.3	110.5	111.3	111.8	112.6	112.9	113.3	113.5	113.3	113.5	113.7
	二手住宅价格指数	**101.2**	**101.4**	**101.5**	**102.4**	**102.7**	**103.0**	**103.3**	**103.0**	**103.3**	**103.0**	**103.0**	**102.9**
	一、90㎡及以下	102.6	102.9	103.0	104.1	104.3	104.7	104.8	104.7	104.7	104.5	104.4	104.1
	二、90-144㎡	98.6	98.8	99.0	99.2	99.6	99.7	100.5	99.8	100.6	100.3	100.4	100.6
	三、144㎡以上	95.7	95.9	96.1	96.6	96.8	97.0	97.9	97.2	98.0	97.9	98.2	98.2
同比价格指数	**新建住宅价格指数**	**99.9**	**100.8**	**101.6**	**103.0**	**103.8**	**104.3**	**104.5**	**104.9**	**105.6**	**105.6**	**105.6**	**106.2**
	新建商品住宅	99.9	100.8	101.6	103.0	103.8	104.4	104.6	105.0	105.7	105.7	105.7	106.2
	一、90㎡及以下	99.8	100.8	101.6	103.0	103.7	104.3	104.6	105.1	105.9	105.8	105.8	106.3
	二、90-144㎡	100.0	100.9	101.7	103.2	104.1	104.6	104.6	104.8	105.3	105.5	105.7	106.3
	三、144㎡以上	100.0	100.5	101.5	102.7	103.3	104.1	104.1	104.5	104.5	104.5	104.1	105.1
	二手住宅价格指数	**99.5**	**99.9**	**100.0**	**100.9**	**101.3**	**101.7**	**102.0**	**101.7**	**101.9**	**101.7**	**101.7**	**101.6**
	一、90㎡及以下	99.8	100.1	100.2	101.3	101.6	102.0	102.1	102.0	102.0	101.8	101.7	101.5
	二、90-144㎡	98.9	99.5	99.7	100.0	100.6	100.7	101.6	100.9	101.8	101.6	101.6	102.0
	三、144㎡以上	97.8	98.4	98.7	99.7	100.1	100.5	101.4	100.7	101.8	102.0	102.3	102.5
环比价格指数	**新建住宅价格指数**	**100.0**	**100.8**	**100.9**	**101.1**	**100.7**	**100.6**	**100.3**	**100.2**	**100.5**	**100.0**	**100.4**	**100.5**
	新建商品住宅	100.0	100.8	100.9	101.1	100.7	100.6	100.3	100.2	100.5	100.0	100.4	100.5
	一、90㎡及以下	100.0	100.8	100.9	101.1	100.7	100.7	100.4	100.2	100.5	100.0	100.4	100.4
	二、90-144㎡	100.0	100.9	100.8	101.0	100.9	100.5	100.2	100.1	100.6	100.1	100.5	100.6
	三、144㎡以上	100.5	100.4	101.1	100.7	100.5	100.7	100.2	100.3	100.2	99.9	100.1	100.2
	二手住宅价格指数	**100.0**	**100.3**	**100.1**	**100.8**	**100.3**	**100.3**	**100.3**	**99.7**	**100.2**	**99.8**	**100.0**	**99.9**
	一、90㎡及以下	100.0	100.3	100.1	101.1	100.3	100.3	100.1	99.9	100.0	99.8	99.9	99.7
	二、90-144㎡	99.9	100.2	100.2	100.2	100.4	100.1	100.8	99.3	100.8	99.7	100.1	100.3
	三、144㎡以上	99.9	100.2	100.2	100.6	100.2	100.2	100.9	99.3	100.8	99.9	100.3	100.0

4-4-43　2013年无锡市住宅销售价格指数
Wuxi Housing Price Indices for 2013

		1月	2月	3月	4月	5月	6月	7月	8月	9月	10月	11月	12月
定基价格指数	**新建住宅价格指数**	**101.8**	**102.4**	**103.8**	**104.3**	**104.8**	**104.8**	**105.1**	**105.4**	**105.8**	**106.4**	**106.8**	**107.0**
	新建商品住宅	101.8	102.6	104.2	104.8	105.4	105.4	105.7	106.0	106.5	107.2	107.7	107.9
	一、90㎡及以下	104.1	104.8	106.5	107.1	107.8	107.8	108.1	108.2	108.8	109.2	109.4	109.5
	二、90-144㎡	101.8	102.6	104.1	104.7	105.3	105.3	105.6	106.0	106.2	106.8	107.1	107.3
	三、144㎡以上	100.7	101.4	103.1	103.8	104.3	104.3	104.7	104.9	105.8	106.8	107.5	107.9
	二手住宅价格指数	**104.7**	**105.6**	**105.7**	**106.1**	**106.1**	**106.0**	**106.0**	**106.2**	**106.6**	**106.7**	**107.3**	**107.4**
	一、90㎡及以下	103.3	104.6	104.6	105.1	104.9	104.8	105.1	105.4	105.7	105.6	106.3	106.5
	二、90-144㎡	104.8	105.6	106.0	106.4	106.3	106.3	106.1	106.4	106.8	106.9	107.4	107.6
	三、144㎡以上	107.7	107.9	107.9	108.0	108.2	108.2	107.8	108.0	108.5	108.7	109.2	109.3
同比价格指数	**新建住宅价格指数**	**100.4**	**101.1**	**102.7**	**103.2**	**103.7**	**103.8**	**103.7**	**103.4**	**103.9**	**104.5**	**104.8**	**105.1**
	新建商品住宅	100.4	101.3	103.2	103.8	104.4	104.4	104.3	104.0	104.5	105.2	105.6	105.9
	一、90㎡及以下	100.8	101.6	103.5	104.1	104.9	105.0	104.8	104.1	104.6	105.0	105.0	105.1
	二、90-144㎡	100.4	101.3	103.2	103.7	104.2	104.3	104.3	104.0	104.2	105.1	105.2	105.4
	三、144㎡以上	100.4	101.1	103.0	103.8	104.3	104.2	104.0	103.8	104.9	105.6	106.5	107.1
	二手住宅价格指数	**100.1**	**100.7**	**101.0**	**101.7**	**101.5**	**101.7**	**102.0**	**102.4**	**102.4**	**103.1**	**103.7**	**102.6**
	一、90㎡及以下	99.9	101.0	101.5	102.0	101.8	101.9	102.5	102.8	102.2	103.4	103.8	102.9
	二、90-144㎡	99.5	99.9	100.1	101.1	100.8	101.3	101.6	102.0	102.4	102.7	103.4	103.1
	三、144㎡以上	101.9	102.1	102.1	102.2	102.4	102.4	102.1	102.3	102.8	103.5	104.3	100.8
环比价格指数	**新建住宅价格指数**	**99.9**	**100.6**	**101.3**	**100.5**	**100.5**	**100.0**	**100.3**	**100.2**	**100.5**	**100.5**	**100.4**	**100.2**
	新建商品住宅	99.9	100.8	101.6	100.6	100.5	100.0	100.3	100.2	100.5	100.6	100.4	100.2
	一、90㎡及以下	99.8	100.7	101.6	100.6	100.7	100.0	100.3	100.1	100.5	100.4	100.2	100.1
	二、90-144㎡	99.9	100.8	101.5	100.5	100.6	100.0	100.3	100.3	100.3	100.6	100.3	100.2
	三、144㎡以上	100.0	100.7	101.6	100.7	100.4	100.1	100.4	100.2	100.9	100.9	100.7	100.3
	二手住宅价格指数	**100.0**	**100.8**	**100.2**	**100.4**	**99.9**	**99.9**	**100.0**	**100.3**	**100.4**	**100.0**	**100.6**	**100.2**
	一、90㎡及以下	99.8	101.2	100.0	100.5	99.9	99.8	100.3	100.3	100.3	99.9	100.6	100.2
	二、90-144㎡	100.4	100.7	100.4	100.4	99.9	100.0	99.8	100.2	100.4	100.1	100.5	100.2
	三、144㎡以上	99.4	100.2	100.0	100.1	100.2	100.0	99.7	100.1	100.5	100.2	100.5	100.1

4-4-44　2013年扬州市住宅销售价格指数
Yangzhou Housing Price Indices for 2013

		1月	2月	3月	4月	5月	6月	7月	8月	9月	10月	11月	12月
定基价格指数	**新建住宅价格指数**	**103.7**	**104.3**	**104.8**	**106.0**	**106.8**	**107.7**	**107.7**	**108.2**	**108.7**	**109.9**	**110.8**	**111.2**
	新建商品住宅	103.8	104.4	104.9	106.1	107.0	107.9	107.9	108.4	108.9	110.2	111.2	111.6
	一、90㎡及以下	105.1	106.0	106.5	107.7	108.8	109.5	109.7	110.6	111.4	112.6	113.6	113.9
	二、90-144㎡	103.6	104.2	104.9	106.0	107.1	108.0	108.0	108.4	108.8	110.2	111.0	111.2
	三、144㎡以上	104.0	104.4	104.4	105.8	106.3	107.2	107.1	107.8	108.4	109.6	110.9	111.7
	二手住宅价格指数	**98.8**	**99.4**	**99.5**	**100.0**	**100.2**	**100.4**	**100.5**	**101.0**	**101.2**	**101.6**	**101.9**	**102.1**
	一、90㎡及以下	98.9	99.4	99.6	100.2	100.3	100.6	100.6	101.0	101.4	101.8	102.2	102.3
	二、90-144㎡	98.8	99.3	99.5	99.8	100.2	100.3	100.4	101.0	101.0	101.3	101.6	101.9
	三、144㎡以上	98.4	99.1	99.2	99.8	100.0	100.1	100.1	100.8	101.5	101.7	101.7	101.7
同比价格指数	**新建住宅价格指数**	**100.1**	**100.8**	**101.3**	**102.4**	**103.4**	**104.3**	**104.2**	**104.7**	**105.2**	**106.4**	**107.4**	**107.0**
	新建商品住宅	100.1	100.8	101.4	102.5	103.5	104.4	104.3	104.8	105.4	106.6	107.6	107.3
	一、90㎡及以下	100.3	101.2	101.8	103.0	104.2	104.8	104.9	105.6	106.4	107.7	108.9	108.6
	二、90-144㎡	99.8	100.5	101.2	102.2	103.4	104.3	104.4	104.9	105.3	106.5	107.5	107.1
	三、144㎡以上	100.8	101.5	101.8	103.1	103.7	104.5	103.9	104.5	105.2	106.6	107.7	107.4
	二手住宅价格指数	**97.0**	**97.7**	**98.5**	**99.6**	**100.6**	**100.9**	**101.2**	**101.9**	**102.6**	**103.0**	**103.5**	**103.4**
	一、90㎡及以下	97.1	97.9	98.6	99.6	100.5	100.8	101.2	101.6	102.6	103.1	103.7	103.5
	二、90-144㎡	96.6	97.3	98.3	99.7	100.8	101.2	101.3	102.4	102.4	102.8	103.4	103.2
	三、144㎡以上	98.0	98.7	98.8	99.7	100.4	100.5	100.6	101.1	103.3	103.5	103.4	103.4
环比价格指数	**新建住宅价格指数**	**99.8**	**100.6**	**100.5**	**101.1**	**100.8**	**100.8**	**100.0**	**100.5**	**100.4**	**101.2**	**100.8**	**100.3**
	新建商品住宅	99.8	100.6	100.5	101.1	100.9	100.8	100.0	100.5	100.4	101.2	100.9	100.4
	一、90㎡及以下	100.2	100.9	100.5	101.1	101.0	100.6	100.2	100.8	100.8	101.0	100.9	100.3
	二、90-144㎡	99.7	100.6	100.7	101.1	101.0	100.8	100.0	100.4	100.3	101.3	100.8	100.2
	三、144㎡以上	99.9	100.4	100.1	101.3	100.5	100.8	99.9	100.6	100.6	101.1	101.2	100.8
	二手住宅价格指数	**100.1**	**100.5**	**100.2**	**100.4**	**100.3**	**100.2**	**100.1**	**100.5**	**100.3**	**100.4**	**100.3**	**100.2**
	一、90㎡及以下	100.2	100.5	100.2	100.5	100.2	100.2	100.1	100.3	100.4	100.4	100.4	100.1
	二、90-144㎡	100.1	100.5	100.2	100.3	100.4	100.1	100.1	100.5	100.0	100.4	100.2	100.3
	三、144㎡以上	100.1	100.6	100.1	100.6	100.2	100.1	100.0	100.7	100.7	100.2	99.9	100.0

4-4-45 2013年徐州市住宅销售价格指数

Xuzhou Housing Price Indices for 2013

		1月	2月	3月	4月	5月	6月	7月	8月	9月	10月	11月	12月
定基价格指数	**新建住宅价格指数**	**103.5**	**104.6**	**106.0**	**107.0**	**108.1**	**108.9**	**109.9**	**110.9**	**111.6**	**112.5**	**113.0**	**113.4**
	新建商品住宅	103.7	104.8	106.3	107.3	108.5	109.4	110.5	111.5	112.3	113.2	113.7	114.1
	一、90m²及以下	104.0	104.5	105.6	106.6	108.1	109.2	110.0	110.8	111.7	112.3	112.8	113.2
	二、90-144m²	103.9	105.3	107.0	108.0	109.1	110.0	111.1	112.1	112.9	113.8	114.4	114.7
	三、144m²以上	101.7	102.4	103.6	104.8	105.5	106.3	107.5	108.7	109.5	111.0	111.3	112.2
	二手住宅价格指数	**98.9**	**99.4**	**98.8**	**98.8**	**98.9**	**99.4**	**99.5**	**99.8**	**100.0**	**100.0**	**100.2**	**100.0**
	一、90m²及以下	98.6	99.1	98.7	99.0	99.1	99.3	99.4	99.5	99.8	99.9	99.9	99.9
	二、90-144m²	98.9	99.4	98.6	98.5	98.7	99.4	99.4	99.5	99.7	99.7	99.8	99.4
	三、144m²以上	99.7	99.7	99.7	99.3	99.5	99.8	99.9	101.4	101.9	101.9	102.2	102.5
同比价格指数	**新建住宅价格指数**	**100.5**	**101.6**	**103.3**	**104.4**	**105.6**	**106.5**	**107.1**	**108.2**	**109.1**	**110.0**	**110.1**	**110.4**
	新建商品住宅	100.5	101.7	103.5	104.7	105.9	106.9	107.5	108.7	109.6	110.6	110.6	111.0
	一、90m²及以下	100.2	101.1	102.5	103.7	105.3	106.3	106.8	107.5	108.4	109.1	109.4	109.7
	二、90-144m²	100.7	102.0	104.0	105.1	106.3	107.3	107.9	109.2	110.0	111.0	111.1	111.4
	三、144m²以上	100.0	100.9	102.6	103.9	104.7	105.4	106.6	108.0	108.9	110.5	110.2	111.3
	二手住宅价格指数	**102.0**	**102.6**	**102.2**	**102.2**	**102.4**	**101.8**	**101.8**	**102.1**	**102.3**	**102.3**	**102.3**	**101.9**
	一、90m²及以下	102.1	103.0	102.6	102.9	103.1	101.9	102.0	102.1	102.3	102.4	102.5	101.9
	二、90-144m²	102.4	103.0	102.6	102.5	102.7	102.1	102.2	102.2	102.3	102.2	102.2	101.7
	三、144m²以上	100.0	100.0	100.1	99.7	99.8	100.2	100.3	101.7	102.2	102.3	102.6	102.8
环比价格指数	**新建住宅价格指数**	**100.8**	**101.0**	**101.4**	**100.9**	**101.0**	**100.8**	**100.9**	**100.9**	**100.7**	**100.8**	**100.4**	**100.4**
	新建商品住宅	100.9	101.1	101.4	101.0	101.1	100.9	100.9	100.9	100.7	100.9	100.4	100.4
	一、90m²及以下	100.7	100.6	101.0	101.0	101.4	101.0	100.7	100.7	100.8	100.6	100.4	100.4
	二、90-144m²	100.9	101.3	101.6	101.0	101.1	100.8	101.0	101.0	100.7	100.9	100.4	100.3
	三、144m²以上	100.8	100.7	101.1	101.2	100.7	100.8	101.2	101.1	100.8	101.4	100.2	100.9
	二手住宅价格指数	**100.8**	**100.5**	**99.4**	**100.0**	**100.2**	**100.5**	**100.1**	**100.3**	**100.2**	**100.1**	**100.1**	**99.8**
	一、90m²及以下	100.6	100.5	99.6	100.3	100.1	100.1	100.1	100.1	100.2	100.1	100.1	100.0
	二、90-144m²	101.1	100.6	99.1	99.9	100.2	100.7	100.0	100.1	100.1	100.0	100.1	99.6
	三、144m²以上	100.0	--	--	99.6	100.2	100.4	100.1	101.5	100.4	100.1	100.3	100.2

4-4-46 2013年温州市住宅销售价格指数

Wenzhou Housing Price Indices for 2013

		1月	2月	3月	4月	5月	6月	7月	8月	9月	10月	11月	12月
定基价格指数	**新建住宅价格指数**	**83.3**	**83.0**	**82.9**	**82.9**	**83.3**	**83.5**	**83.1**	**83.0**	**82.8**	**82.7**	**82.3**	**81.1**
	新建商品住宅	82.3	82.0	81.9	81.9	82.3	82.5	82.1	82.0	81.8	81.7	81.3	79.9
	一、90㎡及以下	85.0	84.7	84.7	84.9	85.2	85.6	85.3	85.3	84.4	84.2	83.3	81.8
	二、90-144㎡	85.4	85.3	85.3	85.3	85.7	86.4	86.3	86.1	85.6	85.7	84.8	83.2
	三、144㎡以上	81.1	80.7	80.6	80.6	80.9	81.0	80.6	80.5	80.4	80.4	80.2	78.9
	二手住宅价格指数	**89.0**	**88.4**	**87.4**	**86.8**	**86.5**	**86.3**	**85.9**	**85.8**	**85.3**	**85.0**	**84.4**	**82.9**
	一、90㎡及以下	91.2	90.8	89.9	89.2	89.0	88.6	88.2	87.9	87.6	87.3	86.8	85.4
	二、90-144㎡	87.3	86.7	85.7	85.3	85.0	85.0	84.7	84.6	84.3	84.2	84.0	82.3
	三、144㎡以上	88.9	88.1	87.2	86.3	86.0	85.7	85.2	85.1	84.3	83.9	82.6	81.2
同比价格指数	**新建住宅价格指数**	**89.9**	**89.9**	**90.8**	**94.3**	**96.4**	**97.2**	**97.6**	**97.9**	**98.3**	**98.6**	**98.9**	**97.4**
	新建商品住宅	89.2	89.3	90.2	93.9	96.2	97.0	97.4	97.7	98.2	98.5	98.8	97.2
	一、90㎡及以下	88.4	88.0	88.4	92.5	95.4	96.3	97.1	98.2	98.4	99.1	98.3	96.3
	二、90-144㎡	89.6	89.5	89.6	94.6	97.5	98.3	100.4	100.2	99.6	99.8	99.8	97.5
	三、144㎡以上	89.4	89.6	90.8	94.1	96.1	97.0	97.0	97.2	97.9	98.1	98.8	97.4
	二手住宅价格指数	**95.6**	**95.5**	**94.6**	**96.3**	**96.4**	**96.4**	**95.5**	**95.1**	**94.7**	**94.7**	**94.3**	**92.8**
	一、90㎡及以下	96.7	96.9	96.0	97.3	97.4	97.2	95.8	95.3	95.3	95.1	94.7	93.5
	二、90-144㎡	95.5	95.7	94.6	96.7	97.2	97.1	96.3	95.7	95.6	95.6	95.8	94.0
	三、144㎡以上	94.6	94.1	93.3	95.0	94.8	94.9	94.2	94.2	93.3	93.4	92.4	90.9
环比价格指数	**新建住宅价格指数**	**100.0**	**99.6**	**99.9**	**100.0**	**100.4**	**100.2**	**99.6**	**99.9**	**99.7**	**99.9**	**99.5**	**98.4**
	新建商品住宅	100.0	99.6	99.9	100.0	100.4	100.3	99.6	99.9	99.7	99.9	99.5	98.3
	一、90㎡及以下	100.0	99.7	100.0	100.2	100.3	100.5	99.7	100.0	98.9	99.7	98.9	98.3
	二、90-144㎡	100.0	99.9	100.0	100.0	100.5	100.8	99.9	99.8	99.5	100.0	99.0	98.1
	三、144㎡以上	100.1	99.5	99.9	100.0	100.4	100.1	99.5	99.9	99.9	99.9	99.8	98.4
	二手住宅价格指数	**99.7**	**99.3**	**98.9**	**99.2**	**99.7**	**99.7**	**99.6**	**99.8**	**99.4**	**99.7**	**99.2**	**98.2**
	一、90㎡及以下	99.9	99.6	99.0	99.2	99.8	99.6	99.6	99.7	99.6	99.7	99.3	98.4
	二、90-144㎡	99.7	99.4	98.8	99.5	99.7	99.9	99.7	99.8	99.6	99.9	99.8	98.0
	三、144㎡以上	99.5	99.1	98.9	99.0	99.6	99.6	99.5	99.9	99.0	99.5	98.5	98.3

4-4-47 2013年金华市住宅销售价格指数

Jinhua Housing Price Indices for 2013

		1月	2月	3月	4月	5月	6月	7月	8月	9月	10月	11月	12月
定基价格指数	**新建住宅价格指数**	**97.7**	**97.9**	**98.8**	**99.2**	**100.2**	**100.5**	**101.6**	**102.7**	**103.6**	**103.8**	**103.8**	**104.0**
	新建商品住宅	97.7	97.9	98.7	99.2	100.2	100.5	101.6	102.7	103.6	103.8	103.8	104.1
	一、90㎡及以下	104.0	104.4	105.1	105.7	106.5	106.9	108.0	109.1	110.1	110.5	110.4	110.7
	二、90-144㎡	99.7	99.8	100.6	101.2	102.2	102.7	103.6	104.7	105.8	106.1	106.2	106.6
	三、144㎡以上	94.4	94.6	95.5	95.8	96.8	97.0	98.3	99.4	100.1	100.2	100.2	100.3
	二手住宅价格指数	**94.2**	**94.6**	**95.0**	**95.2**	**95.6**	**96.0**	**96.5**	**96.9**	**97.5**	**97.9**	**98.5**	**98.8**
	一、90㎡及以下	95.1	95.5	96.3	96.5	96.8	96.9	97.6	98.1	98.8	99.3	99.6	99.8
	二、90-144㎡	94.2	94.7	95.0	95.2	95.5	96.0	96.5	97.0	97.6	98.1	98.7	99.0
	三、144㎡以上	92.5	92.6	92.8	92.9	93.8	94.3	94.5	94.7	95.1	95.3	95.8	96.3
同比价格指数	**新建住宅价格指数**	**94.4**	**94.7**	**100.1**	**101.0**	**102.3**	**103.1**	**104.3**	**106.4**	**107.7**	**107.9**	**107.6**	**107.0**
	新建商品住宅	94.4	94.7	100.1	101.0	102.3	103.2	104.4	106.5	107.8	108.0	107.7	107.0
	一、90㎡及以下	99.2	99.8	102.7	103.8	105.2	106.0	107.1	109.4	110.9	111.1	109.0	107.1
	二、90-144㎡	96.8	97.0	99.4	101.0	102.3	103.0	104.0	106.3	107.4	107.7	107.8	107.2
	三、144㎡以上	91.2	91.5	99.7	100.2	101.4	102.3	103.7	105.7	107.0	107.2	107.2	106.8
	二手住宅价格指数	**98.5**	**99.2**	**100.1**	**100.9**	**102.4**	**102.9**	**103.2**	**103.0**	**103.6**	**104.1**	**104.8**	**105.1**
	一、90㎡及以下	99.5	100.2	101.1	101.5	102.3	102.4	103.6	104.1	104.7	105.3	105.5	105.5
	二、90-144㎡	98.8	99.6	100.7	101.5	103.4	103.7	104.0	102.8	103.4	104.0	105.0	105.3
	三、144㎡以上	95.9	96.5	97.1	98.1	100.1	101.5	100.2	101.3	102.3	102.3	103.3	103.8
环比价格指数	**新建住宅价格指数**	**100.4**	**100.2**	**100.8**	**100.4**	**101.0**	**100.3**	**101.1**	**101.1**	**100.9**	**100.2**	**100.0**	**100.2**
	新建商品住宅	100.4	100.2	100.9	100.4	101.0	100.3	101.2	101.1	100.9	100.2	100.0	100.2
	一、90㎡及以下	100.6	100.4	100.7	100.6	100.8	100.3	101.0	101.1	100.9	100.3	99.9	100.3
	二、90-144㎡	100.2	100.2	100.8	100.6	101.0	100.5	100.9	101.0	101.0	100.3	100.1	100.4
	三、144㎡以上	100.6	100.2	101.0	100.3	101.1	100.1	101.4	101.1	100.8	100.1	100.0	100.1
	二手住宅价格指数	**100.2**	**100.4**	**100.5**	**100.2**	**100.4**	**100.4**	**100.5**	**100.4**	**100.6**	**100.4**	**100.5**	**100.3**
	一、90㎡及以下	100.5	100.5	100.8	100.2	100.3	100.1	100.7	100.5	100.7	100.4	100.4	100.2
	二、90-144㎡	100.2	100.5	100.3	100.3	100.3	100.5	100.5	100.5	100.7	100.5	100.6	100.3
	三、144㎡以上	99.8	100.1	100.2	100.1	101.0	100.5	100.3	100.2	100.4	100.2	100.6	100.4

4-4-48　2013年蚌埠市住宅销售价格指数

Bengbu Housing Price Indices for 2013

		1月	2月	3月	4月	5月	6月	7月	8月	9月	10月	11月	12月
定基价格指数	**新建住宅价格指数**	**103.8**	**104.3**	**104.8**	**105.0**	**105.7**	**106.1**	**106.2**	**106.7**	**107.5**	**108.1**	**108.4**	**108.3**
	新建商品住宅	103.9	104.4	104.9	105.1	105.8	106.3	106.3	106.9	107.6	108.3	108.5	108.5
	一、90㎡及以下	104.6	105.3	105.7	106.1	106.9	107.6	107.6	108.8	109.9	111.4	111.8	112.0
	二、90–144㎡	103.6	104.0	104.6	104.8	105.4	105.8	105.8	106.2	106.8	107.1	107.3	107.2
	三、144㎡以上	104.1	104.5	105.0	105.5	106.1	106.1	106.5	107.1	108.1	108.9	109.1	109.0
	二手住宅价格指数	**104.5**	**104.6**	**104.7**	**105.3**	**105.8**	**105.9**	**105.9**	**106.2**	**106.1**	**106.4**	**106.9**	**107.6**
	一、90㎡及以下	104.5	104.6	104.7	105.4	105.8	105.9	105.9	106.2	106.1	106.1	106.8	107.8
	二、90–144㎡	104.5	104.6	104.8	105.1	105.7	105.9	105.9	106.3	106.2	106.8	107.0	107.3
	三、144㎡以上	104.5	104.5	104.4	104.9	105.3	105.6	105.6	105.6	106.3	106.9	107.0	107.3
同比价格指数	**新建住宅价格指数**	**100.3**	**100.9**	**101.5**	**101.8**	**102.5**	**102.9**	**103.0**	**103.5**	**104.3**	**104.9**	**105.1**	**104.7**
	新建商品住宅	100.3	100.9	101.5	101.9	102.5	103.0	103.0	103.5	104.4	105.0	105.2	104.8
	一、90㎡及以下	100.9	101.6	102.2	102.6	103.4	104.0	104.0	105.1	106.3	107.7	108.1	107.5
	二、90–144㎡	100.1	100.7	101.2	101.6	102.2	102.6	102.7	103.0	103.7	104.0	104.2	103.8
	三、144㎡以上	100.6	101.0	101.6	102.0	102.5	102.6	103.2	103.8	105.0	105.5	105.4	105.0
	二手住宅价格指数	**100.3**	**100.5**	**100.6**	**101.1**	**101.6**	**101.7**	**101.6**	**101.8**	**101.7**	**101.8**	**102.4**	**103.0**
	一、90㎡及以下	100.3	100.4	100.5	101.1	101.5	101.6	101.4	101.6	101.7	101.5	102.3	103.2
	二、90–144㎡	100.4	100.7	100.9	101.1	101.7	101.8	101.8	102.1	101.7	102.2	102.5	102.7
	三、144㎡以上	100.6	100.6	100.6	101.0	101.3	101.5	101.5	101.5	101.7	102.1	102.4	102.7
环比价格指数	**新建住宅价格指数**	**100.4**	**100.4**	**100.5**	**100.2**	**100.6**	**100.4**	**100.0**	**100.5**	**100.7**	**100.6**	**100.2**	**100.0**
	新建商品住宅	100.4	100.5	100.5	100.3	100.6	100.5	100.0	100.5	100.7	100.6	100.2	100.0
	一、90㎡及以下	100.4	100.7	100.4	100.3	100.8	100.6	100.0	101.1	101.1	101.3	100.4	100.1
	二、90–144㎡	100.4	100.4	100.5	100.2	100.5	100.5	100.0	100.3	100.6	100.3	100.2	99.9
	三、144㎡以上	100.3	100.4	100.5	100.4	100.6	100.0	100.4	100.6	100.9	100.7	100.2	99.9
	二手住宅价格指数	**100.0**	**100.1**	**100.1**	**100.5**	**100.5**	**100.1**	**100.0**	**100.3**	**99.9**	**100.3**	**100.5**	**100.6**
	一、90㎡及以下	100.0	100.1	100.1	100.7	100.5	100.1	100.0	100.3	99.9	100.0	100.7	100.9
	二、90–144㎡	100.0	100.1	100.2	100.3	100.6	100.1	100.1	100.4	99.9	100.6	100.2	100.3
	三、144㎡以上	100.0	100.0	99.9	100.4	100.5	100.2	100.0	100.0	100.7	100.6	100.1	100.2

4-4-49 2013年安庆市住宅销售价格指数

Anqing Housing Price Indices for 2013

		1月	2月	3月	4月	5月	6月	7月	8月	9月	10月	11月	12月
定基价格指数	**新建住宅价格指数**	**103.4**	**104.1**	**105.1**	**105.5**	**106.1**	**106.6**	**106.5**	**107.2**	**107.8**	**108.6**	**109.1**	**109.3**
	新建商品住宅	103.4	104.1	105.2	105.5	106.2	106.7	106.7	107.3	108.0	108.8	109.4	109.6
	一、90m²及以下	104.2	105.0	106.8	107.4	108.2	108.9	108.6	109.6	110.0	110.8	111.1	111.2
	二、90-144m²	103.2	104.0	105.2	105.6	106.3	106.8	106.7	107.2	107.8	108.8	109.5	109.5
	三、144m²以上	103.8	104.1	104.6	105.0	105.5	106.0	106.1	107.1	108.0	108.5	108.8	109.6
	二手住宅价格指数	**99.2**	**99.5**	**99.7**	**100.0**	**100.2**	**100.4**	**100.7**	**100.9**	**101.1**	**101.3**	**101.4**	**101.3**
	一、90m²及以下	99.1	99.5	99.7	100.0	100.2	100.4	100.6	100.9	101.1	101.2	101.4	101.2
	二、90-144m²	99.7	100.0	100.1	100.6	100.7	100.8	101.2	101.5	101.5	101.6	101.6	101.5
	三、144m²以上	100.4	100.3	100.4	100.4	100.6	100.6	101.1	101.4	101.5	101.5	101.6	101.8
同比价格指数	**新建住宅价格指数**	**100.1**	**101.0**	**102.0**	**102.3**	**103.1**	**103.7**	**103.3**	**103.9**	**104.5**	**105.2**	**105.4**	**105.5**
	新建商品住宅	100.1	101.0	102.1	102.5	103.2	103.9	103.5	104.2	104.8	105.5	105.7	105.9
	一、90m²及以下	99.9	100.8	102.6	103.1	104.2	104.9	104.4	105.4	106.0	106.7	106.8	106.6
	二、90-144m²	99.9	101.0	102.4	102.7	103.5	104.3	103.8	104.3	104.9	105.7	105.9	105.9
	三、144m²以上	100.7	101.0	101.5	101.7	102.3	102.7	102.5	103.5	104.4	104.7	105.0	105.5
	二手住宅价格指数	**100.3**	**100.7**	**100.9**	**101.2**	**101.4**	**101.6**	**101.8**	**101.9**	**102.2**	**102.3**	**102.3**	**102.2**
	一、90m²及以下	100.4	100.7	101.0	101.2	101.4	101.7	101.9	101.9	102.2	102.3	102.4	102.2
	二、90-144m²	100.4	100.7	100.8	101.4	101.5	101.4	101.9	102.2	102.3	102.3	102.2	102.0
	三、144m²以上	100.1	100.0	100.1	100.1	100.3	100.5	100.8	101.2	101.3	101.2	101.2	101.5
环比价格指数	**新建住宅价格指数**	**99.8**	**100.6**	**101.0**	**100.3**	**100.6**	**100.5**	**99.9**	**100.6**	**100.6**	**100.7**	**100.5**	**100.2**
	新建商品住宅	99.8	100.7	101.0	100.4	100.6	100.5	99.9	100.6	100.6	100.8	100.6	100.2
	一、90m²及以下	99.8	100.8	101.8	100.6	100.7	100.6	99.8	100.9	100.4	100.7	100.3	100.1
	二、90-144m²	99.8	100.8	101.2	100.3	100.7	100.5	99.9	100.5	100.6	100.9	100.7	100.0
	三、144m²以上	99.9	100.3	100.5	100.4	100.5	100.4	100.1	101.0	100.8	100.5	100.3	100.7
	二手住宅价格指数	**100.1**	**100.3**	**100.2**	**100.3**	**100.2**	**100.2**	**100.3**	**100.3**	**100.2**	**100.1**	**100.1**	**99.9**
	一、90m²及以下	100.1	100.4	100.2	100.3	100.2	100.2	100.2	100.3	100.2	100.1	100.1	99.9
	二、90-144m²	100.2	100.3	100.1	100.5	100.1	100.1	100.5	100.3	100.0	100.1	100.0	100.0
	三、144m²以上	100.0	100.0	100.1	100.0	100.2	100.0	100.5	100.4	100.1	100.0	100.1	100.2

4-4-50 2013年泉州市住宅销售价格指数

Quanzhou Housing Price Indices for 2013

		1月	2月	3月	4月	5月	6月	7月	8月	9月	10月	11月	12月
定基价格指数	**新建住宅价格指数**	**100.6**	**101.3**	**101.3**	**102.8**	**103.5**	**103.9**	**104.9**	**105.4**	**106.6**	**107.1**	**107.5**	**108.1**
	新建商品住宅	100.7	101.4	101.4	103.0	103.7	104.1	105.2	105.7	106.9	107.5	107.9	108.6
	一、90㎡及以下	101.2	101.4	101.4	103.1	103.8	104.7	105.7	105.7	107.2	107.8	108.6	109.3
	二、90-144㎡	101.1	102.1	102.1	103.8	104.6	105.2	106.1	106.8	108.2	108.7	109.0	109.5
	三、144㎡以上	99.6	100.2	100.3	101.5	102.0	102.0	103.3	103.6	104.6	105.2	105.6	106.6
	二手住宅价格指数	**96.0**	**96.2**	**96.3**	**96.7**	**97.2**	**97.5**	**98.0**	**98.3**	**98.6**	**99.0**	**99.3**	**99.9**
	一、90㎡及以下	95.4	95.7	95.7	96.1	96.6	97.0	97.4	97.7	98.0	98.5	98.7	99.2
	二、90-144㎡	96.5	96.8	96.8	97.2	97.7	98.0	98.5	98.8	99.2	99.4	99.8	100.5
	三、144㎡以上	96.5	96.8	96.8	97.0	97.7	98.0	98.4	98.8	99.3	99.7	100.0	100.5
同比价格指数	**新建住宅价格指数**	**99.8**	**100.5**	**100.8**	**102.5**	**103.3**	**103.9**	**104.6**	**105.1**	**106.4**	**106.9**	**107.5**	**108.0**
	新建商品住宅	99.8	100.5	100.9	102.6	103.5	104.1	104.8	105.4	106.7	107.3	107.9	108.4
	一、90㎡及以下	100.1	100.4	100.6	102.4	103.2	104.2	104.7	104.9	106.3	106.9	107.9	108.3
	二、90-144㎡	99.4	100.4	100.8	102.7	103.8	104.5	105.3	106.1	107.5	107.9	108.5	108.8
	三、144㎡以上	100.2	100.9	101.2	102.6	103.2	103.3	104.2	104.5	105.8	106.4	106.9	107.8
	二手住宅价格指数	**97.1**	**99.2**	**99.7**	**100.2**	**100.8**	**101.1**	**101.5**	**102.0**	**102.3**	**102.6**	**103.2**	**103.8**
	一、90㎡及以下	97.1	99.4	100.2	100.7	101.3	101.9	101.8	102.1	102.5	102.8	103.4	103.8
	二、90-144㎡	97.1	98.9	99.2	99.6	100.2	100.4	101.2	101.8	102.2	102.4	103.0	103.9
	三、144㎡以上	98.2	100.0	100.1	100.3	101.1	101.3	101.8	102.3	102.8	103.2	103.7	104.1
环比价格指数	**新建住宅价格指数**	**100.5**	**100.7**	**100.0**	**101.5**	**100.6**	**100.4**	**100.9**	**100.5**	**101.2**	**100.5**	**100.4**	**100.6**
	新建商品住宅	100.6	100.7	100.0	101.5	100.7	100.4	101.0	100.5	101.2	100.5	100.4	100.6
	一、90㎡及以下	100.4	100.1	100.0	101.6	100.7	100.8	101.0	100.1	101.4	100.5	100.7	100.6
	二、90-144㎡	100.5	101.0	100.0	101.7	100.8	100.5	100.9	100.7	101.3	100.4	100.3	100.4
	三、144㎡以上	100.8	100.6	100.1	101.3	100.4	100.0	101.2	100.3	101.0	100.6	100.4	100.9
	二手住宅价格指数	**99.8**	**100.3**	**100.0**	**100.4**	**100.5**	**100.4**	**100.5**	**100.3**	**100.4**	**100.4**	**100.3**	**100.6**
	一、90㎡及以下	99.8	100.2	100.0	100.4	100.5	100.5	100.4	100.3	100.3	100.5	100.3	100.5
	二、90-144㎡	99.7	100.3	100.1	100.4	100.5	100.3	100.5	100.3	100.4	100.3	100.4	100.7
	三、144㎡以上	100.0	100.2	100.1	100.2	100.7	100.3	100.4	100.4	100.5	100.4	100.3	100.5

4-4-51　2013年九江市住宅销售价格指数
Jiujiang Housing Price Indices for 2013

		1月	2月	3月	4月	5月	6月	7月	8月	9月	10月	11月	12月
定基价格指数	**新建住宅价格指数**	**103.2**	**104.2**	**104.8**	**105.3**	**106.6**	**107.3**	**107.1**	**107.7**	**107.6**	**108.4**	**109.2**	**109.8**
	新建商品住宅	103.4	104.4	105.1	105.6	107.0	107.7	107.5	108.1	108.0	108.8	109.7	110.3
	一、90㎡及以下	103.4	104.5	105.2	105.7	107.0	108.1	107.9	108.7	108.9	109.8	110.5	110.7
	二、90-144㎡	104.2	105.0	105.8	106.3	107.8	108.3	108.3	108.8	108.6	109.2	110.5	111.1
	三、144㎡以上	100.7	101.9	102.0	102.7	103.6	104.1	103.8	104.1	103.9	104.6	105.1	105.9
	二手住宅价格指数	**101.1**	**101.7**	**102.4**	**102.8**	**103.2**	**103.0**	**102.8**	**103.0**	**102.9**	**103.2**	**103.9**	**104.7**
	一、90㎡及以下	101.4	102.1	102.9	103.3	103.7	103.5	103.3	103.6	103.4	103.9	104.7	105.3
	二、90-144㎡	99.8	100.5	101.0	101.4	101.7	101.4	101.2	101.3	101.3	101.3	102.0	102.9
	三、144㎡以上	103.9	104.8	105.5	105.9	106.6	106.3	106.0	106.4	106.4	106.6	107.0	107.8
同比价格指数	**新建住宅价格指数**	**100.8**	**101.7**	**102.2**	**102.9**	**104.3**	**104.9**	**104.7**	**105.3**	**105.3**	**105.9**	**106.6**	**106.7**
	新建商品住宅	100.8	101.8	102.3	103.0	104.5	105.1	104.9	105.6	105.5	106.2	106.9	107.0
	一、90㎡及以下	101.1	102.5	103.2	103.9	105.4	106.4	106.2	107.0	107.2	108.0	108.3	107.5
	二、90-144㎡	100.9	101.6	102.2	102.9	104.5	105.0	104.8	105.4	105.0	105.5	106.5	107.1
	三、144㎡以上	99.6	100.8	100.7	101.5	102.5	102.8	102.4	103.0	103.4	104.3	104.8	105.5
	二手住宅价格指数	**100.2**	**101.2**	**102.4**	**102.8**	**103.1**	**102.6**	**102.2**	**102.5**	**102.3**	**102.4**	**102.9**	**103.8**
	一、90㎡及以下	100.2	101.3	102.8	103.1	103.5	103.2	102.8	102.8	102.3	102.6	103.3	104.0
	二、90-144㎡	99.8	100.7	101.4	102.1	102.1	101.5	101.0	101.8	102.0	101.8	102.2	103.3
	三、144㎡以上	102.0	102.8	103.5	103.9	104.3	103.2	102.5	102.8	103.1	103.5	103.4	104.3
环比价格指数	**新建住宅价格指数**	**100.4**	**100.9**	**100.6**	**100.4**	**101.2**	**100.6**	**99.9**	**100.5**	**100.0**	**100.7**	**100.8**	**100.5**
	新建商品住宅	100.4	100.9	100.7	100.5	101.3	100.7	99.9	100.5	100.0	100.7	100.8	100.5
	一、90㎡及以下	100.3	101.1	100.7	100.5	101.3	101.0	99.8	100.7	100.2	100.8	100.6	100.3
	二、90-144㎡	100.4	100.7	100.8	100.4	101.5	100.5	100.0	100.5	99.8	100.6	101.1	100.6
	三、144㎡以上	100.2	101.2	100.2	100.6	100.9	100.5	99.7	100.3	99.8	100.7	100.5	100.8
	二手住宅价格指数	**100.2**	**100.7**	**100.7**	**100.4**	**100.4**	**99.8**	**99.8**	**100.3**	**99.9**	**100.3**	**100.7**	**100.7**
	一、90㎡及以下	100.2	100.6	100.9	100.3	100.4	99.8	99.8	100.3	99.8	100.5	100.7	100.6
	二、90-144㎡	100.3	100.7	100.5	100.4	100.3	99.6	99.8	100.2	99.9	100.0	100.7	100.8
	三、144㎡以上	100.6	100.8	100.6	100.4	100.6	99.8	99.7	100.4	100.0	100.2	100.4	100.8

4-4-52　2013年赣州市住宅销售价格指数

Ganzhou Housing Price Indices for 2013

		1月	2月	3月	4月	5月	6月	7月	8月	9月	10月	11月	12月
定基价格指数	**新建住宅价格指数**	**105.6**	**106.8**	**108.5**	**109.1**	**109.5**	**109.4**	**110.5**	**111.2**	**112.1**	**113.1**	**114.0**	**114.2**
	新建商品住宅	105.6	106.9	108.6	109.2	109.6	109.4	110.6	111.3	112.2	113.2	114.1	114.3
	一、90㎡及以下	104.2	105.5	107.6	108.1	108.3	108.3	109.5	110.1	110.9	112.0	113.0	113.6
	二、90-144㎡	105.5	106.6	108.5	109.2	109.8	109.7	111.0	111.9	112.7	113.9	114.6	114.9
	三、144㎡以上	106.6	108.2	109.4	109.7	109.9	109.5	110.5	110.9	111.9	112.5	113.7	113.8
	二手住宅价格指数	**99.0**	**99.4**	**99.8**	**99.8**	**99.7**	**99.6**	**100.0**	**100.1**	**100.3**	**100.7**	**100.9**	**101.0**
	一、90㎡及以下	99.2	99.8	100.5	100.5	100.6	100.3	100.5	100.8	101.0	101.3	101.6	101.4
	二、90-144㎡	98.9	99.3	99.6	99.6	99.7	99.6	100.1	100.2	100.4	101.0	101.1	101.4
	三、144㎡以上	99.1	99.3	99.8	99.6	99.3	99.3	99.5	99.6	99.7	99.9	100.0	100.0
同比价格指数	**新建住宅价格指数**	**100.5**	**101.9**	**103.6**	**104.1**	**104.5**	**104.5**	**105.6**	**106.4**	**107.5**	**108.5**	**109.3**	**109.1**
	新建商品住宅	100.6	101.9	103.6	104.1	104.5	104.5	105.6	106.4	107.5	108.6	109.4	109.2
	一、90㎡及以下	100.4	101.9	104.0	104.5	104.7	104.9	106.0	106.8	108.0	109.1	109.9	109.5
	二、90-144㎡	100.4	101.6	103.3	104.0	104.5	104.5	105.7	106.6	107.9	109.1	109.8	109.7
	三、144㎡以上	100.9	102.6	103.9	104.2	104.6	104.4	105.4	106.0	106.6	107.3	108.3	108.2
	二手住宅价格指数	**99.9**	**100.3**	**100.8**	**100.8**	**100.8**	**100.7**	**101.0**	**101.2**	**101.3**	**101.9**	**102.1**	**102.1**
	一、90㎡及以下	100.0	100.7	101.3	101.4	101.6	101.3	101.5	101.8	102.0	102.6	102.8	102.6
	二、90-144㎡	100.0	100.6	100.8	101.0	101.1	100.9	101.5	101.5	101.7	102.4	102.6	102.7
	三、144㎡以上	99.5	99.7	100.3	100.3	100.0	99.9	100.0	100.2	100.3	100.6	100.8	100.8
环比价格指数	**新建住宅价格指数**	**100.9**	**101.2**	**101.6**	**100.5**	**100.4**	**99.9**	**101.0**	**100.7**	**100.8**	**100.9**	**100.8**	**100.2**
	新建商品住宅	100.9	101.2	101.6	100.5	100.4	99.9	101.0	100.7	100.8	100.9	100.8	100.2
	一、90㎡及以下	100.4	101.3	101.9	100.5	100.2	100.0	101.1	100.6	100.7	100.9	100.9	100.5
	二、90-144㎡	100.8	101.0	101.7	100.7	100.5	100.0	101.1	100.9	100.7	101.0	100.7	100.2
	三、144㎡以上	101.4	101.5	101.1	100.3	100.2	99.6	100.9	100.4	100.9	100.6	101.0	100.1
	二手住宅价格指数	**100.2**	**100.4**	**100.4**	**100.0**	**100.0**	**99.9**	**100.4**	**100.2**	**100.2**	**100.4**	**100.2**	**100.1**
	一、90㎡及以下	100.3	100.7	100.7	100.0	100.1	99.7	100.2	100.3	100.2	100.4	100.2	99.9
	二、90-144㎡	100.2	100.4	100.3	100.1	100.1	99.9	100.5	100.2	100.2	100.6	100.2	100.2
	三、144㎡以上	99.9	100.2	100.5	99.8	99.7	99.9	100.2	100.1	100.1	100.2	100.1	100.0

4-4-53　2013年烟台市住宅销售价格指数
Yantai Housing Price Indices for 2013

		1月	2月	3月	4月	5月	6月	7月	8月	9月	10月	11月	12月
定基价格指数	**新建住宅价格指数**	**103.1**	**104.0**	**105.4**	**106.2**	**106.5**	**107.0**	**107.8**	**109.0**	**109.9**	**110.7**	**111.3**	**112.1**
	新建商品住宅	103.1	104.0	105.5	106.3	106.6	107.1	107.9	109.1	110.0	110.8	111.5	112.3
	一、90m²及以下	103.1	103.8	105.1	105.9	106.3	106.9	107.3	108.4	109.9	110.7	111.1	111.6
	二、90-144m²	104.0	104.9	106.5	107.1	107.4	108.1	109.0	110.4	111.2	112.1	112.9	113.9
	三、144m²以上	100.5	101.3	102.9	104.4	104.5	104.5	105.1	105.9	106.4	106.9	107.8	108.1
	二手住宅价格指数	**98.0**	**98.6**	**99.3**	**100.1**	**100.8**	**101.3**	**102.1**	**102.3**	**102.7**	**103.3**	**103.8**	**104.3**
	一、90m²及以下	99.3	99.9	101.1	102.1	102.9	103.5	104.6	104.8	105.1	105.3	105.7	106.1
	二、90-144m²	99.2	99.9	100.5	101.2	101.8	102.2	103.3	103.7	104.2	105.2	105.6	106.2
	三、144m²以上	95.0	95.5	95.8	96.4	96.8	97.5	97.6	97.7	98.1	98.8	99.4	99.8
同比价格指数	**新建住宅价格指数**	**99.7**	**100.7**	**102.3**	**103.3**	**103.7**	**103.9**	**104.8**	**106.2**	**107.1**	**107.6**	**108.4**	**108.8**
	新建商品住宅	99.7	100.8	102.4	103.4	103.7	104.0	104.9	106.3	107.2	107.8	108.5	108.9
	一、90m²及以下	99.8	100.7	102.3	103.3	103.9	104.3	104.8	106.0	107.2	107.8	108.2	108.2
	二、90-144m²	99.9	101.0	102.7	103.4	103.7	104.0	105.0	106.7	107.5	108.2	109.0	109.6
	三、144m²以上	98.9	100.0	101.5	103.2	103.7	103.3	104.7	105.6	106.2	106.4	107.3	107.6
	二手住宅价格指数	**95.1**	**95.9**	**97.3**	**98.4**	**99.9**	**101.1**	**102.2**	**103.3**	**103.8**	**104.6**	**105.4**	**106.2**
	一、90m²及以下	95.7	96.4	98.1	99.4	101.1	102.1	103.5	104.5	105.1	105.5	106.2	106.8
	二、90-144m²	95.8	96.6	97.4	98.2	99.5	100.6	102.0	103.4	104.0	105.2	105.8	106.7
	三、144m²以上	93.6	94.7	96.1	97.3	98.8	100.2	100.5	101.5	101.9	102.9	104.0	104.8
环比价格指数	**新建住宅价格指数**	**100.0**	**100.8**	**101.4**	**100.8**	**100.3**	**100.5**	**100.7**	**101.1**	**100.8**	**100.7**	**100.6**	**100.7**
	新建商品住宅	100.0	100.9	101.4	100.8	100.3	100.5	100.7	101.1	100.8	100.7	100.6	100.7
	一、90m²及以下	99.9	100.8	101.2	100.7	100.3	100.6	100.4	101.0	101.3	100.7	100.4	100.4
	二、90-144m²	100.0	100.9	101.5	100.6	100.3	100.6	100.9	101.3	100.7	100.8	100.7	100.9
	三、144m²以上	100.1	100.8	101.5	101.5	100.1	100.0	100.5	100.8	100.5	100.5	100.8	100.3
	二手住宅价格指数	**99.8**	**100.6**	**100.7**	**100.8**	**100.6**	**100.5**	**100.8**	**100.2**	**100.4**	**100.6**	**100.5**	**100.5**
	一、90m²及以下	99.9	100.5	101.2	101.0	100.8	100.5	101.1	100.2	100.3	100.2	100.4	100.4
	二、90-144m²	99.7	100.6	100.6	100.7	100.6	100.4	101.1	100.3	100.5	100.9	100.4	100.6
	三、144m²以上	99.8	100.5	100.3	100.7	100.4	100.7	100.1	100.2	100.3	100.8	100.6	100.5

4-4-54　2013年济宁市住宅销售价格指数

Jining Housing Price Indices for 2013

		1月	2月	3月	4月	5月	6月	7月	8月	9月	10月	11月	12月
定基价格指数	**新建住宅价格指数**	**104.0**	**105.0**	**106.3**	**107.2**	**107.6**	**108.9**	**109.6**	**110.9**	**111.1**	**112.5**	**112.8**	**113.7**
	新建商品住宅	104.1	105.2	106.5	107.4	107.8	109.2	109.9	111.2	111.4	112.8	113.1	114.1
	一、90m^2及以下	104.9	106.0	107.3	108.4	108.8	109.3	110.3	111.8	112.1	113.5	114.3	115.2
	二、90-144m^2	104.5	105.7	107.1	107.9	108.2	110.1	111.1	112.3	112.5	114.0	114.2	115.2
	三、144m^2以上	102.4	103.3	104.3	105.3	106.0	106.8	106.8	108.0	108.2	109.5	109.6	110.7
	二手住宅价格指数	**104.9**	**105.5**	**106.2**	**106.7**	**107.2**	**107.6**	**107.8**	**107.9**	**108.2**	**108.3**	**108.3**	**108.9**
	一、90m^2及以下	107.3	107.7	108.6	109.3	109.5	110.2	110.9	112.1	111.8	111.9	111.7	112.2
	二、90-144m^2	103.5	104.2	104.9	105.3	105.9	106.1	106.1	106.0	106.7	106.9	107.1	107.8
	三、144m^2以上	103.4	103.9	104.2	104.7	105.1	105.6	105.2	103.3	103.2	103.1	103.3	103.6
同比价格指数	**新建住宅价格指数**	**100.8**	**102.0**	**103.2**	**104.0**	**104.5**	**105.8**	**106.3**	**107.3**	**107.4**	**108.9**	**108.8**	**109.7**
	新建商品住宅	100.8	102.0	103.3	104.1	104.7	106.0	106.5	107.5	107.6	109.1	109.0	110.0
	一、90m^2及以下	100.6	101.8	103.1	104.5	104.9	105.3	106.1	107.2	107.3	108.7	109.0	109.8
	二、90-144m^2	101.0	102.3	103.6	104.2	104.6	106.6	107.4	108.3	108.3	109.9	109.8	110.7
	三、144m^2以上	100.7	101.7	102.7	103.6	104.5	105.1	104.8	105.8	106.1	107.5	107.3	108.3
	二手住宅价格指数	**99.7**	**100.3**	**101.0**	**101.5**	**102.1**	**102.4**	**102.7**	**102.5**	**102.7**	**102.8**	**103.0**	**103.7**
	一、90m^2及以下	101.0	101.5	102.4	103.1	103.1	103.0	104.0	104.5	104.4	104.2	103.9	104.5
	二、90-144m^2	98.2	99.0	99.7	100.2	101.3	101.9	101.9	101.7	102.3	102.6	103.1	104.1
	三、144m^2以上	101.3	101.8	102.0	102.2	102.6	102.3	101.9	99.6	99.4	99.7	99.9	100.2
环比价格指数	**新建住宅价格指数**	**100.3**	**101.0**	**101.2**	**100.8**	**100.4**	**101.2**	**100.6**	**101.2**	**100.2**	**101.3**	**100.3**	**100.8**
	新建商品住宅	100.3	101.0	101.2	100.8	100.4	101.3	100.7	101.2	100.2	101.3	100.3	100.9
	一、90m^2及以下	100.0	101.1	101.2	101.0	100.4	100.4	100.9	101.4	100.2	101.3	100.6	100.8
	二、90-144m^2	100.5	101.1	101.4	100.7	100.3	101.8	100.9	101.1	100.2	101.4	100.2	100.8
	三、144m^2以上	100.2	100.9	101.0	101.0	100.7	100.7	100.0	101.2	100.1	101.2	100.1	101.0
	二手住宅价格指数	**99.9**	**100.6**	**100.7**	**100.5**	**100.4**	**100.4**	**100.2**	**100.1**	**100.2**	**100.1**	**100.1**	**100.5**
	一、90m^2及以下	99.9	100.4	100.8	100.7	100.2	100.6	100.7	101.1	99.7	100.1	99.9	100.4
	二、90-144m^2	99.9	100.7	100.7	100.4	100.6	100.2	100.0	99.9	100.7	100.1	100.2	100.7
	三、144m^2以上	100.0	100.5	100.3	100.5	100.4	100.4	99.6	98.2	99.9	99.9	100.1	100.3

4-4-55　2013年洛阳市住宅销售价格指数

Luoyang Housing Price Indices for 2013

		1月	2月	3月	4月	5月	6月	7月	8月	9月	10月	11月	12月
定基价格指数	**新建住宅价格指数**	**106.9**	**108.3**	**108.8**	**109.7**	**110.4**	**111.1**	**112.4**	**113.1**	**114.2**	**114.8**	**115.5**	**115.9**
	新建商品住宅	107.0	108.4	108.9	109.9	110.6	111.3	112.6	113.3	114.5	115.0	115.8	116.2
	一、90m²及以下	110.0	111.9	112.4	113.4	113.6	114.6	115.8	116.3	117.8	118.8	119.7	120.7
	二、90-144m²	106.4	107.7	108.1	109.0	110.0	110.6	111.9	112.6	113.3	113.4	114.0	114.3
	三、144m²以上	105.5	106.9	107.4	108.3	109.3	109.8	111.1	112.0	113.5	114.2	115.1	115.2
	二手住宅价格指数	**105.3**	**106.0**	**106.7**	**107.5**	**108.3**	**108.5**	**109.4**	**109.4**	**109.7**	**110.1**	**110.3**	**111.1**
	一、90m²及以下	104.7	105.4	106.4	107.3	108.2	108.9	109.9	110.0	110.7	111.3	111.4	112.4
	二、90-144m²	105.4	106.3	106.9	107.7	108.4	108.5	109.3	109.3	109.4	109.8	110.1	110.3
	三、144m²以上	105.9	106.4	106.8	107.6	108.2	108.1	108.8	108.7	108.9	109.0	109.1	110.4
同比价格指数	**新建住宅价格指数**	**100.0**	**101.3**	**101.9**	**103.0**	**103.8**	**104.5**	**105.5**	**106.4**	**107.6**	**108.0**	**108.6**	**108.7**
	新建商品住宅	100.0	101.4	102.0	103.0	103.8	104.6	105.6	106.5	107.7	108.2	108.7	108.9
	一、90m²及以下	101.0	102.6	103.1	104.0	104.3	105.3	106.1	106.7	108.3	109.2	109.6	110.0
	二、90-144m²	99.6	100.8	101.3	102.5	103.6	104.4	105.4	106.1	106.9	107.1	107.5	107.6
	三、144m²以上	99.8	101.1	102.0	102.9	103.8	104.3	105.6	106.7	108.2	108.7	109.6	109.6
	二手住宅价格指数	**98.9**	**100.0**	**101.0**	**102.1**	**103.0**	**103.3**	**104.2**	**104.3**	**104.6**	**105.0**	**105.0**	**105.7**
	一、90m²及以下	98.1	99.3	100.6	101.9	103.2	104.0	105.0	105.2	105.9	106.5	106.5	107.5
	二、90-144m²	99.4	100.6	101.5	102.5	103.4	103.6	104.4	104.3	104.4	104.8	104.9	105.0
	三、144m²以上	99.2	99.9	100.5	101.5	102.0	101.9	102.6	102.8	102.9	103.2	103.1	104.5
环比价格指数	**新建住宅价格指数**	**100.2**	**101.3**	**100.4**	**100.9**	**100.7**	**100.6**	**101.1**	**100.6**	**101.0**	**100.5**	**100.7**	**100.3**
	新建商品住宅	100.2	101.4	100.4	100.9	100.7	100.6	101.2	100.6	101.0	100.5	100.7	100.3
	一、90m²及以下	100.3	101.7	100.5	100.9	100.2	100.9	101.0	100.4	101.3	100.9	100.7	100.8
	二、90-144m²	100.2	101.2	100.3	100.9	100.9	100.5	101.2	100.6	100.6	100.2	100.5	100.2
	三、144m²以上	100.3	101.3	100.5	100.9	100.9	100.5	101.2	100.8	101.4	100.6	100.9	100.1
	二手住宅价格指数	**100.2**	**100.7**	**100.7**	**100.8**	**100.7**	**100.2**	**100.8**	**100.0**	**100.3**	**100.4**	**100.2**	**100.7**
	一、90m²及以下	100.1	100.7	100.9	100.9	100.9	100.6	100.9	100.2	100.6	100.5	100.2	100.9
	二、90-144m²	100.3	100.8	100.6	100.7	100.7	100.0	100.8	100.0	100.1	100.4	100.2	100.2
	三、144m²以上	100.2	100.4	100.4	100.8	100.5	99.9	100.7	99.9	100.1	100.1	100.1	101.2

4-4-56　2013年平顶山市住宅销售价格指数

Pingdingshan Housing Price Indices for 2013

		1月	2月	3月	4月	5月	6月	7月	8月	9月	10月	11月	12月
定基价格指数	**新建住宅价格指数**	**104.6**	**105.7**	**107.1**	**107.9**	**108.7**	**109.5**	**110.2**	**111.5**	**113.0**	**113.4**	**113.9**	**114.2**
	新建商品住宅	104.6	105.7	107.2	108.0	108.8	109.7	110.4	111.7	113.2	113.6	114.1	114.4
	一、90m²及以下	105.9	106.8	108.5	109.5	109.6	110.9	111.8	113.3	114.5	114.9	116.0	116.1
	二、90-144m²	105.2	106.4	108.1	108.7	110.2	111.0	111.7	113.3	115.5	116.2	116.0	116.8
	三、144m²以上	101.9	103.2	103.9	104.8	105.5	105.9	106.4	107.1	108.0	108.1	108.6	108.6
	二手住宅价格指数	**105.4**	**105.7**	**106.3**	**107.2**	**108.0**	**108.4**	**108.8**	**109.1**	**109.4**	**109.8**	**110.0**	**110.5**
	一、90m²及以下	109.0	109.2	109.9	110.7	111.5	112.5	113.0	113.4	113.8	114.1	114.5	115.1
	二、90-144m²	103.7	104.1	104.5	105.5	106.3	106.3	106.4	106.7	107.0	107.5	107.5	108.1
	三、144m²以上	96.3	97.1	97.3	98.3	98.9	98.9	99.5	99.8	100.1	100.3	100.3	100.3
同比价格指数	**新建住宅价格指数**	**99.8**	**101.0**	**102.4**	**103.2**	**104.2**	**105.1**	**105.8**	**106.9**	**108.3**	**108.5**	**109.2**	**109.1**
	新建商品住宅	99.8	101.0	102.5	103.3	104.3	105.2	105.9	107.0	108.5	108.6	109.3	109.3
	一、90m²及以下	100.2	101.2	102.9	103.9	104.3	105.6	106.4	107.6	108.7	108.6	109.8	109.6
	二、90-144m²	99.4	100.7	102.4	103.1	104.8	105.6	106.2	107.7	109.8	110.5	110.4	110.7
	三、144m²以上	99.8	101.2	101.9	102.7	103.7	104.1	104.5	105.0	105.9	105.8	106.8	106.6
	二手住宅价格指数	**99.4**	**100.3**	**101.0**	**102.0**	**102.8**	**103.4**	**103.7**	**103.7**	**103.9**	**104.2**	**104.4**	**104.8**
	一、90m²及以下	100.7	101.3	102.1	103.2	104.2	105.1	105.4	104.8	104.9	104.9	105.3	105.5
	二、90-144m²	98.5	99.5	100.2	101.0	101.8	101.8	102.1	102.6	103.1	103.6	103.7	104.4
	三、144m²以上	97.4	99.0	99.4	100.3	101.2	101.6	102.1	102.9	102.8	103.3	103.5	103.6
环比价格指数	**新建住宅价格指数**	**99.9**	**101.1**	**101.4**	**100.7**	**100.7**	**100.8**	**100.7**	**101.2**	**101.3**	**100.4**	**100.4**	**100.3**
	新建商品住宅	99.9	101.1	101.4	100.7	100.8	100.8	100.7	101.2	101.4	100.4	100.4	100.3
	一、90m²及以下	100.0	100.8	101.6	100.9	100.1	101.2	100.8	101.3	101.1	100.3	101.0	100.0
	二、90-144m²	99.8	101.1	101.6	100.5	101.4	100.7	100.6	101.5	102.0	100.6	99.9	100.6
	三、144m²以上	100.0	101.3	100.7	100.8	100.7	100.4	100.5	100.7	100.8	100.1	100.5	100.0
	二手住宅价格指数	**100.0**	**100.4**	**100.5**	**100.9**	**100.7**	**100.4**	**100.3**	**100.3**	**100.3**	**100.3**	**100.2**	**100.4**
	一、90m²及以下	99.9	100.3	100.6	100.7	100.8	100.9	100.5	100.3	100.4	100.2	100.4	100.4
	二、90-144m²	100.1	100.3	100.4	101.0	100.7	100.0	100.1	100.3	100.2	100.5	100.0	100.5
	三、144m²以上	99.4	100.8	100.3	101.0	100.7	100.0	100.5	100.4	100.3	100.2	100.0	100.1

4-4-57 2013年宜昌市住宅销售价格指数
Yichang Housing Price Indices for 2013

		1月	2月	3月	4月	5月	6月	7月	8月	9月	10月	11月	12月
定基价格指数	**新建住宅价格指数**	**105.5**	**106.2**	**107.5**	**108.7**	**109.9**	**110.6**	**111.1**	**112.5**	**113.4**	**113.9**	**114.5**	**115.2**
	新建商品住宅	105.6	106.3	107.6	108.9	110.1	110.8	111.3	112.8	113.7	114.2	114.8	115.4
	一、90m²及以下	104.9	105.9	107.6	108.4	109.2	110.1	111.0	112.2	113.4	113.9	114.4	115.3
	二、90-144m²	105.9	106.6	107.9	109.3	110.7	111.4	111.8	113.3	114.2	114.6	115.3	116.0
	三、144m²以上	104.6	105.8	106.5	107.3	108.5	108.9	109.6	111.0	111.6	112.2	112.8	113.2
	二手住宅价格指数	**99.8**	**101.3**	**102.8**	**103.8**	**104.9**	**105.5**	**105.9**	**106.4**	**106.8**	**107.5**	**108.0**	**108.5**
	一、90m²及以下	99.2	100.5	101.9	103.0	104.0	104.6	105.3	105.6	105.9	106.5	107.0	107.5
	二、90-144m²	100.0	101.7	103.2	104.3	105.3	106.0	106.4	106.9	107.4	108.1	108.7	109.2
	三、144m²以上	99.5	100.4	102.4	103.0	103.7	104.4	104.6	104.9	105.2	105.7	106.1	106.5
同比价格指数	**新建住宅价格指数**	**101.1**	**102.0**	**103.4**	**105.0**	**106.4**	**107.1**	**107.5**	**108.4**	**109.1**	**109.5**	**109.7**	**109.9**
	新建商品住宅	101.1	102.0	103.5	105.1	106.5	107.2	107.6	108.6	109.3	109.6	109.9	110.0
	一、90m²及以下	101.0	102.2	104.2	105.2	106.1	107.0	107.8	108.6	109.5	109.9	110.1	110.4
	二、90-144m²	101.3	102.1	103.5	105.2	106.7	107.5	107.8	108.8	109.4	109.8	110.0	110.2
	三、144m²以上	100.0	101.3	102.7	104.3	105.6	106.1	106.8	107.6	108.1	108.7	109.0	108.9
	二手住宅价格指数	**97.7**	**99.2**	**100.8**	**105.2**	**106.1**	**107.2**	**107.5**	**107.8**	**108.1**	**108.6**	**109.2**	**109.4**
	一、90m²及以下	97.2	98.5	100.3	104.9	105.9	106.4	107.0	107.2	107.3	107.8	108.3	108.7
	二、90-144m²	97.9	99.6	101.1	105.5	106.5	107.8	108.1	108.4	108.8	109.4	110.0	110.0
	三、144m²以上	97.3	98.3	100.3	104.1	104.8	105.3	105.4	105.7	105.9	106.2	106.7	107.3
环比价格指数	**新建住宅价格指数**	**100.6**	**100.7**	**101.2**	**101.2**	**101.1**	**100.6**	**100.5**	**101.3**	**100.8**	**100.4**	**100.5**	**100.6**
	新建商品住宅	100.6	100.7	101.2	101.2	101.1	100.6	100.5	101.3	100.8	100.4	100.5	100.6
	一、90m²及以下	100.5	100.9	101.6	100.8	100.7	100.8	100.8	101.1	101.0	100.5	100.4	100.8
	二、90-144m²	100.6	100.6	101.2	101.4	101.2	100.6	100.3	101.4	100.8	100.4	100.6	100.5
	三、144m²以上	100.7	101.1	100.7	100.8	101.1	100.4	100.6	101.3	100.6	100.5	100.5	100.3
	二手住宅价格指数	**100.6**	**101.5**	**101.5**	**101.0**	**101.0**	**100.6**	**100.4**	**100.4**	**100.4**	**100.6**	**100.5**	**100.4**
	一、90m²及以下	100.4	101.2	101.4	101.1	101.0	100.6	100.6	100.3	100.3	100.6	100.5	100.4
	二、90-144m²	100.8	101.7	101.5	101.0	101.0	100.7	100.4	100.4	100.5	100.7	100.6	100.4
	三、144m²以上	100.2	101.0	102.0	100.6	100.7	100.6	100.2	100.4	100.3	100.4	100.4	100.4

4-4-58　2013年襄阳市住宅销售价格指数
Xiangyang Housing Price Indices for 2013

		1月	2月	3月	4月	5月	6月	7月	8月	9月	10月	11月	12月
定基价格指数	**新建住宅价格指数**	**106.5**	**107.2**	**108.6**	**110.1**	**111.4**	**112.3**	**112.3**	**113.1**	**113.5**	**114.1**	**114.8**	**115.1**
	新建商品住宅	106.5	107.2	108.6	110.2	111.5	112.4	112.4	113.2	113.7	114.2	114.9	115.2
	一、90㎡及以下	108.1	109.1	110.5	111.9	113.4	114.3	114.3	115.2	115.8	116.2	116.7	117.0
	二、90-144㎡	106.8	107.4	108.8	110.6	112.1	112.9	113.0	113.6	114.1	114.6	115.3	115.6
	三、144㎡以上	104.2	105.1	106.4	107.7	108.3	109.0	109.1	110.1	110.6	111.2	112.4	112.4
	二手住宅价格指数	**106.0**	**107.0**	**108.1**	**109.5**	**110.9**	**111.8**	**112.6**	**113.3**	**113.5**	**114.2**	**115.1**	**115.3**
	一、90㎡及以下	108.1	109.1	110.4	113.1	113.1	114.6	115.4	115.6	115.8	116.2	117.2	116.7
	二、90-144㎡	105.8	106.8	107.9	109.2	111.0	111.9	113.1	113.9	114.1	114.7	115.7	116.4
	三、144㎡以上	104.9	106.0	107.0	107.8	109.3	110.0	110.3	111.2	111.2	112.2	113.0	113.0
同比价格指数	**新建住宅价格指数**	**100.2**	**100.9**	**103.0**	**104.7**	**106.2**	**107.1**	**107.3**	**108.0**	**108.3**	**108.6**	**108.8**	**108.7**
	新建商品住宅	100.2	100.9	103.0	104.7	106.2	107.2	107.3	108.1	108.4	108.6	108.9	108.8
	一、90㎡及以下	100.5	101.4	103.4	104.9	106.5	107.5	107.5	108.3	108.5	108.8	109.0	108.7
	二、90-144㎡	100.3	100.9	103.1	105.0	106.5	107.6	107.7	108.4	108.6	108.8	109.0	108.9
	三、144㎡以上	99.6	100.5	102.4	103.9	105.1	105.9	106.2	107.4	107.6	108.1	108.7	108.3
	二手住宅价格指数	**100.3**	**101.4**	**102.5**	**103.9**	**105.2**	**106.1**	**106.8**	**107.3**	**107.5**	**108.1**	**108.8**	**108.9**
	一、90㎡及以下	100.8	101.9	103.2	105.7	105.8	107.2	107.7	107.7	107.9	108.1	108.7	108.1
	二、90-144㎡	100.2	101.4	102.6	103.8	105.7	106.6	107.6	108.1	108.3	108.8	109.6	110.0
	三、144㎡以上	100.1	101.1	102.1	102.9	104.3	104.9	105.2	106.1	106.1	107.1	107.8	107.8
环比价格指数	**新建住宅价格指数**	**100.6**	**100.7**	**101.3**	**101.4**	**101.2**	**100.8**	**100.0**	**100.7**	**100.4**	**100.5**	**100.6**	**100.2**
	新建商品住宅	100.6	100.7	101.3	101.5	101.2	100.8	100.0	100.7	100.4	100.5	100.6	100.2
	一、90㎡及以下	100.5	100.9	101.3	101.3	101.3	100.8	100.0	100.8	100.5	100.4	100.5	100.2
	二、90-144㎡	100.6	100.5	101.3	101.6	101.3	100.8	100.0	100.6	100.4	100.5	100.6	100.3
	三、144㎡以上	100.4	100.8	101.2	101.2	100.6	100.7	100.1	100.9	100.4	100.5	101.0	100.0
	二手住宅价格指数	**100.1**	**101.0**	**101.1**	**101.3**	**101.2**	**100.9**	**100.7**	**100.6**	**100.1**	**100.6**	**100.8**	**100.2**
	一、90㎡及以下	100.1	100.9	101.2	102.4	100.0	101.3	100.7	100.2	100.2	100.3	100.8	99.6
	二、90-144㎡	100.1	100.9	101.1	101.2	101.7	100.8	101.0	100.7	100.2	100.5	100.8	100.6
	三、144㎡以上	**100.1**	**101.0**	**101.0**	**100.8**	**101.3**	**100.7**	**100.2**	**100.8**	**100.0**	**100.9**	**100.7**	**100.0**

4-4-59 2013年岳阳市住宅销售价格指数
Yueyang Housing Price Indices for 2013

		1月	2月	3月	4月	5月	6月	7月	8月	9月	10月	11月	12月
定基价格指数	**新建住宅价格指数**	**107.0**	**107.4**	**108.6**	**109.5**	**110.6**	**111.9**	**112.1**	**112.7**	**113.8**	**114.0**	**114.0**	**114.0**
	新建商品住宅	107.9	108.6	110.5	112.1	113.8	115.9	116.3	117.2	119.0	119.3	119.4	119.3
	一、90m²及以下	107.3	108.1	110.5	112.4	114.0	116.3	116.6	117.6	119.6	119.9	120.1	119.9
	二、90-144m²	109.9	110.4	111.7	112.9	115.3	117.3	117.9	118.8	120.4	121.4	121.4	121.6
	三、144m²以上	108.8	109.2	110.4	111.6	113.3	115.1	115.3	116.2	117.7	117.7	117.7	117.8
	二手住宅价格指数	**109.6**	**110.0**	**110.6**	**111.3**	**111.9**	**112.3**	**112.7**	**113.0**	**113.6**	**113.9**	**114.2**	**114.5**
	一、90m²及以下	108.8	109.2	109.8	110.4	111.1	111.6	111.9	112.2	112.9	113.3	113.5	113.8
	二、90-144m²	109.9	110.4	110.7	111.4	111.9	112.3	112.9	113.2	114.2	114.5	114.7	115.0
	三、144m²以上	109.3	109.7	110.3	111.2	111.7	111.9	112.4	112.6	113.0	113.2	113.5	113.8
同比价格指数	**新建住宅价格指数**	**100.1**	**100.5**	**101.6**	**102.6**	**103.6**	**104.8**	**105.0**	**105.5**	**106.7**	**106.7**	**106.7**	**106.7**
	新建商品住宅	100.2	100.9	102.6	104.3	106.0	107.9	108.2	108.9	110.8	110.8	110.9	110.8
	一、90m²及以下	99.5	100.3	102.5	104.7	106.2	108.4	108.7	109.6	111.8	111.9	112.0	111.8
	二、90-144m²	101.5	101.9	103.0	104.1	106.5	108.3	108.8	109.3	110.9	111.1	111.0	111.1
	三、144m²以上	101.0	101.6	102.6	103.7	105.3	106.8	107.0	107.6	108.9	108.9	108.7	108.9
	二手住宅价格指数	**102.7**	**102.9**	**103.3**	**103.9**	**104.3**	**104.4**	**104.7**	**104.6**	**104.9**	**104.8**	**104.8**	**104.7**
	一、90m²及以下	103.0	103.2	103.6	104.0	104.5	104.5	104.7	104.7	105.0	104.9	104.9	104.8
	二、90-144m²	102.8	103.0	103.3	103.8	104.3	104.6	104.8	104.8	105.3	105.3	105.0	105.0
	三、144m²以上	102.0	102.3	102.9	103.7	103.9	104.1	104.4	104.3	104.4	104.2	104.3	104.3
环比价格指数	**新建住宅价格指数**	**100.2**	**100.4**	**101.1**	**100.9**	**101.0**	**101.2**	**100.2**	**100.5**	**101.0**	**100.2**	**100.1**	**100.0**
	新建商品住宅	100.3	100.6	101.8	101.4	101.5	101.9	100.3	100.8	101.6	100.3	100.1	100.0
	一、90m²及以下	100.0	100.7	102.3	101.7	101.4	102.0	100.3	100.8	101.8	100.3	100.1	99.9
	二、90-144m²	100.4	100.4	101.2	101.0	102.1	101.7	100.5	100.8	101.4	100.8	100.1	100.1
	三、144m²以上	100.6	100.4	101.0	101.1	101.5	101.6	100.2	100.7	101.3	100.1	100.0	100.1
	二手住宅价格指数	**100.2**	**100.4**	**100.5**	**100.6**	**100.6**	**100.4**	**100.4**	**100.3**	**100.6**	**100.3**	**100.2**	**100.2**
	一、90m²及以下	100.2	100.4	100.6	100.5	100.7	100.4	100.2	100.3	100.6	100.3	100.2	100.2
	二、90-144m²	100.4	100.4	100.3	100.6	100.5	100.3	100.6	100.3	100.8	100.2	100.2	100.2
	三、144m²以上	100.2	100.3	100.6	100.9	100.4	100.2	100.4	100.2	100.3	100.2	100.3	100.2

4-4-60　2013年常德市住宅销售价格指数

Changde Housing Price Indices for 2013

		1月	2月	3月	4月	5月	6月	7月	8月	9月	10月	11月	12月
定基价格指数	**新建住宅价格指数**	**105.5**	**106.3**	**107.4**	**108.2**	**108.1**	**108.7**	**109.1**	**110.3**	**110.8**	**111.2**	**111.7**	**112.1**
	新建商品住宅	105.6	106.4	107.5	108.3	108.2	108.9	109.3	110.4	110.9	111.3	111.9	112.3
	一、90㎡及以下	107.6	108.6	110.1	111.0	110.8	111.3	112.0	113.2	114.0	114.5	115.5	116.3
	二、90-144㎡	105.5	106.4	107.1	107.7	107.7	108.3	108.7	110.0	110.4	110.8	111.2	111.4
	三、144㎡以上	104.7	105.3	107.6	108.8	108.5	109.2	109.8	110.6	111.2	111.4	112.1	113.2
	二手住宅价格指数	**105.3**	**105.8**	**108.3**	**110.2**	**111.1**	**112.0**	**112.1**	**112.8**	**113.3**	**113.8**	**114.0**	**114.1**
	一、90㎡及以下	110.5	111.5	113.1	114.2	115.3	115.5	116.0	116.9	116.9	117.1	117.5	117.5
	二、90-144㎡	106.1	106.8	109.3	111.6	112.3	113.6	113.6	114.3	115.0	115.7	115.8	115.9
	三、144㎡以上	100.0	100.0	103.0	104.2	105.4	105.5	105.5	106.1	106.4	106.4	106.6	107.0
同比价格指数	**新建住宅价格指数**	**100.7**	**101.6**	**102.6**	**103.3**	**103.3**	**103.8**	**104.5**	**105.5**	**106.0**	**106.4**	**106.8**	**106.3**
	新建商品住宅	100.8	101.6	102.6	103.4	103.3	103.9	104.5	105.6	106.1	106.5	106.9	106.4
	一、90㎡及以下	100.5	101.5	102.7	103.6	103.5	103.9	104.8	105.8	106.4	107.1	107.9	108.2
	二、90-144㎡	100.9	101.8	102.5	103.0	103.0	103.6	104.1	105.3	105.7	106.1	106.4	105.5
	三、144㎡以上	100.3	100.9	103.1	104.3	104.1	104.8	105.8	106.4	107.0	107.5	108.0	108.2
	二手住宅价格指数	**97.4**	**97.9**	**100.2**	**102.8**	**103.6**	**104.3**	**105.3**	**106.5**	**106.7**	**107.2**	**108.6**	**109.2**
	一、90㎡及以下	99.5	100.8	102.0	103.1	104.4	104.8	104.0	104.6	104.9	104.7	106.4	105.9
	二、90-144㎡	98.7	99.3	101.5	104.7	105.4	106.4	106.1	107.6	107.8	108.5	109.6	110.5
	三、144㎡以上	92.3	92.3	95.3	96.9	97.8	97.9	103.5	104.0	104.4	104.4	106.6	106.9
环比价格指数	**新建住宅价格指数**	**100.0**	**100.8**	**101.0**	**100.7**	**99.9**	**100.6**	**100.4**	**101.1**	**100.4**	**100.3**	**100.5**	**100.4**
	新建商品住宅	100.0	100.8	101.1	100.7	99.9	100.6	100.4	101.1	100.4	100.3	100.5	100.4
	一、90㎡及以下	100.0	101.0	101.4	100.8	99.8	100.5	100.6	101.1	100.7	100.5	100.9	100.7
	二、90-144㎡	100.0	100.8	100.6	100.6	100.0	100.6	100.3	101.2	100.4	100.4	100.4	100.2
	三、144㎡以上	100.1	100.6	102.2	101.1	99.7	100.7	100.5	100.8	100.6	100.2	100.6	100.9
	二手住宅价格指数	**100.8**	**100.5**	**102.3**	**101.8**	**100.8**	**100.8**	**100.1**	**100.6**	**100.5**	**100.4**	**100.1**	**100.1**
	一、90㎡及以下	99.5	100.9	101.4	101.0	101.0	100.1	100.5	100.7	100.0	100.2	100.3	100.0
	二、90-144㎡	101.2	100.7	102.3	102.1	100.6	101.2	100.1	100.6	100.6	100.6	100.1	100.1
	三、144㎡以上	--	--	102.9	101.2	101.1	100.1	100.1	100.5	100.3	100.0	100.2	100.3

4-4-61 2013年惠州市住宅销售价格指数
Huizhou Housing Price Indices for 2013

		1月	2月	3月	4月	5月	6月	7月	8月	9月	10月	11月	12月
定基价格指数	**新建住宅价格指数**	**105.1**	**105.8**	**106.5**	**107.2**	**107.9**	**108.9**	**109.5**	**110.4**	**111.2**	**112.1**	**113.2**	**114.0**
	新建商品住宅	105.1	105.8	106.5	107.2	108.0	108.9	109.5	110.4	111.3	112.1	113.2	114.0
	一、90㎡及以下	109.8	110.3	110.8	111.4	112.2	113.7	114.7	116.4	117.5	118.9	120.6	121.1
	二、90–144㎡	106.6	107.4	108.6	109.1	109.8	110.5	111.3	112.0	112.9	114.0	114.7	115.4
	三、144㎡以上	101.9	102.7	103.2	103.9	104.8	105.6	106.0	106.7	107.3	107.8	108.9	109.9
	二手住宅价格指数	**104.5**	**105.0**	**105.8**	**106.3**	**106.8**	**107.3**	**107.7**	**108.0**	**108.5**	**109.2**	**110.1**	**111.0**
	一、90㎡及以下	105.1	105.6	106.5	107.2	107.7	108.3	108.6	108.9	109.4	110.1	111.0	111.9
	二、90–144㎡	102.6	103.1	103.6	103.9	104.2	104.6	105.2	105.5	105.9	106.6	107.7	108.5
	三、144㎡以上	106.2	107.0	107.3	107.8	108.2	108.7	109.3	109.5	109.8	110.7	111.5	112.1
同比价格指数	**新建住宅价格指数**	**100.3**	**101.2**	**102.0**	**102.7**	**103.5**	**104.3**	**104.7**	**105.7**	**106.7**	**107.2**	**108.0**	**108.5**
	新建商品住宅	100.3	101.2	102.0	102.7	103.6	104.3	104.7	105.7	106.7	107.2	108.1	108.5
	一、90㎡及以下	101.3	102.1	102.6	103.2	104.0	105.2	106.0	107.7	108.5	109.1	110.3	110.4
	二、90–144㎡	101.4	102.4	103.6	104.2	104.9	105.5	105.8	106.4	107.4	107.9	108.2	108.2
	三、144㎡以上	99.0	100.0	100.5	101.4	102.3	102.9	103.2	104.2	105.3	105.9	106.9	107.8
	二手住宅价格指数	**99.9**	**100.5**	**101.3**	**101.9**	**102.2**	**102.3**	**103.0**	**103.6**	**104.4**	**104.7**	**105.5**	**106.3**
	一、90㎡及以下	100.6	101.1	102.1	102.9	103.2	103.2	103.5	104.0	104.7	105.0	105.6	106.5
	二、90–144㎡	98.5	98.9	99.4	99.7	100.0	100.1	101.5	102.4	103.7	104.1	105.3	105.9
	三、144㎡以上	99.6	100.5	100.9	101.4	102.2	102.8	103.8	104.2	104.9	105.1	105.7	106.3
环比价格指数	**新建住宅价格指数**	**100.0**	**100.7**	**100.7**	**100.6**	**100.7**	**100.9**	**100.6**	**100.8**	**100.7**	**100.8**	**100.9**	**100.7**
	新建商品住宅	100.0	100.7	100.7	100.6	100.7	100.9	100.6	100.8	100.7	100.8	100.9	100.7
	一、90㎡及以下	100.1	100.5	100.4	100.5	100.8	101.3	100.8	101.5	100.9	101.2	101.4	100.5
	二、90–144㎡	100.1	100.7	101.1	100.5	100.6	100.7	100.7	100.6	100.8	101.0	100.6	100.6
	三、144㎡以上	100.0	100.8	100.5	100.7	100.8	100.8	100.4	100.6	100.6	100.5	101.0	100.9
	二手住宅价格指数	**100.1**	**100.5**	**100.7**	**100.5**	**100.4**	**100.4**	**100.4**	**100.3**	**100.4**	**100.7**	**100.9**	**100.8**
	一、90㎡及以下	100.0	100.5	100.9	100.6	100.5	100.5	100.3	100.3	100.5	100.6	100.8	100.8
	二、90–144㎡	100.1	100.5	100.4	100.3	100.3	100.3	100.5	100.4	100.4	100.6	101.1	100.7
	三、144㎡以上	100.7	100.8	100.3	100.5	100.4	100.4	100.5	100.3	100.2	100.8	100.7	100.6

4-4-62　2013年湛江市住宅销售价格指数
Zhanjiang Housing Price Indices for 2013

		1月	2月	3月	4月	5月	6月	7月	8月	9月	10月	11月	12月
定基价格指数	**新建住宅价格指数**	**108.1**	**109.2**	**109.8**	**110.6**	**111.7**	**112.6**	**113.4**	**114.4**	**115.8**	**116.5**	**117.5**	**117.5**
	新建商品住宅	108.1	109.2	109.8	110.6	111.7	112.6	113.4	114.4	115.8	116.5	117.5	117.5
	一、90㎡及以下	108.0	109.3	110.1	110.4	111.7	112.5	112.9	114.0	115.7	116.4	116.9	116.9
	二、90-144㎡	109.1	110.2	110.7	112.0	113.0	114.1	115.5	116.7	117.9	118.4	119.6	119.7
	三、144㎡以上	106.6	107.4	107.8	108.2	109.2	109.8	110.5	111.2	112.3	113.3	114.9	114.9
	二手住宅价格指数	**107.0**	**107.5**	**107.7**	**108.0**	**108.3**	**108.5**	**108.7**	**109.2**	**109.8**	**110.3**	**110.6**	**111.1**
	一、90㎡及以下	106.2	106.6	106.6	107.2	107.8	107.9	108.2	108.6	109.5	110.1	110.5	110.8
	二、90-144㎡	108.3	108.9	109.3	109.6	109.9	110.2	110.5	110.8	111.7	112.0	112.3	113.0
	三、144㎡以上	106.1	106.7	106.7	106.8	106.9	106.9	107.1	107.6	107.9	108.3	108.6	109.2
同比价格指数	**新建住宅价格指数**	**102.6**	**103.8**	**104.4**	**105.0**	**106.1**	**106.5**	**107.0**	**107.9**	**109.3**	**109.6**	**110.0**	**109.6**
	新建商品住宅	102.6	103.8	104.4	105.0	106.1	106.5	107.0	107.9	109.3	109.6	110.0	109.6
	一、90㎡及以下	103.0	104.5	105.2	105.3	106.7	106.9	106.7	107.9	109.4	109.8	109.7	109.2
	二、90-144㎡	102.4	103.5	104.0	105.3	106.2	106.8	108.0	109.0	110.0	110.2	111.1	110.7
	三、144㎡以上	101.8	102.7	103.2	103.8	104.4	104.9	105.5	106.0	107.3	108.1	108.8	108.6
	二手住宅价格指数	**100.7**	**101.2**	**101.4**	**101.6**	**102.0**	**102.1**	**101.9**	**102.2**	**102.9**	**103.4**	**103.7**	**104.1**
	一、90㎡及以下	100.2	100.5	100.6	101.1	101.6	101.7	101.8	102.1	103.5	104.1	104.3	104.5
	二、90-144㎡	101.7	102.3	102.7	102.9	103.2	103.5	103.3	103.3	103.9	104.0	104.2	104.7
	三、144㎡以上	99.8	100.5	100.5	100.5	100.7	100.7	100.2	100.7	101.2	102.0	102.5	103.0
环比价格指数	**新建住宅价格指数**	**100.8**	**101.1**	**100.6**	**100.6**	**101.0**	**100.8**	**100.7**	**100.9**	**101.2**	**100.6**	**100.8**	**100.0**
	新建商品住宅	100.8	101.1	100.6	100.6	101.0	100.8	100.7	100.9	101.2	100.6	100.8	100.0
	一、90㎡及以下	100.8	101.2	100.7	100.3	101.2	100.7	100.4	100.9	101.5	100.6	100.5	100.0
	二、90-144㎡	100.9	101.0	100.4	101.2	100.8	101.0	101.2	101.0	101.0	100.4	101.0	100.0
	三、144㎡以上	100.7	100.7	100.3	100.4	100.9	100.6	100.6	100.7	101.0	100.9	101.4	100.1
	二手住宅价格指数	**100.2**	**100.5**	**100.2**	**100.3**	**100.3**	**100.1**	**100.3**	**100.4**	**100.6**	**100.4**	**100.3**	**100.5**
	一、90㎡及以下	100.1	100.3	100.1	100.6	100.5	100.1	100.4	100.4	100.8	100.6	100.4	100.3
	二、90-144㎡	100.4	100.5	100.4	100.3	100.3	100.3	100.3	100.3	100.7	100.3	100.3	100.6
	三、144㎡以上	100.0	100.6	100.0	100.0	100.1	100.0	100.1	100.5	100.3	100.3	100.3	100.5

4-4-63　2013年韶关市住宅销售价格指数

Shaoguan Housing Price Indices for 2013

		1月	2月	3月	4月	5月	6月	7月	8月	9月	10月	11月	12月
定基价格指数	**新建住宅价格指数**	**107.7**	**108.9**	**109.3**	**110.1**	**111.6**	**111.5**	**112.4**	**113.0**	**113.4**	**114.2**	**114.2**	**114.0**
	新建商品住宅	107.9	109.1	109.6	110.3	111.9	111.8	112.7	113.3	113.7	114.6	114.6	114.3
	一、90㎡及以下	109.2	110.4	110.8	111.8	113.4	113.2	113.9	114.4	115.0	116.2	116.2	116.0
	二、90-144㎡	107.2	108.4	109.0	109.6	111.1	111.1	112.2	112.8	113.1	113.8	113.8	113.5
	三、144㎡以上	104.6	105.9	106.3	106.9	108.1	108.0	108.0	108.3	109.0	109.2	109.4	108.9
	二手住宅价格指数	**105.3**	**106.3**	**107.0**	**107.3**	**107.6**	**107.6**	**107.6**	**109.3**	**109.6**	**109.6**	**109.6**	**109.8**
	一、90㎡及以下	104.7	105.7	106.1	106.3	106.1	105.4	105.9	108.0	108.1	107.8	107.7	107.9
	二、90-144㎡	106.8	108.0	109.0	109.2	110.1	110.2	109.9	111.4	111.9	111.7	111.8	112.0
	三、144㎡以上	102.2	102.9	103.5	104.0	103.8	104.5	104.5	105.8	106.2	107.0	107.2	107.2
同比价格指数	**新建住宅价格指数**	**101.4**	**102.5**	**102.7**	**103.4**	**105.0**	**105.0**	**105.7**	**106.3**	**106.3**	**106.8**	**106.3**	**105.8**
	新建商品住宅	101.5	102.6	102.8	103.5	105.1	105.2	105.9	106.4	106.4	107.0	106.5	106.0
	一、90㎡及以下	101.1	102.1	102.2	103.1	104.6	104.6	105.2	105.8	106.0	107.1	106.6	106.2
	二、90-144㎡	101.7	102.9	103.2	103.8	105.5	105.6	106.4	106.9	106.8	107.0	106.4	105.9
	三、144㎡以上	101.2	102.5	102.7	103.3	104.6	104.6	104.4	104.7	105.3	105.2	105.1	104.0
	二手住宅价格指数	**102.0**	**103.1**	**103.6**	**103.8**	**104.3**	**104.3**	**104.2**	**105.6**	**105.7**	**105.7**	**105.2**	**105.3**
	一、90㎡及以下	101.8	102.8	103.2	103.3	103.3	102.5	103.6	105.5	105.2	104.8	104.2	104.6
	二、90-144㎡	103.3	104.4	105.0	105.2	106.3	106.3	105.2	106.4	106.4	106.5	106.1	106.0
	三、144㎡以上	99.1	100.0	100.5	101.3	100.8	102.0	102.6	103.8	104.3	104.9	104.4	104.9
环比价格指数	**新建住宅价格指数**	**100.0**	**101.1**	**100.4**	**100.7**	**101.4**	**99.9**	**100.8**	**100.5**	**100.4**	**100.7**	**100.0**	**99.8**
	新建商品住宅	100.0	101.1	100.5	100.7	101.4	99.9	100.8	100.5	100.4	100.7	100.0	99.8
	一、90㎡及以下	100.0	101.0	100.4	100.9	101.4	99.8	100.6	100.5	100.5	101.0	100.0	99.8
	二、90-144㎡	100.1	101.2	100.5	100.5	101.4	100.0	101.0	100.5	100.3	100.6	100.0	99.7
	三、144㎡以上	99.9	101.3	100.3	100.5	101.2	99.8	100.0	100.3	100.6	100.2	100.2	99.6
	二手住宅价格指数	**101.0**	**101.0**	**100.7**	**100.3**	**100.3**	**100.0**	**100.0**	**101.6**	**100.3**	**100.0**	**100.0**	**100.1**
	一、90㎡及以下	101.5	100.9	100.4	100.2	99.8	99.4	100.5	102.0	100.1	99.6	99.9	100.1
	二、90-144㎡	101.1	101.1	100.9	100.2	100.8	100.1	99.7	101.4	100.4	99.9	100.0	100.2
	三、144㎡以上	100.0	100.7	100.6	100.6	99.8	100.7	100.0	101.3	100.4	100.8	100.1	100.0

4-4-64　2013年桂林市住宅销售价格指数
Guilin Housing Price Indices for 2013

		1月	2月	3月	4月	5月	6月	7月	8月	9月	10月	11月	12月
定基价格指数	**新建住宅价格指数**	**105.8**	**105.7**	**106.5**	**107.1**	**110.2**	**111.9**	**114.1**	**115.2**	**115.1**	**116.5**	**118.0**	**118.4**
	新建商品住宅	105.9	105.9	106.6	107.3	110.4	112.2	114.4	115.5	115.4	116.9	118.4	118.8
	一、90m²及以下	104.9	104.8	105.5	106.2	109.4	110.9	113.1	114.0	114.1	116.1	117.4	117.7
	二、90-144m²	107.7	107.7	108.4	108.9	112.0	113.9	116.2	117.4	117.3	118.7	120.4	120.8
	三、144m²以上	99.9	99.6	100.7	101.9	105.1	106.6	108.5	109.3	109.2	110.3	111.1	112.1
	二手住宅价格指数	**101.8**	**102.2**	**102.7**	**103.1**	**103.9**	**104.4**	**104.8**	**105.3**	**105.8**	**106.0**	**106.3**	**106.6**
	一、90m²及以下	101.3	101.8	102.4	103.0	103.9	104.5	104.7	105.1	105.6	105.7	106.1	106.4
	二、90-144m²	103.4	103.7	103.9	104.0	104.6	105.1	105.7	106.3	107.0	107.1	107.3	107.4
	三、144m²以上	99.5	99.8	100.7	101.0	101.6	101.9	102.7	103.2	103.8	104.0	104.2	104.9
同比价格指数	**新建住宅价格指数**	**99.7**	**99.8**	**100.6**	**101.3**	**104.2**	**105.7**	**107.7**	**108.5**	**108.5**	**109.9**	**111.4**	**111.9**
	新建商品住宅	99.7	99.8	100.6	101.3	104.3	105.8	107.8	108.7	108.7	110.1	111.6	112.1
	一、90m²及以下	99.9	99.8	100.6	101.4	104.5	105.8	107.8	108.5	108.6	110.5	111.7	112.2
	二、90-144m²	99.8	99.9	100.7	101.2	104.1	105.7	107.8	108.8	108.6	110.0	111.7	112.1
	三、144m²以上	99.2	99.1	100.3	101.5	104.8	106.1	107.9	108.4	108.9	110.0	111.0	112.1
	二手住宅价格指数	**99.8**	**100.7**	**101.1**	**101.4**	**102.5**	**103.0**	**103.2**	**103.6**	**104.0**	**104.3**	**104.5**	**104.8**
	一、90m²及以下	100.0	100.8	101.2	101.8	103.2	103.8	103.7	104.0	104.4	104.9	104.7	105.1
	二、90-144m²	99.7	100.7	100.8	100.6	101.5	101.8	102.3	103.0	103.5	103.3	104.0	104.1
	三、144m²以上	99.0	100.2	101.1	101.4	102.1	102.6	103.3	103.3	103.7	104.2	104.9	105.4
环比价格指数	**新建住宅价格指数**	**99.9**	**100.0**	**100.7**	**100.6**	**102.8**	**101.6**	**101.9**	**101.0**	**99.9**	**101.2**	**101.3**	**100.4**
	新建商品住宅	99.9	100.0	100.7	100.6	102.9	101.6	101.9	101.0	99.9	101.2	101.3	100.4
	一、90m²及以下	100.0	99.9	100.7	100.7	103.0	101.4	102.0	100.8	100.1	101.7	101.1	100.2
	二、90-144m²	100.0	100.0	100.6	100.5	102.8	101.7	102.0	101.1	99.9	101.2	101.5	100.3
	三、144m²以上	99.9	99.7	101.2	101.1	103.2	101.4	101.8	100.7	100.0	100.9	100.8	100.9
	二手住宅价格指数	**100.1**	**100.4**	**100.5**	**100.4**	**100.8**	**100.5**	**100.4**	**100.4**	**100.5**	**100.1**	**100.3**	**100.3**
	一、90m²及以下	100.1	100.5	100.6	100.6	100.9	100.6	100.2	100.3	100.5	100.1	100.4	100.3
	二、90-144m²	100.2	100.2	100.3	100.1	100.5	100.5	100.6	100.6	100.6	100.1	100.2	100.1
	三、144m²以上	100.0	100.3	100.9	100.4	100.5	100.3	100.8	100.5	100.6	100.2	100.1	100.7

4-4-65　2013年北海市住宅销售价格指数
Beihai Housing Price Indices for 2013

		1月	2月	3月	4月	5月	6月	7月	8月	9月	10月	11月	12月
定基价格指数	**新建住宅价格指数**	**101.5**	**102.5**	**103.5**	**104.5**	**105.3**	**106.5**	**107.4**	**108.5**	**109.6**	**110.2**	**111.1**	**111.6**
	新建商品住宅	101.5	102.5	103.5	104.5	105.3	106.5	107.5	108.5	109.7	110.2	111.1	111.6
	一、90㎡及以下	101.7	102.8	103.6	104.5	105.3	106.5	107.4	108.3	109.4	109.9	110.9	111.3
	二、90-144㎡	101.9	102.9	104.4	105.4	106.5	107.7	108.9	110.0	111.3	111.9	112.7	113.5
	三、144㎡以上	98.5	99.2	99.5	100.8	101.5	102.6	103.0	104.4	105.4	106.2	107.2	107.3
	二手住宅价格指数	**102.0**	**102.4**	**103.4**	**104.0**	**104.7**	**105.4**	**105.9**	**106.3**	**106.7**	**107.1**	**107.7**	**108.1**
	一、90㎡及以下	102.3	102.7	103.7	104.1	104.7	105.4	105.9	106.3	106.5	106.9	107.7	108.2
	二、90-144㎡	101.7	102.2	103.2	104.0	104.9	105.7	106.1	106.7	107.3	107.7	108.1	108.0
	三、144㎡以上	100.4	100.7	101.9	102.8	103.5	104.3	104.9	104.9	105.3	106.4	106.7	107.0
同比价格指数	**新建住宅价格指数**	**99.6**	**100.9**	**102.0**	**103.1**	**104.1**	**105.3**	**105.9**	**106.8**	**108.2**	**108.6**	**109.1**	**109.9**
	新建商品住宅	99.6	100.9	102.0	103.1	104.1	105.3	105.9	106.9	108.2	108.7	109.1	110.0
	一、90㎡及以下	99.7	101.0	101.9	103.0	104.0	105.2	105.7	106.6	107.8	108.2	108.6	109.5
	二、90-144㎡	99.8	101.0	102.7	103.7	104.9	106.0	106.8	107.9	109.6	110.1	110.5	111.4
	三、144㎡以上	98.2	99.7	100.4	101.7	102.6	103.6	104.1	105.5	106.7	107.5	108.5	108.7
	二手住宅价格指数	**100.3**	**101.0**	**102.3**	**103.0**	**103.6**	**104.4**	**104.8**	**105.0**	**105.3**	**105.7**	**106.3**	**106.3**
	一、90㎡及以下	100.5	101.1	102.4	102.9	103.5	104.2	104.6	104.8	105.0	105.3	106.0	106.3
	二、90-144㎡	99.9	100.9	102.3	103.2	104.0	104.8	105.3	105.7	106.1	106.5	106.9	106.4
	三、144㎡以上	99.5	100.3	101.8	102.8	103.4	104.2	104.8	104.6	105.0	106.1	106.4	106.6
环比价格指数	**新建住宅价格指数**	**100.0**	**101.0**	**100.9**	**101.0**	**100.8**	**101.1**	**100.9**	**100.9**	**101.1**	**100.5**	**100.8**	**100.5**
	新建商品住宅	100.0	101.0	100.9	101.0	100.8	101.1	100.9	100.9	101.1	100.5	100.8	100.5
	一、90㎡及以下	100.0	101.0	100.8	100.9	100.7	101.1	100.8	100.9	101.0	100.4	100.8	100.4
	二、90-144㎡	100.0	101.1	101.4	101.0	101.0	101.2	101.1	101.0	101.2	100.5	100.7	100.7
	三、144㎡以上	99.9	100.7	100.3	101.3	100.7	101.0	100.5	101.3	101.0	100.8	100.9	100.0
	二手住宅价格指数	**100.4**	**100.4**	**101.0**	**100.6**	**100.7**	**100.7**	**100.5**	**100.4**	**100.3**	**100.4**	**100.6**	**100.3**
	一、90㎡及以下	100.5	100.4	100.9	100.4	100.6	100.7	100.5	100.4	100.2	100.4	100.7	100.5
	二、90-144㎡	100.2	100.5	101.0	100.8	100.9	100.7	100.4	100.6	100.5	100.4	100.4	99.9
	三、144㎡以上	--	100.3	101.2	100.9	100.7	100.8	100.5	100.0	100.5	101.0	100.3	100.3

4-4-66 2013年三亚市住宅销售价格指数
Sanya Housing Price Indices for 2013

		1月	2月	3月	4月	5月	6月	7月	8月	9月	10月	11月	12月
定基价格指数	**新建住宅价格指数**	**101.3**	**101.7**	**102.3**	**102.9**	**102.8**	**103.0**	**103.3**	**103.9**	**104.3**	**105.1**	**106.1**	**106.3**
	新建商品住宅	101.3	101.7	102.3	102.9	102.8	103.0	103.4	104.0	104.3	105.1	106.1	106.3
	一、90㎡及以下	101.1	101.6	102.2	102.9	102.9	103.1	103.5	104.3	104.7	105.4	106.6	106.9
	二、90-144㎡	102.3	102.6	103.1	103.6	103.4	103.6	104.0	104.7	105.0	105.7	106.6	106.9
	三、144㎡以上	100.5	100.9	101.6	102.2	102.2	102.3	102.5	102.8	102.8	104.0	104.8	104.8
	二手住宅价格指数	**94.1**	**94.2**	**94.4**	**94.6**	**94.8**	**94.8**	**94.9**	**95.1**	**95.2**	**95.4**	**95.4**	**96.1**
	一、90㎡及以下	94.5	94.6	94.7	94.9	95.0	95.1	95.3	95.4	95.6	96.0	96.1	97.1
	二、90-144㎡	93.8	93.9	94.4	94.5	94.6	94.7	94.8	95.0	95.1	95.2	95.2	95.8
	三、144㎡以上	94.0	94.1	94.2	94.3	94.7	94.7	94.7	94.8	94.9	94.9	94.9	95.4
同比价格指数	**新建住宅价格指数**	**99.9**	**100.3**	**101.1**	**102.0**	**102.2**	**102.4**	**102.8**	**103.4**	**103.7**	**104.6**	**105.5**	**105.3**
	新建商品住宅	99.9	100.3	101.1	102.0	102.2	102.4	102.8	103.4	103.7	104.7	105.5	105.4
	一、90㎡及以下	99.8	100.3	101.1	101.9	102.1	102.6	103.0	103.7	104.1	104.8	106.0	106.0
	二、90-144㎡	100.3	100.6	101.3	101.8	101.8	101.9	102.5	103.3	103.6	104.5	105.1	104.8
	三、144㎡以上	99.7	100.1	100.9	102.3	102.6	102.7	102.8	103.1	103.2	104.6	105.2	104.8
	二手住宅价格指数	**98.9**	**99.5**	**100.0**	**100.4**	**100.8**	**101.1**	**101.3**	**101.4**	**101.5**	**101.7**	**101.7**	**102.2**
	一、90㎡及以下	99.3	99.6	100.0	100.4	100.7	101.0	101.3	101.5	101.7	102.1	102.0	102.9
	二、90-144㎡	98.8	99.3	100.0	100.3	100.6	101.0	101.2	101.5	101.7	101.7	101.7	102.2
	三、144㎡以上	98.7	99.8	100.1	100.5	101.0	101.3	101.4	101.2	101.1	101.2	101.2	101.4
环比价格指数	**新建住宅价格指数**	**100.3**	**100.4**	**100.6**	**100.6**	**99.9**	**100.2**	**100.3**	**100.6**	**100.3**	**100.8**	**100.9**	**100.2**
	新建商品住宅	100.3	100.4	100.6	100.6	99.9	100.2	100.3	100.6	100.3	100.8	100.9	100.2
	一、90㎡及以下	100.3	100.5	100.6	100.7	100.0	100.2	100.3	100.7	100.4	100.6	101.1	100.3
	二、90-144㎡	100.3	100.3	100.5	100.5	99.8	100.2	100.4	100.7	100.3	100.7	100.8	100.3
	三、144㎡以上	100.5	100.4	100.7	100.5	100.0	100.1	100.2	100.3	100.0	101.2	100.7	100.0
	二手住宅价格指数	**100.1**	**100.1**	**100.3**	**100.1**	**100.2**	**100.1**	**100.1**	**100.1**	**100.1**	**100.2**	**100.0**	**100.8**
	一、90㎡及以下	100.1	100.1	100.1	100.2	100.1	100.1	100.2	100.2	100.2	100.4	100.1	101.1
	二、90-144㎡	100.1	100.0	100.6	100.1	100.1	100.1	100.1	100.2	100.2	100.1	100.0	100.7
	三、144㎡以上	99.9	100.2	100.0	100.1	100.5	100.0	100.1	100.1	100.1	100.0	100.0	100.5

4-4-67 2013年泸州市住宅销售价格指数
Luzhou Housing Price Indices for 2013

		1月	2月	3月	4月	5月	6月	7月	8月	9月	10月	11月	12月
定基价格指数	**新建住宅价格指数**	**104.3**	**105.1**	**106.3**	**107.2**	**107.2**	**107.1**	**108.1**	**109.3**	**111.2**	**111.8**	**112.2**	**113.0**
	新建商品住宅	104.4	105.3	106.5	107.4	107.5	107.4	108.4	109.6	111.6	112.1	112.6	113.5
	一、90㎡及以下	103.9	105.2	106.5	107.2	107.1	106.8	107.4	108.7	110.3	110.6	111.0	112.1
	二、90-144㎡	104.5	105.3	106.4	107.5	107.6	107.6	108.8	110.0	112.2	112.8	113.3	114.1
	三、144㎡以上	104.4	104.8	107.1	107.4	107.2	106.9	107.9	108.6	110.4	110.8	111.7	112.2
	二手住宅价格指数	**101.0**	**100.9**	**101.3**	**101.7**	**101.9**	**101.9**	**102.1**	**102.4**	**103.0**	**103.4**	**104.2**	**104.9**
	一、90㎡及以下	101.4	101.3	101.6	102.1	102.3	102.3	102.5	102.6	103.4	103.9	104.6	105.3
	二、90-144㎡	100.4	100.3	100.7	101.0	101.2	101.2	101.4	101.8	102.5	102.8	103.9	104.5
	三、144㎡以上	101.8	101.5	101.9	102.6	102.9	102.9	103.2	103.3	103.7	103.9	104.3	105.0
同比价格指数	**新建住宅价格指数**	**102.0**	**102.9**	**104.1**	**105.0**	**105.1**	**104.8**	**105.4**	**106.4**	**108.4**	**109.2**	**108.7**	**108.9**
	新建商品住宅	102.1	103.0	104.2	105.2	105.3	105.0	105.6	106.6	108.7	109.5	108.9	109.2
	一、90㎡及以下	102.2	103.6	104.9	105.6	105.5	105.2	105.0	106.1	107.7	108.5	107.8	108.4
	二、90-144㎡	102.1	102.9	104.0	105.1	105.2	105.0	105.9	107.0	109.2	110.1	109.5	109.7
	三、144㎡以上	101.8	102.2	104.6	104.9	105.0	104.7	104.9	105.5	107.3	107.7	107.8	107.7
	二手住宅价格指数	**100.9**	**100.8**	**101.2**	**101.6**	**101.8**	**101.7**	**101.8**	**102.1**	**102.6**	**103.0**	**103.7**	**104.1**
	一、90㎡及以下	101.2	101.2	101.5	101.9	102.1	102.0	101.9	102.1	102.7	103.2	103.8	104.2
	二、90-144㎡	100.6	100.7	101.1	101.4	101.6	101.5	101.7	102.1	102.7	103.0	103.9	104.3
	三、144㎡以上	100.7	100.4	100.8	101.5	101.7	101.7	101.9	102.1	102.5	102.7	103.0	103.4
环比价格指数	**新建住宅价格指数**	**100.5**	**100.8**	**101.1**	**100.8**	**100.0**	**99.9**	**101.0**	**101.0**	**101.8**	**100.5**	**100.4**	**100.7**
	新建商品住宅	100.5	100.8	101.2	100.9	100.0	99.9	101.0	101.1	101.9	100.5	100.4	100.8
	一、90㎡及以下	100.5	101.2	101.3	100.6	99.9	99.8	100.6	101.2	101.5	100.3	100.3	101.0
	二、90-144㎡	100.5	100.8	101.0	101.0	100.1	100.0	101.1	101.1	102.0	100.5	100.4	100.7
	三、144㎡以上	100.3	100.4	102.2	100.3	99.8	99.8	100.9	100.7	101.6	100.4	100.8	100.4
	二手住宅价格指数	**100.2**	**99.9**	**100.4**	**100.4**	**100.2**	**100.0**	**100.2**	**100.3**	**100.6**	**100.4**	**100.8**	**100.6**
	一、90㎡及以下	100.3	99.9	100.3	100.5	100.2	100.0	100.1	100.2	100.7	100.6	100.7	100.7
	二、90-144㎡	100.1	99.9	100.5	100.2	100.2	100.0	100.2	100.4	100.6	100.3	101.0	100.6
	三、144㎡以上	100.2	99.7	100.4	100.7	100.3	100.1	100.2	100.1	100.4	100.2	100.3	100.7

4-4-68 2013年南充市住宅销售价格指数
Nanchong Housing Price Indices for 2013

		1月	2月	3月	4月	5月	6月	7月	8月	9月	10月	11月	12月
定基价格指数	**新建住宅价格指数**	**102.5**	**103.7**	**105.2**	**106.2**	**107.3**	**109.3**	**110.2**	**111.0**	**111.2**	**111.2**	**111.3**	**112.0**
	新建商品住宅	102.5	103.7	105.2	106.3	107.4	109.4	110.3	111.1	111.4	111.3	111.4	112.1
	一、90m²及以下	102.5	103.7	105.2	106.4	107.3	108.9	109.7	110.4	110.5	110.4	110.5	111.0
	二、90-144m²	102.4	103.8	105.2	106.2	107.5	109.6	110.5	111.4	111.7	111.8	111.9	112.6
	三、144m²以上	102.8	103.7	105.2	106.6	107.4	109.3	110.4	110.9	111.3	111.1	111.0	112.1
	二手住宅价格指数	**101.0**	**101.7**	**102.0**	**102.6**	**103.0**	**103.2**	**103.5**	**103.9**	**104.5**	**105.1**	**105.8**	**106.3**
	一、90m²及以下	101.7	102.3	102.6	103.1	103.4	103.7	103.9	104.3	105.1	105.6	106.0	106.6
	二、90-144m²	99.9	100.6	101.2	101.7	102.3	102.7	103.0	103.4	103.8	104.4	105.6	106.1
	三、144m²以上	101.2	101.9	101.9	102.4	102.9	102.8	102.8	103.2	103.8	104.6	105.4	105.9
同比价格指数	**新建住宅价格指数**	**102.7**	**104.0**	**105.6**	**106.7**	**107.9**	**110.0**	**110.7**	**111.3**	**111.4**	**111.2**	**110.8**	**110.7**
	新建商品住宅	102.7	104.0	105.7	106.8	108.0	110.1	110.9	111.5	111.5	111.4	110.9	110.8
	一、90m²及以下	102.0	103.3	105.1	106.3	107.4	109.2	110.0	110.2	110.3	110.0	109.7	109.5
	二、90-144m²	102.8	104.3	105.9	107.0	108.4	110.6	111.3	112.1	112.0	112.0	111.6	111.5
	三、144m²以上	103.2	104.1	105.7	107.1	107.6	109.7	110.5	110.9	111.2	111.1	110.4	110.2
	二手住宅价格指数	**100.3**	**100.9**	**101.4**	**102.0**	**102.4**	**102.6**	**102.9**	**103.3**	**103.9**	**104.4**	**105.0**	**105.4**
	一、90m²及以下	100.8	101.3	101.7	102.2	102.5	102.6	103.0	103.4	104.0	104.2	104.6	105.0
	二、90-144m²	99.7	100.4	101.3	101.9	102.5	102.9	103.3	103.7	104.2	104.8	106.0	106.4
	三、144m²以上	99.8	100.5	100.5	101.1	101.5	101.5	101.5	102.0	102.6	103.5	104.2	104.7
环比价格指数	**新建住宅价格指数**	**101.2**	**101.2**	**101.4**	**101.0**	**101.0**	**101.8**	**100.8**	**100.7**	**100.2**	**100.0**	**100.1**	**100.6**
	新建商品住宅	101.3	101.2	101.5	101.0	101.1	101.8	100.8	100.7	100.2	100.0	100.1	100.6
	一、90m²及以下	101.1	101.1	101.5	101.2	100.8	101.5	100.7	100.6	100.1	99.9	100.0	100.5
	二、90-144m²	101.4	101.3	101.4	100.9	101.2	101.9	100.9	100.8	100.2	100.1	100.1	100.6
	三、144m²以上	101.1	100.8	101.5	101.2	100.8	101.8	101.0	100.5	100.3	99.8	99.9	101.0
	二手住宅价格指数	**100.2**	**100.7**	**100.4**	**100.5**	**100.4**	**100.3**	**100.2**	**100.3**	**100.7**	**100.5**	**100.7**	**100.5**
	一、90m²及以下	100.1	100.6	100.3	100.5	100.3	100.2	100.3	100.3	100.8	100.4	100.4	100.5
	二、90-144m²	100.2	100.7	100.6	100.6	100.5	100.4	100.3	100.4	100.5	100.6	101.1	100.4
	三、144m²以上	100.1	100.6	100.0	100.5	100.4	100.0	100.0	100.4	100.6	100.8	100.8	100.4

4-4-69　2013年遵义市住宅销售价格指数

Zunyi Housing Price Indices for 2013

		1月	2月	3月	4月	5月	6月	7月	8月	9月	10月	11月	12月
定基价格指数	**新建住宅价格指数**	**107.3**	**108.3**	**108.9**	**109.4**	**109.4**	**109.7**	**110.0**	**111.1**	**111.4**	**111.9**	**112.9**	**113.3**
	新建商品住宅	108.1	109.3	110.0	110.6	110.5	110.9	111.2	112.4	112.7	113.4	114.5	114.9
	一、90㎡及以下	108.1	109.6	110.3	110.7	110.6	111.1	111.5	112.7	113.2	113.8	115.2	115.7
	二、90-144㎡	108.5	109.5	110.3	111.1	111.1	111.3	111.5	112.9	113.1	113.7	114.7	114.7
	三、144㎡以上	107.4	108.3	108.8	109.2	109.1	109.6	109.9	110.8	111.3	112.0	113.4	114.4
	二手住宅价格指数	**107.1**	**108.2**	**109.0**	**109.5**	**109.8**	**110.0**	**110.0**	**110.1**	**110.0**	**110.7**	**111.4**	**111.7**
	一、90㎡及以下	103.7	105.1	106.0	106.5	107.2	107.3	107.6	107.9	107.8	108.5	109.3	109.5
	二、90-144㎡	108.9	110.0	110.9	111.3	111.4	111.6	111.5	111.7	111.6	112.3	112.9	113.2
	三、144㎡以上	108.8	109.4	110.0	110.3	110.4	110.9	110.2	109.4	109.4	109.9	111.0	111.4
同比价格指数	**新建住宅价格指数**	**101.8**	**102.8**	**103.2**	**103.8**	**104.0**	**104.1**	**104.2**	**104.8**	**105.4**	**105.7**	**106.6**	**106.4**
	新建商品住宅	102.0	103.1	103.6	104.3	104.5	104.6	104.7	105.3	106.0	106.4	107.3	107.2
	一、90㎡及以下	101.5	103.0	103.4	103.8	104.2	104.3	104.7	105.3	106.1	106.7	107.8	107.7
	二、90-144㎡	102.2	103.3	103.8	104.7	104.8	104.7	104.9	105.6	106.0	106.6	107.3	107.0
	三、144㎡以上	101.9	102.9	103.2	103.6	103.9	104.3	104.0	104.4	105.9	105.6	107.0	107.2
	二手住宅价格指数	**98.9**	**99.9**	**100.9**	**101.4**	**101.7**	**102.0**	**102.1**	**102.1**	**102.3**	**102.9**	**104.5**	**104.6**
	一、90㎡及以下	98.6	99.9	100.9	101.5	102.2	103.1	103.6	103.7	103.6	104.5	105.5	105.8
	二、90-144㎡	99.6	100.6	101.6	102.0	102.1	102.1	102.1	102.0	102.2	102.7	104.4	104.5
	三、144㎡以上	96.5	97.0	97.9	98.2	98.4	98.7	98.3	98.3	98.8	99.5	102.4	102.2
环比价格指数	**新建住宅价格指数**	**100.8**	**101.0**	**100.5**	**100.5**	**100.0**	**100.3**	**100.2**	**101.0**	**100.3**	**100.5**	**100.9**	**100.3**
	新建商品住宅	100.9	101.1	100.6	100.6	100.0	100.3	100.3	101.1	100.3	100.6	101.0	100.3
	一、90㎡及以下	100.6	101.4	100.6	100.4	100.0	100.4	100.4	101.0	100.4	100.5	101.2	100.4
	二、90-144㎡	101.1	101.0	100.7	100.7	100.0	100.2	100.2	101.2	100.2	100.6	100.8	100.1
	三、144㎡以上	100.6	100.9	100.4	100.3	99.9	100.4	100.3	100.8	100.5	100.6	101.3	100.9
	二手住宅价格指数	**100.3**	**101.0**	**100.8**	**100.4**	**100.3**	**100.2**	**100.0**	**100.1**	**100.0**	**100.6**	**100.7**	**100.3**
	一、90㎡及以下	100.1	101.3	100.9	100.5	100.6	100.1	100.3	100.3	99.9	100.7	100.7	100.2
	二、90-144㎡	100.5	101.0	100.8	100.4	100.1	100.2	99.9	100.1	99.9	100.6	100.6	100.3
	三、144㎡以上	99.9	100.5	100.6	100.3	100.1	100.4	99.4	99.2	100.0	100.5	101.0	100.3

4-4-70 2013年大理市住宅销售价格指数
Dali Housing Price Indices for 2013

		1月	2月	3月	4月	5月	6月	7月	8月	9月	10月	11月	12月
定基价格指数	**新建住宅价格指数**	**101.4**	**101.4**	**102.1**	**102.5**	**103.2**	**103.9**	**104.2**	**105.2**	**105.5**	**105.9**	**106.9**	**107.0**
	新建商品住宅	101.4	101.5	102.2	102.6	103.4	104.1	104.5	105.6	106.0	106.4	107.4	107.6
	一、90m²及以下	101.3	101.3	102.0	102.3	103.1	103.8	104.3	105.6	105.9	106.4	107.3	107.4
	二、90-144m²	100.9	100.9	101.7	102.1	102.8	103.3	103.6	104.7	105.1	105.4	106.6	106.8
	三、144m²以上	102.3	102.4	103.2	103.8	104.6	105.7	105.9	106.7	107.2	107.6	108.8	109.0
	二手住宅价格指数	**102.7**	**102.9**	**103.5**	**103.6**	**103.9**	**104.2**	**103.9**	**104.2**	**104.6**	**105.1**	**105.6**	**105.7**
	一、90m²及以下	103.8	103.9	104.6	104.7	105.0	105.0	104.8	104.7	105.2	105.8	106.6	106.8
	二、90-144m²	101.8	101.9	102.3	102.5	102.8	103.1	102.8	103.2	103.6	104.0	104.0	104.2
	三、144m²以上	102.6	102.9	103.6	103.9	104.3	104.7	104.6	105.1	105.5	106.0	106.5	106.8
同比价格指数	**新建住宅价格指数**	**99.7**	**99.8**	**100.4**	**100.8**	**101.6**	**102.3**	**102.5**	**103.6**	**103.9**	**104.5**	**105.6**	**105.5**
	新建商品住宅	99.7	99.8	100.4	100.9	101.8	102.6	102.8	104.0	104.3	104.9	106.1	106.0
	一、90m²及以下	100.2	100.2	100.7	101.2	102.1	102.8	102.9	104.4	104.7	105.4	106.2	105.9
	二、90-144m²	99.4	99.4	100.2	100.6	101.6	102.0	102.3	103.5	103.9	104.4	105.9	105.8
	三、144m²以上	99.5	99.7	100.3	100.9	101.7	103.0	103.3	104.1	104.4	105.0	106.3	106.3
	二手住宅价格指数	**99.5**	**99.6**	**100.2**	**100.4**	**100.6**	**100.9**	**100.8**	**101.2**	**101.7**	**102.3**	**102.8**	**103.1**
	一、90m²及以下	99.1	99.2	99.9	100.0	100.2	100.3	100.6	100.7	101.2	101.8	102.8	102.9
	二、90-144m²	99.9	100.1	100.4	100.6	100.9	101.3	100.8	101.4	101.9	102.4	102.5	102.8
	三、144m²以上	99.3	99.6	100.2	100.5	100.8	101.3	101.2	101.9	102.2	102.8	103.5	103.9
环比价格指数	**新建住宅价格指数**	**99.9**	**100.0**	**100.7**	**100.4**	**100.7**	**100.6**	**100.3**	**101.0**	**100.3**	**100.4**	**100.9**	**100.1**
	新建商品住宅	99.9	100.0	100.8	100.4	100.8	100.7	100.4	101.1	100.4	100.4	101.0	100.2
	一、90m²及以下	99.9	100.0	100.7	100.4	100.8	100.6	100.5	101.2	100.3	100.5	100.8	100.1
	二、90-144m²	100.0	100.0	100.8	100.3	100.7	100.5	100.3	101.1	100.4	100.3	101.1	100.2
	三、144m²以上	99.8	100.1	100.8	100.5	100.8	101.0	100.2	100.8	100.4	100.4	101.1	100.2
	二手住宅价格指数	**100.1**	**100.2**	**100.5**	**100.2**	**100.3**	**100.2**	**99.8**	**100.3**	**100.3**	**100.5**	**100.4**	**100.2**
	一、90m²及以下	100.0	100.1	100.7	100.1	100.3	100.0	99.8	100.0	100.4	100.6	100.8	100.1
	二、90-144m²	100.4	100.1	100.3	100.2	100.3	100.4	99.7	100.4	100.3	100.4	100.0	100.2
	三、144m²以上	99.8	100.3	100.6	100.3	100.4	100.4	99.9	100.6	100.3	100.5	100.5	100.2

指标解释

主要统计指标解释

一、生产者价格

（一）统计范围

工业生产者出厂价格统计调查涵盖 1702 个基本分类的 11000 多种工业产品的价格；工业生产者购进价格统计调查涵盖 900 多个基本分类的 6000 多种工业产品的价格。

（二）调查方法

工业生产者价格调查采取重点调查与典型调查相结合的调查方法。年主营业务收入 2000 万元以上的企业采用重点调查方法；年主营业务收入 2000 万元以下的企业采用典型调查方法。工业生产者价格调查涉及全国 400 多个城市的近 6 万家工业企业。

（三）指标解释

工业生产者价格指数：包括工业生产者出厂价格指数（Producer Price Index for Industrial Products，简称 PPI）和工业生产者购进价格指数。

工业生产者出厂价格指数：反映工业企业产品第一次出售时的出厂价格的变化趋势和变动幅度。

工业生产者购进价格指数：反映工业企业作为中间投入产品的购进价格的变化趋势和变动幅度。

二、固定资产投资价格

固定资产投资额：固定资产投资额（又称固定资产投资完成额）是以货币形式表现的在一定时期内建造和购置固定资产的工作量以及与此有关的费用的总称。它是反映固定资产投资规模、结构和发展速度的综合性指标，又是观察工程进度和考核投资效果的重要依据。

固定资产投资额的构成：指固定资产投资额的工程内容和实现方式，包括：

1.建筑工程是指各种房屋、建筑物的建造工程，又称建筑工作量。这部分投资额必须兴工动料，通过施工活动才能实现，是固定资产投资额的重要组成部分。

建筑工程包括：

（1）各种房屋如厂房、仓库、办公室、住宅、商店、学校、医院、俱乐部、食堂、招待所等工程。包括房屋的土建工程；列入房屋工程预算内的暖气、卫生、通风、照明、煤气等设备的价值及装设油饰工程；列入建筑工程预算内的各种管道（如蒸汽、压缩空气、石油、给排水等管道）、电力、电讯电缆导线等的敷设工程；房地产开发单位进行的商品房屋开发建设工程。

（2）设备基础、支柱、操作平台、梯子、烟囱、凉水塔、水池、灰塔等建筑工程；炼焦炉、裂解炉、蒸汽炉等各种窑炉的砌筑工程及金属结构工程。

（3）为施工而进行的建筑场地的布置、工程地质勘探，原有建筑和障碍物的拆除、平整场地、施工临时用水、电、汽、道路工程，以及完工后建筑场地的清理、环境绿化美化工作等；房地产开发单位进行的土地开发工程。

（4）矿井的开凿，井巷掘进延伸，露天矿的剥离，石油、天然气钻井工程和铁路、公路、港口、桥梁等工程。

（5）水利工程，如水库、堤坝、灌溉以及河道整治等工程。

（6）防空、地下建筑等特殊工程及其他建筑工程。

2.安装工程是指各种设备、装置的安装工程，又称安装工作量。

安装工程包括：

（1）生产、动力、起重、运输、传动和医疗、实验等各种需要安装设备的装配和安装，与设备相连的工作台、梯子、栏杆等装设工程，附属于被安装设备的管线敷设工程，被安装设备的绝缘、防腐、保温、油漆等工作。

（2）为测定安装工程质量，对单个设备、系统设备进行单机试运、系统联动无负荷试运工作（投料试运工作不包括在内）。在安装工程中，不包括被安装设备本身价值。

3.设备、工具、器具购置是指把工业企业生产的产品转为固定资产的购置活动，包括建设单位或企、事业单位购置或自制的，达到固定资产标准的设备、工具、器具的价值。新建单位及扩建单位的新建车间，按照设计或计划要求购置或自制的全部设备、工具、器具，不论是否达到固定资产标准均计入“设备、工具、器具购置”中。

（1）设备：指各种生产设备、传导设备、动力设备、运输设备等。分为需要安装的设备和不需要安装的设备两种。

需要安装的设备（简称“需安设备”）：指必须将其整体或几个部位装配起来，安装在基础上或建筑物支架上才能使用的设备。如轧钢机、发电机、蒸汽锅炉、变压器、塔、换热器、各种泵、机床等。有的设备虽不要基础，但必须进行组装工作，并在一定范围内使用的，如生产用电铲、塔吊、门吊、皮带运输机等也作为需要安装的设备统计。

不需要安装的设备（简称“不需安设备”）：指不必固定在一定位置或支架上就可以使用的各种设备，如电焊机、叉车、汽车、机车、飞机、船舶以及生产上流动使用的空压机、泵等。

（2）工具、器具：指具有独立用途的各种生产用具、工作工具和仪器。如生产和维修用的切削工具、压延工具、铆焊工具、模压器、铸型、风镐等，检验、实验测量用的各种计量、分析、化验仪器，以及达到固定资产标准的包装容器等。

4.其他费用是指在固定资产建造和购置过程中发生的，除上述几项内容以外的各种应分摊计入固定资产的费用（包括范围见“其他费用的内容”）。

其中：土地购置费是指行政事业单位建设项目通过出让方式取得土地使用权而支付的出让金。

旧建筑物购置费是指购置已使用过的各种旧房屋及其他建筑物。

建筑安装工程投资额的费用项目：建筑安装工程费用划分为直接工程费、间接工程费两个部分。

第一部分：直接工程费，由直接费、其他直接费、现场经费组成。

（一）直接费，指施工过程中耗费的构成工程实体和有助于工程形成的各项费用，包括人工费、材料费、施工机械使用费。

1. 人工费，指直接从事建筑安装工程施工的生产工人开支的各项费用，内容包括：（1）基本工资（2）工资性补贴（3）生产工人辅助工资（4）职工福利费（5）生产工人劳动保护费。

2. 材料费，指施工过程中耗用的构成工程实体的原材料、辅助材料、构配件、零件和半成品的费用以及周转使用材料的摊销（或租赁）费用，内容包括：（1）材料原价（或供应价）（2）供销部门手续费（3）包装费（4）材料装卸费、运输费及途耗（5）采购及保管费。

3. 机械使用费，指使用施工机械作业所发生的机械使用费以及机械安、拆及进出场费用，内容包括：（1）折旧费（2）大修费（3）经修费（4）安拆费及场外运输费（5）燃料动力费（6）人工费（7）运输机械养路费、车船使用税及保险费。

（二）其他直接费，指直接费以外施工过程中发生的其他费用，内容包括：1.冬雨季施工增加费 2.夜间施工增加费 3.二次搬运费 4.仪器仪表使用费 5.生产工具用具使用费 6.检验试验费 7.特殊工种培训费 8.工程定位复测、工程点交、场地清理等费用 9.特殊地区施工增加费。

（三）现场经费，指为施工准备、组织施工生产和管理所需费用，内容包括：

1. 临时设施费，指施工企业为进行建筑安装工程施工所必需的生活和生产用的临时建筑物、构筑物和其他临时设施费用等，内容包括：临时设施的搭设、维修、拆除或摊销费。

2. 现场管理费，内容包括：（1）现场管理人员的基本工资、工资性补贴、职工福利费、劳动保护费等。（2）办公费（3）差旅交通费（4）固定资本产使用费（5）工具用具使用费（6）保险费（7）工程保修费（8）工程排污费（9）其他费用。

第二部分：间接工程费，由企业管理费、财务费、其他费用和计划利润、税金组成。

（一）企业管理费，指施工企业为组织施工生产经营活动所发生的管理费用，内容包括：1. 管理人员的基本工资、工资性补贴及按规定标准计提的职工福利费；2. 差旅交通费；3. 办公费；4. 固定资产折旧、修理费；5. 工具用具使用费；6. 工会经费；7. 职工教育经费；8. 劳动保险费；9. 职工养老保险费及待业保险费用；10. 保险费；11. 税金；12. 其他。

（二）财务费用，指企业为筹集资金而发生的各项费用，包括企业经营期间发生的短期贷款利息净支出、汇兑净损失、调剂外汇手续费、金融机构手续费、以及企业筹集资金发生的其他财务费用。

（三）其他费用，指按规定支付工程造价（定额）管理部门的定额编制管理费及劳动定额管理部门的定额测定费，以及按有关部门规定支付的上级管理费。

（四）计划利润，指按规定应计入建筑安装工程造价的利润。依据不同投资来源或工程类别实施差别利率。

（五）税金，指国家税法规定的应计入建筑安装工程造价内的营业税，城市维护建设税及教育费附加。

其他费用的内容：

1. 旧房屋购置：指建设单位和企、事业单位购置的各种旧房屋和其他建筑物，但不包括由房地产开发公司统一开发建设的商品房屋购置。

2. 基本畜禽支出：指农林建设单位的基本畜禽购置，包括新建农场外购的大牲畜（如种畜）、各种禽类（如鸡群、鸭群等）。不包括老农场自繁自养或外购补充的基本畜禽支出。基本畜禽支出一般包括：基本畜禽购置费用；基本畜禽在移交生产单位前所发生的各种饲养费用。

3. 林木支出：指各种经济林木的造林费用。一般包括：整地、种植和幼林抚育等支出。

4. 办公生活用家具、器具购置：指为保证新建、扩建、改建项目投产初期正常生产经营所必需购置的办公和生活用家具、用具的费用。包括办公室、会议室、资料档案室、阅览室、文娱室、食堂、浴室、理发室、单身宿舍和设计规定必须建设的托儿所、卫生所、招待所、中小学校等的家具、用具。

5. 建设单位管理费：指建设单位所发生的管理费用。包括工作人员的工资、工资附加费、劳保支出、办公费、差旅交通费、劳动保护费、工具用具使用费、固定资产使用费、零星固定资产购置费、招募生产工人费、技术图书资料费和其他管理性质的开支。

6. 土地征用及迁移补偿费：指通过划拨方式取得无限期的土地使用权而支付的土地补偿费、附着物和青苗补偿费、安置补偿费以及土地征收管理费等，以及行政事业单位建设项目通过出让方式取得土地使用权而支付的出让金。不包括非行政事业单位建设项目通过出让方式取得有限期的土地使用权而支付的出让金。

7. 勘察设计费：指建设单位自行或委托勘察设计单位

进行工程水文地质勘察、设计所发生的各项费用。

8. 研究实验费：指为建设项目提供或验证设计数据、资料进行必要的研究试验，按照设计规定在施工过程中必须进行试验所发生的费用，以及支付科技成果和先进技术的一次性技术转让费。不包括应由科技三项费用开支的费用和应由间接费开支的施工企业对建筑材料、构件和建筑物进行一般鉴定、检查所发生的费用及技术革新的研究试验费，以及应由勘察设计单位的事业费或基本建设投资开支的费用。

9. 可行性研究费：指在建设前期进行建设项目可行性研究而发生的费用，包括为进行可行性研究而购置的固定资产。

10. 施工机构转移费：指按规定支付给施工企业因成建制地调来承担施工任务而发生的一次性搬迁费用。

11. 设备检验费：指按照规定支付给商品检验部门的进口成套设备检验费。建设单位对进口成套设备自行组织检验所发生的费用，应计入设备、工器具购置。

12. 负荷联合试车费：指单项工程（车间）在交工验收以前进行的负荷联合试车亏损（即全部试车费减去试车产品销售收入和其他收入后的差额）。单机试运或系统联动无负荷试运所发生的费用，应计入安装工程投资。

13. 土地占用、使用费：指因进行固定资产投资活动而占用土地，按规定应支付的土地使用税、耕地占用税、以及应支付的土地复垦费用和土地损失补偿费用。

14. 退耕退牧还林还草、土壤改良、城市绿化等投资：指列入县及县以上投资计划的，有资金投入的退耕退牧还林还草、土壤改良、城市绿化等投资。

15. 建设期应付利息：指在建设阶段应支付的各种利息，包括采取分期付款方式进口成套设备应支付的利息，向银行或其他金融机构借款应支付的利息，以及因发行或使用各种债券进行固定资产投资应支付的利息。不包括超过建设期或投产后应付的各种利息。

16. 政府收费：指在投资过程中发生的各种政府收费。主要有土地增值税、城市维护建设税、城市基础设施配套费、教育纲附加、排污费、城市水资源费、电力增容费等。

17. 企业债券发行费：指筹措债券资金而发生的债券发行费用，包括支付给银行的代理发行手续费和债券的设计、印刷等费用。

18. 合同公证费及工程质量监测费：指建设单位按规定支付给司法部门的合同公证费和支付给工程质量监测部门的工程质量监测费。

19. 国外借款手续费及承诺费：指因向境外借款而支付的手续费和承诺费。

20. 汇兑损益：指利用外资或外汇进行固定资产投资，由于不同时间、不同汇率而产生的外汇兑换差额。

21. 临时设施费：指按照规定拨付给施工企业的临时设施包干费，以及建设单位自行施工所发生的临时设施实际支出。包括临时设施的搭设、维修、拆除费或摊销费，以及施工期间专用公路养护费、维修费。

22. 坏账损失：指建设单位按规定程序报经批准确实无法收回的预付及应收款项。

23. 固定资产亏损及损失：指在固定资产建造和购置过程中，由于管理不善、设计方案变更、重大自然灾害等原因造成的工程报废净损失、固定资产净损失、器材处理亏损和设备净盘亏。

24. 其他：指在建设阶段发生的除上述各种费用以外的其他费用，如国外设计及技术资料费、出国联络费、外国技术人员费、取消项目的可行性研究费、编外人员生活费、停缓建维护费、商业网点费、供电贴费和行政事业单位建设项目发生的非常损失等。

计算固定资产投资额的价格：固定资产投资额是以货币形式表现的建造和购置固定资产的工作量指标，计算固定资产投资额的价格，应该反映一定时期固定资产的价值，即建造或购置固定资产所耗费的社会必要劳动时间。为真实反映固定资产投资活动的规模、水平和效果，便于进行综合平衡，原则上应以实际价格作为计算固定资产投资额的价格依据。

1. 计算建筑安装工程投资额的价格

由于建筑产品的单个性及周期长的特点，建筑安装工程投资额一般按预算价格计算。预算价格，是在施工图设计阶段根据一定时期的预算定额计算出来的工程总费用。由于预算定额的编制有一定的时间间隔和相对稳定性，预算价格不能完全反映当期的实际水平。因此，以预算价格计算建安工程投资额时，应将经建设单位与施工单位双方协商同意，且经商业银行同意拨款的工程价差、量差，视同修改预算价格。建筑安装工程应按修改后的预算价格计算投资完成额。

实行招标投标的建安工程，以中标价格作为计算建安工程投资额的价格依据。中标后价格有调整的，以调整后的价格作为计算投资完成额的价格依据。

对于某些工程已进入施工，但施工图预算尚未编出的，可根据工程进度先按设计概算或套用相同结构、类型工程的预算价格计算，待预算编出后再进行调整。

建设单位议价购料供应给施工单位，材料价差部分未转给施工单位的，建设单位应将这部分价差包括在建安工程投资额中。

2. 设备、工具、器具购置投资额一律按实际价格，即支出的全部金额计算。外购设备、工具、器具除设备本身的价格外，还应包括运杂费、仓库保管费等。自行建造的设备、工具、器具，按建造过程中实际发生的全部支出计算。如果设备已经安装，而实际价格尚未结出，可暂按设计（计划）价格计算，待实际价格结出后再行调整。

3. 其他费用的计算价格

一般按财务部门实际支付的金额计算。为保证统计数字的及时性，基层单位可根据会计账面数字填报，不必等财务决算或财务报表编出。在报送投资统计月报时，可根据报告期发生的其他费用报送初步数字或预计完成数，待年报时根据会计账表进行调整。

三、居民消费价格

（一）统计范围

全国居民消费价格指数（CPI）涵盖全国城乡居民生活消费的食品、烟酒及用品、衣着、家庭设备用品及维修服务、医疗保健和个人用品、交通和通信、娱乐教育文化用品及服务、居住等八大类、262个基本分类的商品与服务价格。

（二）调查方法

采用抽样调查方法抽选确定调查网点，按照“定人、定点、定时”的原则，直接派人到调查网点采集原始价格。数据来源于全国31个省（区、市）500个市县、6.3余万家价格调查点，包括食杂店、百货店、超市、便利店、专业市场、专卖店、购物中心以及农贸市场与服务消费单位等。

（三）指标解释

居民消费价格指数（Consumer Price Index，简称CPI）是度量居民生活消费品和服务价格水平随着时间变动的相对数，综合反映居民购买的生活消费品和服务价格水平的变动情况。

1. 食品 可供人类食用或饮用的物质，包括加工食品、半成品和未加工食品，不包括烟草或只作药品用的物质。

粮食 指人们用作主食的各种成品粮及其加工品，包括大米、面粉、粗杂粮以及各种粗、细粮制品，不包括薯类、豆类及糕点食品。

大米 包括粳米、籼米、糯米等。

面粉 指小麦粉，包括富强粉、标准粉等

粮食制品 指各种粮食类的加工制品，包括生制品和熟制品，如面条、方便面、饺子皮、米粉等。

其他粮食 包括大米、面粉之外的其他各种粗杂粮，如玉米、小米、大麦等。

淀粉及制品 包括各种淀粉及淀粉制品。

干豆类及豆制品 包括大豆、绿豆、杂豆等各种豆类及豆腐、豆腐干（丝）等豆制品。

油脂类 指各种食用油脂，包括植物油、植物油制品和动物油等。

食用植物油 以植物果实为原料榨取的油料。包括花生油、菜籽油、芝麻油、豆油、茶油、葵花籽油等。

植物油制品 指各种以植物油为原料制作的食用油品，包括色拉油、调和油等。

调和油 又称高合油，它是根据使用需要，将两种以上经精炼的油脂（香味油除外）按比例调配制成的食用油。透明，可作熘、炒、煎、炸或凉拌用油。调和油一般选用精炼大豆油、菜籽油、花生油、葵花籽油、棉籽油等为主要原料，还可配有精炼过的米糠油、玉米胚油、油茶籽油等特种油脂，根据需要选择上述两种以上精炼过的油酯，再经脱酸、脱色、脱臭、调合成为调和油。调和油一般有以下几种：1.营养调和油（或称亚油酸调和油），一般以向日葵油为主，配以大豆油、玉米胚油和棉籽油。2.经济调和油，以菜籽油为主，配以一定比例的大豆油，其价格比较低廉。3.风味调和油，就是以菜籽油、棉籽油、米糠油与香味浓厚的花生油按一定比例调配成“轻味花生油”，或将前三种油与芝麻油以适当比例调合成“轻味芝麻油”。4.煎炸调和油，用棉籽油、菜籽油和棕榈油按一定比例调配，制成含芥酸低、脂肪酸组成平衡、起酥性能好、烟点高的煎炸调和油。5.高端调和油，例如山茶调和油、橄榄调和油，主要以山茶油、橄榄油等高端油脂为主体。

色拉油 色拉油是指各种植物原油经脱胶、脱色、脱臭（脱脂）等加工程序精制而成的高级食用植物油，可用于生吃，因特别适用于西餐“色拉”凉拌菜而得名。目前市场上供应的色拉油有大豆色拉油、菜籽色拉油、葵花籽色拉油和米糠色拉油等。

肉禽及其制品类 包括肉、禽及其制品。

食用畜肉及副产品 指各种家畜、野畜肉食品，包括活的、鲜的、冻的。

猪肉 指鲜、冻猪肉，不包括各种内脏及猪肉加工品。

牛肉 指鲜、冻牛肉，不包括内脏及各种牛肉加工品。

羊肉 指鲜、冻羊肉，不包括内脏及各种羊肉加工品。

畜肉副产品 指上述畜类内脏、头、爪、皮、骨头等。

其他畜肉 指猪、牛、羊肉以外的其他畜肉等。

禽类 指用于食用的各种禽类。

鸡 指食用的活鸡、白条鸡、分割的鸡腿、鸡翅、速冻的鸡脯肉等，包括鸡头、鸡爪、鸡架、各种内脏，不包括加工品。

鸭 指食用的活鸭、白条鸭、分割的鸭腿、鸭翅等，包括鸭头、鸭爪、各种内脏，不包括加工品。

其他禽类 指鸡、鸭以外的各种禽类。如鹅、鹌鹑、野鸡、野鸭、火鸡、鸽子，不包括加工品。

畜肉制品 指各种畜肉的加工制品，包括熟肉品、酱肉、腊肉、咸肉、火腿、香肠、火腿肠、西式火腿、红肠、各种灌肠、烤羊肉串、肉松、肉干、肉圆、鲜肉贡丸、油炸猪肉皮以及各种肉罐头等。

禽制品 指家禽和野禽的腌、腊、酱、烧、熏、烤制品以及各种禽制罐头等，也包括内脏加工品。

蛋类 包括各种禽蛋和禽蛋制品。

鲜蛋 指鲜鸡蛋、鲜鸭蛋以及各种鲜禽蛋，如鹅蛋、鹌鹑蛋等，不包括蛋制品。

蛋制品 各种禽蛋的加工制品，包括咸蛋、松花蛋（也称皮蛋、彩蛋）、冰蛋、糟蛋、茶叶蛋等。

水产品类 包括鱼、虾、蟹、贝、藻等各类海水和淡水产品。

鱼 包括各类海水鱼和淡水鱼。主要有黄花鱼、带鱼、草鱼、鲤鱼、鲢鱼、鲫鱼、鲳鱼、鳗鱼、黄鳝、鲥鱼、扁鱼、黑鱼等。

其他水产品 指鱼以外的各种水产品，主要包括各种水生软体动物、虾蟹类及贝类等。品种有：淡菜、干贝、海蛎、海参、海蜇、蛤蜊、蚶子、河蚌、蚬子、螺蛳、墨鱼、牡蛎、生蚝、鲜贝、赤贝、扇贝、鱿鱼、章鱼；虾的主要品种有：对虾、毛虾、米虾、白虾、沼虾、龙虾、河

虾、草虾、基围虾等；蟹的主要品种有：海蟹、河蟹、青蟹、梭子蟹。还包括龟、鳖、食用的青蛙、海菜、石花菜、海带、紫菜。包括其他水产品的制品，如人造海蜇。

菜类 包括各种叶菜、茎菜、根菜、花菜、果菜以及各种食用菌类。

鲜菜 指没有经过腌制、干制、霉制等加工的新鲜的蔬菜，包括经过简单洗切的净菜。主要品种：白菜、洋白菜、菠菜、油菜、芹菜、韭菜、空心菜、大葱、菜花、白萝卜、胡萝卜、葱头、生姜、莴笋、蒜苔、蒜头、黄瓜、冬瓜、丝瓜、西红柿、茄子、青椒、豆角、莲藕、豆芽菜、毛豆角、红辣椒、蚕豆芽、鲜黄花菜、鲜香菇等。

干菜及菜制品 指鲜菜经过干制的加工品和鲜菜再制品。包括干制的笋干、黄花菜、黑木耳、磨菇、食用白木耳等食品。也包括水发的笋干、黑木耳。鲜菜再制品包括：腌菜、榨菜、泡菜、酱菜、萝卜干、蔬菜罐头、速冻蔬菜等。

薯类 各种薯类，包括马铃薯、红薯等。

调味品 包括食用盐、酱油、虾油（鱼卤）、醋、味精、鸡精、糖精、料酒、辣椒酱、花生酱、芝麻酱、蕃茄酱、花椒、八角、茴香、胡椒、咖喱粉、五香粉、炸鸡粉等。

糖类 以糖为主要原料，生产加工的食品。包括食糖、糖果、巧克力制品和糖类小食品，不包括糖精。

茶叶 以茶树新梢上的芽叶嫩梢为原料加工而成的产品。主要分为绿茶、红茶、黄茶、黑茶、白茶、青茶、花茶等。

饮料 指以水、粮食、果蔬或奶为基本原料加工而成的流体、半流体或固体冲剂食品，包括固体饮料、液体饮料和冷冻饮品。固体饮料包括咖啡、可可粉和一些果味晶体饮料，如桔子粉、酸梅粉、山楂晶、菊花晶等；液体饮料主要有碳酸饮料、果蔬饮料和桶装矿泉水、饮用水等。碳酸饮料指含二氧化碳的非酒精液体饮料，包括盐汽水、甜汽水、果味汽水，以及罐装、瓶装、杯装的各种可乐。果蔬饮料是以水果、蔬菜、植物的根、茎、叶、花为原料，经压榨或浸渍抽提等方法取汁后加工而成的饮料；冷冻饮品主要是以奶为主要原料制成的冷食，如冰淇淋、雪糕等。

干鲜瓜果 包括干鲜瓜果及制品。

鲜瓜果 鲜瓜类包括西瓜、甜瓜、哈密瓜等；鲜果类包括：苹果、梨、山楂、桃、杏、李、梅、樱桃、葡萄、柿子、猕猴桃、草莓、树莓、柑桔、香蕉、椰子、芒果、菠萝、龙眼、荔枝、枇杷、杨梅、油橄榄、石榴、甘蔗、荸荠、莲蓬、百合等。不包括各类干、坚果。

干（坚）果 包括各种干（坚）果。干果包括各种水果经过日晒或烘干而成的食品。带壳的有荔枝干、桂圆干等；带皮的有葡萄干、红枣、黑枣、南枣、无花果等；对切的有杏干、桃干等；片状的有山楂干、苹果干、梨干等。坚果指坚果及果仁，具体包括生的和熟的大核桃、小核桃、板栗、银杏、榛子、松子、瓜子、花生、芝麻和各种坚果及果仁的加工品。包括湿花生、嫩花生、鱼皮花生、糖衣花生、油炸花生等。

糕点饼干 指以面粉和糖为基本原料，以油、蛋、奶、果仁、果料等为辅料，经过调制、成型、熟制而成的食品，包括饼干、面包、蛋糕等。

液体乳及乳制品 包括鲜奶、奶粉、酸奶以及其他乳制品。不包括代乳粉、糕干粉等以粮食或豆类为主加工的制品。这里的鲜奶包括鲜牛奶、鲜马奶、鲜羊奶以及以鲜奶为主要原料配制的混合奶，不包括活性乳、奶粉等各种奶制品，也不包括豆奶。

巴氏杀菌乳或灭菌乳 通常指将生奶加热到 72℃-85℃，瞬间杀死致病微生物，保留有益菌群，对牛奶营养物质破坏少，充分保持牛奶的鲜度，但只能低温保存且保存时间短的产品。

酸牛乳 指以新鲜牛乳为原料，添加适量的砂糖，经巴氏杀菌和冷却后加入纯乳酸菌发酵剂，经保温发酵而制成的产品。

乳粉 以鲜奶为原料，经预处理及真空浓缩，然后喷雾干燥而制成的粉末状食品。

其他乳制品 指除鲜奶、酸奶、奶粉以外的以奶为主要原料制成的加工品，包括炼乳、奶酪、麦乳精、可可奶、活性乳，不包括含奶量很低的各种果奶饮料。

在外用膳食品 指在家庭以外地点的用餐，主要是在餐饮业用餐的食品，包括主食、炒菜、地方小吃和中、西式快餐。

其他食品 指上述各类食品以外的其他食品，包括蜂蜜、膨化食品等。

2.烟酒及用品 包括烟草、酒。

烟草 包括高档卷烟和中低档卷烟等。各地可根据当地消费情况划分卷烟级别并自行选取规格品。

酒 指用高粱、大麦、米、葡萄或其他水果发酵制成的含酒精饮料。主要有白酒、葡萄酒、啤酒等。

白酒 由淀粉或糖质原料制成酒醅或发酵经蒸馏而得，是一种蒸馏酒。

葡萄酒 用经过发酵的葡萄酿成的酒，含酒精量较低。

啤酒 以大麦芽、酒花为主要原料，经酵母发酵作用而成的包含二氧化碳的低酒精度酒。包括鲜啤酒、熟啤酒、黑啤酒、黄啤酒。

其他酒 指白酒、葡萄酒、啤酒以外的各种含酒精饮料和泡制酒。包括黄酒、米酒、五加皮酒、人参酒、香槟酒、汽酒及各种滋补酒等。不包括药酒和作调味用的料酒，药酒可计入滋补品，料酒可计入调味品。

3.衣着类 指各种穿戴用品，包括棉、麻、丝、毛和各种人造纤维、合成纤维纺织的各种布匹、呢绒和绸缎加工而成的服装，各种鞋、袜、帽等，此外还包括衣着加工服务。

服装 指以各种棉布、棉花化纤混纺布、化纤布、呢绒、绸缎、毛皮等为材料加工的各式服装，以及棉、麻、毛、丝、化纤纯纺或混纺经针织而成的服装，按穿着对象分为男士服装、女士服装、各式童装，不包括塑料雨衣和胶布雨衣（雨披）。

男式服装 指各类材料、各种工艺制作的各式男士服装，包括大衣、毛线衣、夹克衫、羽绒服、裤子、内衣、外衣等。

女式服装 指各类材料、各种工艺制作的各式女士服装，包括大衣、毛线衣、裙子、单衣、羽绒服、裤子、内衣、外衣等。

儿童服装 指各类材料、各种工艺制作的各式儿童服装，包括单衣、夹衣、棉衣、大衣、毛线衣、披风、各种学生装、各种婴儿服装。儿童一般指年龄12周岁及以下。

鞋袜帽类 包括皮鞋、胶鞋、布鞋、全塑料鞋及各种材料制作的靴子、凉鞋、便鞋、拖鞋、运动鞋、旅游鞋、春秋鞋。帽袜包括男、女、童、婴儿的各种面料、各种样式的帽子和袜子。

衣着材料 指各类用于制作衣着的纺织纤维制品，包含化学纤维制品和天然纤维制品。包括棉布、化纤布、毛线、丝绸，以及化学纤维与其他棉毛、丝、麻等天然纤维混纺织成各种混纺类织物。

4.家庭设备及维修服务类 包括耐用消费品、室内装饰品、床上用品、家庭日用杂品及家庭服务及加工维修服务。

家具 主要有坐卧类家具，如椅子、凳子、沙发、床；凭椅类家具，如桌子、茶儿；贮藏类家具，如柜、箱；隔断类家具，如屏风等；以及具有多种组合功能的组合家具等。

柜 包括卧室柜（服装柜）、书柜、展示柜、厨房整体橱柜等产品。

床 包括单人床、双人床等。

桌 包括餐桌、书桌、电脑桌等。

椅 包括餐桌椅、转椅等。

沙发 包括皮沙发、木沙发、布艺沙发等。

家庭设备 包括洗涤电器：洗衣机、甩干机；制冷电器：电冰箱、电冰柜；清洁电器：吸尘器、加湿器、空气净化器、电熨斗、电风扇、空调器、电淋浴器等；家用厨房电器具：食品加工机、电炊具、吸排油烟机、微波炉、电饭煲、饮水机、电烤箱、洗碗机、消毒柜；家用保健电器：电取暖器、电动按摩器等。

洗衣机 指一次洗衣在6公斤以下的自动、半自动、单缸、双缸、滚筒家用洗衣机，不包括手摇洗衣机。

电风扇 包括各种规格、型号的台扇、壁扇、落地扇、吊扇，不包括换气扇。

电冰箱（柜） 指单门、双门、三门家用电冰箱和冰柜。

吸排油烟机 指家庭炊事用的排油烟机，又称抽油烟机或脱排油烟机，不包括换气扇、排气风扇。

空调器 指具有空气的加热、冷却、增湿、除湿等功能的空气调节器，不包括冷暖风机。

热水器 热水器就是指通过各种物理原理，在一定时间内使冷水温度升高变成热水的一种装置。

微波炉 指利用微波辐射来烹饪食物的厨房电器。

其他家用设备 指除上述已列出的其他家庭设备，如吸尘器、消毒碗柜、洗碗机等，不包括家庭文娱用耐用消费品。

床上用品 指以棉、毛、丝及合成纤维等为材料纺织或针织制成的各种床上用品。包括毛毯、床单、被单、床罩、被套、枕具、蚊帐、凉席、垫褥以及各种棉被、鸭绒被、棉毯、线毯、电热毯、毛巾被等。

床上套件 包括床单（罩）、被罩、枕套等产品的不同组合。

家庭日用杂品 包括茶具、餐具、厨具、家庭手工工具、洗涤用品等。

家庭服务及加工维修服务 家庭服务一般包括钟点工、保姆费用等，加工维修服务包括电器修理、修鞋、配钥匙等。

5.医疗保健和个人用品类 医疗保健包括医疗器具及用品、中药材及中成药、西药、保健器具及用品和医疗保健服务。个人用品及服务包括化妆美容用品、清洁类化妆品、护肤品、个人饰品及个人服务。

医疗器具及用品 指人使用的用于医疗的小型器具。包括血压计、体温计、注射器等，不包括医疗用的各种大型设备，如CT机、核磁共振器等医疗器材。

中药材 包括植物类、动物类、矿物类等中药材。

中成药 包括中成药丸剂、中成药冲剂、中成药糖浆、中成药片剂、中成药针剂、中成药注射液、膏药、中成药口服液、中成药胶囊、中成药散剂、中成药栓剂等。

抗菌素（抗感染）药 包括青霉素类、氨基糖苷类药、四环素类药、氯霉素类药、大环内酯类药、头孢霉素类、利福平类、林可霉素类和其他抗菌素（抗感染药）。各地可咨询当地医药部门自行选取规格品。

消化系统用药 包括季胺化合物类、药用内酯、甘草酸盐、芦荟素和其他消化系统用药。各地可咨询当地医药部门自行选取规格品。

呼吸系统用药 包括愈创木酚类、甲酚磺酸类、卡拉美芬类、麻黄碱类、茶碱和氨茶碱类和天然苷类。各地可咨询当地医药部门自行选取规格品。

解热镇痛药 包括阿司匹林类、水杨酸及其盐类、水杨酸酯、含有非稠合吡唑环化合物、环酰胺类、硫酰胺、麦角胺及其盐、布洛芬及其他解热镇痛药。各地可咨询当地医药部门自行选取规格品。

抗肿瘤药 包括莫斯汀类、蝶呤、嘌呤类和天然来源类抗肿瘤药。各地可咨询当地医药部门自行选取规格品。

激素类药 包括垂体激素类药、肾上腺皮质激素类药、生长激素类似物、葡糖醛酸内酯、胰腺激素、雌（甾）激素及孕激素和其他激素类药。各地可咨询当地医药部门自行选取规格品。

心血管系统用药 包括苷类、麦角生物碱及其衍生物以及盐、地高辛类、奎尼丁类、洛尔类和其他心血管系统用药。各地可咨询当地医药部门自行选取规格品。

中枢神经系统用药 包括脑血管病用药、抗重症肌无力药、抗癫痫药、抗帕金森病药、中枢兴奋药、镇静催眠药、抗偏头痛药和其他神经系统用药。其中，脑血管病用药主要包括尼莫地平（口服常释剂型）、倍他司汀（口服常释剂型或注射剂）和丹参酮IIA（注射剂）等药品。各地可咨询当地医药部门自行选取规格品。

消毒防腐剂创伤外科用药 包括吖啶类药、氯已定类药、汞类药、败坏翘摇素、丙酰基内酯和其他消毒防腐剂创伤外科用药。各地可咨询当地医药部门自行选取规格品。

泌尿系统用药 包括利尿药、脱水药、前列腺疾病用药等药品。各地可咨询当地医药部门自行选取规格品。

维生素类 分为水溶性和脂溶性两大类。水溶性维生素包括：维生素B1、维生素B2、维生素B6、维生素B12，维生素C、烟酸、叶酸等；脂溶性维生素包括：维生素A、维生素D、维生素E、维生素K。各地可咨询当地医药部门自行选取规格品。

保健器具 指用于身体保健的器具。包括按摩器、健身球、磁疗枕（药枕）、护膝、护腰、护肩等。不包括体育运动器械，如扩胸器、哑铃等。

滋补保健用品 指市场上销售的具有滋补保健作用的保健食品，包括人参、鹿茸、蜂王浆、阿胶、青春宝、西洋参、各种营养口服液、燕窝等。

医疗保健服务 包括挂号费、注射费、检查费、手术费、床位费、理疗费、化验费等。

挂号费 包括普通门诊、专家门诊、急诊等费用。

注射费 包括肌肉注射、静脉注射等费用。

检查费 包括做X光（胸透）、B超（腹部）和CT（头部）等费用。

手术费 包括阑尾手术、结石手术、剖腹产等费用。

床位费 包括普通病房、高档病房等费用。

理疗费 包括红外线、超声波等费用。

化验费 包括血常规、尿常规等费用。

其他医疗保健服务 包括基本医疗保险、拔牙、针灸、住院护理、体检等。基本医疗保险是指为补偿劳动者因疾病风险造成的经济损失而建立的一项社会保险制度。基本医疗保险费由用人单位和个人共同缴纳，建立医疗保险基金，参保人员患病就诊发生医疗费用后，由医疗保险经办机构给予一定的经济补偿。用人单位缴费率控制在职工工资总额的6%左右，具体比例由各地确定，职工缴费率一般为本人工资收入的2%。

个人用品及服务 包括化妆美容用品、清洁类化妆品、个人饰品和个人服务。

洗浴 指专业洗浴室以及在宾馆、饭店或娱乐场所常设的独立（或相对独立）洗浴服务。

6.交通和通信类 交通包括交通工具、车用燃料及零配件、车辆使用及维修费市区公共交通费和城市间交通费。通信包括通信工具和通信服务。

助动自行车 指主要以蓄电池或燃油作为辅助能源，具有两个车轮，能实现电动或电动助力功能的特种自行车。

自行车 包括普通脚踏自行车和运动脚踏自行车。

汽油 外观为透明液体，主要是由C4-C10各族烃类组成，按研究法辛烷值分为90号、93号、97号三个牌号。

柴油 是石油提炼后的一种油质的产物。由不同的碳氢化合物混合组成。广泛用于大型车辆、拖拉机等运载工具的燃料。包括0号柴油、-10号柴油等。

零配件 包括蓄电池、灯等。

车辆保险费 包括交强险、车损险等费用。

通信工具 包括各种通信工具器材，如固定电话机、移动电话机、传真机、对讲机及其配件等。

邮政邮寄 主要指国营的信件邮寄和包裹邮寄等。

其他邮寄 主要指非国营的包裹邮寄等。

7.娱乐教育文化用品及服务类 包括文娱用耐用消费品及服务、教育、文化娱乐类及旅游。

文娱用耐用消费品 包括彩色电视机、激光视盘机（DVD、BD）、摄像机、音响、收录音机、录放像机、幻灯机等。

电视机 也称彩色电视接收机。包括显像管彩色电视机和固体显示（液晶显示、等离子显示）彩色电视机，不包括可以接收电视的计算机。

激光视盘机 主要包括DVD（蓝光）视盘播放机、DVD（蓝光）视盘录放机等。

便携式音响 主要包括袖珍MP3、MP4、MP5、DVD和复读机等产品。

学前教育 学前教育是指从初生到六岁学龄前儿童的教育。包括幼儿园教育服务和其他学前教育服务，以及社会上办的幼儿辅导班教育。

中等教育 指普通初中、高中、中专教育服务、成人中等、职业高中、技工学校和其他中等教育服务。

高等教育 指专科、本科、研究生高等教育、成人高等教育服务和其他高等教育服务。

专业技能培训 包括各种专职人员培训服务和专业技能培训服务，如外语、计算机、汽车驾驶培训等。

其他（教育服务） 包括学生课外教育服务、特殊教育服务、择校费。其中，学生课外教育服务包括小学、初中、高中及高等教育中的各类课外辅导班。

书报杂志 包括以纸介质形态出版发行的各种中、外文书籍，工具书、课本，教材，图片，报纸和杂志等。

8.居住类 包括建房及装修材料、租房、自有住房及水电燃料。

木材 由天然树木加工成的圆木、板材等建筑用材的总称。包括进口木材、国产木材。

木地板 是指用木材制成的地板，中国生产的木地板主要分为实木地板、强化木地板、实木复合地板、竹材地板和软木地板五大类。包括复合地板、实木地板。

砖 以粘土、页岩以及工业废渣为主要原料制成的小型建筑砌块。包括粘土砖、瓷砖。

水泥 粉状水硬性无机胶凝材料。加水搅拌成浆体后能在空气或水中硬化，用以将砂、石等散粒材料胶结成砂浆或混凝土。包括普通水泥和白水泥等。

涂料 涂于物体表面能形成具有保护装饰或特殊性能

（如绝缘、防腐、标志等）的固态涂膜的一类液体或固体材料之总称。包括乳胶漆、清漆、调和漆等。

板材 通常做成标准大小的扁平矩形建筑材料板,作墙壁、天花板或地板的构件。包括 PVC 板、细木板、贴面板、集成材等。

粘胶 是连接两种材料的中间体，多以水剂出现，属精细化工类，种类繁多，主要以粘料、物理形态、硬化方法和被粘物材质的方法分类。包括乳胶、玻璃胶等。

公房房租 公有居住房屋即公房，公房房租是指政府和单位分配给职工公房用来居住，并且租金按照政府规定的租金标准执行的房租。

私房房租 私房是指由个人或家庭购买、建造的住宅，租用私房的费用即私房房租。

住房估算租金 按具有相同市场价值的同类住房的租金来对自有住房产生的住房消费进行计量，必须考虑位置、社区设施、住房大小及质量等因素。

物业管理费用 是指物业管理公司依据物业管理服务合同为物业使用人或所有人提供物业管理服务，物业管理使用人或所有人依据物业管理服务合同应当付出的费用。

其他（自有住房） 包括取暖费、车位费等。

其他燃料 包括蜂窝煤、原煤、牛粪等。

四、商品零售价格（部分相同指标的解释参见居民消费价格指标解释）

纺织品 指以棉、麻、丝、毛和各种人造纤维纺织及混纺的各种衣着材料和床上用品，也包括加工衣着品和其他用品所需的其他各种纺织类产品。

专业音像器材类 包括专业音响器材、专业声像器材及其配件。

文化办公用品 包括学习和办公用的纸张、文具、计算机及其配件、打印机及配件、复印机、扫描仪、油印机、速印机、电子辞典、计算器、印刷材料以及教学用的设备、普通测绘仪器、器材、标本、模型等，不包括通讯器材。计算机及其配套产品包括大、中、小、微型、台式和手提式电子计算机、掌上电脑和计算机的辅助设备，如不间断电源、多媒体配件以及专用设备、零配件，计算机用光盘、磁盘、磁带等，不包括单板机、插卡式电脑学习机和各种电子计算机软件。打印机及配件包括各种打印机（针式、喷墨、激光）以及相关的打印机用纸、色带、硒鼓等。

日用百货 包括非机动车及配件（主要是自行车及配件）、雨衣雨伞、理发用具、剃须刀具、部分日用小五金（如刀、剪、针线、锁等）、卫生纸、卫生巾、保温瓶、打火机等。

日用杂品 包括精铝、铸铝、铝合金家用器皿、不锈钢餐具、家用厨具及其他不锈钢器皿等，不包括工业建筑的通用金属器皿；日用搪瓷制品，包括单瓷、双瓷的面盆、口杯及其他搪瓷制品等，不包括工业建筑的通用搪瓷制品；铁锅、笼屉、瓷碗、碟等餐具和炊事用具，清洁卫生用具，竹、木、藤、柳编制品以及炉子、烟筒等。

洗涤用品 包括洗衣粉、肥皂、香皂、浴皂、药皂、牙膏及各种清洁洗涤剂（膏、液、粉）等日用洗涤用品。

其他日用品 不包括以上列出的其他日用品。包括：各种儿童玩具、照明器具（各种灯具、灯泡、灯管等）、钟表（各种机械、石英电子的闹钟、挂钟、座钟等；各种机械、石英电子手表、怀表等及钟表零配件）、眼镜（各种成品眼镜、眼镜架、眼镜片、眼镜毛坯、眼镜零配件）、工艺美术品（各种雕塑工艺品，如玉雕、牙雕等；金属工艺品；漆器工艺品；画类工艺品；人造花卉；天然植物、纤维编织工艺品，如竹、藤、草编工艺品等；刺绣工艺品；抽纱工艺品）、日用塑料制品、日用皮革制品、日用玻璃器皿和日用普通饰品等。

体育用品 包括球类及球类器材、棋牌和健身器材。球类包括篮球、足球、排球、羽毛球、乒乓球等；棋牌包括象棋、国际象棋、围棋、克郎棋、军棋、跳棋、扑克牌、麻将牌等。健身器材包括各种通过器械达到锻炼身体、提高身体素质的器材，如侧重于“练习肌肉的”扩胸机、举重床、自重式健力器、哑铃组合架、坐式后拉器、卧式后屈腿训练器等；侧重于身体素质训练的跑步机、健步器、骑马机、滑雪器、健骑机等以及集消除疲劳、减肥健身为一体的各种非电动按摩机、健腹器等。其他体育用品包括体操运动器材，举重运动器材，田径运动器材，水上运动器材，冰雪运动器材，射击、射箭、击剑器材，场地器材，航空、航海模型材料，运动保护用具，钓鱼用具等。

娱乐用品 包括游艺器材、乐器等。游艺器材包括游戏机、插卡式电脑学习机、儿童运动游艺器材等；乐器包括中西乐器、电子乐器、乐器辅助用品及配件，如钢琴、提琴、手风琴、吉他等。

交通运输机械 包括各类轿车、客车、货车、摩托车等机动车辆及其配件。

化妆品类 包括护肤品、美容品、护发美容品、清洁化妆品和药物美容用品等。护肤品，如霜、香脂、乳液、润肤油等；美容品，如香粉（粉饼）、胭脂、唇膏、眼影、眉笔、指甲油及各种化妆盒、假发等；护发美容品，如发油、发霜、发蜡、发宝、营养发水、护发素、发胶、摩丝、各种染发剂等；清洁化妆用品，如洗发香波、洗发膏、洗发精、剃发膏、花露水、爽身粉、腋下香、香水等；药物美容用品，如防秃生发水、浓眉露、止痒水（粉）、祛斑霜、粉刺露、防晒剂、痱子粉（水）、减肥霜等。

金银珠宝类 包括以金、银、铂等金属及钻石、宝（玉）石、翡翠、珍珠、水晶、象牙、骨角等为原料，经加工和连接组合、镶嵌等方法，制成各种图案造型的装饰品、饰品、工艺品等。包括首饰，如项链、戒指、耳环、手镯、脚链、挂件、别针、发卡等；珠宝饰品，如宝（玉）石、钻石镶嵌、珍珠镶嵌、宝（玉）石首饰以及其他金银珠宝饰品等。

电子音像制品 包括以数字代码方式将声音、图像、文字和编码等图文音像信息编辑加工后存储在磁、光、电介质上，通过计算机或者具有类似功能的设备读取使用的产品，其媒体形态包括软磁盘（FD）、只读光盘（CD—ROM）、交互式光盘（CD—I）、照片光盘（PHOTO—ROM）、高密度只读光盘（DVD—ROM）等。音像制品指各种磁、光、电介质的录音、录像的磁带、光盘（CD、DVD、BD）等。

煤炭及制品类 包括原煤、煤炭及制品，如焦炭、石油焦、半焦、煤（饼）块和煤球等。

石油及制品类 包括液化石油气、管道燃气、汽油、柴油、机油等。

木材及制品类 包括原木、板材、锯材等。

五金、电料类 包括五金工具、电工工具、工具配件、水暖器材、各种专业工具、五金杂品，各种五金商品，木瓦工具，电工、电讯器材及配件等各类商品。如各种榔头、钳子、锯子、扳手、锉刀、泥刀、自来水管、各种水龙头、暖气片、阀门、螺丝、螺母、水表、电表、插座、插头、开关、电线、铁丝、镇流器、灯架、灯罩等。

五、房地产价格

（一）现行《住宅销售价格统计调查方案》自2011年1月起开始实施。

（二）调查范围。住宅销售价格的调查范围为70个大中城市的市辖区，不包括县。

（三）调查方法。70个大中城市的新建住宅销售价格、面积、金额等资料直接采用当地房地产管理部门的网签数据。二手住宅销售价格调查为非全面调查，采用重点调查和典型调查相结合的方法，按照房地产经纪机构上报、房地产管理部门提供与调查员实地采价相结合的方式收集基础数据。

（四）新建住宅含保障性住房；新建商品住宅不含保障性住房。

（五）价格指数的计算方法详见中国统计信息网《住宅销售价格统计调查方案》。

（六）表格中“——”表示本月无成交记录。

（七）主要指标解释

房地产 从广义上讲，房地产是房产与地产的总称，指国家、集体及个人所拥有的房屋和土地。但就我国目前房地产业的业务范围而言，它包括归国家所有的城镇生产性或非生产性用地（城市地产），及附着在其上的城镇生产、生活用建筑和辅助设施（城市房产）和对这些建筑、辅助设施的管理等。农村生产用地、用房及宅基地等不属城市房地产业的业务范围。国家有偿征用农村土地用于城镇建设时，只有所有权转让过程结束后，才纳入城市房地产业的经营范围。小产权房屋不属于本方案统计范围。

房地产价格 按取得所有权（使用权）的方式分为房屋销售价格和房屋租赁价格两种形式。

新建商品住宅 指新建的专供居住用的商品住房，本方案主要包括：90平方米及以下、90—144平方米、144平方米以上等。不包括新建的国家政策性住房；不包括住宅楼中作为人防用、不住人的地下室、车库等，也不包括托儿所、病房、疗养院、旅馆等具有专门用途的房屋。

二手住宅 指进入房屋市场进行交易，第二次及以上进行产权登记的住宅，包括二手商品住宅、允许上市交易的已售公房等。本方案主要包括90平方米及以下、90—144平方米、144平方米以上等分类。

90平方米及以下住宅 指住宅中套型建筑面积不大于90平方米的住宅。套型建筑面积由套内使用面积和分摊的共有建筑面积组成，报表时以销售合同中实际测绘的建筑面积为准，若销售合同为套内使用面积则需折算成建筑面积。

90平方米-144平方米住宅 指套型建筑面积大于90平方米，不超过144平方米的住宅。

144平方米以上住宅 指套型建筑面积在144平方米以上的住宅。

住宅销售价格 指房产所有权转移时买卖双方实际成交的价格（合同价格）。房产买卖时，买房人购买的是房产的所有权，卖房人将房产所有权出让，同时要获得房产所有权出让的价值补偿。它主要包括新建住宅销售和二手住宅销售两部分。

新建商品住宅销售价格 指新建的、用于居住的进入房地产市场进行交易的房屋，第一次进行产权登记时的实际交易价格（合同价格）。其价格由成本、税金、利润、代收费用等组成，它受地段、层次、朝向、质量、材料差价等因素的影响。

二手住宅销售价格 指用于居住的进入房地产市场进行交易的房屋，再次进行产权登记时的实际交易价格。该指标取自《存量房屋买卖合同》。若合同中含有相关税费，则应将其扣除。